GERD THEISSEN

Psychologische Aspekte paulinischer Theologie

Zweite Auflage

GÖTTINGEN · VANDENHOECK & RUPRECHT · 1993

Erste Auflage erschienen 1983 in der Reihe
Forschungen zur Religion und Literatur des Alten
und Neuen Testaments als 131. Heft der
ganzen Reihe

Die Deutsche Bibliothek – CIP-Einheitsaufnahme

Theissen, Gerd:
Psychologische Aspekte paulinischer Theologie / Gerd Theissen. –
2. Aufl. –
Göttingen: Vandenhoeck und Ruprecht, 1993
ISBN 3-525-53566-X

© 1983, 1993 Vandenhoeck & Ruprecht, 37070 Göttingen.
Printed in Germany. – Das Werk einschließlich aller seiner Teile
ist urheberrechtlich geschützt. Jede Verwertung außerhalb
der engen Grenzen des Urheberrechtsgesetzes ist ohne
Zustimmung des Verlages unzulässig und strafbar.
Das gilt insbesondere für Vervielfältigungen, Übersetzungen,
Mikroverfilmung und die Einspeicherung und Verarbeitung
in elektronischen Systemen.
Gesetzt aus Baskerville auf Linotron 202 System 4 (Linotype).
Satz: Gulde-Druck GmbH, Tübingen.
Druck und Bindearbeit: Hubert & Co., Göttingen.

Vorwort

Die Entstehung dieses Buches verpflichtet mich zu mannigfachem Dank. In ihm schlägt sich der Einfluß vieler Personen nieder.

In Bonn begegnete mir schon in meiner Studienzeit eine von H. THOMAE vertretene Synthese geisteswissenschaftlicher und moderner theoretischer Ansätze in der Psychologie, die für diese Arbeit Vorbild gewesen ist.

Während meiner Tätigkeit in St. Augustin (1977/78) lernte ich in Y. WATANABE einen originellen japanischen Ansatz zur Analyse religiösen Erlebens und Verhaltens kennen, durch den meine Vorliebe für „kognitive" Theorien bestärkt wurde.

In Kopenhagen (1978–80) bekam ich bei der Beschäftigung mit der skandinavischen Religionspsychologie der Uppsala-Schule die Idee, mit Hilfe des rollentheoretischen und wahrnehmungspsychologischen Ansatzes von H. SUNDÉN die Kluft zwischen traditionsgeschichtlich arbeitender Exegese und Religionspsychologie zu überbrücken.

Ein entscheidender Anstoß kam aus Kiel, auch wenn ich in dieser Stadt nie gelebt habe (beinahe wäre es jedoch dazu gekommen): J. SCHARFENBERG hielt im Frühjahr 1979 Gastvorlesungen in Kopenhagen. Seine undogmatische hermeneutische Variante der Psychoanalyse hat mir den Zugang zu diesem Ansatz neu eröffnet.

Die Grundkonzeption dieses Buches habe ich in Dänemark ausarbeiten können und in Vorlesungen und Vorträgen zur Diskussion gestellt. Für die kritische Toleranz gegenüber neuen Ideen – sowohl unter Studenten wie Pfarrern – möchte ich ausdrücklich danken. Antipsychologische Affekte mögen andernorts die Regel sein, hier begegneten sie als Ausnahme.

In Heidelberg, wo ich seit 1980 unterrichte, traf ich auf die im süddeutschen Raum einflußreiche Religionspsychologie der C. G. Jung-Schule. Das Gespräch mit von ihr geprägten Studenten hat gewiß dazu beigetragen, daß diese Richtung positiver berücksichtigt wurde, als zunächst beabsichtigt war. Das Kapitel über Glossolalie wurde in einer Festschrift zum 50. Geburtstag von CH. BURCHARD intern in unserem Seminar veröffentlicht. Es ist ihm gewidmet – auch als Dank für freundliche Aufnahme in Heidelberg.

Mehr als allen bisher Genannten habe ich meiner Frau zu danken. Ihre Fachkenntnisse haben mir lerntheoretische und kognitive Konzeptionen der Psychologie erschlossen; ihr verdanke ich eine kritische Distanz zu den in der Theologie fast ausschließlich vorherrschenden psychodynamischen Strömungen. Die Bekanntschaft mit neueren Ansätzen in der Psychotherapie wurde durch sie vermittelt. Mit ihr habe ich jedes Kapitel dieses Buches diskutiert, ohne daß ich sie für meine Fehler verantwortlich machen kann: Für die Übertragung psychologischer Theorien auf religiöse Texte und Phänomene bin ich selbst verantwortlich.

Den beiden Herausgebern, W. SCHRAGE und R. SMEND, danke ich für die Aufnahme in diese Reihe, in deren Tradition sich diese Arbeit bewußt einreiht: Sie will die bewährten historisch-kritischen Methoden nicht ersetzen, sondern vertiefen. Mir ist bewußt, daß mancher Leser eine noch eingehendere systematisch-theologische Reflexion religionspsychologischer Exegese wünschenswert finden wird. Meinen theologischen Standort habe ich in der kleinen Schrift „Argumente für einen kritischen Glauben" (1978) umrissen. Ich verweise auf das, was ich dort zur psychologischen Religionskritik gesagt habe.

H. KOHNS und M. HOFFMANN haben mir bei der Fertigstellung des Manuskripts geholfen. W. STEGEMANN hat es auf Verständlichkeit hin durchgesehen. Ihnen allen gilt mein aufrichtiger Dank.

Die Abkürzungen richten sich nach S. SCHWERTNER: Internationales Abkürzungsverzeichnis für Theologie und Grenzgebiete, Berlin 1974, und dem dtv-Lexikon der Antike. „Jüdische Schriften aus hellenistischer Zeit" werden nach dem gleichnamigen Sammelwerk (hrsg. von W. G. KÜMMEL) abgekürzt.

Heidelberg, im Dezember 1982   Gerd Theißen

VORWORT ZUR ZWEITEN AUFLAGE

Der Text der ersten Auflage wurde bis auf kleinere Korrekturen unverändert übernommen. Seit Erscheinen der ersten Auflage dieses Buches ist das Interesse an psychologischen Ansätzen in der wissenschaftlichen Exegese gestiegen – ganz abgesehen von dem großen vorwissenschaftlichen Interesse an ihr. Auf diese neuen Arbeiten wird in einem Nachtrag zum Literaturverzeichnis (vgl. S. 408) hingewiesen.

Heidelberg, im September 1993   Gerd Theißen

Inhalt

Vorwort 5

Einleitung: Theoretische Probleme religionspsychologischer
Exegese... 11

I. Der lerntheoretische Ansatz:
Religion als sozial gelerntes Erleben und Verhalten 14

   A. Assoziatives Lernen in der Religion 15
   B. Operantes Lernen in der Religion 17
   C. Imitatives Lernen in der Religion 18

II. Der psychodynamische Ansatz:
Religion als Auseinandersetzung mit dem Unbewußten 20

   A. Genetische Prädispositionen (Archetypen) 22
   B. Frühkindliche Prägungen 26
   C. Kulturelle Deutungen 32

III. Der kognitive Ansatz:
Religion als Aufbau einer gedeuteten Welt........................ 38

   A. Die gedeutete Welt 40
      a) Die topische Strukturierung der Lebenswelt 40
      b) Die dynamische Regulation der Lebenswelt 41
   B. Deutungsstrategien beim Aufbau der „gedeuteten Welt" 44
      a) Kausalattribution 44
      b) Antizipationen 45
      c) Selbstbewertung 47
      d) Rollenübernahme 47

IV. Das Problem einer hermeneutischen Integration der drei Ansätze 49

   A. Die interpretative Vermittlung psychischen Lebens 49
   B. Die Geschichtlichkeit psychischer Prozesse 51
   C. Der Ausdruck psychischer Prozesse in Texten 54
   D. Der ganzheitliche Charakter des Erlebens und Verstehens 58
   E. Die inhaltliche Ausrichtung psychischen Lebens 61

1. Kapitel: Das Verborgene des Herzens.
Die Aufdeckung unbewußter Motive durch die
paulinische Theologie 66

   I. Textanalysen (1.Kor 4,1–5; Röm 2,16; 1.Kor 14,20–25) 67

8   Inhalt

    A. Die Offenbarung unbewußter Intentionen im Gericht
       (1.Kor 4,1–5) 67
    B. Das „Verborgene der Menschen" nach Röm 2,16 74
    C. Die Enthüllung des Verborgenen durch die urchristliche Prophetie
       (1.Kor 14,20–25) 82

II. Traditionsanalyse 88

    A. Göttliche Allwissenheit und begrenzte menschliche Selbst-
       erkenntnis 88
    B. Die Ausweitung der Allwissenheit Gottes bis ins Innere 91
    C. Die Konfrontation zwischen Gewissen und Sünde im Innern des
       Menschen 99

III. Psychologische Analyse 101

    A. Lerntheoretische Aspekte des
       „Verborgenen" im Menschen 102
    B. Psychodynamische Aspekte des
       „Verborgenen" im Menschen 106
       a) Christus als Subjekt des Gerichts 106
       b) Die Christen als Subjekte des Gerichts 109
    C. Kognitive Aspekte des
       „Verborgenen" im Menschen 112

2. Kapitel Die Hülle des Mose
               und die unbewußten Aspekte des Gesetzes 121

 I. Textanalyse 2.Kor 3,4–4,6 121

II. Traditionsanalyse 132

    A. Die Exegese von Ex 34,29–35 in 2.Kor 3 132
    B. Mosetraditionen 136

III. Psychologische Analyse 142

    A. Lerntheoretische Aspekte:
       Mose als Modell 142
    B. Psychodynamische Aspekte:
       Christus als Zugang zum Unbewußten 146
       a) Eine konfliktsymbolische Deutung:
          Die Decke als Hülle über dem Gesetz 147
       b) Eine integrationssymbolische Deutung:
          Die Decke als Verhüllung der Eikon 153
    C. Kognitive Aspekte:
       Kognitive Dissonanzbewältigung in 2.Kor 3 156

Exkurs zu 1.Kor 11,3–16: Die Hülle auf dem Kopf der Frau 161

   1. Der allgemeine Brauch 162

Inhalt

2. Die Entwicklung in Korinth 167
3. Die Reaktion des Paulus 172
   a) Die männlichen Geschlechtsrollensymbole 173
   b) Die weiblichen Geschlechtsrollensymbole 174

3. Kapitel: Gesetz und Sünde
   Die Bewußtwerdung des Konflikts nach Röm 7,7–23 181

I. Textanalyse 182
   A. Der Kontext 182
   B. Die Struktur von Röm 7,7–23 187
   C. Das „Ich" von Röm 7 194

II. Traditionsanalyse 204
   A. Der Sündenfall in Röm 7,7–13 204
   B. Die Sentenz in Röm 7,15 und 19 213

III. Psychologische Analyse 223
   A. Lerntheoretische Aspekte:
      Das Gesetz als Stimulus der Sünde 224
   B. Psychodynamische Aspekte:
      Der unbewußte Konflikt mit dem Gesetz 230
      a) Das Bewußtwerden des Konflikts in Röm 7 232
      b) Der Widerspruch von Röm 7,7–23 und Phil 3,4–6 235
      c) Glaube als Konfliktbearbeitung 244
   C. Kognitive Aspekte:
      Rollenübernahme und Konfliktstrukturierung 252
      a) Die Rolle Adams 253
      b) Die Rolle Christi 262

4. Kapitel: Glossolalie – Sprache des Unbewußten? 269

I. Textanalyse (1.Kor 14) 271

II. Traditionsanalyse 276
   A. Bacchantischer Rausch 277
   B. Platonische Inspiration 282
   C. Apokalyptische Himmelssprache 289

III. Psychologische Analyse 291
   A. Lerntheoretische Aspekte der Glossolalie 291
      a) Paulus als Modell? 292
      b) Die Unterscheidung von der Umwelt 293
      c) Innergemeindliche Gruppierungen 296
   B. Psychodynamische Aspekte der Glossolalie 303
      a) Glossolalie – Sprache des Unbewußten? 304

Inhalt

b) Glossolalie – Sprache des Verdrängten? 306
c) Glossolalie – ein regressives Verhalten? 312
d) Versuch einer Gesamtdeutung mit Hilfe von Röm 8,18–30 314

C. Kognitive Aspekte glossolalen Verhaltens 320
 a) Die kognitive Strukturierung glossolalen Verhaltens allgemein
  im Urchristentum 321
 b) Die kognitive Umstrukturierung des sozialen Umfelds (1.Kor 12) 326
 c) Die kognitive Umstrukturierung psychischer Dynamik (1.Kor 14). 329
 d) Glossolales Erleben und Gesamtwirklichkeit in Röm 8,18–30 332

5. Kapitel: Weisheit für Vollkommene als höheres Bewußtsein
  (1.Kor 2,6–16) 341

I. Textanalyse 341

 A. Die Form der Weisheitsrede 1.Kor 2,6–16 343
 B. Der Inhalt der Weisheitsrede 1.Kor 2,6–16 346

II. Traditionsanalyse 349

 A. Die jüdische Weisheitsüberlieferung 350
  a) Soziale Aspekte der Weisheit 352
  b) Anthropologische Aspekte der Weisheit 353
  c) Der kosmische Aspekt der Weisheit 354
 B. Die Entwicklung zur Weisheitslehre bei Paulus 355
  a) Soziale Aspekte der Weisheit 356
  b) Anthropologische Aspekte der Weisheit 357
  c) Der kosmische Aspekt der Weisheit 361

III. Psychologische Analyse 364

 A. Lerntheoretische Aspekte von 1.Kor 2,6–16 364
 B. Psychodynamische Aspekte:
  Die Zensur des herrschenden Bewußtseins 369
  a) Die objektive Schilderung des
   Offenbarungsprozesses (1.Kor 2,6–8) 369
  b) Der subjektive Aspekt des
   Offenbarungsgeschehens (1.Kor 2,9–16) 374
 C. Kognitive Aspekte:
  Die Umstrukturierung von Torheit in Weisheit 382
  a) Die kognitive Umstrukturierung der Umwelt 383
  b) Die kognitive Umstrukturierung der inneren Welt 384

Schlußbemerkungen: Die verhaltens- und erlebensändernden
        Wirkungen der paulinischen Verkündigung 390

Literaturverzeichnis 395

 Nachtrag zum Literaturverzeichnis 408

Register der Bibelstellen 409

EINLEITUNG

Theoretische Probleme religionspsychologischer Exegese

Jeder Exeget hat gelernt: Eine psychologische Exegese ist eine schlechte Exegese. Sie interpoliert zwischen den Zeilen, was niemand wissen kann. Sie trägt moderne Kategorien in antike Texte ein. Sie läßt den Text nicht zu Wort kommen, weil sie an persönlichen Problemen hinter dem Text interessiert ist. Vor allem aber relativiert sie seinen theologischen Anspruch durch Menschlich-Allzumenschliches. Das Sündenregister psychologischer Exegese ist beeindruckend lang, ja, die Ablehnung jeder Verbindung von Psychologie und Exegese wird oft in so entwaffnender Unangefochtenheit vorgetragen, daß es fast ein Verstoß gegen die guten Sitten historisch-kritischer Tradition ist, wenn hier dennoch ein Versuch psychologischer Exegese vorgelegt wird.

Was will psychologische Exegese? Was kann sie bei günstiger Quellenlage erreichen? Sie will menschliches Verhalten und Erleben im Urchristentum soweit wie möglich beschreiben und erklären[1]. Ihre Grundlage sind urchristliche Texte, sei es daß sie aus ihnen menschliches Verhalten und Erleben erschließt, sei es, daß sie die Texte selbst als psychische Akte deutet: als Akte des Bittens, Appellierens, des Denkens, Deutens und Bewertens. Unter psychologischer Exegese fassen wir alle Versuche zusammen, Texte als Ausdruck und Vollzug menschlichen Erlebens und Verhaltens zu deuten[2].

Nun wird niemand bestreiten, daß der urchristliche Glaube Änderungen im menschlichen Verhalten und Erleben hervorgerufen hat. Die Absicht, diese Änderungen beschreiben zu wollen, wird kaum auf

---

[1] Vgl. die Definition in H. THOMAE/H. FEGER: Hauptströmungen der neueren Psychologie, Bern 1969, 1: Psychologie „möchte menschliches Verhalten und Erleben möglichst angemessen erfassen, d. h. es nach Konstanz und Veränderlichkeit beschreiben und wenn möglich messen, die Bedingungen von Konstanz und Veränderlichkeit feststellen und den künftigen Verlauf, soweit es geht, vorhersagen". Bei einer psychologischen Exegese entfallen Messungen und Vorhersagen. Es bleibt die Aufgabe der Beschreibung von Erleben und Verhalten und die Analyse ihrer Bedingungen.

[2] Wo es notwendig ist, kann man weiter differenzieren: Eine psychologische Auswertung von Texten ist der Rückschluß auf Erleben und Verhalten aus den Texten. Psychologische Exegese wäre dann die Deutung der Texte selbst als Formen des Erlebens und Verhaltens.

Widerspruch stoßen, mag es auch Zweifel geben, ob die Quellenlage begründete Aussagen über psychische Prozesse erlaubt.

Umstritten wird dagegen die Absicht psychologischer Exegese bleiben, religiöses Verhalten und Erleben ansatzweise erklären zu wollen, gibt es doch in der Psychologie Erklärungen religiöser Phänomene, die in krassem Widerspruch zum religiösen Selbstverständnis stehen. Umstrittene Erklärungsversuche finden sich jedoch in jeder Wissenschaft (von der Theologie ganz zu schweigen). Entscheidend ist, ob man sich überhaupt auf den faszinierenden Versuch einläßt, religiöses Erleben und Verhalten von seinen Bedingungen her erklären zu wollen.

Nun steht der hier vorgelegte Versuch ohnehin in einer Tradition, in der einzelne psychologische Erklärungsansätze zugunsten eines umfassenderen Verstehens relativiert wurden, nämlich in der Tradition einer hermeneutisch orientierten Psychologie. Die hermeneutische Orientierung bietet keinen eigenständigen Erklärungsansatz neben lerntheoretischen, psychodynamischen und kognitiven Modellen. Sie ist einerseits Korrektiv bei der exegetischen Verwendung dieser Modelle, andererseits ein allgemeiner Rahmen, der erst durch Aufnahme erklärender Modelle konkret und fruchtbar wird. Dieser allgemeine Rahmen besteht in fünf Prämissen, die für eine hermeneutisch orientierte Psychologie charakteristisch sind[3].

1. Menschliches Erleben und Verhalten ist interpretativ vermittelt, d.h. psychische Prozesse sind in entscheidender Weise durch die Interpretationen bedingt, die der Mensch seiner inneren und äußeren Welt gibt. Innere und äußere Ursachen wirken nicht „an sich", sondern als gedeutete Ursachen und Umstände. Psychisches Leben ist deutbar, weil es sich selbst in Deutungen vollzieht. Anders ausgedrückt: Grundlage des Verstehens von Menschen ist deren Selbstverständnis.

2. Menschliches Erleben und Verhalten ist geschichtlich bedingt. Die verhaltens- und erlebensbestimmenden Interpretationen stammen aus der Tradition und werden immer wieder neu auf Situationen angewandt und dabei modifiziert[4]. Dieses Zusammenspiel von Tradition und Situation geht aus einem bestimmten historischen Kontext hervor, läßt sich aber aus ihm kausal nicht ableiten. Es ist individuell und singulär. Psychisches Leben kann daher letztlich nur „ideographisch" beschrieben werden, wozu allgemeine Kategorien unerläßlich sind.

---

[3] Die Programmschrift hermeneutischer Psychologie ist W. DILTHEY: Ideen über eine beschreibende und zergliedernde Psychologie (1894), in: Ges. Schriften V, Leipzig 1924, 139–240. Einen kurzen Überblick über sie gibt H. THOMAE, Hauptströmungen, 89–95.

[4] Diese traditionsgeschichtliche Bedingtheit psychischer Prozesse wurde von W. DILTHEY zweifellos unterschätzt. Hermeneutische Psychologie ist bei ihm an den großen „Genies" orientiert, die ja meist als Überwinder von Traditionen erscheinen.

3. Menschliches Erleben und Verhalten läßt sich in Texten (oder anderen Zeichen) objektivieren. Die unser Erleben und Verhalten bestimmenden Deutungen werden in tradierbaren Zeichensystemen gestaltet, z. B. in Kunstwerken, Riten und Institutionen – vor allem aber in Texten. Aus ihnen können auch spätere Generationen ablesen, welche Interpretationen von Welt und Selbst das psychische Leben einmal bestimmt haben. Das gilt nicht nur von den großen literarischen und philosophischen Texten, sondern auch von den Texten „kleiner Leute". Gerade das Neue Testament geht auf Schichten und Gruppen zurück, die sonst stumm geblieben sind.

4. Menschliches Erleben und Verhalten bildet einen ganzheitlichen Zusammenhang. Während wir bei physischen Vorgängen den Gesamtzusammenhang der Natur durch Hypothesen rekonstruieren müssen, ist uns die Einheit des psychischen Lebens a priori aus eigenem Erleben gewiß – vor jeder Zergliederung, Erklärung und Hypothesenbildung[5]. Verstehen vollzieht sich daher im Lichte eines Vorverständnisses des zu verstehenden Gesamtzusammenhangs. Auf Texte bezogen heißt das: Verstehen vollzieht sich im hermeneutischen Zirkel zwischen Teil und Ganzem.

5. Menschliches Erleben und Verhalten ist inhaltlich geprägt. Es läßt sich losgelöst von den Gehalten, auf die es sich bezieht, nicht adäquat erfassen. Es genügt daher nicht, unabhängig von den Inhalten menschlichen Lebens allgemeine Formen und Bedingungen psychischen Geschehens zu erforschen. Psychisches Leben wird im Kontext der Religion, der Kunst, der Wissenschaft, der Politik und der Wirtschaft jeweils in spezifischer Weise geprägt. Religionspsychologie ist mehr als Anwendung allgemeiner Psychologie.

Noch einmal sei betont: Es handelt sich bei diesen Prinzipien einer hermeneutischen Psychologie nicht um ein bestimmtes Erklärungsmodell, sondern um einen Rahmen, innerhalb dessen verschiedene Modelle aufgegriffen werden. Im folgenden werden drei Ansätze diskutiert: lerntheoretische, psychodynamische und kognitive Modelle. Sie werden jeweils soweit aufgegriffen, wie sie religiöses Erleben und Verhalten in

---

[5] So ein Grundgedanke W. DILTHEYS: „... in der Psychologie ist gerade der Zusammenhang ursprünglich und beständig im Erleben gegeben: Leben ist überall nur als Zusammenhang da" (Ideen, 144). Für die Naturwissenschaften gelte dagegen, „daß in ihnen nur durch ergänzende Schlüsse, vermittels einer Verbindung von Hypothesen, ein Zusammenhang der Natur gegeben ist" (Ideen, 143). Wird hier nicht verkannt, daß es ein vorwissenschaftliches Erleben der Natur als Einheit gibt und daß naturwissenschaftliche Forschung diese Einheit voraussetzt? Ohne es beweisen zu können, setzen wir voraus, daß sich die Naturgesetze nicht ändern und, was heute gilt, auch morgen Gültigkeit haben wird.

einem geschichtlich abgrenzbaren Zusammenhang als interpretativ vermitteltes Geschehen verständlich machen können.

Unumwunden sei zugegeben: Eine hermeneutische Psychologie steht abseits von den Hauptströmungen gegenwärtiger Psychologie. Jedoch läßt sich eine Konvergenz psychologischer und hermeneutischer Ansätze in der Gegenwart feststellen.

Auf der einen Seite gibt es in der Psychologie einen „Trend zu kognitiven Theorien"[6]. Kognitive Prozesse, d.h. alle Akte des Wahrnehmens, Deutens, Denkens, Beurteilens und Bewertens werden immer mehr als entscheidende Faktoren psychischen Lebens gewürdigt. Auch lerntheoretische und psychodynamische Ansätze treten heute in kognitiver bzw. hermeneutischer Modifikation auf.

Umgekehrt haben sich die interpretierenden Wissenschaften für sozialwissenschaftliche Erklärungsmodelle geöffnet. Geschichte wird nicht nur erzählt, beschrieben und gedeutet, sondern ansatzweise auch erklärt.

Verstehen und Erklären erscheinen heute nicht mehr als jene schroffen Gegensätze, als die sie uns aus der philosophischen Tradition vertraut sind. Es zeichnen sich neue Verbindungen zwischen erklärenden Naturwissenschaften und verstehenden Geisteswissenschaften ab: Natur und Geschichte sind nicht absolut getrennt. Eine evolutionistische Interpretation der Gesamtwirklichkeit kann sie in Beziehung setzen, ohne ihre Eigenart leugnen zu müssen.

Wir besprechen nun im einzelnen die drei theoretischen Ansätze psychologischer Exegese. Danach muß erneut gefragt werden, wie sie sich in den Rahmen einer hermeneutisch orientierten Psychologie einordnen und inwiefern sie diesen Rahmen verändern. Im letzten Abschnitt dieses Einleitungsteils werden wir daher erneut die fünf Prämissen einer hermeneutischen Psychologie diskutieren.

I. Der lerntheoretische Ansatz:
Religion als sozial gelerntes Erleben und Verhalten

Grundgedanke einer lerntheoretischen Religionspsychologie ist[7]: Religiöses Erleben und Verhalten ist sozial gelernt. Unter „Lernen" werden

---

[6] So H. THOMAE: Psychologie in der modernen Gesellschaft, Hamburg 1977, 183.

[7] Es gibt keine lerntheoretisch orientierte Religionspsychologie. Ich wende im folgenden die allgemeinen lerntheoretischen Prinzipien selbständig auf verschiedene religiöse Phänomene an. Eine gute Einführung in diese Prinzipien bieten K./J. BREDENKAMP: Was ist Lernen?, in: F. WEINERT/C. F. GRAUMANN (u.a.), Pädagogische Psychologie 2, FiBü 6116, Frankfurt 1974, 607–630.

dabei Verhaltens- und Erlebensänderungen aufgrund von Erfahrung, also nicht durch Reifung oder physische Einwirkungen, verstanden. Nach lerntheoretischer Auffassung wirkt die Umwelt in dreifacher Weise auf menschliches Erleben und Verhalten ein:
 1. Durch assoziatives Lernen gewinnen Umweltreize, die vorher neutral waren, verhaltens- und erlebensbestimmenden Charakter.
 2. Durch operantes Lernen wird die Häufigkeit und Richtung von Verhalten und Erleben durch dessen Konsequenzen beeinflußt.
 3. Durch imitatives Lernen werden fertige Verhaltensweisen von Modellen abgeschaut, übernommen und nachgeahmt.

Unter dem Begriff „lerntheoretischer Ansatz" soll im folgenden jede Deutung menschlichen Verhaltens und Erlebens verstanden werden, die mit diesen drei Lernprinzipien arbeitet. Der Begriff „Lerntheorie" wird dabei weiter gefaßt als im Behaviorismus. Das wird noch deutlicher werden, wenn wir die drei Lernprinzipien im einzelnen besprechen.

A. Assoziatives Lernen in der Religion

Assoziatives Lernen[8] basiert auf der Verbindung zweier Reize (oder Stimuli), bei denen der Reiz A schon immer eine Reaktion auslöste, Reiz B dagegen ursprünglich neutral war. Treten beide Reize (oder Stimuli) immer wieder gekoppelt auf, so wird die Reaktion auf Reiz A bald auch bei Reiz B auftreten.

Das klingt trivial, ist in der Religion aber von großer Bedeutung. Wir erleben z. B. Orgelmusik fast immer im Zusammenhang mit Gottesdiensten. Daher ist es verständlich, daß emotionale Reaktionen auf Gottesdienste auch auf Orgelmusik übertragen werden – seien es Gefühle der Vertrautheit oder des Widerwillens. An sich ist Orgelmusik etwas Neutrales.

Das Beispiel der Orgelmusik ist insofern charakteristisch, als durch assoziatives Lernen vor allem emotionale Reaktionen gelernt werden. Daß emotionale Reaktionen auf bestimmte Signale und Zeichen in der Religion große Bedeutung haben, wird niemand bestreiten. Man denke nur an all jene Einteilungen von Gegenständen in reine und unreine Dinge, an alle dämonischen Verteufelungen oder positiven Verklärungen. Sie alle basieren auf assoziativem Lernen. Ursprünglich neutrale Gegenstände und Verhaltensweisen werden zu „Auslösern" religiösen Annäherungs- und Vermeidungsverhaltens. Und dieser Prozeß ist

---

[8] Anstelle des Begriffes „assoziatives Lernen" finden sich auch „klassisches" oder „respondentes Konditionieren". Die Entdeckung des assoziativen Lernens und seine experimentelle Erforschung ist mit den Namen PAWLOW und WATSON verbunden. Vgl. H. THOMAE, Hauptströmungen, 35 ff.

geschichtlich bedingt: Was der einen Kultur als heilig gilt, ist anderswo profan. Was dort verehrt wird, wird hier verteufelt. Die geschichtliche Mannigfaltigkeit von Religion läßt sich ohne erlernte Verknüpfungen von „Auslösern" und religiösen Reaktionsweisen nicht erklären[9].

Um den Gedanken des assoziativen Lernens für eine religionspsychologische Exegese fruchtbar zu machen, müssen wir aber zwei Schritte weitergehen[10]: Zunächst einmal ist festzustellen, daß emotionale religiöse Reaktionen nicht von äußeren Stimuli „an sich" ausgelöst werden, sondern von Stimuli, die im Lichte einer kulturell geprägten Lerngeschichte als religiös bedeutsam erlebt werden. Schon die Etikettierung eines Stimulus als „dämonisch" ist kulturell bedingt. Mit anderen Worten: Nicht die Welt an sich, sondern die gedeutete Welt wirkt durch Reize auf uns ein.

Noch wichtiger ist der zweite Schritt: Religiöses Erleben und Verhalten kann unabhängig von äußeren Reizen auftreten. Es kann an inneren Vorstellungen, Bildern und Symbolen haften. Behavioristische Lerntheorie, die alle inneren (mentalen) Prozesse aus der Betrachtung ausklammert, kann dafür kein Verständnis haben. Anders eine kognitiv modifizierte Lerntheorie, die innere Bilder und Phantasien als ebenso verhaltens- und erlebensbestimmende Stimuli betrachtet wie äußere Reize. Da man diese inneren Prozesse nicht beobachten kann, spricht man hier von „verdecktem Verhalten". Erst mit der Anerkennung verdeckter Prozesse erschließt sich die Religion einer lerntheoretischen Analyse.

Was uns nämlich in religiösen Texten begegnet, sind eben jene Symbole und Bilder, die durch ihre innere Repräsentation wirken. Gewiß sind sie nicht unabhängig von äußeren Gegebenheiten: von heiligen Orten und Zeiten, Gebäuden und Riten. Auch das Wort muß gehört werden! Aber gerade in der biblischen Religion findet eine Emanzipation religiösen Erlebens und Verhaltens von äußeren Reizen

---

[9] Damit stellt sich die Frage: Gibt es ursprüngliche religiöse Reaktionen auf die Wirklichkeit. Ich habe in: Argumente für einen kritischen Glauben, TEH 202, München 1978, 23–29, die These skizziert, daß die religiöse Reaktion auf heilige Gegenstände menschliche Transformation der tierischen Reaktion auf unwahrscheinliche und einfache Auslöser ist.

[10] Im folgenden gehe ich von der kognitiven Modifikation der klassischen Lerntheorien aus. Ein Überblick dazu findet sich bei M. J. MAHONEY: Kognitive Verhaltenstherapie, München ²1979 (engl. 1974). Das S-R-Schema (d.h. der Zusammenhang zwischen Stimulus und Reaktion) wird hier in zweifacher Weise modifiziert: 1. Äußere Stimuli, Verstärker und Modelle wirken aufgrund kognitiver Vermittler, d.h. so wie sie jeweils gedeutet werden (vgl. S. 168ff.). 2. Parallel zum äußeren Verhalten gibt es ein inneres (verdecktes) Verhalten und korrespondierende innere Stimuli, Verstärker und Modelle (S. 73ff.).

statt: Im Alten Testament wird das Bilderverbot durchgesetzt. Und Jesus sagt: Rein und unrein sind keine äußeren Qualitäten, die mit bestimmten Stimuli verbunden sind, sondern ausschließlich innere Qualitäten – verdeckte Stimuli (Mk 7,15).

B. Operantes Lernen in der Religion

Religiöses Verhalten und Erleben ist wie jedes menschliche Verhalten durch operante Verstärker beeinflußbar[11]. Unter „operantem Lernen" wird die Beeinflussung des Verhaltens durch dessen Konsequenzen (populär gesprochen: durch Lohn und Strafe) verstanden. Positive Konsequenzen erhöhen die Auftretenswahrscheinlichkeit eines bestimmten Verhaltens und Erlebens. Fehlende Verstärker löschen es. Negative Sanktionen können es kurzfristig unterdrücken. Als Konsequenzen kommen materielle Verstärker (wie Essen und Trinken), soziale Reaktionen (wie Lob und Tadel) und symbolische Verstärker (z. B. Phantasien über den himmlischen Lohn) in Frage.

Außer Frage steht, daß religiöses Verhalten durch materielle Verstärker bedingt ist. Ein anschauliches Beispiel sind religiöse Feste. Jahrhundertelang folgte dem religiösen Ritus der Schlachtung (also dem „Opfer") ein fröhliches Gemeinschaftsmahl. Durch die Konsequenz „kultischer Ritus–Fleischgenuß" wurden die blutigen Opferfeiern so nachhaltig verstärkt, daß sie sich aller intellektuellen Kritik zum Trotz bis in die späte Antike hinein hielten und erst durch das Christentum abgeschafft wurden. Wie stark die Motivation zur Teilnahme an Opferfeiern war, geht aus dem 1.Kor hervor: Vor allem ärmeren Christen fiel es schwer, auf kultische Feiern mit Fleischverteilungen zu verzichten. Die materielle Verstärkung eines (unerwünschten) religiösen Verhaltens konnte nur durch massive Gegenkonditionierung ausgeglichen werden (vgl. 1.Kor 8–10)[12] Noch heute ist die Beliebtheit des Weihnachtsfestes nicht zuletzt darauf zurückzuführen, daß wir alle als Kinder bei dieser Gelegenheit durch Geschenke „verstärkt" worden sind, so daß selbst bei säkularisierten Zeitgenossen am Weihnachtsfest rudimentäre religiöse Verhaltens- und Erlebensweisen reaktiviert werden.

Materielle Verstärker sind fast immer mit sozialen Verstärkern verbunden. Im Urchristentum erhielten die Armen nicht nur materielle Unterstützung. Auch der Sklave wurde mit „Bruder" angeredet. In Christus war er ein Freigelassener. Auch der Fremde wurde zum

---

[11] Die Erforschung des operanten Lernens ist vor allem mit dem Namen B. F. SKINNER verbunden, vgl. H. THOMAE, Hauptströmungen, 51 f.

[12] Vgl. meine Überlegungen in: Studien zur Soziologie des Urchristentums, WUNT 19, Tübingen 1979, 272–289.

Mitbürger in der himmlischen Polis. Jeder durfte sich als von Gott geliebt und erwählt betrachten. Die Prediger, die Sakramente, das Gemeinschaftsleben bestärkten immer wieder diese Gewißheit. Diese sozialen Verstärker wurden durch symbolische Verstärker gestützt. Für den orthodoxen Behaviorismus ist es ein Paradox, daß zukünftige Verstärker, die real nie erfahren wurden, eine gewaltige verhaltensmotivierende Kraft haben, ja daß Menschen alles für die Zukunft hingeben[13]. Für einen kognitiv modifizierten Ansatz aber ist auch das erklärbar: Die Erwartung der Parusie des Herrn wirkt wie ein realer Verstärker, wenn sie immer wieder durch Worte, Feste, Bekenntnisformulierungen wiederholt wird, wenn immer wieder in der Phantasie die „letzten Dinge" durchlebt werden, daß der Herr kommt, die Erwählten ihren Lohn empfangen und die Verdammten leer ausgehen. Nur im Rahmen eines eschatologischen (symbolisch präsenten) Verstärkungssystems sind die erlebens- und verhaltensändernden Auswirkungen des Evangeliums verständlich zu machen.

C. Imitatives Lernen in der Religion

Menschliches Erleben und Verhalten wird durch Vorbilder geprägt[14]. Wir müssen nicht selbst verstärkt werden, um ein Verhalten zu erlernen. Oft genügt, daß wir bei anderen erfolgreiches Verhalten beobachten. Dabei wirken stellvertretende Modelle besser, wenn sie die Situation nicht von vornherein beherrschen, sondern erst nach Widerständen bewältigen. Wir identifizieren uns eher mit bewältigenden als mit beherrschenden Modellen.

Daß religiöses Verhalten und Erleben in hohem Maße von Modellen abhängt, wußte schon die Antike. Plato erklärt in seinen Gesetzen die

---

[13] CH. KRAIKER: Psychoanalyse, Behaviorismus, Handlungstheorie, Theoriekonflikte in der Psychologie, München 1980, 160, zeigt das an folgendem Beispiel: „Kaiser Karl V. ging gegen Ende seines Lebens in ein Kloster, um die ewige Seligkeit zu erlangen' wird von Skinner sicher nicht übersetzt in die Aussage: ‚Kaiser Karl V ging gegen Ende seines Lebens in ein Kloster, weil vorher seinen Klosterbesuchen häufig die ewige Seligkeit folgte.' Das ist sicher objektiv falsch, wenn nicht gar semantischer Unsinn." Weniger unsinnig wäre aber m. e. eine Erklärung durch verdecktes operantes Lernen: Weil die kulturelle Umwelt Karl V. immer wieder Klosterleben und ewige Seligkeit in der Phantasie als einen Folgezusammenhang verband und dieser Gedanke auch über Karl V. Macht gewann, trat er ins Kloster ein. In der Phantasie antizipierte Folgen wirken wie reale Folgen, wenn sie häufig genug vorgestellt und sozial verstärkt werden.

[14] Die Erforschung des Modellernens ist vor allem mit dem Namen A. BANDURA verbunden. Er ging dabei über die klassischen Lerntheorien hinaus: Beobachtungslernen setzt in sich kognitive Akte voraus. Einen Überblick gibt C. ZUMKLEY-MÜNKEL: Imitationslernen, Düsseldorf 1976.

Entstehung religiöser Überzeugungen als einen Akt imitativen Lernens. Die Kinder hören von den Göttern in Mythen. Dazu aber kommt:

„sie gewahrten ihre Eltern, wie sie sich in tiefstem Ernst um ihr eigenes Heil und um das der Kinder bemühten und wie sie in der festen Überzeugung vom Dasein der Götter sich mit Gebet und Flehen an sie wandten; sie sahen und hörten davon, daß sich beim Aufgehen der Sonne und des Mondes und bei ihrem Untergang alle Hellenen und Barbaren verneigen und zu Boden werfen, mögen sie sich in mancherlei Bedrängnissen oder auch in glücklicher Lage befinden, nicht als gäbe es keine Götter, sondern in der Überzeugung, daß sie ganz gewiß existieren und auch keinerlei Anlaß zu dem Verdacht geben, daß sie etwa nicht sein könnten". (leg 887d/e)

Plato nennt hier zwei Modellformen: reale Modelle wie die Eltern und symbolische Modelle wie Hellenen und Barbaren, von denen die Kinder nur hören. Beide Formen imitativen Lernens lassen sich in der Religion überall nachweisen.

Paulus ist ein reales Modell religiösen Erlebens und Verhaltens für seine Gemeinden gewesen. Nur deshalb kann er sie mahnen, ihn nachzuahmen, so wie er Christus nachahmt (1.Kor 11,1). Durch sein reales Modellverhalten wurde das symbolische Modell Christus den Gemeinden nahegebracht: In seinem Leben wurde Leben und Sterben Jesu epiphan (2.Kor 4,10f.).

Hier wie so oft beruft sich Paulus auf symbolische Modelle, ja er selbst wurde bald zum Modell des sich bekehrenden Verfolgers. Die einzigartige Bedeutung der Bibel beruht auch darauf, daß sie ein großes Angebot realistischer Modelle von Adam bis Paulus enthält. Gerade weil in ihr die „beherrschenden" Modelle zurücktreten und die scheiternden und bewältigenden Modelle so zahlreich sind, konnte sie eines der wichtigsten „Lehrbücher" menschlichen Verhaltens und Erlebens werden. Für Paulus selbst hatten z.B. Abraham und Christus modellhafte Bedeutung.

Abschließend sei noch einmal betont: Ein lerntheoretischer Ansatz wird erst dann für die Analyse der Religion fruchtbar, wenn er kognitiv modifiziert wird, d.h. wenn die Lernprinzipien des assoziativen, operanten und imitativen Lernens nicht nur auf reale, sondern auch auf symbolische (innerlich repräsentierte) Stimuli, Verstärker und Modelle angewandt werden, d.h. auf eben jene Stimuli, Verstärker und Modelle, die uns auch in religiösen Texten begegnen.

Eine Frage bleibt offen: Was ist das Proprium religiösen Erlebens und Verhaltens? Wodurch können bestimmte Stimuli, Verstärker und Modelle religiösen Charakter gewinnen? Wir können eine Antwort allenfalls andeuten: Religiöse Symbole wollen den Menschen in ein Verhältnis zur Gesamtwirklichkeit setzen. Ein „Stimulus" gewinnt dann religiösen Charakter, wenn in ihm das Ganze präsent wird und die Reaktion auf ihn als emotionale „Antwort" auf das Ganze erlebt wird. Dasselbe gilt von Verstärkern: Religiöser Glaube ist Suchen nach der Gewißheit, daß sich das Leben letztlich „lohne" – trotz aller negativen Aspekte. Verstärkende Züge in der symbolisch gedeuteten Welt erhalten religiösen Charakter, wenn sie dieser Grundüberzeugung Ausdruck verleihen. Ähnliches ließe sich vom imitativen Lernen sagen: Religiöser Glaube ahnt hinter unserer begrenzten Lebenswelt eine Sinnfülle, die ihm als Vorbild und Anstoß für eigenes sinnvolles Handeln dient.

Zum Glück können wir die Frage nach dem Proprium religiösen Verhaltens und Erlebens im Rahmen unserer Untersuchungen offenlassen. Eine Psychologie der urchristlichen Religion ist zunächst an den im Urchristentum neu auftretenden Erlebens- und Verhaltensmustern interessiert. Aus einer lerntheoretischen Sicht fragt sie nach neuen Stimuli und Stimulikombinationen, neuen Verstärkern und neuen Modellen, die in der symbolischen Welt des Urchristentums begegnen. Schon auf den ersten Blick treten hier deutlich neue Erscheinungen hervor: So werden Kreuz und Auferstehung „assoziiert" – ein extrem negativer und ein extrem positiver „Stimulus". Die eschatologische Verstärkungssymbolik erfährt eine radikale Veränderung: Auch der Gottlose wird gerechtfertigt. Es gibt unbedingte positive Verstärkung trotz Schuld und Sünde. Und mit Christus tritt ein Modell in die Mitte der gedeuteten Welt, bei dem Scheitern und Sieg, Gerichtetwerden und Richten, Macht und Ohnmacht in einzigartiger Weise verbunden sind.

II. Der psychodynamische Ansatz:
Religion als Auseinandersetzung mit dem Unbewußten

Der lerntheoretische Ansatz erklärt Erlebens- und Verhaltensänderungen als Aufbau bzw. Löschung von Reaktionen auf die Umwelt. Im Menschen selbst wird nur eine relativ ungerichtete, allgemeine Aktivität vorausgesetzt. In den klassischen Lerntheorien wird sogar bewußt von allem abgeblendet, was im Innern des Menschen geschieht. Wird eine Reaktion z. B. gelöscht, so ist sie innerhalb dieses theoretischen Bezugsrahmens nicht mehr existent.

Was in den (klassischen) Lerntheorien ganz an den Rand tritt, wird in psychodynamischen Ansätzen[15] zum zentralen Thema. Deren große

---

[15] Einen Überblick bieten D. Wyss: Die tiefenpsychologischen Schulen von den Anfängen bis zur Gegenwart, Göttingen 1961, und E. WIESENHÜTTER: Grundbegriffe der Tiefenpsychologie, Darmstadt 1969.

Entdeckung ist, daß die innere Welt des Menschen Tiefendimensionen hat, die sich dem Bewußtsein entziehen. Wenn z. B. ein Verhalten aufhört, so wird nach psychodynamischer Auffassung die hinter dem Verhalten stehende Energie nicht einfach „gelöscht", sondern transformiert, d. h. sublimiert, verschoben oder verdrängt. Sie wirkt weiter, auch wenn sie unbewußt bleibt.

Erlebens- und Verhaltensänderung geschieht nach psychodynamischer Auffassung durch Verschiebung der Grenze zwischen Bewußtsein und Unbewußtem. Diese Verschiebung wird vor allem im (therapeutischen) Dialog in eine konstruktive Richtung gelenkt: Ein emotional akzeptierender Partner hilft durch Interpretationen dazu, ehemals unbewußte Aspekte der Person bewußtzumachen und zu integrieren. Die im Unbewußten wirkenden Faktoren sowie die Funktion des Unbewußten im Leben werden dabei von den beiden klassischen psychodynamischen Ansätzen verschieden bestimmt[16].

Die Psychoanalyse (S. FREUD) will konstruktive Verhaltens- und Erlebensveränderung durch Überwindung dysfunktionaler unbewußter Traumata und Fixierungen erreichen, die auf frühkindliche Erfahrungen innerhalb der Familie zurückgehen. Das Unbewußte wird wie ein Sumpf betrachtet, den man trockenlegen muß. Ziel ist eine realistische Anpassung an die Realität durch Spannungsreduktion im Innern des Menschen.

Die analytische Psychologie (C. G. JUNG) will dagegen konstruktive Änderungen durch Integration funktionaler Strukturen des Unbewußten erreichen. Im kollektiven Unbewußten liegen ererbte Muster des Verhaltens und Erlebens bereit, denen wir uns anvertrauen dürfen. Das Unbewußte erscheint weniger als trockenzulegender Sumpf, denn als belebende Quelle, von der man sich allzulange getrennt hat. Primäres Ziel ist die „Anpassung" an diese kollektive Innenwelt. Ihre Integration ermöglicht es, auch die Außenwelt besser bewältigen zu können.

In allen psychodynamischen Ansätzen spielen hermeneutische Prozesse eine große Rolle: Der Dialog zwischen Therapeut und Klient ist ein hermeneutisches Geschehen, das geschichtlich bedingt ist, wie die vielen Schulen psychodynamischer Prägung zeigen. Dennoch ist dieser hermeneutische Charakter psychodynamischer Theorien nicht immer bewußt. Jedoch kann man im Blick auf die Entwicklung psychodynamischer Theorien von einer „hermeneutischen" Wende sprechen, so daß psychodynamische Theorien insgesamt mit drei Faktoren menschlichen

---

[16] Einen instruktiven Vergleich beider Konzeptionen bietet R. FETSCHER: Grundlinien der Tiefenpsychologie von S. Freud und C. G. Jung in vergleichender Darstellung, problemata 69, Stuttgart 1978.

Erlebens und Verhaltens rechnen: 1. genetischen Prädispositionen – so vor allem in der analytischen Psychologie, 2. frühkindlichen Prägungen – so vor allem in der orthodoxen Psychoanalyse, 3. kulturellen Deutungen – so in den hermeneutisch modifizierten Theorien. Diese drei Faktoren seien nacheinander besprochen.

A. Genetische Prädispositionen (Archetypen)

C. G. JUNG[17] erschloß aufgrund ständig wiederkehrender Motive in den Äußerungen des Unbewußten, also in Träumen, Mythen und Dichtungen, auf zugrunde liegende universal verbreitete Erlebens- und Verhaltensstrukturen. Er nannte sie Archetypen. Die Archetypen sind unbewußt, unanschaulich, formal und gehören zum kollektiven genetischen Erbe. Sie lassen sich mit einem Magnetfeld vergleichen, das niemand wahrnehmen kann, das aber durch seine Auswirkungen sichtbar wird. Die Auswirkungen der Archetypen sind die wiederkehrenden Motive, Bilder und Symbole in unserer „gedeuteten Welt".

Diese Archetypenlehre hat eine gewisse Wahrscheinlichkeit für sich. Der Mensch ist das vorläufige Endprodukt einer langen Evolution. Wir müssen bei ihm mit genetisch vorprogrammierten Dispositionen wie bei allen Lebewesen rechnen – mit Anpassungsstrukturen, die einer archaischen Phase unseres Daseins entsprechen, heute jedoch unbewußt sind, da die Anpassung an die veränderten Bedingungen der gegenwärtigen Umwelt ganz andersartige bewußte Leistungen verlangt. Wichtig ist: Solche vorprogrammierten Prädispositionen wirken nie automatisch. Sie sind immer durch kulturellen Einfluß geformt und können entweder kulturell verstärkt, modifiziert oder gar unterdrückt werden. Sie erklären nur eine gewisse Auftretenswahrscheinlichkeit kulturell variabler Verhaltens- und Erlebnistendenzen[18].

Wie aber kann man solche Archetypen erschließen? Über welche Kriterien verfügen wir, um hinter all den kulturellen Variationen ein gemeinsames „Erbe" zu erkennen? Hier sind drei Kriterien zu nennen:

1. Archetypische Strukturen können dort angenommen werden, wo die biologische Forschung vergleichbare Reaktionen bei Menschen und

---

[17] Die beste Einführung ist die von C. G. Jung autorisierte zusammenfassende Darstellung J. JACOBI: Komplex, Archetypus, Symbol in der Psychologie C. G. Jungs, Stuttgart 1957. In der Tradition dieser Schule steht U. MANN: Einführung in die Religionspsychologie, Darmstadt 1973.

[18] Die Psychologie C. G. JUNGS muß m. E. durch die Ergebnisse der biologischen Verhaltensforschung präzisiert und eingeschränkt werden – ein Anliegen, das hinter dem Sammelband von H. HEUSSER (ed.): Instinkte und Archetypen im Verhalten der Tiere und im Erleben des Menschen, WdF 80, Darmstadt 1976, steht.

Tieren feststellt, obwohl vergleichbares Verhalten keineswegs ein sicheres Indiz für genetische Prädispositionen ist[19].
2. Archetypische Strukturen können dort vermutet werden, wo neurophysiologische Forschung Indizien für eine neurale Basis bestimmter Erlebens- und Verhaltensstrukturen gefunden hat[20]. Damit kommen wir auch in einen Bereich, in dem sich der Mensch von seinen tierischen Verwandten grundsätzlich unterscheidet: in den Bereich des Großhirns.
3. Archetypische Strukturen können schließlich dort vermutet werden, wo der interkulturelle Vergleich immer wieder auf vergleichbare Erlebens- und Verhaltensformen stößt[21]. Da archetypische Strukturen sich nie automatisch durchsetzen, müssen sie auch nicht universal in manifesten Erscheinungen nachgewiesen werden.

Man muß zugeben: Die methodologische Basis für den Rückschluß auf Archetypen ist noch etwas schwach. Aber es gibt plausible Beispiele. Das Symbol des „göttlichen Kindes" begegnet in vielen Kulturen und auch in den Kindheitsgeschichten der Evangelien. Wahrscheinlich spricht es in uns Relikte „instinktiven Brutpflegeverhaltens" an so wie das „Kindchenschema" bei anderen Lebewesen. Das Symbol des „göttlichen Kindes" erfährt dadurch eine „innere Verstärkung" durch eine sehr allgemeine Verhaltensdisposition, die seine große Verbreitung erklären könnte.

Interkulturell nachweisbar ist auch das Vatersymbol. Im Urchristentum nimmt es einen zentralen Platz ein. Nirgendwo sonst wird so nachdrücklich von Gott als Vater gesprochen. Auch dies Symbol spricht möglicherweise Relikte eines kindlichen „Bettelverhaltens" gegenüber den fürsorgenden Eltern an – Relikte, die in ein allgemeines Gefühl des Vertrauens und der emotionalen Geborgenheit transformiert wurden.

Hinzuweisen ist ferner auf Symbole aus dem Freund–Feind-Verhältnis. Christus wird im Neuen Testament als Herrscher dargestellt, der über seine Gegner triumphiert (1.Kor 15,25; Kol 2,15). Der siegreich triumphierende Gott ist ein verbreitetes Phänomen der Religionsge-

---

[19] Zu unterscheiden sind Prädispositionen für Verhaltensabläufe (z.B. Lächeln), für Erkenntnisprozesse (z.B. Sensibilität für das „Kindchenschema"), für Antriebe (z.B. Sexualität) und für Lernprozesse, vgl. I. EIBL-EIBESFELDT: Der vorprogrammierte Mensch, dtv 4177, München 1976, 13–74. Daß die biologische Verhaltensforschung oft vorschnell von Erscheinungen bei Tieren auf den Menschen schließt (vgl. H. THOMAE, Psychologie, 154–163), sollte nicht zur Ablehnung der ganzen Forschungsrichtung führen.
[20] Vgl. E. G. D'AQUILI: The neurobiological Bases of Myth and Concepts of Deity, Zygon 13 (1978) 257–275.
[21] Interkulturelle Religionsphänomene werden vor allem in sogenannten „Religionsphänomenologien" dargestellt, z.B. bei M. ELIADE: Die Religionen und das Heilige, Salzburg 1954.

schichte. Und er wird meist so dargestellt, wie es allgemein verbreitetem Imponierverhalten unter Lebewesen entspricht: mit gespreizter Brust und übernormaler Größe. Auch solche Symbole könnten in uns rudimentäre Verhaltens- und Erlebenstendenzen ansprechen.

Symbole aus dem Bereich des Sexualität finden sich fast in allen Religionen. Auch die mystische Vereinigung mit Christus hat sexuelle Färbung. Das gnostische Sakrament des Brautgemachs (PhilEv 61, 66ff., 73 u. ö.) läßt den metaphorischen Zusammenhang zwischen sexueller unio und Christusmystik deutlich werden. Charakteristisch ist auch hier: Die sexuellen Symbole zielen nicht auf sexuelles Verhalten, sondern religiöses Erleben.

Die bisherigen Beispiele stammen alle aus Bereichen, in denen es Analogien (und möglicherweise Homologien) zwischen tierischem und menschlichem Verhalten gibt: aus der Eltern–Kind-Beziehung, dem Freund–Feind-Verhältnis und der sexuellen Partnerschaftsbindung. Im Zentrum der Religionspsychologie C. G. JUNGS steht jedoch ein Archetypos, für dessen Wirken es keine Analogien im Tierreich geben kann: der Archetypos des Selbst, der dem Streben nach Ganzheit und Selbstverwirklichung zugrunde liegt. Es besteht m. E. kein Zweifel: Nur der Mensch kann von diesem Streben nach „Individuation" ergriffen werden. Nur bei ihm finden wir jenes Bewußtsein, das sich vom Unbewußten distanzieren kann und sich nach umfassenderer Einheit sehnt: nach Integration von Bewußtem und Unbewußtem, Männlichem und Weiblichem, Idealbild und „Schatten". Und doch hat auch diese Tendenz zur Ganzheit ein organisches Fundament. Wir können schon im biologischen Bereich Tendenzen zum inneren Gleichgewicht feststellen: Eine homöostatische Tendenz beherrscht alle Prozesse im Organismus. Wir sehen ihn aktiv, um Bedürfnisspannungen zu lösen. Ebenso streben wir in unserem psychischen und geistigen Leben nach einem inneren Gleichgewicht, ja, psychisches Leben ist ein Fließgleichgewicht, das seine Balance nur erhalten kann, wenn es sich nach vorne entwickelt gleich einem Fahrrad, das ohne Vorwärtsbewegung umkippt. Möglicherweise gibt es neurale Strukturen, die dies Gleichgewicht steuern, in der nicht-dominanten Hemisphäre des Gehirns lokalisiertes Verständnis für „Ganzheit" und „Einheit". Wie dem auch sei: Wir sind immer damit beschäftigt, vorhandene Ungleichgewichte und Diskrepanzen auszugleichen, ja, es gibt im Menschen möglicherweise eine präexistent angelegte Selbstverwirklichungstendenz, die sogar Dissonanzen aktiv aufsucht und zu integrieren versucht[22].

---

[22] Auch weniger spekulative Psychologen rechnen mit solch einer Selbstverwirklichungstendenz. C. ROGERS versteht unter „Aktualisierungstendenz" die allgemeine

Die Religionspsychologie C. G. JUNGs deutet religiöse Symbole vor allem als Objektivierung einer archetypischen Selbstverwirklichungstendenz. Christus ist ein Symbol des Selbst[23]. In ihm werden die Polaritäten des Bewußten und Unbewußten, des Ideals und des Schattens[24], des Männlichen und Weiblichen in eine umfassende Einheit integriert. Was unter lerntheoretischem Aspekt ein Modell menschlichen Erlebens und Verhaltens ist, wird hier zum Symbol einer archetypischen Realität. Christus wirkt nicht nur als stellvertretendes symbolisches Modell – weil es an unserer Statt „verstärkt" wird. Das Christussymbol erfährt vielmehr eine „innere Verstärkung" durch eine im Menschen vorprogrammierte Tendenz: In Christus inkarniert sich eine präexistente Tendenz zur Selbstverwirklichung, und mehr noch: in ihm gelangt diese Tendenz zum Bewußtsein ihrer selbst.

Zugegeben: Das klingt etwas spekulativ, aber hier liegt die z.Z. plausibelste Lösung für ein historisches Problem: In überraschend kurzer Zeit wurde der historische Jesus als ein präexistentes göttliches Wesen gedeutet. Religionsgeschichtliche „Übertragungstheorien"[25] können diesen Vorgang nur unzulänglich erklären. Schon der klassische Vertreter religionsgeschichtlicher Übertragungstheorien, W. BOUSSET, betonte: Solche Übertragungen sind Vorgänge „im Unbewußten, in der unkontrollierbaren Tiefe der Gesamtpsyche einer Gemeinde"[26]. Die religionspsychologische Archetypenlehre kann diesen Vorgang partiell verständlich machen: Die vom historischen Jesus ausgehenden Wirkungen sprachen präexistente Tendenzen im Menschen an. Im Erleben der ersten Christen war mit Christus eine Realität erschienen, die schon immer existiert hatte, aber erst jetzt ins Bewußtsein getreten war.

Tendenz des Organismus, „alle seine Fähigkeiten zur Aufrechterhaltung oder Förderung des Organismus einzusetzen. Diese Tendenz ist angeboren. Alle übrigen Triebe und Motivationen sind nur Teilaspekte, Manifestationen dieses ‚master motive'. Nur der Organismus als Ganzes ruft diese Tendenz hervor" (so in der Darstellung von H. BOMMERT: Grundlagen der Gesprächstherapie, Stuttgart 1977, 22).

[23] Eine zusammenfassende Deutung der Christussymbolik bietet C. G. JUNG in: Versuch einer psychologischen Deutung des Trinitätsdogmas (1942/8), Ges. Werke XI, Zürich 1963, 121–218, dort im Abschnitt „Christus als Archetypus", S. 166–172.

[24] C. G. JUNG kritisiert freilich gerade an der Christussymbolik, daß ihr die „Nachtseite der seelischen Natur, die Finsternis des Geistes und die Sünde" fehlt. (Ges. Werke XI, 170; ähnlich in: Aion (1951), Ges. Werke IX, 469.) Insofern ist die Christussymbolik für ihn kein vollkommenes Symbol des Selbst.

[25] Unter „religionsgeschichtlichen Übertragungstheorien" wird die Annahme verstanden, daß mehr oder weniger fertige Erlöservorstellungen aus der Umwelt des Urchristentums auf Christus übertragen wurden. Es macht dabei keinen Unterschied, ob man dabei mehr an die heidnische oder jüdische Umwelt des Urchristentums denkt.

[26] Vgl. W. BOUSSET: Kyrios Christos (1913), Göttingen ⁶1967, 99. Ähnliche Äußerungen finden sich S. 74 und 90.

Christus wurde daher unmittelbar als präexistentes Wesen erfahren, das aus seiner Verborgenheit hervorgetreten war.

Durch Verbindung archetypischer Tendenzen mit dem historischen Jesus wurde nicht nur der historische Jesus „umgedeutet", sondern ebenso die archetypische Realität. Die vom historischen Jesus ausgehenden Wirkungen prägten diese in geschichtlich einmaliger Weise. Der Individuationsprozeß wurde als die schmerzlichste Erfahrung des Menschen mit sich selbst gedeutet. Er ist nur durch Abkehr von der bisherigen Lebensweise zu erfahren. Er ist Tod und Wiedergeburt. Das Kreuz symbolisiert die Notwendigkeit der krisenhaften Abkehr vom bisherigen Leben: Der Mensch wird mit der Nachtseite der Wirklichkeit konfrontiert. Nur durch deren Integration gelangt er zur Ganzheit, zum „Heil".

Mit diesen Überlegungen haben wir die religionspsychologische Archetypenlehre hermeneutisch modifiziert. Nach C. G. JUNG ist der Archetypus Ursache des religiösen Symbols. Er verhält sich zu ihm wie der Prägestempel zum Abdruck. Diese einseitige Kausalitätsbeziehung muß gelockert und durch die Annahme einer Wechselwirkung ersetzt werden. Auszugehen ist von der geschichtlich gegebenen Symbolwelt. Archetypische Strukturen erklären, warum sie tief im menschlichen Herzen Resonanz findet, eine „innere Verstärkung", die zu ihrer geschichtlichen Verbreitung und Festigung beiträgt. Was im menschlichen Herzen „Resonanz" auf religiöse Symbole gibt, ist aber keineswegs in notwendiger Kausalbeziehung mit diesen verbunden. Menschliches Unbewußtes hat im Laufe der Geschichte auf ganz verschiedene symbolische Systeme „verstärkend" reagiert. Die im Menschen angelegten archetypischen Erlebens- und Verhaltensstrukturen sind von sich her offen. Sie werden erst in einem geschichtlichen Lernprozeß modifiziert und gestaltet. Es gibt sie nicht „an sich", sondern immer nur in geschichtlich variabler Deutung.

B. Frühkindliche Prägungen

Auch die Psychoanalyse (S. FREUD) deutet die Christussymbolik als Entsprechung und Enthüllung einer dem Menschen selbst unbewußten Dynamik, nur daß diese unbewußte Dynamik nicht als Streben nach Ganzheit und Selbstwerdung, sondern als düsterer Nachklang frühkindlicher Konflikte interpretiert wird[27].

---

[27] Die beste Einführung sind S. FREUDS „Vorlesungen zur Einführung in die Psychoanalyse" (1916/17) und „Neue Folge der Vorlesungen zur Einführung in die Psychoanalyse" (1932), beide in S. FREUD, Studienausgabe I, Frankfurt 1969, 34–445; 448–608.

Damit ordnet S. FREUD die Religion in ein Menschenbild ein, das den Menschen weniger durch genetisch vorprogrammierte Strukturen als durch frühkindliche Prägungen bestimmt sieht. Dieser Grundgedanke der Psychoanalyse hat eine gewisse Plausibilität für sich. Analogien für frühkindliche Prägungen finden wir bei nestflüchtigen Tieren, die in einer kurzen lernsensiblen Phase eine unrevidierbare Bindung zu ihren Eltern aufnehmen. Der Prägungsvorgang setzt angeborene Strukturen voraus, jedoch zugleich eine erstaunliche Plastizität: Er ermöglicht es dem Lebewesen, ein bestimmtes Individuum unter vielen anderen wiederzuerkennen. Das individuelle Bild der Mutter oder des Vaters (bzw. einer Ersatzattrappe) kann jedoch nicht schon im Gehirn vorprogrammiert sein. Hier muß ein Spielraum vorhanden sein, der durch relativ beliebige Eindrücke prägbar ist – wie Wachs durch einen Stempel.

Obwohl S. FREUD den Begriff der Prägung kaum verwandt hat, betrachtet er faktisch frühkindliche Erfahrungen mit den Eltern als Prägungen mit fast irreversiblem Charakter[28]. In der Tat wird man mit dem Gedanken rechnen müssen, daß grundlegende sprachliche, kognitive und emotionale Verhaltens- und Erlebensweisen in lernsensiblen Phasen „geprägt" und später nur schwer „nachgelernt" werden können, mögen diese Phasen auch viel länger dauern als im Tierreich und an Plastizität alle Analogien übertreffen. Aber so plausibel dieser Gedanke ist, so wenig konnte die psychoanalytische Theorie ihn bisher in allgemeingültiger Weise formulieren.

Bei religiösem Erleben und Verhalten nahm S. FREUD zwei in Spannung zueinander stehende „Prägungsprozesse" an: eine präödipale Prägung durch wunschgewährende Eltern und eine ödipale Prägung durch wunschverweigernde Eltern.

Zunächst einmal wird Religion als Fixierung auf ein Stadium problemloser Wunscherfüllung gedeutet. Die lange Angewiesenheit des Kleinkindes auf die Eltern werde beim religiösen Menschen nie ganz überwunden, so daß er sein Leben lang nach jenen allmächtigen Gestalten verlange, die einmal Geborgenheit in Not und Verlassenheit aus-

---

Wichtigere religionspsychologische Arbeiten in dieser Tradition sind A. Vergote: Religionspsychologie, Olten 1970; H. FABER: Religionspsychologie, Gütersloh 1973; H. G. HEIMBROCK: Phantasie und christlicher Glaube, München 1977; J. SCHARFENBERG/H. KÄMPFER: Mit Symbolen leben, Olten 1980. Einen Überblick gibt der Sammelband E. NASE/J. SCHARFENBERG (edd.): Psychoanalyse und Religion, WdF 275, Darmstadt 1977 (mit Bibliographie!).

[28] Eine Interpretation psychoanalytischer Erkenntnisse mit Hilfe des Prägungsbegriffs findet sich bei A. GÖRRES: Methode und Erfahrungen der Psychoanalyse, München 1958, bes. 68ff., 237ff. Auch C. G. JUNGs Archetypenlehre hat man von daher gedeutet; vgl. A. PORTMANN: Das Problem der Urbilder in biologischer Sicht, in: Biologie und Geist, Frankfurt 1956, 133–149, auch in: H. HEUSSER, Instinkt und Archetypen, 108–123.

strahlten und die Erfüllung grundlegender Bedürfnisse garantierten. Da sie auf Erden nicht mehr zu finden sind, würden sie im Himmel gesucht; und das um so mehr, je mehr sich die reale Lebenssituation wieder der Situation frühkindlicher Abhängigkeit annähere: Religion sei regressive Erneuerung frühkindlicher Abhängigkeit angesichts der Frustrationen des Lebens, eine illusionäre Wiederbelebung frühkindlicher Zufriedenheit und Geborgenheit[29].

Die zweite Wurzel der Religion liegt in der Auseinandersetzung mit den wunschverweigernden Eltern: Im Ödipuskonflikt werden (beim Knaben) auf die Mutter gerichtete sexuelle Wünsche und entsprechende aggressive Todeswünsche gegen den Vater durch Identifikation mit dem Vater überwunden. Das Kind verzichtet darauf, sich physisch an die Stelle des Vaters als Sexualpartner der Mutter zu setzen, weil es sich moralisch mit ihm identifizieren darf. Es spricht dessen Verbot: „Du darfst nicht!" zu sich selbst und verinnerlicht ihn als sein „Überich". Diese Verinnerlichung des Gebots hat einen hohen Preis. Fortan kann sich der Mensch mit Schuldgefühlen peinigen, wenn gar keine äußere Strafe zu befürchten ist, ja sogar dann, wenn er gar keine normwidrigen Handlungen ausführt, sondern nur phantasiert. *Ein* Verbrechen aber hat er in seiner Phantasie schon ausgeführt: die bis zum Todeswunsch gehende Rebellion gegen den Vater. Als Reaktion auf diesen Todeswunsch entstand das Überich, mit dessen Hilfe die ödipalen Phantasien verdrängt wurden. Aber das Überich weiß um diese Phantasien. Es straft auch Antriebe, die nicht mehr bewußt sind und lastet wie ein unerklärlicher Schatten über dem menschlichen Leben –, was sich im Bewußtsein einer dunklen „Erbsünde" niederschlägt[30].

Religiöses Erleben und Verhalten sind nach S. FREUD also Relikte frühkindlicher Prägungen durch die Eltern, Prägungen sowohl durch wunscherfüllende wie wunschverweigernde Eltern. Beides hat sich tief in die Seele des Kindes eingeprägt und unauslöschliche Spuren hinterlassen, vor allem jene Sehnsucht nach den imaginären Eltern im Himmel, die auch über den Konflikt hinweg Versöhnung und Frieden anbieten.

Die Bedeutung der urchristlichen Religion liegt darin, daß sie dies Wesen jeder Religion besonders klar offenbart. Auf der einen Seite wird ein unendliches Vertrauen in den himmlischen Vater regressiv erneuert; auf der anderen Seite tritt der strafende Vater mit archaischer Strenge hervor und tötet stellvertretend für alle Söhne *den Sohn.* Man wird diese

---

[29] Eine prägnante Zusammenfassung dieses Aspekts psychoanalytischer Religionspsychologie findet sich bei S. FREUD: Eine Kindheitserinnerung des Leonardo da Vinci (1910), Studienausgabe X, 146.
[30] Vgl. die Zusammenfassung in S. FREUD: Totem und Tabu (1912/13), Studienausgabe IX, 287–444, dort S. 437.

geniale Deutung urchristlicher Symbolik weder übergehen, noch unbesehen übernehmen können. S. FREUD hatte selbst Zweifel an seiner Deutung. Weil ihm frühkindliche Erfahrung allein zur Erklärung religiösen Erlebens und Verhaltens nicht ausreichte, postulierte er ein urzeitliches Geschehen in der Kindheit der Menschheit: den Vatermord in der Urhorde, wobei er sich nicht nur als genialer Mythendeuter, sondern als noch genialerer Mythenschöpfer erwies. Denn seine Konstruktion ist historisch-kritisch unhaltbar, bringt aber die Wahrheit zum Ausdruck: Daß Prägungen durch die empirischen Eltern die Tiefe religiösen Schuld- und Versöhnungsbewußtseins nicht erklären können. Die Frage ist: Läßt sich beides nicht weniger spekulativ deuten?

Erinnern wir uns an eine einfache anthropologische Erkenntnis. Beim Menschen wird das instinktive Steuerungssystem durch moralische Normen ersetzt. An die Stelle verhaltensauslösender Signale treten Gebote. Dadurch ändert sich zweierlei: Auf der einen Seite wird der Zusammenhang zwischen moralischem Gebot und korrespondierendem Verhalten gelockert. Der Mensch kann sich dem Gebot entziehen. Er folgt ihm nur bedingt. Auf der anderen Seite existiert in ihm eine archaische Tendenz zur „unbedingten Reaktion" fort – zu einer quasiautomatischen Reaktionsbereitschaft, die für das Tier lebenswichtig ist, wenn es beim Zusammentreffen mit einem Feind um Leben und Tod geht und der ganze Organismus schnell aktiviert werden muß. Auch der Mensch hat in sich die Bereitschaft zu solch einer totalen Aktivierung, aber sie ist nicht mit bestimmten Situationen gekoppelt, sondern kann sich durch Lernprozesse mit anderen Anforderungssituationen verbinden, ja, sie kann sich zur grundlosen Angst generalisieren.

Das heißt: Der Mensch kann auch außerhalb existenzbedrohender Situationen Todesangst empfinden und mit totaler Anspannung seiner Kräfte reagieren, ja, er kann sich unnötig in „Streßsituationen" hineinreden, wenn er eine Situation bewußt oder unbewußt als Aufforderung zu „totaler, innerer Mobilmachung" deutet – wozu auch eine Aktivierung latenter Tötungsbereitschaft gehört. Daher kann der Mensch auch moralische Forderungen als Existenzbedrohung erleben und mit dem Kommen des Gebots den Tod des Ich (Röm 7,9f.) verbinden. Die ersten Repräsentanten des moralischen Steuerungssystems sind die Eltern. Wenn das Kind auf ihre Gebote mit jener archaischen unbedingten Aktivierungsbereitschaft reagiert, so erhalten die Gebote einen absolutistischen Klang. Es geht dann nicht mehr um ein „Vergehen", es geht um die Möglichkeit abgrundtiefer Verworfenheit. Das Gebot wird zum Feindsignal, das unbedingte Ängste auslöst. Im Laufe der individuellen und historischen Entwicklung kann sich diese unbedingte Reaktionsbereitschaft mit den verschiedensten Inhalten verbinden: mit konkreten

Personen, Leistungsanforderungen, Zukunftserwartungen, sozialen Autoritäten, ja, es gibt nichts auf Erden; das nicht durch einen geschichtlichen Lernprozeß zum Auslöser unbedingter Aktivierungsbereitschaft werden kann. Religiöse Symbolik setzt sich mit „allen Mächten im Himmel und auf Erden" auseinander.

Die These FREUDS ließe sich dann so umformulieren: Der als Überich verinnerlichte Vater kann aufgrund von Lernprozessen Auslöser einer unbedingten Aktivierungstendenz werden, die sich unabhängig von ihren archaischen Wurzeln mit den verschiedensten Gestalten verbinden kann. Religion ist Auseinandersetzung mit diesem archaischen Erbe – d. h. nicht nur mit dem „Vater", sondern mit allen Autoritäten, Institutionen und Ideen, mit denen jene archaische Reaktionsbereitschaft verknüpft wurde. Für Paulus war diese Reaktionsbereitschaft mit dem „Gesetz" als dem Inbegriff der Normen seiner soziokulturellen Welt verbunden. Die Begegnung mit der Christusgestalt verhalf ihm zu einer Freiheit gegenüber diesen Normen, in dem Sinne, daß sie ihren absolutistisch drohenden Charakter verloren.

Wir haben damit aber nur eine Seite der Religionstheorie FREUDS betrachtet. Neben der frühkindlichen Prägung durch fordernde Eltern lebt in der Religion die Geborgenheit durch fürsorgende Eltern fort. Auch hier wird man fragen müssen, ob diese Geborgenheit ausschließlich Nachklang frühkindlicher Erfahrungen mit den empirischen Eltern ist. Die psychoanalytische Theorie ist darüber hinausgegangen. Mit ihrer Theorie eines „primären Narzißmus" postulierte sie eine ursprüngliche Einheit mit allen Dingen, in der Ich und Außenwelt ungetrennt sind. Dieses Einheitserleben sei Grundlage von Humor, Kreativität, Einfühlungsvermögen und der Versöhnung mit dem Tode[31]. Es lebe in einem mystischen Verbundenheitsgefühl fort, das immer wieder die Religionen durchflutet hat. Auch hier gibt die psychoanalytische Theorie selbst Hinweise darauf, daß das Geborgenheitsgefühl über die empirischen Eltern hinausweist. Sollte man an solche Hinweise nicht anknüpfen?

Ebenso wie es beim Menschen eine unbedingte Aktivierungstendenz gibt, die durch geschichtliche Lernprozesse geprägt wird, ebenso gibt es eine unbedingte Entspannungstendenz, die bei gelungener Bedürfnisbefriedigung eintritt. Sie wird zuerst bei den Eltern erlebt. Sie prägen unser Geborgenheitsgefühl für das ganze Leben. Es wird dabei zu einem Selbstwert: Denn der Mensch lebt nicht nur von der Befriedigung seiner

---

[31] Ansätze zur Revision der psychoanalytischen Religionstheorie knüpfen heute vor allem an das Narzißmus-Konzept an. Vgl. J. SCHARFENBERG: Religiöses Bewußtsein als Narzißmus? in: J. SCHARFENBERG/H. W. SCHÜTTE (u. a.): Religion – Selbstbewußtsein – Identität, TEH 182, München 1974, 10–16, und H. G. HEIMBROCK, Phantasie, 94 ff.

physischen Bedürfnisse, er möchte die ganze gedeutete Welt als seine Heimat erleben. Seine innere Entspannungsbereitschaft kann sich mit neuen Situationen verbinden, ja mit der Welt überhaupt. Er erlebt in ihr Augenblicke, in denen er sich schlechthin geborgen fühlt. Es besteht kein Zweifel daran, daß Religion Suche nach solch einer Welt ist. In einem unendlichen Lernprozeß wird die Welt nach den gültigen „Auslösern" für jenen inneren Frieden abgetastet, den uns zuerst die Nähe unserer Eltern verliehen hat.

Fassen wir unsere Modifikation der psychoanalytischen Religionspsychologie zusammen: Religion ist mehr als Nachklang unserer ersten Erfahrungen mit gewährenden und fordernden Eltern. Die Eltern prägen eine unabhängig von ihnen bestehende unbedingte Aktivierungs- und Entspannungstendenz. Sie sind die erste „Umwelt" bei der Suche nach einer Welt, in der wir unbedingte Motivation und Geborgenheit erleben dürfen, ohne uns bedroht zu fühlen.

Wenn wir also die Auseinandersetzung mit dem „Überich" in der urchristlichen Religion verfolgen, so brauchen wir dessen Stimme nicht als Nachklang der väterlichen Stimme aufzufassen. Es ist überflüssig, die Kindheitsgeschichte neutestamentlicher Autoren zu kennen. Das „Überich" ist vielmehr die verinnerlichte Stimme aller normativen Systeme der damaligen Kultur, d. h. all jener Steuerungsmechanismen, auf die der Mensch potentiell mit absolutistischer Aktivierungsbereitschaft reagieren kann[32]. Ebensowenig müssen wir den Ausdruck tiefer Geborgenheit nur als Nachklang der Kindheit auffassen, auch wenn gerade im Neuen Testament Vater- und Kindheitsmetaphorik reichlich vorhanden sind. Mit diesen Bildern wird die Bereitschaft zur unbedingt entspannten Reaktion auf die Gesamtwirklichkeit übertragen, so daß selbst die Lilien auf dem Felde und die Vögel unter dem Himmel zu „Auslösern" unbedingter Geborgenheit werden.

Die Familie und andere sozialisierende Institutionen haben aber unabhängig davon eine große Bedeutung – auch dort, wo die Quellen das nicht sichtbar werden lassen: Sie übermitteln die geschichtlichen Interpretationen der Wirklichkeit an die nachwachsende Generation, mit denen die angst- und entspannungsauslösenden Impulse der Welt

---

[32] Eine derartige Verallgemeinerung psychoanalytischer Konzepte findet sich schon bei E. FROMM: Die Entwicklung des Christusdogmas. Eine psychoanalytische Studie zur sozialpsychologischen Funktion der Religion, Imago 16 (1938) 305–373, jetzt in: Religion, GA 6, Stuttgart 1980, 11–68. FROMM interpretiert den Ödipuskonflikt durch den Klassenkampf. Dadurch wird er a) entsexualisiert: Die Herrschenden enthalten dem Sohn nicht nur die Mutter vor, sondern überhaupt Lebenschancen; er wird b) historisch kontrollierbar: Soziale Konflikte schlagen sich in Quellen nieder, familiäre Kindheitsdramen in der Regel nicht. Daher ist seine psychoanalytische Deutung der Christologie viel weniger spekulativ als bei S. FREUD.

geordnet, gedeutet und bewältigt werden. Denn auch hier gilt das ceterum censeo einer hermeneutisch orientierten Psychologie: Nichts wirkt an sich auf den Menschen, alles ist vermittelt durch Deutungen des Menschen. Diese Deutungen sind weder beliebig noch absolut festgelegt. Sie sind geschichtlich, d. h. zugleich Ergebnis einer kontinuierlichen Entwicklung – und kontingent, unverwechselbar und unvorhersehbar.

C. Kulturelle Deutungen

Psychodynamische Theorien scheinen auf den ersten Blick menschliches Bewußtsein radikal zu entthronen, den geschichtlichen Wandel symbolischer Deutungen zu leugnen und ihren Sinngehalt auf naturhafte Faktoren zu reduzieren. Ein zweiter Blick zeigt: Zumindest im therapeutischen Prozeß selbst kommt geschichtlich bedingten Sinndeutungen ein zentraler Ort zu. Hier geschieht Verhaltens- und Erlebensänderung durch hermeneutische Akte: durch Sinndeutungen mit Hilfe von Symbolen, die teils der antiken Tradition, teils der jeweiligen Schultradition entnommen wurden. Jeder therapeutische Dialog baut eine für beide Dialogpartner gemeinsame symbolische Welt auf, die geschichtlich so variabel ist wie die unübersehbare Mannigfaltigkeit psychotherapeutischer Strömungen. Mochten sich psychodynamische *Theorien* an naturwissenschaftliche Modelle anlehnen, die therapeutische *Praxis* war schon immer hermeneutisch. Dieser Widerspruch zwischen Theorie und Praxis mußte früher oder später zu einer hermeneutischen Revision der psychodynamischen Theorie führen. Er zeigt sich am klarsten in der Geschichte des Symbolbegriffs.

Als erster brach C. G. JUNG mit dem reduktiven Symbolverständnis der orthodoxen Psychoanalyse. Anstatt Symbole naturalistisch auf Triebwünsche zu reduzieren, erhellte er sie „amplifizierend" mit Hilfe der kulturellen Tradition. Was in privaten Träumen ans Bewußtsein stieg, wurde mit Symbolen aus allen ihm zugänglichen kulturellen Bereichen erhellt und gedeutet. Was C. G. JUNG mit einer Hand dem hermeneutischen Bewußtsein zugestand, entzog er ihm mit der anderen Hand. Denn all diese geschichtlich variablen Symbole waren für ihn Ausdruck genetisch ererbter Archetypen –, womit sie wiederum auf naturhafte Faktoren „reduziert" wurden. Der Glaube an universale Archetypen verlieh ihm das gute Gewissen, Symbole aus den unterschiedlichsten kulturellen Bereichen und Zeiten heranzuziehen, um sie gegenseitig mit Sinn anzureichern (zu „amplifizieren") – ein Verfahren, das er oft so willkürlich handhabte, daß es bei historisch-kritisch geschulten Interpreten wenig Anklang fand.

Später kam es innerhalb der orthodoxen Psychoanalyse zu einer noch tiefgreifenderen Revision des Symbolbegriffs[33]. War für die klassische Psychoanalyse das Symbol ein Symptom für verdrängte Inhalte, mit dessen Hilfe die Verdrängung aufrechterhalten wurde, so sieht man heute in Symbolen eine Sprache des Unbewußten, mit der unbewußte Inhalte der Verdrängung entzogen und in die öffentliche Kommunikation eingebracht werden können. J. SCHARFENBERG hat diese hermeneutische Wende im psychoanalytischen Symbolverständnis auf die knappe Formel gebracht: „Nicht die Verdrängung ruft die Notwendigkeit zur Symbolisierung hervor, sondern der Verzicht auf den Umgang mit Symbolen schafft die Verdrängung."[34].

Der gemeinsame Nenner des revidierten Symbolverständnisses ist: Symbole sind nicht nur Gegenstand von Deutungen, sie sind selbst Deutungen. Sie sind nicht nur durch innere psychische Dynamik verursacht, sondern kognitive Strukturen, die den psychischen Prozeß aktiv beeinflussen. Es wäre nun kaum zu überbietende Arroganz, wollten Psychologen behaupten, die Strukturierung psychischer Prozesse durch Symbole geschähe nur im therapeutischen Dialog, als hätten Psychologen ein Monopol auf verhaltens- und erlebensverändernde Deutungen. Sie geschieht überall, wo Menschen ihre Erfahrungen und Konflikte interpretieren. Sie geschieht vor allem in den religiösen Symbolsystemen, die jahrhundertelang das wichtigste Kommunikationsnetz für psychische Prozesse waren.

Die Entwicklung lerntheoretischer und psychodynamischer Ansätze zeigt hier eine aufschlußreiche Konvergenz: Beide Ansätze werden durch Aufnahme kognitiver Elemente modifiziert. Nicht die Außen- und Innenwelt an sich, sondern ihre Deutungen bestimmen menschliches Erleben und Verhalten. Deutungen aber sind nicht kausal auf archetypische Programme oder frühkindliche Prägungen zurückzuführen, sie sind aktive kognitive Strukturierungsprozesse, in die kulturelle Tradition eingeht.

---

[33] Die hermeneutische Wende in der Psychoanalyse wurde verständlicherweise vor allem von Philosophen und Theologen inspiriert oder aufgegriffen. Einflüsse von J. HABERMAS schlagen sich bei A. LORENZER: Kritik des psychoanalytischen Symbolbegriffs, ed. suhrkamp 393, Frankfurt 1970, nieder. Grundlegend ist P. RICOEUR: Die Interpretation. Ein Versuch über Freud, Frankfurt 1969 (franz. 1965); ders.: Hermeneutik und Psychoanalyse, München 1974 (franz. 1969). Innerhalb der Theologie wird diese hermeneutische Wende vor allem durch J. SCHARFENBERG vertreten in: Sigmund Freud und seine Religionskritik als Herausforderung für den christlichen Glauben, Göttingen 1968, ders.: Religion zwischen Wahn und Wirklichkeit, Hamburg 1972; zusammenfassend jetzt in: Mit Symbolen leben, bes. 46–70.

[34] J. SCHARFENBERG, Symbole, 67.

Im Rahmen des oben skizzierten hermeneutischen Symbolverständnisses kann auch die Frage nach der Funktion religiöser Symbole neu gestellt werden. Die konfliktsymbolische Interpretation der orthodoxen Psychoanalyse und die zielsymbolische Interpretation der analytischen Psychologie ergänzen einander. Religiöse Symbole können tiefgreifende Konflikte offenbaren, weil sie von der Gewißheit getragen sind, daß sie bearbeitet und überwunden werden können. Zielsymbolische Deutungen aber setzen überwundene Konflikte voraus.

Die Psychoanalyse deutete die Christussymbolik als Ausdruck einer Ambivalenz gegenüber dem liebenden und strafenden Vater, und zwischen rebellischem Aufbegehren und Geborgenheitsverlangen des Sohnes. Die Rebellion kommt zu ihrem Ziel: Der Sohn tritt an die Stelle des Vaters. Aber auch der Vater kommt zu seinem Ziel: Er bestraft im Sohne stellvertretend die Rebellion aller. Läge es da nicht nahe zu sagen: Also ziele urchristliche Symbolik auf eine Versöhnung von Sohn und Vater, bei der niemand verliert[35]?

Umgekehrt setzt die zielsymbolische Deutung der Christologie als Inkarnation des „Selbst" tiefgreifende Konflikte voraus. Das Selbst ist die Überwindung menschlicher Grundkonflikte: nicht nur des Konflikts zwischen rebellischer Autonomie und Geborgenheit, sondern ebenso zwischen Norm und normwidrigen Tendenzen, männlichen und weiblichen Aspekten, Macht und Ohnmacht, Leben und Tod[36].

Konflikt- und zielsymbolische Deutungen der Christologie lassen sich vereinen, wenn man die Christologie nicht auf verschiedene psychische Ursachen zurückführt. Erklärt man sie kausal als Ausdruck eines genetisch vorprogrammierten Archetyps oder als Niederschlag eines universal verbreiteten Ödipuskonfliktes, so schließen sich beide Erklärungen aus. Betrachtet man aber die Christussymbolik als geschichtlich gewordene Größe, mit der Menschen in die Lage versetzt wurden, ihre Grundprobleme aktiv zu deuten und zu bearbeiten, dann kann sie durchaus auf verschiedene psychische Faktoren bezogen werden – zumal dann, wenn man diese psychischen Faktoren als offene Tendenzen deutet: als Ganzheits-, Aktivierungs- und Entspannungstendenzen, die sich mit geschichtlich variablen Inhalten verbinden können und außerhalb ihrer geschichtlich variablen Form kaum faßbar sind.

Ganz ohne Bezugnahme auf innere psychodynamische Tendenzen wäre es m. E. unmöglich, die geschichtliche Macht der Christussymbolik zu verstehen. Sie fand nicht zufällig eine so tiefgreifende Resonanz in

---

[35] Vgl. P. Ricoeur: Die Vatergestalt – vom Phantasiebild zum Symbol, in: Hermeneutik und Psychoanalyse, München 1974, 315–353.

[36] Zu solchen Grundkonflikten vgl. J. Scharfenberg, Symbole, 170–197.

vielen menschlichen Herzen und gestaltete gleichzeitig das im menschlichen Herzen wurzelnde Erleben und Verhalten um. Sie wirkte in eine Tiefendimension hinein, die wir noch immer nicht voll durchschauen.

Es ist kein Zufall, daß den meisten psychologischen Deutungen paulinischer Theologie psychodynamische (vor allem psychoanalytische) Erklärungsmodelle zugrunde liegen. Sie konzentrieren sich auf sechs Themenbereiche: Sündenbewußtsein, Gesetzeskonflikt, Abwertung des Leibes, Rechtfertigungsbotschaft, Christusmystik, soziale Beziehungen des Paulus.

1. Das Sündenbewußtsein bei Paulus. Für S. FREUD bringt die paulinische Theologie eine bis dahin verborgene Wahrheit an den Tag: Sie macht die Rebellion gegen den Vater bewußt. Die unbewußte Tötungsabsicht gegen den Vater kann nur durch den Tod des Sohnes gesühnt werden. Wohl wird vom urzeitlichen Vergehen am Vater nur andeutungsweise gesprochen. Aber Paulus war „ein im eigentlichsten Sinn religiös veranlagter Mensch; die dunklen Spuren der Vergangenheit lauerten in seiner Seele, bereit zum Durchbruch in bewußtere Regionen"[37]. Theologie erscheint hier nicht als verdrängende Macht, sondern als Offenlegung des Unbewußten! Diese Offenbarung des Unbewußten geschah nach S. FREUD nicht nur in theologischen Gedanken, sondern auch im Ritus: Das Abendmahl sei Wiederholung der Totemmahlzeit, in der die Rebellion gegen den Vater symbolisch vollzogen und gesühnt werde. Bemerkenswert ist bei allen Äußerungen S. FREUDS zur paulinischen Theologie, daß sie nicht auf biographische Faktoren zurückführt. Ihn interessiert ihre sachliche Aussage – und er stimmt ihr zu, wenn auch in einem ganz anderen theoretischen Bezugsrahmen.

2. Der Gesetzeskonflikt bei Paulus. Eine erste biographische Paulusdeutung aus psychoanalytischer Sicht legte ein Freund S. FREUDS, der Pfarrer und Psychotherapeut O. PFISTER vor: Die Entwicklung des Apostels Paulus, Imago 6 (1920) 243–290. Der Gesetzesfanatismus des Christenverfolgers Paulus wird als ein zwangsneurotisches Symptom erklärt, mit dem Paulus auf einen (in Röm 7 dargestellten) Triebkonflikt reagiert habe: Unterdrückte Sexualität habe zu schweren Selbstanklagen geführt, so daß Paulus jede Gesetzesübertretung bei sich und anderen zwanghaft habe verfolgen müssen. Erst durch die Bekehrung vor Damaskus wurde er von diesem Zwang befreit. Nachwirkungen seines neurotischen Konflikts seien jedoch in seinem ganzen Leben spürbar (z.B. in seiner Abwertung der Sexualität oder in der Glossolalie). Neuere psychoanalytische Deutungen des Gesetzeskonflikts beschränken sich darauf, strukturelle und dynamische Beziehungen zwischen Gesetz, Ich und Sarx mit Hilfe psychologischer Kategorien zu klären. G. CRÉSPY: Exégèse et psychoanalyse, in: FS F. J. Leenhardt (1968) 169–179, findet in Röm 7 das Drei-Instanzen-Modell „Überich – Ich – Es" wieder. A. VERGOTE: Der Beitrag der Psychoanalyse zur Exegese. Leben, Gesetz und Ich-Spaltung im 7. Kap. des Römerbriefs, in:

---

[37] S. FREUD: Der Mann Moses und die monotheistische Religion (1939), Studienausgabe IX, 534f. (= G. W. XVI, 192). Zur Paulusdeutung FREUDS vgl. die treffenden Bemerkungen von J. TAUBES: Religion und die Zukunft der Psychoanalyse (1957), in: E. NASE/J. SCHARFENBERG, Psychoanalyse, 167–175.

Exegese im Methodenkonflikt (1973) 73–116 (franz. 1971), bringt hier Korrekturen an und zeigt, wie der Konflikt in Röm 8 überwunden wird: Hier können die vom Geist getriebenen Christen wieder „Vater" sagen.

Neben dem Rückgang auf kollektive und individualgeschichtliche Tiefen der Vergangenheit zeigt sich hier eine dritte Variante psychoanalytischer Deutungen: das Aufdecken struktureller Zusammenhänge in der Gegenwart. Genetische Erklärungen können dabei in den Hintergrund treten.

3. Die Abwertung der Sarx. In der Nachfolge der biographischen Paulusdeutung O. PFISTERS steht H. FISCHER: Gespaltener christlicher Glaube (1974). Sein neuer Gedanke ist: Paulus sei sein Leben lang gezwungen gewesen, latente homosexuelle Tendenzen bei sich zu verdrängen. Die Abwertung der Sarx generalisiere die Abwehr gegenüber einer bestimmten „sarkischen" Neigung auf alles Leibliche. Auch sein scharfes Urteil über homosexuelles Verhalten in Röm 1,25 ff. sei Reaktionsbildung auf diese Neigung. In allgemeinerer Form hatte vor H. FISCHER schon S. TACHAROW: St. Paul and Early Christianity, in: Psychoanalysis and the Social Sciences 4 (1955) 223–281 bei Paulus eine passive Homosexualität postuliert.

4. Die Rechtfertigungslehre. Zu einer positiveren Sicht paulinischer Theologie gelangt man, wenn man von der Gesetzeskritik ausgeht: Der Mensch wird ohne Werke des Gesetzes gerechtfertigt. R. SCROGGS: The heuristic Value of psychoanalytic Model in the Interpretation of Paul, Zygon 13 (1978) 136–157 wertet die paulinische Rechtfertigungslehre als Befreiung vom repressiven Leistungsprinzip: Sie verheiße Erfüllung in der Gegenwart anstatt Bedürfnisaufschubs in die Zukunft hinein. J. J. FORSYTH deutet die Theologie des Paulus in „Faith and Eros: Paul's Answer to Freud", Religion in Life 46 (1977) 476–487 sogar als Lösung all jener dunklen Probleme, die dem Spätwerk S. FREUDS einen pessimistischen Zug geben: Das Leben im Geist und in der Liebe ermögliche normative Regelungen, die nicht im Dienste des Todestriebs stehen. Eine dritte Möglichkeit, die Rechtfertigungslehre in psychodynamische Kategorien zu übersetzen findet sich bei D. STOLLBERG: Tiefenpsychologie oder historisch-kritische Exegese? Identität und der Tod des Ich (Gal 2,19–20), in: Y. SPIEGEL (Hg.), Doppeldeutlich (1978) 215–226: Die Befreiung von der Macht des Gesetzes sei Übergang von einer Überich- zu einer Ichmoral. Gemeinsam ist diesen Deutungen, daß sie ohne biographische Erklärungen arbeiten. Nicht die Person, sondern die Theologie des Paulus wird psychologisch analysiert, sei es als Überwindung des Leistungsprinzips, des Todestriebs oder der Überich-Moral.

5. Die Christusmystik. Die tiefenpsychologische Schule C. G. JUNGS hatte von Anfang an mehr Verständnis für die mystischen Züge paulinischer Theologie als die klassische Psychoanalyse. In „Die Psychologischen Grundlagen des Geisterglaubens" (1919)[38] deutet C. G. JUNG das Damaskuserlebnis als Durchbruch eines unbewußten Archetypos. Da Christus eine Repräsentation des

---

[38] Jetzt in: Die Dynamik des Unbewußten, Ges. Werke VIII, 339–360, dort 48f. Aufgegriffen von C. G. INGLIS: The Problem of St. Paul's Conversion, ET 40 (1928/9) 227–231.

Selbst ist, konnte in der Nachfolge C. G. JUNGS die Christusmystik als symbolische Darstellung des Individuationsvorgangs interpretiert werden: Der Christus „in mir" wurde zum neuen psychischen Kraftzentrum, das die Spaltung des Menschen überwindet. Ein Vergleich zwischen Christusglaube und Individuation zeigt bei D. COX: Jung and St. Paul. A Study of Doctrine of Justification by Faith and its Relations to the Concept of Individuation (1959), daß beim Individuationsprozeß das Ziel unbekannt, das Vertrauen in die eigenen Kräfte, es zu erreichen, groß ist, während Christus als Zielgröße bekannt, das Vertrauen in die eigenen Kräfte dagegen negativ ist. J. G. BISHOP: Psychological Insights in St. Pauls Mysticism, Theology 78 (1975) 318–324 betont, daß Christus nur ein mögliches Symbol des Selbst ist – für den Glauben aber das einzig wahre Symbol.

Seitdem die Narzißmustheorie innerhalb der Psychoanalyse eine Renaissance erlebte, hat man auch hier ein neues Verständnis für mystisches Erleben. Die engagierte Paulusdeutung des jüdischen Theologen R. RUBENSTEIN: My Brother Paul (1972) sieht in der sakramentalen Mystik des Paulus eine Überwindung der Distanz zwischen dem unbedingt fordernden Gott und dem rebellischen Menschen. Eine direkte Identifikation mit göttlicher Allmacht ist ihm verwehrt, wohl aber die indirekte: Durch Identifikation mit Christus werden narzißtische Allmachtswünsche erfüllt. Auch D. STOLLBERG (s.o.) registriert, daß in der Christusmystik Allmachtsphantasien angesprochen werden, aber Christusmystik ist ein Mit-Christus-Sterben. Das Kreuz ist Symbol eines Allmachtsverzichts.

6. Die sozialen Beziehungen des Paulus gehören zwar nicht zur paulinischen Theologie, werfen aber dennoch ein Licht auf sie. S. TARACHOW (s.o.) will bei Paulus eine durchgehende Ambivalenz gegenüber väterlichen Autoritäten feststellen. Einerseits ist er auf sie angewiesen. Daher sucht er Anerkennung beim Synhedrion, bei Barnabas, bei den Uraposteln. Andererseits rebelliert er gegen die von ihm gewählten Autoritäten, so daß sein Leben eine Kette von Zerwürfnissen ist. A. SCHREIBER: Die Gemeinde in Korinth. Versuch einer gruppendynamischen Betrachtung der Entwicklung der Gemeinde von Korinth auf der Basis des ersten Korintherbriefes (1977) untersucht die ambivalente Haltung der Gemeinde zu Paulus als einer väterlichen Autoritätsgestalt: Dessen Abreise wirkt in der korinthischen Gemeinde wie ein plötzlicher Autoritätsentzug. Rebellion und Regression der Gruppe sind die Folgen. In noch größerem Rahmen hat schon E. FROMM: Die Entstehung des Christusdogmas. Eine psychoanalytische Studie zur sozialpsychologischen Funktion der Religion, Imago 16 (1930) 305–373 das Verhältnis des Urchristentums zu Autoritätsstrukturen untersucht: Den Umsturz, den die Zeloten auf irdischer Ebene anstrebten, führten die ersten Christen im Himmel herbei, wenn sie den Gekreuzigten als Weltenherrn proklamierten.

Wie der skizzierte Überblick zeigt, gibt es wohl eine Fülle von Ideen zu einer tiefenpsychologischen Paulusdeutung. Die Ergebnisse aber widersprechen einander. Paulinische Theologie kann als Ausdruck neurotischer Abwehrhaltung und als Befreiung von neurotischem Zwang gewertet werden, als Erfüllung oder Überwindung von Allmachtsphantasien, als Offenbarung universaler Wahrheit oder persönlicher Ideosynkrasien. Von einer methodischen Sicherheit sind alle Deutungen noch weit entfernt. Meist handelt es sich um isolierte Beiträge, die wenig aufeinander Bezug nehmen. Eine Vermittlung mit historisch-kritischen Methoden findet nur selten statt und ist oft unzureichend. Und doch meine ich, daß in all diesen Vermutungen und Spekulationen etwas steckt, das der Untersuchung wert ist: Ziel historisch-kritischer Exegese ist es, Texte aus ihrem Lebenszusammenhang heraus verständlich zu machen. Wollen nicht auch diese psychologischen Deutungen dazu beitragen? Kann man den Lebenszusammenhang religiöser Texte erhellen, ohne psychische Faktoren und Aspekte zu berücksichtigen?

III. Der kognitive Ansatz:
Religion als Aufbau einer gedeuteten Welt

Lerntheoretische und psychodynamische Ansätze sind auf den ersten Blick einander diametral entgegengesetzt, und doch haben sie von ihrem Ursprung her eins gemeinsam: die Abwertung des Bewußtseins. Die Psychoanalyse schrieb dem Unbewußten entscheidenden Einfluß auf menschliches Erleben und Verhalten zu, orthodoxer Behaviorismus lehnte mentalistische Annahmen als akademischen Aberglauben ab. Beide Ansätze haben im Laufe ihrer Entwicklung dem menschlichen Bewußtsein wieder größere Rechte zugestanden, sei es, daß sie zwischen Reiz und Reaktion vermittelnde kognitive Prozesse annahmen, sei es, daß sie Symbolen eine aktivere Rolle in der psychischen Dynamik zuschrieben.

Der Schritt von kognitiv modifizierten lerntheoretischen und psychodynamischen Ansätzen zu einer kognitiven Psychologie erfolgt dann, wenn alle interpretierenden Prozesse als Ausdruck menschlicher Aktivität, d.h. als bewußter Interaktion mit der Umwelt, verstanden werden und ihnen eine Tendenz zum Aufbau einer in sich stimmigen „gedeuteten Welt" zuerkannt wird. Anders gesagt: Wenn gesehen wird, daß Interpretationen ein strukturiertes Ganzes bilden, bei dem alle Teile in wechselseitiger Abhängigkeit stehen, das Ganze aber in einem ständigen Austausch mit der Umwelt begriffen ist, teils indem es die Umwelt in sich aufnimmt und an die vorhandenen Schemata und Kategorien „assimiliert", teils indem es sich der Umwelt anpaßt und die eigenen Interpretationsformen an sie „akkommodiert". Der geschlossenste Entwurf solch einer kognitiven Psychologie stammt von J. PIAGET[39], der den

---

[39] J. PIAGET benutzt das Etikett „kognitiv" nicht zur Charakterisierung seiner Psychologie, aber es trifft sie gut; vgl. F. G. WETZEL: Kognitive Psychologie. Eine Einführung in die Psychologie der kognitiven Strukturen von Jean Piaget, Weinheim 1980.

Aufbau der geistigen Welt auf allgemein gültige Universalien und Entwicklungsgesetze hin untersuchte. Er schuf damit ein neues theoretisches Paradigma, das für die weitere Forschung genauso inspirierend war wie das Paradigma der klassischen Psychoanalyse oder Lerntheorie. Sein Modell hat jedoch Grenzen, da es sich nur für die universalen Strukturen der gedeuteten Welt und nicht für individuelle und geschichtliche Lebenswelten interessiert, mit denen wir es in diesem Buch zu tun haben. Wir skizzieren daher den kognitiven Ansatz in der Religionspsychologie so, daß er von vornherein für die hermeneutische Aufgabe der Deutung einer geschichtlich singulären Lebenswelt offen ist[40].

Entsprechend den beiden oben genannten Kriterien für einen kognitiven Ansatz müssen wir versuchen, Religion erstens als Beitrag zum Aufbau einer „gedeuteten Welt" zu betrachten und zweitens einzelne Deutungstechniken als aktive Auseinandersetzungen mit der Umwelt zu beschreiben[41].

---

[40] Die Charakterisierung eines dritten Ansatzes neben lerntheoretischen und psychodynamischen Ansätzen als „kognitiv" könnte zu Mißverständnissen führen, da unter kognitiven Theorien häufig nur kognitiv modifizierte lern- und verhaltenstheoretische Ansätze verstanden werden. Zwischen Behaviorismus und Tiefenpsychologie gab es schon immer dritte Wege, die sehr viel mehr aus der philosophischen Tradition heraus zu verstehen sind: Man kann diesen dritten Weg (wertend) „humanistisch" nennen oder unter methodologischem Aspekt „hermeneutisch" bzw. „phänomenologisch", wobei beim Stichwort „hermeneutisch" vor allem an die Auslegung fremder Lebensäußerungen gedacht wird, bei „phänomenologisch" an die introspektive Deskription eigener Bewußtseinsinhalte. Die hier vorliegenden Untersuchungen stehen in der Tradition dieses „dritten Weges" (von einem vierten Ansatz, dem faktorenanalytischen, wurde ganz abgesehen). Der Begriff „kognitiv" wurde aus folgendem Grund gewählt: Seit J. PIAGET gibt es ein überzeugendes neues Paradigma psychologischen Forschens, innerhalb dessen kognitive Katagorien entscheidend sind. Sie treten als erklärende Kategorien auf – konkurrieren also insofern mit behavioristischen und tiefenpsychologischen Ansätzen. Eine Nähe zu naturwissenschaftlichen Modellen ist unverkennbar: Die Begriffe Assimilation und Akkomodation leiten sich aus der Biologie her. Mit den Begriffen „hermeneutisch" bzw. „phänomenologisch" wäre jedoch eine deutliche Distanz gegenüber erklärenden nomothetischen Kategorien gegeben. M.E. sind „humanistische", „hermeneutische" und „phänomenologische" Ansätze weniger konkurrierende Erklärungsversuche als Grundlage eines kritischen Bewußtseins, dem verschiedene Erklärungsmodelle verwandt werden. Dies kritische Bewußtsein insistiert auf der Rückkoppelung aller abstrakten psychologischen Begriffe an die unmittelbar erlebte Alltagswelt, auf der Einbettung aller psychischen Prozesse in ihren geschichtlichen Kontext, auf der Verantwortung des Menschen und der Psychologen, dessen Deutung des Menschen Rückwirkungen auf den Menschen hat. Ein für mich vorbildliches Beispiel einer gegenüber allen Erklärungsansätzen offenen, aber von einem kritischen Bewußtsein getragenen Psychologie sind die Arbeiten H. THOMAES. Die folgenden Ausführungen verdanken sehr viel H. THOMAE: Das Individuum und seine Welt. Eine Persönlichkeitstheorie, Göttingen 1968.
[41] Eine Religionspsychologie aus einer hermeneutischen Tradition ist G. W. ALLPORT: The Individual and his Religion, New York 1950.

A. Die gedeutete Welt

Alle Menschen sind tagtäglich damit beschäftigt, durch Interpretation ihre Erfahrungen, Wünsche und Konflikte in eine „gedeutete Welt" zu integrieren, in der ein dynamisches Gleichgewicht herrscht[42]. Selbst in der Nacht hören wir damit nicht auf. Träume scheinen die Fortsetzung dieser Interpretationstätigkeit zu sein. Wir können diese Tendenz zur „gedeuteten Welt" unter verschiedenen Aspekten beschreiben: zunächst als Herstellung einer topischen Struktur und Ordnung, dann als Regulation eines dynamischen Fließgleichgewichts, das dem Leben Richtung und Ziel gibt.

a) Die topische Strukturierung der Lebenswelt

Die erlebte Welt des Menschen ist ohne Interpretation chaotisch. Eine erste Ordnung besteht darin, menschliche Lebensbereiche nach Nähen und Fernen, Zugänglichkeit und Unzugänglichkeit zu ordnen, so daß die Chaotik des Lebensstromes überschaubar wird und Orientierung möglich ist[43]. Wir unterscheiden zwischen Bereichen, die wir so eng mit uns verbinden, daß sie zum Bestandteil unseres Selbst werden, und anderen Bereichen, die verschiedene Zonen der Nähe und Ferne, der Vertrautheit und der Zugänglichkeit bilden – bis hin zu einem immer vorhandenen Hintergrund der Lebenswelt, der uns mit den üblichen Techniken und Mitteln unzugänglich ist. Jeder Mensch ahnt eine solche „Tiefendimension seiner Lebenswelt". Denn der Mensch lebt in seiner Welt nicht wie die Spinne in ihrem Netz. Er weiß, daß seine Welt begrenzt ist und die Wirklichkeit tiefer, geheimnisvoller und beunruhigender ist, als alle geschichtlich gewordenen Interpretationen ihm versichern. Religion ist Bewußtsein der Tiefendimensionen unserer Lebenswelt. Religiöse Erfahrung strukturiert das alltägliche Lebensfeld um: Was bisher unausgesprochener Hintergrund alltäglicher Lebenswelt war, wird zum Vordergrund, während die sonstige Welt in ihrer Bedeutsamkeit zurücktritt oder gar verblaßt. Diese Umstrukturierung der erlebten Welt ist mit der Wahrnehmung von Kippfiguren vergleichbar, die durch Wechsel von Grund und Hintergrund verschiedene Gestalten erkennen lassen.

In den biblischen Texten wird die Tiefendimension der Lebenswelt

---

[42] Meine Auffassung der „symbolisch gedeuteten Welt" geht auf S. K. LANGER: Philosophie auf neuem Wege. Das Symbol im Denken, im Ritus und in der Kunst, Frankfurt 1965, zurück.

[43] Vgl. die Weiterführung des feldtheoretischen Ansatzes K. LEWINs bei H. THOMAE, Individuum, 219–281.

durch mythische Erzählungen strukturiert: Jenseits der Lebenswelt steht z. B. das urzeitliche Geschehen der Schöpfung oder (in zeitlich entgegengesetzter Richtung) das endzeitliche Gericht. Im Neuen Testament beobachten wir nun, wie diese Tiefendimensionen in die vertraute Welt „eingeschaltet" werden: Mitten in dieser Welt erscheint der neue Adam. Schon in der Gegenwart ereignet sich das endgültige Gericht. Was protologische und eschatologische Mythen von einem Jenseits unserer Lebenswelt berichten, wird hier zur gegenwärtigen „Gestalt", von der her die alltägliche Welt ganz neu gesehen wird. Ähnliche Umstrukturierungsprozesse finden sich in allen Religionen.

b) Die dynamische Regulation der Lebenswelt

Das Leben ist keine statische Struktur, sondern ein Strom, der nur dadurch Strukturen gewinnt, daß er in stetiger Bewegung nach vorn ist. Die Gleichgewichtsdynamik des Lebens wird ebenso von allzu großen Störungen wie von fehlenden Spannungen bedroht. Wir sind daher ständig damit beschäftigt, entweder Spannungen zu reduzieren oder aufzusuchen. Man könnte vergleichsweise an ein Regelsystem denken, das Abweichungen vom Normwert in verschiedene Richtungen korrigiert – auch wenn das Leben weit komplizierter ist als ein „Thermostat" für psychische Spannungen.

Die Regulation des strömenden Lebens umfaßt sowohl Reduktion kognitiver Dissonanzen wie deren „Induktion". Für das Phänomen von Dissonanzreduktion kann das Modell der „kognitiven Dissonanztheorie"[44] als Erklärung dienen: Entscheidungen zwischen zwei Alternativen hinterlassen einen Nachentscheidungskonflikt, bei dem die einmal getroffene Entscheidung gegen die Attraktivität der unterlegenen Alternative verteidigt werden muß. Kognitive Dissonanzen treten ferner auf, wenn unsere Erwartungen durch den Lauf der Dinge widerlegt werden: Enttäuschte eschatologische Erwartungen waren eines der ersten Felder, auf das die Theorie der kognitiven Dissonanz angewandt wurde[45]. Kognitive Dissonanz kann oft durch Uminterpretation des Geschehens gelöst werden: Alle mit der Entscheidung und Erwartung konsonanten Elemente werden im Bewußtsein verstärkt und betont, alle dissonanten

---

[44] Eine kurze Zusammenfassung bietet L. FESTINGER: Die Lehre von der ‚kognitiven Dissonanz', in: W. SCHRAMM (ed.): Grundfragen der Kommunikationsforschung, München 1964, 27–38. Eine Diskussion der sich an diese Theorie anschließenden Forschung findet sich bei R. OERTER: Struktur und Wandlung von Werthaltungen, München 1978, 43–69.
[45] Vgl. für das Urchristentum J. G. GAGER: Kingdom and Community, Englewood Cliffs 1975, 43 ff.

Elemente zurückgedrängt. Daß Religion mit kognitiver Dissonanzverminderung beschäftigt ist, braucht kaum belegt zu werden. Thematisiert sie doch den notorischen Widerspruch zwischen Norm und Verhalten und bietet mit Sündenvergebung, Bußriten oder Entsühnungsopfern Mittel zur Reduktion dieses Widerspruchs. Ebenso ist der Widerspruch zwischen unseren Erwartungen und dem faktischen Weltgeschehen eines der großen Themen aller Religionen. Die Theodizeefrage ist ein Phänomen kognitiver Dissonanz.

Es wäre jedoch zu einseitig, die Gleichgewichtsdynamik des Lebens nur unter dem Aspekt der Dissonanzverminderung zu sehen. Ohne Spannungen gibt es keinen Lebensstrom. Ohne Bewegung löst sich die Struktur des Lebens auf, es verliert seine Richtung, sein Motiv. Kognitive Diskrepanzen sind notwendig, um uns immer wieder Motivationsimpulse zu geben – vorausgesetzt, sie überfordern den Menschen nicht[46]. Allgemein läßt sich sagen, daß „dosierte Diskrepanzen" das Optimum wären, – aber es liegt ganz beim erlebenden Menschen, was einer als „dosiert" oder als abschreckend erlebt. Nur soviel steht fest: Wir erleben die Welt als sinnvoller und motivierender, wenn wir auch stärkere Spannungen als motivierende Impulse wahrnehmen können. Eben hier wird die Religion wirksam. Sie versucht immer wieder, selbst Extremsituationen mit hohen Spannungen zu sinnvollen Herausforderungen umzustrukturieren. Im Neuen Testament können wir beobachten, wie selbst die hoffnungslos Erkrankten noch geheilt werden und auch das größte Leiden „nicht von der Liebe Gottes zu trennen vermag" (Röm 8,38). Oder wir sehen, wie ekstatische Erlebnisse, die zunächst unverbunden neben der Alltagswelt stehen, durch kognitive Umstrukturierung in einen Impuls für ein vertieftes Erleben der Welt verwandelt werden: Bei der Untersuchung der Glossolalie wird uns dieser Aspekt beschäftigen.

Religion erscheint soweit als ein regulatorisches System, dessen Funktion darin besteht, die Gleichgewichtsdynamik des Lebens aufrechtzuerhalten. Alle regulatorischen Prozesse setzen Normen voraus, an denen die Abweichung vom „Normalzustand" gemessen wird. Ohne solche „Normen" gäbe es keine Dissonanzen und Diskrepanzen. Diese „Normen" aber sind – anders als bei einem Thermostat – veränderbar, geschichtlich und individuell verschieden. Sie sind in den Grundanliegen des Menschen zu suchen: in seinen Motiven und Thematiken[47]. Die jeweilige Lebensthematik bestimmt darüber, was als diskrepant oder

---

[46] Vgl. R. OERTER: Psychologie des Denkens, Donauwörth 1971, 453 ff.

[47] Vgl. H. THOMAE, Individuum, 311 ff., unterscheidet sieben thematische Einheiten: regulative Thematik, antizipatorische Regulation, Daseinssteigerung, soziale Integration, soziale Abhebung, kreative Thematik, normative Thematik.

konsonant erlebt wird, was positive oder aversive Motivation auslöst, welche Dissonanzen aktiv aufgesucht und welche durch Uminterpretation reduziert werden. Es ist unmöglich, eine zeitlos gültige Liste solcher Lebensthematiken vorzulegen. Sie sind in jeder geschichtlichen Lebenswelt verschieden. Sie müssen immer wieder aufs neue beschrieben werden. Und doch gibt es zweifellos wiederkehrende Themen: das Dominanzmotiv, den Wunsch, andere von sich abhängig zu machen; die normative Thematik, das Streben nach Übereinstimmung mit Regeln und Geboten; die soziale Anschlußthematik, d.h. die Einbettung des eigenen Lebens in die Geborgenheit einer Gruppe; die Konkurrenzthematik, das Wetteifern bei der Verfolgung vergleichbarer Ziele; die kreative Thematik usw. Untersucht man die großen symbolisch gedeuteten Lebenswelten der verschiedenen Religionen, so wird man oft feststellen, daß sie von wenigen Thematiken beherrscht sind. So fehlt im Judentum und Urchristentum das Motiv vom „Neid der Götter" – eine Konkurrenzthematik, die das Verhältnis zwischen Gott und Mensch bestimmt.

Wichtig ist, daß Thematiken im Laufe eines Lebens sich ändern können. So können Motive, die vorher untergeordnete Techniken waren, zum Selbstzweck werden. Andere können ihre dominierende Stellung einbüßen und zu sekundären Techniken absinken. Andere werden radikal ausgewechselt[48]. Gerade Paulus dürfte ein Musterbeispiel für den Wechsel der Lebensthematik sein. Seine vorchristliche Zeit beschreibt er rückblickend als von einer Konkurrenz- und Leistungsthematik bestimmte Lebensphase (Gal 1,15). Als Christ aber sieht er in der „Liebe" den höchsten Weg (1.Kor 13). Hier ist eine Liebesthematik an die Stelle der Konkurrenzthematik getreten, ohne letztere völlig zu verdrängen. Wohl verwirft Paulus als christlicher Missionar die „Werke" als Anlaß des Selbstruhmes vor Gott. Seine Botschaft zielt auf die Ablehnung der Werkgerechtigkeit. Im Dienste dieser Botschaft aber greift er unbefangen seine alte Konkurrenzthematik auf: Mehr als alle anderen habe er geschuftet (1.Kor 15,10). Er ist stolz auf sein eigenes Werk – mit deutlichem Seitenhieb auf andere (2.Kor 10,11ff.). Eine Lebensthematik wurde zur Technik – und das im Dienste einer Botschaft, welche die alte Lebensthematik dezidiert bekämpfte!

---

[48] H. THOMAE, Individuum, 329ff., unterscheidet folgende Techniken: leistungsbezogene Techniken, Anpassung, defensive, evasive und aggressive Technik und betont, daß Themen zu Techniken werden können und umgekehrt Techniken zu Themen. Die Erkenntnis, daß Motive unabhängig von ihrer Entstehung ein Eigengewicht gewinnen können – die sogenannte „funktionelle Autonomie der Motive" – geht auf G. W. ALLPORT: Entstehung und Umgestaltung der Motive, in: Die Motivation menschlichen Handelns, hg. von H. THOMAE, Köln 1965, 488–497, zurück.

B. Deutungsstrategien beim Aufbau der „gedeuteten Welt"

Wie geht der Mensch vor, wenn er seine Lebenswelt strukturiert, ihr dynamisches Gleichgewicht aufrechterhält und dem Leben eine thematische Ausrichtung gibt? Er interpretiert die erlebte Welt. Aus der Fülle der Interpretationstechniken seien hier vier näher beschrieben, weil sie sich bei der Analyse religiöser Texte bewährt haben: Kausalattribution, Antizipation, Selbstbewertung und Rollenübernahme. Diese kognitiven Deutungsstrategien sind mit manchen psychodynamischen „Abwehrmechanismen" verwandt, z. b. mit Projektion, Sublimation, Rationalisierung und Identifikation. Jedoch wäre es einseitig, alle kognitiven Strategien des Menschen unter dem Oberbegriff „Abwehr" zu subsumieren.

a) Kausalattribution

Wir sind ständig damit beschäftigt, den Erfahrungs- und Handlungsstrom des Lebens verschiedenen Ursachen zuzuschreiben[49], da unser zukünftiges Verhalten weitgehend davon bestimmt ist, mit welchen Faktoren wir rechnen. Dabei ist nicht nur wichtig, welche Ursachen wir annehmen, sondern in welches Verhältnis wir sie zu uns selbst setzen, ob wir sie in uns selbst oder außerhalb unserer selbst lokalisieren und ob sie uns als konstanter oder als variabler Faktor erscheinen. Da sich beide Unterscheidungen überkreuzen, ergeben sich vier Formen möglicher Kausalattribution:

	stabil	variabel
intern	unveränderliche Aspekte und Faktoren im Menschen selbst	veränderbare Aspekte und Faktoren im Menschen selbst
extern	unveränderliche Faktoren außerhalb des Menschen	sich ändernde Faktoren außerhalb des Menschen

Bei solchen Ursachenzuschreibungen interessiert nicht so sehr, ob die jeweilige Ursache wirklich stabil oder variabel, intern oder extern ist (obwohl eindeutige Fehlattribuierungen ruinös sein können). Entscheidend ist, wie sie vom Menschen eingeschätzt wird. Wir ziehen verschiedene Konsequenzen je nachdem, ob wir eine mißliche Erfahrung auf unsere Dummheit oder mangelnde Anstrengung (also auf interne Fakto-

---

[49] Die Kausalattributionstheorie geht auf F. Heider zurück; vgl. D. Görlitz/W. U. Meyer/B. Weiner u.a.: Bielefelder Symposium über Attribution, Stuttgart 1978. Einen kurzen Überblick bringt H. Heckhausen: Lehrer–Schüler-Interaktion, in: Pädagogische Psychologie 1, 549–573, dort S. 559–573.

ren) oder auf die Unabänderlichkeit der Verhältnisse bzw. schlichtes Pech (also externe Faktoren) zurückführen. Daraus folgt aber: Daß die Fähigkeit zur Reattribuierung von Ereignissen und Handlungen auch den Spielraum möglicher Reaktionen erhöht. Wenn wir nicht auf eine Kausalattribution festgelegt sind, sind wir auch nicht auf bestimmte Konsequenzen festgelegt. An diesem Punkt begegnet uns eine der wichtigsten Funktionen der Religion: Religiöse Deutungen von Ereignissen und Handlungen sind Umstrukturierungen einseitiger Kausalattribuierungen. Obwohl der religiöse Mensch die „irdische" Ursachenverflechtung einer Handlung oder eines Geschehens wie jeder andere wahrnimmt, kann er gleichzeitig eine andere Perspektive einnehmen, aus welcher alles von einer anderen, alles bestimmenden Kausalität her gesehen wird, die jenseits des Unterschieds von intern und extern, stabil und variabel steht. Sie ermöglicht es, das Unveränderbare als veränderbar, das Selbstverursachte als Geschick, das äußere Widerfahrnis als innerlich gewollt anzusehen. Sie kann eigene Leistung auch als Geschenk, Zufälliges als Nicht-Zufälliges werten. Ein typisches Beispiel solcher religiösen Reattribuierung ist 1.Kor 15,10, wo sich Paulus rühmt: „Mehr als alle andere habe ich gearbeitet, jedoch nicht ich, sondern die Gnade Gottes mit mir" oder Röm 7,17: „Nun aber bewirke nicht ich es, sondern die in mir wohnende Sünde", oder Gal 2,10: „Ich lebe nicht mehr, sondern in mir lebt Christus." In solchen Aussagen erfassen wir unmittelbar jene Reattribuierungsmöglichkeiten, welche religiöse Deutungen der „erlebten Welt" auszeichnen. In ihnen ist eine größere Freiheit des Verhaltens begründet – im Guten wie im Bösen.

b) Antizipationen

Kausalattributionen interpretieren vor allem Ereignisse und Handlungen, die schon geschehen sind, sind aber auf die Zukunft gerichtet: Sie sind untrennbar von der Frage, wie sich der Mensch verhalten soll. Bei Entscheidungen darüber spielen Antizipationen eine wichtige Rolle[50]. Sie treten bei belanglosen Entscheidungen zurück. Ob man zehn Minuten spazieren geht oder Kaffe trinkt, scheint beliebig. Solche „Ambitendenzen" werden erst zu Entscheidungen, wenn übergreifende Überzeugungen in die Deutung der Situation eingeschaltet werden, wenn z.B. Spazierengehen als Förderung der Gesundheit, die Gesundheit aber als problematisch bewertet wird. Umgekehrt werden Entschei-

---

[50] Die folgenden Ausführungen sind abhängig von H. THOMAE: Konflikt, Entscheidung, Verantwortung. Ein Beitrag zur Psychologie der Entscheidung, Stuttgart 1974, bes. 80ff.

dungssituationen auch durch aktive „Ausschaltung" übergreifender Überzeugungen entlastet. Man sagt sich „Einmal ist keinmal!", um sich selbst davon zu überzeugen, daß eine Entscheidung keine relevanten Konsequenzen haben werde. Die Reaktion auf eine gegebene Situation hängt also immer davon ab, ob und in welchem Umfang umfassendere Überzeugungssysteme ein- und ausgeschaltet werden. Im Lichte solcher Überzeugungssysteme wird die Situation so lange interpretiert, bis sie mit einem vom Menschen akzeptierten Zukunftsentwurf stimmig ist. Die Entscheidung fällt, wenn eine Verhaltensmöglichkeit als stimmig mit den dominierenden Überzeugungen erlebt wird. Nicht immer jedoch gelingt es, Situation, Überzeugungen und Antizipationen der Zukunft zur Deckung zu bringen. Dann kann der Mensch in eine grundsätzliche Orientierungskrise geraten, in der nicht mehr nur die Realisierung bisher gültiger Überzeugungen zur Diskussion steht, sondern das Überzeugungssystem selbst in Frage gestellt wird, um entweder durch eine neue normative Ausrichtung des Lebens ersetzt oder in einer bewußten Entscheidung erneut bejaht zu werden. Zu unterscheiden ist daher zwischen normativen und existentiellen Entscheidungen[51]. Bei normativen Entscheidungen bleibt das dominierende Überzeugungssystem unangetastet, bei existentiellen wird es mit in den Entscheidungsprozeß hineingezogen, verworfen oder bestätigt. Die meisten Entscheidungssituationen werden zunächst nach dem Muster normativer Entscheidungen gedeutet. Erst im Laufe der kognitiven Auseinandersetzung mit der Situation stellt sich heraus, daß der Mensch zu einer existentiellen Entscheidung genötigt ist. Es leuchtet ein, daß pluralistische Gesellschaften mit konkurrierenden Überzeugungssystemen für viele Menschen existentiellen Entscheidungsdruck ausüben, während traditionalistische Gesellschaften mit einem stabilen Konsensus in existentiellen Grundfragen vor allem vor normative Entscheidungen stellen. Nun war die römisch-hellenistische Antike wohl die erste Kultur der Weltgeschichte mit einem deutlich ausgeprägten Pluralismus. Eine der in den folgenden Kapiteln ausgeführten Thesen wird sein, daß bei Paulus der Schritt von einer normativen zur existentiellen Entscheidung vollzogen wurde – und daß er Paradigma eines übergreifenden historischen Prozesses wurde, in dem sich existentielle Entscheidungsstrukturen erst allmählich herausgebildet haben. Denn es handelt sich hierbei nicht um zeitlose Konstanten des menschlichen Lebens.

---

[51] H. THOMAE, Konflikt, 117ff., 152ff.

c) Selbstbewertung

Kausalattribution und Antizipation sind eng mit Selbstbewertungen verbunden: Die Zuschreibung von Versagen an externe Ursachen entlastet das Selbstwertgefühl, die Bagatellisierung oder Aufwertung einer Entscheidungssituation kann ich-bestätigende Funktion haben. Jedoch sind alle Akte, mit denen wir unser Selbstbild formen und uns bewerten, noch in einer dritten Dimension zu sehen: Wir bewerten uns selbst immer im Vergleich zu anderen, sei es zu realen Bezugsgruppen oder idealen Rollen der kulturellen Tradition. Unsere Selbstbewertung ist immer auch Echo von Fremdbewertung, die uns entgegengebracht wird oder die wir uns selbst durch Vergleiche schaffen. Y. WATANABE sieht in den Religionen Versuche, eine fundamentale Selbstwertunsicherheit des Menschen zu überwinden, die immer dann eintritt, wenn er seinen Wert im Vergleich zu anderen bestimmt[52]. Er wird immer nur einen relativen Wert haben – aufgrund relativer Maßstäbe. Buddhismus und Urchristentum erscheinen ihm als konsequenteste Lösungen der damit gegebenen Problematik: Im Urbuddhismus wird das Selbst des Menschen als Illusion total entwertet. Es ist damit von jeder Selbstwertproblematik entlastet und durch keinen wertenden Vergleich mit anderen Menschen gefährdet. Im Urchristentum wird dagegen jedem Menschen ein unbedingter Wert zugeschrieben – unabhängig von der sozialen Bezugsgruppe. Das Gleichnis von den Arbeitern im Weinberg zeige am klarsten diese Neubewertung des Menschen: Trotz verschiedener Arbeitszeit erhalten alle den gleichen Lohn (Mt 20,1–16). Denselben Zug hat die Rechtfertigungslehre des Paulus: Die Gerechtigkeit vor Gott ist unabhängig von den „Werken des Gesetzes", so daß beim Vergleich mit anderen Menschen das Sich-Rühmen vor Gott ausgeschlossen ist.

d) Rollenübernahme

Attribution, Antizipation und Selbstbewertung sind einzelne Deutungsstrategien beim Aufbau einer „gedeuteten Welt". Die Religionen aber bieten dem Menschen nicht isolierte Interpretationstechniken, sondern ganzheitliche Muster möglicher Selbstinterpretation und Selbstbewertung. Er kann sich selbst als „Kind Gottes" verstehen, als wandernder Nomade auf der Suche nach dem gelobten Land, als Verbannter in fremdem Land oder als das klagende und betende Ich der Psalmen, um nur einige Beispiele aus dem „Rollenangebot der Religionen" (H. SUNDÉN)[53] zu nennen. Wie wir nun bei der Übernahme all-

---

[52] Y. WATANABE: Selbstwertanalyse und christlicher Glaube, EvTh 40 (1980) 58–75.
[53] H. SUNDÉN: Die Religion und die Rollen, Berlin 1966; ders.: Gott erfahren. Das

täglicher sozialer Rollen unsere Wahrnehmung umstrukturieren – als Tourist sehen wir dieselbe Landschaft anders denn als Geschäftsmann –, so auch bei der Identifikation mit den tradierten religiösen Rollen: Sie ermöglichen eine religiöse Wahrnehmung der Welt durch kognitive Umstrukturierung. Das einströmende Erlebnismaterial wird aufgrund eines veränderten Bezugsrahmens nicht mehr nach den Strukturen der Alltagsrealität oder nach den Kategorien naturwissenschaftlicher Deutungen – als Felder von Wellen und Korpuskeln – interpretiert, sondern als Ausdruck einer überall anwesenden verpflichtenden Macht. H. SUNDÉNS rollentheoretische Religionspsychologie ist für die Exegese von großer Bedeutung. Durch sie wird die falsche Entgegensetzung von Tradition und Erleben überwunden: Die religiöse Tradition wird durch ihr Rollenangebot zur Möglichkeitsbedingung religiösen Erlebens. Von diesem Ansatz her läßt sich auch das Verhältnis des Paulus zu seiner Tradition – also zum Alten Testament und den ältesten urchristlichen Bekenntnissen – bestimmen. Paulus bezieht sich hier positiv und negativ auf vorgegebene Rollen. So deutet er im Lichte der Adam- und Moserolle sein vorchristliches Leben, im Lichte der Abraham- und Christusrolle aber das neue Leben im Glauben. Wir werden uns fragen müssen, inwieweit diese Rollenübernahme die Wahrnehmung seiner selbst und der Welt kognitiv umstrukturiert hat.

Abschließend noch folgender Hinweis: Attribuierungen, Antizipationen, Selbstbewertungen und Rollenübernahmen finden in einem ständigen Dialog statt, den der Mensch mit sich und anderen führt. Der äußere Dialog geschieht in der Religion, z. B. durch Predigten, Lieder, Bekenntnisse, Lektüre. Die ausgeprägteste Form des inneren Dialogs ist das Gebet. Charakteristisch für diesen inneren Dialog ist, daß ständig ein „Du" in ihn eingeschaltet werden kann. Der innere Dialog findet nicht nur mit sich selbst statt, sondern in Gegenwart eines anderen, der in einzelnen Augenblicken direkt angesprochen werden kann. Was immer man über die Kraft des Gebetes meint, es kann im Menschen Problemlösungsmöglichkeiten aktivieren, die sonst verborgen blieben[54].

Versuchen wir nun zusammenfassend zu bestimmen, was Religion unter kognitivem Aspekt ist: Religion ist kognitive Restrukturierung

---

Rollenangebot der Religionen, GTB 88, Gütersloh 1975. SUNDÉN kombiniert zwei psychologische Theorien: 1. Aus der Sozialpsychologie übernimmt er den Rollenbegriff. 2. Aus der Wahrnehmungspsychologie greift er gestalttheoretische Konzepte auf. Beides wird zu seiner zentralen These kombiniert: Die Identifikation von Rollen ermöglicht eine aktive Umstrukturierung des Wahrnehmungsfeldes. Dabei weitet SUNDÉN den Rollenbegriff aus: Er umfaßt neben sozialen Rollen auch symbolische Rollen aus der kulturellen Tradition.

[54] Zum inneren Dialog vgl. D. W. MEICHENBAUM: Kognitive Verhaltensmodifikation, München 1979 (engl. 1977), Kapitel 7: „Die Natur des inneren Dialoges – Grundlagen einer Theorie der Verhaltensänderung", S. 200–213.

menschlicher Lebenswelt durch Erschließung ihrer Tiefendimensionen. Diese Tiefendimensionen können im Menschen selbst liegen; dann ist Religion Auseinandersetzung mit unbewußten Dimensionen in uns. Oder sie liegen in der umgebenden Wirklichkeit; dann ist Religion Auseinandersetzung mit der Wirklichkeit hinter unserer Alltagswelt. Die Öffnung für diese Tiefendimensionen der erlebten Welt geschieht durch Attributions-, Antizipations- und Selbstbewertungsprozesse, vor allem aber durch Übernahme vorgeprägter Rollen, in die wir durch soziales Lernen hineinwachsen.

Wie aus diesem Versuch einer Bestimmung der Religion hervorgeht, kann der kognitive Ansatz sich sehr gut mit anderen Ansätzen verbinden. Er kommt traditionellem hermeneutischen Bewußtsein mehr entgegen als lerntheoretische und psychodynamische Erklärungsmodelle. Eine hermeneutische Religionspsychologie wird sich daher besonders auf kognitive Ansätze stützen bzw. lerntheoretische und psychodynamische Ansätze in kognitiver Modifikation aufgreifen. Die Integration der drei Ansätze zum Zweck der Textauslegung wirft aber darüber hinaus noch besondere Probleme auf, die in einem gesonderten Abschnitt diskutiert werden sollen.

IV. Das Problem einer hermeneutischen Integration der drei Ansätze

Eine hermeneutisch orientierte Religionspsychologie kann sich verschiedener psychologischer Erklärungsmodelle bedienen, ohne deren Prämissen in jeder Hinsicht zu übernehmen. Wenn sie im Rahmen von Textinterpretationen benutzt werden, verändern sie ihren Charakter – nicht durch inhaltlich neue Theorieelemente, sondern den neuen Kontext. Aber auch umgekehrt gilt: Eine hermeneutische Psychologie verändert ihren Charakter, wenn sie sich erklärenden Ansätzen öffnet. Es entsteht eine „neue" hermeneutische Psychologie. Um dies Neue genauer zu umschreiben, gehen wir noch einmal die eingangs skizzierten fünf Merkmale hermeneutischen Bewußtseins durch.

A. Die interpretative Vermittlung psychischen Lebens

Ein Grundsatz jeder hermeneutischen Psychologie lautet: Alle wissenschaftlichen Deutungen psychischen Lebens haben darin ihren Grund, daß sich das Leben selbst in Deutungen vollzieht. Dennoch arbeiten wir im folgenden auch mit Erklärungsmodellen, die das Selbstverständnis des Menschen – und insbesondere des religiösen Menschen – in Frage stellen wollen. Ist das nicht ein unauflösbarer Widerspruch?

Zunächst sei noch einmal betont: In den „erklärenden" Psychologien hat sich eine Annäherung an hermeneutisches Bewußtsein vollzogen, wie der Trend zu kognitiven Theorien zeigt. Kognitive Theorien sind zwar an sich nicht hermeneutisch. Man kann grundsätzlich alle kognitiven Akte als weitere „Mechanismen" innerhalb eines komplizierten „psychischen Apparates" betrachten. Aber es ist ein Fortschritt, wenn zwischen Reiz und Reaktion, Trieb und Triebabfuhr kognitive Akte „eingeschaltet" werden. Mag man bei solchen „Einschaltungen" auch vom Leitbild eines „psychischen Apparates" bestimmt sein, so ist in diesem Apparat doch ein kleiner Ort frei geworden, an dem geschichtliches und kulturell bedingtes Selbstverständnis auf menschliches Erleben und Verhalten wirken kann.

Umgekehrt ist m. E. auch eine hermeneutische Psychologie verpflichtet, sich erklärenden Ansätzen zu öffnen – gerade dann, wenn sie ihr eigenes Programm ernst nimmt und psychologische Theorien als Weiterentwicklung unmittelbaren Erlebens und Verstehens betrachtet. Der Grundsatz „Alle psychologischen Deutungen haben ihren Grund in der Selbstdeutung des Lebens" muß durch einen zweiten Grundsatz ergänzt werden: „Alle psychologischen Erklärungen haben darin ihren Grund, daß sich das psychische Leben selbst in Erklärungen vollzieht." Wir erleben uns nicht nur als „verstehende" Subjekte, wir sind immer schon damit beschäftigt, eigenes und fremdes Erleben zu „erklären". Kausalattributionen gehören zu den elementarsten Gegebenheiten unseres Bewußtseins – nicht nur heute, sondern schon immer. Neu ist heute nur, daß in die Kausalattributionen des modernen Menschen Elemente der oben skizzierten psychologischen Erklärungsmodelle eingegangen sind.

Vielleicht sollte man richtiger sagen: Diese Elemente seien nicht sekundär zum Bestandteil modernen Selbstverständnisses geworden, sondern selbst nur Weiterentwicklungen vorwissenschaftlicher Erklärungsgewohnheiten. Bei lerntheoretischen Ansätzen ist das evident. Wenn wir im Alltag von der „Atmosphäre eines Zimmers" sprechen, von „Lohn und Strafe", von Vorbildern und Leitbildern, so reden wir, ohne die Begriffe zu benutzen, von Stimuli, Verstärkern und Modellen. Was psychologische Forschung hier zutage gebracht hat, läßt sich leicht in unser Alltagsbewußtsein rückübersetzen.

Dasselbe gilt von kognitiven Ansätzen. Diese basieren schon methodisch auf der Deskription eigenen Erlebens. Jeder kennt aus eigenem Erleben die Frage nach den Ursachen von Ereignissen. Jeder weiß, was „kognitive Dissonanz" ist – das ungute Gefühl nach einer Entscheidung, das sich bis zu Reue und Scham steigern kann. Jeder entwirft Bilder seiner selbst in die Zukunft hinein, bewertet sich im Vergleich zu anderen oder versteht sich selbst mit Hilfe vorgegebener „Rollen". All das stimmt aus alltäglichem Erleben – und alles, was die Wissenschaft darüber sagt, läßt sich unschwer in alltägliches Erleben rückübersetzen.

Ein Problem sind die psychodynamischen Ansätze. Treten sie doch gerade mit dem Anspruch auf, alltägliches Verhalten und Erleben von unbewußten Prozessen her zu erklären. Hier liegt m. E. ein Scheinproblem: Gerade die Grundbegriffe psychodynamischer Theorien gehören heute zur psychologischen Koiné des gebildeten Menschen. Keine andere Strömung in der Psychologie hat so nachhaltig das vorwissenschaftliche menschliche Selbstverständnis geprägt wie tiefenpsychologische Ansätze. Es gehört zum Selbstverständnis des modernen Menschen, von unbewußten Faktoren abhängig zu sein, Energien verdrängen oder sublimieren zu müssen und hinter allen möglichen Problemen frustrierte Sexualität anzunehmen – auch dort, wo es wenig wahrscheinlich ist.

Fassen wir zusammen: Es gehört zu den Grundtatsachen psychischen Erlebens, daß wir mit Ursachenzuschreibungen beschäftigt sind. Wir verstehen nicht nur uns und andere. Wir erklären. Darin wird das „eigentlich Menschliche" nicht verfehlt, im Gegenteil: Menschlicher Takt setzt die Fähigkeit voraus, bizarres Verhalten, wunde Punkte und persönliche Grenzen des anderen durch „Kausalattribution" verständlich machen zu können. Wer den anderen nur in jenem vollen Sinne „verstehen" will, den eine hybride Hermeneutik „echtes Verstehen" nennt, wer in allem den Ausdruck sinnhafter Intentionen sehen will –, gerade der versteht den vollen Menschen nicht, dessen Intentionen durch viele Faktoren kausal durchkreuzt werden, z. B. durch seinen Körper oder die Umwelt. Verstehen und Erklären bilden im Erleben eine Einheit. Eine vom menschlichen Erleben ausgehende hermeneutische Psychologie sollte beides nicht gegeneinander ausspielen.

B. Die Geschichtlichkeit psychischer Prozesse

Wer von den historischen Wissenschaften herkommend psychologische Bücher liest, ist immer wieder über das nur rudimentär in ihnen vorhandene geschichtliche Bewußtsein erstaunt, obwohl die Psychologie in ihren mannigfachen Strömungen ein unverkennbar geschichtliches Phänomen ist, das man unabhängig von seinem historischen Kontext nicht verstehen kann[55]. Für ein hermeneutisches Bewußtsein ist gerade

---

[55] Die Geschichtlichkeit der Psychologie zeigt H. THOMAE in seinem Rechenschaftsbericht über 100 Jahre Psychologie: Psychologie in der modernen Gesellschaft, Hamburg 1977.

die Vielzahl erfolgreich miteinander konkurrierender Psychologien ein Indiz dafür, daß es keine psychischen Prozesse an sich gibt, sondern nur gedeutete Prozesse, die je nach dem geschichtlich variablen Selbstverständnis des Menschen verschieden ablaufen.

Lerntheoretische, psychodynamische und kognitive Ansätze lassen sich von daher als verschiedene Selbstauslegungen des Menschen verstehen, deren Stimmigkeit darin liegt, daß sie begrenzte Aspekte menschlichen Lebens plausibel erhellen. Plausibel heißt in der Regel: in Übereinstimmung mit der geschichtlichen Lebenswelt von Träger- und Adressatengruppen psychologischer Theorien. Der lerntheoretische Ansatz sieht den Menschen z. B. als ein Lebewesen, das seine Umwelt effektiv und erfolgreich bewältigen will, wobei diese Umwelt meist als prinzipiell erfolgsverheißend angesehen wird. Ein Hauch angelsächsischer Optimismus liegt über solchen Gedanken. Psychodynamische Ansätze sehen den Menschen als ein Lebewesen, das von den Archaismen seiner kollektiven und individuellen Vergangenheit begrenzt wird. In solchen Theorien klingen die europäischen Katastrophen dieses Jahrhunderts nach. Kognitive Ansätze entsprechen einer allgemeinen Renaissance von Aufklärungstraditionen in einer Zeit wirtschaftlicher und sozialer Stabilisierung westlicher Demokratien zwischen 1950 und 1980. Sie bilden heute ein Gegengewicht gegen eine emotional „ausfransende" Psychokultur, in der krisenhafte Phänomene dieser Gesellschaften ihren Niederschlag gefunden haben. Man mag die hier angedeuteten Zusammenhänge anders sehen – an der Tatsache einer geschichtlichen Bedingtheit unserer jeweiligen psychologischen Vorverständnisse kann gar kein Zweifel sein.

Man könnte diese geschichtliche Bedingtheit psychologischer Theorien als Argument gegen eine psychologische Erhellung antiker Texte anführen. Aber abgesehen davon, daß es überhaupt keinen Zugang „an sich" zur Vergangenheit gibt, begegnen uns Vorstufen zu den hier zugrunde gelegten psychologischen Theorien schon in der Antike. Im religionskritischen Fragment des Kritias liegt eine erste „lerntheoretische Deutung" religiösen Erlebens und Verhaltens vor: Religion erscheint als ein raffiniert ausgedachtes Verstärkungs- und Sanktionssystem, das durch Verheißung von Lohn und Strafe der sozialen Anpassung dienen soll[56]. Bei Plato fanden wir eine erste Würdigung imitativen Lernens für die religiöse Sozialisation (leg 887 d/e).

---

[56] H. Diels: Die Fragmente der Vorsokratiker II, Berlin ³1912, Kritias Nr. 25. Das Fragment stammt vielleicht von Euripides, der die in ihm enthaltene Religionskritik deshalb nicht selbst vertreten haben muß; vgl. A. Dihle: Das Satyrspiel ‚Sysiphos', Hermes 105 (1977), 28–42.

Anklänge an psychodynamische Religionstheorien finden sich bei Augustinus. Für ihn ist religiöses Erleben und Verhalten von „innen" her bestimmt. Dem Menschen ist die Sehnsucht nach Gott eingeboren. „Denn du hast uns zu dir geschaffen und unser Herz ist unruhig, bis es Ruhe findet in dir." (conf I,1) Aber im Innern des Menschen gibt es auch ganz andere Tendenzen: aus der vorchristlichen Vergangenheit stammende Inhalte, die im Traum emporsteigen, denen sich der Mensch aber mit seiner Vernunft widersetzt (conf X,30). Es besteht kein Zweifel: Augustinus kennt unbewußte Prozesse im Menschen.

Kognitive Theorien haben in Epiktet einen bedeutenden Vorläufer. Seine zentrale Lehre war, daß nicht die Dinge an sich, sondern unsere Meinung von ihnen Verhalten und Erleben bestimmen. Unsere Meinung von den Dingen aber hängt davon ab, ob wir sie internen oder externen Ursachen zuschreiben, d. h. ob wir sie zu den Dingen τὰ ἐφ' ἡμῖν oder τὰ οὐκ ἐφ' ἡμῖν zählen (ench 1ff.). Epiktet hat damit die Attributionstheorie als erster klar formuliert.

Es ist einer der großen Vorzüge der griechisch-römischen Antike, daß sie uns ansatzweise jene Kategorien an die Hand gibt, mit deren Hilfe wir ihre Erscheinungen analysieren. Wer grundsätzlich bestreitet, daß moderne psychologische Kategorien in der antiken Welt unanwendbar sind, hat die Selbstauslegung antiker Autoren gegen sich[57].

Von der Geschichtlichkeit unseres Verstehens psychischer Prozesse läßt sich auf die Geschichtlichkeit der Prozesse selbst zurückschließen. Denn „Verstehen" ist ja nicht etwas, was den psychischen Prozessen sekundär angehängt wird, es ist schon immer ein Teil dieser Prozesse. Daraus folgt: Wenn unser geschichtlich bedingtes Vorverständnis in einer ganz anderen historischen Situation Resonanz findet, so muß das nicht unbedingt auf eine gleichbleibende menschliche Natur zurückzuführen sein. Es könnte auch sein, daß sich manche Strukturen menschlichen Erlebens und Verhaltens erst in der Antike herausgebildet haben, ja, daß das moderne Subjekt in ihr seinen historischen Ursprung hat. Die folgenden Untersuchungen möchten das an zwei wichtigen psychologischen Kategorien zeigen: an den Kategorien des Unbewußten und der Entscheidung. Beide treten in unseren Texten deutlicher als je zuvor zutage. Beide stehen in einem theologischen Interpretationsrahmen. Dieser Interpretationsrahmen ist die geschichtliche Voraussetzung für die Strukturierung der entsprechenden psychischen Prozesse[58].

---

[57] Eine Geschichte antiker Psychologie bietet H. SIEBECK: Geschichte der Psychologie, Bd I,1.2, Gotha 1880 und 1884.
[58] Eine historische Psychologie ist ein Desiderat; vgl. die Ansätze bei J. H. v. D. BERG: Metabletica. Über die Wandlung des Menschen. Grundlinien einer historischen Psychologie, Göttingen 1960.

Diese Erkenntnis hat Konsequenzen für die methodische Durchführung der folgenden Untersuchungen. Ehe die paulinischen Texte psychologisch gedeutet werden, werden sie immer von ihrem traditionsgeschichtlichen Kontext her erhellt. Diese traditionsgeschichtlichen Analysen sind nicht Vorstufen für eine psychologische Deutung, sie gehören unbedingt zu ihr: Geschichtliche Traditionen sind Möglichkeitsbedingungen menschlichen Erlebens und Verhaltens.

Eine zweite Konsequenz liegt in einer grundsätzlichen Präzisierung. Hermeneutische Psychologie ist „ideographisch", sie beschreibt unverwechselbare und einmalige Gegebenheiten. Das darf man nicht so verstehen, daß sie ausschließlich am Individuum orientiert ist. Eine traditionsgeschichtlich aufgeklärte hermeneutische Psychologie erkennt vielmehr, daß individuelles Erleben und Verhalten durch überlieferte und gemeinsame Interpretationsmuster bestimmt ist. Sie ist ideographisch in dem Sinne, daß jede historische Situation und Konstellation singulär ist – auch das Urchristentum als Ganzes, auch die typischen Erlebens- und Verhaltensmuster in ihr, letztlich die gesamte Antike.

Diese Ausweitung des ideographischen Aspekts hermeneutischer Psychologie ist auch für die Paulusexegese von Bedeutung: Gewiß gehört Paulus zu den großen Individuen. Aber alles, was wir von ihm wissen, ist in Briefen an Gemeinden enthalten – und nur, was diese rezipierten, wurde tradiert. Auch bei Paulus interessieren mehr die typischen Erlebens- und Verhaltensmuster der urchristlichen Bewegung als ganz persönliche Züge, so unverkennbar sie sind.

C. Der Ausdruck psychischer Prozesse in Texten

Menschliches Erleben und Verhalten schlägt sich in objektivierbaren semiotischen Strukturen nieder: Weder Experiment noch Traum sind die via regia zum menschlichen Erleben und Verhalten, sondern Zeichensysteme: Texte und Ausdrucksverhalten, wobei daran zu erinnern ist, daß es keine psychologischen Experimente ohne Texte (also ohne mündliche Anweisungen, Fragen, Antworten) gibt und auch Träume nur in Form von Texten in die Wissenschaft eingehen. Das Problem ist nur: Wie kann man Texte psychologisch deuten und auswerten[59].

---

[59] Zur methodischen Problematik tiefenpsychologischer Deutung antiker Texte vgl. W. SCHMIDBAUER: Mythos und Psychologie. Methodische Probleme, aufgezeigt an der Ödipus-Sage, München 1970. Für biblische Texte vgl. K. NIEDERWIMMER: Kerygmatisches Symbol und Analyse. Zur Kritik der tiefenpsychologischen Bibelinterpretation, ARPS 7 (1962) 203–223 (= E. NASE/J. SCHARFENBERG, Psychoanalyse und Religion, 264–291); ders.: Tiefenpsychologie und Exegese, WzM 22 (1970) 257–272. W. WINK: Bibelauslegung als Interaktion. Über die Grenzen historisch-kritischer Methode, Urban Tb 622, Stuttgart 1976 (engl. 1973).

Grundsätzlich sei festgestellt: Erst die kognitive Modifikation psychologischer Theorien ermöglicht kontrollierbare Methoden in der psychologischen Exegese. Die Texte enthalten von sich her, was nach einem kognitiven Ansatz psychologisch entscheidend ist: Interpretationen. Sie lassen sich auf dreifache Weise auswerten: deskriptiv, analytisch und komparativ.

Deskriptive Verfahren beschreiben die in den Texten enthaltenen Interpretationen mit Hilfe psychologischer Kategorien. Sie versuchen nicht, hinter den Texten etwas Verborgenes zu erschließen. Vielmehr vertrauen sie darauf, daß die Texte von sich her sagen, was eine psychologische Fragestellung in ihnen sucht: Klare Fragen erhalten hier auch befriedigende Antworten. Der größte Teil der im folgenden vorgelegten psychologischen Exegesen geht von solchen deskriptiv erhobenen psychologischen Aspekten in den Texten aus. Das gilt vor allem für die lerntheoretische und kognitive Analyse der Texte.

Problematischer scheinen analytische Verfahren zu sein, die davon ausgehen, daß psychische Prozesse nur inadäquat in den Texten symbolisiert werden und nur durch besondere Rückschlußverfahren aus ihnen zu erschließen sind. Fast aussichtslos erscheint die Suche nach unbewußten Prozessen. Der Historiker kann nicht wie der Psychotherapeut zusätzliche Informationen einholen und seine Deutungen vom Klienten bestätigen lassen. Dennoch ist es möglich, religiöse Symbole auf die in ihnen enthaltene unbewußte Dynamik hin auszuwerten, wenn man von einem kognitiv (oder hermeneutisch) modifizierten Symbolbegriff ausgeht: Religiöse Symbole sind eine Sprache, in der Unbewußtes bewußtseinsfähig wird. Wir müssen daher nach Aussagen fragen, die eine semantische Schichtung enthalten: eine bewußtseinsnahe und bewußtseinsferne Ebene, oder besser gesagt: eine ichnahe und ichferne Ebene, denn ohne ein schattenhaftes Bewußtwerden psychischer Prozesse wird sich in den Texten wohl kaum etwas von ihnen niederschlagen. Insgesamt lassen sich sechs Aussageformen nachweisen, welche die gesuchte semantische Schichtung aufweisen: Metaphern, Exegesen, Homologien, Motivverschiebungen, Widersprüche und Überreaktionen.

1. Metaphern verbinden (a) einen bildspendenden mit (b) einem bildempfangenden Bereich. Da sich das Bewußtsein auf den Bildempfänger konzentriert, können die vom Bildspender ausgelösten Assoziationen und Konnotationen weniger bewußte ichferne Inhalte und Einstellungen zum Ausdruck bringen. Wenn Gott als „Vater" angesprochen wird, richtet sich die bewußte Intention der Aussage auf die angesprochene Sache, auf Gott. Das Bild des „Vaters" jedoch weckt Assoziationen an die Kindheit. Solche Assoziationen schlagen sich in den Konnotationen des ganzen Wortfeldes nieder und lassen sich philologisch überprüfen.

2. *Exegesen* haben ebenfalls eine semantische Doppelstruktur. Über den auszulegenden Text (a) legt sich eine Interpretation (b), die wie ein projektiver Test ausgewertet werden kann. Denn der Ausleger legt immer etwas von sich selbst in den auszulegenden Text hinein. Dies geschieht unbewußt, meint er doch, ausschließlich den Text zu Wort kommen zu lassen. Solche Projektionen sind unübersehbar, wo Texte gegen ihren eindeutigen Sinn umgedeutet werden. Beispiele bietet Paulus genug. So legt er in 2.Kor 3,6–18 seine ambivalente Haltung gegenüber Mose in den alttestamentlichen Text hinein: Einerseits hebt er sich von ihm in schroffen Kontrasten ab, andererseits sieht er in ihm ein Modell für die Umkehr zum Christentum.

3. *Homologien* bestehen (a) aus einer Schilderung eines objektiven (mythischen) Vorgangs und (b) einer parallelen Darstellung innerer Prozesse. Ein Beispiel für diesen psychomythischen Parallelismus ist Gal 4,4–6. Nebeneinander stehen die Aussagen: „Gott sandte seinen Sohn" (4,4) und: „Gott sandte den Geist seines Sohnes in unsere Herzen" (4,6). Die erste Sendung betrifft ein objektives Geschehen: Die Sendung des Sohnes in die Welt, die zweite ein das Subjekt veränderndes Geschehen: die Sendung des Geistes in die Herzen. Die Frage drängt sich auf: Sind beide Prozesse nicht letztlich Aspekte ein und desselben Vorgangs? Werden in psychomythischen Parallelismen jene psychischen Aspekte ansatzweise greifbar, die in mythischen Aussagen schon immer implizit mitgegeben sind?

4. *Motivverschiebungen* treten dann auf, wenn (a) innerhalb eines Motivgefüges ein sachlich zu erwartendes Motiv ausgelassen wird, das (b) in ganz anderem Zusammenhang erscheint. Paulus bietet hier ein interessantes Beispiel: Obwohl er sich intensiv mit der Abrahamgestalt auseinandersetzt (Röm 4; Gal 3), erwähnt er im Gegensatz zu den zeitgenössischen jüdischen und christlichen Quellen nicht die Bindung Isaaks – das wichtigste Zeichen von Abrahams Glauben. Paulus schweigt von der Bereitschaft Abrahams, seinen Sohn hinzugeben. Eben diese Bereitschaft spricht er in Röm 8,32 Gott zu, und zwar mit Worten, die jeden bibelkundigen Leser an Gen 22,16 erinnern müssen. Liegt da nicht folgende Deutung nahe: Gott übernimmt jenes Opfer, das der vorbildliche Gläubige nicht mehr tun muß! Glaube und Tötungsbereitschaft werden getrennt.

5. *Widersprüche* zwischen verschiedenen Texten können ebenfalls Hinweise auf zwei verschiedene Bewußtseinsebenen geben, wenn (a) der eine Text die im Bewußtsein dominierende Meinung zum Ausdruck bringt, der widersprechende Text (b) jedoch eine gegenläufige unbewußte Einstellung offenbart. Als Beispiel solch eines Widerspruchs werden wir das Verhältnis von Röm 7 zu Phil 3 untersuchen. Auf der

einen Seite steht hier ein ungebrochener Gesetzesstolz, der vom Bewußtsein lebt, das Gesetz tadellos zu erfüllen (Phil 3,6), auf der anderen Seite die Verzweiflung über die Unfähigkeit zur Gesetzeserfüllung (Röm 7). Im ichnäheren Text benutzt Paulus ein persönliches „Ich", Röm 7 spricht dagegen ein typisches Ich, das jeden einschließen soll.

6. *Überreaktionen* können auch als Reaktionsbildungen interpretiert werden, wenn andere Indizien in dieselbe Richtung weisen. Voraussetzung ist, daß die in einem Text (a) enthaltenen Reaktionen mit anderen Reaktionen in Text (b) verglichen werden können und dabei auffällig aus dem zu erwartenden Reaktionsspielraum herausfallen. Merkwürdig überzogen mutet z.B. die Reaktion des Paulus auf das Problem der Kopfbedeckung von Frauen an (1.Kor 11,2–16), vergleicht man sie mit der noch in 1.Kor 9,19ff. propagierten Toleranz gegenüber verschiedenen soziokulturellen Normen oder mit der Überwindung von Geschlechtsrollenunterschieden in den urchristlichen Gemeinden (Gal 3,28) und ganz anderen Aussagen zum Thema „Hülle" und „Verhüllung des Kopfes" (2.Kor 3,18). Die Möglichkeit ist nicht auszuschließen, daß Paulus hier auf unbewußte Tendenzen reagiert, die sich in diesem Geschlechtsrollensymbol symbolisieren. Es muß dabei keineswegs an Tendenzen im Innern des Paulus gedacht werden, es kann sich um unbewußte Tendenzen in der gesamten Gruppe handeln, die Paulus intuitiv herausgespürt hat. Ersteres wäre methodisch schwer überprüfbar. Letzteres ist leichter zugänglich.

Wir erhalten somit sechs Möglichkeiten eines analytischen Rückschlußverfahrens aus religiösen Texten. Das Nebeneinander einer ichnahen und ichfernen semantischen Schicht ermöglicht Durchblicke auf Unbewußtes:

	ichnahe semantische Schicht	ichferne semantische Schicht
Metaphern	bildempfangender Bereich	bildspendender Bereich
Exegesen	auszulegender Text	auslegender Text
Homologien	psychischer Vorgang	mythischer Vorgang
Motivverschiebungen	neuer Motivkontext	traditionelles Motivgefüge
Widersprüche	ichnaher Text	ichferner Text
Überreaktion	Texte mit Normalreaktion	Texte mit auffälliger Reaktion

Eine dritte Gruppe religionspsychologischer Auswertungsverfahren bilden komparative Schlüsse. Wie bei jeder historisch-kritischen Forschung müssen immer wieder Vergleichstexte herangezogen werden. Erst was sich aus dem Kontext der damaligen Zeit ergibt, ist dem Verdacht entzogen, Rückprojektion moderner Gedanken zu sein. Vergleichstexte können Sachanalogien oder Traditionen sein. Traditionen dürfen dabei nicht nur in dem Sinne psychologisch ausgewertet werden, daß man ihre Modifikation für psychologisch relevant hält, das tradierte Gut aber für psychologisch unergiebig. Vielmehr enthalten Traditionen das „Rollenangebot der Religionen" – Möglichkeitsbedingungen religiöser Erfahrung. Sachanalogien sind mit denselben deskriptiven und analytischen Verfahren zu untersuchen wie alle anderen Texte. Sie sind besonders dann erhellend, wenn sie psychische Aspekte eines Phänomens hervortreten lassen, die bei vergleichbaren neutestamentlichen Texten allenfalls vermutet werden können. Ein Sonderproblem bilden Sachanalogien aus ganz anderen kulturellen Bereichen. Das Problem wird im folgenden bei der Glossolalie akut: Diese ist gerade in den letzten zwanzig Jahren erneut hervorgetreten. Die Frage ist, ob wir von der modernen Glossolalie auf antike Phänomene zurückschließen dürfen? Zumindest kann die moderne Glossolalieforschung als heuristischer Ausgangspunkt dienen – abgesehen davon, daß sie das urchristliche Phänomen wohl besser illustriert als das allgemeine Kopfschütteln über die Glossolalie in der historisch-kritischen Forschung.

Halten wir fest: Der von einer hermeneutischen Psychologie postulierte „zeichenfähige" Charakter menschlichen Erlebens und Verhaltens erlaubt es, aus objektivierten Zeichenstrukturen (insbesondere aus Texten) psychische Phänomene abzulesen, ja sogar ichferne Prozesse, bei denen Unbewußtes bewußtseinsfähig gemacht wird.

D. Der ganzheitliche Charakter des Erlebens und Verstehens

Die verschiedenen psychologischen Erklärungsmodelle erhalten durch das hermeneutische Ganzheitspostulat einen neuen Rahmen. Eine hermeneutische Psychologie ist nicht unbedingt darauf angewiesen, verschiedene konkurrierende Theorieansätze in einer einheitlichen allgemeinen Psychologie zu integrieren. Sie ist sich auf andere Weise ihrer Einheit bewußt: durch die Beziehung aller Deutungen auf den unmittelbar im Erleben gegebenen Zusammenhang aller psychischen Erscheinungen. Das gilt auch noch dann, wenn man psychisches Leben in Unbewußtes und Bewußtes teilt. Denn gerade die Psychoanalyse deutet vermeintlich fremde Lebensäußerungen, die mit dem bewußten Ich wenig zu tun haben, als Äußerungen der eigenen Person. Sie ist hermeneutisch, insofern sie auch dort einen sinnvollen Zusammenhang mit der Gesamtperson herstellt, wo er zunächst zu fehlen schien.

Wie das Erleben unserer selbst ganzheitlich ist, so auch das Verstehen anderer: Texte und Lebensäußerungen werden nur als Ganze verständlich. Das führt sowohl zu einer Ausweitung wie Einschränkung erklärender Ansätze in einer hermeneutischen Psychologie.

Die Ausweitung besteht darin, daß erklärende Modelle meist nur Einzelphänomene untersuchen. Auch, wo sie begründet auf Texte angewandt werden können, werden die von ihnen beleuchteten Textaspekte durch den ganzheitlichen Textzusammenhang in einen größeren Rahmen gestellt, von dem abzusehen künstlich und einseitig wäre. So ist es zweifellos richtig, daß in urchristlichen Texten ein extrem negativer und ein extrem positiver symbolischer „Stimulus" – nämlich Kreuz und Auferstehung – kombiniert werden. Aber diese Feststellung sagt isoliert wenig. Kreuz und Auferstehen sind Zentrum einer gedeuteten Welt. Dies Ganze muß mit in den Blick kommen, sollen Teile richtig verstanden werden. Das hat Konsequenzen für die folgenden Darstellungen: Zwar werden von den jeweiligen Erklärungsmodellen her bestimmte Textphänomene erhellt; aber es ist nicht nur legitim, sondern sogar geboten, allen sich von den Texten her aufdrängenden Sinnzusammenhängen zu folgen – auch wenn sie in Bereiche führen, auf die der jeweilige psychologische Ansatz gar nicht anwendbar ist. Innerhalb einer hermeneutisch orientierten psychologischen Exegese bildet nicht die Kohärenz von Theorien, sondern die Stimmigkeit der Interpretation mit dem Textganzen das ausschlaggebende Kriterium.

Die hermeneutische Aufgabe verpflichtet aber nicht nur dazu, immer wieder über die Grenzen der einzelnen Erklärungsansätze im Hinblick auf den zu interpretierenden Gesamtzusammenhang hinauszugreifen. Die einzelnen Erklärungsmodelle werden durch diesen Gesamtzusammenhang auch relativiert und korrigiert. Sie sind ausschließlich daran zu messen, inwiefern sie Textteile im Zusammenhang des Ganzen besser verständlich machen oder das Bild vom Ganzen durch neu entdeckte Zusammenhänge vertiefen. Das Ganze kann eine Schrift, das Gesamtwerk eines Verfassers oder gar die literarische Hinterlassenschaft einer ganzen Gruppe sein.

Die „Stimmigkeit des zu interpretierenden Ganzen" ist ein vages Kriterium, und doch ist es unerläßlich. Es ist nicht zu verwechseln mit einem unmittelbaren Sich-Einfühlen. Es beruht auf diszipliniertem Sich-Einarbeiten in die Quellen. Nur dadurch entsteht jenes Gespür für das historisch Mögliche und mit den Quellen Stimmige, das vielen psychologischen Auslegungsversuchen biblischer Texte fehlt. Hier werden die Texte zu schnell zu Illustrationen vorgefaßter Theorien.

Halten wir fest: Weil eine hermeneutische Psychologie ihren festen Bezugspunkt in auszulegenden Lebensäußerungen hat, die in sich einen Zusammenhang bilden, kann sie ihre Arbeit ohne eine fertige Theorie der Religion beginnen. Eine andere Frage ist, ob sie nicht auf solch eine Theorie hinarbeiten muß. Wenn die verschiedenen Erklärungsansätze sachlich neues Licht auf die Texte werfen, muß nach ihrem Zusammenhang gefragt werden – gerade vom Standpunkt einer hermeneutischen Psychologie, die den Gesamtzusammenhang psychischen Lebens als gegeben voraussetzt. Ein Versuch sei kurz skizziert.

Psychodynamische, lerntheoretische und kognitive Ansätze lassen sich einander zuordnen, wenn man sie in einen evolutionsgeschichtlichen Zusammenhang stellt. Psychodynamische Ansätze thematisieren archaische Aspekte menschlichen Verhaltens und Erlebens, die wir mit anderen Lebewesen gemeinsam haben: genetische Programme und frühkindliche Prägungen. Religion erscheint als Auseinandersetzung mit den unbewußten Archaismen im Menschen.

Lerntheoretische Ansätze untersuchen höhere Formen individuellen Lernens durch Erfahrungen mit der Umwelt. Auch diese Lernprozesse haben wir mit anderen Lebewesen gemeinsam. Assoziatives und operantes Lernen kann bei vergleichsweise primitiven Tieren nachgewiesen werden. Nachahmungslernen findet sich bei einigen höheren Tieren – insbesondere den Primaten, wird aber erst beim Menschen zur entscheidenden Grundlage nicht-genetischer Informationsübermittlung zwischen den Generationen. Unter lerntheoretischem Aspekt erscheint Religion als Ergebnis sozialen Lernens: eine gesellschaftlich vermittelte Art und Weise, auf die Wirklichkeit zu reagieren.

Religion ist nicht nur durch archaische Relikte in und soziale Faktoren um uns geprägt. Sie ist aktive Auseinandersetzung mit den Archaismen des Unbewußten und den Einwirkungen der Gesellschaft. Die Fähigkeit, sich aktiv und bewußt mit den vorgegebenen Lebensbedingungen auseinanderzusetzen, sie umzuformen und in eine „gedeutete Welt" zu integrieren, findet sich nur beim Menschen. Kognitive Ansätze erfassen die evolutionsgeschichtlich jüngsten Aspekte der Religion – das spezifisch Menschliche an ihr.

Wir gelangen damit zu einer Art „Schichtenmodell" religiösen Erlebens und Verhaltens: Es umfaßt Höhen und Tiefen des Menschen, seine archaischsten Atavismen und progressivsten Kräfte. In ihr werden starke Spannungen ausgeglichen und aufgebaut. Das führt zu der Vermutung, Religion sei ein Regelsystem, das durch Ausgleich und Spannung zwischen den verschiedenen Schichten des Menschen für die Gleichgewichtsdynamik des Lebens sorgt: Höhen und Tiefen sollen sich entfalten können – aber sie sollen den Menschen nicht durch unerträgliche Spannungen überfordern. Dabei scheint die Funktion der Religion in verschiedenen geschichtlichen Epochen verschieden zu sein.

Religion tritt in der Geschichte als Revolution in der „gedeuteten Welt" des Menschen auf. Der Durchbruch des Monotheismus in Israel führte zu starken Spannungen zu den Archaismen im Menschen. Der neue Glaube mußte sich gegen Tendenzen zur Regression in archaischere Religionsformen durchsetzen.

Heute scheint Religion gesamtgesellschaftlich eher regressive Funktionen zu haben: Ihr zentrales Problem ist das Auseinanderklaffen moderner kognitiver Weltdeutungen und emotionaler und motivationaler Bedürfnisse des Menschen. Die Religionen scheinen sich damit abzumühen, die nur scheinbar überwundenen (funktionalen und dysfunktionalen) Archaismen des Menschen mit der modernen Weltdeutung in Ausgleich zu bringen.

Auch wenn die Verwendung verschiedener Erklärungsmodelle sich zunächst durch ihren hermeneutischen Beitrag zur Erhellung des zu interpretierenden Ganzen legitimieren, so handelt es sich keineswegs um einen beliebigen Eklektizismus; vielmehr kann eine evolutionistische Interpretation des Menschen Ansätze zu einer Integration der drei miteinander konkurrierenden Erklärungsmodelle aufzeigen. Verstehen und Erklären sind auch hier letztlich kein Gegensatz: Beide setzen den Gesamtzusammenhang der Wirklichkeit voraus[60].

E. Die inhaltliche Ausrichtung psychischen Lebens

Wir können menschliches Erleben und Verhalten nicht unabhängig von den Gegenständen analysieren, auf die es sich bezieht. Eine Religionspsychologie muß damit rechnen, daß allgemeine Erlebens- und Verhaltensformen durch den spezifischen Gegenstand religiöser Erfahrung modifiziert werden, ja daß manche Erscheinungen erst durch religiöse Erfahrung zustande kommen (z.B. Glossolalie, die fast ausschließlich in religiösem Kontext auftritt). Religionspsychologie ist daher mehr als allgemeine Psychologie angewandt auf religiöse Phänomene. Es ist nicht ihre Aufgabe, Religion im Rahmen einer von vornherein feststehenden Anthropologie verständlich zu machen; vielmehr könnte sie der allgemeinen Anthropologie und Psychologie neue Dimen-

---

[60] Für Ansätze für eine neue evolutionistische Religionstheorie sei hingewiesen auf R. W. BURHOE: Religion's Role in Human Evolution: The Missing Link between Ape-Man's selfish Genes and civilized Altruism, Zygon 14 (1979) 135–162; A. HARDY: Der Mensch – das betende Tier. Religiosität als Faktor der Evolution, Stuttgart 1979 (engl. 1975), und H. v. DITFURTH: Wir sind nicht nur von dieser Welt, Hamburg 1981.

sionen erschließen. Denn was hat man vom Menschen verstanden, wenn man die Religion des Menschen nicht verstanden hat? Das Problem ist nur: Der Gegenstand religiösen Erlebens und Verhaltens ist umstritten. Zumindest befindet sich eine säkularisierte Gesellschaft hier in Verlegenheit. Ein Erleben und Verhalten, das sich auf Sachverhalte bezieht, die sich methodischer Kontrolle entziehen, ist in ihr ein Fremdkörper. Religion wird an den Rand des allgemeinen Bewußtseins gedrängt. Eben daher beziehen psychodynamische Religionstheorien ihre Plausibilität: Je mehr sich das Bewußtsein von religiösen Bindungen befreit, um so näher liegt es, noch vorhandene Anhänglichkeit an die Religion als Folge unbewußter Bindungen zu deuten, sei es, daß man diese Bindungen als atavistische Relikte wertet, sei es, daß man kreative Impulse von ihnen erhofft. Das große Thema der Religionspsychologie war daher mit Recht: die Religion und das Unbewußte. Es entspricht dieser Problemlage, wenn in den folgenden Untersuchungen Texte ausgewählt wurden, in denen eine Auseinandersetzung mit dem Unbewußten sichtbar wird – nicht um psychodynamische Deutungen der Religion als richtig zu erweisen, sondern um zu zeigen, daß gerade die Auseinandersetzung mit dem Unbewußten einer umfassenden hermeneutischen Psychologie bedarf, die sich verschiedener Erklärungsansätze bedient.

Das Sachproblem aber bleibt: Wenn religiöses Verhalten und Erleben durch seinen Gegenstand geprägt wird –, ist dieser Gegenstand ein bewußtseinstranszendenter Raum im Menschen oder außerhalb des Menschen? Liegt das „Jenseits" im Innern oder in der außersubjektiven Wirklichkeit? Das Selbstverständnis der Religionen und religionskritische Theorien kommen hier zu verschiedenen Aussagen. Läßt sich ihr Gegensatz überbrücken?

Zunächst läßt sich zeigen, daß beide Erfahrungen – die des Unbewußten in uns und der Transzendenz außer uns – in der conditio humana begründet sind. Beides läßt sich innerhalb eines evolutionistischen Menschenbildes zusammendenken. Wir müssen die organischen, motivationalen und intellektuellen Strukturen des Menschen als spezifische Anpassungsformen an die Realität werten. Diese Anpassungsstrukturen sind keine zeitlosen Gegebenheiten, sondern Produkt einer langen Evolution, die keineswegs abgeschlossen ist. Im Menschen sind daher Relikte archaischer Anpassungsstrukturen erhalten, die mit den gegenwärtigen Anpassungserfordernissen in Spannung stehen und unbewußt bleiben oder verdrängt werden. Das ist das Unbewußte im Menschen. Aber auch die gegenwärtigen Anpassungsstrukturen entsprechen nicht der Realität an sich. Was wir „Realität" nennen, ist nur die Wirklichkeit, wie sie uns aufgrund unserer organischen Beschaffenheit, unserer gegenwärtigen technischen Mittel und intellektuellen Denkstrategien erscheint. Es ist nur eine spezifische Lebenswelt – neben anderen möglichen Lebenswelten. Zwischen der Lebenswelt des Menschen und der Welt an sich besteht ein fundamentaler Unterschied; und der Mensch ist sich dieses Unterschiedes bewußt. Er weiß, daß ein ihm (noch?) unzugängliches „Unbewußtes" außerhalb seiner selbst gibt.

Sowohl die Erfahrung der inneren wie der äußeren Transzendenz entsprechen also der conditio humana. Der Mensch kommt aus den Tiefen einer Evolution, die in seinem Unbewußten ein gespenstisches Nachleben führt – und er bewegt sich mit immer neuen Anpassungsstrukturen auf eine ihm noch unerschlossene Realität zu, die er noch hinter seinen fortgeschrittendsten Weltdeutungen als „ganz anderes" ahnt[61]. Daß er in seinem Erleben objektive und subjektive Transzendenz nicht trennt, ist von vornherein wahrscheinlich. Ist also Trug, was er über jene außersubjektive Transzendenz zusammenphantasiert, weil es oft aus seinem Innern stammt? Oder wäre das ein psychologischer Fehlschluß?

Die Psychologie geht wie jede Wissenschaft von der Prämisse einer einheitlichen Wirklichkeit aus. Diese Einheit wird vage als „Realität", „objektive Wirklichkeit" oder „Natur" umschrieben. Alles Erleben und Verhalten läßt sich als Verarbeitung dieser Wirklichkeit und als Anpassung an sie beschreiben. Gleichgültig ob wir von psychodynamischen, lerntheoretischen oder kognitiven Ansätzen ausgehen, immer erscheint diese „objektive Wirklichkeit" als eine von außen bestimmende Macht.

Genetisch vorprogrammierte Verhaltens- und Erlebnisformen sind durch Mutation und Selektion zustande gekommen. Nur was mit der Wirklichkeit verträglich ist, kann sich erhalten. Schon auf ganz grundlegender Ebene erweist sich die Wirklichkeit als von außen bestimmende (oft grausam seligierende) Macht, die aufbaut und zerstört und durch den ständigen Prozeß des Mutierens und Seligierens in endlosen Generationenfolgen eine überraschende Vielfalt von Strukturen erzeugt. Daraus folgt aber: Wenn wir das Unbewußte als Nachklang dieser evolutiven Vorstufen unseres gegenwärtigen Lebens auffassen, so wäre es letztlich auch von der außersubjektiven Realität geprägt.

Kulturelle Lernprogramme unterliegen einer Selektion anderer Art. Verhaltensweisen können aufgegeben und verändert werden, ohne daß die Träger des Verhaltens (aus-)sterben. Der Mensch kann umkehren

---

[61] Hier berühren sich meine Gedanken mit P. RICOEUR, der den religiösen Symbolen sowohl eine „Archäologie" wie eine „Teleologie" zuschreiben will (vgl. ders., Interpretation, 470ff. u.ö.). Psychoanalytische Theorien erhellen ihre „Archäologie". Ihre Richtung auf etwas Neues wird dagegen mit Hilfe Hegelscher Kategorien erhoben. Anstelle der Hegelschen Philosophie tritt bei mir die Evolutionslehre.

und „sich bekehren". Man kann sich jedoch nur schwer sozial vorgegebenen Verhaltens- und Erlebensmustern entziehen, selbst wenn offensichtlich ist, daß sie zu geschichtlichen Katastrophen führen, die das Ende ganzer Kulturen bedeuten. Wieder werden wir mit einer objektiven Macht konfrontiert, die Verhaltenssysteme ermöglicht und sie zugrundegehen läßt, wenn sie mit den Bedingungen der Wirklichkeit unverträglich sind – jene objektive Macht, welche die großen Unheilspropheten in den geschichtlichen Krisen und Katastrophen ihres Volkes als „Jahwe" anriefen. Zu diesen sozialen Verhaltenssystemen aber gehört auch religiöses Erleben und Verhalten. Auch wenn wir es als sozial gelernt betrachten, so hat es sich doch in jedem Fall in einer langen Auseinandersetzung mit der Realität entwickelt und wurde von ihr hervorgebracht.

Am intensivsten aber erfährt das Individuum das Scheitern seiner Selbstdeutungen und seiner symbolisch gedeuteten Welt. Hier zeigt sich der Druck der Realität in Identitätskrisen, in denen Lebensphilosophien als Lebenslüge oder lebensfeindliche Überzeugungssysteme zusammenbrechen – oft von körperlichen Zusammenbrüchen begleitet. Wieder erhalten wir aus der umgebenden Wirklichkeit eine deutliche Rückmeldung, die zu sagen scheint: „So geht es nicht!" Und wieder artikuliert religiöses Bewußtsein diese Krisen als Ruf zur Umkehr – und sieht auch noch im Zusammenbruch alter Lebensformen eine Chance des Neubeginns.

Hinter dem Druck der Realität in Selektion, geschichtlichen Katastrophen und Identitätskrisen erfahren wir eine vorgegebene zentrale Wirklichkeit, die menschlichem Eigenwillen deutliche Grenzen setzt, die eine harte Erziehung zur Realität aufnötigt und oft grausam und unerbittlich verfährt –, aber gleichzeitig eine unendliche Mannigfaltigkeit von Organismen, kulturellen Mustern und Selbstdeutungen ermöglicht und zuläßt, so daß wir in demselben Maße über ihre grenzenlos scheinende Großzügigkeit erstaunen, wie wir über ihre Härte erschrocken sind. Diese zentrale Realität ist letztlich „Schöpfer" unserer Lebenswelt. Alles was sich in uns befindet ist ein Experiment, um ihr zu entsprechen. Alle organischen, psychischen und geistigen Strukturen sind Anpassungsversuche an sie[62]. Ist es so unverständlich, wenn einige Menschen dies

---

[62] Vgl. R. W. Burhoe, Religion's Role, 158 „But I shall make a special point of the central notion of the major religious doctrines or theologies that is far ahead of contemporary secular thinking and more in keeping with evolutionary theory for understanding man's place in the scheme of things. This is the notion of man's dependence upon the system of objectiv requirements posed by a nature that is much more than human, to which all living systems must adapt, the ultimate reality system, whether we call it nature or God."

intuitiv ahnen, sich bewußt machen und ihr Leben als Echo auf diese verborgene jenseitige Wirklichkeit führen wollen? Ist es unberechtigt, diese Wirklichkeit „Gott" zu nennen?

1. Kapitel

Das Verborgene des Herzens
Die Aufdeckung unbewußter Motive durch die paulinische Theologie

Das „Unbewußte" ist ein zentrales Thema neuzeitlicher Religionspsychologie. Die Sache ist jedoch alt. Schon Paulus kennt den Gedanken unbewußter Impulse im Menschen. Um ihn artikulieren zu können, greift er auf Ansätze in der biblisch-jüdischen Tradition zurück, wandelt sie jedoch in charakteristischer Weise ab. Es handelt sich um folgende traditionellen Gedankenelemente:

1. Der Glaube an den allwissenden Gott, der auch innere Motive und Gedanken durchschaut: die Kardiognosie Gottes.

2. Die Überzeugung von der Begrenztheit menschlicher Einsicht im Hinblick auf sich selbst: Der Mensch durchschaut nicht einmal sein eigenes Wesen.

3. Die Anerkennung einer eigenständigen inneren Realität, in der neben der Erinnerung an vergangene Handlungen auch Motive und Impulse wirklich und bedeutsam sind.

Die Kombination dieser drei Gedankenelemente ermöglicht die Vorstellung einer unbewußten Region im Menschen. Entscheidend ist dabei, ob der Gedanke der Kardiognosie Gottes (deutlich vorhanden in 1.Kor 4,1–5; 14,23–25 und Röm 2,15f.) mit dem Bewußtsein begrenzter Selbsterkenntnis des Menschen verbunden ist; erst dann sind die Inhalte, die Gott in der Tiefe des Menschen durchschaut, nicht nur dem Bewußtsein anderer, sondern dem Bewußtsein des betreffenden Menschen selbst entzogen. Werden darüber hinaus innere Prozesse als eigenständige Realität gewertet, so liegt ein Begriff vom Unbewußten vor, dessen theologischer Deutungsrahmen zwar von der modernen Konzeption abweicht, dessen Gehalt aber vergleichbar ist.

I. Textanalysen
(1.Kor 4,1–5; Röm 2,16; 1.Kor 14,20–25)

A. Die Offenbarung unbewußter Intentionen im Gericht (1.Kor 4,1–5)

Die drei gedanklichen Voraussetzungen einer Vorstellung vom „Unbewußten" begegnen in 1.Kor 4,1–5 innerhalb eines zusammenhängenden Textabschnitts. Deswegen beginnen wir mit diesem Text. Im Hintergrund von 1.Kor 4,1–5 stehen Parteistreitigkeiten in Korinth. Noch in 3,18–23 hat Paulus vor einer Überschätzung jener Lehrer gewarnt, auf die sich die Parteien beriefen. Sie seien der Gemeinde nicht über-, sondern untergeordnet. In 1.Kor 4,1–5 nimmt er de facto diese Aussage zurück. Angesichts von Vorwürfen der Korinther zieht er sich auf die formale Rechtsposition zurück, er sei den Korinthern gar keine Rechenschaft schuldig. Sie seien ihm nicht übergeordnet. Wir erfahren leider nicht, welche Vorwürfe Paulus gemacht worden sind, ahnen jedoch, daß Paulus diese Vorwürfe keineswegs so gleichgültig sind, wie er behauptet (4,3); denn er setzt in 1.Kor 9,3ff. noch einmal zu einer ausführlichen „Apologie" gegenüber den Korinthern ein[1]. In 4,1–5 erörtert er jedoch nur die Frage der formalen Kompetenz eines Urteils über ihn.

„So soll man uns ansehen: als Diener Christi und Verwalter über Geheimnisse Gottes. Nun verlangt man im übrigen von den Verwaltern nur, daß einer treu erfunden werde. Mir aber ist es etwas ganz Geringes, daß ich von euch gerichtet werde oder von einem menschlichen (Gerichts-)Tage; doch auch ich selbst richte mich nicht – denn ich bin mir nichts bewußt, aber darum bin ich nicht gerechtgesprochen –, vielmehr ist es der Herr, der mich richtet. Darum richtet nichts vor der Zeit, bis der Herr kommt, der auch das Verborgene der Finsternis ans Licht bringen und die Ratschläge der Herzen offenbar machen wird; und dann wird das Lob einem jeden zuteil werden von Gott." (1.Kor 4,1–5)

Der Text bildet eine durch die οἰκονόμος-Metaphorik begründete Einheit. Bildspendender Hintergrund ist der „Verwalter", oft ein Sklave[2], der von seinem Herrn einen Auftrag erhalten hat und über

---
[1] Wahrscheinlich hat Paulus schon in 1.Kor 4,1–5 die Vorwürfe vor Augen, auf die er in 1.Kor 9 eingeht. Das Stichwort ἀνακρίνειν begegnet an beiden Stellen (vgl. 9,3). Hier wie dort beruft sich Paulus auf sein οἰκονόμος-Sein (1.Kor 4,1) bzw. die ihm anvertraute οἰκονομία (1.Kor 9,17) und verbindet damit die wurzelverwandten Wörter πιστός (4,2) und πεπίστευμαι (9,17). Vor allem aber wirkt 9,3 auf den Leser so, als beziehe er sich auf ein schon einmal angesprochenes Thema zurück.

[2] In Lk 12,41–46 sind οἰκονόμος und δοῦλος synonym. Lk 16,1ff. setzt dagegen einen

dessen Ausführung Rechenschaft ablegen muß, ein Bild, das uns aus der synoptischen Tradition vertraut ist (vgl. das Gleichnis vom ungetreuen Verwalter Lk 16,1 ff. oder von den beiden Verwaltern Lk 12,41 ff.). Der Text entfaltet dieses Bild in drei Teilen:

1) 4,1–2: Grundsätzliches über die Rolle des Paulus. Paulus hat
   a) die Rolle eines Dieners und Verwalters Christi: Er verwaltet göttliche Geheimnisse.
   b) Entscheidendes Verhaltenskriterium dieser Rolle ist die Treue[3].
2) 4,3–4: Die Kompetenz verschiedener Urteilsinstanzen, über Paulus zu urteilen (Das Stichwort ἀνακρίνειν begegnet dreimal):
   a) Unzuständige Instanzen:
      1. Menschen und menschliches Gericht (V. 3)
      2. Paulus und sein Gewissen (V. 4a)
   b) Die einzige zuständige Instanz:
      der Herr (V. 4)
3) 4,5: Der Zeitpunkt des Urteils: Das Urteil muß bis zum Kommen des Herrn aufgeschoben werden.

Der Text bildet eine Einheit: Das Bild vom Verwalter wird in V. 1 eingeführt und endet mit dem Kommen des Herrn in V. 5[4]. V. 2 nennt das Kriterium, an dem ein Verwalter gemessen wird. Nun folgt ein kleiner Gedankensprung. In V. 3–4 wird dieses Kriterium nicht angewandt, sondern es werden die Instanzen genannt, die befugt oder unbefugt sind, Paulus zu richten: Nur der Herr kann seinen Verwalter beurteilen. Daraus ergibt sich in V. 5 ein eschatologischer Vorbehalt: Niemand ist befugt, vor der Zeit zu urteilen. Dann aber wird der Herr kommen, und Gott wird jedem sein Lob erteilen[5].

Paulus kontrastiert also zwei illegitime Beurteilungsinstanzen mit der

---

freien Verwalter voraus, der nach seiner Entlassung eine neue Stelle suchen muß. Paulus denkt wohl an eine Sklavenrolle. Denn er verbindet seine οἰκονομία in 1.Kor 9,16–18 mit Begriffen sklavischen Daseins, vor allem mit dem Begriff ἀνάγκη. Sklaverei wird bei Homer Il 6,458 als ἀνάγκη bezeichnet (weitere Belege bei Ph. Marshall: Enmity and other social conventions in Paul's relation with the Corinthian. Diss. Macquarie Univ. Australien 1980, 460). Daß Paulus ohne Lohn arbeitet, legt ebenfalls eine Sklavenrolle nahe. Ferner sagt er ausdrücklich: „Ich habe mich zum Sklaven gemacht" (1.Kor 9,19). Selbstverständlich gab es auch hochstehende städtische Ämter, etwa den οἰκονόμος τῆς πόλεως (Röm 16,23). Die Betonung der ausschließlichen Abhängigkeit des oikonomos von seinem Herrn legt jedoch für 1.Kor 4,1ff. den Gedanken an einen Sklaven nahe. Anders J. Reumann: ‚Stewards of God', JBL 77 (1958) 339–349.

[3] Die Assoziation οἰκονόμος/πιστός findet sich auch in Lk 12,42 und 16,8–12.

[4] Das Kommen des Herrn gehört zum metaphorischen Bild; vgl. in den Knechtsgleichnissen Lk 12,43.46; Lk 19,15; Mk 13,35.

[5] Zur Analyse vgl. L. Mattern: Das Verständnis des Gerichtes bei Paulus, ATHANT 47, Zürich 1966, 179–186; E. Synofzik: Die Gerichts- und Vergeltungsaussagen bei Paulus, GTA 8, Göttingen 1977, 42–43.

einzig legitimen. Er verbindet diesen Kontrast mit dem Gegensatz von Bewußtsein und Unbewußtem. Paulus selbst ist sich nämlich keiner Schuld bewußt: οὐδὲν γὰρ ἐμαυτῷ σύνοιδα[6]. Er ist überzeugt, daß er treu ist; aber er wagt deshalb nicht, seine Unschuld zu behaupten: ἀλλ' οὐκ ἐν τούτῳ δεδικαίωμαι. Schon diese Unschuldsbeteuerung enthält in sich die Annahme einer möglichen, unbewußten Schuld. Eben dieser Gedanke einer (theoretisch möglichen) unbewußten Schuld wird dann noch einmal durch den abschließenden eschatologischen Vorbehalt unterstrichen: Der eschatologische Richter wird nicht nur die verborgenen Taten ans Licht bringen (so 2.Kor 5,10), sondern auch die verborgenen Absichten des Herzens: τὰς βουλὰς τῶν καρδιῶν[7], also eben das, was infolge der vorhergehenden Unschuldsbeteuerung unbewußt gewesen sein muß. Nimmt man den Text wörtlich, so rechnet er mit der Möglichkeit unbewußter Antriebe und Impulse im Inneren des Menschen[8]. In ihm werden nämlich eben jene drei Gedankenelemente kombiniert, die Voraussetzung der Aufdeckung des Unbewußten im Men-

---

[6] Der Gewissensbegriff hat sich aus der verbalen Wendung σύνοιδα ἐμαυτῷ entwickelt (vgl. Ch. Maurer: Art. σύνοιδα ThW VII, 897–918). Der Begriff des reinen Gewissens wird dabei zunächst negativ umschrieben: „Für den, der sich keines Unrechts bewußt ist, gibt es immer eine angenehme Hoffnung" (Plato Pol I 331 a). Paulus greift an dieser Stelle auf Hiob 27,6 (LXX) zurück: οὐ γὰρ σύνοιδα ἐμαυτοῦ ἄτοπα πράξας, wo hebr. „Herz" unter dem Einfluß der griechisch-hellenistischen Wendung frei übersetzt wird. Hebr. „Mein Herz schilt keinen meiner Tage" wird zu: „ich bin mir keiner verkehrten Taten bewußt". Aufschlußreich ist: Hiob insistiert auf seiner Unschuld. Es liegt ihm fern, daß er gegen das Urteil seines Bewußtseins schuldig sein könnte. Paulus räumt die Möglichkeit unbewußter Schuld ein.

[7] J. Weiss, 1.Kor, 99: „... da es sich um Willensregungen handelt, die nicht in Tat umgesetzt sind, daher also verborgen blieben, so ist ‚Anschläge' oder ‚Ratschläge' fast etwas zu stark; vielleicht: ‚Neigungen' oder ‚Regungen'."

[8] Diese Auslegung hat eine lange Tradition. Nachdem Augustinus in Conf X,4 am Ende 1.Kor 4,3 „Ich richte mich auch nicht selbst" zitiert hat, fährt er in X,5 fort: „Du, Herr, bist es, der mich richtet. Denn wenn auch ‚kein Mensch weiß, was in dem Menschen vorgeht, als nur der Geist des Menschen, der in ihm selbst ist', – so gibt es doch etwas im Menschen, wovon auch jener Geist des Menschen, der in ihm selbst ist, nichts weiß. Du aber, o Herr, der du ihn geschaffen hast, du kennst ihn ganz und gar." 1.Kor 4,4 wurde dann im Protestantismus auf unbewußte Schuld hin ausgelegt; vgl. den auslegungsgeschichtlichen Überblick bei P. Althaus: Paulus und Luther über den Menschen, Gütersloh 1938, 88–107. Dabei wurde zweifellos protestantisches Sündenbewußtsein in die Stelle hineinprojiziert, z.B. bei O. Moe: Zur Frage der sittlichen Selbstbeurteilung des Apostels Paulus, ZSTh 16 (1939) 483–491, S. 488: „Paulus will in der Tat vorbehalten, daß Gottes Auge verborgene Sünde sieht, die seinem Blick entging und ungewußt blieb." Daß der Christenverfolger Paulus ein erstaunlich gutes Gewissen hat, ist auch heute noch für protestantische Frömmigkeit mit ihrer Schuldkultur schwer verständlich. Wir dürfen Paulus nicht im Lichte dieser Schuld- und Gewissenskultur lesen, wie K. Stendahl: The Apostle Paul and the Introspective Conscience of the West, HThR 56 (1963) 199–215 mit Recht betont hat. Der Befund bei Paulus ist: Er anerkennt unbewußte Motive – fühlt sich aber auch so nicht schuldig!

schen sind: 1. Gottes Kardiognosie, 2. die Begrenztheit menschlicher Selbsterkenntnis, 3. die Bedeutsamkeit der inneren Realität. Trotzdem sind Zweifel angebracht, ob man den Text so verstehen muß. Drei Einwände seien diskutiert. Sie laufen darauf hinaus, entweder 1. den Vorbehalt gegenüber der Unschuldsbeteuerung in 4,4 oder 2. die Anrufung des eschatologischen Richters in 4,5 zu relativieren oder 3. den inneren Zusammenhang zwischen beiden Aussagen anders zu bestimmen. Alle Einwände enthalten ein Wahrheitsmoment, widerlegen jedoch nicht die These, Paulus habe in 1.Kor 4,1–5 an eine unbewußte Dimension im Menschen gedacht, sondern präzisieren, worum es sich dabei handelt.

1. Der erste Einwand lautet: Paulus spreche nur rein theoretisch von einer ihm unbewußten Schuld. Wenn er den endzeitlichen Richter anrufe, so nenne er nur die Möglichkeit des Lobes im Gericht, nicht die Möglichkeit der Strafe. Er rechne nicht ernsthaft mit unangenehmen Überraschungen. Zwar mache er den Vorbehalt, daß sein Gewissen ihn nicht rechtfertigt. Aber ist er sich nicht überraschend sicher darin, daß sein Gewissen die Wahrheit sagt[9]? Ist der Vorbehalt gegenüber dem eigenen Bewußtsein nicht rein rhetorisch? Sagt er mehr als: „Ich warte noch auf die objektive Bestätigung dessen, was ich subjektiv schon sicher weiß?"

Diese Auffassung könnte sich auf V. 5 berufen, wenn man nur betont: „und dann wird einem jeden *Lob* von Gott zuteil werden", dabei aber übersieht, daß einem *jeden* dies Lob zuteil werden soll[10]. Paulus spricht nicht nur von sich, sondern auch von anderen. Ausdrücklich nennt er Apollos, auf den er das Gesagte ebenso anwendet wie auf sich selbst (4,6). Für andere Missionare (und Menschen) aber kann Paulus das

---

[9] Vgl. J. WEISS, 1.Kor, 98: Der Vorbehalt gegenüber dem eigenen Gewissen geschah nicht wegen etwaiger „Irrtumsfähigkeit". Er sagt nur, „daß sein Gewissen nicht befugt ist, ihm die völlige Entlastung zu erteilen". Das erfaßt aber nicht alles. 1. Paulus verfügt an anderer Stelle deutlich über die Vorstellung vom irrenden Gewissen: Das Gewissen kann schwach sein und Götzenopferfleisch als sakrales Fleisch essen (1.Kor 8,7). 2. Paulus kennt die Möglichkeit der Selbstverurteilung: Die Christen nehmen nach 1.Kor 11,32 das Urteil des Herrn über sich vorweg. 3. Paulus begründet seinen Verzicht auf Selbstbeurteilung zunächst einmal mit einem mangelnden Bewußtsein von Schuld. „Ich bin mir nichts bewußt", wird durch γάρ als Begründung an den vorhergehenden Satz angeschlossen. Paulus rechnet theoretisch durchaus mit möglicher Schuld. Um so erstaunlicher ist seine positive Gewißheit!

[10] J. WEISS, 1.Kor, 98, will hier nur an die Apostel denken. Jedem Christen könne kaum ein Lob erteilt werden. Aber 1. findet sich ἕκαστος im Zusammenhang mit allgemeinen Gerichtsaussagen in 2.Kor 5,10 und Röm 14,12 und meint dort jeden Christen, wie die Synonymität mit πάντες zeigt. Paulus fährt 2. fort: Dies habe er auf sich und Apollos angewandt (1.Kor 4,6). Er hat einen allgemeineren Sachverhalt vor Augen, den er nachträglich auf das Verhältnis zweier Apostel anwenden will.

eschatologische Gericht nicht subjektiv vorwegnehmen! Zumal er nach 3,15 damit rechnet, daß konkurrierende Missionare im Gericht „gezüchtigt" werden können. Das Gewissen des Paulus kann nur für ihn selbst zeugen. Aber selbst dieses Zeugnis ist Paulus nicht ausreichend. Wenn er sich in 4,5 auf eine Stufe mit anderen stellt und die Offenbarung des Verborgenen auf „jeden" bezieht, so sagt er damit indirekt: Er sei sich selbst ebenso verborgen, wie ihm andere Menschen verborgen sind.

Der Vorbehalt gegenüber dem eigenen Gewissen ist aber auch deswegen nicht nur rhetorisch, weil damit der Ernst des Gerichtsgedankens bei Paulus unterschätzt würde. Es käme jenes „Furcht und Zittern" nicht zur Geltung, mit dem die Christen ihr Heil wirken sollen (Phil 2,12).

Und dennoch trifft der Einwand etwas Wesentliches: Paulus rechnet wohl mit unbewußten Intentionen, die mit seinem Bewußtsein in Spannung stehen könnten. Aber er ist überzeugt, daß ihn diese unbewußten Intentionen im Gericht nicht mehr existenziell gefährden können. Er ist mit dem ihm unbekannten Unbewußten „versöhnt". Er erlebt das Verhältnis von Bewußtsein und Unbewußtem nicht mehr als schmerzlichen Widerspruch. Es ist daher illegitim, in diese Stelle ein auf Unbewußtes ausgeweitetes Sündenbewußtsein hineinzulesen[11].

2. Der zweite Einwand geht vom traditionellen Charakter des Topos von der Kardiognosie Gottes aus, dessen,

„der das Verborgene der Finsternis erhellt
und die Absicht der Herzen offenbar macht". (1.Kor 4,5).

Der parallelismus membrorum könnte als Hinweis darauf gewertet werden, daß hier traditionelles Gut, vielleicht sogar ein Zitat, vorliegt[12]. Auf jeden Fall lehne sich Paulus an bekannte Formulierungen an. Übernommene Formulierungen aber dürfe man nicht allzu ernst nehmen. Dagegen ist zu sagen: Der richtige Hinweis darauf, daß hier ein traditioneller Topos vorliegt, sagt überhaupt nichts darüber aus, wie ernst es Paulus mit ihm ist. Auch das Bekenntnis zum Kyrios Jesus

---

[11] Das wird von L. MATTERN, Verständnis, 181, Anm. 579, mit Recht kritisiert.

[12] Die Indizien für traditionelles Gut sind: 1. relativischer Anschluß mit ὅς, 2. Parallelismus membrorum, 3. das Vokabular: φωτίζειν findet sich nur hier bei Paulus; die Wendung τὰ κρυπτὰ τοῦ σκότους ist nur hier im NT belegt, 4. die Spannung zum Kontext: Das Verborgene ist negativ zu verstehen, während Paulus mit einem positiven Ausgang im Gericht rechnet, 5. Parallelen zum Licht/Finsternis-Gegensatz und zur göttlichen Kardiognosie in der jüdisch-alttestamentlichen Literatur. 6. Modifikation des traditionellen Topos von der Kardiognosie Gottes: Sie wird auf Christus übertragen; Gott aber erteilt das Lob! Zur Annahme traditionellen Guts vgl. J. WEISS, 1.Kor, 99; H. LIETZMANN, Kor, 19; H. CONZELMANN, 1.Kor, 103; E. SYNOFZIK, Gerichts- und Vergeltungsaussagen, 42f.

(Röm 10,9) ist traditionell und doch Grundlage der paulinischen Existenz. Wer nur dem Bedeutung beimißt, was ganz originell auftritt, wird antike Literatur kaum verstehen können. Traditionelles kann hier immer wieder in neuen Kontexten zentralen Charakter gewinnen.

Die in 1.Kor 4,5 erscheinende Tradition ist im literarischen und historischen Kontext gut verankert: Die Möglichkeit unbewußter Schuld wird ja schon in 4,4 angedeutet, wenn Paulus sagt: Ich bin mir nichts bewußt, deswegen aber nicht gerechtfertigt. Was in den Gedankengang des Kontextes gut eingefügt ist, kann aber kaum rein ornamentale Floskel sein. Ferner könnte der Topos von der Kardiognosie auch im historischen Kontext bestens verankert sein, falls man Paulus in Korinth unlautere Motive vorgeworfen hat, die sich hinter seinen erklärten Absichten verbargen[13]. Die Anrufung dessen, der die Tiefen des Herzens durchschaut, wäre dann gewiß nicht rein rhetorisch.

Aber auch der zweite Einwand trifft etwas Wesentliches. Zwischen paulinischer Aussage und Tradition ist eine Spannung erkennbar. Erstens wird der Topos von der Kardiognosie Gottes auf Christus übertragen. Die Spannung zur Tradition ist noch spürbar, wenn Paulus dem kommenden Herrn (d.h. Christus) das Durchschauen und Entlarven der Herzen zuschreibt, gleich darauf aber Gott die Zuteilung des Lobes[14]. Zweitens bezieht sich die Tradition vorwiegend auf normwidrige Sünden[15]. Das Verborgene der Finsternis (1.Kor 4,5) scheut ebenso das Licht wie die „Werke der Finsternis" (Röm 13,12). Paulus aber fürchtet sich nicht vor der Offenbarung des Verborgenen. Die Vermutung liegt nahe, daß beide Abwandlungen der Tradition eng zusammengehören: Die Beziehung zu Christus ermöglicht dann eine veränderte Einstellung zum Unbewußten. Das wird später zu untersuchen sein. Hier sei festgehalten: Der Nachweis eines traditionellen Topos unterstreicht die Wichtigkeit des Gedankens für Paulus. Der Topos ist nicht nur im Kontext gut verankert, er wird auch individuell abgewandelt.

---

[13] Im 2.Kor ist ganz deutlich, daß Paulus unlautere Motive vorgeworfen wurden. Daher betont er, daß er in „Heiligkeit und Lauterkeit" unter den Korinthern gelebt habe (2.Kor 1,12), daß er niemanden „übervorteilt" habe (2.Kor 7,2), daß er kein „Betrüger" ist (2.Kor 10,16f.). Wenn er in 2.Kor 4,2 beteuert, er habe den κρυπτὰ τῆς αἰσχύνης abgesagt, so erinnert das unmittelbar an die κρυπτὰ τοῦ σκότους in 1.Kor 4,5. Nun kann man vom 2.Kor nicht unmittelbar auf den 1.Kor zurückschließen, da neue Vorwürfe laut geworden sind. Jedoch hält sich das Thema „Unterhaltsverzicht" durch. In diesem Zusammenhang könnte es schon im 1.Kor zur Unterstellung verborgener „unlauterer Motive" gekommen sein.

[14] Schon in 1.Kor 4,1 stehen Christus und Gott als die beiden Herren des Dieners und Verwalters Paulus nebeneinander. Es ist daher vom gesamten Text her logisch, wenn beide bei der Rechenschaftsablage eine Funktion haben.

[15] Vgl. die Traditionsanalyse S. 88ff.

3. Schließlich gibt es noch die Möglichkeit, den inneren Zusammenhang zwischen der Unschuldsbeteuerung in V. 4 und dem eschatologischen Ausblick in V. 5 anders zu bestimmen. Paulus gehe es an beiden Stellen primär darum, den Korinthern die Urteilskompetenz über ihn abzusprechen. Der Akzent liege nicht auf psychisch Unbewußtem, das der eigenen Kontrolle entzogen ist, sondern auf sozial Verborgenem, das für die Außenkontrolle der Korinther unerreichbar sei. Gegen sie rufe Paulus zwei Zeugen an, sein Gewissen und Gott. Mögen die Korinther seinem Gewissen nicht glauben –, spätestens im Jüngsten Gericht werde zutage kommen, was Paulus jetzt noch (bewußt) verbergen könnte[16]. Auch diese Deutung ist einseitig: Paulus beruft sich anders als in Röm 9,1 und 2.Kor 1,12 gar nicht auf sein Gewissen als Zeuge, sondern lehnt es als kompetente Urteilsinstanz ab. Deswegen kann er das zukünftige göttliche Urteil auch nicht als Bestätigung seiner gegenwärtigen Aussage anrufen. Es erscheint vielmehr als dessen mögliche Korrektur. Will man diesen Gedanken ausschließen, so müßte man überhaupt einen inneren Zusammenhang zwischen Unschuldsbeteuerung und Gerichtsgedanken bestreiten. Das aber ist unmöglich: Nicht nur ist V. 5 eine Folgerung aus dem Vorhergehenden, eingeleitet durch ὥστε; vielmehr wiederholt der abschließende eschatologische Ausblick entscheidende Stichworte der vorhergehenden Unschuldsbeteuerung: (ἀνα)κρίνειν und κύριος. Der metaphorische Rahmen bleibt derselbe: Der Diener muß Verantwortung ablegen. Umstritten ist nur, ob dies vor einem menschlichen Gericht oder vor Gott geschehen soll, ob schon jetzt oder erst, wenn der Herr kommt. Die Einheit des Textes läßt sich also nicht bestreiten.

Auch dieser letzte Einwand, der den Text konsequent als Verteidigung gegenüber den Korinthern auffaßt und alle Elemente diesem Zweck unterordnet, hat einen berechtigten Kern: Paulus verwandelt den Dialog mit den Adressaten in einen inneren Dialog. Er selbst kann sich so wenig durchschauen, wie die Korinther ihn durchschauen können. Sein innerer Dialog ist Echo seines Gesprächs mit den Adressaten. Paulus übernimmt sich selbst gegenüber die Rolle des „Außenstehenden". Das gilt schon für den Gewissensbegriff als solchen: Das Gewissen ist der verinnerlichte andere Mensch als Mitwisser. Paulus geht einen Schritt weiter: Das Gewissen kann dem eigenen Innern so fremd gegen-

---

[16] So z.B. P. ALTHAUS, Paulus und Luther, 90: 1.Kor 4,5 „erinnert freilich an die Grenze aller menschlicher Urteilsfähigkeit, aber hier nur im Blick auf das Urteil über *andere*, schwerlich im Blick auf die *Selbstbeurteilung*. Der Kritik der Korinther hält Paulus entgegen, daß sie ihm, dem Apostel, nicht ins Herz schauen können." Aber Paulus sagt nicht nur: Ihr könnt mich nicht beurteilen. Er sagt unverkennbar auch: Ich kann mich selbst nicht beurteilen!

überstehen, wie ein anderer Mensch dem Innenleben seines Mitmenschen fremd gegenübersteht.

Wir können nun zusammenfassen. Der Text erlaubt m. E. die Feststellung: Paulus besitzt eine Vorstellung von einer unbewußten Dimension im Menschen. Es gibt in ihr nicht nur verdrängte unbewußte Taten, sondern auch unbewußte Pläne und Motive. Paulus erlebt das Verhältnis von Bewußtsein und Unbewußtem nicht mehr als Widerspruch, obwohl er theoretisch um einen möglichen Widerspruch weiß. Dieser mögliche Widerspruch wird forensisch definiert: Das Unbewußte ist das, was kein menschliches Gericht (auch das eigene Gewissen nicht) zutage fördern kann, sondern was erst im göttlichen Gericht offenbart wird.

B. Das „Verborgene der Menschen" nach Röm 2,16

Die Vorstellung, daß Gott das „Verborgene der Menschen" am Jüngsten Tag richtet, begegnet auch in Röm 2,16. Das Stichwort „Verborgenes" weist auf den Kontext. Wenig später spricht Paulus vom „Juden im Verborgenen", der allein von Gott, nicht aber von Menschen sein Lob erhält. Vergegenwärtigen wir uns den Gedankengang von Röm 1,18 bis 3,20

1,18–2,11: So wie das Evangelium allen Menschen gilt, zunächst den Juden, dann auch den Heiden, so auch die Offenbarung des Zornes Gottes (vgl. 1,16 mit 2,9). Paulus entfaltet diese These in zwei Gedankengängen:
  1. Die immanente Auswirkung des Zornes Gottes über die verfehlte Gottesverehrung zeigt sich in der Zerrüttung menschlichen Lebens (1,18–32). Paulus denkt an heidnische Verhaltensweisen, wie der Zusammenhang von Götzendienst und Homosexualität zeigt, hat aber auch Juden im Blick, wenn er auf das Goldene Kalb anspielt (1,22ff.).
  2. Die transzendente Auswirkung des Zornes Gottes ist die Verurteilung im Jüngsten Gericht ohne Ansehen der Person (2,1–11). Paulus denkt jetzt deutlicher auch an Juden: Sie verurteilen heidnisches Verhalten (2,1); er hat aber auch Heiden im Blick: Alle sind unentschuldbar (2,1).

2,12–3,8: Die These, es gebe kein Ansehen der Person vor Gott (2,11) muß gegenüber dem Juden verteidigt werden, sofern er sich auf das Gesetz (2,12–24), die Beschneidung (2,25–29) oder die Verheißungen Gottes (3,1–8) beruft:
  1. Das Gesetz begründet keinen Vorrang vor Gott (2,12–24). Prinzipiell gilt nämlich: Nicht das Hören, sondern das Tun ist entscheidend (2,12–13).

a) Im Falle des Heiden (ὅταν γὰρ ἔθνη . . .) bedeutet das: Er kann das Gesetz tun und im Gewissenskonflikt Zeugnis von ihm ablegen. Das Urteil über ihn ist allein Gott vorbehalten (2,14–16).
b) Im Falle des Juden (εἰ δὲ σὺ Ἰουδαῖος . . .) bedeutet das: Er kann sich des Gesetzes rühmen, aber es dennoch übertreten. Die Heiden urteilen deshalb negativ über Gott (2,17–24).
2. Die Beschneidung schafft keinen Vorrang vor Gott (2,25–29). Prinzipiell gilt: Die Beschneidung nützt nur bei Gesetzeserfüllung.
a) Im Falle des Juden (ἐὰν δὲ παραβάτης νόμου ᾖς . . .) heißt das: Bei Gesetzesübertretung ist die Beschneidung gleich Unbeschnittenheit (2,25 b).
b) Im Falle des Heiden (ἐὰν οὖν ἡ ἀκροβυστία . . .) aber gilt: Wer als Unbeschnittener das Gesetz tut, wird wie ein Beschnittener beurteilt; ja, er wird den gesetzesbrüchigen Juden im Jüngsten Gericht verurteilen (2,25–27).
In anderer Reihenfolge als in 2,12–24 folgen nun prinzipielle Begründungen, auf die V. 25 nur kurz eingegangen war: Beim Juden entscheidet nicht die äußere Beschneidung, sondern die „Beschneidung des Herzens" (2,26–29).
3. Die Verheißungen Gottes sind wohl ein Vorzug, aber dieser Vorzug basiert nicht auf menschlichem Verhalten. Gott ist treu, auch wenn einige untreu waren. Illegitim wäre jedoch die Folgerung: Also kann man das Böse tun, damit das Gute herauskommt! (3,1–8)

3,9–20: Die These, daß alle Menschen Sünder sind, läßt sich also aufrecht halten und anhand des Gesetzes belegen (3,10–18). Das Gesetz begründet keinen Vorrang, sondern schafft Erkenntnis der allen gemeinsamen Sünde.

Aus der Strukturanalyse geht hervor: Die Ausführungen über das Gesetz und die Beschneidung stehen parallel zueinander. Das Ziel der Ausführungen ist jedesmal, einen ursprünglich nur mit Juden verbundenen Begriff so zu interpretieren, daß er nicht mehr nur auf Juden zutrifft. „Gesetz" und „Beschneidung" werden daher im übertragenen Sinne verwandt. Das „Werk des Gesetzes" ist in den Herzen eingeschrieben (2,15). Es ist ein inneres Gesetz. Die Beschneidung ist Beschneidung des Herzens (καρδίας), eine innere Beschneidung (2,29)[17]. Was im Inneren geschieht, ist verborgen: Der Offenbarung der κρυπτά im Jüngsten

---

[17] Oft wird hier eine bei Paulus so scharf nicht vorhandene Alternative eingetragen: Entweder handelt es sich um den (zeitlosen) Gegensatz von Innerem und Äußerem oder um den (zeitlichen) Gegensatz von altem und neuen Äon (vgl. E. KÄSEMANN, Röm, 70f.). Der „innere Mensch" ist aber bei Paulus ein Mensch, der sich „erneuert". Räumliche und zeitliche Kategorien überschneiden sich hier.

Gericht (2,16) entspricht der Jude im Verborgenen (ὁ ἐν τῷ κρυπτῷ Ἰουδαῖος 2,29). Das Verborgene ist nur Gott zugänglich. Er wird es richten (2,16). Nur er, kein Mensch kann es beurteilen (2,29). An beiden Stellen begegnet ferner das Stichwort φύσις: Es wird hier wie dort auf Heiden bezogen, die nicht im Judentum aufgewachsen sind, aber dennoch die Chance haben, ohne Gesetz und Beschneidung „von sich aus" zu tun, was Gesetz und Beschneidung eigentlich intendieren. Die strukturelle und inhaltliche Parallelität legt es nahe, beide Stellen in demselben Sinne auszulegen[18]. Die Pointe ist hier wie dort, daß ursprünglich ethnozentrisch verwandte Begriffe universalistisch neu definiert werden[19].

Das geschieht nicht durch Abstraktion gemeinsamer Züge aus Juden und Heiden aus einer neutralen Perspektive, sondern durch Konfrontation von Norm und Verhalten bei beiden Gruppen aus der Perspektive der jeweils anderen Gruppe. Paulus betrachtet zunächst einmal die Heiden aus der Perspektive des Juden; dann die Juden aus der Perspektive des Heiden.

In 2,12–16 beginnt Paulus mit prinzipiellen Feststellungen in zwei antithetisch formulierten Hauptsätzen, die ganz aus der Perspektive des Judentums gesprochen sind: „Denn nicht die Hörer des Gesetzes sind gerecht bei Gott, sondern (ἀλλὰ) die Täter des Gesetzes werden gerechtgesprochen" (2,13). Darauf folgt ein Bedingungssatz mit eventualem oder iterativem Sinn, in dem das Verhalten der Heiden[20] thematisiert

---

[18] Neuerdings wird 2,12–16 oft auf Heiden, 2,25–29 dagegen auf Christen bezogen; vgl. U. WILCKENS, Röm, 133, 157; E. KÄSEMANN, Röm, 60.71. Paulus hätte dann den Wechsel aber stärker herausarbeiten müssen, um vom Leser verstanden zu werden. Der Gedankengang ist vielmehr: Auch die Heiden tun das Gesetz. Kann man das aber wirklich behaupten, wenn sie sich nicht beschneiden lassen? Um die Möglichkeit der Gesetzestat ohne Gesetzeskenntnis für 2,12ff. festzuhalten, ist es notwendig nachzuweisen, daß Beschneidung und Gesetzeserfüllung nicht einfach identisch sind.

[19] Das geschieht jeweils durch Kombination von jüdischen und popularphilosophischen Gedanken: In Röm 2,14–15 benutzt Paulus stoische Gedanken (φύσις, συνείδησις, νόμος ἄγραφος) und kombiniert sie mit dem jüdisch-apokalyptischen Gedanken des Gerichts. (Vgl. zu den stoischen Stichworten G. BORNKAMM: Gesetz und Natur. Röm 2,14–16, Studien zu Antike und Christentum, Ges. Aufsätze II, München ³1970, 93–118.) In Röm 2,25–29 greift er den Gegensatz von wahrem menschlichen Wesen und der sozial kontrollierbaren äußeren Existenz auf, der auch bei Epiktet begegnet (vgl. A. FRIDRICHSEN: Der wahre Jude und sein Lob. Röm 2,28f., Symbolae Arctoae I, 1927, 39–49), und verbindet ihn mit dem alttestamentlich-jüdischen Topos der Herzensbeschneidung.

[20] Die immer wieder erneuerte Deutung der ἔθνη auf Heidenchristen (z. B. F. FLÜCKIGER: Die Werke des Gesetzes bei den Heiden (Röm 2,14ff.) ThZ 8 (1952) 17–42) scheitert an 2,14. Zwar läßt sich in V. 14a φύσει zur Not zum Vorhergehenden ziehen: „Wenn aber die Heiden, die das Gesetz von Natur aus nicht haben (aber es dann durch die christliche Verkündigung erhielten) . . ."; der nun folgende Hauptsatz aber: „. . ., so sind die, die das Gesetz nicht haben, sich selbst Gesetz" (V. 14b), müßte dann aber von denen

wird (V. 14f.). Ein Ausblick auf das Gericht schließt den Abschnitt ab (V. 16).

In 2,17 ff. kritisiert Paulus dagegen jüdisches Verhalten aus der Sicht der Heiden: Die Juden übertreten selbst das Gesetz. Deswegen wird Gott unter den Heiden gelästert (V. 24). Gesetzesübertretung aber macht die Beschneidung wertlos. Das wird in zwei Bedingungssätzen formuliert (V. 25b/26). Darauf folgt ein Ausblick auf das Gericht, bei dem der Heide den gesetzesbrüchigen Juden richten wird. Erst danach kommen die entscheidenden prinzipiellen Formulierungen, die in zwei antithetischen Hauptsätzen den „wahren Juden" definieren[21]:

„Nicht der ist Jude, der es im Sichtbaren ist,
noch ist das Beschneidung, die sichtbar im Fleisch geschieht,
sondern (ἀλλὰ) der ist Jude, der es im Verborgenen ist,
und das ist Beschneidung, die durch Geist und nicht im Buchstaben geschieht,
dessen Lob nicht von Menschen, sondern von Gott kommt." (Röm 2,28–29)

Die Entdeckung des verborgenen wahren Juden erscheint innerhalb des Textes als Ergebnis der Rückwirkung heidnischer Kritik an den Juden in der Gegenwart (V. 24) bzw. als Ergebnis der antizipierten heidnischen Kritik im zukünftigen Gericht (V. 27).

Die scheinbar unbedeutende Variation im Aufbau (prinzipielle Formulierungen stehen am Anfang oder am Schluß) weist auf eine perspektivische Verschiebung hin: Aus der Perspektive jüdischer Normen wird zunächst heidnisches Verhalten beurteilt – im Unterschied zu Röm 1,18 ff. mit positivem Ergebnis: Es gibt auch unter Heiden Gesetzeserfüllung. Diese Gesetzeserfüllung unter den Heiden wird in V. 26 f. vorausgesetzt. Von ihr her fällt nun umgekehrt neues Licht auf das Judentum: Wenn Unbeschnittensein der Beschneidung gleichwertig sein kann, dann kann die wahre Beschneidung nicht die äußere Beschneidung sein. Der wahre Jude ist am Herzen beschnitten.

---

reden, die das Gesetz nicht *hatten*. Denn als Christen besitzen und kennen sie ja das Alte Textament.

[21] U. WILCKENS, Röm I,157 meint: „Der wahre Jude im Sinne von V. 28 ist unter den empirischen Juden nicht zu finden, weil diese allesamt Sünder sind." Wilckens nimmt jedoch (S. 133) für Röm 2,12–16 an, daß Paulus hier nicht nur hypothetisch mit der Möglichkeit eines „guten" Heiden rechnet, obwohl doch für Paulus alle Heiden Sünder sind. Was unter Heiden für Paulus denkbar war, muß aber auch für Juden gelten. Die Scheidung von σάρξ und πνεῦμα, die in Röm 2,28f. anklingt, geht durch Israel hindurch (Gal 4,29). Patriarchen wie Abraham (Röm 4,1ff.) und Isaak (Röm 9,10–13), Propheten wie Elia (Röm 11,1ff.), ja sogar Moses als Urbild des Bekehrten (2.Kor 3,13ff.) dürften zu den wahren Juden gehören. In Röm 3,3 spricht Paulus nur von einigen Juden, die ungehorsam wurden. Daß sie „jetzt" alle ungehorsam sind (Röm 11,31) ist eine andere Sache – ein vorübergehendes Stadium für Paulus.

Aus der Perspektive der jeweils anderen Gruppe wird ein Bild vom vorbildlichen Heiden und wahren Juden entworfen, bei dem die Merkmale „Gesetz" und „Beschneidung" verinnerlicht werden: Der gute Heide hat das Gesetz in seinem Innern, der wahre Jude ist auf unsichtbare Weise beschnitten. Die Konfrontation beider Gruppen und ihrer Normsysteme führt zur Emanzipation von sozial kontrollierbaren sozialen Merkmalen. Das innere Gesetz und die Herzensbeschneidung bleiben im Bereich der κρυπτά[22].

Bei der Beurteilung negativen Verhaltens wird das noch deutlicher. Menschen sehen bekanntlich bei anderen gerade das, was sie bei sich selbst nicht wahrhaben wollen. Paulus formuliert das als allgemeine Regel in Röm 2,1–3. In 2,17–24 illustriert er diese Regel am Beispiel des gesetzesstolzen Juden, der sein gesetzesbrüchiges Verhalten nicht wahrnehmen will. Im Widerspruch zwischen Norm und Verhalten sieht er eine der Wurzel antijüdischer Vorurteile unter den Heiden: „Der Name Gottes wird euretwegen unter den Heiden gelästert" (2,24).

Umgekehrt hat Paulus in 1,21 ff. heidnisches Verhalten so dargestellt wie es sich jüdischem Blick zeigt. Auch hier wird deutlich, daß die Beteiligten ihr Verhalten anders beurteilen. Sie stimmen ihm zu (1,32). Nur wer die Forderung des wahren Gottes kennt, weiß, daß es sich um todeswürdige Vergehen handelt.

Aus der Perspektive der jeweils anderen Gruppe werden also sowohl die von den Menschen nicht wahrgenommenen negativen Aspekte als auch ihre positiven Möglichkeiten beleuchtet. Sicher ist, daß Paulus bei den negativen Verhaltensweisen an faktisches Verhalten denkt, mag es auch noch so konventionell geschildert sein. Hier spricht er nicht nur hypothetisch. Darf man aber daraus schließen, daß er auch bei den positiven Möglichkeiten an wirkliche Fälle denkt? Sind der fromme Heide und der wahre Jude nur hypothetische Konstruktionen[23]? Das Thema des Paulus ist in 1,18–3,21 die universale Schuld der Menschen, nicht aber ihre verborgenen positiven Qualitäten.

---

[22] Die Verinnerlichung von Gesetz und Beschneidung hat Vorläufer im Judentum. Zur Herzensbeschneidung vgl. Lev 26,41; Dtn 10,16; 30,6; Jer 4,4; 9,25; Ez 44,7.9; Jub 1,23; 1QS V,5; 1 QH 18,20; Philo migr 92; SpecLeg I,6.305; OdSal 11,1–3; Justin Dial 114. Wie bei Paulus betont der liberale Jude Ananias bei Josephus ant 20,41, das Halten der Gesetze sei wichtiger als die Beschneidung; der strengere Galiläer Eleazar aber besteht darauf, man dürfe die Gesetze nicht nur lesen (ἀναγινώσκειν), sondern müsse sie auch tun (ποιεῖν); vgl. ant 20,44.

[23] So vor allem H. LIETZMANN, Röm, 40.44; vorsichtiger O. KUSS, Röm, 70f., 91f. Zu beachten ist: Paulus spricht vom positiven Verhalten der Heiden nicht nur in Bedingungssätzen wie in 2,14 und 2,26, sondern auch in einem Hauptsatz: οἵτινες leitet in 2,15 wie in Röm 1,25 einen Hauptsatz ein. Ebenso sind auch die Aussagen über den wahren Juden nicht konditional formuliert (vgl. 2,28f.).

Dennoch wird man damit rechnen müssen, daß Paulus an wirkliche Fälle eines verborgenen Frommen unter Juden und Heiden denkt! Wenn der gute Heide in V. 14 nur ein theoretisches Postulat wäre, so wäre auch der Gewissenskonflikt in V. 15 konstruiert! Und was den verborgenen Juden angeht, so kennt Paulus zumindest Abraham als einen vorbildlich Glaubenden – mitten im Alten Testament[24]. Gerät er dann aber nicht in einen logischen Widerspruch zu seiner These, daß niemand vor Gott gerecht ist und alle nur durch Christus erlöst werden. Drei Argumente sind hier zu bedenken.

Erstens: Die Kriterien des verborgenen Frommen entziehen sich prinzipiell öffentlicher Kontrolle. Sie sind κρυπτά. Nur Gott, kein Mensch, kann darüber entscheiden, ob sie vorliegen. Das Urteil Gottes aber geschieht „durch Christus". Daß jemand an Christus vorbei zum Heil gelangt, ist also nicht möglich[25].

Zweitens: Wir dürfen uns den verborgenen Frommen unter Juden und Heiden nicht als Werkgerechten vorstellen. Gerade der Heide, der das Gebot erfüllt, ist vom Gewissenskonflikt betroffen. Er ist nicht selbstgerecht. Und der Jude, der die Beschneidung des Herzens an sich vollziehen läßt, ist jemand, der umkehrt[26]!

Drittens: Erst wenn richtiges Verhalten prinzipiell möglich ist, kann faktische Schuld eingeklagt werden. Der verborgene Fromme, den kein Mensch identifizieren kann, ist der helle Hintergrund, vor dem die feststellbare Schuld um so größer erscheint.

Wir haben soweit festgestellt: Aus der jeweils anderen sozialen Perspektive wird deutlich, daß es beim anderen Menschen „verborgene" Dinge gibt, die sich der sozialen Kontrolle entziehen. Sie sind relativ unabhängig vom jeweiligen sozialen Normsystem. Unsere weitere Frage ist nun: Sind die κρυπτὰ τῶν ἀνθρώπων dem Menschen selbst unbewußt? Oder sind sie nur der Öffentlichkeit der anderen Menschen entzogen? Die Antwort auf diese Frage hängt weitgehend davon ab, wie man den Gewissenskonflikt in 2,15 zeitlich ansetzt. Entweder faßt man V. 15 als Parallelaussage zu V. 14 auf: So wie die Heiden in der Gegenwart gute Werke tun, so geschieht auch ihr Gewissenskonflikt in

---

[24] Darauf weist J. M. CAMBIER: Le jugement de tous les hommes par Dieu seul, selon la vérité, dans Rom 2,1–3,20, ZNW 67 (1976) 187–213, S. 203.
[25] Christus wirkt für Paulus schon in der alttestamentlichen Geschichte; vgl. 1.Kor 10,1 ff. Das endgültige Urteil Gottes über die Menschen geschieht nicht an Christus vorbei; vgl. Röm 2,16.
[26] Herzensbeschneidung ist Umkehr; vgl. Jub 1,23: „Und danach werden sie in aller Aufrichtigkeit, mit ganzem Herzen und mit ganzer Seele zu mir umkehren, und ich werde die Vorhaut ihres Herzens und die Vorhaut des Herzens ihrer Nachkommen beschneiden und werde ihnen einen heiligen Geist schaffen und sie rein machen . . ."

der Gegenwart. Für diese Deutung spricht das Präsens ἐνδείκνυνται (V. 15). Gegen sie spricht, daß der anschließende V. 16 eindeutig vom zukünftigen Tag des Gerichts spricht und nun ohne überzeugende logische und grammatische Verbindung angefügt erscheint, es sei denn, man ergänzt einen Zwischengedanken oder streicht den ganzen Vers als Glosse[27].

Eine andere Möglichkeit besteht darin, die Zeitbestimmung „am Gerichtstag" in V. 15 von vornherein mitzudenken[28]: An jenem Tage werden die Heiden die Existenz des Gesetzes durch ihren Gewissenskonflikt bezeugen! Das Präsens ἐνδείκνυνται wäre dann logisches Futur. Das entspräche besser dem Gesamtkontext: Paulus will in 2,12–16 eine These über das zukünftige Gericht erhärten, nämlich daß Gott ohne Ansehen der Person urteilen wird. Die Futura κριθήσονται (V. 12) und δικαιωθήσονται (V. 13) weisen auf das Jüngste Gericht. Der Ausblick auf die Zukunft in V. 16 ist daher auf keinen Fall störend, sondern konsequent! In der Tat sprechen einige Argumente dafür, V. 15 näher an V. 16 heranzurücken[29]:

(a) Beim Gewissenskonflikt in V. 15 handelt es sich um einen Nachentscheidungskonflikt: Zeugenaussage, Anklage, Verteidigung weisen auf ein Fehlverhalten zurück. Daraus folgt nicht, daß der Rückblick vom Standpunkt des Gerichtes erfolgt, wohl aber, daß es eine strukturelle Ähnlichkeit zwischen Gewissenskonflikt und rückblickendem Gericht gibt.

(b) Zwischen V. 14 und 15 herrscht eine klare Akzentverschiebung, da zunächst von der Möglichkeit der Gesetzeserfüllung ausgegangen wird (V. 14), der Gewissenskonflikt aber das Bewußtsein einer Gesetzesübertretung voraussetzt!

(c) Im Gewissenskonflikt sind Zeuge, Ankläger und Verteidiger vorhanden. Aber es fehlt der Richter. Bei Philo dagegen ist das Gewissen zugleich Ankläger und Richter (decal 87). Bei Paulus ist innerhalb des Gerichtsverfahrens noch eine Stelle zu besetzen. Das Gericht ist erst am Jüngsten Tag vollständig!

Der Gewissenskonflikt weist auf den Gerichtstag[30]. Diese eschatologi-

---

[27] So R. BULTMANN: Glossen im Römerbrief, in: Exegetica, Tübingen 1967, 278–284, dort 282f. Dagegen mit Recht H. SAAKE: Echtheitskritische Überlegungen zur Interpolationsthese von Römer 2,16, NTS 19 (1972/3) 486–489.
[28] So E. KÄSEMANN, Röm, 62f.; U. WILCKENS, Röm, 137.
[29] Dafür spricht auch die Parallele in TestJud 20. Hier bricht der Gewissenskonflikt erst im eschatologischen Gericht auf. Unter Berufung auf TestJud 20 versteht S. AGERSNAP: Paulusstudier 1.Kor 15 og Rom 2, Tekst og Tolkning 7, Kopenhagen 1979, 101–136, die „Werke des Gesetzes" als vollbrachte Gesetzeswerke, die im Menschen ihre Spuren hinterlassen haben. Die anklagenden Gedanken setzen jedoch auch fehlende Gesetzeswerke in Röm 2,15f. voraus.
[30] So E. KÄSEMANN, Röm, 63: „Der in 15 geschilderte Prozeß kann unmöglich ohne letzte Klärung und Krisis bleiben, in welcher der bis dahin verborgene Richter hervor-

sche Ausrichtung des Gewissenskonfliktes schließt jedoch den präsentischen Aspekt nicht aus: Wenn das Gewissen am Jüngsten Tag als Zeuge auftreten soll, muß es schon vorher präsent und wirksam gewesen sein, so wie jeder Zeuge bei der von ihm bezeugten Handlung präsent gewesen sein muß. Das Gewissen ist daher ebenso ein präsentisches Phänomen wie das ins Herz geschriebene Gesetz, aufgrund dessen die Heiden die Forderungen des Gesetzes erfüllen können. Unbewußt ist ihnen, daß sie durch Gesetz und Gewissen schon mit dem eschatologischen Richter konfrontiert sind. Der in V. 15 geschilderte Gewissenskonflikt beginnt daher in der Gegenwart, hat aber unbewußte Aspekte, die weit über das hinausgehen, was der Heide ahnt und weiß. Das Aufdecken dieser κρυπτὰ τῶν ἀνθρώπων umschließt auch ein Bewußtwerden vor dem Forum Gottes[31].

Daß die in Röm 1,18–3,21 angesprochenen Menschen noch nicht über sich aufgeklärt sind, können wir auch dem gesamten Kontext entnehmen. Der Abschnitt beginnt mit den Worten: „Denn es offenbart sich der Zorn Gottes vom Himmel her über alle Gottlosigkeit und Ungerechtigkeit der Menschen, die die Wahrheit in Ungerechtigkeit aufhalten..." (1,18). Er schließt mit der Feststellung, daß Erkenntnis und Anerkennung der Schuld durch das Gesetz bewirkt wird (3,20). Beide Aussagen schließen ein, daß den angesprochenen Menschen ein adäquates Sündenbewußtsein noch fehlt. Sonst bedürfte es keiner „Offenbarung vom Himmel", um Erkenntnis der Sünde zu bewirken. Ein Bewußtsein der eigenen Schuld fehlt also noch – im Gegenteil: Die angesprochenen Menschen stimmen zum Teil positiv dem von Paulus beschriebenen

---

tritt." Daß neben dem Schema: jetzige Verborgenheit – eschatologische Offenbarung auch noch das Schema der „eschatologischen Peripetie" vorliegt: das Gericht kehrt die bestehenden Verhältnisse ins Gegenteil, läßt sich dagegen kaum sagen (gegen H. SAAKE, Echtheitskritische Überlegungen, 487f.).

[31] Das hat E. KÄSEMANN, Röm, 57–64, überzeugend herausgearbeitet. Er spricht vom „heimliche(n) Gerichtstag in unserem Dasein" unter dem „Zwang eines uns noch verborgenen Richters, angesichts dessen dem Menschen bewußt wird, daß er „gerade in seinem Innersten nicht sein eigener Herr" ist (S. 62). Hier wird gewiß „Apokalyptik in die Anthropologie projiziert" (S. 63). Unverständlich ist mir dann aber die Polemik gegen das „psychologische Mißverständnis dieser Anthropologie", bei dem psychologische Vorfindlichkeit und ihr eschatologischer Sinn nicht unterschieden werden. Worin zeigt sich denn dieser eschatologische Sinn? Nach E. KÄSEMANN darin, daß die psychologischen Phänomene selbst zu den κρυπτὰ τῶν ἀνθρώπων gehören und noch entziffert werden müssen (S. 63). Widerspricht das aber ihrer psychologischen Deutbarkeit? Es sei denn, man identifiziert Psychologie mit Bewußtseinspsychologie! Gibt es aber nicht auch eine Psychologie des Unbewußten, die das Verborgene im Menschen entziffern will? Die davon weiß, daß der Mensch nicht Herr im eigenen Hause ist? Die den Zwang verborgenen Richtens aufdeckt? Alle eben zitierten exegetischen Feststellungen könnten von solch einer psychodynamischen Deutung von Röm 2,15f. übernommen werden!

Fehlverhalten zu (Röm 1,32) oder verurteilen bei anderen, was sie bei sich nicht wahrnehmen wollen (Röm 2,1–3; 2,17–23).

Wir können also auch in Röm 2,12–16 die drei Gedankenelemente feststellen, welche die Entdeckung eines Unbewußten im Menschen historisch möglich gemacht haben: 1. Gottes Allwissenheit wird vorausgesetzt. An der Fähigkeit des Richters, auch unbewußte Prozesse ans Licht zu bringen, kann nicht gezweifelt werden. 2. Deutlich ist ferner, daß das „Verborgene" innere Prozesse meint. Die sich anklagenden und verteidigenden Gedanken im Innern des Menschen umkreisen das Verborgene! 3. Die Begrenztheit menschlicher Einsicht in sich selbst wird nicht direkt formuliert, ist aber dem Kontext zu entnehmen.

Darüber hinaus war deutlich geworden, daß die Aufdeckung des „Verborgenen" in Röm 2 mit der Konfrontation zweier verschiedener Normsysteme zusammenhängt.

C. Die Enthüllung des Verborgenen durch die urchristliche Prophetie (1.Kor 14,20–25)

Nach 1.Kor 4,1–5 und Röm 2,12–16 wird das „Verborgene" der Menschen erst im Jüngsten Gericht offenbar. In 1.Kor 14,20–25 wird es aber schon in der Gegenwart von urchristlichen Propheten enthüllt. Der Abschnitt enthält einige Unklarheiten, die sofort hervortreten, wenn man den Gedankengang nachzeichnet:

V. 20: Paulus beginnt mit einer *Ermahnung:* Die Korinther sollen im Verstehen vollkommen sein. Verständliche Redeformen sind der Glossolalie vorzuziehen.

V. 21: Das *Schriftzitat* (Jes 28,11)[32] wertet die Glossolalie als Sprache Gottes, die jedoch ohne Erfolg bei „diesem Volk" bleibt. Die abweichende Sondersprache hat nichts bewirkt. Auch so (οὐδ' οὕτως) hört es nicht.

---

[32] Man kann vermuten, daß das Jesajazitat eine Vorgeschichte hat. Es begegnet in der Qumrangemeinde, um Gegner (1 QH II,18f.) und Lügenpropheten (1 QH IV,16) zu brandmarken, die das Volk verführen. Die „fremde Zunge", mit der sie ihre Irrtümer verbreiten, könnte konkret die griechische Sprache gewesen sein, die unter den hellenisierenden Gegnern der Qumrangemeinde verbreitet gewesen sein könnte; an Zungenrede ist hier kaum gedacht, auch nicht in 1 Q Is^a, wo Jes 28,11 in Übereinstimmung mit Paulus, dem masoretischen Text und Aquila in der 1. Pers. Sg. als Ausspruch Gottes wiedergegeben wird (gegen R. A. HARRISVILLE: Speaking in Tongues: A lexicographical Study, CBQ 38 (1976) 35–48, S. 45). Da das Zitat in der Auseinandersetzung zwischen konkurrierenden jüdischen Strömungen eine Rolle spielte, ist es möglich, daß es schon vor Paulus urchristliche Zungenrede gegen Kritik verteidigen sollte (so J. P. M. SWEET: A Sign for Unbelievers: Paul's Attitude to Glossolalia, NTS 13 (1966/7) 240–257, bes. 243f.). Sicher ist das jedoch nicht.

V. 22: Die *Konklusion* aus dem Schriftzitat wird durch ὥστε eingeleitet und stellt in zwei antithetischen Hauptsätzen fest:
a) Zungenrede hat eine Funktion gegenüber den Ungläubigen, nicht gegenüber den Gläubigen.
b) Prophetie hat dagegen eine Funktion gegenüber den Gläubigen, nicht gegenüber den Ungläubigen.
Die Funktion der Glossolalie wird dabei als εἶναι εἰς σημεῖον umschrieben, d.h. „als Zeichen dienen". Bei der Aussage über die Funktion der Prophetie wird diese Bestimmung nicht ausdrücklich wiederholt.

V. 23–25: Ein *Kontrastbeispiel* soll die Behauptung belegen (οὖν ist weiterführende Partikel). Die beiden Beispiele werden in Konditionalsätzen formuliert. Das erste Beispiel als rhetorische Frage, das zweite als Aussagesatz.
a) Zungenrede ruft bei Laien und Ungläubigen den Eindruck einer μανία hervor.
b) Prophetie offenbart dagegen das Verborgene des Herzens bei Ungläubigen und Laien (die Reihenfolge der beiden Begriffe ist nun vertauscht) und führt zum Bekenntnis, daß Gott wahrhaft in der Gemeinde wirksam ist.

Die crux interpretum ist, daß die allgemeine Konklusion (V. 22) nicht zu den illustrierenden Beispielen in V. 23–25 paßt. Die Konklusion lautet: 1. Zungenrede ist ein Zeichen für Ungläubige, 2. Prophetie ist für die Gläubigen da. Das illustrierende Kontrastbeispiel aber sagt: 1. Zungenrede schreckt die Ungläubigen ab, 2. Prophetie wirkt positiv auf die Ungläubigen. Die bisherigen Lösungsversuche dieses Problems vermögen nicht zu überzeugen.

1. Der Begriff des „Zeichens" wird im Sinne eines negativen Warnzeichens verstanden[33]. Zungenrede sei Zeugnis gegen die Ungläubigen. Sie werden verstockt. So kann man wohl das erste Fallbeispiel mit dem ersten Teil der Konklusion harmonisieren, nicht aber das zweite: Prophetie ist gewiß kein gegen die Gläubigen gerichtetes Warnzeichen, das verstocken soll. Die Prophetie hat positive Wirkung. Die Einheit des σημεῖον-Begriffes in V. 22 geht verloren; abgesehen davon, daß sich dieser Zeichenbegriff (Zeichen = verstockendes Warnzeichen) bei Paulus sonst nicht belegen läßt.

2. Der Begriff des „Gläubigen" wird ausgeweitet, so daß die „Gläubigen" von V. 22 mit den Ungläubigen von V. 23–25 identifiziert werden

---

[33] So J. WEISS, 1.Kor, 332f., der die Schwierigkeit klar sieht, daß der negative Zeichenbegriff nicht auf die Prophetie paßt. K. STENDAHL: Glossolalie – der neutestamentliche Befund, in: Der Jude Paulus und wir Heiden, München 1978 (engl. 1976), 116–134, dort S. 123f., meint, „Zeichen" bedeute bei Paulus nie etwas eindeutig Positives.

können: Der Gläubige sei der, der auf dem Weg zum Glauben ist[34]. So harmonisiert man das zweite Fallbeispiel mit dem zweiten Teil der Konklusion: Die Prophetie hat eine positive Wirkung auf Gläubige – sie bringt Ungläubige zum Glauben. Aber man belastet damit den Begriff des „Gläubigen" mit einer unwahrscheinlichen Zweideutigkeit.

3. Eine dritte Lösung sagt[35]: Die allgemeine Prämisse und das Kontrastbeispiel verhalten sich nicht wie Obersatz und Illustration. Vielmehr sei V. 22 als rhetorische Frage zu verstehen: „Ist also Zungenrede ein Zeichen für die Ungläubigen?", eine Frage, die dann im folgenden verneint werde: Wenn ein Ungläubiger in die Gemeindeversammlung kommt, werde er vielmehr abgestoßen! Diese Deutung ist logisch befriedigend, philologisch jedoch undurchführbar. Denn das Kontrastbeispiel wird nicht durch eine adversative Partikel, sondern ein weiterführendes οὖν angeschlossen.

Unser Deutungsversuch geht von folgender Überlegung aus: Paulus will die Zungenrede in ihrer sozialen Funktion durch die Prophetie ersetzen. Wir können dann aber von der Funktion der Prophetie auf die Funktion der Zungenrede zurückschließen. Nun bewirkt die Prophetie zweierlei: 1. Sie hat juridische Funktion, wenn sie überführt, beurteilt und Verborgenes offenbart; 2. sie hat missionarische Funktion, wenn sie zum Glauben treibt. Der Überführte ruft aus: Wahrhaftig, Gott ist in euch! Die zweite Funktion ist nicht das einzig Entscheidende. Denn die Prophetie übt ihre Funktion sowohl gegenüber dem Ungläubigen wie dem Laien aus. Der Laie aber ist Teilnehmer des Gottesdienstes. Er könnte theoretisch schon das Amen zum Gebet sprechen (1.Kor 14,16). Er ist also schon auf dem Weg zum Glauben. Aber es fehlt noch etwas: das Zeichen für die Gläubigen. Es fehlt ein klares Erkennungszeichen dafür, daß er zum Glauben gekommen ist. Finge er an, in Zungen zu reden oder sie zu verstehen, so wäre das für die Korinther ein eindeutiger Hinweis dafür, daß er wirklich zur Gemeinde gehört. Paulus wertet hier neu: Zungenrede ist kein Zeichen für die Gläubigen. Jes 28,11 f.

---

[34] So TH. HÉRING, 1.Cor, 129: „ceux qui sont en train de devenir chrétien".
[35] B. C. JOHANSON: Tongues, a Sign for Unbelievers? NTS 25 (1979) 180–203. Gegen diese zunächst sehr bestechende These spricht neben dem fehlenden adversativen Partikel: 1. ὥστε leitet außer in Gal 4,16 immer eine Konklusion, aber keine rhetorische Frage ein; vgl. Röm 7,4.12; 13,2; 1.Kor 3,7; 7,38; 2.Kor 4,12; 5,16f.; Gal 3,9.24; 4,7. 2. Auf eine rhetorische Frage würde man als Zurückweisung einen Aussagesatz erwarten; Paulus fährt jedoch mit einer rhetorischen Frage fort(V. 23). 3. Johanson muß „dieses Volk" im Jesajazitat auf die christliche Kirche beziehen. Aber könnte Paulus im Ernst behaupten, daß die christliche Gemeinde Gott auch durch Zungenreden hindurch nicht hört – also überhaupt nicht hört? 4. Wäre V. 22 eine rhetorische Frage, so würde Paulus bestreiten, daß Prophetie für die Gläubigen da ist, obwohl er doch im ganzen 14. Kapitel die positive Funktion der Prophetie für die Gemeinde herausarbeitet.

bezeugt vielmehr: Zungenrede wendet sich an Leute, die nicht hören wollen, also ganz gewiß nicht an die Gemeinde. Dagegen schafft die Prophetie das, was die Korinther von der Zungenrede erwarten: Sie enthüllt das Verborgene des Menschen. Sie kann zu einem sicheren Urteil über die neu in die Gemeinde Gekommenen gelangen. Insofern ist sie ein „Zeichen für die Gläubigen". Für diese Deutung sprechen weiterhin folgende Argumente:

1. Bei der Deutung „Zeichen" = Erkennungszeichen gibt es keinen Widerspruch zwischen der allgemeinen Prämisse (V. 22) und dem Kontrastbeispiel: Wenn ein Ungläubiger kommt, wird er prophetisch beurteilt. Wenn dabei sein Innerstes offenbart wird, so ist das ein sehr viel verläßlicheres Zeichen für die Gemeinde als aktive oder passive Teilnahme an ekstatischem Reden. Die Glossolalie ist dagegen ein Abgrenzungs- und Erkennungszeichen nach außen hin. Was aber nach außen hin abgrenzt, muß noch kein ausreichendes Kriterium für die Gemeindezugehörigkeit sein[36].

2. Paulus sagt nicht: Glossolalie bzw. Prophetie seien „Zeichen", sondern „sie dienen als Zeichen". Zur Wendung εἰς σημεῖον εἶναι gibt es aufschlußreiche Parallelen in der LXX[37]. Gott errichtet z. B. den Regenbogen als Zeichen seines Bundes: καὶ ἔσται εἰς σημεῖον διαθήκης ἀνὰ μέσον ἐμοῦ καὶ τῆς γῆς. Auch hier handelt es sich weniger um ein spektakuläres Wunder als um eine juridische Beglaubigung. Der Begriff σημεῖον als persönliches Erkennungszeichen[38] war in Korinth nicht unbekannt. In 2.Kor 12,12 formuliert Paulus die Erwartungen der Korinther an ihn: Sie suchen an ihm die σημεῖα τοῦ ἀποστόλου. Wohl bestehen diese σημεῖα in Wundern – auch die Prophetie ist ja ein Wunder. Aber ihre Funktion ist die Identifizierung des Amtes, die Beglaubigung der Person.

---

[36] P. ROBERTS: A Sign – Christian or Pagan? ExT 90 (1979) 199–203: Glossolalie war als ekstatisches Phänomen für Außenstehende eine göttliche Erscheinung. Zeichen bedeutet hier „a sign of divine or spiritual activity" (S. 200). Jedoch liegt darauf nicht der Akzent bei Paulus: Daß sich Glossolalie an Außenstehende wendet, hat Paulus dem Zitat entnommen. Sein Anliegen ist es zu zeigen, daß sie sich nicht an die Gemeinde wendet.

[37] Die Wendung εἶναι εἰς σημεῖον begegnet Gen 9,13; Ex 13,16; Jes 19,20; 55,13; Ez 20,20 und bedeutet dort Erinnerungszeichen oder Zeugnis. Die Erkenntnisfunktion tritt am deutlichsten in Ez 20,20 zutage. Die Sabbate sollen ein Zeichen sein: „zwischen mir und euch, damit man erkenne, daß ich der Herr, euer Gott, bin". Vergleichbare Wendungen (Verb + εἰς σημεῖον) finden sich Gen 1,14; Nu 17,3; Dt 6,8; 11,18; Jos 4,6. Immer wird der Zeugniswert des Zeichens, nicht das Wunderhafte betont. Σημεῖον kann auch „Losung" bedeuten (Jos ant 19,54).

[38] Daß σημεῖον im Neuen Testament Erkennungszeichen bedeuten kann, zeigen Lk 2,12; Mt 26,48 und 2.Thess 3,17. Der Gedanke an das Wunder ist damit natürlich keineswegs ausgeschlossen: Wenn beim Neuhinzugekommenen die geheimen Gedanken des Herzens offenbar werden und er zum Glauben kommt, so ist das ein Wunder!

3. In der Apostelgeschichte hat die Glossolalie an einigen Stellen eben jene Funktion, die ihr nach unserer Vermutung in Korinth zugeschrieben wurde: Zungenrede ist ein Zeichen dafür, daß auch Heiden den Geist haben und vollwertig in die Gemeinde aufgenommen werden können (Apg 10,45 f.; 11,15). Sie unterscheidet die den Christen nahestehenden Johannesjünger in Ephesus von der Gemeinde (Apg 19,1–7).

Wir schließen aus alledem: Die Enthüllung des Verborgenen durch die urchristlichen Propheten gilt als Erkennungszeichen für die Gemeinde[39]. Unsere leitende Fragestellung lautet aber: Umfassen die κρυπτὰ τῆς καρδίας auch unbewußte Inhalte? Wieder ist zu prüfen, ob die drei Gedankenelemente vorliegen, welche die Aufdeckung des Unbewußten historisch ermöglichten. 1. Zweifellos wird Gottes Kardiognosie vorausgesetzt. Nur wird sie auf urchristliche Propheten übertragen. Sie vollziehen schon jetzt, was Gott am Jüngsten Tag tun wird. Sie durchschauen den Menschen bis in die verborgenen Winkel seines Herzens. Weil sie über diese göttliche Kraft verfügen, kann der Neuhinzugekommene ausrufen: Gott ist wahrhaftig in euch! 2. Daß es sich um innere Inhalte handelt, steht außer Frage. Was zutage kommt, ist im Herzen verborgen. Dabei kann es sich natürlich auch um die verborgene Erinnerung an vergangene Taten handeln, die man vergessen oder „verdrängt" hat. Die juridischen Begriffe ἐλέγχειν und ἀνακρίνειν „überführen" und „beurteilen" weisen ja nicht auf irgendwelche beliebigen Sachverhalte, sondern auf etwas, was man gerne vor der Öffentlichkeit verbirgt. Schwer zu beurteilen ist 3. ob auch eine begrenzte Einsicht des Menschen in sich selbst vorausgesetzt wird. Wenn die oben vorgeschlagene Deutung richtig ist, enthüllt die Prophetie nicht nur einzelne verborgene Inhalte[40], sondern die Situation des Menschen vor Gott. Sein Glaube und Unglaube kommt zutage. Wie aber könnte dem ungläubigen Gemeindebesucher das, was hier enthüllt wird, schon vorher bewußt sein! Wird er doch erst durch die Gemeinde mit Gott konfrontiert! Wenn

---

[39] Ignatius bringt in Phld 7 ein Beispiel für die Offenbarung des Verborgenen durch den Geist. Der Geist „bringt das Verborgene an den Tag (τὰ κρυπτὰ ἐλέγχει). Ich schrie in eurer Mitte, ich rief mit lauter Stimme, mit Gottes Stimme: Haltet zum Bischof und zum Presbyterium und den Diakonen! Die aber den Verdacht aussprachen, ich redete so, weil ich (bereits) vorher von der Spaltung einiger wußte –, doch Zeuge ist mir der, in dem ich Fesseln trage, daß ich es von menschlichem Fleisch nicht erfahren hatte" (Phld 7,1–2). Auch hier offenbart der Geist, ob die Gläubigen wirklich zur Gemeinde gehören. Nicht konkrete Einzelheiten werden enthüllt, sondern der „Glaubensstand" des Christen.

[40] H. GUNKEL: Die Wirkungen des heiligen Geistes, Göttingen 1888, 24; H. WEINEL: Die Wirkungen des Geistes und der Geister, Freiburg, 1899, 183; G. DAUTZENBERG: Urchristliche Prophetie, BWANT 104, Stuttgart 1975, 247ff., denken sehr viel konkreter an die Kunst des Gedankenlesens. Paulus meint gewiß mehr, auch wenn er solche paranormale Kunst nicht ausschließt.

unsere Deutung der Prophetie als Erkennungszeichen für die Gläubigen richtig ist, dann muß sie notwendig auch unbewußte Inhalte enthüllen.

Zwei ergänzende Beobachtungen weisen in dieselbe Richtung: τὰ κρυπτὰ τῆς καρδίας ist eine abgekürzte Formel für das in 1.Kor 4,5 Gesagte. Dort werden in einem parallelismus membrorum „das Verborgene der Finsternis" und die „Pläne des Herzens" nebeneinandergestellt. Die Wendung das „Verborgene des Herzens" (1.Kor 14,25) kombiniert beide Satzglieder. Da nun in 1.Kor 4,5 an Unbewußtes gedacht ist, kann das für 1.Kor 14,25 nicht ausgeschlossen werden, freilich auch nicht sicher behauptet werden: Beide Stellen sind ja durch einige Kapitel voneinander getrennt.

Die zweite Beobachtung stützt sich auf den unmittelbaren Kontext, also auf die Auseinandersetzung mit der korinthischen Glossolalie. Wie wir später sehen werden, kann man Glossolalie als Sprache des Unbewußten deuten, die durch Interpretation bewußtseinsfähig wird. Wenn Paulus nun sagt: „Größer ist der, der prophezeiht, als wer in Zungen redet, es sei denn, er legt es aus, damit die Gemeinde Erbauung empfängt" (1.Kor 14,5), so folgt daraus: Zungenrede und Deutung sind zusammen der Prophetie gleichwertig. Der Schluß liegt nahe: Wenn die Deutung der Zungenrede Bewußtmachung des Unbewußten ist, so läßt sich auch die Prophetie als Bewußtmachung des Unbewußten verstehen[41]. Zwingend ist auch dieser Schluß nicht. Aus der Gleichwertigkeit zweier Phänomene läßt sich nicht mit Sicherheit auf ihre Gleichartigkeit schließen.

Der Gedanke des Unbewußten läßt sich also nicht mit derselben Gewißheit für 1.Kor 14,25 postulieren wie für die vorher besprochenen Texte. Es besteht jedoch eine gewisse Wahrscheinlichkeit dafür, daß das „Verborgene des Herzens" auch unbewußte Inhalte umfaßt, die gegen den Willen des Betroffenen von der Prophetie ans Tageslicht gebracht werden.

Bei einem Rückblick auf die drei behandelten Texte fällt ein wichtiger Unterschied ins Auge: Wo Paulus von der Enthüllung des Verborgenen bei Heiden und Ungläubigen spricht, rechnet er deutlich mit einem Konflikt zwischen unbewußten Inhalten und normativen Maßstäben. Im Hinblick auf sich selbst aber strahlt er die Gewißheit aus, daß er zwar nicht prinzipiell, wohl aber faktisch über diesen Konflikt hinaus ist (1.Kor 4,1–5). Hat er zu einem neuen „Frieden" mit sich selbst gefun-

---

[41] Eine Stütze findet die Parallelisierung von Zungenrede und Prophetie bei Irenäus adv haer V,6,1: „Wir hören viele Brüder in der Gemeinde, die prophetische Charismata haben, in mancherlei Zungen redend durch den Geist, das Verborgene der Menschen zu ihrem Nutzen zur Offenbarung bringend und die Geheimnisse Gottes erklärend." Hier umfaßt die prophetische Gabe Glossolalie und die Enthüllung des Verborgenen.

den? Worin bestehen die neuen Akzente bei ihm? Um das festzustellen, müssen wir seine Aussagen auf dem Hintergrund der Tradition interpretieren.

II. Traditionsanalyse

Historische Voraussetzung für die Entdeckung des Unbewußten ist der Glaube an den allwissenden Gott. Dieser Glaube ist älter als das Alte Testament. Schon einfache Hirtenkulturen glauben an einen höchsten Himmelsgott, der kraft seiner Lichtnatur alle menschlichen Handlungen sieht und die Vergehen der Menschen mit meteorologischen Mitteln, also mit Gewitter, Blitz, Sturm, Überschwemmung und Dürre straft. R. PETTAZONI[42] hat diesen Typ des allwissenden Gottes bei Ägyptern, Babyloniern, Phöniziern, Hethitern, Persern und Griechen sowie in Indien, China, Afrika und Amerika nachgewiesen. Jahwe ist ein Abkömmling dieses Göttertyps. Seine monotheistische Revolution besteht darin, daß er sich als allwissender Gott gegen alle anderen Götter durchsetzte.

Der Weg von der Idee des allwissenden Gottes zur Aufdeckung des Unbewußten im Menschen ist lang. Er setzt drei Schritte voraus. Die Allwissenheit Gottes muß (A) mit der begrenzten Einsicht des Menschen konfrontiert werden. Sie muß (B) auf innere Prozesse im Menschen ausgeweitet werden, ja, die inneren Motive des Menschen müssen als der wichtigste Gegenstand göttlicher Allwissenheit erscheinen. Der entscheidende Schritt zur Aufdeckung unbewußter Motive im Menschen besteht dann (C) darin, daß die Konfrontation zwischen der Allwissenheit Gottes und der begrenzten Einsicht des Menschen in sich selbst in das Innere des Menschen verlagert und als innerpsychischer Konflikt gedeutet wird.

A. Göttliche Allwissenheit und begrenzte menschliche Selbsterkenntnis

Schon lange vor Paulus findet sich die Konfrontation göttlicher Allwissenheit mit der begrenzten Einsicht des Menschen in sich selbst. Auszugehen ist von einem religionsgeschichtlich weit verbreiteten Phänomen: der unwissend begangenen Sünde. Es begegnet im Alten Orient bei Hethitern, Babyloniern und Assyrern in noch eindringlicherer Weise als im Alten Testament.

---

[42] R. PETTAZONI: The All-Knowing God, London 1956. Eine kurze Zusammenfassung erschien in deutscher Übersetzung: Der allwissende Gott, FiBü 319, Frankfurt 1957.

In einem hethitischen Gebet bittet ein Schwerkranker um Hilfe. Er beteuert seine Unschuld. Nie habe er ein Gebot seines Gottes übertreten. Dennoch ist er krank. Darum fleht er den Gott an:

„(Jetzt) möge mir mein Gott sein Inneres und seine Seele doch ganz aufrichtig auftun und mir meine Sünden sagen, damit ich sie erkenne! Entweder möge mein Gott im Traume zu mir sprechen – ja, mein Gott möge mir sein Inneres auftun und mir meine Sünden sagen, damit ich sie erkenne! – oder eine Seherin möge zu mir sprechen oder ein Seher des Sonnengottes möge mir (meine Sünden) aus einer Leber(beschau) mitteilen. Ja, mein Gott möge mir ganz aufrichtig sein Inneres und seine Seele auftun und mir meine Sünden sagen, damit ich sie erkenne! Und verleihe du auch, mein Gott, mir aufs neue Gesundheit und Stärke!"[43]

Dieser Text scheint eine psychologische Deutung geradezu herauszufordern: Der Beter weiß, er könnte unbewußt gesündigt haben, und erhofft von einem Traum (oder einer anderen Offenbarung) Aufschluß über seine unbewußte Sünde. Aber bei solchen Deutungen ist Vorsicht geboten. Es ist zwar nicht ausgeschlossen, daß es sich um „verdrängte Sünden" handelt, die sich im Traum offenbaren – aber es kann sich einfach um objektive Verletzungen heiliger Normen handeln, die unbeabsichtigt geschahen. Eine spätere sumerische „Herzberuhigungsklage für jeden Gott" macht deutlich, wie äußerlich diese unbekannten Vergehen sein können. Entscheidend ist, daß sie nicht gewollt waren. Ob eine unbewußte Intention im Spiel war, liegt jenseits des Blickfeldes:

„Die Sünde, die ich begangen habe, kenne ich nicht,
die Versäumnisse, die ich begangen habe, kenne ich nicht,
das Greuel, das ich gegessen habe, kenne ich nicht,
das Greuel, auf das ich getreten bin, kenne ich nicht."[44]

Diese Aussage wird dann generalisiert. Der Mensch weiß grundsätzlich um sein Handeln nur schlecht Bescheid:

„Die Menschen sind taub, wissen nichts,
die Menschen, soviel einen Namen tragen, wissen nichts,
wissen nicht, ob sie freveln, ob sie gut handeln."[45]

---

[43] Zit. n. W. BEYERLIN (ed.): Religionsgeschichtliches Textbuch zum Alten Testament, Göttingen 1975, 190.
[44] A FALKENSTEIN/W. v. SODEN: Sumerische und akkadische Hymnen und Gebete, Zürich 1953, Nr. 45, S. 226.
[45] A. FALKENSTEIN/W. v. SODEN, Hymnen, S. 227. M. JASTROW: Die Religion Babyloniens und Assyriens II,1, Gießen 1912, 92, sieht die Funktion der häufigen Anspielungen auf „unbekannte Sünden" in den babylonischen Gebeten darin, daß sie Zweifel an der Gerechtigkeit der Götter unterdrücken sollten.

„Irrtumssünden" können die zufällige Berührung eines unreinen Gegenstandes sein, den man nicht registriert hat; aber sie können auch tief im Menschen verwurzelt sein. So wird in einem akkadischen Bußpsalm auch die innere Motivation (der Zorn) mit in das Schuldbekenntnis aufgenommen:

„Im Zorn meines Herzens beschimpfte ich deine Gottheit, beging die bewußte und unbewußte Sünde immer wieder."[46]

Die Vorstellung solcher Irrrtumssünden ließe sich noch weiter verfolgen. Hier sei nur noch auf kleinasiatische Sühneinschriften hingewiesen[47]; ferner auf Ödipus, das klassische Beispiel dafür, daß man ohne Absicht in schwere Schuld geraten kann. Es ist des Nachdenkens wert, daß Ödipus zum Modell für die Erhellung des modernen Unbewußten werden konnte.

Das Alte Testament kennt ebenso wie die altorientalische Umwelt den Gedanken unbewußter Sünden. Die LXX spricht vom ἁμαρτάνειν ἀκουσίως (Lev 4,2). Es handelt sich dabei um jene Sünden, die mit einem Sündopfer gesühnt werden können (Lev 4,1–5, 13; Num 15,22–29). Erstaunlich ist, wie selten der Gedanke in den Psalmen anklingt:

„Wer kann merken, wie oft er fehle?
Sprich mich frei von meinen verborgenen Fehlern!" (Ps 19,13)

Hängt das damit zusammen, daß der alttestamentliche Gläubige in der Gewißheit lebte, den Willen Gottes zu kennen? Daß er Gut und Böse unterscheiden konnte (Gen 3,22)? Man kann das ganze Hiobbuch als einen Protest gegen die Unterstellung unbewußter Sünden lesen! Und doch weiß auch das Alte Testament, daß der Mensch im Unrecht sein kann, ohne es zu wissen:

„Den Mensch dünkt sein Weg stets recht;
aber der Herr prüft die Herzen"
(Prov 21,2)
„Mehr als alles andere ist das Herz tief
und es ist menschlich[48].
Wer kann es erkennen?

---

[46] A. FALKENSTEIN/W. v. SODEN, Hymnen, Nr. 19, S. 173.

[47] Vgl. F. S. STEINLEITNER: Die Beicht im Zusammenhang mit der sakralen Rechtspflege in der Antike, Diss. München 1913, sort Nr. 11: Sünde (ἐξ) εἰδότων καὶ μὴ εἰδότων, Nr. 14 Sünde κατ' ἄγνοιαν.

[48] Eigentlich „weiblich", denn ἄνθρωπος ist hier Femininum, und bezieht sich auf καρδία.

Ich, der Herr, erforsche Herzen und prüfe Nieren,
einem jeden zu vergelten nach seinem Verhalten . . ."
(Jer 17,9 LXX)
Hier werden göttliche Allwissenheit und begrenzte Selbsterkenntnis des Menschen klar miteinander konfrontiert. Aber es handelt sich um einen Konflikt zwischen Gott und Mensch – nicht um einen innerpsychischen Konflikt, in dem sich jener Konflikt niederschlägt.

B. Die Ausweitung der Allwissenheit Gottes bis ins Innere

Der Gedanke, daß die Gottheit alles weiß, impliziert zwar logisch, daß er auch das menschliche Innere durchschaut. Man muß sich jedoch klarmachen, wie umstritten die Idee der Allwissenheit selbst dort war, wo wir Allwissenheitsaussagen finden. Sokrates etwa bejahte die Allwissenheit Gottes, betonte aber, daß seine Meinung von der Ansicht der Menge abwich. Er war so konsequent, auch die Gedanken des Menschen in diese Allwissenheit einzubeziehen[49]. Im Alten Testament wird der Tor und Sünder zitiert, der sagt: „Wie kann Gott durch Wolken hindurchschauen?" (Hiob 22,14) Wie kann er ins Dunkle sehen? (Sir 23,18–20) Erst allmählich wird die Allwissenheit umfassend verstanden[50]. Als Objekt göttlicher Allwissenheit werden genannt: 1. „alles", 2. „das Verborgene", 3. die Zukunft und 4. das „Herz".

1. Die Redewendung vom *alles* wissenden Gott begegnet relativ selten im Alten Testament und im urchristlichen Schrifttum. Nach 2.Sam 14,20 weiß der Engel Gottes „alles auf Erden". Gott kennt alles, bevor er es schuf (Sir 23,20), er schaut alles (Sir 15,18; Philo op. 69), weiß alles (Bar III,32), sieht alles (Hiob 34,23 LXX v.l.), beaufsichtigt alles (2.Makk 12,22; 15,2; 9,5). Alles ist ihm bekannt (Philo somn I,87). Die Belege im Urchristentum sind spärlich und spät: Gott weiß alles (1.Joh 3,20) im Voraus (Herm mand IV,3,4). Alles ist nahe und vor ihm (1.Klem 27,3.6). Erst in nachneutestamentlicher Zeit wird die Allwissenheit Gottes zu einem festen Topos, z.B. bei Clemens von Alexand-

---

[49] Vgl. Xen Mem I,1,10: „Er glaubte jedenfalls, daß die Götter sich um die Menschen kümmerten, allerdings nicht so wie die meisten meinen; denn diese denken, daß die Götter manches wüßten, manches aber nicht; Sokrates aber glaubte, daß die Götter alles wüßten, sowohl was gesprochen wie auch was stillschweigend geplant werde, daß sie überall gegenwärtig seien und den Menschen über die menschlichen Dinge Zeichen zukommen ließen" (vgl. auch Mem I,4,17).
[50] Vgl. R. PETTAZONI, The All-Knowing God, 97–114; J. HEMPEL: Gott und Mensch im Alten Testament, Stuttgart 1926, 168–173: Die Vorstellung vom alles durchdringenden Wissen Gottes findet sich danach vor allem in der Weisheitsliteratur, die wiederum in altorientalischen Traditionen verwurzelt ist.

rien. Hier ist Gott derjenige, der „alles sieht, alles hört, alles weiß" (strom VII,5,5). Das relativ späte Auftauchen der Redewendung vom „alles" wissenden Gott erklärt sich vielleicht daraus, daß es aus griechischer Tradition[51] in die jüdisch-christlichen Texte eingedrungen ist. Schon bei Homer wissen die Götter „alles" (Od IV,379; IV,468; XII,139f; Il II,485), obwohl sie faktisch oft wenig wissen. Xenophanes definiert seinen monotheistischen Gott als den, „der alles sieht und hört" (fragm 24 = DiogLaert IX,19). Zeus ist der Allesseher (παντόπτης Aesch supp 139; Eum 1045; Soph Ant 184)[52].

2. Sehr viel häufiger erscheint in der alttestamentlich-jüdischen Tradition das *Verborgene* als Gegenstand göttlicher Allwissenheit. Dabei handelt es sich in der Regel um verborgene menschliche Taten. Nur in wenigen Fällen wird an innere Vorgänge gedacht. „Verborgen" ist das, was der Öffentlichkeit entzogen ist. So sind die „verborgenen Sünden" bei Josephus Diebstahl, Anschläge und Ehebruch (bell V,402)[53]. Im Gegensatz zum Menschen sieht und offenbart Gott auch das Verborgene. Prinzipiell formuliert heißt es in Dt 29,28: „Was verborgen ist, steht beim Herrn; was aber offenbart ist, gilt uns und unseren Kindern." Auch diese Vorstellung findet sich am häufigsten in späten Schriften[54]. Sie begegnet im Neuen Testament (Röm 2,16; 1.Kor 4,5; 14,25) und steht wohl hinter dem synoptischen Logion: „Denn nichts ist verborgen, außer damit es offenbar wird, und nichts ist ein Geheimnis geworden, außer damit es an den Tag kommt." (Mk 4,22). Bemerkenswert ist, daß die verborgene Tat nicht nur negativ gewertet wird – beim „Verborgenen" handelt es sich meist um Handlungen, die das Licht der Öffentlichkeit scheuen. Vielmehr mahnt die Bergpredigt dazu, im „Verborgenen" Almosen zu geben, zu beten und zu fasten (Mt 6,4.6.18): Auch gute Werke geschehen im Verborgenen.

3. Die Allwissenheit Gottes erstreckt sich nicht nur bis in verborgene

---

[51] Vgl. den Überblick bei R. PETTAZONI, The All-Knowing God, 145–162.

[52] Dieses Gottesprädikat begegnet erst 2.Makk 9,5 (vgl. 7,35) in der jüdischen Literatur, dort wohl ebenso wie an anderen Stellen, wo τὰ πάντα der Gegenstand göttlichen Allwissens ist, aufgrund hellenistischer Einflusses.

[53] Epiktet bezeichnet als τὰ κρύψοντα das, was hinter verschlossenen Türen begangen wird, während der im Freien lebende Kyniker nur sein Schamgefühl als schützende Mauer zwischen sich und der Öffentlichkeit hat (Diss. III, 22,14f.).

[54] Vgl. Jer 16,17; 30,4 (LXX); Susanna 42 (Theod.): Gott ist ὁ τῶν κρυπτῶν γνωστής; Sir 1,30: Gott offenbart τὰ κρυπτά σου; vgl. Sir 16,17; 17,15.20; 39,19; 42,19; Arist 132; Hen(äth) 9,5;vgl. 9,11; 2.Makk 12,41; Jos bell V,413; ant 9,3; Philo cherubim 16f.; spec leg III,52. Aus dem Urchristentum sind zu nennen: Röm 2,16; 1.Kor 4,5 und 14,25; Pol Phil 4,3; Ign Phld 7,1. Ein außerbiblischer Beleg ist Dion Hal AntRom 10,10,2: Die Vorsehung führt τὰ κεκρυμμένα βουλεύματα ans Licht, jedoch ist damit etwas anderes gemeint.

Räume, sondern bis in verborgene Zeiten, nämlich die Zukunft. Während das Verborgene auch ein Mensch wissen könnte, weiß ausschließlich Gott das *Zukünftige*. Hier stößt der Mensch auf eine unüberwindbare Schranke seines Wissens. In vielen Texten wird nun das Vorauswissen um die Zukunft neben die Kenntnis des Innern und Verborgenen gestellt. Kann man daraus schließen, das Innere und Verborgene sei dem Menschen genauso unzugänglich wie die Zukunft? Mehr als ein assoziativer Zusammenhang läßt sich nicht nachweisen. Die zu Unrecht verleumdete Susanna ruft aus:

„Ewiger Gott, der das Verborgene erkennt, der alles weiß, bevor es geschieht, du weißt, daß sie falsch gegen mich aussagen ..." (Susanna Theod 42)

Nach Sir 42,18–20 erkennt Gott Vergangenes und Zukünftiges und durchschaut das Herz. Nach Philo (somn I,90f.) sieht Gott alles, „auch das, was im Innersten des Geistes unsichtbar vollbracht wird ... nichts ist ihm unklar, sondern alles bekannt und klar; nicht nur, was getan wurde, sondern auch, was beabsichtigt wird" Zukunftswissen und Durchschauen des Inneren werden in vergleichbarer Weise nebeneinandergestellt in folgenden Belegen:

„Gott sieht nicht nur die vollbrachten Handlungen, sondern er kennt auch schon genau die Gedanken, aus denen sie entstehen werden" (Jos ant 6,263)
„Denn die Wege der Menschen sind ihm immerdar bekannt,
und die Kammern des Herzens kennt er, bevor es entstand"
(oder: bevor etwas geschieht) (PsSal 14,6)
„Bist du, Herr, nicht der Erforscher der Herzen aller Geschlechter, bevor du die Welt bildetest?"
(AntBibl 50,4)
„Denn da der Herr ein Kenner des Herzens ist
und alles voraus weiß, so kannte er auch die Schwachheit des Menschen"
(Herm mand IV,3,4)
„Er weiß alles im Voraus
und kennt das, was im Herzen ist." (2.Klem 9,9)

An solchen Stellen liegt natürlich der Begriff des Unbewußten noch nicht vor. Man ahnt ihn: Gott kann Gedanken schon voraussehen, die der Mensch noch nicht einmal kennt, weil sie noch nicht „in sein Herz aufgestiegen sind". Dann würde Gott auch Gedanken kennen, die noch nicht ins Bewußtsein des Menschen getreten sind. Jedoch wird das ausdrücklich nirgendwo gesagt. Es bleibt meist offen, ob es sich bei der Kenntnis innerer Gedanken um zukünftige Absichten oder schon existierende Pläne handelt.

4. Die Allwissenheit Gottes erstreckt sich vor allem auf das menschliche *Herz*. Der Gedanke begegnet relativ früh. Bei der Salbung Davids

sagt Gott zu Samuel, als dieser den hochgewachsenen Eliab sieht: „Schaue nicht auf sein Aussehen und seinen hohen Wuchs, ich will ihn nicht. Denn Gott sieht nicht auf das, worauf der Mensch sieht; der Mensch sieht den äußeren Schein, der Herr aber sieht auf das Herz." (1.Sam 16,7). Vergleichbare Formulierungen finden sich häufig im Alten Testament[55], im Judentum[56] und Urchristentum[57]. Bekannt ist die Vorstellung von Gott, der Herzen und Nieren prüft. Es muß sich um einen charakteristischen Zug der biblischen Tradition handeln. Denn das Urchristentum entwickelt hier ein neues Gottesprädikat, das bisher außerhalb christlicher Quellen nicht belegt werden konnte: Gott ist καρδιογνώστης[58]. Das neue Wort deutet auf eine neue Erfahrung oder zumindest eine charakteristische Erfahrung. Zwar ist der Gedanke nicht neu, daß eine Gottheit das menschliche Herz durchschaut. Er ist auch außerhalb des biblischen Schrifttums belegt[59]. Neu ist, daß es der einzige Gott ist, dem der Mensch überall ausgeliefert ist. Keine andere Gottheit relativiert seine Macht:

„Herr, du erforschest mich und kennest mich
Ich sitze oder stehe, du weißt es;
du verstehst meine Gedanken von ferne . . .
Du hältst mich hinten und vorn umschlossen,
hast deine Hand auf mich gelegt . . .
Wohin soll ich gehen vor deinem Geiste?
Wohin soll ich fliehen vor deinem Angesicht? . . ."
(Ps 139)

Wenn Paulus den urchristlichen Propheten eine wunderbare Kenntnis der κρυπτὰ τῆς καρδίας (1.Kor 14,25) zuschreibt, so kombiniert er drei Traditionen: 1. daß göttliche Allwissenheit das Verborgene enthüllt, 2.

---

[55] 1.Kg 8,39; Ps 26,2; 44,22; 94,11; 139,23; Prov 15,11; Jer 17,9f.; Jer 20,12.
[56] Sap 1,6; Sir 42,18–20; PsSal 14,6 (17,25); AntBib 22,7; 50,4; 1QM XVI,15; 1QH XII,34; XVIII,24.
[57] Lk 16,15; Röm 8,27; 1.Thess 2,4; Hebr 4,12; 1.Joh 3,20; 2.Klem 9,9.
[58] Apg 1,24; 15,8; Herm mand 4,34; ActPauletThecl 24; Act Thaddaei 3 (hier von Christus ausgesagt); Didask 7.15.18.24; ClemAlex Strom V 14,96,4; PsKlem hom IV,13; Const Apst II 24,6; III 7,8; IV 6,8; VI 12,4; VIII 5,6. Vgl. jedoch schon AntBib 22,7 und 50,4!
[59] Vgl. R. PETTAZONI, The All-Knowing God; Belege für die Herzenskenntnis der Götter gibt es für Thot (S. 51), Enlil (S. 77), den hethitischen Sonnengott (S. 115), Tezcatlipoca (S. 409). Zu Zeus vgl. Archil fragm 13: „So vollendet Zeus die Vergeltung! Ganz anders als Menschen, denn um ein Einzelnes straft niemals im Jähzorn der Gott. Lange bleibt auch keiner verborgen, wenn er im Herzen heimliche Freveltat sinnt; immer entlarvt ihn die Zeit." Diese Stelle muß jedoch nicht auf eine Herzenskenntnis des Gottes gedeutet werden: Was im Innern geplant wird, wird irgendwann einmal äußerlich erkennbar. Ein sicherer Beleg ist Theogn 375: Zeus „kennt den Sinn und das Herz jedes Menschen". Epiktet entfaltet den Gedanken in einem Traktat (Diss I,14).

daß sie das Herz durchschaut und sich 3. auf Zukünftiges bezieht. Die Beziehung auf Zukünftiges ist mit dem Begriff des „Propheten" gegeben.

Die entscheidende Frage ist: Ergibt es sich aus den traditionsgeschichtlichen Voraussetzungen der paulinischen Aussage, daß das „Verborgene des Herzens" nicht nur der Öffentlichkeit entzogen ist, sondern dem betreffenden Menschen selbst? Wo wird schon vor Paulus das „Verborgene" und das „Herz" in einen engen Zusammenhang gebracht?

Unverkennbar ist: Was man im Herzen verborgen hält, ist zunächst nur der Öffentlichkeit entzogen. Die ἐν τῇ καρδίᾳ μου κρυπτά (Test XII Ruben 1,4) sind Worte, die man im Herzen verbirgt (vgl. Hiob 23,12; Ps 118,11 LXX). Der Schritt zur Entdeckung des Unbewußten wird dort angebahnt, wo die interpersonale Verstehensgrenze zu einer intrapersonalen Grenze wird, wo sich der Mensch selbst so fremd gegenübersteht wie einer fremden Person, ohne daß er dies Fremde als mythische Größe nach außen hin projiziert, sondern als Teil seiner selbst akzeptiert. Solche Verlagerung interpersonaler Erfahrungen in den Menschen hinein läßt sich bei anderen Begriffen gut beobachten: Das Gewissen ist der verinnerlichte „Mitwisser"[60]. Fragen wir also, wo das „Verborgene" zu etwas Innerem wird! Dabei sind zwei Entwicklungsstufen zu unterscheiden: 1. Aussagen über eine gegenwärtige Allwissenheit Gottes, die auch das Verborgene des Herzens erfaßt. 2. Eschatologische Aussagen über den endzeitlichen Richter, der alles an das Licht der Öffentlichkeit bringen wird.

Beginnen wir mit den nicht-eschatologischen Aussagen. In Ps 43,22 (LXX) bestehen die Heimlichkeiten des Herzens (κρύφια τῆς καρδίας) vorwiegend in äußeren Handlungen, nämlich im Götzendienst. Aber dieser hat natürlich auch eine innere Seite:

„Wenn wir den Namen unseres Gottes vergäßen und unsere Hände zu einem fremden Gott erhoben – würde Gott das nicht erforschen, denn er kennt die Heimlichkeiten des Herzens."

Ähnliches gilt für Sir 1,30: Das „Verborgene" wird wohl mit dem „Herzen" assoziiert, meint also eine innere Realität, aber es dürfte sich um sozial „Verborgenes" handeln:

---

[60] Vgl. Epikt fragm 97: „Als wir Kinder waren, übergaben uns die Eltern einem Pädagogen, der überall aufpassen mußte, daß wir zu Schaden kamen; wenn wir Männer werden, übergibt uns Gott dem eingeborenen Gewissen zur Obhut..." In diesem unechten Epiktetfragment wird deutlich, daß schon die Antike die Analogie zwischen dem äußeren und inneren „Aufpasser" sah. Daß das Gewissen u.a. Ergebnis einer Verinnerlichung des mitwissenden und kontrollierenden anderen Menschen ist, liegt noch fern: Es gilt als angeboren. Aber es löst den äußeren Aufpasser ab.

„Überhebe dich nicht selbst, damit du nicht fallest, und dadurch über dich selbst Schande bringest; der Herr wird kundtun dein Verborgenes (τὰ κρυπτὰ σου), und inmitten der Gemeinde wird er dich stürzen, weil du herantratest in der Furcht des Herrn, aber dein Herz war voll List." (Sir 1,30)

Noch deutlicher wird die Verinnerlichung des „Verborgenen" im folgenden Beleg:

„Die Meerestiefe und das Herz erforscht er, und in all ihre Blößen hat er Einsicht; denn der Höchste besitzt Erkenntnis, er blickt auf die kommenden Ereignisse der Weltzeit. Er tut kund Vergangenes und Werdendes, er offenbart die Erforschung verborgener Dinge. Nicht wird vermißt bei ihm irgendeine Erkenntnis, und nichts entgeht ihm."
(Sir 42,18–20 hebr. Text)

Wenn die Urflut (der ἄβυσσος) und das Herz nebeneinander zu stehen kommen, so ist das eine so unergründlich wie das andere; ja man könnte fragen, ob hier nicht die Urflut zum Symbol der unbewußten Tiefen des menschlichen Inneren geworden ist[61]. Die Verinnerlichung des „Verborgenen" wird auch in Arist 132f. greifbar: Gottes Allwissenheit bezieht sich hier zunächst auf sozial verborgene Taten, wird dann aber auf innere Absichten und Pläne ausgedehnt:

„Zuallererst zeigte er, daß ... nichts, was die Menschen auf Erden heimlich tun, vor ihm verborgen ist, sondern was einer tut, und sogar das zukünftige Geschehen ist ihm offenbar. Indem er nun dies gründlich behandelte und klar vor Augen führte, zeigte er, daß keiner, auch wenn er nur beabsichtigt, etwas Schlechtes zu tun, im Verborgenen bleibt, geschweige denn, er führt es aus; denn durch die ganze Gesetzgebung tut er Gottes Macht kund."
(Arist 132f.)

Was hier in einfacher Sprache ausgesagt wird, erscheint bei Philo auf einem hohen Reflexionsniveau. Er kommentiert das Gesetz, daß eine des Ehebruchs verdächtige Frau ohne Kopfbedeckung Gott gegenübergestellt werden soll (Nu 5,18 LXX). Diese Anordnung wird ihm zum Symbol der Aufdeckung des Inneren durch den allwissenden Gott:

„Nun kann zwar das gesprochene Wort oder die verübte Tat allen deutlich erkennbar sein, nicht aber die Gesinnung, aus der heraus das Wort gesprochen oder die Tat verübt wurde; es kann vielmehr unklar sein, ob sie gesund und rein

---

[61] Vgl. Prov 15,11: „Unterwelt und Abgrund liegen offen vor dem Herrn, wieviel mehr die Herzen der Menschenkinder." In 1.Klem 20,5 gilt der Abyssos als unerforschlich, andererseits ist Gott derjenige, der den Abyssos durchschaut (59,3). Nicht überall, wo von der chaotischen Urflut die Rede ist, muß an das Chaos des „Es" gedacht werden. Wo jedoch die antiken Autoren selbst Urflut und menschliches Herz assoziieren, liegt dieser Gedanke nahe. Zur Problematik vgl. M. ARNDT/H. SCHULZ: Individualpsychologische oder kollektivistische Interpretation? Jahwe-Inthronisation und Ich-Konstitution (Ps 93), in: Y. SPIEGEL (ed.): Doppeldeutlich, München 1978, 189–211.

oder ob sie krank und mit vielen Flecken behaftet ist, und kein Sterblicher ist imstande, den Gedanken einer unbekannten Absicht zu durchschauen, sondern nur Gott allein, weshalb auch Moses sagt: ‚Das Verborgene ist Gott dem Herrn, das Offenkundige ist dem Geschaffenen erkennbar" (Dt 29,29). Daher ist dem priesterlichen und prophetischen Wort geboten, die Seele ‚Gott gegenüberzustellen mit unverhülltem Haupte' (Nu 5,18), d.h. entblößt in ihrem Hauptentschluß und entkleidet in ihrer Absicht, damit sie mit den scharfen Augen des unbestechlichen Gottes geprüft entweder wie ein unechtes Geldstück der verborgenen Heuchelei überführt werde oder von Schlechtigkeit frei die gegen sie gerichteten Verleumdungen wegwische, indem sie zum Zeugen den anruft, der allein die Seele nackt zu sehen vermag." (cher. 16f.)

Philo gelangt an einigen Stellen sogar bis zu Formulierungen, die einer begrifflichen Erfassung unbewußter Dimensionen im Menschen nahe kommen. Er überträgt den Gedanken, daß Gott alles sieht, ohne selbst gesehen zu werden, auf die Seele. Auch hier könnte zunächst daran gedacht sein, daß die Seele zwar alles wahrnimmt, aber von anderen Menschen nicht wahrgenommen wird:

„Denn was der große Lenker im Weltall ist, das ist wohl der menschliche Geist im Menschen; er ist selbst unsichtbar, sieht aber alles, er ist seinem Wesen nach unkenntlich, erkennt aber das Wesen der anderen Dinge." (op 69)

Aus einer anderen Stelle geht jedoch eindeutig hervor, daß Philo auch an ein Nichterkennen der eigenen Seele denkt. Der Gedanke des Kontextes ist: Die Seele ist wie alles ein Geschöpf Gottes und nicht Eigentum des Menschen. Das zeigt sich darin, daß wir sie weder ganz kontrollieren noch ganz durchschauen können:

„Aber jetzt, da wir leben, werden wir mehr (von der Seele) beherrscht, als daß wir herrschen, und werden mehr von ihr erkannt, als daß wir sie erkennen, denn sie kennt uns, ohne von uns erkannt zu werden, und erteilt uns Befehle, denen wir gehorchen müssen wie Sklaven ihrer Herrin." (cher 115)

Wichtig ist: Der konsequente Schöpfungsgedanke ermöglicht hier die Erkenntnis, daß der Mensch seiner eigenen Selbsterkenntnis teilweise entzogen ist – ohne daß dieses Sich-Selbst-Entzogensein auf mythische Mächte außerhalb des Menschen zurückgeführt wird.

Mit dem Aufkommen der Apokalyptik erhielt der Gedanke der göttlichen Allwissenheit neue Impulse: Jeder Mensch mußte vor dem göttlichen Richter über seine Taten Rechenschaft ablegen. Dabei war immer die Möglichkeit gegeben, daß im Gericht Dinge zutage kamen, die der Mensch vergessen hatte. Zumindest war die Gerichtserwartung ein großer Ansporn zur Selbsterforschung – und damit auch ein Anlaß, die Grenzen solcher Selbsterforschung zu ahnen. Jedoch wird das nur selten klar ausgesprochen. Recht allgemein spricht der syrische Baruch von der Enthüllung des „Verborgenen" im Endgericht:

98 1. Das Verborgene des Herzens (1.Kor 4,1–5 usw.)

„Denn der Höchste läßt sicherlich seine Zeiten eilends herbeikommen und führt sicherlich seine Perioden herbei; und sicherlich wird er richten, die in seiner Welt sind, und wird wahrhaftig alles heimsuchen, auf Grund aller ihrer Handlungen, die im Geheimen (geschehen). Und sicherlich wird er erforschen die verborgenen Gedanken und alles, was im Innersten aller Glieder der Menschen drinliegt; und er bringt es öffentlich vor jedermann mit scharfem Tadel an den Tag" (ApcBar syr 83,1–3)

Deutlicher noch wird in den Testamenten der 12 Patriarchen die Erkenntnis ausgesprochen, daß Gott die objektiven Taten des Menschen richtet – und zwar unabhängig von dessen subjektivem Bewußtsein. Diese Taten sind nämlich auf die Brust des Menschen geschrieben:

„Erkennt nun, meine Kinder, daß sich zwei Geister mit den Menschen abgeben, der der Wahrheit und der der Verirrung. Und in der Mitte ist der (Geist) der Einsicht (d.h.) des Verstandes. Wohin er will, neigt er sich. Und das sich auf die Wahrheit und das sich auf die Verirrung Erstreckende ist auf die Brust des Menschen geschrieben. Und jedes von ihnen kennt der Herr. Und es gibt keine Zeit, in der die Werke des Menschen verborgen sein könnten, denn auf seinem Brustknochen ist (alles) eingeschrieben vor dem Herrn. Und der Geist der Wahrheit bezeugt alles und verklagt alle. Und der Sünder wird aus seinem eigenen Herzen heraus entflammt und vermag sein Angesicht nicht zum Richter zu erheben" (Test XII Juda 20)

Die objektiv auf den Brustknochen eingeschriebenen Taten des Menschen werden vom „Geist der Wahrheit" bezeugt, nicht vom Menschen selbst. Damit ist die Möglichkeit gegeben, daß objektive Taten und subjektives Bewußtsein von ihnen auseinandertreten. In dem zitierten Text bleibt offen, ob im Gericht auch unbewußte (verdrängte und vergessene) Taten ans Licht kommen. Im TestAbr 10 (Rez.B) wird dieser Gedanke klar ausgesprochen. Abraham sieht, wie eine Frau vor den göttlichen Richter geführt wird. Die Frau bittet um Erbarmen. Aber der Richter weist sie zurück. Er könne sich ihrer nicht erbarmen, denn sie habe sich ihrer Tochter nicht erbarmt, sondern sie getötet. Die Frau leugnet. Da läßt der Richter die himmlischen Bücher holen, in denen alle Taten aufgeschrieben sind. Der „Engel des Protokolls" öffnet sie

„und er suchte die Sünde der Seele der Frau und fand sie. Und es sprach der Richter: ‚Du elende Seele, wie kannst du sagen, daß du einen Mord nicht begangen hast? Bist du nicht hingegangen nach dem Tode deines Mannes und triebst mit dem Mann deiner Tochter Ehebruch und tötetest sie?' Und er bewies ihr auch ihre anderen Sünden und auch, was sie von ihrer Jugend an getan hatte. Als die Frau dieses hörte, schrie sie auf und sprach: ‚Wehe mir, wehe mir, denn alle meine Sünden, die ich in der Welt getan habe, habe ich vergessen. Dort aber sind sie nicht vergessen.' Da nahmen sie sie auf und übergaben sie den Peinigern." (TestAbr 10 Rez.B)

Hier wird der Gedanke klar ausgesprochen, daß vor dem eschatologischen Richter auch die verdrängten Taten des Menschen offenbar werden. Das Gericht enthüllt das Unbewußte. Das gilt nicht nur für Taten, sondern für innere Gedanken und Motive. Nach ApcBar syr 83,1–3 kommen im Gericht gerade die „verborgenen Gedanken" ans Tageslicht. In Hebr 4,12–13 wird eindringlich der alles enthüllende Charakter des göttlichen Gerichtes beschworen – nicht als ein zukünftiges, sondern ein schon gegenwärtig sich vollziehendes Geschehen:

„Dann das Wort Gottes ist lebendig und wirksam und schärfer als jedes zweischneidige Schwert und hindurchdringend bis zur Scheidung von Gelenken und Mark der Seele und des Geistes und ein Richter der Gedanken und der Gesinnung des Herzens; und kein Geschöpf ist vor ihm unsichtbar, vielmehr ist alles entblößt und aufgedeckt vor seinen Augen, dem wir Rede zu stehen haben" (Hebr 4,12–13)

In dieselbe Richtung weist Polyk 4,3. Dort wird von Gott gesagt:

„Nichts ist ihm verborgen, weder Überlegungen noch Gedanken noch irgendetwas von den Geheimnissen des Herzens." (τι τῶν κρυπτῶν τῆς καρδίας) (Polyk 4,3)

Das „Verborgene des Herzens" ist zweifellos zu einer inneren Realität geworden. Der Gedanke, daß dies „Verborgene" auch vor dem betreffenden Menschen verborgen ist, liegt überall nahe – klar ausgesprochen wird er nicht.

C. Die Konfrontation zwischen Gewissen und Sünde im Innern des Menschen

Voraussetzung der Entdeckung des „Unbewußten" wäre, daß die Konfrontation zwischen göttlicher Allwissenheit und Sünde ins Innere des Menschen verlegt wird. Dies geschieht vor Paulus nur an einer Stelle. Ermöglicht wird diese Verinnerlichung des Konflikts durch Aufnahme des Gewissensbegriffs. Er begegnet zum ersten Mal im jüdischen Schrifttum in Sap 17,11, und zwar innerhalb einer psychologisierenden Deutung der „ägyptischen Finsternis", die als Symbol des Unbewußten erscheint. Hier wird zum ersten Mal der Gedanke des Unbewußten klar ausgesprochen, wenn auch nicht in abstrakten Begriffen, sondern mit Hilfe biblischer Bilder. Die ägyptische Finsternis wird nämlich als innere Finsternis gedeutet, die nur die Ägypter umgab[62]:

---

[62] Zu Sap 17 vgl. J. M. REESE: Hellenistic Influence on the Book of Wisdom and its Consequences, Rom 1970, 21 ff., 100 f., 102.

1. Das Verborgene des Herzens (1.Kor 4,1–5 usw.)

„Denn die ganze Welt strahlte in hellem Licht,
und sie war mit ungehinderter Arbeit beschäftigt.
Aber über ihnen allein war eine bedrückende Nacht ausgebreitet,
ein Bild der Finsternis, die sie in der Zukunft aufnehmen würde,
sich selbst aber waren sie bedrückender als die Finsternis."
(Sap 17,20–21)

Was die Ägypter bedrückte, waren ihre „heimlichen Sünden". Sie führen zu der inneren Finsternis mit ihren Plagen:

„Sie nämlich, die vermeinten, verborgen zu sein in ihren heimlichen Sünden
unter einem dunklen Schleier von Vergessen,
sie wurden (doch) auseinander getrieben,
auf entsetzliche Weise vom Schrecken ergriffen
und von Halluzinationen in völlige Verwirrung gestürzt."
(Sap 17,3)

Prinzipiell wäre es möglich, beim „Schleier des Vergessens" (λήθης παρακάλυμμα) an die Öffentlichkeit zu denken; nicht die Sünder selbst, sondern andere Menschen hätten ihre Untaten vergessen. Aber 1. ist von heimlichen Sünden die Rede (ἐπὶ κρυφαίοις ἁμαρτήμασιν), also gerade von Taten, die der Öffentlichkeit ohnehin entzogen waren, 2. wird der Begriff „Vergessen" in Sap 16,11 auch auf das eigene Bewußtsein bezogen (und nicht nur auf andere Menschen), 3. spricht auch der Kontext für eine innere Schranke des Vergessens. Denn die äußeren Schrecken sind ja nur Anlaß für ein inneres Entsetzen:

„Auch wenn sie nämlich nichts (wirklich) Verwirrendes entsetzte, so wurden sie doch durch das Vorüberhuschen von wilden Tieren und das Zischen von Schlangen in Schrecken versetzt, und sie kamen vor Zittern um. Sie weigerten sich sogar, in die Luft zu schauen, der man doch nirgends entrinnen kann; denn als feige bezeugt sich die Bosheit auf die ihr eigenartige Weise und verurteilt sich selbst. Immer wird sie hart bedrängt vom Gewissen und fügt sich Schlimmes zu; denn die Furcht ist nichts anderes als eine Preisgabe der von der Vernunft (gebotenen) Hilfsmittel." (Sap 17,9–12)

Wenn nun der Schrecken letztlich aus dem Inneren stammt, so muß der „Schleier von Vergessen" auch eine innere Grenze darstellen: die Grenze zwischen bewußten und vergessenen Inhalten. Das Aufbrechen dieser Grenze verursacht Panik und Chaos. Es kann kein Zweifel daran sein: Hier ist genau von dem die Rede, was wir in unserer Sprache als das Unbewußte bezeichnen: von verdrängten Inhalten, deren plötzlicher Durchbruch die bewußte Ordnung des Lebens ins Wanken bringt.

Zu beachten ist noch, daß die ägyptische Finsternis gleichzeitig ein Bild der zukünftigen Nacht ist, die alle Sünder umfangen wird (Sap

17,20f.). Das jüngste Gericht wirft in der ägyptischen Finsternis seinen Schatten voraus. Die συνείδησις tritt wie bei Paulus als Vorläufer des eschatologischen Gerichts auf. Sap 17 ist damit auch strukturell den paulinischen Aussagen verwandt. Und doch gibt es einen wichtigen Unterschied. Paulus formuliert im Hinblick auf sich selbst, daß er sich nicht völlig durchschaue. Der Verfasser der Sapientia Salomonis beobachtet die Grenze der Selbsterkenntnis bei anderen: Er sieht bei den Ägyptern das Aufbrechen des Verdrängten.

Die traditionsgeschichtliche Analyse hat gezeigt: Das „Unbewußte" ist nicht erst eine moderne Entdeckung. Der Gedanke an eine unbewußte Region im Menschen wird annäherungsweise schon in antiken Texten ausgesprochen. Er ergibt sich aus spezifisch antiken Voraussetzungen: aus dem Glauben an die Allwissenheit Gottes, dem Wissen um die Begrenztheit menschlicher Selbsterkenntnis und einem wachsenden Bewußtsein innerer Prozesse. Diese drei Gedankenelemente haben die Selbsterforschung des Menschen vorangetrieben, vor allem dort, wo sie durch die Erwartung eines alles aufdeckenden eschatologischen Gerichts verschärft wurde. Es ist daher kein Zufall, daß wir den Gedanken an Unbewußtes in Sap 17 und bei Paulus in Verbindung mit einer Gerichtserwartung klar ausgesprochen finden, während wir vorher meist nur einzelne Gedankenelemente nachweisen konnten, in denen der Gedanke eher implizit enthalten ist. Paulus geht dabei über Sap 17 hinaus. Er stellt nicht nur bei anderen unbewußte Schuld fest, sondern behauptet im Hinblick auf sich selbst: Mein eigenes Bewußtsein umfaßt nicht alle Tiefen des menschlichen Herzens. Erst das eschatologische Gericht wird alles offenbaren.

Abschließend sei betont: Das Unbewußte wird in der Antike in einem ganz anderen kognitiven Rahmen entdeckt als in der Moderne. Wo der moderne Mensch von einer unbewußten Dimension im Menschen spricht, spricht die Antike von transsubjektiven Mächten, die das Unbewußte aufdecken; genauer, sie spricht von Gottes allwissendem und alles durchdringenden Blick, wo der moderne Mensch sich selbst zu analysieren versucht. Aber sie war in der Lage, das Unbewußte als innerpsychisches Konfliktpotential zu erleben –, besonders dort, wo durch den Gewissensbegriff die Konfrontation zwischen Gott und Mensch in den Menschen selbst hineinverlagert wurde.

III. Psychologische Analyse

Die Entdeckung des Unbewußten ist in der Neuzeit eng mit psychodynamischen Theorieansätzen verbunden. Es läge nahe, auch seine „Ent-

102 1. Das Verborgene des Herzens (1.Kor 4,1–5 usw.)

deckung" im Urchristentum im Lichte dieser Theorien zu studieren. Jedoch zeigt gerade das Phänomen des Unbewußten, daß es notwendig ist, verschiedene Ansätze perspektivisch zu verbinden. Von einem lerntheoretischen Ansatz her kann die Bewußtmachung unbewußter Prozesse auf konkurrierende Umweltbedingungen zurückgeführt werden, von einem psychodynamischen Ansatz her auf eine innerpsychische Verwandlung. Von einem kognitiven Ansatz her wird man die Selbstexploration des Menschen vor dem allwissenden Gott in den Mittelpunkt der Analyse stellen. Die Umstrukturierung der eigenen Selbstwahrnehmung macht den Blick frei für Unbewußtes.

A. Lerntheoretische Aspekte des „Verborgenen im Menschen"

Betrachtet man die Texte, die am klarsten eine unbewußte Dimension im Menschen voraussetzen – also die paulinischen Texte und Sap 17 –, so wird man feststellen: In allen Texten erscheinen zwei miteinander konkurrierende soziale Gruppen. Die Entdeckung des Unbewußten hängt wahrscheinlich mit dieser Konkurrenz zweier Bezugssysteme zusammen. Gehen wir kurz die wichtigsten Texte durch:

In Röm 2,12–16.24–29 führt die Konfrontation zwischen jüdischen und heidnischen Normen zur Aufdeckung des Verborgenen im Menschen, sei es einer verborgenen Schuld, die sich im Gewissenskonflikt äußert, sei es des wahren Juden und Heiden, der Beschneidung und Gesetz im Verborgenen verinnerlicht hat. Aus der Perspektive der jeweils anderen Gruppe wird das „Verborgene" gesehen und postuliert. Der Abschnitt Röm 1,18–3,21 konnte nur von jemandem formuliert werden, der zwischen beiden Gruppen stand, der sowohl die Juden mit den Augen der Heiden wie die Heiden mit den Augen der Juden betrachten konnte.

Zwei verschiedene Bezugsgruppen stoßen auch in 1.Kor 14,20–25 aufeinander: Ungläubige Menschen kommen in die Gemeindeversammlung. Die Aufdeckung der κρυπτὰ τῆς καρδίας geschieht, wenn urchristliche Propheten sie mit dem christlichen Überzeugungssystem konfrontieren und sie „überführen und beurteilen": Was der Neuhinzugekommene hier erfährt, hätte er sich im Rahmen seines bisherigen Überzeugungssystems nicht sagen können. Indem er zwischen zwei Gruppen zu stehen kommt, wird sein „Verborgenes" enthüllt.

In 1.Kor 4,1–5 sieht sich Paulus selbst den Erwartungen der Korinther gegenübergestellt. Wir erfahren nicht, wie diese Erwartungen inhaltlich aussahen. Aber sie stimmten auf jeden Fall nicht mit den Maßstäben des Paulus überein. Paulus weiß sich nach seinen eigenen Maßstäben unschuldig, schließt aber nicht aus, daß es unbewußte

Schuld geben könnte. Auch hier führt die Konfrontation mit einem abweichenden Normsystem zur Erkenntnis eines möglichen Unbewußten.

Vor Paulus gibt Sap 17 klaren Ausdruck für ein Bewußtsein unbewußter Schuld. Das geschieht durch Konfrontation von Ägyptern und Juden. Die Juden leben im Licht, die Ägypter in der selbstverursachten Finsternis. Die Ägypter durchschauen nicht, was ihnen Angst einjagt. Die Juden aber sehen in all den furchtauslösenden Faktoren die Macht des Gewissens, hinter dem letztlich Gottes Urteil steht. Wieder steht die Entdeckung des Unbewußten in Zusammenhang mit der Konkurrenz verschiedener Normsysteme.

Wie ist dieser Zusammenhang zwischen konkurrierenden Umweltbedingungen und der Aufdeckung des Unbewußten lerntheoretisch zu deuten? Wer aus dem Netz angestammter Normen heraustritt und mit fremden Normen konfrontiert wird, erfährt dabei für Verhaltensweisen Stimuli und Verstärkungen, die innerhalb seines bisherigen Normsystems keine Rolle spielten oder gar „unterdrückt" wurden, d. h. mit negativen Sanktionen belegt waren. Es werden bei ihm also Reaktionsweisen ausgelöst, denen bisher starke Hemmungen entgegenstanden und die er bei sich selbst gar nicht gewohnt war. Oft wird es bei der neuen Reaktionstendenz gar nicht bis zum manifesten Verhalten kommen, es bleibt beim Impuls, beim Antrieb, bei der Phantasie. Werden aber die angesprochenen Reaktionstendenzen nicht ganz unterdrückt, so wird er erleben, wie etwas Unbekanntes in ihm aufbricht, auf das er verschieden reagieren kann. Er kann es z. B. scharf verurteilen. Oder er kann es als Bereicherung seines Lebens erfahren, ja, als Aufdeckung eines verborgenen positiven „Keims", der sich bisher nicht entfalten konnte. Oder er kann die manifesten Verschiedenheiten von Normsystemen als oberflächliche Variationen beiseite schieben und hinter ihnen z. B. den „frommen Heiden" oder den „wahren Juden" ahnen und postulieren (so Paulus Röm 2,12 ff.). Konkurrierende Umweltbedingungen, d. h. sich gegenseitig ausschließende Stimuli, Verstärkungen und Modelle können so das Auftreten „unbewußter" Reaktionsweisen begünstigen – eine Erfahrung, die jeder bei einem Auslandsaufenthalt machen kann, wo die ungewohnte Umgebung ungewohnte Aspekte an einem selbst „offenbaren" kann.

Die Konkurrenz verschiedener kultureller Umweltanregungen erklärt jedoch nicht alles. Sie ist vielleicht eine notwendige, kaum aber eine hinreichende Bedingung für die Aufdeckung unbewußter Aspekte im Menschen. Denn die Konfrontation verschiedener Kulturen kann auch zu erhöhter Selbstgerechtigkeit und Selbstverteidigung führen, z. B. zur intoleranten Mobilisierung hergebrachter Überzeugungen. Das war nach eigenen Aussagen auch bei Paulus der Fall gewesen: Mehr als alle Altersgenossen hatte er im Judentum Fortschritte gemacht, hatte für die „väterlichen Überlieferungen" geeifert (Gal 1,14), so daß er noch als Christ stolz behaupten kann: „Wir sind von Haus aus Juden und nicht Sünder aus den Heiden" (Gal 2,15). Erst das Evangelium hatte es ihm ermöglicht, die Konkurrenz verschiedener Umweltbedingungen konstruktiv zu verarbeiten. Wie war das möglich gewesen?

Paulus formuliert seine entscheidende neue Einsicht u.a. in Gal 2,16. Die Abgrenzung zwischen Juden und Heiden, zwischen Gerechten und „Sündern" wurde durch die Erkenntnis überholt, daß „der Mensch nicht aus Werken des Gesetzes gerechtfertigt wird, es sei denn durch den Glauben an Jesus Christus" (Gal 2,16). In lerntheoretischer Sprache ausgedrückt heißt das: Mit dem Evangelium wurde ein neues Verstärkungssystem in die Situation hineingebracht, das von den vorhandenen konkurrierenden Verstärkungssystemen unabhängig war; denn unabhängig von spezifisch jüdischen oder heidnischen Normen „rechtfertigt" der Glaube an Jesus und verschafft die für Paulus denkbar positivste Konsequenz: das ewige Leben.

Machen wir uns klar, was das bedeutet: Religionen sind in vielfacher Hinsicht verinnerlichte Fortsetzungen des allgemeinen gesellschaftlichen Verstärkungssystems. Wo soziale Kontrolle nicht hinreicht, übernehmen religiöse Überzeugungen von göttlichem Lohn und Strafe die Kontrolle menschlichen Verhaltens[63]. Auch der „allwissende Gott" ist in der Religionsgeschichte auf weiten Strecken ein Instrument sozialer Kontrolle: Er überwacht die gültigen Normen und verteilt entsprechend menschlichem Verhalten Lohn und Strafe. In der urchristlichen Botschaft wird dagegen eine prinzipielle Unabhängigkeit des religiösen Verstärkungssystems von den sozialen Normen behauptet, nicht nur in dem Sinne, daß neue Normen definiert werden, sondern in dem viel radikaleren Sinn, daß auch der Normübertreter auf Gnade hoffen darf. Das Evangelium bietet damit eine unbedingte Verstärkung an. Jedes soziale Verstärkungssystem hat dagegen nur bedingte Verstärkung anzubieten: Wenn der Mensch sich gut verhält, wird er belohnt; wenn er die Norm übertritt, wird er bestraft. Nach Paulus rechtfertigt Gott dagegen den Gottlosen (Röm 4,5), und er stellt nur eine Bedingung: Der Mensch muß das Angebot unbedingter positiver Verstärkung im Glauben abkzeptieren. Damit wird von einem neuen Überzeugungssystem her die Konkurrenz jüdischer und heidnischer Überzeugungssysteme relativiert.

---

[63] Vgl. das religionskritische Fragment des Kritias bei H. DIELS: Die Fragmente der Vorsokratiker, Bd. II, Berlin ³1912, Kritias Nr. 25.

Die veränderte Einstellung zu den unbewußten Aspekten menschlichen Lebens erklärt sich dann so: Wer verschiedenen Normsystemen ausgesetzt ist, wird immer wieder erleben, daß das, was nach dem einen System „Sünde" ist, nach dem anderen toleriert oder gar gefordert wird. Es gibt hier immer unbewußte Sünden – nach dem jeweils anderen Bezugssystem. Taucht in dieser Situation aber der Glaube auf, daß das wahre Normsystem mit keinem der Bezugssysteme identisch ist, so wird in einem viel grundsätzlicheren Sinne die Möglichkeit unbewußter Sünde bewußt, vor allem dann, wenn das neue Normsystem nicht als Bedrohung erlebt wird, sondern als „Evangelium", als Freispruch, Versöhnung und Akzeptiertsein.

Entscheidend ist also nicht schon die Konkurrenz zweier konkurrierender Lernumwelten. Entscheidend ist, wie der Mensch aufgrund einer inneren Veränderung die Konkurrenz verschiedener Lernbedingungen neu verarbeitet. Ehe wir diese innere Veränderung psychodynamisch deuten, sei abschließend das Eigentümliche einer lerntheoretischen Deutung des Unbewußten hervorgehoben. Nach lerntheoretischen Ansätzen geht das „Unbewußte" weniger aus einem inneren Konflikt zwischen Natur und Kultur hervor – so alle psychodynamischen Ansätze –, sondern aus dem Konflikt verschiedener kulturell bedingter und von außen hervorgerufener Reaktionstendenzen, von denen nicht alle zum Zuge kommen. Je vielfältiger die Lernumwelt, um so größer die Möglichkeiten konkurrierender Verhaltenstendenzen. Je pluralistischer die Kultur, um so größer der Bereich des Nicht-Realisierten oder „Verdrängten". Es wären also nicht (oder nicht nur) die strengen kulturellen Gebote, die zu Verdrängungsprozessen führen. Gerade differenzierte Kulturen mit konkurrierenden Wertsystemen würden das Bewußtsein fördern, es gebe im menschlichen Leben nichtrealisiertes „Unbewußtes" positiver wie negativer Art. Die Erfahrung des Unbewußten, ja das „Unbewußte" selbst wäre dann geschichtlich bedingt. Seine Entdeckung wäre an pluralistische Kulturen gebunden. Die römisch-hellenistische Antike aber war vor der modernen Zeit die erste wirklich pluralistische Kultur. Paulus hat in diesem Pluralismus einen besonderen Ort: Er steht auf der Grenze zwischen zwei Kulturen. Er ist seiner Herkunft nach Jude – aber seiner Aufgabe nach Heidenmissionar. Wahrscheinlich verdanken wir dieser Grenzposition des Paulus eine der ersten begrifflichen Formulierungen des „Unbewußten" im Menschen. Ähnliches mag für Augustinus gelten.

B. Psychodynamische Aspekte des „Verborgenen" im Menschen

Unter psychodynamischem Aspekt ist das Unbewußte Ergebnis eines Konflikts zwischen inneren Instanzen und Antrieben. Bewußtwerdung des Unbewußten setzt eine innere Wandlung des Menschen voraus: eine Annäherung zwischen den einander entgegengesetzten Instanzen des Es und Überich oder des Ich und seines Schattens. Erst dann können normwidrige Inhalte wahrgenommen werden. Innere Wandlungsprozesse spiegeln sich nach psychodynamischer Auffassung in Träumen, Dichtungen und religiösen Symbolen. Änderungen in der symbolischen Welt ermöglichen daher einen Rückschluß auf innere Transformation. Das gilt besonders dann, wenn sich in den Texten selbst Hinweise einer Parallelität zwischen Vorgängen in der symbolischen Welt und im Menschen finden.

Nun lassen sich in der paulinischen Symbolwelt zwei parallele Tendenzen feststellen: a) Christus tritt in die Rolle des himmlischen Richters. Der Gerichtete wird zum Richter. Auf ihn werden göttliche Prädikate – z.B. die Kardiognosie Gottes – übertragen. b) Gleichzeitig werden hin und wieder auch die Christen als Subjekte göttlichen Gerichts genannt. So verfügen auch die urchristlichen Propheten über die Gabe göttlicher Kardiognosie. Beide Vorgänge lassen sich als Homologie deuten: Beide stellen eine Umstrukturierung des Überichs dar. Das Überich erhält akzeptierende Züge; das Ich partizipiert an seiner Kompetenz. Hier wie dort werden aus Objekten im Gericht Subjekte des Gerichts.

a) Christus als Subjekt des Gerichts

Die Erwartung, daß messianische Gestalten in der Rolle des endzeitlichen Richters auftreten, ist Paulus durch seine Tradition vorgegeben[64]. Neu ist im Urchristentum, daß ein Verurteilter in die Rolle des Richters eintritt. Muß sich damit nicht die Rolle des Weltenrichters verändern? Kann die Erwartung des Gerichts so weiterbestehen wie bisher? Trotz aller (oft unausgeglichen nebeneinanderstehenden) traditionellen Aussagen lassen sich bei Paulus neue Akzente feststellen: Christus hat bei ihm vor allem rettende und offenbarende Funktion im Endgericht. Ein Strafgericht über die Sünder wird ihm nicht zugeschrieben[65]. Es begeg-

---

[64] In den Bilderreden des äthiopischen Henochbuches sammelt ein erwählter eschatologischer Richter die Auserwählten und vernichtet die Sünder: Hen(äth) 51,3; 62,1ff.; 69,27. Vergleichbares wird vom Messias ausgesagt (vgl. 4.Esr 12,32f.; PsSal 17,24ff.).

[65] Paulus kennt die Gerichtsaussage als „Topos der Gegnerpolemik" (vgl. E. SYNOFZIK, Gerichts- und Vergeltungsaussagen, 31–38). Aber in keiner dieser Gerichtsandrohungen

net nur in 2.Thess 1,7 ff., also in einem Paulusbrief, dessen Echtheit stark umstritten ist.

Durchweg hält Paulus an der Vorstellung fest: Alle Menschen sind eigentlich dem Zorn Gottes verfallen, wobei „Zorn Gottes" die endgültige Verurteilung im Gericht meint. Christus hat die Funktion, aus diesem Gericht zu retten. Paulus fußt hier auf urchristlicher Tradition, wenn er die Thessaloniker an ihre vorchristliche Zeit erinnert[66]:

„wie ihr euch von den Götzen zu Gott bekehrt habt, um dem lebendigen und wahren Gott zu dienen und aus den Himmeln seinen Sohn zu erwarten, den er von den Toten auferweckt hat, Jesus, der uns vor dem zukünftigen Zorn retten wird." (1.Thess 1,9f.)

Auch sonst erwähnt er in Danksagungen, Gebetswünschen und Lobsprüchen das Gericht[67] – doch immer in der Gewißheit, daß Christus die Gemeinde „dem gegenwärtigen bösen Äon entrissen hat" (Gal 1,4) und sie bis zum Endgericht bewahren wird (vgl. 1.Kor 1,7–9 z.B.). Diese in traditionellen Formulierungen zum Ausdruck gebrachte Gewißheit wird durch konkrete Verfehlungen in den christlichen Gemeinden natürlich in Frage gestellt: Ist Christus auch bei solchen Verfehlungen der gnädige Richter, der vor Gottes Zorn rettet?

Paulus spricht zweimal angesichts konkreter Verfehlungen vom Gericht Christi[68]. Beim Abendmahl zeigen einige Korinther ein sozial rücksichtsloses Verhalten. Paulus droht ihnen: Sie essen sich selbst das Gericht. Aber er weist auch auf eine andere Möglichkeit:

„Wenn wir jedoch mit uns selbst ins Gericht gehen, werden wir nicht gerichtet. Indem wir aber gerichtet werden, werden wir vom Herrn gezüchtigt, damit wir nicht mit der Welt verurteilt werden" (1.Kor 11,31f.)

Der Gedanke des Gerichts wird hier modifiziert. Sobald Christus in die Rolle des Richters tritt, wird aus dem Gericht eine Strafe, die letztlich darauf gerichtet ist, den Menschen zu retten. Aus dem κρίνειν

---

wird Christus als Richter genannt; vgl. Röm 3,8; 1.Kor 3,17; 14,38; 2.Kor 11,15; Gal 5,10; Phil 1,28; 3,19; 1.Thess 2,16. Meist fehlt überhaupt ein explizites Subjekt. Nur in 1.Kor 3,17 wird Gott als der strafende Richter ausdrücklich genannt.

[66] Vgl. G. FRIEDRICH: Ein Tauflied hellenistischer Judenchristen. 1.Thess 1,9f., ThZ 21 (1965) 502–516.

[67] Dazu E. SYNOFZIK, Gerichts- und Vergeltungsaussagen, 16–30. Zu den briefeinleitenden Danksagungen vgl. 1.Kor 1,7–9; 2.Kor 1,14; Phil 1,6.10f.; 1.Thess 2,19f.; 3,13 (Phm 6). Als abschließende Gebetswünsche und Lobsprüche seien Röm 16,20 und 1.Thess 5,23f. genannt. Es handelt sich weithin um formelhaftes Gut.

[68] E. SYNOFZIK, Gerichts- und Vergeltungsaussagen, 49–53, faßt die beiden Stellen mit Recht unter dem Thema „Das gegenwärtige Züchtigungsgericht als Ersatz für das eschatologische Gericht" zusammen.

wird ein παιδεύεσθαι. Den gleichen Sinn hat die viel umstrittene Aussage 1.Kor 5,5. Hier übernimmt die Gemeinde zusammen mit dem Apostel das Gericht in der Gegenwart, damit der Sünder am „Tag des Herrn" gerettet wird. Der Übeltäter soll „dem Satan übergeben werden zum Verderben des Fleisches, damit der Geist gerettet werde am Tag des Herrn". Wohl wird er in der Gegenwart „im Namen des Herrn Jesus" verurteilt (5,4); aber das gegenwärtige Gericht zielt auf endgültige Rettung[69]. Der Tag des Herrn – traditionell ein Tag des Schreckens – soll für ihn keine Vernichtung bedeuten.

Neben der rettenden Funktion hat Christus vor allem offenbarende Funktion. In 1.Kor 4,5 übernimmt er Teilfunktionen des Richters. Er „erhellt das Verborgene der Finsternis und offenbart die Absichten des Herzens". Gott tritt dagegen als der auf, der den offenbarten Sachverhalt richterlich beurteilt. Er erteilt einem jeden sein Lob.

In 2.Kor 5,10 ist Christus ganz in die Rolle Gottes hineingewachsen. Er übernimmt das Richteramt. Aber wieder wird vor allem seine offenbarende Funktion hervorgehoben:

„Denn wir müssen alle vor dem Richterstuhl Christi offenbar werden, damit ein jeder empfange, je nachdem er im Leibe gehandelt hat, es sei gut oder böse."

Das Offenbarwerden vor Christus ist gleichzeitig Offenbarwerden vor Gott. Paulus fährt nämlich fort: „Weil wir nun die Furcht des Herrn kennen, suchen wir Menschen zu gewinnen, Gott aber sind wir offenbar" (2.Kor 5,11), ja noch mehr: Paulus wünscht, daß sich die endzeitliche Offenbarung schon jetzt zwischen ihm und den Korinthern vollziehe: „Ich hoffe aber, auch in euren Gewissen offenbar zu werden" (5,11). Auch hier ist – trotz Erwähnung guter und böser Werke – der Tenor zuversichtlich: „Wir sind Gerechtigkeit Gottes in Christus geworden" (5,21).

In Röm 2,16 ist die richterliche Funktionsaufteilung zwischen Gott und Christus unklar. Gott, so heißt es, richte das Verborgene der Menschen „gemäß meinem Evangelium" und „durch Christus". Christus hat hier teils instrumentelle Funktion (vgl. das διά), teils normative Bedeutung: Das Evangelium von ihm bestimmt das Gerichtsverfahren.

Paulus kann aber vom Endgericht auch unabhängig von Christus reden. In Röm 14,10 spricht er ausschließlich von Gott als eschatologi-

---

[69] Anders K. P. DONFRIED: Justification and Last Judgement in Paul, ZNW 67(1976) 90–110, dort S. 107ff. Nicht das Pneuma des Sünders, sondern das der Gemeinde solle im Endgericht gerettet werden; daher fehle das possessive Pronomen αὐτοῦ bei Pneuma. Aber 1. fehlt dies Pronomen auch bei σάρξ, wo doch eindeutig das Fleisch des Sünders gemeint ist; 2. erfolgt die Rettung des Pneuma am Tag des Herrn, während die Bewahrung der Heiligkeit der Gemeinde in der Gegenwart stattfinden müßte.

schen Richter: „Denn wir werden alle vor den Richterstuhl Gottes treten müssen", ja, Paulus bezieht hier sogar ein Jesajazitat auf Gott, das er im Philipperhymnus auf den erhöhten Christus bezogen hatte: „Mir wird sich beugen jedes Knie, und jede Zunge wird Gott preisen" (14,11) Freilich schweigt er auch hier von einer Verurteilung. Er schärft nur die Verantwortung ein: „Ein jeder von uns wird für sich selbst Rechenschaft ablegen müssen." (Röm 14,12).

Halten wir fest: Wo nur von Gott die Rede ist, tritt der Offenbarungsaspekt zurück (Röm 14,10). Wo Christus in die Rolle des eschatologischen Richters eintritt, werden zwei Aspekte hervorgehoben. Erstens seine rettende Funktion: Er entreißt aus dem zukünftigen Zorngericht; und wenn er straft, züchtigt er nur. Zweitens seine enthüllende Funktion: Er offenbart das Verborgene. Vor allem aber ist Christus ein Richter, der vorher selbst Opfer und Gerichteter war (vgl. 1.Kor 11,24f. mit 32; 2.Kor 5,10 mit 14). Zwischen diesen verschiedenen Aspekten der Richterrolle Christi und der Aufdeckung des Unbewußten dürfte ein enger Zusammenhang bestehen: Weil Christus der rettende Richter ist, kann Paulus mit der Möglichkeit unbewußter Schuld rechnen, ohne sich existenziell bedroht zu erleben (1.Kor 4,5).

Versuchen wir nun, diese Prozesse in der Symbolwelt des Paulus in psychodynamische Kategorien zu übertragen: Christus symbolisiert eine innere Verwandlung des Menschen. Er repräsentiert einerseits all das, was im Menschen verurteilt wird, mag man es nun „Es" oder „Schatten" oder anders nennen. Christus selbst war σάρξ und ἁμαρτία. Er selbst wurde als „Fleisch" und „Sünde" verurteilt (Röm 8,3; 2.Kor 5,21). Er repräsentiert andererseits alle Instanzen, die im Menschen urteilen: das Überich, das Gewissen, die Norm. Denn er ist der eschatologische Richter. Aber er nimmt dem Überich seine archaische Strenge, er überwindet den Zorn Gottes, der auf den Tod des Sünders zielt. Er prägt den verurteilenden Aspekt des menschlichen Lebens durch ein akzeptierendes Modell um. Wenn er als Gerichteter zum Richter wird, werden Teile des Es ins Überich aufgenommen. Der Schatten wird integriert. Einander entgegengesetzte Aspekte des Menschen werden einander angenähert. Im Symbol des „gerichteten Richters" geschieht eine coincidentia oppositorum.

b) Die Christen als Subjekt des Gerichts

Dem Rollentausch im Himmel entspricht ein Vorgang auf Erden: Paulus schreibt an einigen Stellen den Christen jene eschatologische Urteilskompetenz zu, die er sonst nur Gott und Christus zuschreibt. Wir können demnach bei der Umstrukturierung des Überichs nicht nur ein

Hineinwachsen Christi in die Rolle des eschatologischen Richters (bei bleibender Geltung der Richterfunktion Gottes), sondern auch ein Hineinwachsen des Ichs in die Rolle des Richters (bei bleibender Distanz gegenüber der göttlichen Urteilskompetenz) feststellen. Wir besprechen zunächst die Aussagen, die eine Identifikation mit der eschatologischen Urteilskompetenz zum Ausdruck bringen.

Paulus schreibt der christlichen Prophetie die Fähigkeit zu, schon jetzt das Verborgene des menschlichen Herzens zu enthüllen. Wenn ein Ungläubiger in die Gemeinde kommt, so wird er „von allen überführt, von allen beurteilt, das Verborgene seines Herzens wird offenbar". Daher wird er anerkennen müssen: „Gott ist wahrhaftig in euch!" (1.Kor 14,25). Die christliche Verkündigung antizipiert das eschatologische Gerichtsgeschehen.

Andere Aussagen sind nicht präsentisch, sondern futurisch, d.h. in ihnen wird die Übertragung eschatologischer Urteilskompetenz auf die Christen verheißen. In 1.Kor 6,1–8 kritisiert Paulus die Rechtsverfahren korinthischer Christen gegeneinander. Er sieht darin einen Widerspruch zu der juridischen Kompetenz, die den Christen verheißen ist. Daher ruft er den Streitenden zu:

„Oder wisset ihr nicht, daß die Heiligen den Kosmos richten werden? Wenn aber durch euch der Kosmos gerichtet wird, seid ihr dann nicht einmal würdig, über ganz geringe Sachen zu richten? Wisset ihr nicht, daß wir über Engel richten werden?" (1.Kor 6,2f.)

Das Vollmachtsbewußtsein der Christen ist im Geistbesitz begründet. In 1.Kor 2,15 sagt Paulus deutlich: „Der Pneumatiker beurteilt alles. Er selbst aber wird von niemandem beurteilt!" Das Verb ἀνακρίνειν ist dasselbe wie in 1.Kor 4,4 und 14,24 (vgl. noch 9,3). Es handelt sich um einen Begriff mit forensischen Assoziationen. Durch den Geist Gottes hat der Pneumatiker Anteil an göttlicher Urteilskompetenz; und er wendet sie auf alles an. Die πάντα-Aussage ist unverkennbar eine Übertragung von Gottesprädikaten auf den Christen.

Wenn christliche Urteilskompetenz aber „alles" umfaßt, so auch den Christen selbst. Paulus formuliert in 1.Kor 11,31: „Wenn wir aber mit uns selbst ins Gericht gehen, so werden wir nicht gerichtet." Hier wird ganz deutlich, daß das Urteil über sich selbst Vorwegnahme des eschatologischen Urteils ist und eben deshalb das endgültige Urteil abmildern kann: „Als Gerichtete aber werden wir vom Herrn gezüchtigt, damit wir nicht mit der Welt verurteilt werden." Wenn das Ich die Kraft hat, sich selbst zu verurteilen, so wird es frei von der Strenge des Überichs, das nun nicht mehr kategorisch verurteilt, sondern „züchtigt".

Wir können vorläufig zusammenfassen: Bei Paulus wird an wenigen Stellen ein Prozeß sichtbar, bei dem das Ich des Christen eine gesteigerte

Urteilskompetenz erhält. Es erhält durch die Gabe des göttlichen Pneumas und der Prophetie göttliche Urteilskompetenz. Für den Pneumatiker wird damit das Endgericht ein Geschehen, an dem er nicht nur als Objekt, sondern auch als Subjekt beteiligt ist. Psychologisch ausgedrückt: Wo einst Überich war, ist Ich geworden. Aber das ist nur die eine Seite des Prozesses.

Neben den angeführten Aussagen, die dem Christen eine fast übermenschliche Urteilskompetenz zuschreiben, stehen Aussagen, welche diese Kompetenz eindeutig einschränken. Es sind Aussagen, bei denen die Erwartung des göttlichen Gerichts das gegenseitige Verurteilen der Menschen verhindern soll[70]: Die Korinther haben kein Recht, über Paulus zu urteilen, weil nur der Kyrios selbst ihn richten kann (1.Kor 4,1–5). Sie sind im Unrecht, wenn sie schon jetzt das Missionswerk verschiedener Missionare gegeneinander ausspielen; denn es wird endgültig erst im eschatologischen Gericht geprüft (1.Kor 3,5–17). Die Juden haben kein Recht über Heiden zu urteilen, wie überhaupt das gegenseitige Sich-Verurteilen vom Übel ist; denn Gott wird das Verborgene der Menschen im Gericht ans Licht bringen (Röm 2,1–16). Die Starken sollen nicht über die Schwachen richten. Denn jeder wird durch seinen eigenen Herrn gerichtet (Röm 14,1ff.).

Der Widerspruch zwischen diesen Aussagen und den vorhin zitierten ist m. E. leicht verständlich zu machen: Hier wie dort wird den Christen eine größere Unabhängigkeit zugeschrieben. Trotz verschiedenen Inhalts zeigen die Aussagen eine vergleichbare Tendenz. Wenn die Christen im Gericht nicht nur Objekt, sondern auch Subjekt sind, so weist das ebenso in Richtung auf eine größere Ich-Autonomie wie die Zurückweisung menschlicher Urteilskompetenz bei der Verurteilung anderer Menschen. Durch Berufung auf die alleinige Kompetenz des göttlichen Richters wird der Mensch dem Druck der Umwelt entzogen. Er erhält einen Zuwachs an Unabhängigkeit.

Dennoch sind die Aussagen des Paulus nicht nur im Sinne einer größeren Ich-Autonomie zu verstehen: Im Gericht begegnet der Christ dem Richter. Es gibt Grenzen in der Urteilskompetenz des Menschen. Und doch kann vom Pneumatiker gesagt werden: Er beurteilt alles! Wie sind solche Spannungen zu verstehen?

Zunächst sei daran erinnert, daß diese Spannungen auch bei den Aussagen über den Rollentausch im Himmel vorkommen. Christus wächst in die Rolle des eschatologischen Richters hinein; aber Christus verdrängt den göttlichen Richter nicht. Denn einerseits müssen wir alle

---

[70] Vgl. E. SYNOFZIK, Gerichts- und Vergeltungsaussagen, 39–49: „Die Abwehr des zwischenmenschlichen Gerichtes durch den Gedanken des eschatologischen Gerichtes."

vor Christi Richterstuhl (βῆμα) offenbar werden (2.Kor 5,10), andererseits müssen wir vor Gottes Richterstuhl (βῆμα) Rechenschaft ablegen (Röm 14,10). Ähnlich gilt vom entsprechenden „anthropologischen" Prozeß: Einerseits wird dem Christen die volle göttliche Urteilskompetenz übertragen; er beurteilt andere Menschen (1.Kor 14,25), Kosmos und Engel (1.Kor 6,2f.), ja überhaupt „alles" (1.Kor 2,15). Andererseits sind ihm andere Menschen, ja er selbst seinem Urteil entzogen (vgl. Röm 14,1ff.; 1.Kor 4,1–5).

Diese Spannungen in „Christologie" und „Anthropologie" stehen in Homologie zueinander: Der Umstrukturierung des Überichs durch Christus entspricht die Übertragung eschatologischer Urteilskompetenz auf den Christen; der bleibenden Richterfunktion Gottes entspricht der Vorbehalt gegenüber menschlicher Urteilskompetenz. Die Besetzung des Überichs mit verhaltenssteuernden und -kontrollierenden Modellen umfaßt sowohl Identifizierung und Distanzierung. Die Übertragung der Richterrolle an Christus, d. h. an den, der selbst gerichtet und gekreuzigt wurde, ist eine Humanisierung des Überichs. Der irrationale göttliche Zorn wird dort überwunden, wo Christus in die Rolle des Richters eintritt. Wo ein strenges Überich war, wird Ich. Aber diese Identifizierung ist nie vollkommen. Es bleibt im Menschen selbst ein dunkler Raum, der ebenso wie das Verhalten des Mitmenschen der Urteilskompetenz des Menschen entzogen bleibt! Und auch das ist ein humaner Zug: Der Mensch ist nicht Gott. Er ist sich nicht völlig transparent. Auch dann wenn er als homo religiosus eine ungeheure Bewußtseinserweiterung nach innen und nach außen erfahren hat, wenn ihm der „Geist Gottes" verliehen wurde, auch dann, ja gerade dann wird ihm bewußt, daß damit nicht alles gesagt ist.

C. Kognitive Aspekte des „Verborgenen" im Menschen

Der lerntheoretische und psychodynamische Begriff des Unbewußten läßt sich im Rahmen einer kognitiven Psychologie verbinden: Unbewußt ist die innere und äußere Welt, sofern sie auf das Subjekt einwirkt, aber von dessen Selbst- und Weltdeutung ausgeschlossen wird, weil die ausgeschlossenen Aspekte der Wirklichkeit allzu große kognitive Dissonanz hervorrufen würden. Die Öffnung für bisher unbewußte Inhalte geschieht durch kognitive Umstrukturierung unserer Selbst- und Fremdwahrnehmung; eine neue Sicht der Welt und unseres Selbst ermöglicht, daß wir Inhalte in die „erlebte Welt" und unser „Selbstbild" aufnehmen können, die wir sonst als dissonant und bedrohlich verdrängen müßten. Voraussetzung ist, daß die erfahrenen kognitiven Diskrepanzen so dosiert sind, daß sie das Fließgleichgewicht des Lebens nicht bedrohen, sondern in Bewegung halten und ermöglichen. Umstrukturierung der Selbstwahrnehmung aber bedeutet vor allem: Veränderung des inneren Dialogs mit sich selbst. Dieser innere Dialog ist Verinnerlichung des äußeren Dialogs; er ist daher von sich her offen für die „Einschaltung" von Dialogpartnern. Moderne Formen der Verhaltens- und Erlebensveränderung nutzen diese Möglichkeit systematisch aus: Der Therapeut wird als hilfreiche Bezugsperson in den inneren Dialog des Menschen mit sich selbst eingeschaltet. Für Jahrtausende aber waren es vor allem die Götter, die der Mensch in kritischen Situationen in seinen „inneren Dialog" einschaltete, indem er sich bittend, lobend und dankend an sie wandte. Das Gebet ist aus der Evolution des inneren Dialogs nicht wegzudenken.

Im Zusammenhang mit unserem Thema lassen sich vier Epochen dieses inneren Dialogs unterscheiden: Schon in grauer Vorzeit muß der Gedanke an einen „allwissenden Gott" entstanden sein, der beim Eid angerufen wurde, weil er die Macht hat, auch heimliche Vergehen zu bestrafen. Dieser Glaube an einen allwissenden Gott war eine latente Bedrohung des eigenen Gleichgewichts. Das kognitive Gleichgewicht war jedoch leicht aufrechtzuerhalten; denn der „allwissende Gott" war nur ein Gott neben anderen und der eigenen Gruppe positiv verbunden. Beim Vertrag zwischen Jakob und Laban schwört Jakob beim „Gefürchteten Isaaks", Laban u. a. beim „Gott Nahors" (Gen 31,53), d. h. jeder bei seinem Gott, von dem er überzeugt war, daß er der eigenen Sippe positiv verbunden war, wie das mit solchen Vätergottheiten verbundene Verheißungsmotiv zeigt.

Die monotheistische Revolution brachte eine Intensivierung des inneren Dialogs: Jetzt war der Mensch ein und demselben Gott überall ausgesetzt. Es gab keine anderen Götter mehr, um die Macht und Forderung des allwissenden Gottes zu relativieren. Dessen ethische Strenge trug weiter dazu bei, den Raum des Unbewußten zu vergrößern: Je strenger die Normen werden, um so mehr muß aus der eigenen Selbstwahrnehmung ausgeklammert werden, was den Glauben an die grundsätzliche Übereinstimmung mit den Normen gefährden könnte.

Es ist daher kein Zufall, wenn mit der monotheistischen Revolution auch das Sündenbewußtsein wächst. In der Priesterschrift wird die Entsühnung Israels zum zentralen Anliegen des Kultes; eine Entsühnung, die bewußte und unbewußte Sünden umfaßt[71]. Andererseits wächst mit dem Monotheismus auch das Erwählungsbewußtsein. Die Steigerung möglicher kognitiver Dissonanz wird dadurch aufgefangen,

---

[71] Vgl. K. KOCH: Sühne und Sündenvergebung um die Wende von der exilischen zur nachexilischen Zeit, EvTh 26 (1966) 217–239.

daß auch die kognitive Konsonanz erhöht wird: Mit der Einzigkeit Gottes wird die Einzigartigkeit der eigenen Erwählung betont. Wahrscheinlich konnte Israel sich nur deshalb so unerbittlich an den Geboten Jahwes prüfen, weil das Bewußtsein der Erwählung die mit der ethischen Strenge des Gebotes gegebene Bedrohung des Gleichgewichts ausglich.

In der Apokalyptik wurde in der Zeit zwischen den Testamenten ein weiterer wichtiger Schritt getan: Der einzige und allwissende Gott wurde zum eschatologischen Richter, vor dem alle Menschen Rechenschaft ablegen müssen. Wenn aber jeder Mensch für sich geprüft wird, so wird unsicher, ob kollektive Größen schon an sich „erwählt" sind. Der apokalyptische Bußprediger Johannes der Täufer bestreitet das: Die Abstammung von Abraham hilft nicht im Gericht (Mt 3,9ff.). Andere Gruppen schränken den Kreis der Erwählten ein: Nicht ganz Israel ist erwählt, sondern nur ein Teil der Israeliten, ein „Rest" wahrer Frommer. So finden wir in den Qumranschriften das Selbstverständnis einer Gruppe, die exklusiv für sich die Erwählung durch Jahwe beansprucht. Das extreme Erwählungsbewußtsein verbindet sich mit einem ebenso extremen Sündenbewußtsein (vgl. z. B. 1QH IV,29–40). Beides gleicht sich aus. Beides zusammen bildet ein kognitives Gleichgewicht.

Der Dialog mit dem allwissenden Gott, dem einzigen Gott und schließlich dem eschatologischen Richter hat den Menschen zu immer weiter ausgreifender Selbstexploration genötigt. Die Einschaltung des göttlichen Partners in den inneren Dialog des Menschen mit sich selbst ist dabei ein wesentliches Element dieser Selbstexploration: Der Mensch braucht ein starkes Gegenüber, um sich selbst wie einen Fremden sehen zu können und zu der Erkenntnis zu kommen, daß er sich selbst nicht weniger verborgen ist, als ein anderer Mensch ihm verborgen ist. Vor dem allwissenden eschatologischen Richter, neben dem es keine konkurrierende Macht mehr gibt, wird jeder verborgene Gedanke des Menschen enthüllt. Die Ahnung einer unbewußten Region im Menschen drängt sich damit auf. Aber noch fehlt der klare Begriff.

Hierzu wird ein vierter Schritt vorausgesetzt: Der eschatologische Richter muß im Menschen selbst einen vorläufigen Stellvertreter haben, so daß die Konfrontation des Menschen mit Gott zu einer unausweichlichen Konfrontation des Menschen mit sich selbst führt und die interpersonale Schranke zwischen Mensch und Gott zur intrapersonalen Grenze zwischen Bewußtsein und Unbewußtem wird. Anders ausgedrückt: Der eschatologische Richter muß „internalisiert" werden. Diese Internalisierung des Gerichts geschieht im Judentum mit Hilfe des hellenistischen συνείδησις-Begriff: Das Gewissen wird zum Vorläufer des eschatologischen Richters.

Vorausgesetzt ist die in der griechischen Antike beobachtbare Verinnerlichung verhaltenssteuernder Instanzen. Bei Homer wird menschliches Handeln entweder durch soziale Scheu vor der Reaktion der anderen (αἰδώς) bestimmt (z.B. Il 13,122ff.) oder durch irrationale Impulse im Menschen, die sich der Mensch nicht selbst zurechnet, sondern als Einwirkung von Göttern und fremden Mächten deutet (z.B. Il 19,86ff.). Schon bald jedoch wird soziale Scham (αἰδώς) verinnerlicht: Demokrit fordert, man müsse nicht vor anderen, sondern vor sich selbst „Scham" haben (Demokr fr 84 244 264)[72]. Ähnlich wird auch der Mitwisser der Tat zum „Gewissen" verinnerlicht, ja das Gewissen ist nichts anderes als der verinnerlichte Andere. Das geht noch aus der Metaphorik hervor, mit der man das Gewissen umschreibt: Es ist Pädagoge (Ps-Epikt fr 97), Feind (Jos ant 2,25), Ankläger und Richter (Philo decal 87).

Die Entwicklung des Gewissensbegriffs allein reicht jedoch nicht aus, um an die Grenzen menschlichen Bewußtseins zu stoßen. So gibt Seneca eine beeindruckende Schilderung des Gewissensphänomens:

„Es pflegte dies zu tun Sextius: am Ende eines Tages, wenn er sich zur Nachtruhe zurückgezogen hatte, fragte er sich: ‚Welche deine Schwäche hast du heute geheilt? Welchem Fehler hast du Widerstand geleistet? In welchem Punkte bist du besser geworden?' Aufhören wird der Zorn, und maßvoller wird er sein, der weiß, daß er täglich vor den Richter treten muß. Was also ist schöner als diese Gewohnheit, durchzuprüfen den ganzen Tag? Was für ein Schlaf folgt auf die Selbstprüfung: wie ruhig, wie tief und frei, wenn gelobt worden ist die Seele oder ermahnt und als Beobachter ihrer selbst und Richter im geheimen Erkenntnis gewonnen hat über den eigenen Charakter." (Sen ir III 36,1f.)

Seneca zeigt in diesem Zusammenhang nicht den geringsten Ansatz zu der Vermutung, es könnte sich etwas seinem Gewissen entziehen; im Gegenteil! Ausdrücklich beteuert er: nihil mihi ipse abscondo, nihil transeo. Er ist überzeugt, nichts vor sich zu verbergen. Seine Begründung lautet: „Warum soll ich etwas von meinen Irrtümern fürchten?" (Sen ir III 36,3)

Das aber wird anders, wenn der Mensch sowohl mit Gott wie mit seinem Gewissen konfrontiert wird. Dann ist von vornherein die Möglichkeit gegeben, daß beide Instanzen sich nicht völlig in ihrem Urteil decken. Eben dies geschieht im Judentum. Es verbindet die theologische Allwissenheitsvorstellung aus alttestamentlicher Tradition mit der anthropologischen Gewissensvorstellung aus griechisch-hellenistischer Tradition, ohne Gott und Gewissen zu identifizieren. Beide werden in

---

[72] Vgl. H. DIELS, Fragmente, II, S. 78, 109, 114.

der Selbstdeutung des Menschen unterschieden. Beide stehen wohl parallel zueinander, aber sind darum nicht identisch. Parallel zueinander ist von den Plagen des Gewissens und dem Zorn Gottes die Rede:

„Und bis jetzt quält mich mein Gewissen (συνείδησις) wegen meiner Sünde. Doch mein Vater tröstete mich und betete für mich zum Herrn, daß der Zorn des Herrn von mir abließe, wie der Herr mir zeigte" (Test XII Rub 4,3f.)

Sap 17 werden die Plagen Gottes in Ägypten als Gewissensplagen gedeutet. Die Finsternis, welche die Ägypter in panische Schrecken versetzt, ist jedoch nur ein Bild der zukünftigen Finsternis, die sie umfangen wird (Sap 17,20). Für Paulus steht hinter dem inneren Gerichtshof der sich verklagenden und entschuldigenden Gedanken der Schatten des eschatologischen Gerichts (Röm 2,15f.).

Es ist kein Zufall, daß die Vorstellung des Unbewußten zum ersten Mal dort hervortritt, wo auch zum ersten Mal das Substantiv „Gewissen" (συνείδησις) im jüdischen Schrifttum belegt ist: in Sap 17,11[73]. Der Gegensatz zwischen dem allwissenden Gott und dem sündigen Menschen wird mit Hilfe des Gewissensbegriffs in den Menschen selbst hineingelegt, ohne daß der allwissende Gott seine Souveränität gegenüber dem Menschen aufgibt. Erst dadurch entsteht ein Raum „innerer Dunkelheit", auf den die ägyptische Finsternis symbolisch ausgelegt wird. Das Gewissen als Vorläufer Gottes verbreitet hier panischen Schrecken – ein wahrer Kontrast zu jener inneren Ruhe und Ausgeglichenheit, die sich Seneca von der täglichen Gewissensprüfung verspricht. In der Tat wächst die Bedrohung des kognitiven Gleichgewichts mit der Verinnerlichung des richtenden Gottes im Gewissen: Vor einer anderen Person kann man sich verbergen, oder man kann hoffen, Gnade zu finden. Dem eigenen Gewissen kann niemand davonlaufen. Es kann zur Plage werden! Der Autor der Sapientia Salomonis hat es nicht schwer, dieses Problem zu bewältigen: Er urteilt über eine fremde Gruppe, der er nicht angehört. Er weiß sich im Licht. Er gehört zu den Erwählten. Er nimmt nur bei anderen die ungeheuren Spannungen zwischen der verinnerlichten „Allwissenheit" und den sündigen Menschen wahr.

Erst Paulus tut den entscheidenden Schritt, indem er bei sich selbst mit der Möglichkeit unbewußter Schuld rechnet. Er gibt der Allwissenheitstradition jedoch neue Akzente. Das „Verborgene" ist in der Tradition in der Regel etwas Negatives. Verborgene Taten sind Handlungen,

---

[73] Die LXX kennt den Begriff sonst nur noch in Eccl 10,20, wo er jedoch nicht „Gewissen", sondern „Bewußtsein" meint. Angesichts von Demokr fr 297 kann man kaum behaupten, dies sei der erste Beleg im griechischen Schrifttum (gegen D. GEORGI: Weisheit Salomos, JSHRZ III,4, Gütersloh 1980, 463).

die das Licht scheuen. Wo die innere Realität positiv dem äußeren Schein entgegengesetzt wird, steht eher der Begriff „Herz" (vgl. 1.Sam 16,7). Paulus spricht vom „Verborgenen der Finsternis", eine Wendung, die negative Assoziationen auslösen muß; aber er vertraut darauf, daß diese „Finsternis" im Lichte des eschatologischen Gerichts bestehen kann. Er erwartet ein Lob von Gott.

Wie hält Paulus sein kognitives Gleichgewicht aufrecht? Wie kann er die Möglichkeit verborgener Schuld zugeben, ohne sich bedroht zu fühlen? Die Antwort ist einfach: Paulus schaltet in den inneren Dialog des Menschen eine neue Bezugsperson ein, Christus. Sie öffnet unbewußte Tiefen in ihm, ohne daß er sich bedroht fühlt.

Diese kognitive Umstrukturierung der Selbstwahrnehmung durch die Beziehung zu Christus wird z.B. in Röm 8,26–27/8,34 deutlich:

> „Ebenso kommt aber auch der Geist unsrer Schwachheit zu Hilfe. Denn wir wissen nicht, was wir beten sollen, wie sich's gebührt; aber der Geist selbst tritt für uns ein (ὑπερεντυγχάνει). Der jedoch, der die Herzen erforscht, weiß, was das Trachten des Geistes ist, denn er tritt für die Heiligen bei Gott ein (ἐντυγχάνει)" (Röm 8,26–27)

Parallel dazu heißt es einige Zeilen später:

> „Wer will die Auserwählten Gottes anklagen?
> Gott ist es (ja), der sie gerechtspricht.
> Wer ist es, der verdammen will?
> Christus Jesus ist es (ja),
> der gestorben ist,
> ja noch mehr, der auferweckt worden ist,
> der zur Rechten Gottes ist,
> der auch für uns eintritt (ἐντυγχάνει)" (Röm 8,34)

In Röm 8,26–27 liegen die drei Elemente vor, die für eine Aufdeckung des Unbewußten im Rahmen der jüdisch-alttestamentlichen Tradition entscheidend sind: 1. Gott ist allwissend und erforscht die Herzen. Die Kardiognosie Gottes wird aus der Tradition übernommen; 2. Der Mensch versteht seine eigenen Intentionen nicht. Er weiß nicht, was er beten soll. Seine Selbsterkenntnis ist begrenzt; 3. Das aus der Tiefe des Herzens kommende Seufzen ist eine bedeutsame innere Realität. Es hat kosmische Dimensionen und verbindet den Menschen mit der ganzen Schöpfung (vgl. Röm 8,18ff.). Aufschlußreich ist: Gott versteht das „unaussprechliche Seufzen", das der Mensch selbst nicht genügend durchschauen kann. Er erschließt eine Dimension im Menschen, die ihm selbst nicht voll bewußt ist.

Der Text gibt ferner einen deutlichen Hinweis darauf, was sich im kosmischen Seufzen äußert: In 8,20 wird unverkennbar auf den Sündenfall angespielt. Durch ihn verfiel die Schöpfung der Vergänglichkeit. Was sich in einem bewußtseinstranszendenten „unaussprechlichen Seufzen" äußert, ist Klage über die Sünde, die jedoch rationaler Einsicht zunächst unzugänglich ist. Der eschatologische Richter versteht den Menschen an diesem Punkt besser, als er sich selbst versteht.

Wie kommt es nun zur Öffnung gegenüber dieser dunklen Dimension einer seit Urzeit über der Schöpfung lastenden Schuld und Not? Entscheidend ist hier die Homologie zwischen Röm 8,26f. und 8,34: Was zuerst von einem Vorgang im menschlichen Herzen gesagt wird, wird dann in den Himmel verlagert. Das Eintreten des heiligen Geistes geschieht in der Tiefe menschlichen Herzens. Aus ihm kommt jenes unaussprechliche Seufzen, das in einem dunklen Zusammenhang mit jener Schuld steht, die alle Kreatur der Vergänglichkeit unterwarf. Der Geist artikuliert stellvertretend das Seufzen des Menschen und tritt so vor Gott ein. Dazu parallel vollzieht sich das Eintreten Christi vor dem göttlichen Gericht oben im Himmel, wo der Auferstandene zur Rechten Gottes sitzt. Was in den dunklen und undurchschauten Tiefen des Menschen geschieht, hat eine Parallele in den lichten Höhen des Himmels. Zwischen beiden Prozessen besteht kein Widerspruch, sondern „kognitive Konsonanz". Im Grunde ist es ein und derselbe Prozeß auf zwei verschiedenen Ebenen. Wenn der Mensch aber im Himmel einen Fürsprecher hat, dann muß er sich nicht mehr einreden, „untadelig nach dem Gesetze zu sein" (Phil 3,6). Dann kann er in sich jene dunkle Klage über die Verlorenheit und Schuld des Menschen wahrnehmen, selbst wenn er sich eingestehen muß, daß er sie nicht völlig durchschaut. Er befindet sich mit dieser Klage in Übereinstimmung mit Gott: Gottes Geist selbst formuliert sie stellvertretend für ihn. Gott ist als Geist Subjekt der Klage, als Richter ihr Adressat. Christus aber vermittelt zwischen Mensch und Gott. Noch deutlicher als in 1.Kor 4,5 können wir hier die Umwertung des im Menschen „Verborgenen" feststellen: Was zunächst als negativ verdrängt werden mußte – die unbewußte Schuld –, wird nun als Antrieb zu pneumatischem „Seufzen" erfahren, in dem göttlicher Geist wirksam ist.

Mit dieser Umstrukturierung der Selbsterfahrung steht Paulus nicht allein im Urchristentum. Auch in 1.Joh 3,19–21 wird die Allwissenheitstradition paradox modifiziert: An die Stelle des Widerspruchs von verurteilender Allwissenheit Gottes und positivem Selbstbewußtsein des Menschen tritt der Gegensatz von menschlicher Selbstverurteilung und Gottes vergebender Allwissenheit:

> „... und vor ihm werden wir unser Herz beschwichtigen,
> worin immer das Herz uns verurteilt,

weil Gott größer ist als unser Herz
und alles erkennt.
Geliebte, wenn das Herz nicht verurteilt,
haben wir Freimut gegenüber Gott." (1.Joh 3,19–21)

Die zahlreichen exegetischen Probleme dieser Stelle rühren daher[74], daß der traditionelle Topos vom allwissenden Gott eigentlich in eine andere Richtung zielt, nämlich dahin, daß Gott verheimlichte Sünde aufdeckt. Der Gedankengang im 1.Joh aber setzt eindeutig einen neuen Akzent: Das Herz des Menschen beschuldigt sich selbst, während Gott solcher Selbstbeschuldigung gegenüber souverän ist – nicht weil er die Sünden übersieht, sondern gerade weil er alles erkennt. Auch hier ist der Raum des von Gott Erkannten größer als das vom menschlichen Bewußtsein Erfaßte.

1.Joh 3,19ff. und 1.Kor 4,5 zeigen, daß die Aufdeckung des Unbewußten im Urchristentum nicht durch gesteigerte Angst vor unbekannter Sünde bedingt war. Wenn Paulus trotz seiner Überzeugung, unschuldig zu sein, die Möglichkeit unbewußter Schuld einräumen kann, wenn die johanneische Gemeinde gegen das Bewußtsein der Schuld an eine Unschuld vor dem alles wissenden Gott glaubt, so hat das denselben Grund: Eine kognitive Umstrukturierung der Selbstwahrnehmung, die im Vertrauen darin wurzelt, daß Gott dem Sünder seine Schuld nicht zurechnet. Dieses Vertrauen ermöglicht auch dem Menschen eine veränderte Kausalattribuierung: Auch er muß sich nicht mehr die Schuld selbst zurechnen. Ein anderer trägt sie für ihn.

Diese Umstrukturierung der Selbstwahrnehmung steht in Röm 8 mit einer grundsätzlichen Umstrukturierung der paulinischen Lebenswelt in enger Verbindung: Diese war vor Christus vom Thema des Gesetzes bestimmt, d.h. von einer normativen Thematik, welche das Verhältnis von Mitmensch, Welt und Gott ganz unter dem Aspekt der Normerfüllung erleben ließ. Durch Christus aber wird die Lebenswelt des Paulus von einer universalen Liebesthematik her bestimmt: „Wer kann uns trennen von der Liebe Gottes?" fragt Paulus (Röm 8,35). Wenn der allwissende Gott nicht mehr ausschließlich im Rahmen einer normativen Lebensthematik erlebt wird, kann das mit der göttlichen Allwissenheit latent gegebene „Unbewußte" im Menschen gesehen und erkannt werden. Die thematische Umstrukturierung der paulinischen Lebenswelt aber ist eine Folge des Glaubens an Christus: der Veränderung des inneren Dialoges durch eine zentrale neue Bezugsperson.

Wir können nun das Ergebnis der psychologischen Analysen zusammenfassen: Die Erschließung des Unbewußten in der paulinischen

---

[74] Vgl. R. SCHNACKENBURG, Johannesbriefe, 201ff.

Theologie wurde durch deren historischen Ort zwischen konkurrierenden Überzeugungssystemen begünstigt. Pluralistische Kulturen stimulieren oft dieselben psychischen Tendenzen, die sie an anderer Stelle unterdrücken. Das kann zu verfestigten Abwehrhaltungen führen, was beim vorchristlichen Paulus vielleicht der Fall war. Der Glaube an den Gekreuzigten aber versetzte Paulus in Distanz zu den ihm vorgegebenen Überzeugungssystemen. Das Kreuz widerspricht sowohl jüdischen wie griechischen Erwartungen: Es ist den Juden ein Ärgernis, den Griechen eine Torheit (1.Kor 1,23). Eben deswegen gibt es den Blick frei für einen Raum im Menschen, der jenseits geschichtlich geprägter Überzeugungssysteme liegt – oder psychodynamisch gesprochen: jenseits der jeweiligen Überichinhalte.

Im Innern des Menschen geschieht dadurch eine Verwandlung: An die Stelle der bisherigen Überichinhalte tritt Christus. Er ist als Richter und Gerichteter Symbol von Überich und Es, von Ichideal und Schatten. In ihm wird eine Annäherung innerer Instanzen symbolisiert, die eine Öffnung, Bearbeitung und Verwandlung ehemals unbewußter Prozesse ermöglicht.

Die Aufnahme einer intensiven emotionalen und motivationalen Beziehung zu Christus bewirkt einen „inneren Dialog", bei dem bisher unbewußte Dimensionen im Menschen exploriert werden können, ohne die Gleichgewichtsdynamik des Lebens zu gefährden. Auch bedrohliche Aspekte des Unbewußten können in Konsonanz mit den richtenden Instanzen erlebt werden. Selbst das „unaussprechliche Seufzen" über die Grundverkehrtheit des Lebens trennt nicht mehr vom richtenden Gott, sondern verbindet mit ihm; denn es ist Seufzen des göttlichen Geistes. Das Bewußtsein überwundener Schuld ermöglicht kognitive Konsonanz – auch bei Öffnung für jene dunklen unbewußten Dimensionen, aus denen das „unaussprechliche Seufzen" stammt.

2. Kapitel

Die Hülle des Mose und die unbewußten Aspekte des Gesetzes

Wir haben im ersten Kapitel gesehen: Die Umstrukturierung des „Überichs" durch die Christussymbolik hat das Bewußtsein des Paulus erweitert; er akzeptiert die Möglichkeit unbewußter Schuld bei sich, ohne sich beroht zu fühlen. Die Ausweitung seiner bewußten Lebenswelt soll nun in andere Richtung hin verfolgt werden. Die Blindheit des Ichs bezieht sich ja nicht nur auf eigenes Versagen, sondern auf all jene Normen, die das Verhalten lenken und bewerten, auf das „Gesetz", wie Paulus die soziokulturellen Normen und Regeln des Judentums nennt. Diese Normen prägen die Überich-Aspekte seines Selbst. Seine neue Einsicht besteht nun darin, daß er diese Überich-Aspekte vor seiner Bekehrung falsch wahrgenommen hat. Sein Bewußtsein hatte mit ihnen die Verheißung des Lebens verbunden. Unbewußt aber hatten sie eine aggressiv-tötende Funktion ausgeübt. Die schwer zu deutenden Symbole und Bilder von 2.Kor 3 geben m.E. dieser Erkenntnis Ausdruck.

I. Textanalyse von 2.Kor 3,4–4,6

Paulus spricht in 2.Kor 2,14–6,10 in zweifacher Weise über sein Apostelamt, zunächst mit Begriffen einer theologia gloriae[1], dann mit den paradoxen Aussagen einer theologia crucis (2,14–4,6 und 4,7–6,10). Im ersten Abschnitt schildert Paulus sein Wirken als Teil eines Triumphzuges (2,14), im zweiten als Kette von Leiden (vgl. 4,8ff.). In 4,6 begegnet Christus als εἰκών, die vom Licht der Schöpfung umstrahlt ist, in 5,21 dagegen als Sühnopfer. Dort ist die Doxa gegenwärtig (3,18), hier zukünftig (4,17). Dort haben alle Christen Zugang zur Schau des Herrn (3,18), hier leben sie im Glauben und nicht im Schauen (5,7). Zwischen beiden Teilen leitet Paulus mit der Feststellung über: „Wir haben aber diesen Schatz – nämlich die vorher entfaltete Erkenntnis der gloria dei – nur in irdenen Gefäßen – d.h. in der noch zu beschreibenden

---

[1] I. I. FRIESEN: The Glory of the Ministry of Jesus Christ. Illustrated by a Study of 2.Cor. 2,14–3,18, Basel 1971, interpretiert den ganzen Abschnitt mit Recht vom Motiv der Doxa her.

Gebrechlichkeit der apostolischen Existenz" (4,7). Wir beschäftigen uns hier nur mit einem Ausschnitt aus dem ersten Teil. Der Gesamtkontext darf jedoch nicht aus dem Blick geraten.

Nachdem Paulus seine Aufgabe in triumphalistischen Bildern beschrieben hat, stellt er die Frage: „Wer ist dazu fähig?" (2,14–16). In betontem Kontrast zu den „vielen", die nicht fähig sind, unterstreicht er seine Qualifikation mit Hilfe zweier Bilder: der Brief- und Steinmetapher[2]. Mögen seine Konkurrenten auch Empfehlungsschreiben vorweisen, so besitzt Paulus einen viel besseren Empfehlungsbrief: die korinthische Gemeinde, die in seinem Herzen geschrieben ist (oder ein lebendiges Empfehlungsschreiben darstellt) und ihn allen Menschen empfiehlt. Dieser Sachverhalt charakterisiert auch das Neue seiner Botschaft: Im Unterschied zum mosaischen Dienst bringt Paulus keine „steinernen Gesetzestafeln", sondern eine das Herz verwandelnde Botschaft. Die Gemeinde selbst ist der Christusbrief, den Paulus auszurichten hat. Paulus bestimmt also seine Qualifikation erstens durch seine Beziehung zur Gemeinde, zweitens durch seine Beziehung zum Alten Bund.

Diese Qualifikation wird nun in drei weiteren Abschnitten entfaltet. Jeder Abschnitt wird mit einer „Habeformel"[3] eingeleitet (vgl. ἔχομεν und ἔχοντες 3,4.12;4,1).

Im ersten Teil geht es um die Legitimation der paulinischen Diakonia. Sie liegt darin, daß die Diakonie des neuen Bundes den Dienst am alten Bund weit übertrifft (3,4–11). Im zweiten Abschnitt liegt der Akzent auf der Durchführung der Diakonia: Sie geschieht mit παρρησία, d. h. mit einer Offenheit, die nichts zu verbergen hat (3,12–18). Der dritte Teil handelt von der ambivalenten Wirkung der paulinischen Diakonia: Die Predigt wird bei den Verblendeten abgelehnt, ist aber den Bekehrten Erleuchtung durch Gott (4,1–6). Nacheinander werden also der Status des Paulus, seine „Amtsführung" und der Erfolg seines Wirkens behandelt. Wir zeichnen den Gedankengang zunächst einmal nach.

---

[2] H. LIETZMANN, 2.Kor, 110, betont die Inkongruenz zwischen diesen beiden Bildern: Ein Brief wird auf Papyrus und mit Tinte geschrieben, Inschriften dagegen in Stein gemeißelt. Aber 1. werden die Buchstaben von Inschriften oft mit Farbe ausgemalt – vgl. E. MEYER: Einführung in die lateinische Epigraphik, Darmstadt 1973, 21 –, 2. werden für die Öffentlichkeit bestimmte Texte wie Erlasse und Gesetze oft inschriftlich fixiert. Um das Zeugnis für die Öffentlichkeit aber geht es Paulus. 3. Der eigentliche Grund, warum Paulus Brief und Inschrift assoziiert, ist sein Wunsch, einen Kontrast zwischen sich und dem alten Bund aufzuzeigen und die Gegner mit dem alten Bund zu assoziieren.

[3] Der Terminus „Habeformel" stammt von K. PRÜMM: Diakonia Pneumatos II,1. Theologische Auslegung des zweiten Korintherbriefs, Rom 1960, 36f. Weitere Beispiele sind 4,7.13; 7,1, weniger 5,12 und 6,10.

3,4–11: Der Status der paulinischen Diakonia.

Die einleitende Habeformel greift auf das Vorhergehende zurück: „Wir haben diese Zuversicht – nämlich, daß unsere Botschaft die Herzen verwandelt – durch Christus zu Gott."

Als These behauptet Paulus: diese Zuversicht ist darin begründet, daß Gott einen neuen Bund errichtet hat, der nicht mehr durch den „tötenden Buchstaben", sondern den „lebendigmachenden Geist" bestimmt ist (3,4–6). Der Status des Paulus ist dem des Mose überlegen. Er hat einen höheren Rangplatz.

Die Begründung erfolgt in drei parallelen Schlüssen a minori ad maius. Von der geringeren Doxa des alten Bundes wird jeweils auf die größere Doxa des neuen Bundes geschlossen:

a) Der erste Schluß (3,7–8) konfrontiert alten und neuen Bund als „Dienst des Todes" und „Dienst des Geistes". Ein eingeschobener konsekutiver ὥστε-Satz unterstreicht die Doxa des alten Bundes. Sie war so groß, daß die Gemeinde sie nicht ertragen konnte.

b) Der zweite Schluß konfrontiert den „Dienst der Verurteilung" mit dem „Dienst der Gerechtsprechung" (3,9). Eine Parenthese (3,10) durchbricht das steigernde Gedankenschema: Gemessen an der Doxa des neuen Bundes ist die Doxa des alten Bundes nichtig.

c) Der dritte Schluß (3,11) kann daran anknüpfend von der relativen Herrlichkeit des „Vergänglichen" auf die überwältigende Herrlichkeit des „Bleibenden" schließen: Eine vergängliche Doxa ist die Herrlichkeit, die angesichts einer neuen Herrlichkeit verblaßt.

3,12–18: Die Durchführung der paulinischen Diakonia

Wieder greift eine Habeformel das Vorhergehende auf: Weil wir solch eine Hoffnung haben – nämlich die Hoffnung auf Leben, Gerechtsprechung und „Bleibendes", kann Paulus offen reden.

Die These lautet, daß sich Paulus durch Offenheit von Mose unterscheidet. Mose verbarg unter der Decke die Vergänglichkeit seiner Doxa, denn sie kann keine Hoffnung auf Leben und Gerechtsprechung geben.

Die Begründung folgt in zwei symbolischen Deutungen der „Decke" des Moses, bei denen zunächst die Existenz der Hülle, dann aber ihre Entfernung interpretiert wird:

a) Die Existenz der Hülle weist auf eine Decke über der Vorlesung des alten Bundes, letztlich auf eine Decke über dem Herzen der Hörer. Erst in Christus wird diese Decke weggenommen (3,14b–15).

b) Die Entfernung der Hülle geschieht jedesmal, wenn sich Mose zum Herrn bekehrt. Alle bekehrten Christen stehen ohne Hülle dem Herrn gegenüber. Konnten die Israeliten nicht einmal den Glanz des Mose ertragen, so werden im neuen Bund alle in ewige Herrlichkeit verwandelt (3,16–18).

4,1–6: Die ambivalente Wirkung der paulinischen Diakonia

Die einleitende Habeformel greift durch ein διὰ τοῦτο pauschal auf das Vorhergesagte zurück.

Paulus vertritt die These: Seine Verkündigung des Evangeliums trifft durch Offenbarung der Wahrheit das Gewissen der Menschen (4,1–2).

Die Begründung wird negativ und positiv gegeben:

a) negativ: Wo die paulinische Verkündigung unwirksam bleibt, liegt Verstockung und Verblendung vor (4,3–4);
b) positiv: Wo die paulinische Verkündigung wirksam wird, vermittelt sie Erleuchtung durch den Schöpfergott (4,5–6).

Der Gedankengang ist durchgehend antithetisch. Die paulinische Diakonia wird als Kontrast zur jüdischen Diakonia entfaltet, wobei im dritten Teil der Kontrast ausgeweitet wird. Dort wird von allen Ungläubigen gesprochen, deren Sinne der Gott dieser Welt verblendet hat – also nicht nur von den Israeliten. Was ist bei diesen Kontrasten jeweils das tertium comparationis?

1. Im ersten Teil werden alter und neuer Bund im Hinblick auf ihre „Herrlichkeit" verglichen. Die Parallelität der drei Schlüsse a minori ad maius (Nebensatz mit εἰ – Hauptsatz mit πολλῷ μᾶλλον) wird nur an zwei Stellen durchbrochen: durch den Konsekutivsatz in V. 7 und eine Parenthese in V. 10. An der ersten Stelle wird das tertium comparationis positiv entfaltet: Die Herrlichkeit des alten Bundes wird betont[4]. Sie schuf Distanz. Man muß hier den Gegensatz zum neuen Bund im Auge haben: Bei ihm ist der Bund ins Herz geschrieben und die Distanz aufgehoben. Die zweite Unterbrechung der parallelen Schlußfolgerungen zielt genau in entgegengesetzte Richtung: Verglichen mit der Doxa des neuen Bundes ist selbst die so kräftig herausgestellte Doxa des alten Bundes nichtig. Formal ist der ganze Abschnitt auf eine graduierende Abstufung der Doxa hin angelegt; inhaltlich wird dies gradualistische Gedankenschema jedoch durch ein Kontrastschema überlagert: Der neue Bund ist nicht nur dem alten gradmäßig überlegen, er ist sein direktes Gegenteil.

Im zweiten Teil (2.Kor 3,12ff.) ist das tertium comparationis zwischen altem und neuen Bund die Decke[5]. Hier gibt es keine Steigerung,

---

[4] Nach S. Schulz: Die Decke des Mose, ZNW 49 (1958) 1–30, S. 3f., geht Paulus bzw. die vorpaulinische Tradition an drei Stellen über die LXX hinaus: 1. Der Grad der Unerträglichkeit werde gesteigert. Nach der LXX sehen die Israeliten den Strahlenglanz, können ihn jedoch nicht ertragen. Nach 2.Kor 3,7 können sie nicht einmal hinblicken. Aber ἀτενίζειν bedeutet „intensiv betrachten". Das können die Israeliten auch nach der LXX nicht. 2. Paulus redet substantivisch von der Doxa, die LXX verbal vom „Verherrlichtwerden" (Ex 34,35). 3. Paulus fügt ein μὴ δύνασθαι hinzu. Daß hier eine wirkliche Steigerung über die LXX hinaus vorliegt, ist schwer beweisbar.

[5] W. C. v. Unnik: „With unveiled face." An Exegesis of 2. Corinthians III,2–18, NovTest 6 (1963) 153–69, erklärt die Verbindung von παρρησία und κάλυμμα durch eine nur im Aramäischen nachvollziehbare Assoziation: „Sein Haupt enthüllen" bedeutet im Aramäischen Offenheit und Freiheit. Paulus schreibt wohl griechisch, denke aber aramäisch. Jedoch handelt es sich wohl um ein allgemein verständliches Bild, wie folgender Beleg zeigt: Die Absicht Kassandras, ein klares Orakel zu geben, wird in Aischyl Ag 1178–1181 so ausgedrückt: „Fürwahr, mein Wahrspruch wird nicht mehr aus

sondern nur Kontraste: Mose verhüllte sein Haupt unter einer Decke; der Apostel hat dagegen nichts zu verbergen. Dieser Gedanke steht in logischer Spannung zum ersten Abschnitt: Wenn nämlich schon der Strahlenglanz des Mose unerträglich war, um wieviel mehr müßte die Herrlichkeit des neuen Bundes abschreckend sein! Wenn schon Mose sein Antlitz verhüllen mußte, um wieviel mehr hätte Paulus Grund dazu[6]! Diese logischen Spannungen wirken aber deshalb nicht störend, weil Paulus das Motiv der Decke dreifach uminterpretiert.

a) Zunächst knüpft er an die wörtliche Bedeutung an: Mose hat eine Decke aufgelegt, damit die Israeliten die Doxa nicht sehen konnten. Paulus unterstellt nun ein ganz neues Motiv. Die Decke verbirgt nicht mehr die Herrlichkeit des Strahlenglanzes, sondern seine Vergänglichkeit. Ihr wird dadurch betrügerische Funktion zugeschrieben[7]. Wenn Paulus das Evangelium unverhüllt predigt, so nicht deshalb, weil er keine Herrlichkeit zu verbergen hat oder weil die Doxa des neuen Bundes geringer ist als die des Mose – die fehlende Hülle ist vielmehr ein Vorzug; sie bedeutet die Übwindung einer objektiven Täuschung.

b) Bei der zweiten Deutung der Decke wird diese zum Symbol. Die Zeitbestimmung „bis zum heutigen Tag" (V. 14 vgl. V. 15) stellt klar, daß die Decke keine vergangene Größe ist. Sie ist eine gegenwärtige Realität. Sie liegt auf der Verlesung des alten Bundes. Diese Deutung gilt im allgemeinen als konstruiert. Vorhänge und Hüllen begegnen zwar im Synagogengottesdienst in verschiedener Form[8], aber Paulus scheint an keine dieser Hüllen zu denken:

1. Der Raum, in dem der Thoraschrein steht, wird durch einen Vorhang abgegrenzt. Der Vorhang ist deutlich im Fußbodenmosaik der Synagoge von Beth-Alfa zu erkennen[9].
2. Der Thoraschrein selbst wird durch eine Decke verhüllt, die beiseite geschoben wird, wie das Fußbodenmosaik der Synagoge in Hammath-Tiberias zeigt[10].
3. Die Thorarollen werden in Hüllen gerollt, um sie zu schonen. Ähnlich wurde mit anderen Büchern verfahren.

Schleiers Hüll' (ἐκ καλυμμάτων) hervor mir spähn, der neuvermählten Gattin gleich. Voll Klarheit soll – ein Wind – gen Sonnenaufgang er erbrausend springen."
[6] So mit Recht M. D. HOOKER: Beyond the Things that are written? St. Paul's Use of Scripture, NTS 27 (1981) 295–309, S. 297ff.
[7] Versuche, das Betrugsmotiv zu leugnen, scheitern am Kontext: In 4,1 ff. verwahrt sich Paulus gegen den Vorwurf, „mit Arglist das Wort Gottes zu verfälschen"; sein Evangelium sei „unverhüllt". Paulus selbst assoziiert Verhüllung und Verfälschung. Zu den verschiedenen apologetischen Abmilderungen des Betrugsmotivs vgl. S. SCHULZ, Decke, 10f.
[8] Vgl. S. KRAUSS: Synagogale Altertümer, Berlin/Wien 1922, 376–384.
[9] Vgl. M. AVI-YONAH (ed.): Encyclopedia of Archaeological Excavations in the Holy Land, London 1975/78, Bd. I, S. 189.
[10] Ebd. Bd. IV, S. 1179.

126 2. Die Hülle des Mose (2.Kor 3)

Die Lesung der Thora
Synagoge von Dura-Europos (vgl. Anm. 11)
Entnommen aus: E. R. Goodenough, Jewish Symbols
in the Greco-Roman Period

Keine dieser Vorhänge und Hüllen paßt auf das von Paulus Gesagte. Während der Lesung der Thora ist der Thoraraum und -schrein ja gerade offen, und die Rollen sind ihren Hüllen entnommen. Paulus spricht aber von einer Decke über dem Verlesen des Alten Bundes.

Das Problem läßt sich vielleicht mit Hilfe der Fresken von Dura-Europos lösen. Auf ihnen wird rechts neben der Thoranische die Lesung der Thora dargestellt[11]. Es kann hier offen bleiben, wer der Vorleser ist: Mose, Esra oder der Vorleser im Synagogengottesdienst[12]. Links neben ihm steht ein verhüllter kastenartiger Gegenstand – entweder der Thoraschrein selbst oder eine „capsa", in der die Rolle (oder mehrere Rollen) vom Thoraschrein in den Synagogenraum transportiert wurde[13]. Auffälligerweise ist dieser Rollenbehälter verhüllt, obwohl doch die Entnahme der Rolle aus ihm eine Entfernung der Verhüllung voraussetzen würde. Falls es sich um den Thoraschrein selbst handeln sollte, wäre die Verhüllung noch merkwürdiger. Der Thoraschrein bzw. die ihm entsprechende Bundeslade ist nämlich ein durchgehendes Leitmotiv im mittleren Bildstreifen der Fresken von Dura-Europos. Auf fast allen Darstellungen aber fehlt die Hülle. Nur im Zusammenhang mit der Verlesung der Thora begegnet sie. Hier liegt in der Tat eine Decke über dem alten Bund – gerade während der Lesung. Es ist daher möglich, daß Paulus einen konkreten Brauch vor Augen hat, wenn er von dieser Decke spricht.

c) Die dritte Deutung ist dagegen von vornherein frei von raumzeitlicher Anschaulichkeit. Hier verschiebt sich die Decke noch einmal. Sie liegt nun über den „Herzen" der Hörer, wird also ganz und gar verinnerlicht. Die Zuhörer der Thora hören wohl die Worte, begreifen aber nicht deren eigentlichen Sinn. Decke des Mose und Decke über dem Herzen bilden eine unverkennbare Parallele. Sie erlaubt die Vermutung, die Decke des Mose sei Symbol für eine innere Verstehensgrenze.

Im letzten Teil des Abschnittes greift Paulus noch einmal direkt auf die Moseserzählung zurück: Nicht das Auflegen der Decke, sondern ihre Entfernung wird nun interpretiert. Wenn sich Moses zum Herrn wendet, wird die Decke entfernt[14]. Das Sichwenden des Mose wird als

---

[11] Abbildungen in C. H. KRAELING: The Synagogue. The Excavations at Dura Europos. Final Report VIII,1, New Haven 1956 Pl. LXXVII und E. R. GOODENOUGH: Jewish Symbols in the Greco-Roman Periods IX, New York 1964, Pl. V und S. 326.

[12] Vgl. die Diskussion bei J. GUTMANN: Programmatic Painting in the Dura Synagogue, in: J. Gutman (ed.): The Synagogue, New York 1975, 210–232.

[13] Zur Deutung auf eine „capsa" vgl. C. WENDEL: Der Thoraschrein im Altertum, Hallische Monographien 15, Halle 1950, 9f., 25.

[14] Das Subjekt von V. 16 ist Mose (so u.a. S. SCHULZ, Decke, 15f.; C. F. D. MOULE:

Bekehrung gedeutet. Das Erstaunliche ist: Mose wird hier zum Prototypen des Bekehrten. War er eben noch negative Folie, um den Dienst am neuen Bund um so strahlender von einem dunklen Hintergrund abzuheben, so wird er jetzt zum Symbol des Bekehrten. Die Deutung geschieht in zwei Zügen. Zunächst wird klargestellt, daß der „Herr", zu dem sich Mose wendet, das Freiheit verleihende Pneuma ist. Zweitens wird betont: Alle Christen stehen mit aufgedecktem Antlitz dem Herrn gegenüber. Alle wachsen in die Rolle des Mose hinein und werden in eine Doxa-Gestalt verwandelt[15].

3. Der dritte Abschnitt verläßt den Vergleich zwischen Mose und Paulus, altem und neuem Bund. Paulus greift jetzt direkt auf die Schöpfung als Analogie zurück. Durch eine stärkere Generalisierung und Verinnerlichung geht dieser Abschnitt über die vorhergehenden hinaus. Die Generalisierung liegt darin, daß nun nicht mehr Juden und Christen einander entgegengesetzt werden, sondern Ungläubige und Gläubige. Die Verinnerlichung besteht darin, daß nicht nur das κάλυμμα als Symbol für eine innere Realität interpretiert wird, sondern auch der Verwandlungsprozeß nach Beseitigung der Decke: Auch die Doxa, in die der Christ verwandelt wird, ist ein inneres Licht. In 3,18 war dagegen von objektiver Schau und Metamorphose die Rede. In 4,6 wird von einem inneren Prozeß gesprochen. Dort wo das Evangelium nicht verhüllt bleibt, geschieht eine innere Erleuchtung: Es strahlt ein Licht im Herzen auf. „Denn Gott, der sprach: Licht scheine aus der Finsternis, der hat in unseren Herzen Licht aufstrahlen lassen zur Erkenntnis der Herrlichkeit Gottes auf dem Angesichte Jesu Christi" (4,6). Die Entfernung der Decke über dem Herzen kann dann aber

---

2.Cor 3,18b καθάπερ ἀπὸ κυρίου πνεύματος, in: Neues Testament und Geschichte, FS O. Cullmann, Zürich 1972, 231–237, dort S. 235). 1. Die Aufnahme von Ex 34,34 läßt sich nur schwer bestreiten. Beim Gedanken an die Exoduspernikope muß jeder an Mose denken, zumal „Mose" im vorhergehenden Satz das einzige persönliche Subjekt ist, „umkehren" aber ein persönliches Subjekt voraussetzt. 2. Die andere Möglichkeit, daß καρδία Subjekt von V. 16 ist, dürfte unwahrscheinlich sein (gegen E. B. ALLO, 1.Cor, 92). Herzen werden wohl „bekehrt", aber sie erscheinen nicht als Subjekt von ἐπιστρέφειν (vgl. Lk 1,17 = Mal 3,24; 1.Kg 8,47; 18,37; 2.Chr 6,37). Oder man bekehrt sich mit dem Herzen (vgl. Mt 13,15 = Jes 6,10) oder von ganzem Herzen (1.Klem 8,3). 3. Ebenso unwahrscheinlich ist auch die Ergänzung von „Israel" als Subjekt (gegen H. WINDISCH, 2.Kor, 123; R. BULTMANN, 2.Kor, 92). Denn von Israel ist nur in der Pluralform „Söhne Israels" die Rede (2.Kor 3,7.13). Da noch in V. 15 von „ihren Herzen" (im Plural) die Rede ist, müßte man auch in V. 16 einen Plural erwarten.

[15] „Wir alle" meint ebenso wie in 2.Kor 5,10 alle Christen. Die Auslassung von „alle" in Pap 48 und einigen Vulgatahandschriften will die Aussage von 3,18 auf den Apostel beschränken und versteht das „Wir" im Sinne eines apostolischen Wir wie in 3,12 und 4,1. Zur Problematik vgl. M. CARREZ: Le ‚Nous' en 2 Corinthien, NTS 26 (1980) 474–486, bes. 476ff.

nichts anderes sein als die Erhellung einer Finsternis in uns. Bislang unbekannte und dunkle Bereiche des Inneren werden schlagartig erhellt. Die Verwandlung des Menschen – die Enthüllung des Antlitzes, das Sehen der Doxa, das Verwandeltwerden in die Eikon – all das geschieht in jenem Aufstrahlen eines Lichtes im Innern des Menschen.

Wir können noch einen Schritt weitergehen. Paulus spricht auf dem Hintergrund eigener Erfahrung. Das „Wir" in 2.Kor 4,5 ist eindeutig ein apostolisches Wir[16]. Paulus schließt sich zumindest mit ein. Das innere Lichtwerden kann sich dann aber nur auf seine Bekehrung beziehen. Damals fiel Paulus eine Decke vom Herzen. Damals entdeckte er eine dunkle Seite am Gesetz, die er bis dahin geleugnet hatte. Damals machte er eine Erfahrung, die er für repräsentativ hielt und im Laufe seiner Tätigkeit gedanklich entwickelte und bearbeitete. 2.Kor 4,5 ist keine Darstellung des Bekehrungsvorgangs, sondern will etwas Allgemeingültiges beschreiben, das in diesem Vorgang beschlossen war.

Wir kommen damit zu einer vorläufigen religionspsychologischen Hypothese: Die Decke ist Symbol einer Grenze zwischen Bewußtem und Unbewußtem. Der Text zeugt in seinen drei Teilen von einer fortschreitenden Verinnerlichung objektiver Realitäten zu Symbolen innerer Vorgänge. Im ersten Abschnitt werden Doxa und Decke noch objektiv verstanden; im zweiten wird die Decke zum Symbol einer inneren Grenze; im dritten die Doxa zum Symbol innerer Erleuchtung.

Bevor wir weitere Schlüsse ziehen, müssen wir nach alternativen Deutungsmöglichkeiten fragen. Das Motiv der Decke könnte z. B. auch durch die Situation bedingt sein. Wahrscheinlich hat man Paulus den Vorwurf gemacht, sein Evangelium sei verhüllt (4,3). Er stellt dazu fest: „Ist aber unser Evangelium auch verhüllt, so ist es (doch nur) bei denen verhüllt, die verlorengehen." Er spricht hier nicht allgemein vom Evangelium überhaupt, sondern von seinem Evangelium. Da er sich schon im vorhergehenden Satz gegen Vorwürfe wehren muß, die auch an anderen Stellen gut belegt sind[17], ist es wahrscheinlich, daß auch 4,3 Echo konkreter Vorwürfe ist[18].

---

[16] R. BULTMANN, 2.Kor, 111, bezieht ἔλαμψεν auf die Bekehrung des Paulus. Dächte Paulus jedoch ausschließlich an seine persönliche Bekehrung, so würde er eher von „unserem Herzen" als von „unseren Herzen" sprechen. Paulus schildert hier einen für alle Christen typischen Vorgang auf dem Hintergrund seines persönlichen Erlebens.

[17] Vgl. zum Stichwort πανουργία 1.Kor 3,19; 2.Kor 11,3; 12,6; zum Stichwort δόλος 1.Thess 2,3; 2.Kor 12,16.

[18] Es gibt drei Möglichkeiten polemisch-apologetischer Deutung von 2.Kor 4,3; 1. Die meisten Exegeten nehmen einen konkreten Vorwurf an, sei es, daß sein Evangelium der Form nach unverständlich sei, sei es, daß er wichtige Inhalte seiner Verkündigung nicht entfalte (vgl. den Überblick bei H. WINDISCH, 2.Kor, 134). 2. Hin und wieder wird erwogen, es könne sich um einen hypothetisch konstruierten Vorwurf handeln (so H.

2. Die Hülle des Mose (2.Kor 3)

Die Unsicherheit der Exegese ist auch darin begründet, daß wir die Gesamtsituation des Abschnittes 2,14–7,4 nicht klar vor Augen haben. Falls der 2.Kor eine literarische Einheit bildet, müßte man 2,14–7,4 als Teil eines Versöhnungsbriefes auffassen, d. h. als Echo auf die guten Nachrichten, die Titus aus Korinth gebracht hat (2.Kor 2,12f.; 7,5ff.). Tiefgehende Konflikte und Mißverständnisse wären dann überwunden. Alle polemischen Züge des 2.Kor wären ein milder Nachklang des Konfliktes[19].

Anderen dagegen scheint die polemische Stimmung in 2,14–7,4 so deutlich zu sein, daß sie diese Briefteile nicht als Bestandteil des Versöhnungsbriefes nach dem Konflikt ansehen, sondern in ihm und den letzten vier Kapiteln des 2.Kor Teile jenes in 2,4 erwähnten „Tränenbriefes" sehen, der auf dem Höhepunkt des Konflikts geschrieben wurde[20].

Wieder andere differenzieren zwischen den polemischen Anspielungen in 2,14–7,4 und den heftigen Attacken in Kap. 10–13. Unser Briefteil sei wegen des milderen Tones noch vor dem Höhepunkt des Konfliktes geschrieben, in einem Stadium, in dem Paulus wohl schon von Vorwürfen gegen sich gehört habe, sich aber über deren schwerwiegenden Charakter noch täusche[21].

Wie schwer muß es sein, einen Text adäquat zu verstehen, den man sowohl als Ausdruck eines kulminierenden Konflikts wie als Bestätigung der anschließenden Versöhnung hat verstehen können. Sicher können wir nur in einem sein: Der 2.Kor reflektiert in allen Teilen einen heftigen Konflikt, sei es als einen sich anbahnenden, sich zuspitzenden oder überwundenen Konflikt. Wir sind daher verpflichtet, mit der Möglichkeit konkreter Vorwürfe gegen Paulus zu rechnen.

Man hat viel herumgerätselt, worauf sich der Vorwurf des Verhülltseins beziehen könnte. Methodisch gibt es hier m. E. nur einen Weg, zu begründeten Annahmen zu kommen: Man muß aus dem bisherigen Wirken des Paulus in Korinth (also aus dem 1.Kor) historisch verständlich machen können, wie es zu diesem Vorwurf hat kommen können bzw. wie ein solcher Vorwurf in Korinth Resonanz finden konnte. Im 1.Kor stehen nun zwei Abschnitte, die so verstanden werden können, als sei einer Gruppe unter den Christen der Zugang zur vollen „Wahrheit" verschlossen. In 1.Kor 2,6–16 sind es die ‚Psychiker', in 1.Kor 11,3–16 die Frauen. Gegenüber beiden ist das Evangelium in der Tat „verhüllt".

WINDISCH, 2.Kor, 134). Dafür spricht, daß ein vergleichbarer Vorwurf sonst nirgendwo begegnet. 3. Unwahrscheinlich ist die dritte Möglichkeit: Die Gegner hätten sich gerühmt, daß ihr Evangelium verhüllt sei; Paulus greife sie deswegen an (gegen D. GEORGI: Die Gegner des Paulus im 2.Korintherbrief, WMANT 11, Neukirchen 1964, 209).

[19] Z.B. W.G. KÜMMEL: Einleitung in das Neue Testament, Heidelberg 1980 (20. Aufl.), 249–255. Zuletzt wurde die Einheit des 2.Kor. von N. HYLDAHL: Die Frage nach der literarischen Einheit des Zweiten Korintherbriefes, ZNW 64 (1973) 289–306, verteidigt.

[20] So z.B. PH. VIELHAUER: Geschichte der urchristlichen Literatur, Berlin 1975, 150–155.

[21] Vor allem G. BORNKAMM: Die Vorgeschichte des sogenannten Zweiten Korintherbriefes (1961), in: Ges. Aufsätze IV, München 1971, 162–194.

Paulus sagt von der Weisheit für Vollkommene, sie sei „verborgen". Die „verborgene Weisheit" von 1.Kor 2,7 und das „verhüllte Evangelium" von 2.Kor 4,3 erinnern aneinander[22]. Auch sonst gibt es Stichwortverbindungen zwischen beiden Texten. Wenn in 1.Kor 2,6ff. die Archonten dieser Welt dem Herrn der Herrlichkeit widerstehen, so entspricht dem in 2.Kor 4,4 der „Gott dieser Welt", der bei den Ungläubigen das Evangelium der Herrlichkeit nicht zum Zuge kommen läßt. Wenn in 1.Kor 2,6ff. die verborgene Weisheit Gottes bis in die Herzen der Menschen dringt, so ist es in 2.Kor 4,6 das göttliche Schöpfungslicht, das die Herzen der Menschen licht macht. All diese assoziativen Verbindungen weisen auf einen sachlichen Zusammenhang hin. In beiden Fällen handelt es sich um eine radikale Umstrukturierung und Erweiterung des Bewußtseins durch das Evangelium. In beiden Fällen werden dabei dämonische Widerstände überwunden, die von der „Welt" ausgehen. Zwischen beiden Texten könnte es darüber hinaus auch historische Zusammenhänge gegeben haben. Es wäre denkbar, daß die weisheitsstolzen Korinther über die Erklärung des Paulus verärgert waren, er hätte ihnen die vollkommene Weisheit wegen mangelnden Auffassungsvermögens vorenthalten. Sie könnten ihm vorgeworfen haben, sein Evangelium sei „verborgen"; das Wichtigste habe er zurückgehalten[23]. Und selbst wenn sie ihm diesen Vorwurf nicht direkt gemacht haben, so werden sie doch Verständnis für jeden Vorwurf in diese Richtung gehabt haben.

Das Stichwort vom „verhüllten Evangelium" könnte durch die Auseinandersetzung um die „Hülle" auf dem Kopf der Frau in die Diskussion gekommen sein. Paulus hat in 1.Kor 11 mit widersprüchlichen Argumenten die Kopfbedeckung der Frau als Zeichen ihrer Unterordnung unter den Mann zur Pflicht machen wollen, war dabei aber in Widerspruch zur Gleichstellung von Mann und Frau in Christus gekommen. Schon in 1.Kor 11,11 muß er einen Rückzieher machen: Im Herrn gebe es weder die Frau ohne Mann noch den Mann ohne Frau, was ihn jedoch nicht daran hindert, weiterhin auf der Kopfbedeckung zu insistieren. In 2.Kor 3,18 betont er dagegen: Wir alle stehen vor Gott mit unverhülltem Angesicht. Zwischen Mann und Frau wird nicht mehr differenziert. Selbst wenn Paulus es so nicht gemeint hat, so müssen einige in Korinth diese Aussage als völligen Rückzug von der in 1.Kor 11 vertretenen Position verstanden haben.

Es läßt sich also aus der Vorgeschichte von 2.Kor 3 verständlich

---

[22] Die Partizipien ἀποκεκρυμμένην und κεκαλυμμένον sind sinnverwandt; vgl. den Wechsel von κεκαλυμμένον und κρυπτόν in Mt 10,26.
[23] So H. WINDISCH, 2.Kor, 134, als Möglichkeit.

machen, wie es zu dem Vorwurf vom „verhüllten Evangelium" gekommen sein könnte; mit großer Wahrscheinlichkeit aber läßt sich feststellen, warum dieser Vorwurf so große Resonanz hat finden können, daß sich Paulus mit ihm auseinandersetzen mußte. 1.Kor 2,6ff. und 11,3ff. haben dabei direkt oder indirekt eine wichtige Rolle gespielt. Das Motiv von der „Hülle des Mose" ist in der historischen Situation verankert. Schließt das seine religionspsychologische Deutung aus? Keineswegs! 1.Kor 2,6ff. und 11,3ff. sind nämlich ohne psychologische Analyse nicht zu verstehen. Beide Texte sollen daher später noch ausführlich untersucht werden. Im Vorgriff auf diese Untersuchungen sei schon jetzt festgestellt: Wenn die hinter dem Motiv der „Hülle" stehende Polemik selbst eine psychologische Dimension hat, kann die polemische Deutung des Motivs kaum Alternative zu seiner psychologischen Auswertung sein. Vielmehr dient die psychologische Analyse zur Erhellung des historischen Kontextes, und die Untersuchung der historischen Situation führt, konsequent durchgeführt, zur psychologischen Analyse.

II. Traditionsanalyse

Als weitere Alternative zur religionspsychologischen Deutung könnte die traditionsgeschichtliche Ableitung des Motivs von der Mosehülle ins Spiel gebracht werden: Paulus legt in 2.Kor 3 das Alte Testament aus. Möglicherweise ist er von einem traditionellen Mosebild abhängig. Aber auch hier bilden religionspsychologische Analysen und traditionelle exegetische Methoden keine Alternativen. Sofern Paulus eine von ihm aufgegriffene Tradition auf seine Situation anwendet, kann man fragen, nach welchen lerntheoretischen Prinzipien die Tradition Erleben und Verhalten bestimmt und zu einer kognitiven Strukturierung der Situation führt. Sofern Paulus aber die Tradition umprägt, wird man fragen, welche psychische Dynamik hinter der Umdeutung alttestamentlicher Texte steht und wodurch deren kognitive Umstrukturierung in der „Exegese" des Paulus bedingt ist. Psychologie und Traditionsgeschichte sind aufeinander angewiesen.

A. Die Exegese von Ex 34,29–35 in 2.Kor 3

In der LXX lautet die Perikope Ex 34,29–35 in deutscher Übersetzung:

„Als aber Mose vom Berg herabstieg, da waren die beiden Tafeln in Moses Händen. Als er aber vom Berg herabstieg, wußte Mose nicht, daß das Aussehen seiner Gesichtshaut strahlend geworden war, als er (Gott) mit ihm redete. Und

Aaron und die Ältesten Israels sahen Mose, und das Aussehen seiner Gesichtshaut war strahlend geworden, und sie fürchteten sich, ihm zu nahen. Und Mose rief sie heran, da wandten Aaron und alle Obersten der Gemeinde sich zu Mose, und Mose redete zu ihnen. Danach traten alle Israeliten zu ihm heran, und er gebot ihnen alles, was der Herr auf dem Berg Sinai zu ihm gesagt hatte. Und nachdem er aufgehört hatte, zu ihnen zu sprechen, legte er eine Hülle auf sein Gesicht. Sooft aber Mose hineinging vor den Herrn, um mit ihm zu reden, legte er die Hülle ab, bis er wieder herauskam. Und wenn er herauskam, sagte er allen Israeliten alles, was ihm der Herr geboten hatte. Dann sahen die Israeliten, daß das Gesicht des Mose strahlend geworden war. Und Mose legte eine Hülle über sein Gesicht, bis er hineinging, mit ihm zu reden."

Die ursprüngliche Erzählung ist wahrscheinlich Aitiologie von Priestermasken, wie sie aus der Umwelt des Alten Testaments bekannt sind, im Alten Testament selbst aber nicht begegnen. Der Priester nimmt mit Hilfe solcher Masken das Gesicht seiner Gottheit an und identifiziert sich mit ihr[24]. Eine solche Funktion kann die Maske in unserem Text jedoch nicht haben. Denn gerade dann, wenn Mose sich mit dem Willen der Gottheit identifiziert und als deren Stellvertreter die Gebote verkündet, nimmt er die Hülle ab; und ebenso, wenn er sich direkt der Gottheit nähert, um die Gebote zu empfangen. Die Hülle bedeckt nur dann sein Haupt, wenn er nicht als Vermittler zwischen Gott und Volk tätig ist. Zwischen den Zeilen ist zu lesen, daß die Hülle die Furcht der Israeliten vor dem göttlichen Glanz dämpfen soll. Das aber heißt: Nicht die Identifikation mit der Gottheit, sondern die Distanz zu ihr wird mit dem Motiv der Hülle zum Ausdruck gebracht.

Paulus deutet sowohl das Auflegen der Hülle wie ihre Entfernung um. Ehe man hier willkürliche Uminterpretationen annimmt, ist zu fragen, ob scharfsinnige exegetische Kunst nicht tatsächlich aus dem Text herauslesen kann, was Paulus in ihn hineinliest.

Zentraler Punkt der paulinischen Deutung ist die Annahme, der Strahlenglanz des Mose sei vergänglich. Dreimal hebt Paulus diese Vergänglichkeit hervor (2.Kor 3,9.11.14). Und nur wegen dieser Vergänglichkeit der Doxa gerät die Hülle des Mose ins Zwielicht, als läge ihr eine betrügerische Absicht zugrunde. Nun ist in Ex 34 zweimal davon die Rede, daß Mose verherrlicht wurde. Das erste δεδόξασται steht in V. 29f., das zweite in V. 35. Das erstemal wird Mose beim einmaligen Empfang der Gebote verherrlicht, das zweitemal handelt es sich um eine verallgemeinernde Feststellung: „Sooft aber Mose hineinging vor den Herrn, um mit ihm zu reden, legte er die Hülle ab, bis er wieder herauskam..." (Ex 34.34ff.). Mose wird also oft „verherrlicht".

---

[24] Vgl. M. NOTH: Das zweite Buch Mose, ATD 5, Göttingen 1965, 220; B. S. CHILDS: Exodus, London 1974, 609f., 617–19; 620–24.

Will man nicht eine ständige Vermehrung des Strahlenglanzes bei jeder unmittelbaren Begegnung mit Gott annehmen, so liegt folgende Auffassung nahe: Bei jeder Begegnung wurde der Strahlenglanz erneuert und aufgefrischt. Dann aber ist der Schluß zwingend, daß er nach jeder Begegnung allmählich verblaßte und in vollem Umfang nur vorhanden war, wenn Mose unmittelbar von Gott kam: Wenn er die eben empfangene Offenbarung weitergab, umstrahlte ihn die volle Aura göttlichen Lichts. Erst danach legte er die Hülle auf – also zu einer Zeit, als der Strahlenglanz abzunehmen begann. Freilich sei unterstrichen: All das steht nicht in Ex 34, und es läßt sich auch keine entsprechende Deutungstradition nachweisen. Jedoch ist es wahrscheinlich, daß ein intelligenter Exeget wie Paulus dergleichen zwischen den Zeilen des Textes lesen konnte[25]. Man muß freilich schon ein eigentümlich gebrochenes Verhältnis zu Mose haben, um seinen Glanz als vergänglich anzusehen und der Hülle betrügerische Absicht zu unterstellen.

Paulus gibt weiterhin der Entfernung der Decke einen neuen Sinn. Schon das LXX-Zitat in 2.Kor 3,16 läßt sich auf keine bekannte Textform zurückführen[26].

LXX Ex 34,34
ἡνίκα δ'ἂν εἰσεπορεύετο Μωυσῆς
ἔναντι κυρίου λαλεῖν αὐτῷ
περιῃρεῖτο τὸ κάλυμμα
ἕως τοῦ ἐκπορεύεσθαι

2.Kor 3,16
ἡνίκα δε ἐὰν ἐπιστρέψῃ
πρὸς κύριον
περιαιρεῖται τὸ κάλυμμα

Paulus ändert 1. das konkret vorgestellte „Hineingehen" in ein Sich-Bekehren (vgl. ἐπιστρέφειν in 1.Thess 1,9; Gal 4,9). Er ändert 2. die Tempora: Aus dem erzählenden (iterativen) Imperfekt wird eine Verheißung, teils durch Setzung des Konjunktiv Aorists ἐπιστρέψῃ (mit eventualem Sinn), teils durch Setzung des Futurs περιαιρεῖται.

---

[25] Richtig m.E. M. D. HOOKER, Beyond the Things, 300: Sie nennt die Doxa des Mose „a glory which is presumably renewed when he speaks with God, and which could therefore will be understood – though Exodus does not say so – to fade at other times". Anders B. S. CHILDS, Exodus, 621f.: Da Paulus die Vergänglichkeit der Doxa nicht begründet, ist diese Deutung den Lesern schon bekannt und basiert auf Tradition. Da Mose sonst kein strahlendes Antlitz hat, lag der Schluß nahe, daß sein Glanz vergänglich war.

[26] I. HERMANN: Kyrios und Pneuma, StANT 2, München 1961, 39, bestreitet zu Unrecht, daß hier ein Zitat vorliegt. 1. Das klassische ἡνίκα ἂν kommt nur hier im NT vor, was sich am besten durch LXX-Einfluß erklären würde (vgl. Blass–Debrunner–Rehkopf, § 105). 2. Sofern V. 17 als Auslegung verstanden werden darf, wäre V. 16 der auszulegende Text. Zum Problem vgl. J. D. G. DUNN: 2.Corinthians III.17 – ‚The Lord is the Spirit', JThSt 21 (1970) 309–320, bes. 314ff.

Schließlich kürzt er 3. den Text, so daß konkrete Umstände zurücktreten: Er läßt das explizite Subjekt „Mose" weg und kann als Ziel der „Bekehrung" ebensowenig das „Sprechen mit Gott" gebrauchen wie die zeitliche Begrenzung der Enthüllung (ἕως τοῦ ἐκπορεύεσθαι). Es ist müßig, nach einer alttestamentlichen Version zu fahnden, in der dieser oder jener Zug schon vorhanden war[27]. Die Kürzungen wären textgeschichtlich nicht erklärbar. Paulus ändert den Text. Das gilt erst recht vom Sinn, den er dem Text in der anschließenden Deutung zuschreibt. Hier setzt er den „Herrn" mit dem „Geist" gleich. Dabei liegt mehr als eine exegetische Gleichsetzung vor, d.h. eine Deutung des im Text erwähnten „Herrn" als Geist. Dann nämlich wäre wie in Gal 4,25 ein τό zu erwarten: Das Wort „Herr" meine den Geist. Vielmehr wird hier eine von vornherein feststehende Gleichsetzung von Herr und Geist in den Text hineingelegt, ohne daß dafür im Text ein Anhalt zu finden ist[28].

Es kann kein Zweifel sein: Die Deutung des alttestamentlichen Textes läßt sich nur als projektiver Vorgang begreifen. Eine Erzählung zur Verherrlichung des Mose wird zu einer Polemik gegen das Gesetz „umfunktioniert". Paulus tut dem Text objektiv Gewalt an. Muß man deshalb urteilen: „Da ... ein Gedächtnisirrtum des bibelkundigen Apostels nicht möglich ist, ist man zur Annahme einer *bewußten* Umdeutung des alttestamentlichen Textes genötigt"?[29] Kann man Paulus im Ernst eine bewußte Manipulation der Schrift unterstellen, ihm, der die Schrift mit gottheitlichen Prädikaten auszeichnet (Gal 3,8; 3,22)? Der alle wichtigen theologischen Gedanken aus der Schrift begründet? Für den die Schrift nach wie vor die entscheidende Legitimationsbasis bei der Entfaltung seiner Theologie ist? Müssen wir nicht bis zum Beweis des Gegenteils mit einer unbewußten Umdeutung der Schrift rechnen, die objektiv wohl eine exegetische Fehlleistung, subjektiv jedoch eine stimmige Deutung war. Eine solche objektive Fehlleistung wäre freilich nur erklärbar, wenn hinter ihr eine gewaltige psychische Dynamik steht, ein

---

[27] H. WINDISCH, 2.Kor, 123, vermutet eine Textfassung, in der „Mose" als Subjekt gefehlt und ἐπιστρέφειν gestanden habe.
[28] Mit κύριος in V. 16 ist Christus gemeint (vgl. I. HERMANN, Kyrios, 17–57): 1. Eine Bekehrung des Mose zum Monotheismus (also zum Kyrios = Gott) wäre unsinnig. 2. In informellen alttestamentlichen Zitaten ohne Zitationsformel bedeutet Kyrios hin und wieder Christus; vgl. Phil 2,11; Röm 10,13; 1.Kor 1,31; 2,16. 3. Paulus hat vorher behauptet, die Decke werde in „Christus" beseitigt; jetzt bringt er den Schriftbeleg dafür. 4. Im nachfolgenden Kontext (V. 18) ist Kyrios ziemlich sicher Christus, da der Begriff εἰκών in 3,18 und 4,4 auf Christus zu beziehen ist. 5. Das Stichwort ἐλευθερία weist auf den Geist des Sohnes (Gal 4,6.22ff.), also auf Christus als Vermittler der ἐλευθερία.
[29] PH. VIELHAUER: Paulus und das Alte Testament, in: Oikodome, Aufsätze zum Neuen Testament 2, ThB 65, München 1979, 196–288, S. 212.

Engagement, das nicht mehr zu Objektivität fähig ist, sondern alles im Lichte einer beherrschenden Erfahrung sieht.

B. Mosetraditionen

Es läge nun nahe, gleich mit der religionspsychologischen Auswertung zu beginnen. Jedoch müssen wir noch die Möglichkeit diskutieren, daß Paulus Ex 34 im Lichte einer ihm vorgegebenen Mosetradition liest. Die Umdeutung des Textes wäre dann nicht ihm, sondern einer exegetischen Tradition zuzuschreiben.

Die These einer vorpaulinischen Mosetradition wird mit geringfügigen Variationen von S. SCHULZ und D. GEORGI vertreten[30]. Beide wollen aus dem vorliegenden Text eine Vorlage rekonstruieren, in der Mose positiv bewertet wurde, die aber von Paulus kritisch kommentiert wurde. Diese Vorlage schreiben beide den Gegnern des Paulus in Korinth zu. Diese hätten sich auf Mose berufen. Paulus bemühe sich nun darum, durch Kritik an Mose seine Gegner zu treffen. Diese These kann freilich nicht überzeugen. Angenommen, die korinthischen Gegner hätten sich positiv auf Mose und Ex 34 berufen – hätte Paulus sie und ihre Anhänger überzeugen können, indem er die Haupttexte ihrer Theologie gewaltsam uminterpretierte? Hätte er sich nicht erst recht dem Vorwurf ausgesetzt, er verfälsche das Wort Gottes? Er verdrehe die Schrift? Die Ungerechtigkeit, die Paulus dem alttestamentlichen Text widerfahren läßt, hätte ihn kompromittiert. Es wird vielmehr umgekehrt gewesen sein: Paulus kann sich die gewaltsame Umdeutung des alttestamentlichen Textes erlauben, weil er von vornherein sicher ist, daß auch die Korinther sich vom Alten Testament distanziert wissen. Jede Abendmahlsfeier schärfte ihnen das Bewußtsein ein: Wir gehören zum Neuen Bund (vgl. 1.Kor 11,25). Es gehörte zu ihrem Selbstverständnis, nicht mehr dem Alten Bund des Mose, sondern dem Neuen Bund Christi anzugehören. Daher kann Paulus ihnen gegenüber den Alten Bund negativ als „Dienst des Todes" und der „Verurteilung" bewerten, ohne

---

[30] Grundsätzlich lassen sich drei Positionen unterscheiden: 1. Hinter 2.Kor 3 wird eine literarisch formulierte Mosetradition postuliert (so S. SCHULZ, Decke, 1–30) oder bis ins einzelne rekonstruiert (so D. GEORGI, Gegner, 274–282). Paulus habe diese Tradition kritisch kommentiert und an die Korinther zurückgeschickt. 2. Die Annahme, Paulus kritisiere eine in Korinth vorfindliche Moseverehrung, ist jedoch nicht unbedingt an die Annahme einer Paulus vorliegenden festen Tradition gebunden. Vgl. M. RISSI: Studien zum zweiten Korintherbrief, AThANT 56, Zürich 1969, 13–41; J. F. COLLANGE: Énigmes de la deuxième epître de Paul aux Corinthiens, SNTS Mon.Ser. 18, Cambridge 1972. 3. C. J. A. HICKLING: The Sequence of Thought in II.Corinthians, Chapter Three, NTS 21 (1975) 380–395, nimmt keine Auseinandersetzung mit einer anderen Theologie an, sondern nur Verteidigung gegen persönliche Vorwürfe.

zu begründen, worin Tod und Verurteilung bestehen. Paulus mobilisiert also schon vorhandene Abgrenzungstendenzen gegenüber dem Alten Bund bei den Korinthern. Daß er eine bei seinen Gegnern und in der Gemeinde vorhandene Moseverehrung bekämpft, ist unwahrscheinlich. Sein Angriff wäre auf ihn selbst zurückgefallen.

Dennoch geht die These von S. SCHULZ und D. GEORGI von einem richtig beobachteten Sachverhalt aus, der eine Erklärung erfordert. Paulus urteilt in 2.Kor 3 in auffallend ambivalenter Weise über Mose. Einerseits wird ihm göttliche Doxa zugeschrieben und er wird zum Typos des Gläubigen, wenn er unverhüllten Angesichts vor Gott tritt[31]. Andererseits wird der Neue Bund in schroffer Antithese zu Mose gesehen. Der Decke des Mose wird eine betrügerische Funktion zugeschrieben. Wie ist diese Ambivalenz gegenüber der Mosegestalt zu erklären? S. SCHULZ und D. GEORGI könnten hier etwas Zutreffendes erkannt haben. Hinter dem jetzt vorliegenden Text wird eine andere Einstellung zu Mose sichtbar. Es dürfte jedoch nicht die Einstellung der Gegner des Paulus in Korinth gewesen sein. Sehr viel näherliegend ist die Annahme, daß es sich um jene Einstellung handelt, die Paulus selbst einmal gegenüber Mose hatte. Paulus polemisiert nicht gegen eine bei seinen Adressaten vorhandene Moseverehrung, sondern korrigiert seine eigene Verehrung des Mose. Vor seiner Bekehrung hat er Ex 34 in ganz anderer Weise verstanden. Dann aber ging ihm ein Licht auf. Die Decke fiel von seinem Herzen. Mose wurde „entlarvt", ohne daß die Bindung an ihn jemals völlig aufgegeben wurde. Vielmehr deutet Paulus ihn sogar als Typos des Bekehrten. Da Paulus die Entfernung der „Hülle" in 2.Kor 4,6 indirekt mit seiner Bekehrung in Beziehung bringt, hat unsere Vermutung von vornherein eine gewisse Wahrscheinlichkeit für sich. Wie aber läßt sie sich methodisch absichern? Es gibt hier zwei Wege. Erstens müssen im Text alle über die alttestamentliche Vorlage hinausgehenden Elemente gesucht werden, die unmöglich aufgrund einer christlichen Deutung von Ex 34 in den Text hineingekommen sind. Zweitens müssen im zeitgenössischen Judentum Traditionen nachgewiesen werden, von denen her sich die vermuteten nichtchristlichen Deutungselemente und Deutungstendenzen erklären lassen.

1. Rückschlüsse aus dem Text: Die Exegese von Ex 34 in 2.Kor 3 enthält einige Spannungen, die darauf deuten, daß ursprünglich alles auf eine Verherrlichung des Mose zielte. Alles was über die Herrlichkeit des Neuen Bundes gesagt wird, ist von einer nach wie vor vorausgesetz-

---

[31] Nach S. SCHULZ, Decke, 21, ist Mose in der judenchristlichen Tradition „der erste Christ". B. S. CHILDS, Exodus, 624: „Moses is therefore an agent of both the old and the new."

ten positiven Wertung des Mose abhängig. Wenn nämlich die Verhüllung des Mose wegen der großen göttlichen Doxa notwendig wurde, so könnte die fehlende Verhüllung in der christlichen Gemeinde folgerichtig auf fehlende Doxa zurückgeführt werden; anders gesagt: Wenn die Doxa des Neuen Bundes die Herrlichkeit des Mose übertrifft, so müßte diese Doxa erst recht verborgen werden. Aber Paulus liegt alles an der Behauptung, die Doxa des Neuen Bundes sei unverhüllt. Diese positive Wertung des Unverhülltseins kann nur durch eine nach wie vor bestehende Identifikation mit der Mosegestalt erklärt werden. Mose ist in Gottes Gegenwart und als Vermittler seiner Offenbarung unverhüllt. Seine Herrlichkeit ist „abgestuft": In der Öffentlichkeit muß sie verhüllt werden; vor Gott ist sie unverborgen. Paulus übernimmt dieses Stufenschema, demzufolge Verhülltsein der niedrigen Stufe zukommt, Enthülltsein jedoch der höheren Stufe. Aber er verteilt diese Stufen nicht mehr auf verschiedene Funktionen und Erscheinungsweisen des Mose, sondern projiziert in sie den Gegensatz von Altem und Neuen Bund hinein. Das hinter 3,7 ff. sichtbar werdende gradualistische Stufenschema hätte dann ursprünglich folgender Aussage gedient: Wenn schon der öffentliche Dienst des Mose herrlich war – so herrlich, daß eine Hülle den göttlichen Glanz verbergen mußte –, um wie viel herrlicher ist erst der Dienst des Mose in der unmittelbaren Nähe Gottes. Hinter einem exoterischen Judentum wird hier ein esoterisches sichtbar, hinter dem verhüllten Glanz die unverborgene Doxa, hinter einer unvollkommenen Vorstufe eine Vollendung: eine unmittelbare Schau der Gottheit, wie sie die Mysterien, aber auch apokalyptische Thronsaalvisionen[32] verheißen. Paulus setzt also möglicherweise eine Deutung von Ex 34 voraus, in der Mose als Vermittler der wahren Gottesschau gesehen wird, die über das hinaus geht, was allen zugänglich ist. Die zwei Stufen, die einmal beide von Mose repräsentiert wurden, werden nun umgedeutet: Mose wird ganz auf die Vorstufe beschränkt. Christus aber vermittelt die wahre Gottesschau. Mose muß sich zum Herrn bekehren, will er an dieser Gottesschau teilnehmen. Ein gradualistisches mit Mose verbundenes Stufenschema wird so durch das antithetische Schema Mose–Christus überlagert. Wohlgemerkt, dies ist eine Vermutung. Sie gewönne dann an historischer Wahrscheinlichkeit, wenn wir im zeitgenössischen Judentum eine Deutung des Mose nachweisen könnten, in der Mose auf dem Sinai eine höhere Stufe des Glaubens repräsentiert.

2. Rückschlüsse aus Parallelen. Solch ein Mosebild läßt sich in der Tat nachweisen. Bei Philo ist Mose Myste und Hierophant der wahren

---

[32] Auch Paulus kennt mystische Erfahrungen: Er wurde bis in den dritten Himmel entrückt (2.Kor 12,1 ff.).

Mysterien. Das Alte Testament wird mit der Terminologie eines Kultmysteriums gedeutet, das neben einer exoterischen Seite auch einen esoterischen Inhalt hat. Das Mosebild des Philo enthält drei Züge, die wir auch hinter 2.Kor 3 ahnen können: (a) ein gradualistisches Stufenschema von unvollkommener und vollkommener Gotteserkenntnis, (b) die Vorstellung von der Verwandlung des Mose durch die Gottesschau, (c) die Unterscheidung zweier Menschengruppen.

a) Das gradualistische Stufenschema[33]. In leg all III,100–102 unterscheidet Philo zwei Formen der Gotteserkenntnis. Die niedere Stufe schließt aus der Schöpfung auf Gott zurück, die höhere Stufe aber gelangt zu unmittelbarer Gottesschau. Die niedere Stufe wird durch Bezaleel repräsentiert, der Zelt und Lade nach göttlichen Urbildern anfertigt (vgl. Ex 25,40; 31,1ff.). Die höhere Stufe repräsentiert Mose:

„Es gibt aber noch eine vollkommenere und reinere Geistesrichtung, die in die großen Geheimnisse eingeweiht ist: diese erkennt nicht aus den gewordenen Dingen die Ursache, wie aus dem Schatten das Bleibende (τὸ μένον), sie erhebt sich vielmehr über das Gewordene und empfängt einen deutlichen Eindruck von dem Ungewordenen, so daß sie durch diesen sowohl ihn selbst wie seinen Schatten, das heißt den Logos und diese Welt begreifen kann. Von solcher Art ist Mose, denn spricht: ‚Offenbare dich mir selbst, daß ich dich erkennend sehe' (Ex 33,13), das heißt: Offenbare dich mir nicht durch Himmel, Erde, Wasser, Luft und überhaupt etwas Erschaffenes: ich möchte auch nicht dein Bild in irgend etwas anderem widergespiegelt sehen als in dir, der Gottheit ... Deswegen ruft Gott den Mose hinauf und spricht zu ihm. Auch den Bezaleel beruft er, aber doch nicht in gleicher Weise, sondern jenen, der den Begriff von Gott von dem Schöpfer selbst empfängt, anders als diesen, der aus dem Schatten, aus dem Gewordenen, den Baumeister durch Schlußfolgerung zu erkennen sucht." (leg all III, 100–102)

Diese vollkommene Gotteserkenntnis wird nun als „Mysterium" dargestellt, dessen Hierophant Mose ist. Wenn Mose ins „Zelt der Zusammenkunft" geht (Ex 33,7ff.), so wird er in die heiligen Mysterien eingeweiht[34]:

---

[33] Die wichtigsten Texte sind Philo all III,100ff.; QuEx II,40ff.; vitMos II,69f.; post 13ff.; vitMos I,158; gig 54; vgl. zu ihnen J. PASCHER: Η βασιλικη οδος. Der Königsweg zur Wiedergeburt und Vergottung bei Philon von Alexandreia, Paderborn 1931, 238ff., der aus diesen und anderen Texten wohl zu Unrecht ein Mysterienritual rekonstruieren will.

[34] Die Mysteriensprache ist (gegen J. PASCHER, s. Anm. 33) nicht als Hinweis auf einen realen Mysterienkult zu deuten, sondern eher als ein literarisches Phänomen; vgl. A. WLOSOK: Laktanz und die philosophische Gnosis, Heidelberg 1960, 48–114, bes. S. 69ff.: Mysterienhafte Vorstellungen erscheinen vom Kult gelöst und sind eben dadurch „für die religiöse Spekulation frei geworden, und das bedeutet zugleich, daß sie literarisch werden" (S. 113).

Mose „geht in die Finsternis, den unsichtbaren Raum hinein und bleibt daselbst und wird in die heiligsten Mysterien eingeweiht. Er wird aber nicht nur Myste, sondern auch Hierophant der heiligsten Begehungen und Lehrer der göttlichen Dinge, die er denen, deren Ohren rein geworden sind, auslegen wird". (gig 54 zu Ex 33,7)

b) Die Verwandlung des Mose durch die Gottesschau: Das Motiv des Hineingehens zu Gott findet sich nicht nur in Ex 33,8, sondern auch in Ex 34,29ff., d.h. jener Perikope, die Paulus in 2.Kor 3,6ff. auslegt. Der LXX-Text spricht an beiden Stellen in derselben Formulierung vom „Hineingehen des Mose": ἡνίκα δ'ἂν εἰσεπορεύετο Μωυσῆς (Ex 33,8 = 34,34). Wir dürfen daher annehmen, daß Philo beide Perikopen in demselben Sinne verstanden hat: als Hinweis auf ein göttliches Mysterium, in das Mose einführt. Tatsächlich wertet Philo in vit Mos II,69ff. Ex 24 als Beleg für die unmittelbare Gottesschau des Mose. Er legt dabei jedoch den Akzent weniger auf das Erkennen Gottes als auf die durch Gottesschau bewirkte wunderbare Verwandlung:

„Offenbar fand er bessere Speise in dem Schauen (Gottes), durch die er von oben, vom Himmel herab begeistert und zuerst geistig, dann aber unter der Einwirkung der Seele auch körperlich veredelt wurde ... Als er nämlich auf göttlichen Befehl auf den höchsten und heiligsten Berg der Umgebung hinaufstieg, ... soll er bis zu der erwähnten Zahl von Tagen dort geblieben sein, ohne irgend etwas von notwendigster Nahrung zu sich zu nehmen. Vierzig Tage später, wie erwähnt, stieg er hinab, viel schöner anzuschauen, als da er emporgestiegen war, so daß, die ihn sahen, ihn voller Verwunderung anstaunten und ihre Augen den Anblick des sonnenartigen Glanzes, den er ausstrahlte, nicht längere Zeit auszuhalten vermochten." (vit Mos II,69f.)

Im Exoduskommentar wird diese Verwandlung des Mose ausdrücklich als Vergottung dargestellt: transmutatur in divinum, ita ut fiat deo cognatus vereque divinus (Qu II 29 zu Ex 24).

c) Zwei Menschenklassen: Was Mose widerfährt, geschieht ihm exemplarisch; denn nicht nur Mose wird auf den Berg gerufen. Der Aufstieg des Mose kann symbolisch das Aufsteigen eines jeden Menschen bedeuten:

„Deshalb heißt es in den Gottessprüchen von den unersättlich nach Weisheit und Erkenntnis Strebenden, daß sie ‚emporgerufen' wurden; denn zu dem Göttlichen gerufen werden, dürfen die von seinem Pneuma Erfüllten ..." (plant 23)

Im darauffolgenden Kontext wird das mit dem Aufstieg des Mose begründet:

„Daher wird Mose, der Hüter und Wächter des Weihedienstes des Seienden emporgerufen, denn es heißt im Buch Leviticus (1,1): ‚Er rief den Mose empor'" (plant 26)

Den in die wahren Mysterien Eingeweihten stehen aber die anderen gegenüber: Nach heres 76 gibt es auf der einen Seite die Sehenden und zum Himmel Aufblickenden, auf der anderen Seite das „blinde Geschlecht der gewöhnlichen Menschen, das zu sehen glaubt, aber verblendet ist" (ὃ βλέπειν δοκοῦν πεπήρωται), ein Geschlecht, welches das Böse statt des Guten, das Ungerechte statt des Gerechten und das Vergängliche statt des Unvergänglichen gewählt hat[35].

Stellt man die drei skizzierten Analogien im Mosebild des Philo und im Mosebild des Paulus zusammen, so ist die Parallelität unverkennbar:

Philo

Das Hineingehen zum Herrn ist vollkommene Gotteserkenntnis, die von unvollkommener indirekter Gotteserkenntnis zu unterscheiden ist.

Die Gottesschau bewirkt bei Mose Verwandlung und Vergottung.

Die von der Gottesschau Ausgeschlossenen sind verstockt (πεπήρωται).

Paulus

Die Bekehrung zum Herrn ist vollkommene Gotteserkenntnis, die von verhüllter Gotteserkenntnis zu unterscheiden ist.

Das Schauen des Herrn bewirkt Verwandlung in die Doxa und das Ebenbild des Herrn.

Die nicht vom Evangelium verwandelten Hörer sind verstockt (ἐπωρώθη).

Der Vergleich soll nicht zu dem vorschnellen Schluß verleiten, Paulus setze eben jene Mosedeutung voraus, die bei Philo belegt ist. Die philonischen Parallelen sichern nur die allgemeine historische Möglichkeit, daß es im hellenistischen Judentum eine Mosedeutung gab, in der die verwandelnde Gottesschau auf dem Sinai eine besondere Rolle spielte. Dies Mosebild zeigt in seiner bei Philo vorliegenden Variante drei Elemente, die auch hinter 2.Kor 3 sichtbar sind: ein gradualistisches Stufenschema, Verwandlung durch Gottesschau, Gegensatz zu den Verstockten. Nur eins findet sich nicht bei Philo: das Motiv der Decke. Nur indirekt spielt er auf sie an, wenn er betont, daß die Israeliten den Anblick des vergöttlichten Mose nicht ertragen konnten. Da wir auch sonst keine Belege dafür haben, daß die Decke des Mose in der jüdischen Exegese von größerer Bedeutung war[36], liegt die Vermutung nahe, erst Paulus habe dies Motiv in den Vordergrund gerückt. Mit Hilfe dieses Motivs kann er seine interpretatio christiana durchführen: Was Philo Mose zuschreibt – die Vermittlung wahrer Gotteserkenntnis,

---

[35] Weitere Belege für zwei Menschenklassen: heres 57; all III,104; immut 142ff.
[36] Vgl. P. BILLERBECK: Kommentar zum Neuen Testament aus Talmud und Midrasch III, München 1926, 516: „In der altrabbinischen Literatur ist uns keine Stelle begegnet, in der auf die ‚Decke Moses' Ex 34,33ff. Bezug genommen würde."

das wird bei Paulus Christus zuerkannt. Mose wird durch Christus ersetzt. Mose hat sich durch das Auflegen der Decke selbst entwertet. Halten wir als Ergebnis fest: 1. Hinter 2.Kor 3,6–18 schimmert eine positive Moseauffassung durch, in welcher der öffentliche Dienst Moses seinem Dienst unmittelbar vor Gott gegenübergestellt wurde. 2. Im zeitgenössischen Judentum finden wir bei Philo ein Mosebild, das in eine ähnliche Richtung weist. 3. Paulus sagt von sich selbst, daß bei seiner Bekehrung ein Licht aufleuchtete, das die Decke entfernte – jene Decke, die bei seinen jüdischen Zeitgenossen noch immer über dem Herzen liegt. Aus diesen drei Beobachtungen läßt sich folgender Schluß ziehen: Was Paulus allgemein von den Juden sagt, schließt logisch den Juden Paulus ein und basiert psychologisch auf dessen Erfahrung. Paulus bearbeitet in diesem Text auf allgemeingültige Weise seine eigene Täuschung durch den Strahlenglanz des Mose. Er selbst suchte einmal die wahre Gotteserkenntnis bei Mose. Er selbst wußte sich dadurch anderen irrenden Menschen überlegen. Er verstand sich als „Licht derer, die in der Finsternis sind" (Röm 2,19) und sah in Mose die „Verkörperung der Erkenntnis und der Wahrheit" (Röm 2,20). Aber an die Stelle des Mose trat Christus. Im Lichte der Christusoffenbarung wertet er Mose radikal um. Die Hülle, die ihm einmal Hinweis auf den alles andere übersteigenden unmittelbaren Gottesdienst des Mose war, wird ihm zum Symbol des Betrugs und der Täuschung. Paulus korrigiert sein eigenes vorchristliches Mosebild – nicht das seiner Gegner.

Es entspricht freilich der Natur der Sache, daß wir auf diesem Feld nicht über begründete Vermutungen hinauskommen. Gesetzt unsere Vermutung ist richtig, so ergibt sich für die religionspsychologische Auswertung des Textes: Die Umdeutung des Mose beruht nicht auf Tradition. Im Gegenteil, Paulus projiziert nicht nur seine Theologie in alttestamentliche Texte hinein, er korrigiert auch ein traditionelles Mosebild, das er selbst einmal geteilt hat. Hier liegt eine weitgehende Umstrukturierung des Wahrnehmungsfeldes vor, die man kaum verstehen kann, wenn man nicht mit einer tiefverwurzelten psychischen Dynamik rechnet, welche den Projektionen des Paulus ihre Stimmigkeit und Evidenz verlieh.

III. Psychologische Analyse

A. Lerntheoretische Aspekte: Mose als Modell

Paulus interpretiert in 2.Kor 3 das zentrale symbolische Modell des Judentums: die Gestalt des Mose. Sie war schon in vorchristlicher Zeit seine Bezugsperson gewesen, ist aber noch für den christlichen Apostel Bezugspunkt seines Selbstverständnisses, und zwar nicht nur in negativer Hinsicht. Denn Paulus will nicht nur auf die schroffe Antithese Mose/Christus hinaus. Mose ist ihm auch in positiver Hinsicht vorbildlich: Er ist der Urtyp des Umkehrenden, mitten im Alten Testament.

Unverkennbar aber ist zunächst die negative Abhebung von Mose: „Weil wir nun solche Hoffnung haben, wenden wir viel Freimütigkeit an und nicht so wie Mose."[37] Das Verhalten des Apostels hebt sich bewußt von dem des Mose ab. Er lehnt Mose als verhaltensprägendes Modell ab. Dabei bestreitet er ihm keineswegs die göttliche Doxa, also einen besonders herausgehobenen Status, der eine günstige Voraussetzung für die Wirksamkeit von Modellen wäre. Er kritisiert auch keines der mosaischen Gebote. Er stellt nur fest, daß die Konsequenzen des mosaischen Verhaltens negativ sind. Der Dienst des Mose führt zu Tod und Verurteilung. Seine Doxa ist vergänglich. Unser Problem ist: Warum führt der Dienst des Mose zu so negativen Konsequenzen? Warum wird Mose so stark abgewertet?

Unter einem lerntheoretischen Aspekt läßt sich folgende These formulieren: Mose wird nicht wegen Verhaltensweisen kritisiert, für die er Modell ist, sondern wegen der ineffektiven Weise, in der er Modell ist. Er kann die von ihm repräsentierten Verhaltensnormen nicht im Herzen verankern. Sein Dienst ist an Normen orientiert, die in „steinernen Buchstaben eingeprägt sind" (3,7). Steinerne Gesetze können das menschliche Herz nicht verwandeln. Die göttliche Norm aber fordert den ganzen Menschen. Sie zielt auf eine Verwandlung des Herzens und sie verurteilt den, bei dem es zu solch einer inneren Verwandlung nicht kommt. Deshalb „tötet der Buchstabe" (3,6).

Die Kritik wendet sich also gegen das Verhältnis des Mose zu den Adressaten des „Alten Bundes". Dieses Verhältnis ist durch prinzipielle Distanz charakterisiert, die Paulus in zwei parallelen Aussagen[38] anhand verschiedener Motive anschaulich macht: (a) Die strahlende Doxa des Mose verhindert eine Annäherung bei den Israeliten (3,7); (b) die Decke

---

[37] Hier ist der Satz elliptisch. Meist wird ergänzt: „Und (wir handeln) nicht so wie Mose, (der) eine Decke auflegte . . ." (so C. K. BARRETT, 2.Cor, 118), oder „Und (es ist) nicht wie bei Mose, (der) . . ." (so R. BULTMANN, 2.Kor, 88). M. RISSI, Studien, 30, macht den originellen Vorschlag, ein γέγραπται o. ä. zu ergänzen: „. . . und nicht so wie die Schrift sagt: Mose legte eine Decke auf . . ." Aber das würde aus der Kritik an Mose eine Kritik an der Schrift machen, was für Paulus m. E. undenkbar wäre.

[38] M. RISSI, Studien, 31, deutet die Parallelität von 3,7 und 3,13 dahingehend, daß Paulus in 3,7 seine Gegner zitiere und in 3,13 deren Aussage korrigiere, „indem er das leuchtende Antlitz mit dem ‚Telos des Vergehenden' vertauscht". Jedoch gibt es viele Beispiele dafür, daß Paulus sich in parallelen Formulierungen selbst „korrigiert" bzw. eine Aussage präzisiert; vgl. Gal 1,8 mit 1,9; Röm 7,8 mit 7,11; Röm 2,1 mit 2,3.

des Mose verhindert die Wahrnehmung des vergänglichen Glanzes (3,13). Ob nun Mose seine „Herrlichkeit" zeigt oder verhüllt – in jedem Fall kommt es zu einem Nichtwahrnehmen der Realität und zu einer Distanz zwischen Mose und den Israeliten. „Vielmehr wurden ihre Gedanken verstockt" (3,14). Das ἀλλὰ muß streng adversativ aufgefaßt werden. Erblicken des Strahlenglanzes und Verstockung im Innern sind einander entgegengesetzt. Dahinter steht die Überzeugung: Eigentlich soll der Strahlenglanz bis ins Innere hineinwirken. Diese Verwandlung bis ins Innere hinein aber geschieht erst in der christlichen Gemeinde. Antithetisch zu 3,7 und 13 formuliert Paulus in 3,18:

> „Wir alle aber erblicken (in einem Spiegel)[39] mit aufgedecktem Angesicht die Herrlichkeit des Herrn und werden in dasselbe Bild verwandelt von Herrlichkeit zu Herrlichkeit wie von dem Herrn aus, welcher Geist ist."

Eine Gegenüberstellung mag veranschaulichen, daß diese positive Aussage nur auf dem Hintergrund negativer Aussagen über den Alten Bund zu verstehen ist, ja, daß in dieser Antithese die Pointe des Gedankenganges liegt[40]:

2.Kor 3,7.13

Die Israeliten verhalten sich wie Mose:
Eine Decke liegt auf Moses Antlitz und ihrem Herzen.
Sie können die Doxa des Mose nicht schauen.
Die Doxa des Mose ist vergänglich.

2.Kor 3,18

Die Christen verhalten sich wie der Herr:
Alle stehen aufgedeckten Angesichtes da.
Alle schauen die Doxa des Herrn wie in einem Spiegel.
Alle werden in ewige Doxa verwandelt: ἀπὸ δόξης εἰς δόξαν[41].

Der entscheidende Unterschied zwischen dem Alten und Neuen Bund wird durch das Stichwort μεταμορφοῦσθαι angedeutet: Christus ist ein Modell, das die Kraft hat, alle Menschen – und nicht nur einen ausgewählten Diener – in sein Bild zu verwandeln[42]. Mose wurde wohl in eine göttliche Doxa verwandelt, aber er mußte sie vor der Gemeinde

---

[39] Für die Bedeutung „im Spiegel erblicken" anstatt widerspiegeln vgl. die ausführlichen Überlegungen bei R. BULTMANN, 2.Kor, 93–97.

[40] Die Streichung von 3,18 als gnostische Glosse nimmt dem Text seine Pointe – gegen W. SCHMITHALS: Die Gnosis in Korinth, FRLANT 48, Göttingen ³1969, 286ff.

[41] A. FRIDRICHSEN: Scholia in Novum Testamentum, SEÅ 12 (1947) 140–47, dort S. 142f.: Die Wendung bedeutet entweder einen kontinuierlichen Prozeß oder eine Steigerung der Doxa.

[42] E. LARSSON: Christus als Vorbild, Uppsala 1962, 285–293, diskutiert die Art der Verwandlung. Sie sei 1. unsichtbar, insofern Christus nur in der Schrift gesehen wird, 2. sichtbar, insofern der äußerliche Mensch zerstört, der innerliche aber erneuert wird (2.Kor 4,16). Die Verwandlung umfaßt jedoch mehr als eine Einsicht in die Schrift.

verhüllen und so die Distanz zwischen sich und der Gemeinde vergrößern. Er brachte steinerne Gesetzestafeln, deren Inhalt kein Echo in den menschlichen Herzen fand (vgl. die Geschichte vom Goldenen Kalb). Paulus aber brachte ein Evangelium, bei dem Botschaft und Adressaten verschmelzen: Die Gemeinde ist der Brief Christi (2.Kor 3,3). Sie verwirklicht den Neuen Bund, in dem die Verhaltensnormen ins Herz geschrieben sind und keiner den andern belehren muß (Jer 31,31–34).

Beim Neuen Bund ist das Verhältnis des prägenden Modells zu den nachahmenden Menschen anders als im Alten Bund. Daher ist es kein Gedankensprung, wenn Paulus in seiner Verteidigung des Apostolats plötzlich den Gedanken ausweitet und alle Christen mit einbezieht: „*Wir alle* sehen enthüllten Angesichts die Herrlichkeit des Herrn" (3,18). Das ἡμεῖς δὲ πάντες meint (ebenso wie in 2.Kor 5,10) alle Christen. Im Neuen Bund ist nicht einer exklusiv „enthüllt", sondern alle in gleicher Weise. Diener und Gemeinde unterscheiden sich nicht voneinander so, wie Mose sich von den Israeliten unterscheiden mußte. Wenn Paulus in 3,18 die Doxa aller Christen behauptet, so hat er damit also nicht „zu viel bewiesen"[43]. Er hat vielmehr auf einen entscheidenden Unterschied zwischen Altem und Neuen Bund, so wie er beide sieht, aufmerksam gemacht.

Der weitere Gedankengang bestätigt, wie entscheidend die Verwandlung der sozialen Beziehung zwischen „Diener" und Gemeinde ist. Paulus fährt schlußfolgernd in 4,1 f. fort: Zwischen Gemeinde und ihm kann völlige Offenheit herrschen. Er empfiehlt sich durch Offenbarung der Wahrheit gegenüber jedem menschlichen Gewissen vor Gott (2.Kor 4,2).

Derselbe Mose, der zunächst so negativ beurteilt wird, ist zugleich positives Modell der Umkehr: „Sobald er sich aber zum Herrn bekehrt, wird die Decke weggenommen." Hier denkt Paulus an Ex 34,34: „Sooft aber Mose hineinging vor den Herrn, um mit ihm zu reden, legte er die Hülle ab." Es muß für Paulus eine große Entdeckung gewesen sein, daß er mitten im Zentrum des Alten Testaments schon die „Umkehr zum Herrn" typologisch vorfand, gewiß in einer nach unseren Maßstäben gewaltsamen Exegese, die jedoch nicht gewaltsamer ist als die Deutung des „nachfolgenden Felsens" auf Christus in 1.Kor 10,1 f. Wie dort die verborgene Anwesenheit Christi in der alttestamentlichen Geschichte beim Exodus vorausgesetzt wird, so auch hier: Christus war am Sinai dabei[44]. Mose bekehrte sich zu ihm. Dadurch wurde die Hülle aufgeho-

---

[43] So H. LIETZMANN, Kor, 115. Kritisch dazu C. K. BARRETT, 2.Cor, 126.
[44] So W. BOUSSET: Kyrios Christos, Göttingen ⁶1967, 101. Ähnlich M. RISSI, Studien, 36 f.

ben. Jetzt kann der Mensch durch das Pneuma bis ins Innerste hinein verwandelt werden. Sofern Mose sein Verhalten „korrigiert" und auf ein anderes überlegenes Modell hinweist, ist er positives Vorbild. Paulus schildert also in 2.Kor 3,7–18 den Austausch zweier Modelle, d. h. einen Wandel in den äußeren Bedingungen des Erlebens und Verhaltens. Die Verpflichtung zum Wandel wird mit Hilfe des alten Modells veranschaulicht: Mose bekehrt sich zum Herrn. Die Wende zu dem neuen verhaltensprägenden Modell aber bringt zweierlei:

1. eine neue Art der Motivation: Mose mußte mit von außen herangetragenen Normen den Menschen motivieren. Seine Normen waren in Stein gehauener Buchstabe. Christus verleiht dagegen den Geist, der das Herz verwandelt. Das Modell und die nach ihm Lebenden werden angeglichen.

Daraus folgt 2. ein neues soziales Verhältnis zwischen Modell und Nachfolgenden. Es war bei Mose durch Distanz bestimmt. Nur einer nähert sich stellvertretend der Gottheit. Die Christen aber stehen im Geiste alle unmittelbar vor dem Herrn.

B. Psychodynamische Aspekte: Christus als Zugang zum Unbewußten

Was sich unter lerntheoretischen Gesichtspunkten als Übergang von einer geschichtlich geprägten Lernumwelt zu einer anderen geschichtlichen Welt beschreiben läßt, in der neue Modelle das Verhalten prägen, kann auch als innere Verwandlung des Menschen analysiert werden. Der Abschnitt in 2.Kor 3,1–4,6 legt selbst eine Sicht „von innen her" nahe. Bei vier zentralen Begriffen kann beobachtet werden, wie sie als Aspekte des menschlichen Herzens verinnerlichend dargestellt werden:

1. Den Empfehlungsschreiben seiner Gegner setzt Paulus die Gemeinde als einen in seinem (oder ihrem) *Herzen* geschriebenen Brief entgegen (3,2).

2. Er kontrastiert die Gesetzestafeln auf Stein mit den „Tafeln in fleischlichen *Herzen*" (3,3).

3. Die Decke des Mose erscheint nicht nur über der Verlesung des Gesetzes, sondern auch über dem *Herzen* der Hörer (3,15).

4. Das Schöpfungslicht wird verinnerlicht und zum Licht, das im *Herzen* der Christen aufstrahlt (4,6).

Diese Häufung von verinnerlichten Vorstellungen kann kein Zufall sein. Auch wenn der Gegensatz von Pneuma und Gramma nicht mit dem Gegensatz von Innerlichkeit und Äußerlichkeit identisch ist, so umfaßt er doch diesen: Wo das Pneuma im christlichen Leben wirkt, verwandelt es das Innere des Menschen (vgl. 2.Kor 4,16). Was aber wird im Innern des Menschen verwandelt? Wir formulieren vorweg unsere These: Die Decke symbolisiert eine Grenze zwischen Bewußtsein und Unbewußtem. Sie wird in Christus beseitigt. Wenn nun Christus den Zugang zum Unbewußten öffnet, tritt negativ die aggressive Macht der geschichtlichen Norm zutage, positiv aber entfaltet Christus eine den Menschen verwandelnde „archetypische" Kraft als Ebenbild Gottes. Während sich die Entlarvung der aggressiven Norm gut mit den Begriffen der Psychoanalyse S. FREUDS beschreiben läßt, liegen bei der Untersuchung der verwandelnden Eikon Kategorien der analytischen Psychologie C. G. JUNGS näher.

a) Eine konfliktsymbolische Deutung: Die Decke als Hülle über dem Gesetz

Das Symbol der Decke begegnet in 2.Kor 3,12–18 dreimal: in Verbindung mit dem Gesetzgeber, mit der wiederholten Einprägung des Gesetzes (dem Vorlesen des Alten Bundes), schließlich als innere Realität bei den Gesetzesgläubigen. Damit wird in einem treffenden Bild jener Verinnerlichungsprozeß dargestellt, den jeder durchläuft, der in die Normen seiner geschichtlichen Umwelt hineinwächst. Die von autoritativen Personen vertretenen Normen werden durch ständige Wiederholung eingeschärft und schließlich verinnerlicht. Dieser Vorgang ist nur zum Teil bewußt. Wir durchschauen weder die Entstehung der Normen noch ihre Vermittlung an uns noch ihre Wirksamkeit in uns. Sie sind in uns präsent. Aspekte ihrer Wirksamkeit aber entziehen sich dem Bewußtsein. Insofern liegt über dem Herzen eines jeden Menschen eine „Decke". Paulus berührt hier einen allgemein menschlichen Sachverhalt. Das deutet er selbst im Kontext an. Er verwendet nämlich das Symbol der Hülle noch ein viertes Mal: „Wenn aber unser Evangelium verhüllt ist, so ist es in den Verlorenen verhüllt" (4,3). Das Evangelium wendet sich an alle Menschen. Verlorene gibt es unter Juden und Heiden. Alle Deutungen, welche die Hülle nur auf eine spezifisch jüdische Problematik beziehen, greifen daher zu kurz. Zwei von diesen Deutungen seien hier diskutiert[45].

Die formal-hermeneutische Deutung von 2.Kor 3 nimmt an, daß die unter der Decke verborgene Realität der wahre Sinn des Alten Testaments ist[46]. Die Juden erkennen beim Lesen der Schrift nicht, daß sie in

---

[45] Ein Forschungsüberblick findet sich bei I. HERMANN, Kyrios, 43ff.
[46] So u.a. E. B. ALLO, 2.Cor, 95. Nicht zur formal-hermeneutischen Auslegung von 2.Kor 3 gehört E. KÄSEMANN: Geist und Buchstabe, in: Paulinische Perspektiven, Tübingen 1969, 237–285: Die paulinische Hermeneutik des Alten Testaments ist inhaltlich durch die eschatologische Verwandlung der gesamten Existenz durch das rechtfertigende Christusgeschehen bestimmt.

Christus erfüllt ist. Die Decke wäre dann Symbol einer Verstehensgrenze gegenüber der Schrift, nicht aber (auch) Symbol einer Verstehensgrenze des Menschen gegenüber sich selbst und seiner Situation angesichts des Evangeliums. Gegen diese Deutung seien drei Argumente angeführt:

1. Die formal-hermeneutische Deutung des Motivs der Decke paßt gut zu dessen Deutung in V. 14. Paulus verwendet das Motiv jedoch mehrfach. Hätte er mit der ersten Deutung schon alles gesagt, hätte er sich mit V. 14 begnügen können. Die Decke bezeichnet aber nicht nur eine begrenzte Einsicht in das Alte Testament, sondern eine allgemeine Verschlossenheit gegenüber der Botschaft, von der Paulus in 4,4 ohne jede Verbindung zum Alten Testament sprechen kann.

2. Der Alte Bund ist für Paulus nicht nur eine „literarische", sondern eine sachliche Größe. Das Problem ist nicht, daß der Buchstabe unverständlich ist, sondern daß er tötet (3,6). Nicht der dunkle Sinn der Schrift, sondern die existenzgefährdende Drohung des verurteilenden und tötenden Gesetzes verbirgt sich hinter der Decke (vgl. auch den Gegensatz von Gramma und Pneuma in Röm 7,6).

3. Die Entfernung der Decke bedeutet nicht nur Zuwachs an Erkenntnis, sondern Verwandlung des Menschen. Die in mystischer Sprache geschilderte Metamorphose (3,18) geht weit über ein vertieftes Schriftverständnis hinaus. Sie bedeutet eine neue Existenzweise in „Freiheit" und „Herrlichkeit", so gewiß sie auch ein neues Verständnis des Alten Testamentes umschließt.

Die meisten Exegeten gehen mit Recht über eine formal-hermeneutische Auffassung von 2.Kor 3 hinaus: Sie fassen den Alten Bund nicht nur als literarische, sondern als sachliche Größe auf. Eine verbreitete Deutung sagt nun: Wenn die Hülle über dem Alten Bund weggenommen wird, so wird die Tatsache sichtbar, daß der Alte Bund schon zu Ende gekommen ist. V. 14 wird also so verstanden: „... die Hülle bleibt auf der Verlesung des Alten Bundes. Sie wird nicht entfernt, denn er (d. h. der Alte Bund) ist in Christus aufgehoben." Subjekt von καταργεῖται wäre die παλαιὰ διαθήκη[47]. Gegen diese Deutung sprechen gewichtige Gründe:

1. Das Partizip μὴ ἀνακαλυπτόμενον hat eindeutig die Hülle zum Subjekt (Neutrum!). Für den darauffolgenden Begründungssatz ὅτι ἐν Χριστῷ καταργεῖται ist zunächst einmal dasselbe Subjekt anzunehmen. Paulus hätte einen Subjektwechsel deutlich signalisieren müssen, zumal das vermutete neue Subjekt vorher im Genitiv stand (τῆς παλαιᾶς διαθήκης).

---

[47] So H. Lietzmann, Kor, 113; R. Bultmann, 2.Kor, 89; J. D. G. Dunn, 2. Corinthians, 311, Anm. 7. Dagegen W. G. Kümmel, Kor, 200; C. K. Barrett, 2.Cor, 120f. Eine originelle Deutung gibt E. B. Allo, 2.Cor, 91: Die Hülle bleibt, weil noch nicht offenbart wurde, daß sie in Wirklichkeit schon weggenommen ist.

2. Das Verbum καταργεῖν steht semantisch in Opposition zu μένειν, wie aus dem Gegensatz μένειν/καταργεῖν in 2.Kor 3,11 und 1.Kor 13,8–13 hervorgeht. Beide Verben begegnen in V. 14, beide sind auf dieselbe Sache zu beziehen. Denn das „Bleiben" wird von vornherein „bis zum heutigen Tag" befristet; was bleibt, wird also einmal entfernt. Dann aber kann nur die Hülle gemeint sein[48].

3. Die grammatische Form καταργεῖται entspricht den folgenden Verbformen κεῖται und περιαιρεῖται, in denen κάλυμμα das Subjekt des Satzes ist. Diese Beziehungen sind von der grammatischen Form her deutlicher als die Beziehung auf das Partizip καταργούμενον (V. 7, 11, 13).

4. Wäre vom Ende des Gesetzes durch den Tod und die Auferstehung Jesu die Rede, so würde man nicht das Präsens καταργεῖται, sondern eine Aorist- oder Perfektform erwarten: Der Alte Bund wäre ja schon mit Christus aufgehoben[49]. Der nächste Satz zeigt aber unverkennbar, daß es gar nicht um die objektive Beseitigung eines Sachverhalts geht, sondern die bestehende subjektive Einstellung: Die Hülle liegt während der Gesetzesvorlesung auf dem Herzen. Sie wird durch die Bekehrung aufgehoben.

Wir können das, was sich hinter der Hülle verbirgt, weder allein auf den (christologischen) Sinn des Alten Testaments noch auf das Ende des Alten Bundes beziehen. Auszugehen ist vielmehr davon, daß Paulus betont: Die Hülle auf der Verlesung des Alten Testaments ist *dieselbe* Hülle wie die des Mose (τὸ αὐτὸ κάλυμμα V. 14), d.h. hinter ihr verbirgt sich dasselbe wie bei Mose: die Vergänglichkeit der Doxa. Die Israeliten bewundern die Herrlichkeit des Alten Bundes, weil sie sich über dessen Vergänglichkeit hinwegtäuschen lassen. Diese Vergänglichkeit resultiert nach 3,7–11 daraus, daß der Mosedienst ein Dienst des Todes und der Verurteilung ist. Die zusammenfassende Überschrift in 3,6 zeigt, worauf es Paulus ankommt: „Der Buchstabe tötet, der Geist aber macht lebendig" (3,6). Was den Israeliten verborgen blieb, ist also letztlich die tötende Macht des Gesetzes, psychoanalytisch formuliert: die Aggressivität der internalisierten Norm. Dem Augenschein nach ist das mosaische Gesetz von Glanz und Herrlichkeit umgeben, aber seine Schattenseiten müssen dem Bewußtsein durch eine Hülle entzogen werden. Durch Christus kommen diese Schattenseiten ans Licht. Die verborgene Aggressivität des Gesetzes wird offenbar. Die Hülle fällt. Jene Aspekte des Überichs, die sich dem Bewußtsein entzogen hatten und den Menschen durch ihre archaische Strenge peinigten und einengten, treten ans Licht. Eine neue Freiheit (ἐλευθερία V. 17) gegenüber der unbewußten aggressiven Macht der Norm wird möglich.

---

[48] Meist wird argumentiert, καταργεῖν werde in 3,7.11.13 vom alten Bund bzw. von seiner Doxa ausgesagt; daher sei in V. 15 dasselbe Subjekt anzunehmen; so R. BULTMANN, 2.Kor 89.
[49] Vgl. A. SCHLATTER: Paulus, der Bote Jesu, Stuttgart 1934, 517.

2. Die Hülle des Mose (2.Kor 3)

Wieder müssen wir selbstkritisch fragen: Legen wir hier etwa moderne Gedanken in Paulus hinein? Läßt sich solch eine Deutung historisch wahrscheinlich machen? Stimmt sie mit Analogien überein?

Der Gedanke, daß im Innern des Menschen unbewußte normative Instanzen menschliches Erleben und Verhalten beeinflussen, ist der Antike prinzipiell nicht fremd. Epiktet spricht einmal vom unbekannten Gott im Menschen, gegen den jeder durch sein Fehlverhalten sündigt:

> „Du bist ein Bruchstück Gottes. Du hast einen Teil des Gottes in Dir. Warum verkennst Du Deine Verwandtschaft? Warum weißt Du nicht, woher Du gekommen bist. Willst Du nicht eingedenk sein, wer Du bist, wenn Du ißt, Du, der Du ißt und Dich nährst? Willst Du in Deinen sexuellen Beziehungen nicht dessen eingedenk sein, wer Du bist, Du, der Du diese Beziehungen hast? Weißt Du in Deinen Beziehungen zur Gemeinschaft, bei Deinen körperlichen Übungen, bei Deinen Gesprächen nicht, daß es ein Gott ist, den Du nährst, ein Gott, den Du übst? Du trägst Gott überall mit Dir, Unseliger, und Du weißt es nicht. Du glaubst, ich spreche von einem äußerlichen Gott aus Gold oder Silber? Du trägst ihn in Dir und bemerkst nicht, daß Du ihn sowohl durch Deine unlauteren Gedanken als auch durch Deine unreinen Taten beschmutzest. Vor einem Bilde Gottes würdest Du in Wahrheit nicht wagen, irgendeine der Taten zu vollführen, die Du vollführst. Und vor Gott selbst, der in Dir gegenwärtig ist und alle Dinge sieht und hört, errötest Du nicht, sie zu denken und sie zu vollbringen, Du Mensch, der Du Deiner eigenen Natur nicht bewußt bist, Du Gegenstand des göttlichen Zornes." (Diss II,8,11−14)

An anderer Stelle unterscheidet Epiktet die im Menschen anwesende normative Instanz von Gott: Gott habe jedem als Aufseher einen Daimon gegeben, der nie schlafe und nicht zu täuschen sei. Er ist immer anwesend − auch wenn man hinter verschlossenen Türen allein ist (Diss I,14,12f.).

Bei Epiktet erscheint der unbewußt anwesende Gott „in uns" vorwiegend als positive Instanz. Gewiß zieht man sich durch seine Verachtung Zorn zu. Aber ihn umgibt keine täuschende Herrlichkeit. Nicht daß man diese innere Instanz falsch wahrnimmt, sondern daß man sie überhaupt beachtet, ist das Problem. Anders bei Paulus. Das unbewußt wirkende Gesetz ist bei ihm eine zutiefst ambivalente Größe. Nach 2.Kor 3,6 tötet es. Aber auch die anderen Stellen bei Paulus zeugen von einer deutlichen Ambivalenz.

1. Ein unbewußt wirkendes Gesetz schreibt Paulus den Heiden zu, die nie vom mosaischen Gesetz gehört haben (Röm 2,14−15). Er bedient sich dabei der antiken Vorstellung vom νόμος ἄγραφος. Die Antike kannte neben dem „positiven" Gesetz aufgrund sozialer Setzung ein Naturgesetz. Diesen Gedanken aufgreifend kann Paulus sagen: Auch den Heiden ist ein Gesetz ins Herz geschrieben. Zeuge dafür ist ihr

Gewissen und der innere Prozeß des Sich-Beschuldigens und Verteidigens. Dieses ins Herz geschriebene Gesetz ist eine objektive Größe. Es ist nicht mit dem Gewissen identisch. Vielmehr ist das Gewissen Zeuge des Gesetzes und kann daher mit dem bezeugten Gesetz nicht zusammenfallen. Das „Gesetz der Heiden" ist also eine internalisierte Größe, die nicht voll bewußt ist. Unbewußt ist zumindest, daß Gott dies Gesetz in die Herzen der Menschen geschrieben hat.

2. Schon das hellenistische Judentum hatte die Vorstellung vom νόμος ἄγραφος herangezogen, um die Anwesenheit des Gesetzes vor seiner Offenbarung auf dem Sinai zu postulieren[50]. Sonst hätte man Abraham nicht als Vorbild jüdischer Gesetzeserfüllung hinstellen können. Auch Paulus kennt das Problem eines Gesetzes vor Mose. In Röm 5,12ff. entfaltet er den Gedanken: Durch Adam kam der Tod in die Welt, durch Christi Gehorsam aber das Leben. Sünde und Gesetz gehören eng zusammen: „Wo kein Gesetz ist, gibt es auch keine Übertretung" (Röm 4,15). Paulus muß nun erklären, wieso es schon vor dem Kommen des Gesetzes – vor Mose – Sünde geben konnte. Seine Erklärung wirkt hilflos:

„... denn bis das Gesetz (kam), war (zwar schon) Sünde in der Welt, Sünde aber wird nicht zugerechnet, wenn kein Gesetz da ist; dennoch herrschte der Tod von Adam an bis Mose sogar über die, welche nicht mit gleicher Übertretung gesündigt hatten wie Adam, der ein Gegenbild des Zukünftigen ist." (Röm 5,13–14)

Wie soll man das verstehen? Übt der Tod hier eine von keinem Gesetz geregelte Gewaltherrschaft über die Menschen aus? Eine Herrschaft ohne Rechtsgrund in den Übertretungen der Menschen? Aber Paulus spricht ausdrücklich von Übertretung (παράβασις) zwischen Adam und Mose, gerade dadurch, daß er betont, es handle sich nicht um dieselbe „Übertretung" wie bei Adam. Die Strafe ist hier wie dort dieselbe: der Tod. Wenn nun die Regel gilt: Ohne Gesetz keine Übertretung (Röm 4,15), dann kann es nur eine Folgerung geben: Obwohl das Gesetz noch nicht offenbart war, wirkte es schon unbewußt.

3. Schließlich sei im Vorgriff auf das nächste Kapitel auf Röm 7,7ff. hingewiesen. Wie in 2.Kor 3,7–18 wird auch hier das Betrugsmotiv mit dem Gesetz verbunden: „Die Sünde nahm einen Vorwand und betrog mich durch das Gebot und tötete mich durch es" (7,11). Wie in 2.Kor 3,6ff. handelt Paulus auch hier vom Gegensatz zwischen dem Dienst am „Buchstaben" und im „Geiste" (vgl. Röm 7,6). Während Paulus in

---

[50] Vgl. Philo Abr 275: Von Abraham gilt, „daß dieser Mann das göttliche Gesetz und alle göttlichen Gebote beobachtet hat, nicht durch Schriften belehrt, sondern ohne Schrift von der Natur".

2.Kor 3,6 jedoch einfach feststellt: „Der Buchstabe tötet", argumentiert er in Röm 7,7 ff. differenzierter: Das Gesetz und sein Buchstabe töten nicht selbst, sondern die Sünde tötet mit Hilfe des Gesetzes. Die sich gegen das Ich wendende aggressive Macht des Überichs stammt gar nicht aus diesem selbst, sondern aus der Sarx, psychoanalytisch gesprochen: aus dem Es. Hinter dem Rücken des Ich hat es sich des Überichs bemächtigt und bedroht nun als aggressive Energie das Ich. Auch hier hat das Gesetz unbewußte Aspekte, sonst könnte das Ich nicht mit seiner Hilfe getäuscht werden.

Beim Rückblick auf die besprochenen drei Stellen sei betont, daß verschiedene Inhalte in den Schatten des Unbewußten treten: Die Heiden wissen nichts von dem einzigen Gott als Urheber des Gesetzes, die Generationen zwischen Adam und Mose kennen nicht die Formulierungen des Gesetzes. Das betrogene Ich in Röm 7,7 ff. täuscht sich über die Auswirkungen des Gesetzes hinweg. Immer aber erscheint das Gesetz als etwas Bedrohliches. Bei den Heiden manifestiert es sich im Gewissenskonflikt. Zwischen Adam und Mose wirkt es auf eine undurchsichtige Weise den Tod. Dem Ich tritt es als vernichtende Macht entgegen. Überall zeigt sich jener aggressive Zug des Gesetzes, den Paulus unter dem Begriff „Fluch des Gesetzes" zusammenfaßt (Gal 3,13). Durch Christus wird dieser Fluch aufgedeckt. Christus selbst wird zum Fluch (Gal 3,13). Die negativen Aspekte des Gesetzes werden damit bewußt. Die Hülle fällt.

Noch einmal sei betont: Um diesen aggressiven Zug der Norm psychodynamisch zu deuten, bedarf es m. E. nicht des Glaubens an die Bedingtheit unseres Erlebens und Verhaltens durch den Ödipuskomplex. Hinter dem tötenden Gesetz steht nicht der mit der Kastration drohende Vater. Es genügt die Einsicht, daß moralische Forderungen als angstauslösende Signale in einer archaischen Schicht des Menschen erlebt werden können. Beim Menschen wurde wohl die instinktive Steuerung durch stammesgeschichtliche Anpassungen von sozialen und moralischen Steuerungssystemen ersetzt. Aber es gibt in uns noch eine archaische Schicht, die darauf eingestellt ist, auf bestimmte Signale hin durch Todesangst den ganzen Organismus zu aktivieren, um ihn in Flucht oder Kampf zu retten. Moralische Gebote können in dieser Schicht als „Feindsignale" verstanden werden, die Todesängste auslösen – zumal mit sozialen und moralischen Geboten oft reale Todesdrohungen verknüpft wurden. Schon die bloße Existenz des fordernden Gebots kann dann als bedrohend erlebt werden: „Der Buchstabe tötet." Dabei handelt es sich nicht um bestimmte Gebote. Die Normen sind vielmehr soziokulturell sehr verschieden. Aber sie alle können mit archaischen Todesängsten gekoppelt und zum Gesetz der Sünde und des Todes werden. Paulus artikuliert zum erstenmal diese Erkenntnis. Was er in Auseinandersetzung mit dem mosaischen Gesetz analysiert, ist repräsentativ für alle Menschen: Jeder Mensch muß sich mit seinen geschichtlichen Normen auseinandersetzen. Jeder hat in sich jene archaische Reaktionsbereitschaft auf angstauslösende Forderungen. Jeder neigt dazu, sich selbst zu verbergen, welche Schattenseiten normative Steuerungsmechanismen haben können. Und jeder neigt zur Verstockung, wenn er mit radikal abweichenden Normen konfrontiert wird. Denn jeder möchte die vergängliche Doxa seiner Normen und Werte gerne für die ewige „Herrlichkeit" halten.

b) Eine integrationssymbolische Deutung: Die Decke als Verhüllung der Eikon

Die Decke des Mose verhüllt nicht nur die aggressive Macht des Gesetzes. Sie verbirgt auch deren positives Gegenstück: die wahre Doxa Christi, die im Inneren des Menschen aufstrahlt und ihn verwandelt, so daß er dem Machtbereich des tötenden Buchstabens entronnen ist. Erst von dieser wahren Doxa her wird die Brüchigkeit der vergänglichen Doxa offenbar: „Das Verherrlichte ist überhaupt nicht verherrlicht in dieser Hinsicht, nämlich wegen der überragenden Herrlichkeit" (3,10). In drei parallelen Sätzen beschreibt Paulus diese Offenbarung der wahren Herrlichkeit, die erst nach Entfernung der Decke wahrgenommen werden kann:

2.Kor 3,18: Wir alle aber sehen (in einem Spiegel) mit aufgedecktem Angesicht die Herrlichkeit des Herrn und werden in dasselbe Bild verwandelt von Herrlichkeit zu Herrlichkeit wie von dem Herrn aus, welcher Geist ist.

2.Kor 4,3f.: Ist aber unser Evangelium auch verhüllt, so ist es bei denen verhüllt, die verlorengehen, in denen der Gott dieser Welt die Gedanken der Ungläubigen verblendet hat, damit sie nicht schauen können die Erleuchtung durch das Evangelium von der Herrlichkeit Christi, der das Bild Gottes ist.

2.Kor 4,6: Denn Gott, der gesagt hat: Aus der Finsternis soll Licht aufstrahlen! er ist es, der es in unseren Herzen hat aufstrahlen lassen zur Erleuchtung durch die Erkenntnis von der Herrlichkeit Gottes auf dem Angesicht Christi.

Die Wiederholung derselben Motive und Worte ist unübersehbar: Das Motiv der Hülle begegnet in 3,18 (enthüllten Angesichts) und 4,3 (verhülltes Evangelium). „Sehen" ist hier wie dort Gegensatz zum Verhülltsein (3,18; 4,4). Die Lichtmetaphorik begegnet in 4,4 und 4,6 in sprachlich leicht variierten Wendungen:

τὸν φωτισμὸν τοῦ εὐαγγελίου τῆς δόξης τοῦ Χριστοῦ (4,4)
πρὸς φωτισμὸν τῆς γνώσεως τῆς δόξης τοῦ θεοῦ (4,6)

Der Austausch von Christus und Gott in diesen parallelen Sätzen weist auf deren funktionale Nähe[51]: Ist Gott in 4,6 der Schöpfergott, der das Licht schuf, so ist Christus in 4,4 das „Ebenbild" Gottes, nach dem der Mensch geschaffen wurde. Als Ebenbild Gottes vermittelt er die wahre Doxa (3,18; 4,4.6). Es ist möglich, daß Paulus hier gemeinchristliche Vorstellungen aufgreift, die mit Bekehrung und Taufe verbunden sind[52]. Die Sätze sind überladen. Die Begriffe werden nicht erläutert. Ihre präzise Beziehung bleibt unklar wie sooft in liturgischer Sprache. Uns interessiert der in diesen parallelen Aussagen beschriebene Erleuchtungsvorgang. Vier Züge lassen sich feststellen:

1. Das Aufstrahlen der Eikon Christi wirkt bis ins Innerste hinein. Dabei denkt Paulus in 3,18 noch an die zum Gottesdienst versammelte Gemeinde (als Gegenbild zum Synagogengottesdienst). In 4,6 beschreibt er jedoch unverkennbar einen inneren Prozeß: Gott läßt ein Licht in „unseren Herzen" aufgehen. Die vertriebene Finsternis ist Finsternis im Innern des Menschen. In diese Finsternis leuchtet die Eikon Christi hinein. Die Erleuchtung ist sachlich mit dem Wegfall der Hülle identisch. Während auf die Doxa des Mose ein kritisches Licht fällt, ist die Eikon Christi die Quelle, von der dies Licht ausgeht: Neben ihrem Glanz verblaßt die Doxa des Mose. In psychodynamischer Sprache formuliert: Die Erleuchtung durch die Eikon Christi ist Erhellung des Unbewußten.

2. Paulus schildert den Vorgang als Erneuerung des Schöpfungsvorgangs[53]. Der Gott, der einst das Licht schuf (Gen 1,3) läßt es erneut im Innern hell werden. Der Gott, der nach seinem Bild (εἰκών) den Menschen formte (Gen 1,27), offenbart sich in der Eikon Christi. Der Schöpfergott schafft eine neue Kreatur: eine καινὴ κτίσις (2.Kor 5,17; Gal 6,15) und einen zweiten Adam (1.Kor 15,44f.). Immer beobachten wir denselben Vorgang: Die mit der Urzeit verbundenen Begriffe φῶς, εἰκών, κτίσις und Ἀδάμ werden neu aktualisiert. Das Geschehen der Urzeit wird durch einen neuen Schöpfungsakt überholt. Was einst für die ganze Schöpfung prägend war, wird Ziel und Modell eines neuen Prozesses. Dieser Aspekt läßt sich psychodynamisch so umschreiben: Die Regression auf urzeitliche Bilder steht im Dienste einer Progression auf neue Ziele hin.

---

[51] Ein weiteres Satzglied bezieht jeweils die Herrlichkeit Christi auf Gott – denn Christus ist εἰκὼν τοῦ θεοῦ (2.Kor 4,4) – und die Herrlichkeit Gottes auf Christus: Sie erscheint nämlich ἐν προσώπῳ Ἰησοῦ Χριστοῦ (4,6).

[52] J. JERVELL: Imago Dei, FRLANT 58, Göttingen 1960, 196f.

[53] J. JERVELL, Imago Dei, 173–176, hält 2.Kor 3,18–4,6 für eine Auslegung von Gen 1,27.

3. Der Erleuchtungsvorgang hat einen Gegner: den Gott dieser Welt. Der Satan erhält ein Prädikat, das ihn nahe an den Schöpfergott heranrückt. Vorausgesetzt ist, daß die von Gott geschaffene Welt unter die Herrschaft des Satans geriet, daß „diese Welt" aber nicht ewig ist, sondern von einer neuen Welt abgelöst wird, die mit Christus beginnt. Denn Christus hat uns aus dieser bösen Welt gerissen (Gal 1,4). Aber die alte Welt setzt der neuen Welt einen Widerstand entgegen. Der Herrscher dieser Welt macht die Menschen in ihrem Innern blind, so daß sie nicht erleuchtet werden. Psychodynamisch formuliert: Das herrschende Bewußtsein setzt der Erhellung des Unbewußten dezidierten Widerstand entgegen.

4. Paulus benutzt zweimal den Begriff „Eikon". Damit wird Christus als Offenbarer Gottes hervorgehoben. Als Ebenbild Gottes spiegelt er die göttliche Herrlichkeit wider[54]. Dieser offenbarungstheologische Aspekt des Begriffs wird oft einseitig betont. Zweifellos hat er auch einen anthropologischen Akzent, sowohl von seiner Herkunft her wie im paulinischen Sprachgebrauch. Einerseits bezeichnet er in Gen 1,27 die Erschaffung des Menschen: „Und Gott schuf den Menschen nach seinem Bilde, nach dem Bilde Gottes schuf er ihn." Andererseits betont Paulus jedesmal, wenn er den Begriff der Eikon auf Christus anwendet[55], daß der Mensch dazu bestimmt ist, Christus gleichzuwerden. Die Christen sollen „gleichgestaltet der Eikon seines Sohnes" werden (Röm 8,29). Sie sollen die Eikon Christi tragen, wie sie die Eikon Adams getragen haben (1.Kor 15,49), und sind dazu bestimmt, in die Eikon des Herrn verwandelt zu werden (2.Kor 3,18). Christus offenbart als Eikon nicht nur die Gottheit, sondern ebenso den Menschen: Er ist das wahre Abbild Gottes – und zugleich wahre Bestimmung des Menschen. Versuchen wir es psychodynamisch zu formulieren, so könnte man sagen: Christus tritt als Zielbild des wahren Menschen an die Stelle des strafenden Überichs. Er vereint in sich den Gegensatz von Gott und Mensch. Er ist eine coincidentia oppositorum.

Von der psychodynamischen Annahme ausgehend, daß die Bilderwelt religiöser Symbole psychische Prozesse im Menschen repräsentiert, liegt

---

[54] So besonders SapSal 7,25f., wo die Weisheit als Emanation und Ebenbild Gottes erscheint und auch die Lichtmetaphorik belegt ist. Die Weisheit ist „der Widerschein des ewigen Lichtes" (7,26). Es ist daher kein Zufall, daß sich der Eikon-Begriff von Gen 1,26f. immer mehr vom empirischen Menschen entfernt. Nach Philo ist nur der Logos wirkliche Eikon Gottes. Der Mensch ist nicht als εἰκών, sondern κατ' εἰκόνα geschaffen; und auch mit diesem „Ebenbild des Logos" ist nicht der ganze Mensch gemeint, sondern nur sein νοῦς (heres 230–232).

[55] Der Begriff Eikon bezieht sich dabei immer auf den Auferstandenen; vgl. J. JERVELL,, Imago Dei, 332: „Nicht der irdische Jesus, sondern der auferstandene und erhöhte Herr, der Geist ist, ist die wahre Eikon Gottes."

folgende Interpretation nahe: Wenn der Mensch gegen den Widerstand des herrschenden Bewußtseins Zugang zum Unbewußten gefunden hat, enthüllt sich ihm nicht nur die lebensfeindliche Seite geschichtlicher Überzeugungssysteme, die u. a. in einer sehr archaischen Erlebnisschicht verwurzelt ist. Zugleich tritt an die Stelle der bisherigen Zielentwürfe ein umfassenderes Symbol menschlicher Bestimmung, das gegenüber jeder geschichtlichen Kultur eine präexistente Wurzel hat, weil es in der Schöpfung selbst verankert ist: Christus repräsentiert als Eikon die archetypische Zielgröße des Selbst.

Eine lerntheoretische Analyse von 2.Kor 3 hatte den Übergang von Mose zu Christus als Ablösung eines alten Verhaltensmodells durch ein neues Modell gedeutet. Die religiösen Symbole wurden als Repräsentanten der äußeren geschichtlichen Lernumwelt verstanden. Eine psychodynamische Lektüre des Textes sieht hier dagegen eine innere Umstrukturierung unseres Verhältnisses zum Unbewußten: An die Stelle der unbewußt wirkenden aggressiven Norm tritt das integrative Symbol des Selbst: Christus, die Eikon Gottes. Im Unterschied zur lerntheoretischen Auffassung würde eine religionspsychologische Archetypenlehre in dem neuen „Modell" nicht nur die symbolische Darstellung einer neuen geschichtlichen Lernumwelt sehen, sondern Ausdruck einer vor jeder kulturellen Bestimmtheit vorhandenen relativ offenen Verhaltens- und Erlebenstendenz des Menschen, die sich wohl mit Hilfe geschichtlich geprägter Bilder artikuliert, jedoch präexistent in der menschlichen Natur vorhanden ist. Gerade die Krise kulturell vorprogrammierter Lebensorientierungen mache immer wieder Anstöße aus dem präkulturellen Raum archetypischer Strukturen notwendig. Dieser Raum sei weitgehend unbewußt. Die Öffnung für ihn wirke wie eine Offenbarung.

C. Kognitive Aspekte: Dissonanzbewältigung in 2.Kor 3

Psychodynamischer Wandel und Orientierung nach neuen Modellen sind kein passives Schicksal. Ihnen liegt eine Entscheidung zugrunde. Gewiß werden wir oft gegen unseren Willen in Entscheidungssituationen hineingenötigt; aber es liegt doch an uns, wie wir die Situation bewerten und verarbeiten. Das gilt auch für Paulus: Er kann sein Damaskuserlebnis als göttliche Berufung (Gal 1,15f.) wie als persönliche Entscheidung (Phil 3,7ff.) schildern. Der Anstoß zur Wende kam von außen. Aber daß er aufgrund seiner Bekehrung alles für Dreck hielt, was er vorher für Gewinn gehalten hatte (Phil 3,7ff.), dafür übernimmt Paulus selbst die Verantwortung[56]. Durch ein dreimaliges ἡγεῖσθαι hebt er selbst dies

---

[56] Beide Seiten gehören zur existentiellen Entscheidung. Vgl. H. THOMAE: Konflikt,

Urteil als seine eigene Bewertung hervor. Er ist selbst verantwortlich für die radikalen Konsequenzen, die er aus seiner Berufung zum Apostel zog, Konsequenzen, die zu einer weit größeren Distanzierung vom Judentum führten als bei anderen Judenchristen und die im Rahmen des Urchristentums ungewöhnlich waren.

Jede Entscheidung hinterläßt kognitive Dissonanz. In der akuten Entscheidungssituation sind wir zur Gerechtigkeit gegenüber der ausgeschlossenen Alternative nicht fähig. In der entlasteten Situation nach der Entscheidung sehen wir dagegen die attraktiven Seiten der ausgeschlossenen Alternative oft deutlicher. Der Nachentscheidungskonflikt stellt uns vor die Aufgabe, die Situation so lange deutend umzustrukturieren, bis sie wieder mit der einmal gefallenen Entscheidung stimmig ist. Daß uns dabei oft die Übereinstimmung mit uns selbst wichtiger ist als die Übereinstimmung mit den Tatsachen, ist bekannt.

Die gewaltsame Uminterpretation des Alten Testaments in 2.Kor 3,7–18 läßt sich m. E. als Dissonanzreduktion auf Kosten „objektiver" Tatsachen verstehen. Eine bewußte Manipulation des alttestamentlichen Wortlauts ist ausgeschlossen. Vielmehr handelt es sich um eine unbewußte Umstrukturierung des Alten Testaments. Paulus muß drei Punkte rechtfertigen: 1. seine Abkehr von jüdischer Lebensweise, 2. seine Zuwendung zu Christus, 3. die Isolierung gegenüber seinen ehemaligen Glaubensgenossen: die ärgerliche Tatsache, daß für sie nicht evident war, was ihm evident zu sein schien. Er muß dies in einem Nachentscheidungskonflikt rechtfertigen, in dem sich ihm die Attraktivität der einst verlassenen Lebensform erneut aufdrängt. Paulus kann gar nicht umhin, auch Mose eine attraktive Doxa zuzugestehen. Auch der Alte Bund hat eine göttliche Herrlichkeit.

1. Wie rechtfertigt er dann aber seine Abkehr von dieser Herrlichkeit? Paulus legitimiert sie mit seiner exegetischen „Entdeckung", daß die Doxa des Mose in Wirklichkeit vergänglich war. Er bestreitet nicht ihre Göttlichkeit, sondern ihre Ewigkeit. Ganz gewiß war es gerechtfertigt, sich von der vergänglichen Doxa abzuwenden, um sich der ewigen Doxa zuzuwenden.

2. Wurde er damit nicht dem Alten Bund untreu? Hier sagt Paulus eindeutig: Nein! Er entdeckt nämlich mitten im Alten Bund die Auffor-

---

Entscheidung, Verantwortung. Ein Beitrag zur Psychologie der Entscheidung, Stuttgart 1974, 180: „Wenn wir berechtigt sind, in dem vorhin angedeuteten Zusammenhang davon zu sprechen, der Mensch als ein dem Sinn schlechthin geöffneter sei in der Entscheidung frei, so gilt es nun hinzuzufügen, es stehe ihm aber nicht frei, in den Zustand der Entscheidung zu gelangen. Die Freiheit als Offenheit für den Sinnhintergrund des eigenen Daseins widerfährt uns als Resultat einer vielleicht einmaligen Konstellation und ist nachher unter Umständen unwiderbringlich dahin."

derung zur Umkehr. Mose selbst hat sich schon zum „Herrn" bekehrt. Die Bekehrung des Paulus folgt nur dem Vorbild des Mose. Gewiß zitiert Paulus das Alte Testament an dieser Stelle sehr freizügig. Aber was besagt die pedantische Übereinstimmung mit dem Wortlaut des Alten Testaments, wenn die neu gedeutete alttestamentliche Erzählung mit der Gesamtsituation des Paulus stimmig wird, wenn er mit ihrer Hilfe dem Selbstvorwurf entgegentreten kann, er, Paulus sei ein Verräter an jenen väterlichen Traditionen, für die er einmal mit großem Eifer eingetreten war (Gal 1,14).

3. Wenn aber vom Alten Testament her die Abwendung vom Alten Bund gerechtfertigt und geboten ist, – wieso wird sie dann nicht von allen vollzogen? Warum sehen nicht alle, daß die Doxa des Mose vergänglich ist? Paulus nennt zwei erklärende Ursachen: die Hülle des Mose und die „Verstockung der Gedanken" (2.Kor 3,13–14). Beide Faktoren sind veränderlich. Die Hülle des Mose wurde schon in der alttestamentlichen Erzählung entfernt. Verstockung aber ist für Paulus wie für die Antike überhaupt etwas Variables; ja die Deutung eines Verhaltens als Verstockung dient oft zur Entlastung einer sozialen Situation. Denn wer verstockt und verblendet ist, braucht sich sein Verhalten nicht selbst zuzuschreiben. Es wird übernatürlichen Subjekten kausalattribuiert. Ich gebe einige Beispiele für die soziale entlastende Wirkung transsubjektiver Ursachenzuschreibung[57]:

a) Agamemnon führt den Raub der Briseis auf eine von den Göttern geschickte Verblendung zurück. Er rechtfertigt sich mit den Worten:

„Nicht ich, nicht ich war der Grund für die Tat, sondern Zeus und mein Schicksal und die Erinys, die im Dunkeln wandelt. Sie haben in der Versammlung die wilde Ate in meinen Sinn gesenkt, an jenem Tage, da ich eigenmächtig Achills Beute ihm entriß. Doch was konnte ich tun? Die Gottheit wird immer ihr Ziel erreichen" (Il 19,86ff.).

Agememnon will deshalb nicht die Verantwortung für die Folgen von sich wälzen; im Gegenteil, gerade weil er sie nicht auf sich selbst zurückführt, hat er die Freiheit, Entschädigung anzubieten: „Aber da ich von Ate geblendet war und Zeus den Verstand mir genommen hatte,

---

[57] Weitere Belege bei R. BULTMANN, 2.Kor, 106–108. Wenn man die entlastende Funktion transsubjektiver Kausalattribuierung erkannt hat, kann man kaum Bultmanns Feststellung zustimmen: „Der ‚Gott dieses Äons' ist ... nicht eine kausierende Macht hinter dem Willen des Menschen, sondern er wirkt in der bösen Willensentscheidung" (S. 106), sofern damit die Meinung des Paulus getroffen werden soll. Bultmann führt Il 19,86ff. nicht an. Die ausdrückliche Leugnung der eigenen Willensbeteiligung ἐγὼ δ' οὐκ αἴτιός εἰμι, ἀλλὰ Ζεύς widerspräche seiner Deutung.

will ich mich versöhnen und überreiche Entschädigung leisten" (Il 19,137f.; vgl. 9,119f.636f.)[58].

b) Die Verstockung durch eine dämonische Macht kann in einem jüdischen Text als Motiv für das Erbarmen Gottes genannt werden: Die Verstockten sind ja nicht selbst schuld an ihrem Zustand. In TestJud 19,3f. heißt es:

„Aber der Gott meiner Väter erbarmte sich meiner, weil ich in Unwissenheit gehandelt hatte. Denn der Herrscher des Irrtums verfinsterte mich, und (darum) war ich unwissend wie ein Mensch und wie Fleisch, in Sünden verdorben. Und ich erkannte meine eigene Schwachheit, da ich meinte unbesiegbar zu sein." (TestJud 19,3f.)

Auch hier hat das Verstockungsmotiv entlastenden Charakter. Der Herrscher des Irrtums ist im übrigen kein anderer als der „Gott dieser Welt" (2.Kor 4,4).

c) Man könnte gegen die aufgeführten Beispiele einwenden: Entlastend sei das Verstockungsmotiv nur so lange, wie es nicht dem allmächtigen Gott selbst zugeschrieben wird. Nun wird aber im Urchristentum die Verstockung auch Gott selbst zugeschrieben. Paulus denkt zwar in 2.Kor 4,4 eindeutig an den Satan. Aber wenige Zeilen vorher muß das ἐπωρώθη in 3,14 wohl als passivum divinum gedeutet werden, zumal Paulus an anderer Stelle die Verstockung der Juden gegenüber der Botschaft auf Gott zurückführt. In Röm 11,8 zitiert er Dt 29,3:

„Und Gott gab ihnen
einen Geist der Betäubung,
Augen, um nicht zu sehen,
Ohren, um nicht zu hören
bis zum heutigen Tag" (Röm 11,8)

Dabei verändert er in aufschlußreicher Weise das LXX-Zitat. In Dt 29,3 lesen wir nämlich in der LXX:

„Und nicht hat euch Gott der Herr
ein Herz gegeben zum Erkennen
und Augen zum Sehen
und Ohren zum Hören
bis auf diesen Tag"

Paulus ersetzt das „verstockte Herz" durch den „Geist der Betäubung" aus Jes 29,10. Außerdem unterstreicht er die zeitliche Begrenzung der Verstockung durch Einfügung eines σήμερον. Der entscheidende neue Akzent ist: Eine „Betäubung" ist etwas Vorübergehendes, das

---

[58] Zur ganzen Frage vgl. E. R. DODDS: Die Griechen und das Irrationale, Darmstadt 1970 (engl. 1951), Kap. I: „Die Rechtfertigung des Agamemnon."

„Herz" dagegen etwas Konstantes (trotz des von Gott verheißenen neuen Herzens: Hes 36,26; 11,19). Die nichtsehenden Augen und nichthörenden Ohren sind Folge der Betäubung; sie sind anders als in der LXX nicht durch καὶ nebeneinandergeordnet, sondern müssen als Apposition zum „Geist der Betäubung" verstanden werden. Paulus ist daran gelegen, die ablehnende Haltung der Juden gegenüber dem Evangelium auf einen variablen Faktor zurückzuführen. „Verstockung" meint bei ihm kein endgültiges Urteil über andere Menschen[59].

Wenn Paulus in 2.Kor 3 seine eigene kognitive Dissonanz bearbeitet, so wird man dem polemischen Motiv im Text keinen alles bestimmenden Rang zugestehen. Paulus setzt sich vor allem mit sich selbst auseinander; denn sein Verhältnis zum Judentum ist immer auch ein Verhältnis zu seinem eigenen Leben. Paulus läßt an dieser Selbstbezogenheit seiner Ausführungen keinen Zweifel. Thema des ganzen Abschnittes ist sein Apostolat, seine Aufgabe, seine Rolle. Fast entschuldigend sagt er: „Wir predigen nicht uns selbst, sondern Jesus Christus als Herrn, uns selbst aber als eure Sklaven um Jesu willen" (2.Kor 4,5). Was aber will Paulus im Hinblick auf sich selbst?

Paulus will die kognitive Dissonanz zwischen seiner Entscheidung gegen seine ehemalige Lebensform und seiner bleibenden Wertschätzung des Alten Testaments – als des Inbegriffs dieser Lebensform – überwinden. Es gelingt ihm, das Alte Testament so zu lesen, daß es seine Entscheidung deckt, ja erfordert, indem er das Bild vom Mosedienst kognitiv umstrukturiert. Diese Umstrukturierung geschieht nicht im Zuge einer Distanzierung vom Judentum, sondern umgekehrt: Angesichts schon vollzogener Distanzierung vom Judentum sucht Paulus die Kontinuität mit ihm aufrechtzuerhalten.

Hatten wir unter lerntheoretischem und psychodynamischen Aspekt den Wandel in der äußeren und inneren Welt des Paulus betont, so macht die Analyse kognitiver Aspekte darauf aufmerksam, daß Paulus über den Wandel hinweg spontan nach einer Kontinuität sucht, die dem Leben Zusammenhang und Sinn verleiht. Der Bruch mit der alten Lebensform stellt ihn vor die Aufgabe, nach dem zu suchen, was Identität im Wandel ermöglicht. Paulus sucht nach einer Aneignung seiner Vergangenheit. Diese Suche nach Integration der Vergangenheit läßt sich nicht nur als Beseitigung einer „Störung" oder als Dissonanzreduktion interpretieren. Sie hat auch eine positive Seite. Auffassungen, welche dem Menschen eine spontane Selbstverwirklichungstendenz

---

[59] Damit setzt Paulus gegenüber dem Urchristentum einen neuen Akzent: Der Verstockungsgedanke hat bei ihm nicht die Funktion, die Aussichtslosigkeit der Mission zu rechtfertigen. Verstockung soll nicht die Umkehr unmöglich machen, was in Mk 4,12 (= Jes 6,9f.) parr. und Joh 12,40; Apg 28,26, anklingt.

zuschreiben, werden hier nicht nur die Überwindung eines Nachentscheidungskonfliktes sehen, sondern ein positives Streben danach, widerstreitende Aspekte des eigenen Lebens zu integrieren. Christus als Eikon Gottes und Symbol des Selbst stellt positiv vor die Aufgabe, die jüdische Vorzeit zu integrieren. Paulus schreibt im Hinblick auf die Existenz in Christus in Gal 3,28: „Hier gibt es nicht Juden noch Griechen, nicht Sklaven noch Freie, nicht Mann noch Frau. Denn alle sind einer in Christus." Auch wenn Paulus den Eikon-Begriff nicht verwendet, so ist er doch vorausgesetzt. Denn die Wendung ἄρσεν καὶ θῆλυ stammt aus Gen 1,17: „Gott schuf den Menschen, nach dem Bilde Gottes schuf er ihn, ἄρσεν καὶ θῆλυ schuf er sie." Zur Eikon Gottes gehört für ihn die Einheit dessen, was sonst in Polaritäten auseinanderfällt. Wenn die Hülle fällt und der Mensch in die Eikon Gottes verwandelt wird, dann bedeutet das nicht Absage an die jüdische Vorzeit, sondern deren Einbeziehung in das eigene Selbstverständnis. Und das gilt nicht nur für Paulus. Paulus stellte diesen Prozeß nicht dar, wenn er ihn nicht repräsentativ für die Christen überhaupt hielte. Für alle Christen gilt: Solange sie nicht jüdisches wie heidnisches Erbe integriert haben, sind sie noch nicht in die Eikon Gottes verwandelt. Solange liegt auch auf ihrem Herzen noch eine Hülle.

Exkurs zu 1.Kor 11,3–16:
Die Hülle auf dem Kopf der Frau

Die Auseinandersetzung um die „Hülle" des Mose und das „verhüllte" Evangelium des Paulus hat wahrscheinlich eine Vorgeschichte. Wenigstens werden die Korinther bei der Lektüre von 2.Kor 3 unwillkürlich an den Streit um die Kopfbedeckung der Frauen gedacht haben, den Paulus mit so merkwürdigen Argumenten in 1 Kor 11 entschieden hatte. Hier wie dort geht er von denselben Prämissen aus: Das unbedeckte Haupt symbolisiert ein unmittelbares Verhältnis zu Gott. Hier wie dort wird die Hülle zur göttlichen δόξα und εἰκών in Beziehung gesetzt: Der Mann ist Doxa und Eikon Gottes und darf deshalb keine Hülle auflegen (1.Kor 11,7). Die unverhüllten Christen sehen die Doxa und Eikon Gottes (2.Kor 3,18). Die Hülle auf dem Kopf symbolisiert dagegen Distanz, sei es bei Frauen (1.Kor 11,7), sei es bei Mose (2.Kor 3,7.12). Die Begriffe sind zwar verschieden: κάλυμμα begegnet nicht in 1.Kor 11[1]; aber es kommt nicht auf die Begriffe an. Die Funktion ist

---

[1] „Kalymma" begegnet als varia lectio zu ἐξουσία (V. 10), zudem in der lateinischen Überlieferung. Dafür finden wir von demselben Stamm abgeleitete Verben und Adjektive. Kalymma konnte den Frauenschleier bezeichnen (vgl. Homer Il 24,93; Aischyl Ag

vergleichbar. Ehe wir daraus weitreichende Schlüsse auf den Symbolgehalt der „Hülle" in 1.Kor 11 ziehen, müssen wir drei Fragen klären: 1. Wie verhält es sich mit dem allgemeinen Brauch in der hellenistisch-römischen Antike? War Verschleierung Pflicht? 2. Welche Motive stehen hinter der Entwicklung in Korinth? Warum treten dort Frauen „unverhüllt" auf? 3. Welche Motive bestimmen die Reaktion des Paulus in 1.Kor 11? Erst wenn wir den historischen Kontext erhellt haben, können wir beurteilen, ob die Hülle auf dem Kopf der Frau psychodynamisch ähnlichen Symbolgehalt hat wie die Decke des Mose – nämlich Hinweis auf die Grenze zwischen bewußten und unbewußten Teilen des menschlichen Lebens zu sein.

1. Der allgemeine Brauch

Leider läßt uns Paulus darüber im unklaren, an welche Art Kopfbedeckung er in 1.Kor 11 gedacht hat. Sehen wir einmal von Haarband, Diadem und Stephane ab, bei denen der größte Teil des Kopfes unverhüllt bleibt, so lassen sich drei Grundformen einer weiblichen Kopfbedeckung unterscheiden:

1. Der Kopfumhang ist die gewöhnliche Art der „Verschleierung". Dazu bedarf es keines besonderen Kleidungsstückes. Vielmehr wird das Himation einfach über den Hinterkopf gezogen. In dieser Aufmachung haben sich unzählige Frauen auf ihren Familiengräbern porträtieren lassen. Das Gesicht bleibt dabei offen. Jedoch kann das Himation gegebenenfalls auch weit vorgezogen werden. So heißt es einmal von den Frauen Thebens, die Hülle des Gewandes auf ihrem Kopfe bedecke wie bei einer Maske fast das ganze Gesicht[2]. Ähnliches meint wohl Dio Chrysostomos, wenn er die tarsische Kleidersitte lobt[3]: „Tracht und Gang sind derart, daß niemand auch nur ein kleines Stückchen von Gesicht und Körper sieht und auch die Frauen selbst außer dem Weg nichts sehen" (or. 33,48). Ausdrücklich ist an beiden Stellen von einem

---

1178; Eur IphTaur 372; Aristoph Lys 530ff.; Dikaearch de Graecias urbibus 18 = FHG II, S. 259). Bei der Lektüre von 2.Kor 3 lag daher eine Assoziation von 1.Kor 11 nahe.

[2] Vgl. Dikaearch 18f. (s. Anm. 1): „Bei den Frauen von Theben ist die Kopfbedeckung durch die Kleidung (τὸ τῶν ἱματίων ἐπὶ τῆς κεφαλῆς κάλυμμα) so beschaffen, daß man den Eindruck hat, das ganze Gesicht sei wie durch eine kleine Maske erfaßt. Denn einzig und allein die Augen scheinen durch, die übrigen Teile des Gesichts werden mit der Kleidung ganz verdeckt. Das Haar ist blond und wird bis zum Scheitel aufgebunden, was die Einheimischen „Lampidion" (kleine Fackel) nennen."

[3] H. CONZELMANN, 1.Kor, 218 A. 40 meint, Dio Chrysostomos beklage den Verfall der Verschleierungssitte. Das Gegenteil ist der Fall: Dio registriert den Fortbestand dieser Sitte bei gleichzeitigem allgemeinen Sittenverfall: „So gehen die Frauen zwar mit verhüllten Gesichtern, aber mit unverhüllter, weitgeöffneter Seele" (or 33,48).

Himation die Rede. In der Regel aber wird das Himation offen getragen, sonst hätte man den abweichenden Brauch nicht so sorgfältig registriert.

2. Daneben gibt es einen kürzeren „Schleier", der bis auf die Schultern reicht. Er läßt sich auf den Fresken der Synagoge von Dura-Europos gut von dem über den Kopf gezogenen Himation unterscheiden[4]. In der griechischen Literatur begegnet ein Schleier bei Homer als κρήδεμνον (Il 14,184; Od 1,334; 4,623 u.ö.), später als καλύπτρη und κάλυμμα (vgl. Aischyl Ag 1178). In urchristlicher Zeit konnte er vielleicht auch μίτρα genannt werden[5]. Dieser Schleier ist wesentlich seltener auf Abbildungen zu finden als der Kopfumhang[6].

3. Einen dritten Typ der Kopfbedeckung bildet die Haube, meist aus einem Tuch gewickelt[7]. Eine aus Kleinasien stammende Kopfhaube wurde Mitra genannt. Ebenso nennt die LXX und andere hellenistisch-jüdische Schriften den „Turban" des Hohenpriesters (vgl. Ex 29,6; Lev 8,9; Philo vit Mos 2,116; TestLev 8,2; Arist 98). Aber auch eine besonders festliche Kopfbedeckung der Frau heißt Mitra: Judith legt sie an, um Holofernes zu verführen (Judt 10,3; 16,8), Jerusalem soll sie anstelle eines Trauergewandes anlegen (Bar 5,2). Die festlich geschmückte Kirche erscheint dem Hermas mit einer „Mitra" als Hülle (Herm vis 4,2,1)[8].

Paulus kann m.E. in 1.Kor 11,3 ff. nur an ein über den Kopf geschobenes Himation gedacht haben. Er spricht nämlich in 11,15 im Zusammenhang mit der Kopfbedeckung der Frau von einem περιβόλαιον, ein Begriff der weitgehend mit ἱμάτιον synonym ist (vgl. LXX Ps 101,27 = Hebr 1,11f.). Das Himation war zudem die übliche, ja, weithin die einzige Form in Griechenland und Rom, sich zu verschleiern. Hätte Paulus eine der ungewöhnlicheren Schleierformen gemeint, so hätte er sich präziser ausdrücken müssen. Er benutzt jedoch nirgends einen

---

[4] Vgl. C. H. KRAELING, The Synagogue, 159f. A. 593. Er hält wohl mit Recht den langen Schleier für das Himation: „To bring the palla or the himation over the head was virtually the only form of ‚veiling' used by women in Greece and Rome. Where ‚veils' are referred to in literary texts, usually with a loose use of the term mitra, the allusion is often to Orientals."

[5] Vgl. H. BRANDENBURG: Studien zur Mitra. Fontes et Commentationes 4, Münster 1966, 60 A. 32.

[6] Bei J. INAN/E. ALFÖLDI-ROSENBAUM: Römische und frühbyzantinische Porträtplastik aus der Türkei, Neue Funde, 2 Bde, Mainz 1979, fand ich nur einen ‚Schleier', der eindeutig kein Himation war, und zwar bei einer Isispriesterin (Nr. 222), dagegen 22mal das Himation als Kopfbedeckung.

[7] Vgl. H. BRANDENBURG, Mitra, 53–66, 102–127. Da die Mitra ein Kopftuch war, das zur Haube gebunden oder als Binde getragen wurde, konnte das Tuch auch als Schleier benutzt werden. So erklärt sich vielleicht der etwas lockere Sprachgebrauch (S. 102f.).

[8] Neben den skizzierten drei Grundtypen wäre noch auf das „Kekryphalos" hinzuweisen, aller Wahrscheinlichkeit nach ein Haarnetz; vgl. Der kleine Pauly III, 176 und 1365.

substantivischen terminus technicus für das Kleidungsstück. Auch das wäre beim Himation verständlich. Denn hier handelt es sich ja nicht speziell um einen Schleier, sondern um ein Kleidungsstück, das jeder über dem Chiton trug. Nicht das Vorhanden- oder Nichtvorhandensein des Kleidungsstückes, sondern sein Gebrauch steht zur Diskussion, nicht ein spezielles κάλυμμα, sondern das κατακαλύπτεσθαι. Unsere Hypothese klärt eine weitere Merkwürdigkeit des Textes: Anlaß des Problems war in Korinth das Verhalten einiger Frauen. V. 13 nimmt nur auf Frauen Bezug: „Ist es schicklich, daß eine Frau unbedeckt zu Gott betet?" Paulus diskutiert aber nicht nur das Verhalten der Frauen, sondern – rein hypothetisch – auch das Verhalten der Männer: Was, wenn ein Mann beim Beten sein Haupt bedeckt! Oder sich lange Haare wachsen ließe! (V. 4.14). Erst danach kommt er auf das Verhalten der Frauen zu sprechen (V. 5–6.15). Abschließend bringt er sich und seine Mitarbeiter sogar als Beispiel: Sie kennten die bekämpfte Sitte nicht (V. 16). Man fragt sich etwas erstaunt, wo Paulus und seine Mitarbeiter überhaupt die Gelegenheit gehabt hätten, das umstrittene Verhalten zu zeigen: Sie führten ganz gewiß keine speziell weiblichen Kleidungsstücke im Gepäck mit! Das Nebeneinander von Männern und Frauen wird jedoch sofort verständlich, wenn es sich um den Gebrauch des Himations handelt. Denn ein Himation war sowohl Bestandteil der Männer- wie der Frauenkleidung. Es wurde nur verschieden getragen. Die Frauen verhüllten mit ihm den Kopf, die Männer ließen ihn frei. Von daher hat der Gedanke eine gewisse Logik: Wenn sich die Frauen mit dem Himation nicht mehr verhüllen – was hindert die Männer grundsätzlich daran, ihr Himation als Kopfbedeckung zu nehmen! Abschließend ein letztes Argument für das Himation: Schleier, Haube und Haarnetz mußten sorgfältig drapiert und befestigt werden. Ein Himation wurde dagegen einfach über den Kopf geschoben und konnte ohne weiteres auf die Schultern zurückfallen. Bei ihm ließ sich der Übergang von Verschleierung und Entschleierung einfach und undramatisch vollziehen. Frauen konnten verhüllt zur Gemeindeversammlung kommen und die Hülle ablegen, wenn sie beteten oder prophezeiten. Daß Frauen zum Beten und Prophezeien eine kunstvoll angefertigte Kopfbedeckung zerstören würden, halte ich für unwahrscheinlich.

Wir können uns also für die weitere Argumentation auf den Brauch beschränken, sich mit dem Himation zu verhüllen. Was diesen Brauch angeht, so läßt sich ein eindeutiges Ost–West-Gefälle nachweisen. Aufschlußreicher als literarische Aussagen ist hier der archäologische Befund. Unzählige Frauen haben sich auf Grabskulpturen porträtieren lassen. Wir können davon ausgehen, daß im Leben zulässig war, was am Grab zu beobachten ist. Am Grab verstößt man nicht gegen die Sitte.

Grabbräuche sind in der Regel weit konservativer als die begrabenen Menschen. Ein stichprobenhafter Vergleich von Grabskulpturen aus Palmyra, Kleinasien, Makedonien und Rom ergibt folgendes Bild. In Palmyra sind Frauen fast ausnahmslos verschleiert. Unverschleierte Frauen sind Mädchen[9]. Auf ca. 1000 ostgriechischen Grabreliefs aus hellenistisch-römischer Zeit (meist aus Kleinasien) fanden sich nur 15 eindeutig unverschleierte Frauenköpfe[10]. In Makedonien sind die Verhältnisse in der Kaiserzeit deutlich anders: Auf ca. 100 Grabreliefs sind nur 38 Frauen verschleiert, 63 lassen sich dagegen unverschleiert porträtieren[11]. Interessant sind die Grabreliefs römischer Freigelassener aus der späten Republik und frühen Kaiserzeit, bei denen wir eine betonte Anpassung an die „gute Sitte" vermuten dürfen: Auf 96 Gruppendarstellungen sind 43 Frauen mit einem über den Kopf gelegten Himation und 35 ohne Kopfbedeckung dargestellt[12].

Das Leben war wahrscheinlich noch freizügiger als die Begräbnissitten: Kleinasiatische Porträtplastik aus der römischen Kaiserzeit ergibt ein ganz anderes Bild als kleinasiatische Begräbnisreliefs: Unter 85 Frauenköpfen sind 47 unverhüllt, 22 haben das Himation über den Hinterkopf gezogen, der Rest ist mit Diadem, Stephane oder Haarband

---

[9] Vgl. H. INGHOLT: Studier over palmyrensk skulptur, Kopenhagen 1928, Tf. X–XVI. Nur auf Tf. XII ist der Schleier nicht über den Kopf gelegt, aber er ist dennoch vorhanden. „Sløret er tilsyneladende fastgjort bag i Nakken og falder ned derfra over hver skulder" (S. 64). Das Himation konnte in der Öffentlichkeit so weit vorgezogen werden, daß es den ganzen Kopf verhüllte; vgl. H. SEYRIG: Antiquités Syriennes 17: Bas-reliefs monumentaux des temple de Bêl à Palmyre, Syria 15 (1934) 155–186, dort S. 160 und Tf. XIX. Die Grabreliefs, die ich im Museum von Palmyra und Damaskus sehen konnte, zeigen – außer bei Mädchen – fast ausschließlich verschleierte Frauen.
[10] Vgl. E. PFUHL/H. MÖBIUS: Die ostgriechischen Grabreliefs 4 Bde, Mainz 1977/1979 Nr. 376, 379, 387, 452, 453, 549, 550, 556, 557, 581, 588, 596, 919, 929, 954. Ausgeschieden wurden Kinderporträts, z.B. 399, 524, 751 usw.
[11] A. RÜSCH: Das kaiserzeitliche Porträt in Makedonien, Jahrbuch d. dt. Arch. Inst. 84 (1969) 59–196. Aufschlußreich sind Gruppenporträts von Familien, bei denen die Frauen teils verschleiert, teils unverschleiert in derselben Familie sind; vgl. R. 10, 11, 26, 29, 34, 42, 75, 87, 94. Es war also nicht so, daß die konservativ eingestellte Familie geschlossen den Brauch beibehielt, die liberale ihn aber aufgab. Die Frage war offensichtlich in den hier dargestellten Familien kein Streitthema. Man löste das Problem toleranter als die christliche Gemeinde in Korinth.
[12] D. E. E. KLEINER: Roman Group Portraiture. The Funerary Reliefs of the Late Republic and Early Empire, New York 1977. Es handelt sich hierbei ausschließlich um Gruppenporträts von Freigelassenen in Rom. Wenn hier relativ viel Frauen verschleiert sind, so muß bedacht werden, daß sich Freigelassene wohl bewußt guter alter römischer Sitte anpaßten (vgl. S. 184–188). Aber auch der konservative Stil dieser Familien hindert sie nicht daran, sich innerhalb derselben Familie verschieden zu verhalten; vgl. Nr. 9, 60 und 91. Andere Familien verhalten sich dagegen konform: mit Kopfhülle Nr. 62 und 89; ohne Kopfhülle Nr. 80, 84, 92.

geschmückt[13]. Man kann daher nicht behaupten, es habe in Griechenland einen sozialen Zwang gegeben, der die Kopfbedeckung der Frau zur Pflicht machte[14]. Wenn in einigen literarischen Zeugnissen die Verschleierung der Frau gefordert wird, so steht dahinter ein konservatives Frauenideal und nicht die alltägliche Realität[15]. Uns interessieren im Hinblick auf 1.Kor 11 insbesondere zwei Fragen: Wie verhielt es sich mit der Sitte speziell in Korinth? Was läßt sich über jüdische Bräuche feststellen?

Archäologische Funde ermöglichen Aufschlüsse auch speziell über Korinth[16]. Einige unverschleierte Frauenköpfe aus römischer Zeit sind erhalten (Corinth IX Nr. 160, 163, 221, 222). Ansonsten finden wir Frauen mit Mütze (Corinth IX, 164), Diadem (Corinth XII, 399, 401, 402, 404 – alle aus römischer Zeit) und über den Kopf gezogenes Himation (Corinth XII, 391). Eine deutlich verschleierte Frau aus hadrianischer Zeit ist auf einem Relief erhalten, das unverkennbar (kriegsgefangene?) Barbaren darstellt (Corinth IX, 224 vgl. S. 106f.). Besondere Erwähnung verdienen im Hinblick auf 1.Kor 11 zwei Männerstatuen mit über dem Kopf gezogener Toga. Die erste Statue stellt Augustus dar (Corinth IX, 134). Die Kopfbedeckung zeigt an, daß er ein Opfer nach römischer Sitte vollzieht[17]. Ähnlich zu deuten ist ein zweiter Männerkopf, auf dem möglicherweise Nero, der Sohn des Ger-

---

[13] Vgl. J. INAN/E. ALFÖLDI-ROSENBAUM, Porträtplastik: Aus der frühen Kaiserzeit stammen folgende Porträts mit unverhülltem Kopf: Nr. 124, 174, 175, 176, 238, 277; aus dem 2. Jahrhundert Nr. 240, 270, 282, 288, 330, 339, 342; Frauen mit hochgezogenem Himation aus der frühen Kaiserzeit: Nr. 265, 281(?), 310, 328, 329; aus dem 2. Jahrhundert Nr. 93, 167, 214, 225–227, 229, 239, 241, 257, 286, 311, 326. Regional ergeben sich keine auffallenden Unterschiede innerhalb Kleinasiens.

[14] So zuletzt L. SCHOTTROFF: Frauen in der Nachfolge Jesu in neutestamentlicher Zeit, in: Frauen in der Bibel (hrsg. W. Schottroff und W. Stegemann), München 1980, 91–133, S. 120: Die Frauenparänese in 1.Kor 11,2–16 sei „eine von außen aufgezwungene Schutzhaltung". Es kann sich jedoch nicht um Anpassung an die heidnische Umwelt Griechenlands handeln. Paulus beruft sich wohl auf die Sitte – aber nicht auf die Sitte der Umwelt, sondern die Sitte der christlichen Gemeinden.

[15] So mit Recht L. SCHOTTROFF, Frauen, 131f. A. 83: Nach Plutarch entspricht es mehr der Sitte, wenn die römische Frau in der Öffentlichkeit den Kopf bedeckt (quaest rom 14). Der Komparativ συνηθέστερον spricht für sich: Es war keinesfalls wider die Sitte, ohne Himation über dem Kopf in der Öffentlichkeit zu erscheinen. Das galt wohl auch für die römische Kolonie Korinth. Ovid am 1,31–34 ist gewiß kein Zeugnis für die allgemeine Sitte. Wenn C. Sulpicius Gallus sich von seiner Frau scheidet, weil sie mit unbedecktem Kopf in der Öffentlichkeit gesehen worden sei, so ist das ein überaus rigides Urteil (Valerius Maximus VI, 3,10).

[16] Vgl. F. P. JOHNSON: Corinth. Results of Excavations IX: Sculpture 1896–1923, Cambridge Mass. 1931, und G. R. DAVIDSON: Corinth. Results of Excavations XII: The Minor Objects, Princeton 1952.

[17] Vgl. F. P. JOHNSON, Corinth IX, S. 72.

manicus, abgebildet ist (Corinth IX, 137). Daß gerade aus neutestamentlicher Zeit zwei dieser seltenen Darstellungen aus Korinth erhalten sind, mag Zufall sein. Unwillkürlich muß man an die Aussage des Paulus denken, daß für Männer ein bedecktes Haupt eine Schande sei. Mußten die Adressaten in Korinth nicht spontan an die ihnen wohl bekannte Statue des Augustus denken? Auf jeden Fall läßt sich so viel sagen: Korinth paßt sich in das allgemeine Ost–West-Gefälle ein. Die spärlichen Relikte weisen nicht auf einen sozialen Zwang zur Verschleierung.

Das allgemeine Ost–West-Gefälle gilt wahrscheinlich auch für das Judentum. Auf den Fresken der Synagoge von Dura-Europos sind nahezu alle Frauen verschleiert. Die drei Ausnahmen erklären sich relativ leicht[18]. Dagegen ist uns aus Pannonien der Familiengrabstein eines Anastasius, seiner Frau Decusana und deren Sohn Benjamin erhalten[19]. Zwischen ihren Köpfen ist die Menorah angebracht. Es handelt sich um fromme Juden. Dennoch haben sie sich porträtieren lassen – und damit das zweite Gebot übertreten. Aber auch sonst sind sie frei: Von einer Kopfbedeckung der Frau ist nichts zu erkennen!

2. *Die Entwicklung in Korinth*

Warum konnte die „Verschleierung" der Frau überhaupt zum Problem werden? Es handelt sich ja nicht um eine allgemeine Zurückweisung des Brauchs, daß Frauen eine Kopfbedeckung tragen. Das Problem ist vielmehr auf den Gottesdienst beschränkt, genauer, auf „betende und prophezeiende Frauen", also auf Frauen in einem pneumatischen Zustand. Verloren sie in der Ekstase die Kontrolle über ihre Kleidung, so daß der über den Kopf gelegte Umhang auf die Schultern rutschte? Steckte hinter allem eine bewußte Theologie? Orientierten sich einige Frauen am Vorbild anderer Kulte?

Was wir von anderen Kulten wissen, ist wenig, aber genug, um eine Erklärung des korinthischen Verhaltens als Anpassung an andere Kulte

---

[18] Es handelt sich 1. um die Pharaotochter, die gerade ein Bad nimmt und daher überhaupt unbekleidet ist (vgl. C. H. KRAELING, The Synagogue, Tf. IX), 2. um eine hinter Ester stehende Frau, wahrscheinlich eine „maid or lady-in-waiting" (so C. H. KRAELING, The Synagogue, Tf. VI, dazu S. 160) und 3. wohl um die Mutter des Mose, die ihr Kind aussetzt (vgl. C. H. KRAELING, Tf. IX, dazu S. 173f.). Es sollte noch erwähnt werden, daß die mehr als Ornament dienenden Frauenköpfe, die kein Bestandteil der biblischen Illustrationen sind, ohne Schleier sind.

[19] Abbildung bei B. KANAEL: Die Kunst der antiken Synagoge, München 1961, Abb. Nr. 57: „Es ist dies die einzige jüdische Bildnisgruppe auf einem Grabstein der römischen Periode, die bisher bekannt ist" (S. 70). Nach E. MARMORSTEIN: The Veil in Judaism and Islam, JJSt 5 (1954) 1–11 war die Jüdin in der Stadt verschleiert.

wenig überzeugend erscheinen zu lassen. In Frage kommen der Dionysos-, der Demeter- und der Isiskult.

1. In der dionysischen Ekstase lösten die Frauen ihre Haare auf, aber sie waren mit Efeu bekränzt. Unverhüllten Hauptes waren sie gerade nicht! Auf den Fresken der Villa Item in Pompeji, die oft auf eine dionysische Einweihungsfeier gedeutet werden, hat die Initiantin aufgelöstes Haar, aber die Deutung auf dionysische Mysterien ist umstritten. Es könnte sich um ein Hochzeitsritual handeln[20].

2. Über die Kleidung im Demeterkult wissen wir aus der Inschrift von Andania (Ditt Syll 736) gut Bescheid. Hier finden sich ausführliche Bestimmungen über die Kleidung der am Kult teilnehmenden Frauen. Sie laufen darauf hinaus, demonstrativen Luxus auszuschließen: „Es soll keine goldenen Schmuck, Schminke, Stirnband, geflochtene Haare noch Sandalen tragen." Ein Schleier wird nicht ausdrücklich erwähnt. Kann man daraus schließen, daß er verboten war bzw. daß unverschleierte Frauen am Kult teilnahmen[21]? Das ist keineswegs sicher. Folgende Argumente sind zu bedenken

(a) Die Inschrift erwähnt ausdrücklich das Himation der Frauen (Z. 12–16). Dies konnte jederzeit über den Kopf gezogen werden. Solch ein Schleier fiel bestimmt nicht unter das Verbot von Luxusschmuck[22]!

(b) Uns ist eine Inschrift vergleichbaren Inhalts aus Lycosura in Arkadien erhalten (Ditt Syll 939). Auch sie verbietet jeden Schmuck, z. B. ein Himation in Purpurfarbe oder mit geblümtem Muster. Hier steht nun neben dem Verbot geflochtener Haare ausdrücklich μηδὲ κεκαλυμμένος (wobei unklar ist, ob sich letztere Bestimmung auf Frauen oder Männer bezieht)[23]. Bezieht sich das κεκαλυμμένος auf Männer, so könnte indirekt erschlossen werden: Die Frauen dürfen verschleiert vor der Göttin Despoina (um deren Kult es sich handelt) erscheinen. Bezieht sich der Ausdruck auf Frauen, so könnte man aus dem Fehlen einer entsprechenden Bestimmung in Andania erschließen, daß die Frauen dort mit Kopfhülle auftreten konnten[24].

---

[20] Vgl. J. LEIPOLDT: Umwelt des Urchristentums III: Bilder aus dem neutestamentlichen Zeitalter, Berlin 1967, Nr. 52–54. Zweifel an der Deutung auf Mysterien äußert R. WINKES: Zum Illusionismus römischer Wandmalerei der Republik, ANRW I,4, Berlin 1973, 927–944, S. 931 ff.

[21] So vor allem S. LÖSCH: Christliche Frauen in Corinth (1 Cor. 11,2–16), ThQ 127 (1947) 216–261, und H. CONZELMANN, 1.Kor, 218.

[22] S. LÖSCH, Christliche Frauen, 248 f., erklärt das Verbot geflochtenen Haares als Ablehnung jeder Bindung an einen anderen Gott. Dafür fehlt jeder Hinweis in den Kleidungsvorschriften. Sie wenden sich eindeutig gegen prachtvolle Kleidungen. Die einfache Kleidung archaischer Zeiten wurde hier vielleicht zum Zeichen des Heiligen.

[23] Vgl. die Diskussion bei S. LÖSCH, Christliche Frauen, 241 f.

[24] Zu bedenken ist ferner: Die Kleidungsvorschriften von Andania betreffen Mädchen und Frauen. Der Schleier ist Zeichen der verheirateten Frau. Das Schweigen über

(c) Zu bedenken ist ferner, daß Demeterpriesterinnen sich in Kleinasien mit einem kurzen Schleier porträtieren lassen. Dieser Schleier ist nicht mit dem Himation identisch (vgl. Pfuhl/Möbius Nr. 403, 407, 409, 410).

(d) Eine grundsätzliche Ablehnung des Schleiers im Demeterkult ist schon deshalb ausgeschlossen, weil der Myste bei der Initiation völlig verhüllt ist (Leipoldt, Bilder Nr. 31, 32, 34). Jedoch könnte man daraus auch erschließen: Also ist der Eingeweihte „enthüllt".

3. Beim Isiskult in Korinth hatten die Frauen „das salbenfeuchte Haar mit einem lichten Tuch verhüllt, die Männer das Haar völlig abgeschoren" (Apul met XI,10). Aber eine Isisverehrerin namens „Isias" aus Smyrna läßt sich Anfang des 2. Jahrhunderts n.Chr. ohne Kopfbedeckung porträtieren[25], während eine Isispriesterin einen kurzen Schleier (aber kein Himation) trägt[26].

Die Annahme eines Einflusses fremder Kulte ist auch im Hinblick auf die Argumentationsweise des Paulus unwahrscheinlich. Können wir doch im 1.Kor gut beobachten, wie Paulus Analogien zwischen christlichen und heidnischen Erscheinungen polemisch oder argumentativ nutzt (vgl. 1.Kor 10,14ff.; 12,2)! In 1.Kor 11,2–16 gibt er jedoch nicht den geringsten Hinweis auf eine Verbindung zwischen Kopfbedeckungsfrage und heidnischen Kulten. Wie gut hätte er eine solche Verbindung ausnutzen können! Hätte sie ihn nicht all der argumentativen Schwächen enthoben, die er selbst zu spüren scheint?

Unabhängig davon, auf welche Einflüsse das Verhalten christlicher Frauen in Korinth historisch zurückzuführen ist, können wir doch über seine Bedeutung innerhalb der Gemeinde Aussagen machen. Die Abnahme der Kopfbedeckung mußte „emanzipatorisch" verstanden werden. Denn eben diese Bedeutung hat die Abnahme des Kalymmas in Aristophanes' Lysistrata. Hier greifen die Frauen bewußt in die Politik ein und beanspruchen ein Mitspracherecht in den öffentlichen Angelegenheiten – insbesondere bei der Entscheidung über Krieg und Frieden. In diesem Zusammenhang wird das „Kalymma" der Frau zu einem Symbol (Aristoph Lys 530–532):

Ratsherr:	Kein Wort mehr, Verfluchte! So spricht man mit mir? Vor der Haube (κάλυμμα) da soll ich verstummen auf dem Kopf? Nein, lieber den Tod!
Lysistrata:	Wenn dies allein dir noch Skrupel macht, dann komm und empfang die Haube (κάλυμμα) von mir. Da nimm nur und setze sie dir auf den Kopf! So! So! und schweig mir hübsch still!

---

eventuell mögliche Kopfbedeckungen ermöglicht es, die Kleidungsvorschriften ganz allgemein zu formulieren.
[25] Vgl. E. Pfuhl/H. Möbius, Grabreliefs, Nr. 376.
[26] Vgl. J. Inan/E. Alföldi-Rosenbaum, Porträtplastik, Nr. 222.

Bemerkenswert ist hier der Zusammenhang zwischen „Schweigen in der Öffentlichkeit" (d. h. in öffentlichen Angelegenheiten) und „Kalymma". Es soll nun keineswegs behauptet werden, die christlichen Frauen in Korinth hätten es bewußt der Lysistrata nachgemacht. Die Analogie beleuchtet nur, wie ihr Vorgehen auf einige gewirkt haben wird.

Ihr Vorgehen läßt sich im übrigen ausreichend aus inneren Ursachen heraus erklären. Da Paulus selbst die korinthische Gemeinde aufgebaut und geprägt hat, ist es möglich, daß einige korinthische Frauen die Konsequenzen aus einem spezifisch paulinischen Ansatz gezogen haben. Bekannt ist die radikal klingende Äußerung in Gal 3,27f.: „Die in Christus getauft werden, haben Christus angezogen. Es gibt nicht mehr Juden und Griechen, Sklaven und Freie, nicht Männliches und Weibliches. Denn ihr seid alle einer in Christus."[27] Hier wird die Kleidersymbolik auf den Taufvorgang angewandt. Der Täufling hat alle Kleider abgelegt und zieht Christus als neues Kleid an. Das neue Kleid ist nicht geschlechtsspezifisch. Gewiß war das metaphorisch gemeint. Aber lag es nicht nahe, daraus konkrete Folgerungen zu ziehen und auf bestimmte Geschlechtsrollensymbole „in Christus" zu verzichten? Mußte Paulus vielleicht Konsequenzen seiner eigenen Verkündigung korrigieren? Das ist möglich. Paulus deutet nämlich in 1.Kor 11,2f. selbst eine solche Korrektur an[28]. Zunächst lobt er die Korinther dafür, daß sie an den Überlieferungen festhalten (V. 2); dann fährt er jedoch fort: „Ich will euch aber wissen lassen..." (V. 3), als müsse er das an und für sich lobenswerte Festhalten an der Überlieferung in die rechte Bahn lenken. Vorausgesetzt wäre, daß die Korinther tatsächlich eine Gal 3,27f. vergleichbare Tradition kannten. Zwei Indizien deuten darauf hin.

Erstens zitiert Paulus in 1.Kor 12,13 die hinter Gal 3,27f. stehende Tradition, ohne anzudeuten, daß er damit etwas Neues einführt. Der Gedanke begegnet als Begründung für die Leib-Christi-Symbolik, als appelliere Paulus an eine allen vertraute Vorstellung: „Denn wir alle sind in einem Geist und in einen Leib getauft, sei es nun Juden oder Griechen, Sklaven oder Freie. Und alle werden wir mit einem Geist getränkt." Abweichend von Gal 3,28 erwähnt er nicht die Überwindung der geschlechtlichen Unterschiede – verständlicherweise, falls eben dieser Gedanke in Korinth Probleme verursacht hatte[29].

---

[27] Daß hier Tradition vorliegt, ist im Hinblick auf die weite Verbreitung des Gedankens wahrscheinlich; vgl. Kol 3,11; 1.Kor 7,19; Gal 5,6; 6,15; MartPetri 9; ThomEv 22; 2.Clem 12,2; Clem Al strom 3,13; 92,2; vgl. H. PAULSEN: Einheit und Freiheit der Söhne Gottes – Gal 3,26–29, ZNW 71 (1980) 74–95, bes. 77ff.

[28] So J. JERVELL, Imago Dei, 292–295.

[29] Vgl. J. JERVELL, Imago Dei, 294. Man kann jedoch auch umgekehrt die Erwähnung

Zweitens bringt er auch in 1.Kor 11 einen Gedanken, der Gal 3,28 nahesteht, logisch aber nicht in den Kontext hineinpaßt[30]. Zunächst hatte Paulus die Unterordnung der Frau behauptet: Frau – Mann – Christus – Gott sind einander jeweils so zugeordnet wie der Körper seinem Haupte (V. 3). In V. 7 bekräftigt er diese hierarchische Ordnung, ohne Christus zu erwähnen. Dann aber scheint er alles zurückzunehmen: „Doch ist im Herrn weder die Frau ohne den Mann noch der Mann ohne die Frau." (V. 11) Gewiß bleibt diese Formulierung hinter Gal 3,28 zurück[31]. Aber auch in ihrer abgeschwächten Form paßt sie ganz und gar nicht zur Argumentationstendenz in 1.Kor 11. Vielleicht haben sich die korinthischen Frauen auf diesen von Paulus stammenden Gedanken berufen. Wollte Paulus nicht unglaubwürdig werden, mußte er ihn – im Prinzip – anerkennen.

Die Entwicklung in Korinth läßt sich unabhängig von äußeren Vorbildern erklären. Vielleicht war betenden und prophezeihenden Frauen

---

der Polarität „Mann–Frau" in Gal 3,28 mit der galatischen Situation in Zusammenhang bringen. Das zentrale galatische Problem, die Beschneidungsforderung, betraf ja nur die Männer. Wenn es in Christus keine geschlechtlichen Unterschiede gibt, so war auch die Beschneidungsforderung hinfällig. Mit der Ablehnung der Beschneidung als einer Bedingung für Heidenchristen tut Paulus gewollt oder ungewollt einen Schritt zur religiösen Gleichstellung von Mann und Frau, mag er auch sonst noch so patriarchalisch denken.

[30] Deswegen an Interpolationen zu denken, ist m.E. ungerechtfertigt. Gegen W. O. WALKER: 1. Corinthians 11,2–16 and Paul's Views Regarding Women, JBL 94 (1975) 94–110, und L. COPE: 1.Cor 11,2–16. One Step Further, JBL 97 (1978) 435–436.

[31] Gal 3,28 argumentiert mit einem von Gen 1,26f. inspirierten Gedanken gegen die empirische Wirklichkeit: Christus ist Eikon Gottes, in dem die Unterschiede von Mann und Frau überwunden sind. In 1.Kor 11,7–8.11–12 greift Paulus dagegen eine Tradition auf, die zwischen Gen 2 und der empirischen Wirklichkeit unterschied: „Ehedem wurde Adam aus Eva geschaffen und Eva wurde aus Adam geschaffen; von da an und weiter (werden die Menschen gebildet) durch unser Bild nach unsrer Ähnlichkeit, nicht ein Mann ohne ein Weib und nicht ein Weib ohne einen Mann und nicht beide ohne die Schechina" (GenR 22 (14^d) = BILLERBECK III, 140). Paulus bezieht sich in V. 8 9 auf den Schöpfungsbericht (vgl. ἐκτίσθη). V. 11 ist dann Korrektur von V. 8, wo Paulus noch behauptet hatte, der Mann sei nicht aus der Frau entstanden. V. 12 sagt dasselbe wie V. 11: alle Menschen sind ἐκ τοῦ ἀνδρός und διὰ τῆς γυναικός entstanden. Daß der Mann nicht „ohne Frau" ist und umgekehrt (V. 10) muß dann auf den natürlichen Zeugungs- und Geburtsvorgang bezogen werden, weswegen χωρὶς nicht mit „verschieden" übersetzt werden kann (gegen J. KÜRZINGER: Frau und Mann nach 1.Kor 11,11f., BZ 22 (1978) 270–275), eher wie in Joh 1,3 mit „ohne Mitwirkung von". Auch Paulus differenziert also zwischen der einseitigen Erschaffung Evas aus Adam (V. 8f.) und der Zeugung aller folgenden Menschen durch zwei Eltern (V. 11f.). Die hinter V. 8f. und 11f. stehende Differenzierung zwischen Adam und den folgenden Generationen wird aber durch ein ἐν κυρίῳ christianisiert. Es ist schwer zu sagen, woran Paulus hier gedacht hat. Spielt er Gen 1,26f. gegen Gen 2 aus? Denn Christus ist ja die Eikon Gottes, die in Gen 1,26f. erwähnt wird und nach der Mann und Frau zugleich erschaffen wurden. Wertet er im Lichte dieser Überzeugung die empirisch konstatierbare gegenseitige Abhängigkeit bei der Fortpflanzung als ein Geschehen ἐν κυρίῳ auf?

ursprünglich aus trivialen Gründen das Himation auf die Schultern gerutscht. Dann wurde daraus ein Grundsatzproblem. Theologische Argumente wurden gefunden, paulinische Traditionen zitiert, die Verknüpfung des Reizes „Abnahme des Himation" und der Reaktion „Beten und Prophezeien" wurde eingeschliffen und durch mehr oder weniger einleuchtende kognitive Interpretationsakte verstärkt. Dabei konnten sich die korinthischen Frauen auf einen der wertvollsten Züge des jungen Urchristentums berufen: auf eine prinzipielle Gleichstellung der Geschlechter.

3. Die Reaktion des Paulus

Die Reaktion des Paulus ist uns ein Rätsel. Nach allem, was wir wissen, waren Frauen ohne Kopfbedeckung in Korinth kein Skandal! Dennoch argumentiert Paulus mit der Sitte. Die Stichworte καταισχύνειν (V. 4f.), αἰσχρόν (V. 6), ὀφείλει (V. 7.10), πρέπον (V. 13), ἀτιμία (V. 14) und συνήθεια (V. 16) sprechen eine deutlichere Sprache als die mißglückten theologischen Rechtfertigungsversuche von Kleidungsgewohnheiten. Auf welcher Sitte insistiert hier Paulus? Ganz gewiß nicht auf der korinthischen; eher schon auf orientalischen Sitten[32]. Aber auch die orientalische Sitte erklärt nicht alles: Wenn Paulus z. B. mit scharfen Worten die Kopfbedeckung von Männern ablehnt, so orientiert er sich eher an „westlichen" Maßstäben. Im Orient galten Kopfbedeckungen für Männer nicht als anstößig[33]; im Westen galten sie dagegen als Zeichen des effeminatus und wurden allgemein auf orientalischen Einfluß zurückgeführt[34]. Das Ost-West-Gefälle der Kleidungssitten erklärt nicht ausreichend die Reaktion des Paulus. Und selbst wenn sich in 1.Kor 11 der Orientale Paulus über die großzügigeren Sitten im Westen ereifern sollte, so bliebe das Rätsel, warum Paulus an anderer Stelle Anpassungsfähigkeit zeigt und fordert (vgl. 1.Kor 9,19–23), in der

---

[32] So A. OEPKE: Art. καλύπτω, ThW III, 563–565, dort S. 564.

[33] Vgl. die Kappen der Perser (Hdt 7,61) und die Mitra der Kissier und Babylonier (Hdt 7,62, 1,195). Für die Israeliten vgl. den schwarzen Obelisken Salmanassars III. (858–824): Dort trägt der abgebildete Israelit eine Zipfelmütze (Abbildung in BHH, 964). Vgl. zur männlichen Kopfbedeckung in Israel allgemein dtv-Lexikon: Die Bibel und ihre Welt, 873.

[34] Vergil nennt einen Mann mit Mitra semivir (Verg Aen 4,215). Servius kommentiert mit den Worten quibus effemniatio crimini dabatur, etiam mitra eius adscribebatur (Serv Aen 4,215). Daher konnte der Vorwurf des Mitratragens in der Polemik begegnen (z.B. Cic har resp. 44). Weitere Stellen bei H. HERTER: Art. Effeminatus, RAC IV, 620–650, dort 631. Anstößig ist es natürlich auch, wenn das Himation über den Kopf des Mannes gezogen wird (Plut. mor 200F).

unwichtigen Kleidungsfrage jedoch mit bestürzender Rigidität und „unterchristlicher Schwäche"[35] argumentiert!

Zunächst einmal ist festzustellen: Paulus insistiert auf einem differenzierenden Geschlechtsrollensymbol. Ihn interessiert nicht die Kopfbedeckung an sich, sondern der Gegensatz zwischen männlichem und weiblichem Verhalten. Daher konfrontiert er über den unmittelbaren Anlaß hinaus das weibliche immer mit dem korrespondierenden männlichen Verhalten. Als Geschlechtsrollensymbole dienen ihm 1. das unverhüllte Haupt und kurze Haar des Mannes, 2. der verhüllte Kopf und das lange Haar der Frau. Die Vehemenz, mit der er diese konventionellen Geschlechtsrollensymbole verteidigt, läßt sich nur verständlich machen, wenn diese Symbole für ihn „überdeterminiert" sind. Für Paulus hängt an ihnen die Geschlechtsrollendifferenzierung überhaupt. Daher macht er aus einem harmlosen Symbol eine theologische Grundsatzfrage.

a) Die männlichen Geschlechtsrollensymbole

Warum hält es Paulus eigentlich für eine Schande, wenn Männer ihr Haupt bedecken? Die Israeliten trugen oft ein Tuch über dem Kopf. Der Hohepriester tritt sogar mit Kopfbedeckung vor Jahwe (Lev 16,4). Mit all dem wurde aber nicht die Grenze zwischen den Geschlechtern verwischt! Die von Paulus (nur hypothetisch und prophylaktisch) angeprangerte Kopfbedeckung des Mannes wäre in Korinth eine Übernahme weiblicher Kleidungsgewohnheiten. Welche Assoziationen das in Griechenland auslösen mußte, geht aus einer Gruppe attischer Vasen aus der ersten Hälfte des 5. Jahrhunderts v. Chr. hervor: Hier werden Symposiasten und Komasten in Frauenkleidern mit Kopfbedeckung dargestellt – zwischen Flötenspielerinnen, Tänzerinnen und Hetären[36]. In Zecherlaune transvestierte man, ein Brauch, der durch die Sitte geschützt war und lange weiter existierte. Noch Philostrat schreibt im 3. Jahrhundert n.Chr.: „Ein Festgelage gibt der Frau die Erlaubnis, sich als Mann zu geben, dem Mann aber, weibliche Kleidung anzulegen." (imag 1,2). Derartiges mußte für einen Juden ein Greuel sein: „Ein Weib soll nicht Männertracht tragen, und ein Mann soll nicht Frauenkleider anziehen; denn ein Greuel ist dem Herrn, deinem Gott, ein jeder, der solches tut" (Dt 22,5). Ähnlich ist wohl der Affekt gegen die langen Haare zu deuten: Wer lange Haare trug, galt als effeminatus[37]. Die

---

[35] So J. WEISS, 1.Kor, 270. Anders liest man es bei A. SCHLATTER: Die korinthische Theologie, BFChTh 18,2, Gütersloh 1914, 311: „Wie für den Mann der Grund und der Zweck seines Lebens in Gott liegen, so liegen sie für die Frau im Mann."
[36] Vgl. H. BRANDENBURG, Mitra, 76–86, Tf. 1–5.
[37] Vgl. H. HERTER, Effeminatus, RAC IV, 632f. Vgl. dagegen aber auch positive

jüdisch-hellenistische Spruchdichtung sieht (wohl realistisch) einen
Zusammenhang zwischen langen Haaren und Homosexualität:

> „Laß nie dem Knaben Locken wachsen!
> Flecht ihm nicht Zöpfe seitlich um das Haar!
> Die üppigen Weiber mögen lange Haare tragen
> und nicht die Männer.
> Des hübschen Knaben Jugendblüte hüte.
> Denn viele sind wie rasend auf die Mannesliebe!"
> (Ps.-Phokylides 210–214)

Von anderer Seite bestätigt Philo solche Aussagen. In vit cont 48–56 kontrastiert er die luxuriösen Gastmähler seiner Zeit (und seiner Schicht) mit dem einfachen Leben der Therapeuten. Zu diesen Gastmählern gehören schöne Knaben, „soeben erst zum Liebling der Paiderasten geworden" (52), deren Aufmachung er anschaulich beschreibt:

> „Sie schminken sich und untermalen die Augen; das Haupthaar flechten sie sehr sorgfältig und binden es zusammen. Sie haben nämlich dichtes, langes Haar, das ihnen entweder gar nicht geschnitten (μὴ κειρόμενοι) wird oder nur vorn an der Stirn an den Spitzen, damit die Haare dort gleich werden und genau die Form einer Kreisbahn annehmen. Sie tragen hauchdünne Gewänder von blendend weißer Farbe . . ." (vit cont 50f.)

Wir können auf Grund solcher Belege folgende Hypothese formulieren: Die Relativierung der Geschlechtsrollensymbolik löst bei Paulus solch „panische" Reaktion aus, weil er mit ihr die ganze Ordnung auf sexuellem Gebiet bedroht glaubt. Seine Überreaktion ist möglicherweise Abwehr gegen homosexuelle Tendenzen.

b) Die weiblichen Geschlechtsrollensymbole

Nun handelt Paulus ja nur nebenbei vom männlichen Verhalten. Zentrales Thema ist die Haartracht der Frau. Warum ist es eine Schande, wenn die Frau ihr Haar verliert? Wahrscheinlich ist an eine soziale Abwertung gedacht: Sklavinnen wurde das Haar geschoren. In diesem Sinne kündigt Jesaja den putzsüchtigen Frauen Jerusalems das Abschneiden ihrer Haare an (Jes 3,17). Eine Sklavin ist auch deshalb sozial abgewertet, weil sie sexuell zum Verfügungsobjekt ihres Herrn geworden ist. Der Verlust der Haare mußte daher demoralisieren, auch wenn gar keine sexuelle Ausbeutung vorlag. Aufschlußreich ist Test-Hiob 23–25: Hiobs Frau bettelt für den vom Elend geschlagenen Hiob

---

Äußerungen zu langen Haaren bei Männern bei Dio Chr or 7,4; vgl. auch dessen „Lob des Haares".

um Brot. Der Satan verwandelt sich in einen Brotverkäufer. Da die Frau kein Geld hat, verlangt er ihre Haare. In aller Öffentlichkeit schert er sie und gibt ihr drei Brote dafür. Die demoralisierte und gedemütigte Frau kommt zu Hiob und erzählt: „Und in meiner Verzweiflung sprach ich: ‚Steh auf und schere mich.' Und so stand er auf und schor mit einer Schere (mir) zur Schande mein Haar auf dem Markt vor der gaffenden Menge." (24,10) Der Verlust der Haare ist das äußerste Zeichen der Erniedrigung, aber noch mehr: Nach dem Scheren der Haare heißt es: „Und der Satan folgte ihr heimlich auf dem Wege und verdrehte ihren Sinn" (23,11). Hiobs Frau verzweifelt an Gott. Sie rät Hiob, Gott zu fluchen und zu sterben. Der Verlust ihrer Haare hat sie den Einflüsterungen des Satans zugänglich gemacht. Das Haar hat fast apotropäische Bedeutung.

Solch eine apotropäische Bedeutung kann auch die Kopfbedeckung haben. Nach bSchab 156b schützt sie sowohl gegen die Macht des Triebes wie gegen den Einfluß der Sterne:

„Zur Mutter des Rab Nachman b.Jicchaq hatten nämlich die Chaldäer gesagt: ‚Dein Sohn wird ein Dieb.' Sie ließ ihn nicht unbedeckten Hauptes und sprach zu ihm: Bedecke deinen Kopf, damit die Furcht Gottes auf dir sei, und bitte um Erbarmen. Er wußte nicht weshalb sie das zu ihm sagte. Eines Tages saß er und studierte unter einer Dattelpalme; es fiel die Hülle von seinem Kopf, er hob die Augen empor und sah eine Dattel; da überwältigte ihn sein Trieb, er stieg empor und trennte den Dattelkamm mit seinen Zähnen ab."

Die Kopfbedeckung ist in dieser Geschichte zweifach „determiniert": Sie schützt gegen die Macht der Sterne und kleptomane Tendenzen. Der Schutz gegen innere Triebe wird als Schutz gegenüber äußeren (dämonischen) Mächten dargestellt.

Bei Philo begegnet die Kopfhülle der Frau im Zusammenhang mit dem Eifersuchtsgesetz der Israeliten (Num 5,11–31). Eine des Ehebruchs verdächtigte Frau soll vor den Priester gestellt, ihr Haupt entblößt (5,18) und sie selbst einem Gottesurteil unterworfen werden: Sie muß Fluchwasser trinken, das im Falle eines Ehebruchs tötet. Philo deutet die Abnahme der Kopfbedeckung mehrmals[38]. In spec III,56 geschieht sie, „damit sie (die Frau) mit entblößtem Kopf gerichtet werde, des Symbols der Scham beraubt, dessen sich die absolut unbescholtenen Frauen üblicherweise bedienen". Die Kopfbedeckung ist hier

---

[38] Philo spricht spec III,56 von einem ἐπίκρανον. Josephus paraphrasiert dagegen Num 5,18 mit καὶ τῆς κεφαλῆς τὸ ἱμάτιον ἀφελών (ant 3,270), ein Beleg dafür, daß die jüdische Frau in der Diaspora – Josephus schreibt in Rom – sich wahrscheinlich so verschleierte wie alle anderen Frauen auch: mit einem über den Kopf gezogenen Himation.

eindeutig Symbol eines mit den geltenden Normen übereinstimmenden Sexuallebens. In cher. 14 deutet Philo Num 5,18 als Symbol dafür, daß Gott auch das unbekannte Innere des Menschen durchschauen kann einschließlich der Motive von Handlungen. Hier wird die Kopfbedeckung zum Symbol eines psychischen Innenraums mit Motiven und Antrieben, die noch vor der ausgeführten Handlung liegen.

Bei Paulus finden wir eine zweifache Motivierung der Kopfbedeckung im Hinblick auf den Mann und die Engel. Weil die Frau um des *Mannes* willen geschaffen sei, müsse sie eine „Macht"[39] auf dem Haupt tragen (1.Kor 11,10). Dem ersten διά folgt ein zweites: Die Kopfbedeckung sei wegen der *Engel* notwendig. Logisch gesehen stehen beide Begründungen nebeneinander[40], psychologisch aber fallen sie zusammen: Mit den Engeln sind wahrscheinlich die „lüsternen Engel" aus Gen 6,1 ff. gemeint, die es auf die Menschenfrauen abgesehen hatten, eine Erzählung, die in damaliger Zeit die Phantasie apokalyptischer Kreise beflügelt hat[41]. Die Hülle der Frau wäre dann Schutz vor der sexuellen Begehrlichkeit himmlischer Wesen[42]. Dafür spricht auch der Zusammenhang von Kopfschmuck und Engelverführung in TestXII Ruben 5. Nachdem generell vor der Schönheit, den Blicken und dem Schmuck der Frauen gewarnt worden ist, wird gemahnt:

„Fliehet nun die Hurerei, meine Kinder, und gebietet euren Frauen und Töchtern, daß sie sich ihre Häupter und die Antlitze nicht zur Überlistung des Sinnes schmücken. Denn jede Frau, die in diesen Dingen mit List handelt, ist zur ewigen Bestrafung aufbewahrt. Auf diese Weise bezauberten sie nämlich die Wächter vor der Flut. Jene sahen sie dauernd, gerieten in Verlangen nach ihnen und empfingen im Herzen die Tat. Sie verwandelten sich in Menschen und während ihre Männer ihnen beiwohnten, erschienen auch sie ihnen. Und diese (= Frauen) begehrten in ihrem Herzen nach ihren (= der Wächter) Erschei-

---

[39] Der Begriff ἐξουσία für eine Kopfbedeckung ist singulär. Vier Deutungen werden vorgeschlagen: 1. Die Kopfbedeckung ist eine apotropäische Macht: Schutz vor den Engeln. 2. Sie ist Zeichen der Unterwerfung unter den Mann. 3. Sie ist Zeichen der Vollmacht der Frau, im Gottesdienst gleichberechtigt neben den Mann zu treten. 4. Zugrunde liegt ein aramäisches Wort, das sowohl Macht wie Kopfbedeckung bedeutet. – Die Entscheidung fällt, je nachdem, wie die „Engel" gedeutet werden. Denkt man bei ihnen an gefallene Engel, so liegt die apotropäische Deutung am nächsten. Einen Überblick über die Diskussion gibt W. H. LESLIE: The Concept of Woman in the Pauline Corpus in Light of the Social and Religious Environment of the First Century, Xerox Microfilm, Ann Arbor 1976, 109–113.

[40] Eine andere Möglichkeit wäre, διὰ τοῦτο auf „wegen der Engel" zu beziehen.

[41] Vgl. Hen(äth) 6ff.; Jub 5,1ff.; ApcBar (syr) 56,10ff.; Test XII Rub 5; Jos ant 1,73. Da man sich beim Gebet den Engeln naht (Ps 138,1), ist die Gefahr hier besonders groß.

[42] So M. DIBELIUS: Die Geisterwelt im Glauben des Paulus, Göttingen 1909, 18, 233f.; J. WEISS, 1.Kor, 274f.

nungen und gebaren Riesen, denn die Wächter zeigten sich ihnen, bis zum Himmel reichend." (Test XII Ruben 5,5–7)

Man könnte einwenden, daß hier vor Kopfschmuck gerade gewarnt wird, während Paulus eine Kopfbedeckung verlangt. Jedoch ist das kein Widerspruch: Ein über den Kopf gezogenes Himation ist kein Kopfschmuck, sondern verhüllt vorhandenen Kopfschmuck (wie man auf den Grabreliefs reicher palmyrenischer Frauen sehen kann)[43]. Da die letzte Erwähnung von Engeln im Korintherbrief gefallene Engel voraussetzt – die Christen sollen einst Engel richten (1.Kor 6,3), ist an lüsterne Engel zu denken. Psychologisch gesehen liegt hier eine Projektion vor: Sexuelle Impulse werden nicht der eigenen Person zugeschrieben, sondern auf dämonische Mächte projiziert. Die lüsternen Engel sind Symptom einer nicht integrierten Sexualität. Auch in Test XII Ruben 5 ist unverkennbar, daß der Sündenfall von Gen 6 Illustration und Projektion der sexuellen Begehrlichkeit von Männern ist.

Gegen diese Deutung spricht auch nicht, daß Paulus gerade bei betenden und prophezeienden Frauen auf einer Kopfbedeckung insistiert. Zuvor hatte Paulus nämlich in 1.Kor 7 recht offen über das Verhältnis von Sexualität und Gebet reflektiert. Er mahnt in 1.Kor 7,5 die Eheleute: „Entzieht euch einander nicht, es sei denn nach Übereinkunft eine Zeitlang, um Muße zum Gebet zu haben und (nachher) wieder zusammenzukommen, damit euch nicht der Satan wegen eurer Unenthaltsamkeit versuche." Was unter den Versuchungen des Satans zu verstehen ist, dürfte klar sein: Sexuelle Phantasien, welche die Konzentration zum Gebet verhindern. Die hier dem Satan zugeschriebene Funktion haben in 1.Kor 11,10 die Engel. Die Hülle auf dem Kopf dient der Abwehr sexueller Phantasien. Daß Paulus zur Überwindung solcher Phantasien nicht nur auf problematischen Kopfbedeckungen besteht, sondern auch sexuelle Befriedigung in der Ehe für einen angemessenen Weg hält, sei wenigstens am Rande vermerkt (vgl. 7,5).

Was die prophezeienden Frauen angeht, so können wir den Bericht des Irenäus über die Prophetinnen heranziehen, denen der gnostische Charismatiker Markus die Gabe der Prophetie verlieh. Er betete über ihnen und befahl mehrfach: „Öffne deinen Mund und prophezei!" Die Frauen gerieten darüber in Erregung und äußerten mit klopfendem Herzen unverständliche Laute. Markus nutzte ihren emotional verwirrten Zustand aus, um sie u.a. auch sexuell an sich zu binden (Iren. adv.haer I,13,3).

---

[43] Vgl. A. BÖHME/W. SCHOTTROFF: Palmyrenische Grabreliefs, Liebighaus Monographie 4, Frankfurt 1979, Tafel II.

Es bleibt also dabei: Die Kopfbedeckung der Frau ist bei Paulus Symbol einer Abwehr sexueller Impulse. Daher insistiert er fast zwangshaft auf ihr. Aber damit ist das Problem noch nicht erfaßt: Wie 1.Kor 7 zeigt, konnte Paulus überzeugender argumentieren, wenn sexuelle Themen berührt wurden. In 1.Kor 11 kommt ein neues Thema hinzu: die drohende Auflösung der Geschlechtsrollenidentität.

Paulus parallelisiert Haar und Kopfbedeckung. Kurzgeschnittenes Haar ist Zeichen einer Auflösung der Geschlechtsrollendifferenzierung. Es findet sich bei (lesbischen) Prostituierten (Lucian, dial.mer 5,3). Aber auch Askese kann zur Relativierung von Geschlechtsrollensymbolen führen. Asketisch wird der Verzicht auf den Schleier in JosAs 15,1 begründet[44]. Aseneth hat sich über die Anordnung des Engels hinaus nicht nur mit dem zweifachen Gürtel der Jungfräulichkeit gegürtet, sondern auch den Kopf mit einem Schleier bedeckt (κατεκάλυψε τὴν κεφαλὴν 14,17). Als sie aber zu dem Engel eintritt, wird ihr sofort befohlen:

„Entfern den Schleier von deinem Kopf! Und warum hast du das getan? Denn du bist heute eine reine Jungfrau, und dein Kopf ist wie der Kopf eines jungen Mannes. Und Aseneth nahm den Schleier von ihrem Haupt" (15,1f.)

Aufschlußreich ist, wie auch hier der Schleier zunächst als Geschlechtsrollensymbol gewertet wird: Ohne Schleier ist der Kopf Aseneths „wie der Kopf eines jungen Mannes". Bei vollkommener Askese wie bei sexuell abweichendem Verhalten können sich in gleicher Weise die traditionellen Geschlechtsrollensymbole auflösen.

Paulus wendet sich gegen diese Auflösung der Geschlechtsrollensymbole. Er will die „natürlichen" Unterschiede zwischen Mann und Frau betonen. Daher seine Berufung auf die „Natur", um Kleider- und Haarsitten zu regeln (1.Kor 11,14f.). Diese Berufung auf die „Natur" ist ein Irrtum, den auch Paulus hätte durchschauen können: Von Natur aus gibt es weder kurze noch lange Haare, weder verhüllte noch enthüllte Köpfe! Paulus hat hier eine andere Tradition im Sinn, die mit wirklich vorhandenen sekundären Geschlechtsmerkmalen argumentierte: mit den Barthaaren und der männlichen Behaarung des Körpers überhaupt. Wir finden derartige Überlegungen bei Epiktet:

„Aber lassen wir die Hauptwerke der Natur beiseite und betrachten die weniger wichtigen Werke. Gibt es etwas Unnützeres als Barthaare? Was nun? Hat sich die Natur ihrer nicht in angemessener Weise bedient? Hat sie nicht durch sie Mann und Frau unterschieden? Ruft nicht die Natur eines jeden schon

---

[44] R. SCROGGS: Paul and the Eschatological Woman Revisited, JAAR 42 (1974) 532–37, meint unter Berufung auf JosAs 15,1, in Korinth hätten Frauen aufgrund sexueller Askese die Überwindung der Grenzen zwischen Mann und Frau postuliert.

von weitem: ‚Ich bin ein Mann. Nähere mich mir entsprechend, sprich entsprechend zu mir, suche nichts anderes. Siehe die Zeichen!' Wiederum: Wie sie der Stimme der Frau einen weichen Klang beigemischt hat, so hat sie ihr auch ihre Haare genommen. – Nein, sagst du, sondern ohne Unterscheidungsmerkmal müßte das (menschliche) Lebewesen sein und ein jeder müßte verkünden: ‚Ich bin ein Mann' – Doch wie schön, angemessen und ehrwürdig ist das Zeichen, wieviel schöner als der Kamm des Hahns, wieviel prächtiger als die Mähne des Löwen! Deswegen müssen wir die Zeichen Gottes bewahren, wir dürfen sie nicht vernachlässigen und die Geschlechtsunterschiede, soweit es an uns liegt, verwischen." (Diss I,16,9–14)

Epiktet hat völlig recht, wenn er die soziale Funktion sekundärer Geschlechtsmerkmale hervorhebt: Sie signalisieren anderen Menschen Verhaltenserwartungen und tragen damit zur Verhaltenssicherheit bei. An anderer Stelle versucht er einen jungen aus Korinth (vgl. III,1,34) stammenden Mann davon zu überzeugen, daß er sich durch unangemessene Körperpflege nicht den Frauen ähnlich machen dürfe, indem er die Behaarung der Haut entfernt. Das widerspreche der „Natur" (vgl. III,1,25.27.30). Mit glatter Haut verhielte er sich wie ein Päderast und könne allenfalls unzüchtigen Frauen gefallen (III,1,32f.).

Epiktet kann sich mit einigem Recht auf die Natur berufen. Sekundäre Geschlechtsmerkmale sind natürlich vorprogrammiert und haben gleichzeitig eine soziale Funktion. Paulus beruft sich dagegen auf eindeutig konventionelle Geschlechtsrollensymbole, bei denen es noch nicht einmal eine zwingende Sitte gab, um natürliche Unterschiede zu unterstreichen. Er kannte möglicherweise Argumentationszusammenhänge, wie sie später bei Epiktet erscheinen; aber er wendet sie völlig schief an. Die nächstliegende Erklärung ist: Ihm geht es tatsächlich um die „natürlichen" Unterschiede, um die klar identifizierbaren geschlechtlichen Unterschiede zwischen Mann und Frau. „Natürlich" ist für ihn heterosexuelles Verhalten. Die einzige Stelle, an der er sich sonst noch auf die Natur beruft, um menschliches Verhalten zu legitimieren, ist seine Verurteilung homosexuellen Verhaltens im Römerbrief. Homosexualität ist für ihn παρὰ φύσιν (vgl. Röm 1,26f.). Seine intellektuelle Fehlleistung in 1.Kor 11,13–14, die Verwechslung von Konvention und Natur, erklärt sich dann dadurch, daß er ein für ihn „natürliches" Verhalten auf dem Umweg über Kleidungskonventionen verteidigt – wobei ihm dieser Zusammenhang möglicherweise nicht einmal voll bewußt war. C. K. BARRETT ist zuzustimmen: „it does seem probable that horror of homosexualism is behind a good deal of Paul's argument."[45]

Wir können nun zusammenfassen: Die Kopfbedeckung in 1.Kor 11,2–16 ist ein überdeterminiertes Symbol. Sie dient nicht der Anpas-

---

[45] C. K. BARRETT, 1.Cor, 257.

sung an die Sitte in Korinth, sondern entspricht den Sitten des Orientalen Paulus. Über ihre soziale Funktion hinaus hat sie eine psychische Bedeutung: Sie stabilisiert die Geschlechtsrollendifferenzierung. Dabei betont sie nicht nur die soziale Überlegenheit des Mannes. Paulus relativiert seine diesbezüglichen Aussagen in V. 11f. Wichtiger ist, daß sie auch eine Abwehr unbewußter sexueller Impulse symbolisiert, teils heterosexueller Impulse, die sich bei einem bisher ungewohnten Anblick des anderen Geschlechts ohnehin leichter einstellen als sonst, teils latent in der Gemeinde vorhandene homosexuelle Tendenzen, die durch eine Verwischung der Geschlechtsrollendifferenzierung hätten angesprochen werden können. Sie ist Zeichen einer Abwehrhaltung gegenüber nicht voll integrierten sexuellen Impulsen.

Ehe man Paulus mit der Unbefangenheit moderner Sexualehtik beurteilt (und verurteilt), bedenke man: 1.Kor 11 blieb nicht sein letztes Wort. In 2.Kor 3,18 betont er nachdrücklich: „Wir alle sehen unverhüllten Angesichts die Doxa des Herrn und werden in seine Eikon verwandelt." Doxa, Eikon und Hülle werden hier ganz anders zugeordnet als in 1.Kor 11. Die Situation ist dieselbe. Denn wie Paulus in 2.Kor 3,14f. an den jüdischen Synagogengottesdienst denkt, so in 3,18 an den christlichen Gottesdienst. 1.Kor 11 fordert für den Gottesdienst die Verhüllung der Frauen, 2.Kor 3 setzt für den Gottesdienst – auf prinzipieller Ebene – die Aufhebung des Verhülltseins *aller* voraus. Die Hülle hat hier wie dort dieselbe symbolische Bedeutung: Sie symbolisiert eine Grenze zwischen Bewußtsein und Unbewußtem, wobei einmal die Grenze verteidigt und einmal durchbrochen wird. Wenn Paulus in 1.Kor 11 auf der Kopfbedeckung insistiert, in 2.Kor 3 aber ihre Entfernung als ein entscheidendes Symbol christlicher Freiheit betrachtet, so geht aus dieser widersprüchlichen Haltung Größe und Grenze des Paulus hervor. Gegenüber den sexuellen Impulsen des Es kennt er vor allem kontrollierende, ja unterdrückende Reaktionsweisen. Hier hinterließ seine Theologie ein schweres Erbe. Das Insistieren auf der Kopfhülle der Frau verrät einen Mangel an innerer Freiheit. In anderer Richtung dagegen ist Paulus revolutionär: Hier soll die Hülle fallen. Hier – gegenüber den Inhalten und Forderungen des Überichs – ist ein Zuwachs an Freiheit zu verzeichnen. Konsequent durchdacht müßte diese Freiheit auch zu einem anderen Verhältnis gegenüber dem „Es" führen. Wir sollten jedoch Paulus nehmen, wie er ist: mit Licht und Schatten[46].

---

[46] Es sei daran erinnert: Auch moderne Menschen sind Geschlechtsrollensymbolen abhängig. Auch bei uns sind bestimmte „Moden" dem weiblichen Geschlecht vorbehalten, und wir reagieren verwirrt, wenn konventionelle Grenzen plötzlich durchbrochen werden. Aufklärung und sexuelle Toleranz bewahren nicht davor, daß man irritiert ist, wenn z.B. Männer Lippenstift und Augenschminke benutzen.

3. KAPITEL

Gesetz und Sünde
Das Bewußtwerden des Konflikts nach Röm 7,7–23

Das bisherige Ergebnis ist: Paulus weiß um unbewußte Aspekte des eigenen Lebens und des Gesetzes. Er weiß um einen Konflikt, der sein Leben bedrohen könnte. Er ahnt hinter dem Glanz des Gesetzes dessen tötende Macht und sieht jenseits des guten Gewissens die prinzipielle Möglichkeit unbewußter Schuld. Dies Bewußtsein des Unbewußten setzt voraus, daß ihm die unbewußten Aspekte seiner Lebenswelt ansatzweise bewußt geworden sind; sonst könnten wir nichts über sie aussagen. In Röm 7 macht Paulus diese Bewußtwerdung eines ehemals unbewußten Konflikts zwischen Sarx und Nomos zum Thema. Daher müssen wir uns ausführlich mit diesem Kapitel beschäftigen. Es hat in der Geschichte der psychologischen Paulusexegese eine zentrale Rolle gespielt. Lange Zeit verstand man es als biographische Äußerung des Paulus, bis W. G. KÜMMEL in: „Röm 7 und die Bekehrung des Paulus" (1929) allen psychologischen Auslegungsversuchen mit durchschlagendem Erfolg ein Ende bereitete[1]. Seine entscheidenden Argumente waren:

1. Das rhetorisch-fiktive Ich: Paulus bediene sich des „Ichs" als eines rhetorischen Mittels, um einen allgemeinen Gedankengang zu veranschaulichen. Dieses Ich umschließe nicht die Person des Paulus[2].

2. Die unbiographische Aussage in Röm 7,9: „Ich aber lebte einmal ohne Gesetz. Sowie jedoch das Gebot kam, lebte die Sünde auf." Diese Aussage ließe sich nicht auf Paulus beziehen, da Paulus im Hinblick auf seine vorchristliche Zeit nie von einem Leben „ohne Gesetz" hätte sprechen können[3].

3. Der Widerspruch zwischen Phil 3,4–6 und Röm 7,7 ff.: In Phil 3,6 bezeichnet Paulus sich als jemand, der vor seiner Bekehrung das Gesetz

---

[1] Jetzt in W. G. KÜMMEL: Römer 7 und das Bild des Menschen im Neuen Testament, ThB 53, München 1974, 1–160. Der durchschlagende Erfolg läßt sich jedoch nur im deutschen Sprachbereich beobachten. Für J. I. PACKER: The ‚Wretched Man' in Romans 7, StEv 2 (1964) 621–626, steht es dagegen außer Zweifel, daß Paulus seine eigene Erfahrung beschreibe. Aber auch M. BUBER: Zwei Glaubensweisen, Zürich 1950, 150, hält die rhetorisch fiktive Deutung des Ichs in Röm 7 für „unannehmbar". Röm 7 sei „verarbeitete Erinnerung".

[2] W. G. KÜMMEL, Römer 7, 67–90, 118–132.

[3] W. G. KÜMMEL, Römer 7, 78–84.

„tadellos" erfüllt habe. In Röm 7 aber nennt sich das dort sprechende Ich einen „elenden Menschen" (7,24), der unter der Unerfüllbarkeit des Gesetzes leidet. Da Phil 3,4–6 biographisch zu verstehen sei, Röm 7 aber in Widerspruch zu Phil 3 stehe, könne Röm 7 unmöglich als Aussage des Paulus über sich selbst gewertet werden[4].

Das Ergebnis war: Röm 7 habe keinen persönlich-biographischen Hintergrund, sondern enthalte eine „Theorie". Paulus habe den in Röm 7 analysierten Konflikt nie selbst erlebt. Zweifel an dieser Auffassung gingen in der Regel von der Lebendigkeit und Intensität der in Röm 7 vorliegenden Schilderung aus. Aber bisher ist es nicht gelungen, die von W. G. KÜMMEL überzeugend formulierten Argumente zu widerlegen.

Um falsche Erwartungen zu dämpfen: Die folgende Untersuchung von Röm 7 will nicht nachweisen, daß der Text biographisch gemeint sei, wohl aber, daß er einen biographischen Hintergrund habe. Was Paulus allgemein über den Menschen unter dem Gesetz sagt, hat seinen „Sitz im Leben" in seinen eigenen Erfahrungen. Jedoch ist der Nachweis solch eines biographischen Hintergrundes nicht das Hauptanliegen der hier vorgelegten psychologischen Exegese. Entscheidend ist die sachliche Aussage des Textes mit ihren mannigfachen psychologischen Implikationen, die wir selbst dann herausarbeiten könnten, wenn wir vom Leben des Autors nichts wüßten. Psychologische Exegese ist nicht unbedingt auf Informationen über das Leben der Verfasser angewiesen; jedoch wird sie lebendiger, wenn wir Texte auf einem persönlichen Hintergrund lesen und die Verwandlung persönlichen Erlebens in allgemein gültige Erkenntnisse verfolgen können.

I. Textanalyse

Röm 7,7–23 fällt aus seinem Kontext durch die Ich-Form heraus. Nach dem Briefanfang (1,8–17) und einer vereinzelten Stelle in Röm 3,7 benutzt Paulus hier zum ersten Mal wieder die 1. Pers.Sg. Wir müssen daher ausführlich das „Ich" in Röm 7 untersuchen. Jedoch muß zuvor die Stellung des Textes im Kontext und seine innere Struktur herausgearbeitet werden.

A. Der Kontext

Paulus schildert in Röm 5–8 den soteriologischen Wandel, der den Menschen aus einem Zustand des Unheils in einen Zustand des Heils

---

[4] W. G. KÜMMEL, Römer 7, 111–117.

versetzt. Dabei scheint das „Gesetz" fast zu jenen Größen zu gehören, die auf der Seite des Unheils stehen. Zweifel werden laut, ob die von Paulus gepredigte soteriologische Wende nicht in Wirklichkeit der Sünde in die Hände arbeitet, wenn sie eine Freiheit vom Gesetz umfaßt. Der zentrale Abschnitt Röm 6–7 wird durch eine wiederholte Vorwegnahme dieses Zweifels gegliedert:

Röm 6,1: „Was sollen wir nun sagen? Wollen wir in der Sünde verharren, damit die Gnade noch größer werde?"
Röm 6,15: „Wie nun? Sollen wir sündigen, weil wir nicht unter dem Gesetz stehen, sondern unter der Gnade?"
Röm 7,7: „Was sollen wir nun sagen! Ist das Gesetz Sünde?"

Es handelt sich um ein Echo wirklicher Vorwürfe gegen Paulus, auf die er schon in Röm 3,8 Bezug nimmt. Er zitiert dort als Verleumdung gegen ihn die Devise: „Lasset uns das Böse tun, damit das Gute daraus komme!" Auf diese Vorwürfe antwortet Paulus in 6,1–7,6 mit drei Gedankengängen und Bildern:

1. In 6,1–14 geht er von der Taufsymbolik aus. Die Taufe bedeutet, mit Christus gestorben zu sein. In der Taufe stirbt der „Sündenleib". Der Getaufte hat radikal mit dem Alten gebrochen. Er lebt in einem neuen Leben, das sich vom alten Leben so tiefgreifend unterscheidet wie die Auferstehung von den Toten vom Sterben. Daher ist es unmöglich, weiterhin in der Sünde zu bleiben. Zwischen dem Christen und der Sünde liegt eine „Todesgrenze".

2. In 6,15–23 wird die Symbolik vom Herrschaftswechsel entfaltet, die schon in 6,12–14 begegnet: So wie der Mensch der Sünde gedient hat, so soll er nun der Gerechtigkeit dienen. Gnade bedeutet nicht Amoral, sondern Verpflichtung auf die Gerechtigkeit. Der Mensch ist immer einem Herrn verpflichtet. Die neue Verpflichtung schließt das „Verharren in der Sünde" aus.

3. In 7,1–6 begegnet eine dritte Symbolik: das Bild von der zweifachen Ehe, das Züge aus den beiden vorhergehenden Gedankengängen vereint[5]. Einmal setzt es die Diskontinuität von Tod und Leben voraus, das Gestorbensein mit Christus in der Taufe. Denn erst der Tod macht den Weg für eine zweite Ehe frei. Das Durchschreiten der Todesgrenze

---

[5] R. SCHNACKENBURG; Römer 7 im Zusammenhang des Römerbriefes, in: Jesus und Paulus, FS W. G. Kümmel, Göttingen 1975, 283–300, S. 288f., will einen Einschnitt vor 7,1 machen: 1. Es werde kein Einwand wie in 6,1 und 15 formuliert. Da der nächste Einwand erst in 7,7 begegnet, wäre das ein Argument, 7,1–6 zum Vorhergehenden zu ziehen. 2. Die Anrede Ἦ ἀγνοεῖτε, ἀδελφοί signalisiere einen Neubeginn; vgl. jedoch das ἢ ἀγνοεῖτε in Röm 6,3. Das „Herrschen des Gesetzes" (7,1) greift unverkennbar auf 6,15 – das „Sein unter dem Gesetz" – zurück.

bringt die Freiheit vom Gesetz. Zugleich aber wird das Bild vom Machtwechsel weitergeführt. Die Ehe war in der Antike ein Machtverhältnis. Der Mann ist der „Herr". Die Frau ist dem zweiten Ehemann genauso verpflichtet wie dem ersten. 7,1–6 bildet somit eine Synthese zu 6,1–14 und 6,15–23.

Betrachtet man die Gedankenentwicklung von 6,1 bis 7,7ff., so wird eine zunehmend schärfere Beleuchtung der Vergangenheit, d. h. der Zeit vor der soteriologischen Wende deutlich. Die Taufsymbolik von Tod und Leben betont ausschließlich den Bruch mit der Vergangenheit. Worin diese Vergangenheit bestand, wird nicht näher ausgeführt – abgesehen davon, daß es sich um eine Existenz im Sündenleib handelte.

Die Machtwechselsymbolik geht einen Schritt weiter: Hier erscheint die Vergangenheit als negatives Spiegelbild zum neuen Zustand; wie einst die Sünde versklavte und eine wahre Schreckensherrschaft ausübte[6], so nimmt auch die Gerechtigkeit in Dienst. Das ὥσπερ – οὕτως in Röm 6,19 stellt die Zeit vor und nach der soteriologischen Wende in Analogie zueinander.

Bei der Ausdeutung des Ehebildes wird die Vorzeit noch genauer beschrieben. Bildlich wird die vergangene Ehe als ein Abhängigkeitsverhältnis dargestellt. Begrifflich aber deutet Paulus dies Abhängigkeitsverhältnis mit den Worten: „Denn als wir im Fleische waren, da waren die den Sünden eigenen Leidenschaften, die durch das Gesetz erregt wurden, wirksam in unseren Gliedern, um dem Tode Frucht zu bringen" (7,5). Damit ist in Kürze gesagt, was Röm 7,7–23 im einzelnen analysieren wird.

Wir können als erstes Ergebnis unserer Kontextanalyse zusammenfassen: Paulus antwortet auf von ihm selbst vorweggenommene Einwände gegen seine Theologie. Sie kreisen um den Vorwurf des Anomismus. In drei Symbolen und Bildern – der Begräbnis-, Machtwechsel- und Ehesymbolik – weist er diesen Einwand zurück und beleuchtet immer deutlicher die Zeit vor der Bekehrung als Gegenbild zum Zustand der Erlösung. Seinen Höhepunkt findet diese in konzentrischen Kreisen sich erweiternde, rückwärts gewandte Analyse in Röm 7,7ff.: Hier wird nun in einer sehr abstrakten Sprache die Vergangenheit „auf den Begriff" gebracht. Es handelt sich daher in Röm 7,7ff. nicht um eine Abschweifung oder einen Exkurs, sondern um das Ziel eines größeren Gedankenzusammenhangs.

Der Blick geht in Röm 6,1–7,6 jedoch nicht nur zurück in die Vergangenheit. Der alte zu überwindende Zustand wird immer wieder

---

[6] Vgl. L. SCHOTTROFF: Die Schreckensherrschaft der Sünde und die Befreiung durch Christus nach dem Römerbrief des Paulus, EvTh 39 (1979) 497–510.

mit dem neuen Leben konfrontiert. Dabei werden verschiedene Aspekte hervorgehoben. Zunächst einmal ist der neue Zustand „wie Leben aus den Toten" (6,13), ohne daß die Qualität des neuen Lebens näher bestimmt wird. Die Machtwechselsymbolik begreift altes und neues Leben als Dienst. Die formale Struktur des Lebens bleibt gleich, weswegen dieselben Begriffe und Wendungen auf beide Lebenszustände angewandt werden können: „seine Glieder hingeben" (V. 13/19), „unter etwas sein" (V. 14/15), „gehorchen" (V. 16), „Diener sein" (V. 16/20); Glieder als „Waffen" (V. 13) und „Instrumente" (V. 19), das Ergebnis als „Frucht" (V. 21/22) und „Ziel" (V. 21/22). Innerhalb dieser formal gleichbleibenden Struktur ändert sich 1. der Herr, dem man dient, 2. das Produkt, das man hervorbringt, und 3. die Konsequenzen, die der Dienst nach sich zieht. Hier herrschen schroffe Antithesen vor. Stellt man alle Begriffspaare zusammen, die syntaktisch in gleicher Position und semantisch in Opposition zueinander stehen, ergibt sich folgendes Bild:

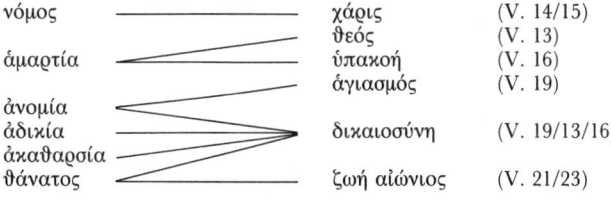

Das „Gesetz" steht hier auf derselben Seite wie „Sünde" und „Tod", ja, noch merkwürdiger: Es nimmt dieselbe Seite wie die „Gesetzlosigkeit" ein. Wie sich das reimen soll, bleibt noch unklar. Unklar bleibt auch, inwiefern sich das neue Leben grundsätzlich vom alten Leben unterscheidet. War es innerhalb der Begräbnissymbolik nicht als radikaler Bruch mit dem alten beschrieben worden? Hier aber hat es dieselbe formale Struktur wie das alte Leben; nur die Inhalte wechseln in einer etwas widersprüchlichen Weise. Paulus scheint selbst die Problematik seiner Aussagen zu spüren, wenn er betont, er spreche menschlich „wegen der Schwäche eures Fleisches" (Röm 6,19).

Die in Kap 6 aufgeworfenen Fragen werden erst im folgenden gelöst. Der dritte Abschnitt Röm 7,1–6 gelangt zu einer wichtigen Präzisierung: Altes und neues Leben sind beide ein Dienst, aber das alte Leben ist Dienst „im alten Wesen des Buchstabens", das neue Dienst „in der Neuheit des Geistes". Was Paulus hier antithetisch gegenüberstellt, wird in den folgenden beiden Kapiteln ausgeführt: der Dienst im alten Buchstaben in 7,7–24, die Gegenwart als Leben im Geist in Kap. 8. Im

8. Kapitel wird dann endgültig klar, daß das neue Leben keine neue Knechtschaft ist, die formal der alten Knechtschaft vergleichbar wäre: Leben im Geist bedeutet „Sohnschaft" (8,15) und „Freiheit" (8,21). Knechtschaftskategorien sind letztlich unangemessen; denn das Wesen des Neuen ist Liebe, die von nichts trennen kann (8,39). Erst in Kap. 7 und 8 gelangt also die Gegenüberstellung von Altem und Neuem zu ihrem Ziel. Dabei ist der Rückblick auf das vergangene Leben im Ich-Stil formuliert, die Entfaltung des neuen Lebens im Geist dagegen im Wir-Stil ((8,1 ff.).

Es gibt freilich immer wieder Versuche, diese klare Gliederung anzufechten[7]. Nicht erst ab 8,1 ff. spreche Paulus vom neuen Leben des Christen, sondern schon von 7,14 ff. ab. Hier wechsle er nämlich vom Präteritum ins Präsens. Gegen diese Auffassung sprechen jedoch gewichtige Gründe:

1. Paulus greift erst in 8,2 auf den in 7,6 programmatisch genannten Gegensatz von Gramma und Pneuma zurück. Die Gegenüberstellung eines „Gesetzes des Geistes des Lebens" und eines „Gesetzes der Sünde und des Todes" (8,2) ist mit dem Gegensatz von tötendem Buchstaben und lebendigmachendem Geist (2.Kor 3,6) identisch. Die Befreiung vom Gesetz der Sünde und des Todes blickt auf den in 7,14–24 geschilderten Zustand zurück.

2. Die Aussagen in 7,14–24 stellen inhaltlich das direkte Gegenteil der Aussagen über den Christen in 8,1 ff. dar:

7,14 Der Mensch ist unter die Sünde verkauft.	8,2 Der Christ ist befreit vom Gesetz der Sünde und des Todes.
7,17 Die Sünde wohnt im Menschen (vgl. 7,20).	8,9 Der Geist Gottes wohnt im Menschen.
7,18 Sarx und Ich werden gleichgesetzt.	8,9 „Ihr seid nicht mehr in der Sarx."
7,23 Das „andere Gesetz" führt Krieg.	8,6 Das Trachten des Geistes ist Leben und Frieden.

3. Der Einschnitt in V. 13/14 ist zu schwach markiert, um als Übergang zwischen vorchristlicher und christlicher Lebenszeit gelten zu können; vor allem fehlt ein Hinweis auf Christus, ohne den dieser Übergang undenkbar ist. Die formelhafte Wendung οἴδαμεν weist zwar auf ein Wissen der Christen (vgl. Röm 2,2; 3,19; 8,22.26.28; 1.Kor 8,1.4), aber der Gegenstand dieses Wissens muß deshalb nicht das christliche Leben sein[8].

---

[7] Auch die beiden letzten scharfsinnigen Versuche überzeugen m.E. nicht: C. E. B. CRANFIELD, Rom, 344–347, 355ff., und J. D. G. DUNN: Rom 7,14–25 in the Theology of Paul, ThZ 31 (1975) 257–273. Die wichtigsten Gegenargumente finden sich schon bei W. G. KÜMMEL, Römer 7, 104–110; P. ALTHAUS: Paulus und Luther über den Menschen, Gütersloh 1938, 27–30.

[8] Beispiele: Röm 8,22 (das Seufzen der Kreatur), Röm 11,2 (Elia), 1.Kor 12,2 (heidnische Vorzeit).

Halten wir fest: Röm 7,6 gibt durch den Kontrast von Buchstaben und Pneuma das Thema für Kap. 7 und 8 an. In 7,7–25 werden die dunklen Aspekte des Gesetzes (des Buchstabens) analysiert, in 8,1 ff. wird das Leben im Geist dargestellt. Beide Kapitel sind aufeinander bezogen[9], ja man kann sich fragen, ob sich diese Bezogenheit nicht auch in der Komposition zeigt. In Röm 8 heben sich zwei Themen heraus: Erstens die Überwindung der Sarx, zweitens das Seufzen der Kreatur. Beide Themen nehmen spiegelbildlich Motive von Röm 7 auf: In 7,14–25 hat Paulus das Leiden unter der Sarx geschildert; in Röm 8,1 ff. schreibt er über die Überwindung der Sarx durch das Pneuma. In Röm 7,7–13 analysiert er die Entstehung der Sünde mit deutlichen Anklängen an die Sündenfallgeschichte; in Röm 8,18 ff. artikuliert er das Seufzen der Kreatur über die Folgen des Sündenfalls. Ohne daß man derartige Beziehungen überschätzen sollte, kann man doch die Wiederkehr gewisser Motive und Themen erkennen. Unterschiedlich ist aber schon die formale Behandlung: Röm 7,7 ff. spricht betont von einem verlorenen und isolierten Ich; Röm 8,1 ff. spricht dagegen im Wir-Stil; an die Stelle der Isolierung ist eine kosmische Verbundenheit getreten.

B. Die Struktur von Röm 7,7–23

Das Ich von Röm 7,7 ff. durchläuft eine Geschichte. Dabei heben sich deutlich zwei Textteile voneinander ab: Ein erzählender Teil (V. 7–13) und ein beschreibender Teil (V. 14–23), die sich aufgrund formaler Kriterien unterscheiden lassen[10]:

1. Der erste Teil ist im Präteritum formuliert – mit Ausnahme der Einleitung in 7,7, der zweite Teil steht dagegen durchgehend im Präsens. Eine befriedigende Deutung des Tempuswechsels fehlt bisher.

2. Beide Teile werden durch Bemerkungen im Wir-Stil eingeleitet, der erste durch die deliberative Frage: „Was sollen wir sagen?", der zweite durch die Feststellung: „Wir wissen aber, daß . . ."[11] Beide gehen dann sofort in einen Ich-Stil über.

---

[9] Das Verhältnis von Röm 7 zu 8 ist eine Variante des Schemas Einst – Jetzt; vgl. P. TACHAU: „Einst" und „Jetzt" im Neuen Testament, FRLANT 105, Göttingen 1972, 126f. A. 163. J. DUPONT: Le problème de la structure littéraire de l'Epître aux Romains, RB 62 (1955) 365–397, dort S. 389ff., meint, die antithetische Folge von 7,7–25 und 8,1–17 entspreche der Folge von 1,18–3,20 und 3,21–4,25.

[10] Andere Einteilungen finden sich bei O. MICHEL, Röm, 222ff.: V. 7–12, 13–17, 18–25; U. WILCKENS, Röm, 72ff.: V. 7–12, 13–25; W. SCHMITHALS: Die theologische Anthropologie des Paulus, Kohlhammer Tb 1021, Stuttgart 1980, 25ff.: V. 7–12, 13–16, 17–20: Mit V. 17 beginne ein unabhängig von der Briefsituation formulierter Traktat.

[11] Die Lesart οἶδα μεν ist wohl Anpassung an den Ich-Stil. Vgl. zu ihr C. E. B. CRANFIELD, Rom, 355.

3. Im zweiten Teil sind wichtige Aussagen von kognitiven Verben abhängig: οἴδαμεν (V. 14), σύμφημι (V. 16), οἶδα (V. 18), εὑρίσκω (V. 21) und γινώσκω (V. 15); oder es handelt sich um Hauptsätze mit kognitivem Verb und Objekt (V. 22f.). Deutlich wird hervorgehoben, daß es sich um Gegenstände des Wissens, Verstehens und Begreifens handelt. Anders der erste Teil. Hier wird erzählt, wie das sprechende Ich zu seinem Wissen und Begreifen gelangte. Nicht das vorhandene Wissen, sondern der Weg zur Erlangung dieses Wissens wird geschildert[12].

Im ersten Teil fallen mannigfache Wiederholungen und Variationen auf. Sie sollen unter folgendem methodischen Gesichtspunkt betrachtet werden: Dort, wo Paulus einen Gedanken wiederholt und variiert, enthält der weiterführende Teil des Gedankens in der Wiederholung oft genau das, worauf es Paulus ankommt. Es ist, als nähme er zweimal einen Anlauf, um sich klar auszudrücken, oder als sei er mit der ersten Formulierung noch nicht ganz zufrieden. Um Wiederholungen und Entsprechungen optisch sichtbar zu machen, sei der Text hier wiedergegeben:[13]

These:
7 Was sollen wir nun sagen?
Ist das Gesetz Sünde?
Das sei ferne!
Sondern ich lernte die Sünde nicht kennen außer durch das Gesetz.

Erste Begründung:
Denn (γὰρ) auch von der Begierde wüßte ich nichts, wenn das Gesetz nicht sagte: „Du sollst nicht begehren!"
8 Die Sünde gewann aber (δὲ) einen Anlaß durch das Gebot und bewirkte in mir jegliche Begierde.

Zweite Begründung:
Denn (γὰρ) ohne das Gesetz ist die Sünde tot.   a
9 Nun (δὲ) lebte ich einst ohne Gesetz.   b
Als aber (δὲ) das Gebot kam, lebte die Sünde auf.   b
10 Ich aber (δὲ) starb.   a
Und das Gebot, das zum Leben führen sollte
das gereichte mir zum Tod.   a

---

[12] Als viertes Kriterium zur Unterscheidung des ersten und des zweiten Textteils könnte die Betonung des Innenraums in 7,14–24 hervorgehoben werden: In 7,7–13 ist nur einmal von einer Begierde „in mir" die Rede (V. 8); in 7,14ff. begegnet die Wendung „in mir" dreimal und „in meinen Gliedern" zweimal. Dazu kommt die Erwähnung des „inneren Menschen"; vgl. H. SCHLIER, Röm, 228f. und O. KUSS, Röm, 451f.

[13] Die Gliederung ging aus von den verknüpfenden Partikeln: Jeweils mit γὰρ setzt ein Gedanke ein, der durch δὲ und καί fortgeführt wird.

Dritte Begründung:
11 Denn (γὰρ) als die Sünde durch das Gebot einen Anlaß gewonnen hatte, hat sie mich verführt und durch dasselbe getötet.

Schlußfolgerung:
12 Somit ist das Gesetz heilig,
   und das Gebot heilig und gerecht und gut.
13 So ist denn das Gute mir zum Tode geworden?
   Das sei ferne!
   Sondern die Sünde (ist es geworden),
   1. damit sie als Sünde offenbar wurde,
   2. indem sie mir durch das Gute den Tod bewirkte,
   3. damit die Sünde durch das Gebot über die Maßen sündhaft werde.

Die Struktur des Textes läßt sich als Ringkomposition beschreiben. Um den mittleren Abschnitt, der auf dem Gegensatz von Tod und Leben basiert, lagern sich zwei Argumente mit fast wörtlicher Entsprechung (V. 8/11). Das Ganze wird umgeben von rhetorischen Fragen. Die erste (V. 7) fragt nach dem Zusammenhang von Sünde und Gesetz, die zweite (V. 13) nach dem Zusammenhang von Gesetz und Tod. Alle drei Größen sind schon in 7,5 verbunden. Der Gedankenfortschritt sollte daher nicht überbewertet werden[14]. Deutlich ist nämlich, daß V. 13 eine Art Zusammenfassung des Vorhergehenden bietet. Die Eingangsfrage wird noch einmal variierend aufgegriffen und die in V. 12 vorliegende Schlußfolgerung fortgesetzt. Den drei Begründungen in V. 7b–11 entsprechen dabei ungefähr die drei Aussagen in V. 13:

1. Die Sünde wurde durch das Gesetz bewußt (V.7b–8).
2. Die vom Gesetz geweckte Sünde wirkte den Tod (V. 8b–10).
3. Die Sünde täuschte und tötete durch das Gebot (V. 11).

1. Die Sünde wurde durch das Gesetz offenbar (V. 13).
2. Die Sünde bereitet durch das Gute den Tod (V. 13).
3. Die Sünde erwies sich als überaus sündig durch das Gebot (V. 13).

Die entscheidende Pointe des Abschnittes dürfte im Gedankenfortschritt von der ersten zur dritten Begründung liegen. Die z.T. wörtlichen Wiederholungen lassen aufhorchen, zumal sie mit einer deutlichen Variation verbunden sind: Die Sünde wird nicht nur wirksam und

---

[14] O. MICHEL, Röm, 222ff., und G. EICHHOLZ: Die Theologie des Paulus im Umriß, Neukirchen 1972, 255, gliedern wegen des neuen Gedankens („Tod" in V. 13 statt „Sünde" in V. 7) in 7,7–12 und 13ff.: „Es geht nach 7,7ff. um das Verhältnis der Tora zur Sünde und nach 7,13ff. um das Verhältnis der Tora zum Tod." Aber das Stichwort „töten" und „Tod" begegnet schon in 7,10 und 11, fehlt andererseits in 7,14–23 und begegnet erst wieder in der abschließenden Klage 7,24. Die Zusammengehörigkeit der Stichworte Gesetz – Sünde – Tod erhellt aus 1.Kor 15,56, die Verbindung von Begierde – Sünde – Tod aus Jak 1,14f.

bewußt (V. 8), sondern sie verführt und tötet durch das Gesetz (V. 11).
Man darf annehmen, daß Paulus eben dieser Gedanke in der ersten
Formulierung noch fehlte. Der Ausgangspunkt des Gedankengangs ist ja
allgemein einleuchtend: Gesetz und Begierde sind Gegensätze. Das
Gesetz verbietet die Begierde. Wird aber durch das Gesetz die Begierde
geweckt, so gerät die Kontrastierung von Gesetz und Sünde ins Wanken;
vollends aber dann, wenn die Sünde mit Hilfe des Gesetzes „verführt"
und „tötet", d. h. wenn die verlockende Stimme der Sünde sich in der
Stimme des Gesetzes verbirgt und den von ihr Verführten aufgrund der
Gesetzesbestimmungen mit dem Tode straft. Gesetz und Sünde sind
dann kein Kontrast mehr, sondern sie sind, obwohl ihrem Wesen nach
diametral entgegengesetzt, in ihrer Wirksamkeit eng verflochten.

Auch der zweite Teil zeigt einen kunstvollen Aufbau mit auffälligen
Wiederholungen. Er setzt mit der These ein: „Wir wissen ja, daß das
Gesetz geistlich ist, ich aber bin fleischlich, unter die Sünde verkauft"
(V. 14) und dem Eingeständnis einer Aporie: „Denn ich verstehe nicht,
was ich ausrichte" (V. 15), die in zwei parallelen Gedankengängen
entfaltet wird[15]:

1. Gedankengang	*2. Gedankengang*
15 Denn (γὰρ) nicht, was ich will, das führe ich aus, sondern, was ich hasse, das tue ich.	19 Denn (γὰρ) nicht das Gute, das ich will, tue ich, sondern das Böse, das ich nicht will, führe ich aus.
16 Wenn (εἰ δὲ) ich aber das tue, was ich nicht will, so stimme ich dem Gesetz bei, daß es gut ist.	20 Wenn (εἰ δὲ) ich aber das tue, was ich nicht will
17 Nunmehr (νυνὶ δὲ) vollbringe nicht mehr ich es, sondern die Sünde, die in mir wohnt.	so vollbringe nicht mehr ich es, sondern die Sünde, die in mir wohnt.

---

[15] Über die Gliederung von Röm 7,14–24 herrscht keine Einigkeit unter den Exegeten.
E. KÄSEMANN,, Röm, 191, 197, sieht zwischen V. 20/21 ff. eine Verschärfung des
Gedankens: Vom Widerspruch zwischen Wollen und Tun gehe der Gedankengang über
zur völligen Selbstentfremdung des Geschöpfes. O. MICHEL, Röm, 222ff., macht einen
Einschnitt zwischen V. 17 und 18, da Paulus von V. 18 ab herausstellt, „daß der Mensch
nicht nur unter der Herrschaft der Sünde steht, sondern auch von der Verlorenheit dieser
Situation weiß" (S. 232). O. KUSS, Röm, 452f., gliedert nach formalen Gesichtspunkten:
V. 14–17 werde in V. 18–20 wiederholt; V. 21–23 sei Schlußfolgerung aus dem Gesagten.
– Meine Gliederung geht wieder von formalen Kriterien (Partikeln und Wiederholungen)
aus.

18 Denn (γὰρ) ich weiß,
daß in mir,
das ist in meinem Fleisch,
nichts Gutes wohnt.
Denn (γὰρ)

das Wollen ist zwar bei mir vorhanden,
das Vollbringen des Guten aber nicht.

21 Ich finde also (ἄρα)
das Gesetz gültig
für mich, der ich das Gute tun will,
daß das Böse bei mir vorhanden ist.

22 Denn (γὰρ) nach dem inwendigen Menschen habe ich Lust an dem Gesetz Gottes.

23 Ich sehe aber (δὲ) ein anderes Gesetz in meinen Gliedern,
das dem Gesetz meines Innern widerstreitet
und mich zum Gefangenen des Gesetzes der Sünde macht, das in meinen Gliedern ist.

Im zweiten präsentischen Teil von Röm 7 wird kein fortschreitendes Geschehen erzählt, sondern die Antithese von Gesetz und Sünde, Pneuma und Fleisch in zwei Gedankengängen durchgeführt[16]. Wenn es hier einen Fortschritt gibt, so liegt er nicht auf der Ebene des Geschehens, sondern der Erkenntnis. Ausgangspunkt ist jeweils eine sentenzhafte Formulierung über den Widerspruch von Wollen und Tun. Formal lassen sich beide Gedankengänge vergleichen. Zunächst folgt jeweils ein folgernder Bedingungssatz (εἰ δὲ), dann Sätze mit folgernden Partikeln (νυνὶ δὲ V. 17; ἄρα V. 21), die jeweils durch weitere mit γὰρ angeschlossenen Aussagen begründet werden. Bei der zweiten Durchführung des Gedankens wird im Anschluß an die wiederholte Sentenz etwas kürzer als im ersten Gedankengang die Macht der Sünde beschworen. Dann aber wird der in V. 16 nur gestreifte Gedanke einer Zustimmung zum Gesetz auch und gerade im Konflikt mit dem Gesetz wieder aufgegriffen und ausführlicher behandelt: Aus der Zustimmung zum Gesetz wird Freude am Gesetz, das σύμφημι (V. 16) wird zum συνήδομαι (V. 22) gesteigert. Entsprechend wird der Konflikt mit den dem Gesetz widerstreitenden Mächten schärfer beleuchtet. Hier begegnet nun der entscheidende neue Gedanke. Während die widerstreitende Macht in V. 18 mit der Sarx identifiziert wird, wird sie in V. 23 als ein

---

[16] J. M. CAMBIER: Le ‚moi' dans Rom 7, in: De Lorenzi (ed.): The Law of the Spirit in Rom 7 and 8, Rom 1976, 13–127, S. 17f., will eine durchgehende Antithetik in allen Einzelheiten des Abschnittes feststellen.

3. Gesetz und Sünde (Röm 7)

„anderes Gesetz" etikettiert. Aus dem Sarx-Nomos-Konflikt wird ein Widerstreit zwischen zwei Gesetzen und ein Konflikt zwischen zwei normativen Ausrichtungen. Da Paulus eben diesen Gedanken bei seiner Wiederholung neu einführt, dürfen wir annehmen, daß auf ihm das Hauptgewicht liegt.

Beide Textteile, der präteritale und präsentische, haben eine vergleichbare innere Struktur. Auch im zweiten Teil geht Paulus von einer relativ einleuchtenden Aussage aus: vom schroffen Gegensatz zwischen dem pneumatischen Gesetz und dem sarkischen Ich. Wieder wird gerade in den überschießenden Teilen des variierten Gedankenganges dieser Gegensatz relativiert. Das Gesetz spaltet sich auf in ein „Gesetz" in meinen Gliedern und ein anderes Gesetz, dem der Mensch mit seiner Vernunft dient. Die Apologie des Gesetzes läßt sich nur durchführen durch Aufspaltung des Gesetzes in ein lichtes Gesetz Gottes und ein dunkles, widerstrebendes Gesetz in den Gliedern. Beide Teile gehen also von eindeutigen Gegensätzen aus, um dann zu zeigen, daß diese Gegensätze doch nicht so eindeutig sind, wie es zunächst scheint. Das sei durch eine Skizze veranschaulicht:

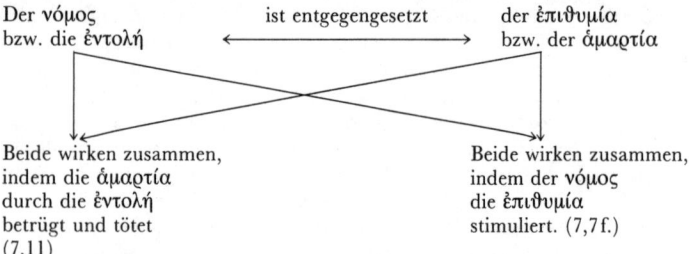

Pointe: Die Sünde steht nicht nur dem Gesetz gegenüber, sondern wird mit Hilfe des Gesetzes wirksam. „Sünde" und „Gebot" wirken trotz gegensätzlichen Wesens zusammen.

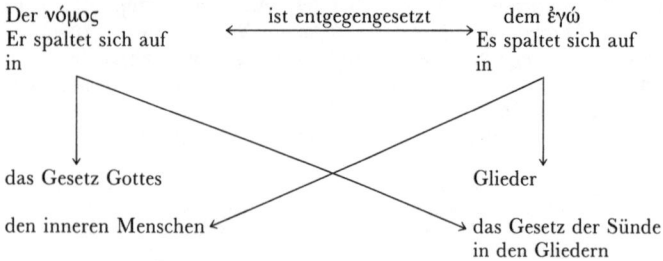

Pointe: Das Gesetz steht nicht nur dem sündigen Menschen gegenüber, sondern wirkt auch im sündigen Menschen als Gesetz in seinen Gliedern. Geschildert wird die Aufspaltung von „Gesetz" und „Ich".

Die Pointe liegt in beiden Teilen in der Korrektur dualistischer Denkmuster. Paulus geht dabei von zwei antagonistischen Instanzen aus, die über den Menschen hinaus weisen: das Gesetz weist auf Gott, die Sünde auf die Sarx, die der Mensch mit allen Lebewesen teilt. Beide Instanzen sind zugleich im Menschen repräsentiert: das Gesetz Gottes im νοῦς, die Sarx in den Gliedern[17]. Zwischen diesen antagonistischen Instanzen steht als dritte Instanz das Ego des Menschen, das ebenfalls keine rein „immanente" und erst recht keine autonome Größe ist. Es ist vielmehr dazu bestimmt, entweder von der Sarx (7,18) oder von Christus eingenommen zu werden (8,10). Es ist daher durchaus legitim, von einem Drei-Instanzen-Modell in Römer 7 zu sprechen; oder besser „hinter" Röm 7. Denn es ist ja nicht die Absicht des Paulus, in Röm 7 anthropologische Modelle zu entfalten. Er will vielmehr soteriologische Dramatik mit Hilfe anthropologischer Begriffe darstellen. Die dabei verwandten anthropologischen Begriffe weisen jedoch auf drei Instanzen, deren Verhältnis antagonistisch ist und die als Auswirkungen und Schauplatz transsubjektiver Mächte verstanden werden.

Zum Abschluß der Strukturanalyse können wir erste Fragen zur psychologischen Auswertung des Textes stellen:

Die Ähnlichkeit zwischen dem psychoanalytischen Drei-Instanzen-Modell und der anthropologisch-theologischen Begrifflichkeit des Paulus ist schon immer aufgefallen. Wenn es sich hierbei um sachliche Parallelen handelt, wo liegen die Unterschiede? Wie läßt sich historisch erklären, daß es zu solch formalen Parallelen gekommen ist?

Beide Textabschnitte haben zur Pointe, daß das Gesetz nicht grundsätzlich, aber funktional in den Konflikt hineinführt. Das Gesetz ist eine geschichtliche Größe. Das Unheil des Menschen erscheint hier nicht allein in seiner Natur begründet, sondern in der Kultur. Zeigen sich hier Aspekte, die ein lerntheoretischer Ansatz erhellen kann?

Schließlich besteht der Text in wiederholten Anläufen, einen Konflikt zu deuten. Dabei verschieben sich die Akzente. Läßt sich diese Akzentverschiebung als kognitive Umstrukturierung des Konflikts interpretieren? Welche geschichtliche Situation führte zu dieser neuen Wahrnehmung des Konflikts?

Doch ehe wir diesen Fragen bei der psychologischen Auswertung des

---

[17] Vgl. E. KÄSEMANN, Röm, 197: Gott und Sündenmacht stehen sich als Kontrahenten gegenüber. Beide haben in der Existenz einen Stützpunkt: den inneren Menschen einerseits, die Glieder andererseits.

Textes nachgehen, müssen wir das „Ich" in Röm 7 untersuchen. Zwar lassen sich die drei aufgeworfenen Fragen auch dann untersuchen, wenn Paulus sich bei diesem Ich nicht eingeschlossen hat. Jedoch wird der Text ungleich lebendiger, wenn wir ihn auf dem Hintergrund persönlichen Erlebens lesen dürfen.

C. Das „Ich" in Römer 7

Der betonte Gebrauch des Ego in Röm 7,7ff. ist im paulinischen Schrifttum singulär. Mit Nachdruck „Ich" zu sagen, scheint ein moderner Zug zu sein. Gerade deswegen ist die Gefahr einer Mißdeutung groß. Jeder Historiker wird vorsichtig sein, wenn es darum geht, einem antiken Menschen Züge moderner Subjektivität zuzuschreiben. Zweifellos lassen sich in den Confessiones des Augustinus Ansätze in diese Richtung erkennen. Sollte das, was in ihnen zur Entfaltung kommt, schon im Urchristentum angelegt gewesen sein? Wir sehen: Die Deutung des „Ich" in Röm 7 mag zunächst nur eine grammatische Spezialfrage sein – und als grammatische Frage soll sie im folgenden behandelt werden –; aber mit der Deutung des „Ich" steht mehr auf dem Spiel als Grammatik. Prinzipiell gibt es drei Möglichkeiten, das Ich zu verstehen:

1. als persönliches Ich, mit dem sich Paulus im Gegensatz zu anderen meint. Ein Beispiel ist 1.Kor 15,8, wo sich Paulus als Fehlgeburt von den anderen Aposteln und Osterzeugen abgrenzt.

2. als typisches Ich, mit dem Paulus sich selbst meint, jedoch nicht im Gegensatz zu anderen, sondern so, daß alle Christen, Juden oder die Menschen überhaupt eingeschlossen sind. Dieses typische Ich liegt in Gal 2,20 vor, wenn Paulus schreibt: „So lebe nicht mehr ich, sondern in mir lebt Christus. Was ich aber noch im Fleische lebe, lebe ich im Glauben an den Sohn Gottes, der mir seine Liebe erwiesen und sich für mich dahingegeben hat."

3. als fiktives Ich, mit dessen Hilfe Paulus einen allgemeinen Gedanken lebendig darstellt, ohne daß er sich selbst einschließt. Ein solches fiktives Ich kann insbesondere bei dialogischen Elementen vorliegen, wenn Paulus gewissermaßen in die Rolle eines anderen schlüpft – etwa in die des „Starken", der ausruft: „Warum sollte denn meine Freiheit von dem Gewissen eines anderen abhängig sein?" (1.Kor 10,29b)

W. G. KÜMMEL schloß bewußt die beiden ersten Möglichkeiten aus: „Denn ob Paulus von sich allein oder von sich als Typus redet, jedenfalls redet er von sich, und das scheint mir der Text nicht zuzulassen."[18] Zu dieser Entscheidung kam er auf dem methodisch einzig brauchbaren

---

[18] W. G. KÜMMEL, Römer 7, 84.

Weg: durch Beurteilung analogen Sprachgebrauchs bei Paulus und in der Antike. Dabei ist natürlich entscheidend, daß es sich um treffende Analogien handelt, also Analogien, welche die ausschlaggebenden Merkmale des zu erhellenden Textes enthalten. Hier seien drei Kriterien besprochen: das Personalpronomen, die Satzform und das Tempus. Wir untersuchen vorwiegend 17 Stellen bei Paulus, die als Beleg für ein fiktives „Ich" bei KÜMMEL diskutiert werden: Röm 3,7; 3,8; 1.Kor 6,12; 6,15; 10,29b; 10,30; 11,31f.; 13,1–3; 13,11f.; 14,11; 14,14f.; Gal 2,18; 2,19; 2,10; Röm 7,7a; 7,9; 7,14ff.[19].

a) Das Personalpronomen: Paulus betont häufig die 1. Person durch ein explizit gesetztes ἐγώ in Röm 7. Es findet sich sechsmal anstelle der einfachen Verbform, die vor allem in der vermutlich traditionellen Sentenz in V. 15 und 19 (nämlich in 8 von insgesamt 19 Fällen) vorliegt. Analogien, die zur Deutung des umstrittenen Ich in Röm 7 herangezogen werden, sollten daher nach Möglichkeit ein explizites ἐγώ enthalten. Bei Paulus ist es ca. 79x belegt[20]. Die überwältigende Zahl dieser Stellen muß eindeutig persönlich verstanden werden. Einige könnten typisch, nur wenige dürften fiktiv aufgefaßt werden. Unter den von W. G. KÜMMEL diskutierten 17 paulinischen Belegen für ein fiktives Ego findet sich aber nur an 7 Stellen ein explizites ἐγώ: in Röm 3,7; 1.Kor 6,12; 10,29f.; Gal 2,19; 2,20; Röm 7,9 und 14ff., Stellen, die sich teils durch ihren emphatischen, teils durch ihren dialogischen Charakter auszeichnen. Röm 3,5–7 weist einen Einwand zurück; 1.Kor 6,12 korrigiert eine korinthische These; 10,29f. spiegelt möglicherweise einen fiktiven Dialog beim Essen wider. Wahrscheinlich erschließt sich die Bedeutung des Ego von der dialogischen Struktur der Texte her, zumal auch die antike Rhetorik sich für das „Ich" als Stilmittel wenig interessiert hat, sondern das Phänomen des fiktiven Ich bei der Analyse dialogischer Stilelemente mitbehandelt hat[21].

---

[19] W. G. KÜMMEL, Römer 7, 121. Hinzu kommen die dort S. 126–131 gesammelten Belege: Demosth or 9,17; Xen rep Ath 1,11; 2,11; Hor ars 25f.; 86ff.; 265ff.; Philo somn I, 176f. Auszuscheiden sind (mit U. WILCKENS, Röm II, 77 A. 293) die rabbinischen Belege, da es sich hierbei um Ich-Erzählungen handelt, bei denen das Ich den erzählenden Lehrer meint – ganz unabhängig davon, ob der Text fiktional oder nicht-fiktional ist. Fiktives und fiktionales Ich sind zu unterscheiden: Mit dem fiktiven Ich identifiziert sich der Sprecher nicht. Mit einem fiktionalen Ich erzählt er uns Erdichtetes, mit dem er sich identifizieren will.

[20] Nicht berücksichtigt wurde explizites ἐγώ in der Gottesrede in alttestamentlichen Zitaten; vgl. Röm 10,19; 12,19; 14,11; 2.Kor 6,17. Bei den außerneutestamentlichen Belegen fehlt das explizite in Xen rep Ath 2,11 und Hor ars 24ff., 265ff. Das ἐν ἐμοί bei Philo somn I,176f. ist nicht mitzuzählen, da es immer ἐν ἐμοί heißt (anstatt μοι); vgl. BLASS/DEBRUNNER/REHKOPF,, Grammatik, § 279. Explizites ἐγώ ist belegt in Demosth or 9,17; Hor ars 86ff.; Xen repAth 1,11.

[21] Obwohl die antike Rhetorik mit großer Präzision alle Stilmittel reflektiert hat, ist ein

3. Gesetz und Sünde (Röm 7)

b) Die Satzart: In Röm 7 finden sich an wichtigen Stellen prokataleptische Fragen, die das Problem aufwerfen (V. 7 und 13), auf das der Text eine Antwort geben will. Diese Antwort wird in Aussagesätzen gegeben, von denen nur wenige bedingt sind (V. 7b.16.20). Vor allem der wichtige Satz in V. 9 ist unbedingt formuliert. Analogien zu den Ich-Aussagen von Röm 7 sollten daher möglichst unbedingte Aussagesätze sein, d. h. weder Fragesätze noch Bedingungssätze oder bedingte Sätze. Fragesätze können ja sehr viel eher ein fiktives Ich enthalten als Aussagen, besonders prokataleptische Fragen, in denen ein möglicher Einwand vorweggenommen wird. Die Herkunft dieses Stilmittels aus dem Dialog läßt sich auch bei Paulus zeigen. Innerhalb des Gleichnisses vom wilden und edlen Ölbaum nimmt er den Einwand eines Heidenchristen mit den Worten vorweg: „Du aber wirst sagen: Die Zweige sind doch ausgebrochen worden, damit ich eingepfropft werden konnte!" (Röm 11,19). „Richtig" – antwortet Paulus –: „Weil sie den Glauben verweigerten, sind sie ausgebrochen worden . . ." (11,20). Das Ich des Heidenchristen kann natürlich nicht das Ich des Judenchristen Paulus sein, auch dann nicht, wenn die Einleitungsformel ἐρεῖς οὖν fehlte. Nun konnte eine solche Einleitungsformel leicht wegfallen und der vorweggenommene Einwand ohne Redeeinleitung im Text genannt werden. Eben das scheint in Röm 3,7 ff. und 1.Kor 10,29 ff. geschehen zu sein.

In Röm 3,1–8 weist Paulus eine Reihe von Thesen zurück, die zunächst in der 3. Pers.Pl. (3,1.3.5) von den Juden reden, dann aber in der 1.Pers.Sg. mit explizitem Personalpronomen ἐμοί bzw. κἀγώ formuliert werden: „Wenn nun die Wahrheit Gottes durch meine Lüge nur um so größer geworden wäre zu seiner Verherrlichung, wie sollte ich dann noch als ein Sünder vor Gericht gezogen werden?" (3,7). Zweifellos wird hier aus der Perspektive des betroffenen Juden gesprochen, dem zuvor ebenso wie dem sündigen Heiden das Gericht angedroht worden war (Röm 2,1 ff.). Paulus distanziert sich von dieser Ansicht. Er wiederholt den Einwand noch einmal in verschärfter Form (jetzt in der 1.Pers.Pl.): „Und gilt etwa das, was uns gewisse Leute in gotteslästerlicher Absicht zuschreiben: ‚Laßt uns das Böse tun, damit das Gute komme'? Die empfangen ihr Urteil zu Recht" (3,8). Dieses Wir ist zweifellos nicht nur fiktiv. Hier spricht Paulus von sich selbst. Im Hinblick auf Röm 7 ist

---

fiktives Ego in ihr kein Thema; vgl. H. LAUSBERG: Handbuch der literarischen Rhetorik I/II, München 1960. Das uns interessierende Phänomen könnte als eine Form der aversio, der Abwendung von der Sache, vom Redner oder vom Publikum (§ 848–851) oder als ein Element der sermocinatio (§ 820–825) gedeutet werden. Es gibt in der Rede zweifellos Fiktionen, wenn sich „etwas vorbringen läßt, das, falls es wahr wäre, die Frage klären oder doch wenigstens zu ihrer Klärung beitragen könnte" (so J. MARTIN: Antike Rhetorik, München 1974, S. 115; vgl. dort ferner S. 191 f. und 332).

nun entscheidend: Das fiktive Ich in 3,7 findet sich in einer rhetorischen Frage, zudem in einer Frage mit konditionaler Struktur. Eine Analogie zu diesem fiktiven Ich könnte daher nur in den vergleichbaren rhetorischen Fragen in Röm 7,7 und 13 gesucht werden, nicht aber in den Antworten. Im Gegenteil, wenn Paulus die rhetorischen Fragen zurückweist, so identifiziert er sich ganz ungebrochen mit dieser Zurückweisung. Das μὴ γένοιτο ist nicht fiktiv!

Aufschlußreich ist auch 1.Kor 10,29f. Paulus gibt hier den Ratschlag, mit Rücksicht auf das Gewissen gegebenenfalls auf das Essen von Götzenopferfleisch zu verzichten (10,28). Er präzisiert: „Ich meine aber nicht sein eigenes Gewissen, sondern das des anderen." (10,29a). Die 1.Pers.Sg. („ich meine aber") ist hier eindeutig auf Paulus zu beziehen. Darauf folgen zwei emphatische Fragen, die man entweder als Einwand eines Starken verstehen kann[22] oder als begründende rhetorische Fragen des Paulus[23]. Charakteristisch ist, daß die zweite dieser Fragen wieder von einem Bedingungssatz abhängig ist:

„Warum denn wird meine Freiheit von einem anderen Gewissen beurteilt?
Wenn ich (ἐγώ) etwas mit Dank genieße,
warum werde ich verlästert für etwas,
für das ich (ἐγώ) das Dankgebet spreche?" (1.Kor 29bf)

Die in diesen rhetorischen Fragen formulierte Position ist natürlich nicht die Position des Paulus. Seine eigene Meinung geht aus den nun folgenden imperativischen Sätzen hervor, in denen er eine Antwort auf die aufgeworfenen Fragen gibt: „Ob ihr nun eßt oder trinkt oder sonst etwas tut, tut alles zur Ehre Gottes! Gebt niemandem Anstoß, weder Juden noch Griechen noch der Gemeinde Gottes, wie ja auch ich (κἀγώ) es allen recht zu machen suche, und nicht auf meinen (ἐμαυτοῦ) Vorteil aus bin, sondern den der vielen anderen, damit sie gerettet werden. Folgt meinem Beispiel, wie auch ich (κἀγώ) dem Vorbild Christi." (10,31–11,1). In dieser abschließenden Stellungnahme muß das zweimalige κἀγώ in zwei nebengeordneten Aussagesätzen auf jeden Fall auf Paulus bezogen werden. Es ist ein persönliches Ich.

Analog ist nun Röm 7,7ff. zu beurteilen. Auch hier werden zwei prokataleptische Fragen aufgeworfen. Die in ihnen begegnende 1.Pers

---

[22] So H. LIETZMANN, Kor, 52f. Nach dieser Auslegung würde sich Paulus mit der Zurückhaltung des Einwandes in V. 31 voll identifizieren.

[23] So R. BULTMANN: Theologie des Neuen Testaments, Tübingen ⁴1961, 220: Paulus begründe seinen Verzicht auf Götzenopferfleisch mit der Rücksicht auf das Gewissen des *anderen* und nicht mit Rücksicht auf das *eigene* Gewissen. Nur die erstere ist Freiheit (nach der Anpassungsmaxime in 1.Kor 9,19ff.), das zweite wäre Unfreiheit. Nach Bultmann würde sich Paulus in dem „Ich" von V. 29 mit einschließen.

(7,7 im Plural, 7,13 im Singular) ist nicht das „Ich" des Paulus, mag auch die rhetorische Form hohe Ich-Beteiligung verraten. Der größte Teil des Textes aber, der uns im Hinblick auf seinen möglichen biographischen Hintergrund interessiert (also besonders V. 7–13) ist Antwort auf diese Fragen in Form von Aussagesätzen. Als Analogien sind entsprechende Antwort- und Aussagesätze heranzuziehen. Nun identifiziert sich Paulus in Röm 3,1–9 und 1.Kor 10,29 ff. persönlich mit seinen Antworten auf vorher aufgeworfene Fragen. Also ist davon auszugehen, daß sich Paulus auch mit den antwortenden Aussagesätzen in Röm 7,7b ff. ganz persönlich identifiziert, mögen seine Aussagen auch noch so sehr Allgemeingültiges zum Ausdruck bringen. Führt man gegen diese Auffassung Fragesätze in Ich-Form als Beleg für rhetorisch-fiktives Ich an, so kann man diese Belege durchaus als rhetorisch-fiktiv anerkennen, wenn klar ist, daß es sich nicht um Analogien zu den Aussagesätzen in Röm 7,7ff., sondern zu den Fragen in 7,7 und 7,13 handelt. Damit aber entfallen einige der Belege W. G. KÜMMELS, nämlich Röm 3,7; 3,8; 1.Kor 6,15; 10,29f. und Röm 7,7a. Von den übrigbleibenden Aussagesätzen könnte man noch einmal 1.Kor 11,31f.; 14,11; 14,14f. und Gal 2,18 ausscheiden, da hier bedingte Aussagen vorliegen. Von den 17 Belegen W. G. KÜMMELS bleiben dann aber immer noch 8 übrig[24]. Von entscheidender Bedeutung wird daher das dritte Kriterium sein.

c) Tempus: Gerade jene Aussagen in Röm 7, bei denen man am ehesten versucht ist, nach einem biographischen Hintergrund zu fragen (7,8–11) stehen im Präteritum. Das Präteritum individualisiert deutlicher als das Präsens. Dieses sagt oft nur, was allgemein geschieht oder geschehen kann; jenes, was geschehen ist. Die Aussage: „Das Leben ist kurz" trifft jeden Menschen; die Aussage „Das Leben war kurz" läßt eher an einen bestimmten Menschen denken. Nun gibt es bei Paulus eine Fülle präteritaler Ich-Aussagen, allein 19 mit explizitem ἐγώ[25]. Nur zwei der von W. G. KÜMMEL angeführten Belege haben aber das Präteritum (1.Kor 13,11f. und Gal 2,19), beide Stellen sind wahrscheinlich typisch zu verstehen. Sollte Röm 7,7ff. eine Ausnahme sein?

Nun wechselt in Röm 7 das Tempus in auffallender Weise vom Präteritum zum Präsens. Analogien mit entsprechendem Tempuswechsel sind natürlich vorzuziehen. Zwei Analogien seien hier aufgeführt. Im

---

[24] Unter den Belegen W. G. KÜMMELS finden sich 6 bedingte Aussagen bzw. bedingte Fragen: Röm 3,7; 1.Kor 10,30; 11,31f.; 14,11; 14,14f. und Gal 2,18, bei denen von vornherein das Verhältnis zur faktischen Realität offener ist. Ich verdanke diese Beobachtung stud. theol. F. Gnändinger.

[25] Vgl. 1.Kor 2,3; 3,1.6; 4,15b; 5,3; 9,15; 11,23; 15,10; 2.Kor 2,10; 12,13.16; Gal 1,12; 2,19; 6,14; Phil 4,11; 1.Thess 2,18; 3,5; Phm 13. Von den außerneutestamentlichen Belegen hat nur Hor ars 267 bf. das Präteritum.

ersten Fall handelt es sich um eine autobiographische Anekdote Epiktets. Zunächst wird im Präteritum erzählt; dann folgt eine allgemeine Schlußfolgerung im Präsens, die in sich zweigeteilt ist. Der erste Teil (a) ist allgemein in der 3. Person formuliert, der zweite (b) wechselt zur 1. Person Singular mit explizitem ἐγώ über:

1. Präteritaler Teil:
   „So pflegte auch Rufus zu sagen, wenn er mich auf die Probe stellte: „Es wird dir dies oder jenes von deinem Herrn widerfahren." Wenn ich nun antwortete: „Das ist menschliches Schicksal", so sagte er: „Was also? Soll ich bei jenem erbitten, was ich auch von Dir erlangen kann?"
2. Präsentischer Teil:
   a) Wahrhaftig, es wäre überflüssig und töricht, von jemandem erlangen zu wollen, was man aus sich selbst heraus erlangen kann.
   b) Wenn ich (ἐγώ) nun aus mir selbst Großmut der Seele und einen edlen Charakter erlangen kann, soll ich dann von dir Land oder Geld oder ein Amt erhalten? Das sei ferne. Ich will nicht so blind gegenüber meinem eigenen Besitz sein." (Diss I, 9,29–32)

Die abschließenden rhetorischen Fragen verraten eine hohe Ich-Beteiligung, handelt es sich doch um die zentrale stoische Lehre von der Unabhängigkeit des Inneren vom äußeren Schicksal[26]. Die Lehre wird im Präsens formuliert. Der Übergang vom Präteritum zum Präsens signalisiert den Schritt zu einer größeren Generalisierung. Das autobiographische Ich wird dabei zum typischen Ich. Im Unterschied zu Röm 7,7ff. bringt die Epiktetanekdote freilich konkrete Umstände: Der Lehrer Epiktets wird mit Namen genannt, sein sozialer Status als Sklave wird vorausgesetzt. Solche konkreten Details fehlen in Röm 7. Deshalb sei noch ein zweiter Text angeführt, der sehr viel allgemeiner gehalten ist: die Idealbiographie des Königs Salomo[27] in Sap 7,1–13:

1 Ich (ἐγώ) bin zwar sterblich, ein Mensch gleich allen (anderen)
  und ein Sproß des Erdgeborenen, des ‚Zuerst-Geformten';
  und in der Mutter Leib wurde ich als Fleisch gebildet,
2 in zehnmonatiger Dauer gerann ich im Blut,
  nachdem der Samen des Mannes und die Lust im Beischlaf zusammengekommen waren.
3 Und als ich (ἐγώ) dann geboren war, sog ich die allgemeine Luft ein . . .

---

[26] Epiktet formuliert zentrale stoische Einsichten gerne in Ich-Form, was man als Zeichen großer Ich-Beteiligung deuten darf; vgl. Diss I,1,21–25; I,1,32; I,6,29; I,19,1ff.; I,21,2; I,25,18ff. Hinweisen möchte ich noch auf den Tempuswechsel in Diss I,1,28–32.
[27] Das Stichwort „Idealbiographie" stammt von D. GEORGI: Weisheit Salomos, JSHRZ III,4, Gütersloh 1980, 422. K. BERGER: Exegese des Neuen Testaments, UTB 658, Heidelberg 1977, 38, hat m.W. zum erstenmal SapSal 7,1ff. als Analogie zu Röm 7,7ff. angeführt. Er weist darauf hin, daß der Bezug zu Adam sogleich in V. 1 zu finden ist.

12 Doch hatte ich Freude an allen Dingen, weil die Weisheit über sie herrscht.
Ich wußte aber nicht, daß sie die Urheberin aller dieser Dinge ist.
13 Ehrlich lernte ich, und ohne Neid teile ich mit.
Ihren Reichtum verberge ich nicht . . .

Der Text erfüllt alle drei Kriterien: Es handelt sich um Aussagesätze mit explizitem ἐγώ; das Tempus wechselt in V. 13 vom Präteritum zum Präsens. Der Tempuswechsel signalisiert den Übergang von der Idealbiographie des Königs Salomo zur Mitteilung allgemeiner Einsichten. Das Ego ist ein typisches Ich, das Salomo mit einschließt, aber jeden Weisen meint.

Die nächste Parallele zu Röm 7,7ff. ist freilich bei Paulus selbst zu finden. Auch bei ihm findet sich ein Text, der allen drei Kriterien entspricht. Die Parallele ist um so aufschlußreicher, weil sie in ihrem formalen Aufbau auch sonst eng mit Röm 7 verwandt ist:

„Wenn wir aber, die wir in Christus gerechtgesprochen zu werden suchen, auch selbst als Sünder erfunden worden sind, ist dann Christus ein Diener der Sünde? Das sei ferne! Denn (erst) wenn ich das wieder aufbaue, was ich niedergerissen habe, stelle ich mich selbst als einen Übertreter hin. Denn ich bin durch das Gesetz dem Gesetz gestorben, damit ich Gott lebe. Ich bin mit Christus gekreuzigt; ich lebe, aber nicht mehr ich, sondern Christus lebt in mir . . ." (Gal 2,17–20)

Die strukturelle Ähnlichkeit zwischen Röm 7 und Gal 2 sei durch eine Tabelle verdeutlicht:

	Röm 7	Gal 2
These:	V. 4–6 in der 1. P.Pl.	V. 15–16 in der 1. P.Pl.
Frage:	V. 7a absurde Konsequenz: Gesetz = Sünde?	V. 17 absurde Konsequenz: Christus = Diener der Sünde?
Zurückweisung:	μὴ γένοιτο	μὴ γένοιτο
Begründung:	a) V. 7 Irrealis 1. P.Sg.	a) V. 18 Irrealis (?) 1. P.Sg.
	b) V. 9 Präteritum mit ἐγώ	b) V. 19 Präteritum mit ἐγώ
	c) V. 14ff Präsens mit ἐγώ	c) V. 20 Präsens mit ἐγώ

Gewiß sind beide Abschnitte inhaltlich nicht vergleichbar: Röm 7 thematisiert die Entstehung der Sünde, Gal 2 die Befreiung von der Sünde. Aber in beiden Fällen wird ein Übergang geschildert, zunächst im Präteritum, dann im Präsens. Entscheidend ist: Die Sätze mit explizitem ἐγώ in Gal 2,19f. schließen unbestreitbar Paulus mit ein[28] und sind – trotz aller typischen Züge – auch persönlich zu verstehen (V. 20f.). Umstritten ist dagegen Gal 2,18: „Wenn ich wiederum aufbaue, was ich eingerissen habe, so erweise ich mich als Übertreter." Εἰ mit Indikativ im Nebensatz und Indikativ im Hauptsatz bezeichnet den realen Fall. Auf Paulus aber trifft der Satz nicht zu[29], da er es ja ablehnt, Speisetabus wieder einzuführen, über die er sich erst hinweggesetzt hat und deren Wiedereinführung er den Judenchristen in Antiochien vorwirft. Ist das Ich von Gal 2,18 also ein fiktives Ich? Ein literarisches Stilmittel? Oder spricht hier eher Petrus?[30] Oder einer der Judenchristen?[31] Oder beide?[32] Aber auf sie paßt wohl der Nebensatz – sie haben wieder errichtet, was sie abgeschafft hatten –, nicht aber der Hauptsatz, glauben sie doch, mit der Rückkehr zu den Speisetabus das Gesetz zu erfüllen, nicht aber es zu brechen! Auch wird das folgende ἐγώ in V. 19 durch keinerlei adversative Partikel von dem vorhergehenden angeblich fiktiven „Ich" abgegrenzt. Die Lösung liegt wohl darin, daß es sich dem Sinne nach um einen Irrealis handelt[33]. In Gal 5,11 findet sich ein entsprechender Fall: Ἐγὼ δὲ, ἀδελφοί, εἰ περιτομὴν ἔτι κηρύσσω, τί ἔτι διώκομαι; Hier hat der sogenannte Realis eindeutig irrealen Sinn. Paulus sagt also Gal 2,18 und 5,11: Wenn ich – wie meine Gegner – an Speisetabus und Beschneidung festhalten würde – aber faktisch tue ich es ja nicht –, dann wäre ich ein Übertreter bzw. frei von Verfolgung. Aber selbst wenn man bei der Auslegung von Gal 2,18 zu anderem Ergebnis kommt, läßt sich doch von diesem Satz nur schwer auf Röm 7,7ff. schließen; handelt es sich doch um einen Bedingungssatz und nicht um jene unbedingten Aussagen, die in Röm 7 vorherrschen und auch in V. 19 folgen, wo das ἐγώ unzweideutig Paulus einschließt.

Wir können nun zusammenfassen. Legen wir die genannten drei Kriterien zugrunde, so bleiben von den angeblichen Parallelen zu Röm 7,7ff. nur sehr wenig übrig, wie die folgende Tabelle zeigt:

---

[28] Das konzedieren auch die Exegeten, die Gal 2,18 nicht auf Paulus beziehen; vgl. W. G. KÜMMEL, Römer 7, 123 A. 1; A. OEPKE, Gal, 93f.; F. MUSSNER, Gal, 177f.
[29] Vgl. BLASS/DEBRUNNER/REHKOPF, Grammatik § 281. Die Schwierigkeiten der Deutung werden diskutiert bei G. KLEIN: Individualgeschichte und Weltgeschichte bei Paulus, in: Rekonstruktion und Interpretation, München 1969, 180–224, S. 195.
[30] So F. MUSSNER, Gal, 178. Dagegen G. KLEIN, Individualgeschichte, 195–198.
[31] So W. G. KÜMMEL, Römer 7, 123.
[32] So A. OEPKE, Gal, 93.
[33] Dieses Übergreifen des Realis läßt sich auch sonst im Neuen Testament beobachten. In 1.Kor 8,13 ist εἰ + Indikativ = ἐάν + Konjunktiv (BLASS/DEBRUNNER/REHKOPF, Grammatik § 372 A. 9), in Lk 17,2 ist εἰ + Indikativ irreal (§ 372,3).

	1. Expizites ἐγώ	2. Aussage-satz	3. Präteritum
Röm 3,7	×	–	–
Röm 3,8	–	–	–
1.Kor 6,12	×	×	–
1.Kor 6,15	–	–	–
1.Kor 10,29b	–	–	–
1.Kor 10,30	×	–	–
1.Kor 11,31 f.	–	×*	–
1.Kor 13,1–3	–	×	–
1.Kor 13,11 f.	–	×	×
1.Kor 14,11	–	×*	–
1.Kor 14,14 f.	–	×*	–
Gal 2,18	–	×*	–
Gal 2,19	×	×	×
Gal 2,20	×	×	–
Röm 7,7a	–	–	–
Röm 7,9	×	×	×
Röm 7,14 ff.	×	×	–

* = konditionale Satzstruktur

Die einzige formal überzeugende Parallele zu Röm 7,9 ist also Gal 2,19. Die Tabelle könnte den falschen Eindruck erwecken, es handle sich hier um formal singuläre Aussagen bei Paulus. Das Gegenteil ist der Fall. 18 weitere Ich-Aussagen (mit explizitem ἐγώ, Aussagestruktur und Präteritum) sind hinzuzufügen: 1.Kor 2,3; 3,1.6; 4,15b; 5,3; 9,15; 11,23; 15,10; 2.Kor 2,10; 12,13.16; Gal 1,12; 6,14; Phil 4,11; 1.Thess 2,18; 3,5; Phm 13. Fast überall ist das ἐγώ eindeutig persönlich. Kann man diese naheliegenden Parallelen beiseite schieben, um formal und historisch fernerliegenden Parallelen den Vorzug bei der Deutung von Röm 7 zu geben? Das wäre methodisch unzulässig[34].

Aber auch die Belege außerhalb des Neuen Testaments weisen eher in eine andere Richtung. Von den 8 von W. G. KÜMMEL angeführten Belegen für ein fiktives Ego ist nur einer im Präteritum formuliert (Hor ars 267bf), kein Beleg erfüllt alle drei Kriterien. Im ersten Buch der Gespräche Epiktets finden sich dagegen sechs Stellen mit präteritalen ἐγώ-Aussagen (Diss I,7,32; 9,27 f.; 9,29 ff.; 10,2 ff.; 18,15; 29,21). Alle

---

[34] J. CAMBIER, Le ‚moi' dans Rom 7, S. 51, meint in 1.Kor 14,14 f. ein Ich nachweisen zu können, bei dem Paulus ein Verhalten beschreibt, das nicht sein eigenes Verhalten ist – und das nicht nur als konditionaler Fall eingeführt wird. Aber 1. darf man bei V. 15 die vorhergehende konditionale Struktur in V. 14 nicht vergessen, und 2. sagt Paulus in 14,18 deutlich, daß auch er in Zungen reden kann. Das zungenrednerische Ich in V. 15 schließt also Paulus mit ein.

Aussagen sind eindeutig autobiographisch zu verstehen. Es soll damit die Existenz eines fiktiven Ichs als literarischen Stilmittels nicht bestritten werden. Jedoch ist es als fiktives Ich mit dialogischen Signalen verbunden[35], begegnet vor allem in Fragen[36] und präsentischen Aussagen[37].

Gegen die Annahme eines rein fiktiven Ich spricht aber m. E. auch der Inhalt in Röm 7,7ff. Das erste explizite ἐγώ (V. 8) wird durch die Anrede des göttlichen Gesetzes „Du sollst nicht begehren!" provoziert[38]. Das Gebot spricht den Menschen in der 2.Pers.Sg. an. Da ist es naheliegend, in der 1.Pers.Sg. zu antworten. Wo Paulus aber von Gottes Forderung an den Menschen spricht, kann er kaum an ein fiktives Ich denken, bei dem er sich selbst ausschließt. Das würde dem Ernst der göttlichen Forderung widersprechen.

Ferner greift Paulus in Röm 7,7ff. ja auf, was er schon in 7,5 zusammenfassend formuliert hat: „Denn als wir im Fleische waren, wirkten die sündigen Leidenschaften, durch das Gesetz geweckt, in unseren Gliedern, so daß wir dem Tode Frucht trugen." Dieses Zusammenwirken von Sünde, Gesetz und Tod analysiert Paulus auch in Röm 7,7ff. So wenig sich nun Paulus bei dem „Wir" von Röm 7,6 ausgeschlossen hat, so wenig ist das beim „Ich" von Röm 7,7ff. denkbar.

---

[35] Unter den nicht-neutestamentlichen Belegen W. G. Kümmels findet sich nur Demosth or 9,17 mit explizitem Ich und präsentischer Aussage. Dort aber geht der Aussage ein eindeutiges dialogisches Signal voraus: „Aber so werdet ihr nicht behaupten..."; vgl. Epikt Diss I,7,25; I,9,8; I,14,11 u.ö.

[36] So Horaz ars 86ff.; 265ff.; vgl. Röm 3,7; 1.Kor 6,15; 10,30; Röm 7,7a; Epikt Diss I,12,8; II,5.3.

[37] C. F. D. Moule, in: The Law of the Spirit, 50f., stellt zu Recht die skeptische Frage: „Is there any instance of the ego, of the Ich, any form, 'ni or ego, representing either an individual or a class of persons collectively with which the speaker does not still identify himself?" Ich möchte ein Beispiel anführen, das bei W. G. Kümmel fehlt, nämlich Epikt Diss I,22,13f.: „Es entspricht meiner Natur, nach dem mir Nützlichen zu suchen. Wenn es mir nützlich ist, ein Landgut zu haben, ist es auch nützlich, es meinem Nachbarn wegzunehmen; wenn es meinem Nutzen entspricht, einen Mantel zu haben, so ist es mir auch nützlich, ihn aus dem Bad zu stehlen." Mit solchen Maximen identifiziert sich der stoische Philosoph natürlich nicht. Die Amoralität der Aussage ist jedoch für den Leser ein deutliches Signal für den fiktiven Charakter dieser Sätze. Es bedürfte kaum einer gelehrten Dissertation, um ihn zu erkennen! Vielleicht kann man noch auf Epikt Diss I,17,16ff. hinweisen. Hier läßt Epiktet einen Schüler in Ichform sprechen, ohne durch Redeeinleitung deutlich zu machen, daß es sich um den Schüler handelt.

[38] So mit Recht A. Vergote: Der Beitrag der Psychoanalyse zur Exegese. Leben, Gesetz und Ich-Spaltung im 7. Kapitel des Römerbriefs, in: X. Léon-Dufour (ed.): Exegese im Methodenstreit, München 1973, 73–116, S. 89: „Das Gesetz provoziert ein Bewußtsein von der Sünde in der ersten Person. Durch seine bestimmte Befehlsform ist das Gesetz dialogischer Struktur."

Es besteht m. E. kein Zweifel: Wer in Röm 7 das ἐγώ dem Paulus abspricht, hat die Beweislast für diese Behauptung zu tragen. Das Nächstliegende ist, an ein „Ich" zu denken, das persönliche und typische Züge vereint[39]. Ohne den noch zu besprechenden Widerspruch zu Phil 3 und die unbiographische Aussage in Röm 7,9 wäre man wohl nie auf den Gedanken gekommen, das Ich für fiktiv zu halten.

II. Traditionsanalyse

Paulus deutet den Konflikt mit dem Gesetz mit Hilfe zweier Traditionen: erstens nach dem Modell der Sündenfallerzählung, zweitens durch Heranziehen einer verbreiteten antiken Sentenz. Dabei haben wir darauf zu achten, wie Paulus einerseits diese Traditionen aufnimmt, sie andererseits aber an seine Lebensproblematik assimiliert. Psychologisch ist beides bedeutsam, sowohl die vorgegebenen Deutungsschemata wie ihre Anpassung an die Situation. Die Traditionsanalyse ist daher, wie auch sonst, schon in sich ein entscheidender Beitrag zur psychologischen Auswertung des Textes von einem kognitiven Ansatz her.

A. Der Sündenfall in Röm 7,7–13

Es ist umstritten, inwiefern der Sündenfall Adams Modell für den in Röm 7,7–11 geschilderten „Sündenfall" gestanden hat. Das Spektrum

---

[39] Man könnte als Analogie ferner auf das Ich der Psalmen hinweisen (vgl. U. WILCKENS, Röm II,77f.; O. MICHEL, Röm, 225). Insbesondere in den Qumranpsalmen läßt sich Autobiographisches und Typisches nicht trennen. In einer älteren Schicht dieser Lieder erzählt der Lehrer der Gerechtigkeit von Verlorenheit und Rettung (z.B. 1QH II,1–19; IV,5–29; V,5–19; V,20–VI,36; VII,6–25; VIII,4–40). Später kamen Gemeindelieder hinzu (z.B. I,5–39; vgl. 21ff.), in denen das Ich typisch gemeint war, ohne daß zwischen den Liedern des Lehrers und der Gemeinde unterschieden wurde. „Wir haben also in den Qumrantexten beides: einen autobiographischen Bestand und auch eine generalisierende Verwendung des Ich" (E. LOHSE in der Diskussion zu J. CAMBIER, Le ‚moi' dans Rom 7, S. 72). Ansonsten ist die Analogie zu den Psalmen begrenzt: Röm 7,7ff. ist ein argumentativer Text. Nur der Wechsel von Klage und Dank in Röm 7,24–25a erinnert an die Psalmen. Für diesen Wechsel gibt es jedoch Analogien in argumentativen Texten (Philo heres 309; Epikt Diss IV,4,7: „πῶς οὖν παύσωμαι;" τότε καὶ ἐγὼ ἡμάρτανον· νῦν δ' οὐκέτι, χάρις τῷ θεῷ). Es ist daher nicht notwendig, bei Röm 7,24–25a an einen liturgischen Sitz im Leben zu denken (gegen E. W. SMITH: The Form and religious Background of Romans VII 25–25a., NovTest 13 (1971) 127–135). Der Dialog wird in Röm 7 eben nicht mit Gott geführt, sondern mit einem verinnerlichten menschlichen Dialogpartner, der seine Einwände in 7,7 und 13 formuliert und in 8,2 angesprochen wird. Die Verlorenheit des sprechenden Ich wird gerade dadurch erhellt, daß es mit seinen „anklagenden und verteidigenden Gedanken" (Röm 2,15) allein ist.

exegetischer Meinungen reicht von der Annahme, hier spreche Adam[40] bis zur Leugnung jeglicher Reminiszenzen an Adam[41]. Die wichtigsten Einwände gegen eine Bezugnahme auf Adam sind:

1. die zeitliche Ansetzung des Gebotes: Paulus zitiert den Dekalog, kann aber doch bei Adam unmöglich das spätere Sinaigesetz voraussetzen!
2. Der Inhalt des Gebotes: Das paradiesische Gebot lautet, nicht vom Baum der Erkenntnis zu essen. Das Stichwort „Begehren", das für Röm 7,7ff. so wichtig ist, fehlt in Gen 2 und 3.
3. Die Verinnerlichung des Sündenfalls: Von der Schlange, von Eva und den paradiesischen Bäumen steht kein Wort in Röm 7,7ff. Es handelt sich um innere Prozesse.

In der Tat wird man annehmen müssen, daß Adam nicht das *Subjekt* des Konfliktes in Röm 7,7ff. ist, sondern dessen *Modell*. Das Ich übernimmt in Röm 7,7ff. die Rolle Adams und gestaltet sie im Lichte der eigenen Konflikterfahrung um. Ehe wir auf diese Umgestaltung eingehen, müssen wir jedoch sicherstellen, daß auf Adam Bezug genommen wird. Zu diesem Zweck gehen wir die drei aufgeführten Einwände durch.

1. Zur zeitlichen Ansetzung des Gebotes. Das Sinaigesetz kam nach Adam, wie Paulus selbst in Röm 5,12ff. betont. Aber gerade seine dortigen Ausführungen ermöglichen eine enge Verbindung von paradiesischem Gebot und Sinaigesetz. Paulus sagt nämlich Röm 5,14: „Aber es herrschte der Tod von Adam bis Mose auch über die, die nicht in der Weise Adams sündigten." Nun stehen die Zeitbestimmungen „bis Mose" (5,14) und „bis zum Gesetz" (5,13) sprachlich und sachlich parallel zueinander. Wenn aber der Zwischenzeit zwischen Adam und Mose das Gesetz fehlt, so folgt daraus, daß Adams Sünde im Gegensatz zu den Sünden der gesetzlosen Zwischenzeit auf ein „Gesetz" oder etwas Ähnliches bezogen war. Anders ausgedrückt: Sündigt man in der Zwischenzeit zwischen Adam und Mose erstens nicht wie Adam, zweitens ohne Gesetz, so müssen die Sünde Adams und die Sünde unter dem Gesetz vergleichbar sein[42]. Darüber hinaus enthält die schwankende

---

[40] Die These wird ausführlich begründet bei S. LYONNET: ‚Tu ne convoiteras pas' (Rom VII,7), in: Neotestamentica et Patristica, FS O. CULLMANN, Leiden 1962, 157–165; ders.: L'histoire du salut selon le ch. 7 de l'epître aux Romains, Bibl 43 (1962) 117–151. E. KÄSEMANN, Röm, 188, formuliert sie am treffendsten: „Es gibt nichts in unseren Versen, was nicht auf Adam paßt, und alles paßt nur auf Adam." Vgl. ferner H. SCHLIER, Röm, 223f.; O. MICHEL, Röm, 227f.; F. J. LEENHARDT, Rom, 106–108.

[41] So vor allem W. G. KÜMMEL, Römer 7, 85–87; G. SCHRENK: Art. ἐντολή, ThW II, 542–553, S. 547.

[42] Historisch ist die Angleichung des Paradiesgebotes an das Sinaigebot möglich, wie jüdische Auslegungstraditionen zeigen. Targum Neofiti I lautet zu Gen 2,15: „Und Gott der Herr nahm den Menschen und ließ ihn wohnen im Garten Eden, um das Gesetz zu

Begrifflichkeit in Röm 7,7 ff. vielleicht selbst einen Hinweis auf das paradiesische Gebot: Nebeneinander ist vom νόμος und von der ἐντολή die Rede; ἐντολή meint häufig das konkrete Gebot und steht daher im Plural (vgl. 1.Kor 7,19; Eph 2,15)⁴³. Der Begriff ἐντολή wäre gut geeignet, das Einzelgebot der Sündenfallgeschichte zu bezeichnen. Nun wird in der LXX das paradiesische Gebot mit den Worten ἐνετείλατο κύριος ὁ θεὸς τῷ ᾽Αδαμ eingeleitet (Gen 2,16; vgl. 3,11.17). Die Verwandtschaft zwischen ἐντέλλεσθαι und ἐντολή war dem damaligen Sprachbenutzer evident⁴⁴. Philo reflektiert zudem aus Anlaß des ἐνετείλατο in Gen 2,17 über den Begriff ἐντολή im Unterschied zu verwandten Begriffen⁴⁵. Ist es daher ein Zufall, daß Paulus dort, wo man am ehesten an Adams Sündenfall denkt, den Begriff ἐντολή benutzt, beim Nomos aber nur seine Abwesenheit hervorhebt (Röm 7,8–11)?

2. Zum Inhalt des Gebotes: Das Gebot „Du sollst nicht begehren!" findet sich zwar seinem Wortlaut nach nicht in Gen 2/3, paßt aber ausgezeichnet zur Sündenfallgeschichte: „Und das Weib sah, daß von dem Baum gut zu essen wäre und daß er lieblich anzusehen sei und begehrenswert (ὡραῖος), weil er klug machte" (Gen 3,6)⁴⁶. Hier ist sachlich von Begierde die Rede, wobei zu erinnern ist, daß Auge und Begehren auch sonst verbunden werden (Prov 6,25 LXX; Mt 5,28). So ist es denn nicht verwunderlich, daß jüdische Traditonen Adam und Evas Sünde als „Begierde" bezeichnen. Eva klagt: „Sie (sc. die Schlange) tat aber in die Frucht, die sie mir zu essen gab, das Gift ihrer

---

bewahren und seine Gebote zu befolgen" (vgl. S. LYONNET, L'histoire du salut, 135–142). Jedoch muß man bedenken, daß Paulus entgegen der rabbinischen Tendenz, das Gesetz für ewig zu halten, seinem sekundären und geschichtlichen Charakter hohe Bedeutung zumißt (vgl. Röm 5,20; Gal 3,17) und die Rückdatierung des Gesetzes in das Paradies seinen theologischen Interessen widerspricht. Es sei jedoch an 1.Kor 10,1 ff. erinnert: Hier ist Christus als mitfolgender Felsen schon im Alten Testament präsent – ein Widerspruch zu Gal 4,4, wonach Christus kam, als die Zeit erfüllt war.

⁴³ Gewiß darf man die Unterschiede nicht überbetonen. Auf jüdischen Inschriften begegnet sowohl der φιλόνομος (vgl. G. H. R. HORSLEY: Heuremata. New Documents illustrating Early Christianity, Bd. 1, North Ryde 1981, Nr. 60) wie der φιλέντολος (CIJ I, 132, 203, 482, 509). Charakteristisch ist jedoch, daß νόμος fast nur im Singular steht (Ausnahme in der hebr. Bibel ist Ps 105,45), ἐντολή dagegen im Plural stehen kann.

⁴⁴ Vgl. Joh 14,31 ἐνετείλατο mit der v. l. ἐντολὴν ἔδωκεν (B L); ferner Mk 10,5 ἐντολή mit der Parallele Mt 19,7 ἐνετείλατο.

⁴⁵ Philo all I,92 f.: „Gott gibt nur ihm (sc. dem erdgeschaffenen Adam von Gen 2) den Befehl (ἐντέλλεται) und nicht dem nach Gottes Ebenbild und der Idee gewordenen Menschen; denn dieser besitzt auch ohne Antrieb die Tugend aus eigenem Wissen, jener aber kann nicht ohne Belehrung Einsicht erlangen. Es besteht aber ein Unterschied zwischen den drei Ausdrücken Vorschrift, Verbot, Gebot und Ermahnung (πρόσταξις, ἀπαγόρευσις, ἐντολὴ καὶ παραίνεσις)." Josephus spricht bei seiner Paraphrase von Gen 3 von einer ἐντολή (ant 1,43).

⁴⁶ So mit Recht S. LYONNET, Tu ne convoiteras pas, 161.

Bosheit, d. i. ihrer Begierde, denn Begierde ist der Anfang aller Sünde" (ApkMos 19)[47]. Dabei ist die Begierde wohl sexuell zu verstehen, wird doch der Geschlechtsverkehr wenig später als „Fleischessünde" bezeichnet (ApkMos 25), die erst mit der Vertreibung aus dem Paradies aufkam; im Paradies lebten Adam und Eva noch getrennt (ApkMos 15). Noch deutlicher ist ApkAbr: Hier speisen Adam und Eva von der verbotenen Frucht, während sie sich umarmen (23,6f.). Die göttliche Stimme erläutert dem Seher: „Das ist die Menschenwelt, ja dies ist Adam und dies ist ihr Begehr auf Erden" (ApkAbr 23,8). 4.Makk 18,8 scheint sogar vorauszusetzen, daß der Sündenfall in sexueller Verführung bestand. Der Sündenfall wird also häufig von der Begierde her gedeutet, wobei ein gewisser Akzent auf der Sexualität liegt. Bei Paulus ist der Begriff der ἐπιθυμία jedoch umfassender. Er umfaßt „alle Begierde" (Röm 7,8).

Unabhängig von der Sündenfallgeschichte können wir nun im damaligen Judentum eine Tendenz feststellen, das Wesentliche des Gesetzes im Verbot der Begierde zu sehen. Die 10 Gebote werden als μὴ ἐπιθυμεῖν zusammengefaßt (4.Makk 2,6). Die Begierde gilt (neben Geldgier, Götzendienst und der Unwissenheit) als Wurzel allen Übels[48]:

„Ein so großes und überragendes Übel ist also die Begierde oder vielmehr, um es richtig zu bezeichnen, sie ist die Quelle aller Übel (ἁπάντων πηγὴ τῶν κακῶν), denn Raub, Plünderei und Nichtbezahlen von Schulden, Verleumdung und Beschimpfung, ferner Verführung, Ehebruch, Mord und alle die anderen Verbrechen gegen einzelne oder gegen den Staat, wider heilige und profane Dinge, aus welcher anderen (Quelle) fließen sie? Denn die Leidenschaft, die mit vollem Recht als Grundübel bezeichnet werden könnte, ist die Begierde (ἀρχέκακον πάθος ἐστὶν ἐπιθυμία)." (spec IV, 84f.).

Die Aufzählung zeigt, wie breit das Spektrum der auf die Begierde zurückgeführten Übel ist. Eben deswegen erscheint sie als Grundübel wie in ApkMos 19; ApkAbr 24,10; 1.Kor 10,6[49]. Diese Konzentration auf

---

[47] Hier ist die Begierde nicht Ursache, sondern Folge des Sündenfalls. Erst das Essen der Frucht bewirkt das Begehren. Auch bei Paulus weckt das Gebot die Begierde (7,8). Dem Gebot geht nicht die „tote Begierde", sondern die „tote Sünde" voraus (7,8b). In Jak 1,15 geht die Begierde dagegen der Sünde voraus.
[48] Vgl. Philo decal 173 „... die Quelle aller Unrechtstaten, die Begierde"; decal 142: „am schlimmsten aber ist die Begierde" – unter allen Leidenschaften; nach spec IV,130f. ist die Begierde das größte Übel der Seele. Daß dabei nicht nur an sexuelles Begehren gedacht ist, ja noch nicht einmal primär daran, geht aus spec. IV,84f. hervor; ferner daraus, daß auch die Geldgier (PseuPhok 42ff.; vgl. 1.Tim 6,10; PolPhil 4,1), der Götzendienst (SapSal 14,27) oder überhaupt die Unwissenheit (Philo ebr 160) als Erzübel genannt werden.
[49] Paulus denkt hier an Num 11,34. Die dort genannten μνήματα τῆς ἐπιθυμίας

die Begierde ist auch bei Paulus vorausgesetzt, wenn er die Stimme des Gesetzes in dem Imperativ „Du sollst nicht begehren!" zusammenfaßt. Sie entspricht einerseits der hellenistischen Umwelt[50], in der die stoische Philosophie die Überwindung der Leidenschaft zum ethischen Zentralthema erhob, und betont andererseits das, was das Judentum von der Umwelt abhob, nämlich sexuelle Disziplin und Speisetabus. Wenn also Adams Sünde als Begierde gedeutet wird – als Begierde nach der verbotenen Speise und als sexuelle Begierde, dann entsprach solch eine Deutung der Situation des hellenistischen Judentums.

Ziehen wir den Schluß: Wenn Adams Sünde in der Begierde bestand und die zehn Gebote im Verbot der Begierde zusammengefaßt werden konnten, so lag es nahe, beim paradiesischen Gebot an das ganze Gesetz und beim Gesetz an das paradiesische Gebot zu denken. Alle Gesetzesübertretungen geschehen dann in „Entsprechung zur Sünde Adams" (vgl. Röm 5,14). Auch wenn Paulus in Röm 7,7 ff. nicht direkt von Adam spricht, so steht seine Gestalt doch deutlich im Hintergrund.

3. Zur Verinnerlichung des Sündenfalls: Paulus spricht von Sünde, Begierde und Ich – Gen 2/3 dagegen von Adam und Eva, der Schlange und den Paradiesbäumen. Wenn Paulus Motive der Sündenfallgeschichte verinnerlicht, so steht er in einer hellenistisch-jüdischen Auslegungstradition. Schon Philo deutet Adam als νοῦς, Eva als αἴσθησις (leg all II,5.24.38 u.ö.). Die Schlange gilt als Sinnbild der ἡδονή (opif 157; all II,72.74.76.81.87 u.ö.) oder der ἐπιθυμία (Qu Gen I,47.48). Natürlich setzt Paulus nicht gerade diese allegorischen Auslegungen voraus. Aber er kennt wohl vergleichbare Deutungen und ist durch sie angeregt. Zwei, vielleicht auch drei Motive kann man u. U. so erklären: das Betrugs-, Todes- und Erkenntnismotiv:

Paulus spricht davon, daß die Sünde das Ich betrog: ἐξηπάτησέν με. In Gen 3,13 LXX steht ἠπάτησέν με. Die Variation des ἀπατᾶν zu ἐξαπατᾶν ist weder sprachlich noch sachlich von allzu großer Bedeutung: ἐξαπατᾶν begegnet auch in 2.Kor 11,3; 1.Tim 2,14 und bei Theodoret (zu Gen 3,13)[51]. Vor allem aber bringt Philo das Betrugsmotiv in allegorischer Auslegung des Sündenfalls: „Diese blinde, zur Erfas-

---

veranlassen auch Philo spec. IV,130f. von der Begierde als dem größten Übel der Seele zu sprechen.

[50] Vgl. zum folgenden K. BERGER: Die Gesetzesauslegung Jesu I, WMANT 40, Neukirchen 1972, 343–349.

[51] Vgl. J. W. WEVERS (ed.): Septuaginta, Genesis, Göttingen 1974, 92. Die oben aufgeführten vier auf Gen 3,13 zurückgehenden Belege sprechen gegen W. G. KÜMMELS Behauptung (in: Römer 7, S. 54), „daß ἐξαπατᾶν in Röm 7,11 nicht auffällig ist und man keineswegs Gen 3,13 heranzuziehen braucht". Zu ergänzen ist noch Jos. ant. 1,48.49, wo ebenfalls ἐξαπατᾶν steht.

sung der Dinge unfähige Sinnlichkeit täuscht (ἐξηπάτηκεν) also die Sinnenlust" (all III,109). Schon bei ihm wird das Täuschungsmotiv verinnerlicht.

Dasselbe gilt vom Todesmotiv. Paulus schreibt: „Als aber das Gebot kam, lebte die Sünde auf; ich aber starb" (Röm 7,9f.). Ebenso wie der Todeszustand der Sünde mit dem Leben des Ich gleichzeitig ist (7,8f.), muß auch das Aufleben der Sünde mit dem Tod des Ich gleichzeitig sein (V. 9). Auch dieser auffallende Zug läßt sich als eine verinnerlichende Deutung der Sündenfallgeschichte erklären. Das paradiesische Gebot enthält, besonders deutlich in der LXX-Fassung, die Drohung: „An dem Tag, an dem du von ihm ißt, mußt du des Todes sterben" (Gen 2,17), eine Drohung, die nicht in Erfüllung ging[52]. Adam lebte nach biblischer Auskunft noch gut 930 Jahre (Gen 5,5). Und auch sonst pflegt das Kommen eines Gebotes nicht mit dem Tod verbunden zu sein, sondern allenfalls folgt der Tod als Strafe auf eine Übertretung. Wenn das paradiesische Gebot dennoch den sofortigen Tod androht, so konnte das nach Meinung Philos nur daran liegen, daß hier von einem inneren Tod die Rede ist:

„Nun heißt es weiter: ‚An dem Tage, da ihr von ihm esset, werdet ihr des Todes sterben.' In Wirklichkeit aber sterben sie (die ersten Menschen), nachdem sie gegessen haben, nicht nur nicht, sondern sie zeugen sogar Kinder und werden so für andere zur Ursache des Lebens. Was ist darauf zu sagen? Es gibt einen doppelten Tod, für den Menschen im allgemeinen und für die Seele im besonderen; der des Menschen besteht in der Trennung der Seele vom Körper; der Tod der Seele bedeutet die Vernichtung der Tugend und die Aneignung der Schlechtigkeit. Deshalb heißt es auch nicht bloß ‚Sterben', sondern ‚des Todes sterben', um zu zeigen, daß nicht der allgemeine, sondern der besondere und eigentliche Tod gemeint ist, den die Seele erleidet, wenn sie unter Leidenschaften und Schlechtigkeiten aller Art begraben wird." (all I,105f.; vgl. Qu Gen I,16)

Wenn aber Röm 7,7–13 so viele Reminiszenzen an die Sündenfallgeschichte enthält, so liegt die Frage nahe, ob nicht als drittes Motiv auch das Erkenntnismotiv in der einleitenden These von Gen 2/3 her verständlich wird: „Aber die Sünde hätte ich nicht kennengelernt (οὐκ ἔγνων), wenn nicht durch das Gesetz" (7,7). Das Verbum γινώσκειν begegnet ja auch in Gen 2/3 an zentraler Stelle. Das paradiesische Verbot trifft den Baum der Erkenntnis τοῦ γινώσκειν καλὸν καὶ πονηρόν (Gen 2,17; 3,22). Adam und Eva werden wie Gott γινώσκοντες καλὸν καὶ πονηρόν (Gen 3,6). Sie erkennen (ἔγνωσαν) ihre Nacktheit

---

[52] Daher wird das angekündigte Sterben bald in ein „Sterblichsein" umgedeutet, vgl. das θνητός ἔσῃ bei Origenes, Hexapla Gen 2,17, und im Codex M bzw. das mortalis eris bei Hieronymus (nach LXX Genesis, ed. J. W. WEVERS, S. 86).

(Gen 3,7). Es könnte sein, daß das Erkennen von Gut und Böse in der Sündenfallgeschichte in Anpassung an paulinische Gedankengänge (Röm 3,20) zur „Erkenntnis der Sünde" (Röm 7,7) abgewandelt wurde. Jedoch ist das nicht sicher. Später spricht Paulus anders als Gen 2/3 nicht vom καλόν und πονηρόν, sondern vom κακόν und καλόν bzw. ἀγαθόν (vgl. Röm 7,16.18.19). Das Stichwort πονηρόν fehlt[53].

Wir fassen zusammen: Paulus hat in Röm 7,7 ff. unverkennbar das Modell Adams vor Augen. Von diesem Modell her deutet er seine Erfahrung. Es sprechen aber auch einige Argumente dafür, daß er umgekehrt die Rolle Adams im Lichte seiner Erfahrung wahrnimmt.

Die Umprägung der übernommenen Rolle könnte in der auffälligen Wiederholung von 7,8 in 7,11 deutlich werden. Zunächst beschreibt Paulus den Gesetzeskonflikt in Übereinstimmung mit der traditionellen Adamrolle als Übertretung der Norm. Die Begriffe ἐπιθυμία und ἐπιθυμεῖν können innerhalb des paulinischen Sprachgebrauchs nur antinomistisch, d.h. als Impuls gegen das Gesetz, verstanden werden[54]. Denn nirgends wird der Eifer für das Gesetz, also die nomistische Sünde, als eine Erscheinungsform des ἐπιθυμεῖν gedeutet. Auch wenn Paulus durch das Gebot „alle" Begierde hervorgerufen sein läßt, so denkt er kaum an ein nomistisches Streben, eher an einen Katalog wie in Gal 5,19 ff., wo das Begehren des Fleisches in vielen Verhaltensweisen konkretisiert wird, nicht aber im Gesetzeseifer. Vor allem läßt das Modell Adams nur eine antinomistische Deutung der „Begierde" zu:

---

[53] Das Gegensatzpaar ἀγαθόν/κακόν findet sich in der LXX häufiger und war wohl das gängige Antonymenpaar (vgl. Num 14,23; 32,11; Dtn 1,39; 3.Reg 3,9 LXX; Ps 33,15; JesSir 11,14.25.31; 12,3; 13,25; 17,7; 18,8; 33,14; 39,4). Die Opposition ἀγαθόν/πονηρόν (vgl. Ecc 12,14; 2.Reg 14,17) und καλός/πονηρός (vgl. Lev 27,10.12.14.33; Num 24,13) sind sehr viel seltener. Insgesamt gibt es nur wenige Anklänge an die Sündenfallgeschichte im präsentischen Teil von Röm 7. Nur zwei Motive könnte man nennen: 1. Wenn Paulus die Verantwortung für die Sünde in 7,18 und 20 auf die Sarx bzw. die Sünde abwälzt, so erinnert das an die Versuche Adams, die Schuld Eva zuzuschreiben 2. Das Stichwort κατάκριμα in 8,1 könnte sich auf dasselbe Stichwort in 5,12–21 im Zusammenhang mit der Übertretung Adams beziehen (so R. SCHNACKENBURG, Römer 7, 299 f.).

[54] So mit Recht U. WILCKENS,, Röm II,80 f. Er wendet sich damit gegen die nomistische Deutung der ἐπιθυμία, die vor allem von R. BULTMANN und seinen Schülern vertreten wurde; vgl. R. BULTMANN: Römer 7 und die Anthropologie des Paulus (1932), in: Exegetica, Tübingen 1967, 198–209, 205 f.; H. BRAUN: Römer 7,7–25 und das Selbstverständnis des Qumran-Frommen, in: Gesammelte Studien zum Neuen Testament und seiner Umwelt, Tübingen ²1967, 100–119, S. 101; G. BORNKAMM: Sünde, Gesetz und Tod, in: Das Ende des Gesetzes. Paulusstudien. Gesammelte Aufsätze I, BEvTh 16, München ⁵1966, 51–69, S. 55; E. KÄSEMANN, Röm, 184.188; H. SCHLIER, Röm, 223. Eine ausführliche Diskussion findet sich bei H. HÜBNER: Das Gesetz bei Paulus, FRLANT 119, Göttingen 1978, 65–69.

Adam wurde zur Gesetzesübertretung, nicht nur Gesetzeserfüllung verführt.

Nun hatte aber schon die Strukturanalyse gezeigt, daß Paulus über die einfache Kontrastierung von Gesetz und Begierde hinausstrebt. Nicht zufrieden mit seiner ersten Aussage, variiert er sie in 7,11. Dabei verwendet er nicht mehr den Begriff ἐπιθυμία, sondern ersetzt ihn durch ἁμαρτία, einen Begriff, der auch die nomistische Fehlhaltung umfassen kann, z.B. die Verfolgung der Christen (1.Thess 2,16): „Die Kraft der Sünde ist das Gesetz" (1.Kor 15,56). Vier Motive deuten darauf hin, daß er in den Gesetzeskonflikt Adams seinen nomistischen Gesetzeskonflikt hineinlegt; anders ausgedrückt, daß er seinen persönlichen Konflikt mit Reminiszenzen an den Sündenfall schildert[55].

1. Das Lebensmotiv: Nach Röm 7,10 dient das Gesetz an sich „zum Leben". Vergleichbare Aussagen über die Verbindung von Gesetz und Leben finden sich in Gal 3,12 und Röm 10,5, wo Paulus Lev 18,5 zitiert: Wer die Gebote Gottes erfüllt, dem wird das Leben verheißen. Beide Stellen denken dabei an eine nomistische Haltung. Gal 3 warnt vor dem Wunsch, durch Beschneidung und Gesetzesübernahme das Heil erwerben zu wollen, weil Verpflichtung auf das Gesetz Verpflichtung auf das ganze Gesetz ist, das niemand erfüllen kann und daher einen Fluch für die Menschen darstellt. Röm 9,30–10,4 beschreibt das Streben Israels nach eigener Gerechtigkeit, also den nomistischen ζῆλος. Es könnte also sein, daß Paulus auch in 7,10 an die nomistische Erwartung denkt, daß das Gesetz Leben verleihen kann.

2. Das Todesmotiv: Röm 7,10 sagt nun weiter, daß dies Gesetz, das eigentlich dem Leben dienen soll, faktisch den Tod nach sich zieht. Der nächste Satz konkretisiert: Die Sünde tötet (ἀπέκτεινεν) durch das Gebot. Eine entsprechende Aussage findet sich bei Paulus in 2.Kor 3,6: „Der Buchstabe tötet (ἀποκτείνει), der Geist aber macht lebendig." Daher ist das Amt des Mose ein „Dienst des Todes" und der „Verurteilung" (2.Kor 3,7–11). Hier ist ganz eindeutig, daß von der tötenden Macht des Gesetzes aus der Erfahrung jener nomistischen Fehlhaltung her gesprochen wird, die von der Doxa des Mose fasziniert war.

3. Das Betrugsmotiv: Paulus kann Gesetz und Sünde nur dadurch trennen, daß er der Sünde einen Betrug unterstellt. Nur aufgrund einer

---

[55] R. BULTMANN, Römer 7, 199, lehnt zwar die biographische Intention von Röm 7 ab, begründet seine Auslegung an entscheidender Stelle jedoch durch Rekurs auf die Biographie des Paulus: „Denn sowenig Röm 7 eine Konfession des Paulus ist, sondern eine Beschreibung der jüdischen Existenz überhaupt, so sehr muß diese eben deshalb doch auch auf das jüdische Dasein des Paulus zutreffen." Wenn aber Röm 7 deduktiv auf Paulus angewandt werden kann, warum soll derselbe Text nicht auch induktiv aus den persönlichen Erfahrungen des Paulus heraus entstanden sein?

Täuschung kann sich die Stimme der Sünde in der Stimme des Gesetzes verbergen. Eben dies Betrugsmotiv begegnet auch in 2.Kor 3,11 ff. in Verbindung mit der Decke des Mose. Gegen die klare Aussage der alttestamentlichen Erzählung unterstellt Paulus, Mose habe eine Decke aufgelegt, um die Israeliten über den vergänglichen Charakter des Gesetzesdienstes zu täuschen. Getäuscht werden also gerade die, die in bester Absicht auf die Stimme des Gesetzes lauschen. In nicht ganz so scharfer Weise bringt Röm 10,1–3 diesen Gedanken zum Ausdruck. Der Gesetzeseifer Israels geschieht ohne Einsicht (οὐ κατ' ἐπίγνωσιν). Die Israeliten suchen die eigene Gerechtigkeit, weil sie die Gerechtigkeit Gottes nicht kennen (ἀγνοοῦντες). Auch hier wird der nomistischen Fehlhaltung eine Illusion zugeschrieben. Anders aber als in Röm 7,11 und 2.Kor 3,12f. wird diese Illusion nicht auf einen Betrug zurückgeführt. Sie gilt als objektive Unwissenheit, nicht als Getäuschtwerden, sondern als Selbsttäuschung. Was in 2.Kor 3 und Röm 10 Israel zugeschrieben wird, gilt nach Röm 7 von jedem Menschen. Nach dem Modell Adams läßt sich das Verhalten aller Menschen verstehen, denn alle Menschen tragen das Bild Adams (1.Kor 15,49).

4. Das γράμμα-Motiv: Gegen die bisher genannten Argumente für eine nomistische Akzentuierung des ursprünglich antinomistischen Gesetzeskonfliktes in Röm 7,9f. könnte man einwenden, daß dieser Akzent durch Assoziation paulinischer Aussagen außerhalb von Röm 7 mit dem Text festgestellt wurde. Jedoch weist Paulus im Kontext selbst auf die nomistische Problematik. In 7,6 schreibt er als Resultat aus dem Vorhergehenden und Überschrift über das Folgende: „... so daß wir im neuen Wesen des Geistes und nicht im alten Wesen des Buchstabens dienen." Der Gesetzesdienst soll durch den Dienst des Geistes überholt werden. Der Gegensatz γράμμα – πνεῦμα begegnet sonst nur noch in 2.Kor 3,6 und Röm 2,29. In 2.Kor 3,6 ist die Beziehung auf den nomistischen Gesetzesdienst klar: Der Dienst des Neuen Bundes gilt als Dienst des Geistes, der Alte Bund als Dienst am Buchstaben.

Daß nicht erst die Übertretung des Gesetzes, sondern schon eine bestimmte Art, das Gesetz erfüllen zu wollen, Sünde ist, wird auch in 7,9 angedeutet: Schon das Kommen des Gesetzes läßt hier die Sünde aufleben. Hier scheint nicht nur die Mißachtung des Gebotes, sondern schon seine Präsenz bedrohlich zu sein. Wir können daher zusammenfassen: Vier Motive könnten von einer nomistischen Gesetzesproblematik bestimmt sein. Von ihr her wird die Adamrolle neu gestaltet. Da Paulus schon einleitend vom „Dienst im alten Wesen des Buchstabens" spricht, darf man vermuten, daß er von vornherein auf den nomistischen Konflikt mit dem Gesetz zielt. Zunächst aber bringt er die viel näherliegende Anschauung eines antinomistischen Konflikts. Der Begriff ἐπιθυμία – als Inbegriff gesetzesfeindlicher Impulse – wird aber später durch den Begriff ἁμαρτία ersetzt; ἐπιθυμεῖν durch θέλειν (ab 7,15ff.). Damit werden aber Begriffe für das sündige Verhalten gewählt, die auch die nomistische Fehlhaltung einschließen können[56].

B. Die Sentenz in Röm 7,15 und 19

In Röm 7,14ff. greift Paulus auf eine andere Tradition zurück, um die „Erkenntnis der Sünde" (7,7) zu entfalten. Paulus knüpft seine Gedanken an eine sentenzhafte Formulierung an, die er mit geringfügiger Abweichung wiederholt. Während er sonst bei vergleichbaren Wiederholungen den Gedanken vorantreibt (vgl. Röm 7,8 und 11; Gal 1,8 und 9; 2.Kor 3,14 und 15), handelt es sich hier teils um rhetorische Variation – etwa bei der chiastischen Anordnung von πράσσω und ποιῶ – teils um eine stärkere Integration in den paulinischen Kontext: Das ἀγαθόν, das in der Wiederholung neu auftaucht, greift das ἀγαθόν von Röm 7,13 auf:

7,15b
Denn nicht,
was ich will
das mache ich (πράσσω),

sondern,
was ich hasse (μισῶ)
das tue ich (ποιῶ).

7,19
Denn nicht das Gute (ἀγαθόν)
das ich will
tue ich (ποιῶ)

sondern das Böse (κακόν),
das ich nicht will,
das mache ich (πράσσω).

Die etwas stereotype Wiederholung könnte darauf hinweisen, daß Paulus hier einen vorgeprägten Gedanken wiedergibt, aus dem er dann zweimal Folgerungen, durch εἰ δὲ angeschlossen, zieht. Eine Wortuntersuchung spricht zumindest nicht gegen diese Vermutung. In der Sentenz begegnet das Wort μισῶ, das bei Paulus sonst nur noch einmal in einem LXX-Zitat in Röm 9,13 auftaucht. Das Verb ποιεῖν wird zweimal im unmittelbaren Kontext aufgegriffen (V. 16/20 vgl. V. 21), sonst aber durch κατεργάζεσθαι ersetzt (7,17.18.20), ein Begriff, der deutlich aus dem Kontext stammt (7,8.13.15a)[57]. Das Verb πράσσειν begegnet in

---

[56] Der Begriff ἁμαρτία wird jedoch nur in 1.Thess 2,16 mit der nomistischen Problematik assoziiert: Die jüdischen Gegner des Paulus erfüllen das Maß ihrer Sünden, wenn sie seine Mission behindern. Das Verbum θέλειν findet sich dagegen in Gal 4,9; 4,21; 6,12.13 in Verbindung mit der nomistischen Beschneidungsforderung.

[57] Hat also R. BULTMANN, Römer 7, 207, recht, wenn er annimmt, „daß ποιεῖν und πράσσειν nach κατεργάζεσθαι interpretiert werden müssen"? Wenigstens käme man so der spezifisch paulinischen Aussage in Abhebung von der vermuteten Tradition näher.

Röm 7 ausschließlich in der Sentenz, obwohl es gewiß kein unpaulinisches Wort ist. Schließlich fehlt in der Sentenz ein explizites ἐγώ, an dem aber dem paulinischen Gedanken sehr gelegen ist; denn erst das im Kontext hinzugefügte explizite ἐγώ macht die Gegenüberstellung von Ich, Sünde und Sarx möglich.

Alle diese Beobachtungen sind jedoch nicht ausreichend, um eine vorpaulinische Tradition anzunehmen. Entscheidend ist, daß der in 7,15/19 vorliegende Gedanke einem weit verbreiteten antiken Topos entspricht[58]. Ausgangspunkt dieser Tradition ist eine Diskussion aus der Zeit der sophistischen Aufklärung. Euripides hatte das Verhalten der Medea, die von Rachegefühlen überwältigt ihre Kinder tötet, mit einer allgemeinen anthropologischen Einsicht begründet: Nicht nur bei Medea, bei allen Menschen sei die Leidenschaft Ursache des Übels[59]. Am Schluß des entscheidenden Monologs schickt sie die Kinder weg und sagt:

„Nicht vermag ich euch länger ins Auge zu schaun,
sondern ich werde besiegt durch das Böse.
Und ich begreife (μανθάνω), welche Untat ich begehen soll,
die Leidenschaft aber ist stärker als meine Überlegungen,
sie, die die Ursache des größten Unheils unter den Menschen ist"
(Eur Med 1076–1080).

Möglicherweise ist diese Aussage schon eine Reaktion auf die optimistische Lehre des Sokrates, rechtes Wissen führe zum rechten Verhalten[60]. Die Diskussion scheint weitergegangen zu sein. Wenigstens wiederholt Euripides seine Ansicht später noch einmal, nun in einer verallgemeinerten Form. Sie erscheint nicht mehr als Reflexion in einem akuten Konflikt, sondern als Ergebnis langen Nachdenkens:

---

[58] Vgl. H. HOMMEL: Das 7. Kapitel des Römerbriefs im Licht antiker Überlieferung, ThViat 8 (1961/2) 90–116. Seine Belegsammlung läßt sich erweitern (s.u.).

[59] Eine bestechende, abweichende Interpretation gibt A. DIHLE: Euripides Medea, SHA Phil.-hist. Kl. Jg. 1977, 5, Heidelberg 1977, bes. 12–16, der Aussage der Medea: „Mein thymos (= meine emotionale Bindung an die Kinder) ist größer als meine Überlegungen (= mein rational kalkulierter Racheplan an Jason)." Wenn ich sehr zögere, mich dieser Deutung anzuschließen, so l., weil die folgende Generalisierung, dies sei Ursache der größten Übel unter den Menschen, kaum an das Durchschlagen mütterlicher Bindungen gegenüber Racheplänen anknüpfen kann und 2., weil andere grundsätzliche Aussagen des Euripides mit der traditionellen Deutung übereinstimmen; vgl. Hipp 375–385 und fr. 840, 841.

[60] So B. SNELL: Das früheste Zeugnis über Sokrates, Philol. 97 (1948) 125–134. Wahrscheinlich handelt es sich jedoch um eine allgemein in der Luft liegende Diskussion. Plato zitiert die pessimistische Meinung, die Menschen handelten wider bessere Einsicht, in Prot 352d als Ansicht der „Vielen".

„Schon oft bedachte ich in langer Nacht,
Was unser Menschensein so verdirbt,
Und ich erkannte: nicht der Unverstand
Ist Wurzel alles Übels – an der Einsicht fehlts
Den meisten nicht, ganz anders liegt der Grund:
Was recht ist, sehen und wissen wir
Und tun es doch nicht, seis aus Lässigkeit,
Seis, weil die Lust des schönen Augenblicks
Das gute Werk verdrängt. Und schlimmste Übel sind:
Das, ach, so allbeliebte müßige Geschwätz
Und falsche Scham."
(Eur Hipp 375–385)

Noch stärker wird hier die Rolle des Bewußtseins hervorgehoben. Wir erkennen und wissen das Gute (ἐπιστάμεθα καὶ γινώσκομεν). Trotzdem tun wir es nicht. Die Ursache wird nicht mehr allein in der Leidenschaft gesehen, sondern auch in der ἀργία (der Untätigkeit) und der ἡδονή (der Lust). Mochte sich Euripides auch in anderer Hinsicht dem sophistischen Menschenbild von der Formbarkeit des Menschen durch Erziehung annähern[61], so hat er doch zeitlebens an seiner These vom Widerspruch zwischen Trieb und Verstand festgehalten: Der Mensch hat wohl Einsicht, aber die Natur zwingt ihn (fr 840). Er weiß das Gute, macht aber keinen Gebrauch davon (fr 841). Einsicht und Wollen fallen unter dem Einfluß von Freunden auseinander (fr 220).

Die Anschauung des Euripides ist tief in der Tradition verwurzelt. Schon bei Homer begegnet der thymós als eine eigenständige Stimme, die den Menschen antreibt und bewegt. Odysseus plant in seinem thymós, den Kyklopen sofort zu töten, ein anderer thymós jedoch rät ihm ab (Od 9,299ff.). Die Stimme des thymós ist kein Bestandteil des Selbst. Sie ist mit dem Einwirken der Götter auf das menschliche Leben verbunden· Achill, so heißt es einmal, werde kämpfen, „wenn der thymós in seiner Brust es ihn heißen und ein Gott ihn antreiben wird" (Il 9,702f.). Das Zurücktreten der Götter bei Euripides macht den Weg frei für eine vertiefte Deutung des Konflikts mit dem thymós als einem inneren Geschehen.

Euripides hat mit seiner pessimistischen These Anklang gefunden oder das zum Ausdruck gebracht, was viele dachten. Denn Plato zitiert die entsprechende Meinung als Ansicht der Menge: „Du weißt aber doch, daß die meisten Menschen... sagen, daß viele, welche das Bessere sehr gut erkennen, es doch nicht tun wollen, obgleich sie könnten, sondern etwas anderes tun (γιγνώσκοντας τὰ βέλτιστα οὐκ

---

[61] Vgl. A. Lesky: Psychologie bei Euripides (1960), in: E. R. Schwinge (ed.): Euripides, WdF 89, Darmstadt 1968, 79–101, dort S. 91ff. zu Medeas Konflikt.

ἐθέλειν πράττειν)" (Prot 352d). Wie wir sehen werden, fand Euripides viele Nachfolger für seine „affektive" Deutung menschlichen Fehlverhaltens.

Aber auch die Gegenthese war nicht ohne Resonanz. Auch sie wurzelt möglicherweise tief in der griechischen Tradition[62]. Schon Homer deutet das Verhalten von Menschen oft „kognitiv" als ein Ausdruck von „Wissen", z. B. „weiß" Polyphem „Gesetzloses" (Od 9,189); Nestor und Agamemnon „wissen Freundliches füreinander" (Od 3,277). Von da führt ein Weg zur These vom sokratischen Tugendwissen:

„Weisheit (Wissen) und rechte sittliche Haltung (Besonnenheit) unterschied er nicht, sondern er hielt jemanden für weise (wissend) und besonnen, wenn er einerseits das Schöne und Gute erkenne und danach handle, und wenn er andererseits um das Schlechte wisse und sich davor hüte. Als er aber außerdem gefragt wurde, ob er die für weise und beherrscht halte, die zwar wüßten, was man tun müsse, aber tatsächlich das Gegenteil davon täten, da erwiderte er: Keineswegs, ebensowenig wie die Unweisen und Unbeherrschten. Denn ich bin überzeugt, daß alle Menschen im Rahmen des Möglichen das wählen, was ihrer Meinung nach am zuträglichsten für sie ist, und daß sie dementsprechend handeln. So glaube ich denn, daß die, welche nicht das Rechte tun, nicht weise und auch nicht besonnen sind" (Xen mem III,9,4)

Dieser Intellektualismus des Sokrates wird durch seinen Glauben an das Daimonion korrigiert und ergänzt. Diese aus der Tiefe des Irrationalen kommende Stimme widerspricht nicht der Vernunft, sondern rät von dem ab, was unvernünftig ist. Plato hat im Protagoras (351 ff.) die Haltung des Sokrates übernommen, sich aber später von ihr entfernt, indem er stärker die irrationalen Aspekte im Menschen betonte, wenn er etwa die Seele in drei Instanzen auflöste. Im Protagoras aber wird die Meinung vertreten, daß das Böse nicht auf die Einwirkung der Leidenschaft zurückgehe, sondern auf ἀμαθία. Diese aber besteht darin, „falsche Meinungen zu haben und sich zu täuschen über wichtige Dinge" (Prot 358c).

Die sokratische Auffassung wurde in großartiger Weise von Chrysipp (ca. 281–208) erneuert. Gegen Plato vertrat er dezidiert die Einheit der Seele. Sie folgt nicht einer fremden Einwirkung, wenn sie sich verfehlt; sondern sie verfehlt sich immer als Ganze. Dabei beruft sich Chrysipp ausgerechnet auf die Medea des Euripides. Dazu schreibt M. Pohlenz[63]:

---

[62] E. R. DODDS: Die Griechen und das Irrationale, Darmstadt 1970 (engl. 1951), 1: „Die sogenannten sokratischen Paradoxien, daß ‚Tugend Wissen ist' und daß ‚niemand mit Absicht schlecht handelt', waren ... eine deutlich verallgemeinerte Formulierung tief eingewurzelter Denkgewohnheiten."
[63] M. POHLENZ: Stoa und Stoiker, Zürich 1950, S. 153. Chrysipp hat die Medea des Euripides ausführlich studiert: „Einmal hatte er in einer Schrift fast die ganze Medea des

„Medea erklärt vor ihrem Kindermord: ‚Welch Unheil ich begehen will, ich seh' es wohl, doch Leidenschaft ist stärker in mir als Verstand.' Aber diese Leidenschaft ist nicht etwa eine fremde Macht, die dem Logos die Herrschaft entreißt, es ist Medeas Logos, der in krankhafter Erregung sich für das Schlechte entscheidet. Er wendet sich von sich selbst und von jeder vernünftigen Überlegung ab. Gerade diese bewußte Abwendung vom ruhigen Überlegen und vom Logos selber ist das Wesensmerkmal des Affekts."

Nachdem die mittlere Stoa (mit Poseidonios ca. 135–51 v. Chr.) wieder zur Anerkennung eines Zwiespalts zwischen Vernunft und Affekt gekommen war, wird die kognitive Auffassung menschlichen Fehlverhaltens von Epiktet (ca. 50–120 n. Chr.) erneuert, ja man kann sagen, daß Epiktet einer der ersten Vertreter einer kognitiven Psychologie war. Mit großer Eindringlichkeit vertrat er die These, daß der Mensch über sein Innenleben Kontrolle habe, dies Innenleben aber von seinen Deutungen bestimmt sei. Jeder strebe nach dem, was ihm in seiner Deutung als gut und recht erscheine. Epiktet stellt sich auch die Gegenfrage, ob nicht der Mensch gegen seine Überzeugung handeln könne, und bringt in diesem Zusammenhang das Euripideszitat:

„Kann nicht jemand annehmen, etwas nütze ihm, und sich trotzdem nicht dafür entscheiden? – Er kann nicht. – Wie steht es aber mit (Medea), die spricht: ‚Ich begreife wohl, welche Übeltat ich im Begriffe bin zu begehen, die Leidenschaft aber ist größer als meine Überlegungen?' – Denn eben das, sich der Leidenschaft hinzugeben und sich an (ihrem) Manne zu rächen, hält sie für vorteilhafter, als die Kinder zu retten. – Ja, aber sie wird betrogen (ἐξηπάτηται). – Zeige ihr klar, daß sie betrogen wird, und sie wird es nicht tun. Aber solange du es ihr nicht zeigst, wem soll sie denn folgen als dem, was ihr (gut) erscheint." (Diss I, 28,6–8)

Deutlich ist, daß hier eine pessimistische anthropologische Tradition umgebogen wird. Medea handelte angeblich nicht gegen ihre Einsicht, sondern in Übereinstimmung mit ihr – nur, daß ihr die richtige Einsicht noch fehlt. Diese Umbiegung der Tradition geschieht mit Hilfe des Betrugsgedankens: Medea täuscht sich selbst. Daher soll man ihr keine Vorwürfe machen, sondern sie bemitleiden wie einen Blinden oder Lahmen (Diss I, 28,9). Der Unterschied zu Paulus ist offenkundig. Er wird noch deutlicher, wenn man den verschiedenen Gebrauch der sentenzhaften Wendung vom Widerspruch zwischen Wollen und Tun bei beiden vergleicht. In Diss II, 26 geht Epiktet von der These aus:

„Jede Verfehlung enthält in sich einen Widerspruch. Wenn der, der sich verfehlt, sich nicht verfehlen will, so tut er offenbar nicht das, was er tun will (ὃ

Euripides angeführt, und als einer das Buch in der hatte und gefragt wurde, was er da habe, antwortete er: ‚Chrysipps Medea'" (SVF II,1 = M. POHLENZ: Stoa und Stoiker, S. 22).

μὲν θέλει οὐ ποιεῖ). Denn was will der Dieb tun? Doch das, was seinen Interessen entspricht!" (II, 26,1f.)

Wenig später greift Epiktet die sentenzhafte Formulierung erneut auf:

„Derjenige ist sowohl in seiner Argumentation wie in Ermutigung und Kritik überzeugend, der einem jeden (den Widerspruch) zeigen kann, aufgrund dessen er sich verfehlt, und der klar darlegen kann, warum er, was er will, nicht tut und was er nicht will, tut (πῶς ὃ θέλει οὐ ποιεῖ καὶ ὃ μὴ θέλει ποιεῖ). Wenn ihm nämlich jemand das nachweist, wird er von selbst davon abstehen. Solange du es ihm aber nicht nachweist, so wundere dich nicht, wenn er dabei bleibt. Er tut es nämlich, weil er die Vorstellung hat, es sei richtig." (Diss II, 26,4f.)

Durch Aufklärung läßt sich der objektive Widerspruch zwischen Intention und faktischer Handlung überwinden. Das Fehlverhalten ist letztlich kognitiv begründet. Es läßt sich daher auch durch Änderung kognitiver Deutungen korrigieren[64].

Wir haben so weit jene Tradition verfolgt, die den Konflikt von Wollen und Tun kognitiv deutet. Aber auch die Gegenseite blieb nicht stumm[65]. Auch sie berief sich (wie uns scheint, mit größerem Recht) auf

---

[64] Der Unterschied zwischen Paulus und Epiktet tritt in Diss II,17,19–22 klar hervor: Medea weiß nicht, „wo die Fähigkeit dazu vorhanden ist, zu tun, was wir wollen". Sie liegt nicht in externen Faktoren, sondern bei uns. Wenn wir nicht mehr wollen, was wir nicht erreichen können, so stimmen Wollen und Tun überein: „Kurz gesagt: Wolle nichts anderes, als was Gott will. Und wer kann dich darin hindern? Wer kann dich zwingen? Niemand, es sei denn, man könne Zeus zwingen!" Der Mensch ist im Innern frei, bei Paulus aber ist er auch im Inneren gefangen. Epiktet weiß ποῦ κεῖται τὸ ποιεῖν ἃ θέλομεν (II,17,21). Paulus dagegen weiß: τὸ γὰρ θέλειν παράκειται μοι, τὸ δὲ κατεργάζεσθαι τὸ καλὸν οὔ (Röm 7,18).

[65] Eur Med 1078/9 wurde in der Folgezeit zum locus classicus, um „die Zweiteilung der Seele in einen rationalen und einen irrationalen Bestandteil zu illustrieren und die Möglichkeit einer emotional motivierten Fehlhandlung wider besseres Wissen zu begründen" (A. DIHLE,, Medea, 25 A. 14). So wahrscheinlich schon bei Poseidonios (ca. 135–51 v.Chr.), wie aus Galen erschließbar ist; belegbar dann für die zweite Hälfte des 1. Jahrhunderts und das 2. Jahrhundert bei Plutarch (mor 533 D), Albinus (epit 24,3), Galen (in plac Hipp et Plat 3,2, ed. Müller, S. 272), Aelios Aristeides (or 50 ed. Dindorf, S. 565), Clemens Alexandrinus (strom 2,63,3). Lukian (apol 10) parodiert das Verspaar. Spätere Autoren wie Synesios v. Kyrene, Simplicius, Stobaeus, Eustratios, Libanos und Hierokles setzen diese Tradition fort (aufgeführt bei A. DIHLE, Medea, 25 A. 14). Der breite Strom der Überlieferung wird also von der „affektiven" Deutung des Konflikts bestimmt. Der Gedanke begegnet natürlich auch unabhängig von Eur Medea. So bei Hekataios v. Abdera (ca. 350–290 v.Chr.) in seiner Darstellung der Ägypter: Die Ägypter urteilten über andere, „daß manche häufig zwar wüßten (εἰδότας), daß sie im Begriff stünden, sich zu verfehlen, aber nichtsdestoweniger das Schlechte täten (πράττειν)" (in: Diod I,71,3). Ferner Plautus, Trinummus 657/8: „Ich wußte, wie ich mich hätte verhalten sollen, aber danach handeln konnte ich nicht, ich Elender. So bin ich, von der Macht der Liebesleidenschaft gefesselt, an den Müßiggang geraten und in Selbstbetrug verfallen." Die Breite der Überlieferung läßt es als wahrscheinlich erscheinen, daß Paulus

Medea. Ovid schildert sie im Konflikt zwischen Liebe und Vernunft. Medea kämpft mit sich selbst, als sie von Liebe zu Jason ergriffen wird, ob sie die Liebe zu dem Fremden höher einschätzen soll als die Bindung an die Heimat. In dieser Situation fallen die bekannten Worte: video meliora proboque, deteriora sequor:

„Wirf aus der jungfräulichen Brust die darin empfangenen Flammen, wenn Du es kannst, Unselige! – Könnte ich es, wäre mir wohler. Aber wider Willen (invitam) reißt mich eine fremdartige Macht (nova vis) hin. Anderes begehre ich (cupido), etwas anderes rät mir der Verstand (mens): Ich sehe das Bessere und erkenne es an, aber ich folge dem Schlechten." (Ov met VII,17ff.)

Daß es sich hierbei um eine „Binsenweisheit" oder nur um Schwäche bei der Verwirklichung guter Vorsätze handelt[66], verkennt die Tiefe des Konflikts, hier eines Konfliktes zwischen zwei positiven Bindungen: der Liebe zum Partner und zur Heimat, während sonst Medea das Paradigma für den Widerstreit zwischen aggressiven und liebenden Impulsen ist. Als solch ein Paradigma begegnet sie auch bei Seneca. Er gibt ihrem Konflikt insofern einen neuen Akzent, als er ihn weniger als Konflikt zwischen Leidenschaft und Vernunft, sondern als Kampf zweier Affekte darstellt:

„Und warum zieht der Zorn die Schwankende bald hierhin, die Liebe bald dorthin? Zwiespältige Glut reißt die Unschlüssige mit sich fort, wie wenn reißende Winde wilde Kriege führen, von beiden Seiten die Meere die entzweiten Fluten aufrühren und die treibende Seele siedet, nicht anders wogt mein Herz. Der Zorn verscheucht die Liebe, und Liebe den Zorn – gib der Liebe nach, o Schmerz." (Sen Med 938–944)

Seneca dramatisiert diesen Konflikt noch dadurch, daß er Medea erst das erste Kind umbringen läßt. Vor dem Mord am zweiten überfällt sie aufs neue der Zwiespalt:

„Was zögerst du jetzt, mein Herz? Was zweifelst du, trotz deiner Macht? Schon ist der Zorn geschwunden. Ich bereue, ich schäme mich der Tat. Was habe ich Elende getan? Die Elende? Mag sie es bereuen, ich habe es getan. Große Wollust überkommt mich wider Willen (invitam) und siehe, sie wächst." (Sen Med 988–992)

---

in derartige Traditionen einzureihen ist. Bildungsreminiszenzen sind ihm durchaus zuzutrauen. Ferner wird deutlich, daß Chrysipps und Epiktets kognitive Deutung des Konflikts vereinzelt dasteht.

[66] So R. BULTMANN, Theologie, 248, und E. KÄSEMANN, Röm, 193. Im übrigen ist deteriora sequor wohl ironische Anspielung an Vergil Aen III,188: „Laßt uns denn weichen dem Phoebus, gewarnt dem Besseren folgen" (meliora sequamur). So F. BÖMER: Kommentar zu P. Ovidius Naso, Metamorphosen, Buch VI–VII, Heidelberg 1976, 204. Leider ist uns ein Medeadrama des Ovid nicht erhalten.

Aber nicht nur die Dichtung, auch die philosophische Diskussion greift auf Medea zurück, um sich das Wesen innerer Konflikte zu vergegenwärtigen. Mit Berufung auf Plato und Poseidonios argumentiert Galen (129–199 n. Chr.) gegen die kognitive Deutung des inneren Konflikts in der frühen und späten Stoa. Er nimmt verschiedene psychische Instanzen an und belegt seine Auffassung mit dem bekannten Euripideszitat:

„Die Medea ... wird nicht nur von keiner vernünftigen Überlegung dazu bewegt, ihre Kinder zu töten, sondern sie sagt ganz im Gegenteil, daß – was ihre vernünftige Überlegung angeht – sie alles „lehre, welche Untat sie im Begriffe ist zu begehen, daß aber die Leidenschaft stärker als ihre Überlegungen sei." Das heißt, daß die Leidenschaft sich nicht der Vernunft wie ihrem Herrn unterordnet, von ihr überzeugt wird und ihr folgt, sondern die Zügel abstreift, sich entfernt und dem Befehl ungehorsam wird, als sei sie Werk eines anderen oder Einwirkung einer anderen Macht und nicht der Vernunft. Denn wie könnte etwas sich selbst nicht gehorsam sein oder sich von sich selbst abwenden oder sich selbst nicht folgen?" (Gal. de placitis Hipp. et Plat. 372 = Müller S. 343)

Etwas weiter greift Galen die Berufung des Chrysipps auf Euripides direkt an. Nachdem er Eur Med 178f. zitiert hat, fährt er fort:

„Euripides hätte nicht ‚verstehen' (μανθάνειν) sagen müssen, wenn er die Anschauung des Chrysipp hätte bezeugen wollen, sondern im Gegenteil (hätte er schreiben müssen), daß Medea nicht wisse und nicht verstehe, was sie im Begriffe ist, Böses zu tun. Die Tatsache aber, daß man etwas weiß, von der Leidenschaft aber besiegt wird, was bedeutet das anderes, als zwei menschliche Instanzen für die Antriebe Medeas einzuführen? Die eine, mit der wir die Dinge erkennen (γινώσκομεν) und von ihnen ein Wissen haben, welche die Vernunft ist, die andere aber eine unvernünftige (Instanz), deren Werk das leidenschaftliche Begehren ist. Diese bezwingt die Seele der Medea." (Gal. de placitis Hipp. et Plato 408f. = Müller S. 382f.)

Die Antike hat eingehend und differenziert über den Konflikt zwischen Wollen und Tun nachgedacht. Modell des Konflikts ist Medea. Paulus greift in Röm 7,15/19 einen verbreiteten Topos auf, der in verschiedenen Varianten vorkommt. So können die Leidenschaften, welche den Konflikt verursachen, libidinös oder aggressiv getönt sein, können „ira" (Seneca) und μῖσος (Hekataios), aber auch ἐρᾶν (Eur Hipp 358f.), ἔρως (Hekataios), „venus" (Plautus) und „cupido" (Ovid) genannt werden. Daneben erscheinen Trägheit ἀργία (Euripides) und „otium" (Plautus), wenn nicht überhaupt generalisierend vom θυμός (Eur Med. 1079) oder πάθος (Galen) gesprochen wird. Dem irrationalen Trieb steht meist die Einsicht gegenüber, z. B. die „mens" (Ovid) oder das γινώσκειν (Euripides, Plato, Galen).

Paulus ist im Zusammenhang der antiken Reflexion über den Widerspruch von Wollen und Tun zu sehen. Seine Kenntnis populärphilosophischer Traditionen schloß wahrscheinlich den Topos vom „inneren Konflikt" mit ein. Er braucht deswegen nicht Euripides gelesen zu haben. Topoi sind keine Zitate.
Entscheidend ist: Wie hat Paulus den Topos verstanden? Zunächst könnte man meinen, daß er die kognitive Deutung menschlichen Fehlverhaltens bevorzugt. Das Ich wird „betrogen", wenn es das Böse tut (Röm 7,11). Es versteht nicht, was es anrichtet (7,15). Wie bei Epiktet ist das Böse eine Folge des ἐξαπατᾶσθαι. Der Unterschied zur kognitiven Deutung menschlichen Fehlverhaltens liegt jedoch darin, daß bei Paulus die Täuschung von der Sünde ausgeht, während bei Epiktet die Sünde ein Ergebnis der Täuschung ist, die Täuschung aber letztlich Selbsttäuschung der vernünftigen Seele, der ψυχὴ λογική (Diss II, 26,3), ist, die in Widerspruch mit sich selbst geriet. Aus einem Selbstbetrug wird bei Paulus Betrug durch eine mythisch auftretende Macht: durch die Sünde.
Weil letztlich die Sünde die verhängnisvolle Macht ist, steht Paulus der „affektiven Deutung" des inneren Konflikts näher. Die den Konflikt heraufbeschwörenden Impulse werden in 7,5 als παθήματα bezeichnet und auf die Sarx zurückgeführt. Diese Leidenschaften sind sowohl libidinös wie aggressiv getönt: Das ἐπιθυμεῖν ist Streben nach dem Genuß anderer Dinge (vgl. das 10. Gebot); die Kriegsmetaphorik in 7,23 (vgl. 8,7) weist dagegen auf aggressive Impulse.
Die kognitive Deutung sieht den Konflikt letztlich als Widerspruch zwischen einer (subjektiv) guten Absicht und den (objektiv) bösen Folgen. Spätestens ab 7,14ff. kann aber m. E. von einem Konflikt zwischen Absicht und Wirkung nicht mehr die Rede sein. Ein solcher Konflikt würde sich seiner Natur nach erst im nachhinein zeigen. Dann würde man aber schon bei der ersten Formulierung des Konflikts in V. 15ff. erwarten „Was ich tue (d.h. schon getan habe), das hasse ich". Paulus schreibt jedoch: „Was ich hasse, tue ich!" Die Sentenz ist immer so formuliert, daß nicht die (nachträgliche) Bewertung des Tuns ihr Thema ist, sondern das Nichttun des (von vornherein richtig) Bewerteten. Man vergleiche dazu die sechs parallelen Formulierungen:

V. 15b	οὐ γὰρ ὃ θέλω	τοῦτο πράσσω
	ἀλλ' ὃ μισῶ	τοῦτο ποιῶ
V. 16	ὃ οὐ θέλω	τοῦτο ποιῶ
V. 19	οὐ γὰρ ὃ θέλω	ποιῶ ἀγαθόν
	ὃ οὐ θέλω κακὸν	τοῦτο πράσσω
V. 20	ὃ οὐ θέλω	τοῦτο ποιῶ

Nur der vorangestellte Satz V. 15a hat eine andere Struktur. Hier geht es um eine zusammenfassende Stellungnahme zur (schon) geschehenen Tat:

V. 15a   ὃ γὰρ κατεργάζομαι   οὐ γινώσκω

Läßt sich diesem Satz entnehmen, daß dem Ich – so wie Adam – erst nachträglich die Verwerflichkeit seines Handelns aufgegangen ist? Daß Paulus dann aber diesen Konflikt mit Hilfe der antiken Sentenz so beschreibt, als sei dem Subjekt von vornherein die Verwerflichkeit seines Handelns klar gewesen[67]?

Ganz eindeutig ist dann der zweite Anlauf zur Formulierung des Konflikts in V. 19–23: Wenn Paulus hier ein ἀγαθόν (= καλόν V. 21) einfügt, so bezieht er sich damit auf das göttliche Gesetz. Denn das Ich hat dem Gesetz zugestimmt, daß es gut (καλός) ist (V. 16), daß das Gebot „heilig und gerecht und gut" ist (V. 12). Die Norm ist also gut (oder böse), nicht der Effekt. Das „Gute" ist nicht selbst das Leben, das das Gesetz verheißt, sondern es ist der Weg zum Leben (oder zum Tode), sonst könnte Paulus nicht fragen „Wurde mir also das Gute (= das Gesetz) zum Tode?" (V. 13). Vollends unmöglich aber wäre die Anwendung der Kriegsmetaphorik in V. 23 auf einen Konflikt zwischen (vorhergehender) Intention und (nachfolgender) Wirkung. Kriegspartner existieren gleichzeitig. In Übereinstimmung mit den meisten Belegen für den Topos vom inneren Konflikt (insbesondere dort, wo er „affektiv" gedeutet wird), muß man daher annehmen, daß Paulus in 7,14–23 einen bewußt erlebten Konflikt schildern will.

Paulus gibt der traditionellen Sentenz neue Akzente. In ihrem traditionellen Gehalt sagt sie: Es gibt eine Außerkraftsetzung bewußt festgehaltener Normen beim Ansturm der Affekte (oder durch Trägheit). Das zeigt Medeas Beispiel. Bei Paulus aber handelt es sich nicht einfach um den Konflikt zwischen Norm und Affekt, sondern um zwei Gesetze, die miteinander streiten. Damit behandelt er zumindest sprachlich den Konflikt anders als einen einfachen Konflikt zwischen Pflicht und Neigung, Norm und Affekt, Erkenntnis und Leidenschaft. Denn bei letzterem Konflikt ist von vornherein eindeutig, daß er durch Entscheidung für die normative Seite zu lösen ist. Paulus spricht dagegen von

---

[67] Ein Gegenargument gegen diese Beobachtungen wäre Epikt Diss II,26,1 ff. Dort hat der Satz denselben Aufbau wie in Röm 7: ὃ μὲν θέλει οὐ ποιεῖ. Aber hier ist zu beachten: Epiktet formuliert in der 3. Person. Von außen her kann man durchaus feststellen, daß jemand gerade das verfehlt, was er (subjektiv) mit bestem Willen anstrebt. Paulus formuliert aber in der 1.Pers.Sg. Wenn ein „Ich" sagt: „Was ich hasse, tue ich –", so hält es sein Handeln schon im Augenblick der Tat für verwerflich! Vgl. dazu G. BADER: Römer 7 als Skopus einer theologischen Handlungstheorie, ZThK 78 (1981) 31–56, bes. 44ff.

einem Gegeneinander zweier normativer Systeme: einem Gesetz in den Gliedern und einem Gesetz des Verstandes. Durch diese neue sprachliche Benennung wird der Konflikt neu interpretiert, mag auch das Modell des „Affektsturms", der sich gegen Überzeugung und Vernunft durchsetzt, nach wie vor im Hintergrund stehen.

Die Traditionsanalyse führt damit zu einem religionspsychologisch wichtigen Ergebnis. In beiden Teilen des Textes liegt eine anders akzentuierte Strukturierung des Konflikts mit Hilfe verschiedener Modelle vor: Einmal ist Adam das Modell der Konfliktdeutung, das andere Mal eine (oft mit Medea verbundene) Sentenz. Der entscheidende Unterschied ist der: Adam glaubt im Augenblick der Tat, für sich etwas Positives zu erlangen; er wird über die wahren Folgen betrogen. Die Einsicht folgt der Sünde. Bei Medea aber ist der kognitive Konflikt im Augenblick des Verbrechens voll bewußt. Folgende Hypothese liegt darum nahe: Im ersten Teil von Röm 7,7 ff. wird der Konflikt vor der Entscheidung geschildert, im zweiten Teil aber wird ein Nachentscheidungskonflikt dargestellt[68].

III. Psychologische Analyse

Die Kapitel 7 und 8 des Römerbriefs sind die intensivste Darstellung einer Veränderung menschlichen Lebens bei Paulus. Wenn sich paulinische Texte überhaupt psychologisch auslegen lassen, so diese. Vorweg sei kurz skizziert, unter welchen Aspekten die zwei Kapitel psychologisch analysiert werden können.

Lerntheoretisch lassen sich die hier zutage tretenden Verhaltens- und Erlebensänderungen als Löschung eines kulturell bedingten negativen Erlebens betrachten: Das Gesetz ist zum angstauslösenden Stimulus

---

[68] Diese Hypothese soll später nicht weiter ausgeführt werden. Anmerkungsweise nur soviel: 7,7–13 heben Versuchung und Täuschung als entscheidende Aspekte des Konflikts hervor. Die Täuschung ist insofern ein typisches Element eines Vorentscheidungskonfliktes, als in ihm die Situation unter dem Einfluß motivationalen Drucks oft kognitiv verzerrt wird. So werden die Konsequenzen unterschätzt, bagatellisiert und uminterpretiert. Der biblische Sündenfall gibt gute Beispiele für solche kognitiven Verzerrungen. Angedroht wird der Tod. Aber die versucherische Stimme bagatellisiert: „Mitnichten werdet ihr sterben!" (zum Täuschungsmotiv vgl. vor allem C. E. B. CRANFIELD, Rom, 352f.). – Von 7,14 an aber spricht nicht mehr ein getäuschtes Ich, sondern ein Ich, das sich in wachsenden Maße über seine aussichtslose Lage im klaren ist. Wie Adam im Nachentscheidungskonflikt alle Schuld auf Eva abwälzen will, so versucht auch dies Ich die Schuld zweimal auf transsubjektive Ursachen (die Sarx und Sünde) abzuwälzen (vgl. 7,17.20). Der Tempuswechsel zwischen 7,7–13 und 14–23 signalisiert den Übergang zwischen der Darstellung eines Vorentscheidungs- und Nachentscheidungskonflikts.

geworden, der den Menschen in eine ausweglose Lage hineinmanövriert. Christus nimmt diesem Stimulus seine angstauslösende Macht. Er wirkt als Modell.

Psychodynamisch liegt die entscheidende Verhaltens- und Erlebensveränderung in der Bewußtmachung des Unbewußten. Die Begegnung mit Christus setzt Paulus instand, einen verdrängten Konflikt zu bearbeiten. Christus wirkt als Bezugsperson, auf die unbewußte Aspekte des Konflikts übertragen werden.

Unter kognitivem Aspekt erfolgen Anstöße zur Änderung menschlichen Lebens durch eine neue Sicht des Konflikts: Was ursprünglich ein normativer Konflikt zu sein schien, wird als existenzieller Konflikt neu gedeutet und durch einen umfassenden Rollenwechsel gelöst, bei dem bisher als konstant angesehene Ursachen als veränderlich erlebt werden.

Wie der kurze Überblick zeigt, muß die psychologische Analyse jedesmal über Röm 7 hinausgreifen. Röm 7 ist ein Rückblick auf den unerlösten Zustand. Wir verstehen dies Kapitel erst, wenn wir uns klarmachen, was für Paulus Erlösung ist. Sofern der Übergang vom unerlösten zum erlösten Zustand mit Erlebens- und Verhaltensänderungen verbunden ist, ist er Gegenstand psychologischer Analyse.

A. Lerntheoretische Aspekte:
Das Gesetz als Stimulus der Sünde

Die meisten psychologischen Auslegungen von Röm 7 gehen von einem psychodynamischen Standpunkt aus. Grund dafür ist die bestechende Analogie zwischen psychoanalytischem Drei-Instanzen-Modell und dem in Röm 7 geschilderten Konflikt zwischen Nomos, Sarx und Ego. Diese in die Augen fallenden Analogien sollten jedoch nicht dazu führen, die Aussagen zu übersehen, die einer psychodynamischen Trieblehre direkt widersprechen. Nach ihr ist der Trieb von seinem Ursprung her „autochthon". Die Umwelt kann ihn wohl mit Geboten überformen, kanalisieren, unterdrücken oder sublimieren. Aber er ist unabhängig von solch sekundärer Bearbeitung vorhanden. Paulus dagegen sagt: „Ohne Gesetz ist die Sünde tot" (7,8). Damit meint er nicht nur, daß der Begriff „Sünde" die Beziehung auf eine Norm voraussetzt und Sünde ohne Gesetz nicht angerechnet werden kann (Röm 4,15, 5,13), sondern auch, daß erst das Gesetz die Sünde stimuliert und zum Leben weckt. Paulus sagt mit anderen Worten: Die vermeintlich naturhafte sarkische Macht der Sünde ist in Wirklichkeit soziokulturell bedingt. Die im Gesetz enthaltenen Normen und Vorbilder rufen selbst normwidriges Verhalten hervor, auch wenn es ihr eigentlicher Sinn ist, normentsprechendes Verhalten zu fördern. Eine solche Auffassung von der Stimulierung und Verstärkung normwidrigen Verhaltens durch die kulturelle Umwelt selbst entspricht zweifellos mehr einem lerntheoretischen Menschenbild als einer psychodynamischen Triebtheorie.

Nun finden sich natürlich bei Paulus viele Aussagen, die man im Sinne einer Triebtheorie deuten kann. In Röm 7,14 ff. wird die Sünde auf die Sarx zurückgeführt; die Sarx aber ist Merkmal aller Lebewesen. Der dem Gesetz widersprechende „Trieb" erscheint als etwas in der Natur Verwurzeltes. Und wie in manchen modernen Triebtheorien wird der normwidrige Antrieb hypostasiert: Die Sünde wohnt im Menschen und nimmt die Stelle des Ich ein. Jedoch modifiziert Paulus in einem zweiten Anlauf diese Aussagen: In den Gliedern wohnt letztlich keine naturhafte Macht, sondern ein anderer Nomos, der mit dem Gesetz Gottes und der Vernunft in Konflikt liegt, ja, es dürfte die große Entdeckung des Paulus gewesen sein, daß der von ihm erlebte Konflikt eben nicht nur ein Konflikt zwischen Natur und Norm, sondern zwischen verschiedenen Aspekten desselben geschichtlich vorgegebenen Normsystems war: zwischen dem Gesetz als Pneuma und als Gramma, dem Gesetz als lebenschaffendem Geist und todbringendem Buchstaben. Anders ausgedrückt: Das normative Lernprogramm seiner Umwelt enthält selbst eine Stimulierung und Verstärkung normwidrigen Verhaltens.

Paulus drückt das so aus: „Die Begierde würde ich nicht kennen lernen, wenn nicht das Gesetz gesagt hätte ‚Du sollst nicht begehren!'" (Röm 7,7) Paulus greift hier eine Einsicht auf, die auch sonst in der Antike belegbar ist. Am Anfang steht wieder ein Wort des Euripides[69]: νουθετούμενος ἔρως μᾶλλον πιέζει „Getadelte Liebe drängt um so mehr" (Eur Sten fr 668 bei Plut mor 71 A). Ähnliche Formulierungen finden sich bei Ovid: „Immer streben wir nach dem Verbotenen und begehren das, was uns versagt ist" (Ov am III, 4,17). „Was nicht erlaubt ist, brennt um so feuriger" (Ov am II, 19,3). Die Erfahrung lehrt: Je mehr ermahnt wird, um so mehr wird die den Ermahnungen widersprechende Tendenz angestachelt (Ov met III, 566). Einschränkungen machen erst recht das Verlangen wild (Liv 34,4).

Vergleichbare Gedanken sind auch dem Judentum nicht ganz fremd. Nach vitAd 19 will die Schlange gerade dadurch verführen, daß sie die zunächst versprochene Frucht zurückhält: „Das sagte sie aber in der Absicht, mich vollends zu berücken und ins Verderben zu stürzen." In 4.Makk 1,33 f. klingen ähnliche Gedanken an: Der Sinn des Gebotes liegt in der Absage an das Begehrenswerte:

---

[69] U. Luz Das Geschichtsverständnis des Paulus, BEvTh 49, München 1968, 163 f., A. 108 f., meint sogar: „Offenbar war die Euripidessentenz ein geflügeltes Wort und wurde oft zitiert."

"Wie käme es sonst, daß wir uns zwar zu den verbotenen Speisen hingezogen fühlen, aber die Freuden, die sie verheißen, verabscheuen? Nicht deshalb, weil die Vernunft die Gelüste beherrschen kann? Ich für meinen Teil glaube es. Wenn es uns auch nach Wassertieren, Vögeln, Vierfüßlern, kurz, nach mancherlei und vom Gesetz verbotenen Speisen gelüstet, dann enthalten wir uns doch wegen der Übermacht der Vernunft" (4.Makk 1,33 f.)

Der Stolz über die Selbstkontrolle ist hier freilich weit größer als die Einsicht in die Ambivalenz des Verbots. Ausführlich durchgrübelt später Augustinus diesen Zusammenhang zwischen Verbot und Begehren (conf II, 4–6): „Ich freute mich an dem, was nicht erlaubt war, einzig darum, weil es nicht erlaubt war." (conf II, 6)

Paulus ist im Zusammenhang solcher Einsichten zu sehen. Er stellt in Röm 7,7 ff. die Begierde in ihrer funktionalen Abhängigkeit vom Nomos dar. Zwar erscheint der Nomos nicht als letzte Ursache der Begierde. Aber erstens wird alle Begierde durch das Gebot bewirkt (V. 8), zweitens ist die Sünde ohne Gesetz tot (V. 8 b), drittens lebt sie erst mit dem Kommen des Gebotes auf (V. 9). Eine latente Disposition zur Sünde ist wohl schon vorhanden. Aber erst durch die Norm erhält sie Richtung und Ziel. Erst durch sie wird sie als sündiges Verhalten identifizierbar. Paulus erfaßt dies Verhältnis von Sünde und Gebot begrifflich mit dem Terminus ἀφορμή. Leider ist seine genaue Bedeutung nicht feststellbar. Er kann bedeuten: Ausgangspunkt, Anknüpfungspunkt, Grundlage, Handhabe, Vorwand, Grund, Ursache, Anlaß, Möglichkeit, Gelegenheit, Weg, Chance, Rückhalt, Stütze, Hilfe. Will man seine Bedeutung in Röm 7,8 und 11 näher bestimmen, so wird man sich auf die Wendung λαμβάνειν ἀφορμήν (mit Akkusativ!) beschränken müssen. Diese Wendung steht fast nie ohne nähere Bestimmung. Entweder wird der Zweck mit einem Genitiv hinzugefügt, z. B. in ἀφορμὴν τῶν ἁμαρτημάτων (Philo Flacc 35)[70] oder mit πρός (Epikt Diss III, 24,3) und εἰς (2.Klem 16,1). Oder es wird die Anlaß gebende Größe durch ἐκ (Polyb III, 32,7), διά (Polyb III, 7,5) oder als Genitiv (Lk 11,54 v.l.) hinzugefügt. Da λαμβάνειν ἀφορμήν im Gegensatz zu der genitivischen Wendung λαμβάνειν ἀφορμῆς[71] fast nie absolut steht, dürfte sie auch in Röm 7,8 näher bestimmt sein, was dafür spricht διὰ τῆς ἐντολῆς zu ἀφορμὴν λαβοῦσα zu ziehen[72]. Für die Verbindung mit διά gibt es bei Polybios

---

[70] Vgl. τὴν ἀφορμὴν τοῦ τέλους (Jos ant 8,409); ἀφορμήν τοῦ στρατηγήματος (bell I,502; vgl. ferner Philo Abr 162.
[71] Vgl. Philo vit Mos I,46; Flacc 34; Jos ant 10,256; 13,411; vita 375.
[72] Diese Deutung wird von C. E. B. CRANFIELD, Rom, 350, ausführlich zurückgewiesen. Seine Argumente: 1. Die Wortstellung sei analog, V. 13 b, wo die adverbiale Bestimmung mit διά auf κατεργάζεσθαι bezogen werden muß. Als Gegenbeispiel sei 7,5 angeführt: Hier bezieht sich die διά-Wendung auf das Vorhergehende. 2. Das Verb κατεργάζεσθαι

eine Parallele. Der Historiker müsse wissen διὰ τί καὶ πόθεν ἕκαστα τῶν πραγμάτων τὰς ἀφορμὰς εἴληφεν (Polyb III, 7,5). Der Begriff ἀφορμή wäre dann mit „Anstoß" und „Ausgangspunkt", ja, mit „Ursache" zu übersetzen. Das Gesetz erscheint dadurch noch mehr als mittelbare Veranlassung der Sünde, als wenn man ἀφορμή mit Vorwand übersetzt.

Wenn aber das Gesetz Anstoß und Stimulus des Konfliktes ist, gleichzeitig aber als „heilig, gerecht und gut" festgehalten wird, dann kann man den in Röm 7,7ff. geschilderten Konflikt als Ergebnis einander widersprechender Stimuli, Verstärkungen und Modelle deuten, die von den normativen Überzeugungen der kulturellen Umwelt ausgehen. In jeder Kultur gibt es neben dem „offiziellen" Lernprogramm (oder noch genauer: in ihm) ein inoffizielles Verstärkungsprogramm, dessen Auswirkungen in peinlichem Verhältnis zu den offen angestrebten Zielen stehen. Wird dies durchschaut, so kann man zwei Aspekte in den normativen Überzeugungen der Kultur unterscheiden. Eben das tut Paulus. In Röm 7,6 konfrontiert er diese beiden Aspekte als Gramma und Pneuma. Nach der Analyse des Konflikts in Röm 7 aber setzt er sie noch radikaler als „Gesetz des Geistes des Lebens" und „Gesetz der Sünde und des Todes" entgegen (8,2). Röm 7,7–25 ist innerhalb dieser Klammer zu verstehen, da 7,6 Themaangabe zu 7,7ff. und 8,2 Resümee aus Kap. 7 ist. Paulus hat die Ambivalenz des offiziellen „Lernprogramms" so stark empfunden, daß er in ihm den Gegensatz von Tod und Leben sieht. Assoziation mit dem Tod aber bedeutet psychologisch: Verknüpfung mit Todesangst. Durch ständige Verbindung von Gebot und Todesdrohung für den Fall der Übertretung bei gleichzeitiger Stimulierung eben jener Tendenzen, auf die sich die Todesdrohung bezieht, hat das Gesetz in einen ausweglosen Konflikt geführt: Es ist zum angstauslösenden Faktor geworden.

Das Christusgeschehen, das alle Gedanken und Phantasien des Paulus beherrscht, läßt sich als „verdecktes Verhalten" vestehen, mit dessen Hilfe irrationale Todesängste angesichts des fordernden Gesetzes abgebaut werden. Christus dient als Lernmodell für die Überwindung normativ bedingter Angst. Seine Wirkung basiert nicht darauf, daß diese

---

stehe oft mit διά (vgl. z.B. Röm 15,18; 2.Kor 9,11). Aber die Wendung λαμβάνειν ἀφορμήν (mit Akkusativ) erfordert in der Regel eine nähere Bestimmung. Eine Verbindung mit διά ist belegt (s.o.). 3. Die Parallele in 7,11 spreche für eine Beziehung der διά-Wendung zum nachfolgenden Verb. In der Tat scheinen διὰ τῆς ἐντολῆς ἐξηπάτησέν με und καὶ δι' αὐτῆς ἀπέκτεινεν parallel zueinander zu stehen. Die Wiederholung von δι' αὐτῆς wäre jedoch nur unentbehrlich, wenn διὰ τῆς ἐντολῆς zum Vorhergehenden zu beziehen ist. 4. V.13b. sei inhaltlich die nächste Parallele. Das gilt aber noch mehr für 7,5.

Angst geleugnet wird, im Gegenteil, sie wird bis ins Extrem gesteigert. Wie bei einer Implosionstherapie[73] wird der gefährdete Mensch noch einmal konzentriert allen angstauslösenden Stimuli ausgesetzt, damit er erfährt: Die Todesdrohung ist mit den angstauslösenden Stimuli gar nicht gegeben. Man kann sich ihnen aussetzen – und dennoch überleben. Diese Erfahrung setzt ihn in die Lage, zuversichtlich auf die ehemals lebensbedrohlich erscheinende Situation zu reagieren.

Der Mensch braucht dies freilich nicht an sich selbst zu erfahren. Er kann es am Modell lernen. Die verurteilende Kraft des angstauslösenden Gesetzes ergeht über das stellvertretende Lernmodell „Christus". Über den Gekreuzigten ergießt sich der seit Jahrhunderten akkumulierte „Zorn" Gottes. Die Sünden aller werden in ihm bestraft. Die Sarx schlechthin wird in ihm verurteilt (Röm 8,21). Die Tötung Christi zeigt die ganze aggressive Macht des Gesetzes, das den Sünder mit dem Tod bedroht. Aber die Auferstehung Christi zeigt, daß die tötende Macht des Gesetzes ihm gegenüber ohnmächtig war. Das Todesangst auslösende Gesetz hatte Gelegenheit, sich voll auszuwirken. Die bedrohlichen Stimuli wurden bis ins Absolute gesteigert – trotzdem erweisen sich die lebensbedrohenden Stimuli als kraftlos und effektlos. Christus überlebt das Strafgericht. Er lebt nun in einer Existenzform, der das tötende Gesetz nichts anhaben kann. Die Tötung Christi war dann aber illegitim. Sie traf einen Unschuldigen, den Sohn Gottes. Sie geschah auch nicht um seiner, sondern „um unserer Sünden willen". Die Auferstehung aber öffnet ein Leben, das nicht mehr der tötenden Gesetzesmacht unterworfen ist. Kurz formuliert: „Christus wurde dahingegeben wegen unserer Übertretungen und auferweckt um unserer Rechtfertigung willen." (Röm 4,25) Daher gibt es keine Verurteilung mehr für die, die in Christus sind (Röm 8,1). Denn wer wollte noch verurteilen? „Christus ist hier, der gestorben ist, ja noch mehr, der auferstanden ist" und nun an der Macht Gottes teilhat und gegen die Anklage des Gesetzes für die Gläubigen eintritt (Röm 8,34). Das Entscheidende ist: Ohne unmittelbar dem tötenden Gesetz ausgesetzt zu sein, nimmt der Mensch am stellvertretenden „Modell" wahr, daß etwas stärker ist als alle Straftendenzen; er erkennt, daß diese illegitim sind. Denn derselbe Gott, der im Gesetz als tötender Richter zu wirken scheint, macht doch eben diesen Tod zunichte.

---

[73] Gute Information über die „Implosionstherapie" findet sich in F. H. KANFER/A. P. GOLDSTEIN: Möglichkeiten der Verhaltensänderung, München 1977 (engl. 1975), 292–299. Sie besteht darin, „bei einer Person ein furchterregendes Erlebnis von solchem Ausmaß zu erzeugen, daß die Furcht dadurch tatsächlich verringert und nicht gesteigert wird" (S. 292). Die Angst wird durch sprachlich gebundene Phantasien hergestellt. Verwandt ist die Methode der „Reizüberflutung".

Was in den symbolischen Handlungen religiösen Glaubens immer wieder am Modell erfahren wird, kann von jedem nachgelebt werden. Paulus macht deutlich, daß jeder Christ dasselbe Geschehen durchlebt, das auch Christus durchlebt hat: „Denn ich bin durch das Gesetz dem Gesetz gestorben, damit ich Gott lebe. Mit Christus bin ich gekreuzigt worden" (Gal 2,19). Das Gesetz hat nicht nur Christus getötet, sondern den Christen mit ihm (vgl. Röm 7,4; 2.Kor 5,14). Jeder Christ war der ungehemmten Todesdrohung des Gesetzes ausgesetzt, aber jeder hat sie (mit Christus) überlebt. Er ist nun ein anderer: „Nun lebe nicht mehr ich, es lebt aber in mir Christus. Was ich aber jetzt im Fleische lebe, das lebe ich im Glauben an den Sohn Gottes, der mich geliebt und sich für mich dahingegeben hat." (Gal 2,20)

Das nachahmende Verhalten der Christen wird aber auch mit der Taufe verbunden: „Wir sind mit ihm durch die Taufe in den Tod begraben worden, so daß wie Christus von den Toten durch die Herrlichkeit Gottes des Vaters auferweckt wurde, so wollen auch wir in einem neuen Leben wandeln" (Röm 6,4). Das im sakramentalen Spiel dargestellte Geschehen meint denselben Prozeß, der in Gal 2,19f. geschildert wurde. Wer nämlich mit Christus begraben wurde, ist von der Sünde rechtfertigt (6,7) und befreit vom Gesetz (7,4–6).

Schließlich gibt es noch einen dritten Aspekt nachahmenden und nachlebenden Verhaltens: das Leiden. In ihm erscheint der Tod Christi im Leben des einzelnen Christen (2.Kor 4,10). Nirgendwo deutet Paulus sein Leiden als Strafe für Sünden[74] – ein untrügliches Zeichen dafür, daß das Erleben des Leidens frei von intrapunitiven Tendenzen ist.

Durch das Christusgeschehen wird die Angst vor dem drohenden Gesetz „gelöscht" durch die symbolischen Handlungen des Glaubens, die einem „verdeckten Lernprozeß" gleichkommen. Paulinisch gesprochen: Der „Fluch des Gesetzes" wird überwunden. Denn er trifft stellvertretend den einen (Gal 3,13). Daher kann Paulus von der Forderung Gottes sprechen, ohne mit ihr angstauslösende oder angstabwehrende Reaktionen zu verbinden. Die göttliche Forderung wird zum „Gesetz des Geistes des Lebens" (Röm 8,2). Von ihr hängt nicht Tod und Leben vor Gott ab; vielmehr reguliert sie das zwischenmenschliche Verhalten. Im Liebesgebot sind alle Forderungen des Gesetzes zusammengefaßt (Gal 5,14; Röm 13,8–10). Besonders deutlich wird diese veränderte Einstellung zur normativen Thematik, wenn Paulus vom „Gesetz des Christus"

---

[74] In 1.Kor 11,30 deutet er jedoch Krankheits- und Todesfälle unter den Korinthern als Folge von Sünden. Im Hinblick auf sich selbst aber findet sich keine derartige Deutung. Wie nahe hätte sie gelegen: Er, der ehemalige Christusverfolger, büße durch sein Leiden für sein Vergehen!

spricht (Gal 6,2). Dies Gesetz hat seine Pointe weniger in der Erfüllung bestimmter Forderung, sondern im verträglichen Zusammenleben mit denen, die den Normen nicht entsprechen, also mit denen, „die in einer Übertretung angetroffen wurden" (Gal 6,1). Im „Gesetz Christi sein" (ἔννομος Χριστοῦ) bedeutet gerade dies: sich verschiedenen soziokulturellen Normen anpassen zu können, den Juden ein Jude zu werden und den Heiden ein Heide (1.Kor 9,19–23). Dies ist ein entschiedener Zuwachs an Freiheit. Die neue Einstellung zur normativen Thematik gehört zweifellos zu den wertvollsten Inhalten des Neuen Testaments[75].

B. Psychodynamische Aspekte:
Der unbewußte Konflikt mit dem Gesetz[76]

Die veränderte Einstellung zur normativen Thematik hat Aspekte, die sich einer lerntheoretischen Analyse entziehen. Der Konflikt mit dem Gesetz wird wohl von außen – durch die Forderung des Gesetzes – hervorgerufen; die aggressive Macht des Gesetzes aber stammt aus dem Inneren. Denn die Todesdrohung des Gesetzes geht nicht von dessen Forderung aus, sondern von der Sünde, die sich des Gesetzes bemächtigt und in der Stimme des Gesetzes verborgen hat. Der angstauslösende Faktor ist letztlich nicht das Gesetz, sondern die in der Sarx wohnende Sünde. Nun umfaßt der Begriff „Sarx" bei Paulus alle natürlichen Bedingungen menschlichen Lebens, die es mit anderen Lebewesen teilt, mag jedes Lebewesen auch seine spezifische Sarx haben (vgl. 1.Kor 15,39). Wir müssen daher die Ursache der gesetzlichen Angst in der stammesgeschichtlichen Ausstattung des Menschen lokalisieren – in einer latenten Bereitschaft, die sich erst unter den Bedingungen der Kultur entfalten konnte. Denn „ohne Gesetz ist die Sünde tot". Sie lebt erst mit dem Kommen des Gebotes auf (Röm 7,8f.). In moderner Sprache ausgedrückt: Wir müssen mit einer stammesgeschichtlich verwurzelten latenten Angstbereitschaft des Menschen rechnen, die vor der kulturellen Evolution durch spezifische Feindsignale ausgelöst wurde, nach Ablösung des instinktiven Steuerungssystems durch kulturelle Verhaltensmuster aber auch mit der moralischen Forderung gekoppelt werden kann. Dem Menschen selbst ist dieser Zusammenhang unbewußt. Für ihn ist das Gebot heilig, gerecht und gut. Er hört es als Widerspruch zur Sarx. Unbewußt aber deutet er es als „Feindsignal"

---

[75] Als zusammenfassende Darstellung sei hier nur genannt R. SMEND/U. LUZ: Gesetz, Kohlhammer-Tb 1015, Stuttgart 1981, bes. 89–112 zu Paulus.
[76] Vorliegende psychoanalytische Auslegungen sind G. Crespy: Exégèse et psychoanalyse (1968); A. VERGOTE: Der Beitrag der Psychoanalyse zur Exegese (1973); J. J. FORSYTH: Faith and Eros (1977).

und verbindet mit ihm eine aus dem eigenen Inneren stammende
sarkische Energie – jene unbedingte Aktivierungsbereitschaft, die in
lebensbedrohenden Situationen sinnvoll wäre, aber in der Auseinandersetzung mit der moralischen Forderung zu Intoleranz, verzerrter Wahrnehmung, Verkennen von Alternativen, kurz: zur Unfreiheit führt. Es ist
das Paradox der Kultur: Je intensiver sich ein Mensch mit ihren
Anforderungen identifiziert, um so größer wird die Gefahr, daß sich
diese Anforderungen mit einer destruktiven Energie verbinden, welche
die Kultur selbst gefährden können. Hinter der Fassade des Idealismus
entfalten sich oft archaische „Instinkte", hinter überdurchschnittlichem
Gesetzeseifer das Wirken der Sarx.

Unsere These ist: Paulus hat diese Ambivalenz des Gesetzes persönlich erfahren. Röm 7 schildert das Bewußtwerden des ehemals unbewußten Gesetzeskonflikts. Wir führen den Nachweis in drei Schritten:
Zunächst werden alle Indizien in Röm 7 gesammelt, die darauf hinweisen, daß der Konflikt einmal unbewußt war[77]. In einem zweiten Schritt
soll dann gezeigt werden, daß der Widerspruch zwischen Phil 3,4–6 und
Röm 7 für einen ehemals verdrängten Konflikt spricht. Abschließend ist
zu untersuchen, welche Bedeutung die Gestalt Christi für die Überwindung des Konflikts hat.

---

[77] E. KÄSEMANN, Röm, 184–204, polemisiert mit kräftigen Worten gegen eine psychologische Auslegung von Röm 7: „Aus alledem ergibt sich mindestens, daß jede psychologische Interpretation unangebracht ist, ob sie sich auf die Person des Paulus ... oder die Entstehung der Sünde bezieht ..." (. 185). Paulus überschreite grundsätzlich die „Ebene des Moralischen und psychologisch Erfahrbaren" (S. 192). Psychologische und theologische Interpretation schlössen sich aus: „Die Trostlosigkeit einer Theologie, für welche im Finstern alle Katzen grau sind, wird mit der unsinnigen Formel ‚Psychologie der Sünde' kaschiert" (S. 193). Ja noch mehr: Wer den ethischen Konflikt ins Zentrum seiner Auslegung rückt, verkenne völlig den Text: „Begnügt sich der Apostel hier mit solcher erfahrbaren Binsenweisheit (sc.: daß der Mensch mit sich selber nicht fertig wird), arbeitet er mit verfehlten Mitteln und betreibt eine schlechte oder richtiger überhaupt keine Theologie, sondern tatsächlich eine am ethischen Problem orientierte Psychologie" (S. 193). Dagegen führe die Auffassung des in Röm 7 geschilderten Geschehens als eines transsubjektiven Konflikts bei R. BULTMANN „bahnbrechend über eine rein psychologische und ethische Interpretation hinaus" (S. 195). Die hier vorliegende Auffassung von Psychologie ist einseitig: 1. Psychologie wird mit der Untersuchung bewußten Erlebens identifiziert. Das würde nicht einmal alle phänomenologischen und hermeneutischen Ansätze in der Psychologie treffen, keineswegs jedoch psychodynamische Ansätze, die gerade das „Transsubjektive" erforschen, nämlich was sich bewußter Erfahrbarkeit entzieht und uns in überindividuelle Zusammenhänge stellt. 2. Psychologie wird auf motivational-emotionale Aspekte menschlichen Lebens beschränkt. Die Analyse kognitiver Akte – z.B. der in Röm 7 vorliegenden Interpretation menschlichen Konflikts – ist eine ebenso wichtige Aufgabe. Wenn Paulus wiederholt betont: Nicht „ich", sondern die in mir wohnende Sünde tut das Böse, so nimmt er eine ganz bestimmte Kausalattribuierung vor, was in sich ein bedeutsamer psychischer Akt ist.

3. Gesetz und Sünde (Röm 7)

a) Das Bewußtwerden des Konflikts in Röm 7

Gegen die Annahme eines unbewußten Gesetzeskonflikts spricht, daß dem Gesetz bei Paulus gerade die Funktion zugeschrieben wird, Sünde bewußt zu machen: „Ich hätte die Sünde nicht kennen gelernt (οὐκ ἔγνων) außer durch das Gesetz. Denn die Begierde kannte ich nicht (οὐκ ᾔδειν), wenn nicht das Gesetz gesagt hätte: Du sollst nicht begehren!" (Röm 7,7) Die beiden kognitiven Verben γινώσκειν und εἰδέναι sind fast synonym: γινώσκειν bezeichnet mehr den Akt des Kennenlernens, εἰδέναι mehr ein zuständliches Wissen[78]. Eine Umdeutung der Verben in Ausdrücke rein praktischen Kennenlernens (ohne Bewußtsein des Tuns), läßt sich nicht ausreichend begründen[79]. Entscheidend ist vielmehr, wann das Erkennen der Sünde einsetzt.

Hier ist nun zu beachten, daß in 7,8–11 alle kognitiven Verben fehlen. Daß die Sünde durch das Gesetz jede Begierde „bewirkt", daß sie auflebt, sich des Gebotes bedient und den Menschen betrügt und tötet, schließt nicht ein, daß diese Vorgänge bewußt geschehen. Im Gegenteil: Das Täuschungsmotiv setzt voraus, daß das getäuschte Ich nur ein inadäquates Bewußtsein der Sünde hat. Erst nach Beseitigung der Täuschung kann von einem „Erkennen" der Sünde gesprochen werden. Man wird daher das Kennenlernen der Sünde an das Ende des Prozesses setzen[80]. Erst die Tötung des Ichs nimmt diesem die Illusion über die Sünde, klärt es auf und stellt Erkenntnis her – so wie Adam erst nach

---

[78] Die Akzentunterschiede fallen dort auf, wo beide Verben nebeneinander benutzt werden: Um das Gesprochene zu verstehen (γνωσθήσεται), muß man die Bedeutung der Laute kennen (εἰδῶ) (1.Kor 14,9–11); vor ihrer Bekehrung wußten die Galater nichts von Gott (οὐκ εἰδότες θεόν), jetzt aber haben sie ihn kennengelernt (νῦν δὲ γνόντες θεόν) (Gal 4,8f.); Paulus kennt niemanden mehr nach dem Fleisch (οἴδαμεν). Selbst wenn er Christus nach dem Fleische kennengelernt hätte (ἐγνώκαμεν), würde er ihn jetzt nicht mehr in dieser Weise kennen (γινώσκομεν) (2.Kor 5,16). Man muß also Röm 7,7 paraphrasierend so übersetzen: Ohne Gesetz hätte ich die Sünde (zu einer bestimmten Zeit) nicht kennen gelernt. Und die Begierde wäre mir nicht (als dauerndes Wissen) bewußt geworden..." Das Plusquamperfekt ᾔδειν unterstreicht die bleibende Wirkung bis in die Gegenwart (so C. E. B. CRANFIELD, Rom, 348). In Röm 7,14 begegnen beide Verben in umgekehrter Reihenfolge: Wir wissen (οἴδαμεν) als dauernde Erkenntnis, daß das Gesetz geistlich ist. Was ich aber bewirke, begreife ich nicht, obwohl ich mich aktuell darum bemühe, es zu verstehen (οὐ γινώσκω).

[79] Es handelt sich nicht um ein praktisches Kennenlernen der Sünde (so u.a. O. MICHEL, Röm, 172), sondern um Einsicht in die Sünde. De facto sündigen die Menschen auch ohne Gesetz (Röm 2,12; 5,12–14), aber erst durch das Gesetz erkennen sie, daß ihr Handeln Sünde ist (Röm 3,20). Richtig C. E. B. CRANFIELD, Rom, 348f.

[80] In diese Richtung hin argumentiert auch G. BORNKAMM, Sünde, 57: Es ist „verfrüht, schon in der Interpretation von V. 11 von dieser Entzweiung zu reden". Umgekehrt kann man wohl sagen: „Das ἐξηπάτησέν με ist der Grund des οὐ γινώσκω (V. 15)" (S. 63). Paulus kommt dann aber in 7,14ff. über ein Nichtverstehen hinaus!

dem Sündenfall „Erkennender" wurde. Röm 7,13 bestätigt diese Sicht. Danach bewirkte die Sünde durch das Gute den Tod, damit sie als Sünde offenbar würde – ein Offenbarwerden, das mit dem „Erkennen" der Sünde zusammenfällt.

Es gibt also einen unbewußten Gesetzeskonflikt. Jedoch muß noch präzisiert werden, was inhaltlich unbewußt blieb. Wohl kaum, daß es einen Widerspruch zwischen Norm und Begehren gibt. Was offenbar wurde, war vielmehr, daß die Sünde „durch das Gute" den Tod bewirkte. Unbewußt war die funktionale Beteiligung des Gesetzes an der Entstehung der Sünde. Unbewußt war die Tiefendimension des Konfliktes. Man könnte mit einem Wort sagen: Unbewußt war nicht die Sünde an sich, sondern ihr „Übermaß" (Röm 7,13). Dies wird erst am Ende des in Röm 7,7–13 geschilderten Prozesses „offenbar".

Der zweite präsentische Teil des Textes setzt von vornherein mit einem „Wissen" ein. Das widerspricht nicht der Annahme eines ehemals unbewußten Konfliktes. Denn einmal berührt dies Wissen noch nicht die Tiefendimension des Konfliktes. Daß pneumatisches Gesetz und sarkisches Ich Gegensätze sind, ist ohnehin klar. Zweitens aber betont Paulus in der Fortsetzung des Gedankengangs, er verstünde nicht, was er bewirke. Wichtig ist nun, daß das mangelnde Verstehen des Konflikts Schritt für Schritt durch bewußte Einsicht ersetzt wird. An die Stelle des „Ich verstehe nicht" von V. 15 tritt in V. 16 ein σύμφημι und in V. 18 ein οἶδα. Aus dem Zwiespalt zwischen Wollen und Tun wird erstens erschlossen, daß dieser Zwiespalt die Zustimmung zum Gesetz einschließt, zweitens, daß im handelnden Ich nichts „Gutes" wohnt, m. a. W.: Das vorweggeschickte Wissen um den grundsätzlichen Widerspruch zwischen pneumatischem Gesetz und sarkischem Ich (7,14) wird nun auf den in der Sentenz V. 15 geschilderten Konflikt von Wollen und Tun angewandt, dieser wird auf den Begriff gebracht. Hinter dem Konflikt von Wollen und Tun steht der Konflikt von Gesetz und Sarx; und das wird als bewußte Erkenntnis formuliert, denn man kann den Verben σύμφημι und οἶδα wohl kaum kognitiven Gehalt absprechen[81].

---

[81] Die von R. BULTMANN, Römer 7, 198–209, inaugurierte und von seinen Schülern vertretene transsubjektive Deutung von Röm 7,14ff. basiert darauf, daß 1. das Gute und Böse in Röm 7,18f. mit Leben und Tod (7,10.13) identifiziert wird, d.h. nicht mit der guten und schlechten Handlung selbst, sondern mit deren Ergebnis, und 2. das Illusionsmotiv aus Röm 7,11 auch in 7,13–23 vorausgesetzt wird. Gegen diese Deutung sprechen Beobachtungen zur Wortsemantik, zur Struktur und zur Traditionsgeschichte. 1. Wortsemantik: Die Gleichsetzung des „Guten" mit dem „Leben" ist nicht möglich. Wenn durch das Gute der Tod bewirkt wird (V. 13), so ist das Gute nicht Ergebnis, sondern verursachendes Mittel. Die Deutung von κατεργάζεσθαι als „etwas als Ergebnis bewirken" ist möglich, wenn auch nicht notwendig (vgl. Röm 2,9.10 u.ö.). 2. Struktur: Der

Die Wiederholung der Sentenz in V. 19 trägt diesem erhöhten Bewußtsein Rechnung. Sie spricht nicht mehr nur vom Konflikt zwischen Wollen und Tun, sondern zwischen ἀγαθόν und κακόν – greift also die Folgerungen in 7,16 und 17f. terminologisch auf. Der folgende Gedankengang bringt einen weiteren Fortschritt: Paulus formuliert nun explizit die „Gesetzmäßigkeit", die den Konflikt beherrscht: εὑρίσκω ἄρα τὸν νόμον (7,21) steht in deutlichem Gegensatz zu οὐ γινώσκω (7,15). Was am Anfang noch unverständlich war, wird nun als Sonderfall einer „Regel", eines νόμος, eines Prinzips verstanden. Man kann ja auf den Widerspruch von Wollen und Tun auch ganz anders reagieren, entweder mit Ermahnungen, die gute Absicht durchzuführen; oder mit einer Korrektur der vielleicht zu weit gespannten Absichten. In beiden Fällen würde man den Konflikt als prinzipiell überwindbar hinstellen. Die Gedanken des Paulus laufen jedoch darauf hinaus, den aufgewiesenen Konflikt als prinzipiellen Konflikt zu begreifen, so daß er als unüberwindbar erscheinen muß. Der Widerspruch zwischen Wollen und Tun ist letztlich ein Widerspruch zwischen dem Gesetz Gottes und dem Gesetz der Sünde. Beide werden bewußt wahrgenommen: die Freude über das Gesetz – eine Steigerung der Zustimmung zu ihm aus 7,16 – und das Sehen des anderen Gesetzes schließen ein Bewußtsein dieses Gegensatzes ein. Er wird subjektiv im menschlichen Inneren erlebt. Mag also Paulus von einem wie immer gearteten unbewußten Konflikt ausgegangen sein, den er nicht durchschaute – am Ende dringt er zum schärfsten Bewußtsein dieses Konfliktes vor. Das Ich, das in 7,21ff. spricht, unterscheidet sich grundlegend von dem Ich in 7,11: Jenes lebte noch in der Illusion und wurde getäuscht. Dieses aber hat alle Illusionen verloren. Beide Teile von Röm 7,7ff. schildern somit auf verschiedene Weise ein Bewußtwerden des Konfliktes: vom Getäuschtwerden durch die Sünde bis zum Offenbarwerden der Sünde im ersten

---

Text gliedert sich in zwei Teile mit deutlichem Gedankenfortschritt. Gegen die Eintragung des Illusionsmotivs aus 7,11 spricht, daß nach V. 13 die Sünde inzwischen „offenbar" geworden ist. Der subjektive und bewußte Charakter des Konflikts geht einmal durch die Betonung des „Ich" und des „Innengeschehens" hervor (ἐν ἐμοί 3×, ἐν τοῖς μέλεσιν μου 2× und ἔσω ἄνθρωπος 1×), ferner durch die Häufung kognitiver Verben. 3. Traditionsgeschichte: Der in V. 15/19 vorliegende Topos meint normalerweise einen bewußt erlebten Konflikt zwischen Leidenschaft und Vernunft. Kritisch zur transsubjektiven Deutung äußern sich P. ALTHAUS, Paulus und Luther, 45–47; O. KUSS, Röm, 469–472; U. WILCKENS, Röm, 88. Richtig ist jedoch: Die Täuschung des Ich in Röm 7,11 setzt Unkenntnis über die Folgen voraus. Hier projiziert Paulus den Konflikt zwischen guter Intention und böser Folge in den anders strukturierten Adamkonflikt hinein. Dieser „transsubjektive" Konflikt wird aber im Laufe des Textes immer deutlicher „subjektiviert", d.h. bewußt gemacht.

Teil, vom Nichtverstehen des Konfliktes bis zum Aufspüren seiner Gesetzmäßigkeit im zweiten Teil[82]. Der erste Teil schildert diesen Prozeß jedoch als ein objektives Geschehen, der zweite als einen Verstehensvorgang, wie die vielen kognitiven Verben in der 1. Pers. Sg. zeigen. Der erste Teil formuliert: „Es erwies sich mir das Gesetz zum Leben, eben dies als Gesetz zum Tod" (7,10) (εὑρέθη im Passiv). Der zweite Teil sagt dagegen subjektiv „Ich finde also eine Gesetzmäßigkeit . . ." (εὑρίσκω im Aktiv) (7,21). Jeder der Teile schildert also nicht nur in sich einen Zuwachs an Bewußtsein, vielmehr ist auch zwischen beiden Teilen generell eine Zunahme von Klarheit, Einsicht und Reflexivität festzustellen.

Wir hatten bei der Untersuchung des „Ich" in Röm 7 gefunden, daß es keine überzeugenden sprachlichen oder stilistischen Gründe gibt, beim Ich von Röm 7 die Person des Paulus prinzipiell auszuschalten. Die bisherige Analyse eines fortschreitenden Bewußtwerdungsprozesses eines ehemals unbewußten Gesetzeskonfliktes hat zwar seine Geltung unabhängig von einem eventuellen persönlichen Hintergrund. Aber die Frage nach ihm ist unvermeidbar. Dem steht freilich als Hauptargument der Widerspruch zu Phil 3 entgegen.

b) Der Widerspruch von Röm 7,7–23 und Phil 3,4–6

Das entscheidende Argument gegen die Annahme eines persönlichen Hintergrundes für Röm 7,7ff. ist Phil 3,4–6. Nennt sich Paulus in Röm 7,24 einen „armseligen Menschen", der unter dem Gesetz leidet, so spricht er hier von einem Menschen, der in der Gesetzesgerechtigkeit untadelig war (Phil 3,6). W. G. KÜMMEL hat das Problem prägnant formuliert: „Entweder besteht die Annahme zu Recht, Paulus sei noch als Jude am Gesetz verzweifelt und habe den inneren Zwiespalt von Röm 7 erlebt, – dann war Paulus nicht κατὰ νόμον Φαρισαῖος und κατὰ δικαιοσύνην τὴν ἐν νόμῳ ἄμεμπτος; oder Paulus war, wie er selbst angibt, ein echter Pharisäer, – dann besteht diese Deutung von

---

[82] Daß in dem Text eine Steigerung vorliegt, wird betont von E. ELLWEIN: Das Rätsel von Römer VII, KuD 1 (1955) 247–268, S. 262. Diese Steigerung als ein Bewußtwerden interpretiert zu haben, ist das Verdienst von K. KERTELGE: Exegetische Überlegungen zum Verständnis der paulinischen Anthropologie nach Römer 7, ZNW 62 (1971) 105–114; „Was er (sc. Paulus) in Röm 7 als Situation des vorchristlichen Ich darstellt, ist in dieser Form nicht oder nicht schlechthin bewußt erlebt und als bewußt Erlebtes aufgeschrieben" (S. 113). Der Zustand des unerlösten Daseins in der Vergangenheit ist „als ein *vorbewußter* zu bezeichnen". „Die Besinnung des Glaubenden auf sein vorchristliches Ich dient also der *Bewußtwerdung* eben dieses Ich als eines dank der Erlösung durch Jesus Christus zu sich selbst kommenden Ich" (Hervorhebungen z.T. von mir) (S. 113).

Röm 7 und die Verlegung der Gesetzeskritik in vorchristliche Zeit zu Unrecht."[83]

Prinzipiell gibt es zwei Möglichkeiten das Problem zu lösen. Entweder streitet man einem der beiden Texte die innere Authentizität ab, um sie dem anderen zuzuschreiben (das ist die klassische Lösung), oder man hält an der inneren Authentizität beider Texte fest, muß sie dann aber auf verschiedene Epochen oder Aspekte des Lebens des Paulus beziehen.

Die inzwischen klassisch gewordene Lösung des Problems besteht in der Bestreitung der inneren Authentizität von Röm 7 durch eine rhetorisch-fiktive Deutung des Ich. Seltener wird die innere Authentizität von Phil 3 in Zweifel gezogen[84], obwohl der Kontext ausgesprochen polemisch ist und Zweifel aufwerfen könnte, ob Paulus seine Vorzeit sachlich zutreffend charakterisiert. Nun bezieht sich Paulus in Gal 1,13–14 in vergleichbaren Äußerungen auf seine Vorzeit. Die Wiederkehr vergleichbarer Aussagen in verschiedenen Kontexten legt eine gewisse Kontextunabhängigkeit dieser Aussagen nahe. Wir können also davon ausgehen: Paulus war ein gesetzesstolzer Pharisäer.

Muß man also Röm 7 und Phil 3 auf Verschiedenes deuten? Phil 3 etwa auf die vorchristliche Zeit des Paulus, Röm 7 dagegen auf die christliche Zeit – oder eine Zeit innerer Anfechtung nach dem Damaskuserlebnis[85]? Aber auch diese Lösung läßt sich nicht durchführen. Allzu eindeutig bezieht sich m. E. Röm 7,13–24 auf den unerlösten Menschen. Es bleibt dann noch jene Möglichkeit, die bisher nicht erwogen wurde: Es könnte sich um verschiedene Aspekte ein und desselben Lebensabschnittes handeln. Was logisch ein Widerspruch ist, kann psychologisch nebeneinander existieren; ja tiefenpsychologische Erkenntnisse gehen oft davon aus, daß die unbewußten Aspekte unseres Lebens im Gegensatz zu dessen bewußten Intentionen stehen können. Die hier vertretene These lautet also: Phil 3,4–6 gibt das Bewußtsein des vorchristlichen

---

[83] W. G. KÜMMEL, Römer 7, 113.

[84] Vgl. O. KUSS, Röm, 480. Der polemische Kontext läßt es nicht zu, daß Paulus hier einen Konflikt mit dem Gesetz schildert: Die ganze Argumentation läuft ja gerade darauf hinaus, die Gegner des Paulus mit dem vorchristlichen Paulus zu parallelisieren, um die Gemeinde dazu zu bewegen, sich ebenso deutlich von den Gegnern zu distanzieren, wie Paulus sich von seiner Vorzeit distanziert hat. Vgl. N. HYLDAHL: Loven og Troen. En analyse af Filipperbrevets tredie kapitel, AJut XL,6, Aarhus 1968. Hätte Paulus in dieser Situation ein Ungenügen am Gesetz eingestanden, so hätte man ihm leicht „Ressentiment" vorwerfen können. Aber „er will sich nicht nachsagen lassen, daß er prinzipiell auf die jüdischen Ruhmestitel verzichte, weil er sie in praxi nicht habe erlangen können: o nein!" (M. DIBELIUS, Phil, 58).

[85] So M. GOGUEL: κατὰ δικαιοσύνην τὴν ἐν νόμῳ γενόμενος ἄμεμπτος Remarques sur un aspect de la conversion de Paul, JBL 53 (1934) 257–267. Ähnlich schon TH. ZAHN, Röm, 337–371: 7,14 ff. spricht Paulus als Bekehrter, aber noch nicht Wiedergeborener!

Paulus wieder, Röm 7 schildert dagegen einen damals unbewußten Konflikt, der Paulus erst später bewußt geworden ist.

Diese These darf nicht mit anderen Versuchen verwechselt werden, Paulus eine unbewußte Vorbereitung auf seine Bekehrung zuzuschreiben. Meist wird dabei eine unbewußte positive Anziehung durch den christlichen Glauben postuliert, während man gleichzeitig mit einem bewußten Gesetzeskonflikt rechnet, wie er in Röm 7 zum Ausdruck kommt. Merkwürdigerweise hat keine der bisher vorliegenden psychodynamischen Deutungen der Bekehrung des Paulus den Widerspruch zwischen Phil 3 und Röm 7 ausgewertet.

Nach O. PFISTER war Paulus an einer religiösen Zwangshaltung erkrankt, die sich durch ihre soziale Einbettung von einer individuellen Zwangsneurose unterscheidet, ansonsten aber vergleichbar sei. Gesetz und Religion hätten Paulus dazu gedient, die durch die Konfrontation von Gesetz und Libido angestauten Spannungen zu entladen – so wie ein Zwangsneurotiker in seinem neurotischen Ritual nach Entlastung von psychischen Spannungen sucht. Der Gesetzeskonflikt des Paulus sei bewußt gewesen: „Als ungesättigter, von innerer Not zermarterter Mensch kam Paulus mit den Christen und ihrer Lehre in Berührung." Der Haß gegen die Christen erkläre sich daraus, daß die Christen seine Gesetzlichkeit – also sein „Zwangsritual" – in Frage stellten. Sie entwerteten eben das, womit Paulus seine inneren Spannungen überwinden wollte. Gleichzeitig aber fühlte sich Paulus von ihnen angezogen: „So fand der Verfolger in den Verfolgten manches Große, das er nicht leugnen konnte. Er suchte es zu leugnen und redete sich wohl auch ein, die Christen seien dennoch Gottesfeinde und Verächter des Gesetzes ... Immer stärker und gewaltsamer mußte die geheime Furcht, sich an Unschuldigen zu versündigen und den Gesandten Gottes zu hassen, aus dem Bewußtsein verdrängt werden."[86]

Sind es bei O. PFISTER vor allem die Christen, so ist es bei C. G. JUNG Christus, von dem eine unbewußte Faszination ausging, freilich nicht vom „historischen Jesus", sondern vom archetypischen Christus, der in der Damaskusvision aus den Tiefen des kollektiven Unbewußten heraus plötzlich sein Bewußtsein erhellt und verwandelt habe. „Saulus war unbewußt schon längere Zeit ein Christ, daraus erklärt sich sein fanatischer Christenhaß; denn Fanatismus findet sich immer bei solchen Menschen, die einen inneren Zweifel zu übertönen haben. Darum sind Konvertiten immer die schlimmsten Fanatiker. Die Vision Christi auf dem Wege nach Damaskus bezeichnet bloß den Moment, wo der unbewußte Christuskomplex sich mit dem Ich des Paulus assoziierte. Daß ihm Christus dabei quasi objektiv als Vision gegenübertrat, erklärt sich aus dem Umstand, daß die Christlichkeit des Saulus ein ihm unbewußter Komplex

---

[86] O. PFISTER: Die Entwicklung des Apostels Paulus. Eine religionsgeschichtliche und psychologische Skizze, Imago VI (1920) 243–290. Die Zitate im Text dort S. 277 und 279.

war."[87] C. G. INGLIS[88] hat diese Deutung übernommen und um das Element eines gleichzeitigen bewußten Gesetzeskonfliktes angereichert – merkwürdigerweise mit Berufung auf Phil 3,6: „He (sc. Paul) was conscious, before his conversion, of profound dissatisfaction with the righteousness to which he had attained under the Law (Ph 3,6)."

Beide Deutungen rechnen mit einer unbewußten Hinwendung zum Christentum, nicht jedoch mit einer unbewußten Abwendung vom Nomismus. Das gilt auch für H. FISCHER, der jedoch einen Schritt weiter geht[89]. Seine These ist, daß Paulus kraft des Gesetzes libidinöse Impulse mit einer deutlich homosexuellen Komponente unterdrücken mußte, um sie von seinem Bewußtsein fernzuhalten. Bewußt identifiziere er sich mit dem Gesetz: „Das Gesetz als die bewahrende Ordnungsmacht wird gegen das drohende Chaos in seinem Innern aufgerufen." Die Gesetzesfreiheit der Christen stelle seine inneren Unterdrückungsmechanismen in Frage: „Paulus darf es sich selber nicht zugeben, daß er in der Tiefe seines Wesens die Christen um die Freiheit vom Gesetz beneidet und muß daher die geheime Sympathie für die Christen mit einem noch stärkeren Haß gegen sie beantworten." Die Christen sprachen also positiv eine unbewußte, in ihm bisher unterdrückte Seite an: „Der Widerspruch gegen das Gesetz findet in seinen Tiefenschichten einen Bundesgenossen, der sich mit der unbewußten triebhaften Kraft immer erneut gegen rationale Überlegung durchzusetzen versucht." FISCHER kommt damit der Erkenntnis eines unbewußten Konfliktes mit dem Gesetz nahe. Er schreibt: „Diese leidenschaftliche Ablehnung des Gesetzes aus der Tiefe wird sich später einmal frei äußern können in einem vom Ich getragenen Kampf gegen das Gesetz, das Paulus nach seiner Bekehrung als das bezeichnen kann, als was er es vor seiner Bekehrung schon empfunden hat, ohne dem Ausdruck geben zu können, nämlich als ‚paidagogos', was Luther treffend mit ‚Zuchtmeister' übersetzt hat." Die Formulierung bleibt noch etwas mißverständlich: Daß Paulus ein Ungenügen am Gesetz „empfunden" habe, schließt ein Bewußtsein dieses Ungenügens ein. So bewegt sich denn H. FISCHER insgesamt doch in der Auslegungstradition O. PFISTERS: Es wird eine unbewußte Faszination durch die Christen postuliert – hier bereichert um die Annahme, daß die Freiheit vom Gesetz diese unbewußte Faszination verursacht hat.

Wir gestehen, über eine unbewußte Christlichkeit des vorchristlichen Paulus nichts aussagen zu können. Die Quellen deuten auf eine ungebro-

---

[87] C. G. JUNG: Die psychologischen Grundlagen des Geisterglaubens (1919), in: Die Dynamik des Unbewußten, Ges. Werke VIII, 339–360, dort S. 248f.

[88] C. G. INGLIS: The Problem of St. Paul's Conversion, ET 40 (1928/9) 227–231, dort S. 228. Charakteristisch für manche tiefenpsychologische Beweisführungen ist die Behauptung: Daß bei dem vorchristlichen Paulus eine unbewußte Neigung zum Christentum vorliege, gehe schon daraus hervor, daß er diese nirgendwo erwähnt (S. 228). So kann man alles beweisen!

[89] H. FISCHER: Gespaltener christlicher Glaube. Eine psychoanalytisch orientierte Religionskritik, Hamburg 1974, zu Paulus dort S. 44–76, bes. 56ff. Die Zitate im Text finden sich S. 56, 57, 59, 56f.

chene Identifizierung mit dem Gesetz. Jedoch ist es legitim zu fragen, ob die beiden wichtigsten Texte zum vorchristlichen Leben des Paulus, Phil 3,4–6 und Gal 1,13–14 die Möglichkeit eines unbewußten Gesetzeskonfliktes nahelegen[90]. In diesen beiden Texten begegnen jeweils drei Motive: ein Verfolgungsmotiv, ein Geltungsmotiv und ein Normmotiv, auch wenn im einzelnen Akzentunterschiede zu beobachten sind.

1. Mit fast gleichlautender Formulierung weist Paulus an beiden Stellen auf seine Verfolgung der christlichen Gemeinde hin: διώκειν τὴν ἐκκλησίαν (τοῦ θεοῦ) (Gal 1,13; Phil 3,6; vgl. 1.Kor 15,6). Hier liegt ein aggressives Verhalten gegen eine kleine Minorität vor, die von den Normen der Majorität abwich. Das Verbum πορθεῖν in Gal 1,13 und 1,23 (vgl. Apg 9,21) schließt sogar ein Element des Gewalttätigen ein.

2. Ferner bestimmt Paulus an beiden Stellen seine Position innerhalb seines Volkes näher. Betont zählt er sich an beiden Stellen zu seinem γένος (Gal 1,13; Phil 3,5). Innerhalb des Volkes nennt er die Pharisäer und Altersgenossen als engeren Bezugskreis. Das Motiv ist hier wie dort vergleichbar: Paulus will sich hervortun, sei es daß er als Pharisäer alle anderen Volksgenossen an Frömmigkeit übertreffen, sei es daß er als junger Mann alle Altersgenossen hinter sich lassen will.

3. Schließlich hebt Paulus sein Verhältnis zu den Normen des Judentums hervor. Es entsprechen einander die Aussagen: „Ich war ein übermäßiger Eiferer für die väterlichen Überlieferungen" (Gal 1,14) und „nach der Gesetzesgerechtigkeit war ich untadelig". Da Paulus Pharisäer war, gehörten die „Überlieferungen" für ihn neben dem Gesetz zu den geltenden Normen. Dabei schreibt sich Paulus unverkennbar eine Überidentifikation mit diesen Normen zu, wenn er schreibt, daß er ein übermäßiger Eiferer (Gal 1,14) war, oder ἐγὼ μᾶλλον ausruft, bevor er seine ehemaligen Vorzüge, unter ihnen seinen Einsatz für das Gesetz, aufzählt (Phil 3,4).

Die drei Motive begegnen in beiden „autobiographischen" Texten in verschiedener Reihenfolge, gehören aber eng zusammen, sei es, daß sie auf den Nenner eines illusionären „Vertrauens auf das Fleisch" gebracht und durch κατά-Aussagen parallelisiert (Phil 3,4–6), sei es, daß sie unter der Überschrift „mein Wandel im Judentum" zusammengefaßt werden (Gal 1,13). Charakteristisch ist, daß das Stichwort „Eifer" wohl an beiden Stellen, jedoch bei verschiedenen Motiven begegnet. In Gal

---

[90] Zur Interpretation der beiden autobiographischen Texte vgl. vor allem J. BLANK: Paulus und Jesus, StANT 18, München 1968, 214–222, 231–238; zur Verfolgertätigkeit des Paulus dort S. 238–248. Eine psychologische Analyse von Phil 3, 2ff. findet sich bei CHR. GREMMELS: Selbstreflexive Interpretation konfligierender Identifikationen am Beispiel des Apostels Paulus (Phil 3,7–9), in: J. Scharfenberg u.a.: Religion: Selbstbewußtsein – Identität, TEH 182, München 1974, 44–57.

1,14 nennt sich Paulus einen „Eiferer" für die überkommenen Normen, in Phil 3,6 charakterisiert er seine Verfolgungstätigkeit als „Eifer". Das weist auf einen sachlichen Zusammenhang zwischen Verfolgung und Normbewußtsein: Überidentifikation mit den Normen der eigenen Gruppe und Aggression gegen Außengruppen hängen eng zusammen; umstritten ist nur, wie sie zusammenhängen. Soweit ich sehe, kann eine Deutung entweder vom Norm- oder vom Geltungsmotiv ausgehen.

Nach der ersten Deutung könnte die Überidentifikation mit den eigenen Gruppennormen Reaktionsbildung auf eine nicht wahrgenommene Unfähigkeit zur Normerfüllung und einen darin begründeten Widerstand gegen diese Normen sein. Da man diesen Widerstand bei sich selbst nicht wahrhaben will und kann, wird er teils verdrängt, teils auf andere Gruppen hinausprojiziert. Geeignete Opfer sind vor allem Minoritäten, die in einigen Verhaltenszügen den Projektionen zu entsprechen scheinen. Indem sie diese Minoritäten ablehnen oder bekämpfen, kämpfen die Exekutoren gegen das, was sie bei sich selbst oder ihrer Gruppe nicht wahrhaben wollen. Die Außengruppe übernimmt die Rolle eines Sündenbocks, der zugleich das eigene Fehlverhalten darstellt und Gelegenheit bietet, es demonstrativ abzulehnen[91].

Eine andere Deutung geht vom Geltungsmotiv aus: Wer in seiner Gruppe nach Ansehen und Einfluß strebt, kann dies oft auf Kosten anderer machen, die außerhalb der in der Gruppe geltenden Normen stehen. Durch deren Abwertung erhöht er sich selbst. Durch Machtausübung ihnen gegenüber sichert er seine eigene Macht nach innen. Da die Ablehnung des „Fremden" u. U. eine ererbte stammesgeschichtliche Anpassung ist, auf deren Vorhandensein bei den Menschen man sich verlassen kann, bedarf es nicht der Annahme, man identifiziere unbewußt die abgelehnte Minorität mit negativen Aspekten seiner selbst. Man kann hier mit ungebrochener Verfolgung rechnen[92]. Unbewußte Konflikte können natürlich auch hierbei eine Rolle spielen: Das Streben nach Macht kann aus einem nichteingestandenen Konflikt mit der eigenen Machtlosigkeit entstehen – etwa einer traumatisch erlebten eigenen Minderwertigkeit sozialer oder physischer Art.

---

[91] Zur Sündenbocktheorie sozialer Vorurteile vgl. P. HEINTZ: Soziale Vorurteile, Köln 1957, 109ff. u.ö.

[92] Diese Möglichkeit hat W. G. KÜMMEL, Römer 7,157f. mit Recht gegen O. PFISTER betont: Nicht jeder Fanatismus ist Abwehrprodukt: „Aus einem autoritativen Glauben kann ohne jedes Bedenken das Bewußtsein entspringen, daß eine abgelehnte religiöse Meinung der Ehre Gottes, der Kirche usw. Abbruch tue oder die gottgewollte Reinheit einer religiösen Gemeinschaft zerstöre und darum ausgerottet werden müsse" (S. 157). Wichtig ist: Hier stehen sich nicht eine psychologische und eine nicht-psychologische Deutung gegenüber, sondern zwei verschiedene psychologische Deutungsversuche der Verfolgungstätigkeit des Paulus.

Betont sei noch, daß die Mißhandlung anderer Menschen und Menschengruppen als „Sündenbock" oder Sprungbrett des eigenen Machtwillens Phänomene des normalen Lebens sind, bei denen man weder mit abnormen Anlagen noch neurotischen Konflikten rechnen muß. Krankhaftes kann mit hineinspielen. Die moderne Neigung jedoch, hinter jeder inhumanen Verfolgungstätigkeit Krankhaftes zu wittern, dürfte wohl eher eine Schutzbehauptung unserer Kultur sein, mit der wir uns vor der Einsicht in die erschreckende „Normalität" des Bösen bewahren: Das Dritte Reich hat die Ausartungsbereitschaft des normalen Menschen zur Genüge gezeigt.

Wir haben also zwischen den beiden skizzierten Möglichkeiten abzuwägen: Stammt die gegen die christliche Gemeinde gerichtete Aggression des vorchristlichen Paulus aus einem verdrängten Gesetzeskonflikt oder einem machtorientierten Streben? Um begründet entscheiden zu können, müssen wir die allgemeinen Aussagen des Paulus über das Leben des Juden unter dem Gesetz heranziehen. Dabei legen wir die methodische Annahme zugrunde, daß allgemeine Aussagen über die Juden in logischer Hinsicht den Juden Paulus umfassen, in psychologischer Hinsicht aber durch die Problematik des Juden Paulus gefärbt sind – und daher nicht als objektive Aussagen gewertet werden dürfen. Ließen sich bei diesen allgemeinen Aussagen eine Überidentifikation mit dem Gesetz, verbunden mit einer aggressiven Haltung gegen andere, nachweisen, so wäre das ein eindeutiges Indiz für die „Sündenbockdeutung".

Nun finden wir in den allgemeinen Aussagen über die Juden in Röm 2,17–23 eine karikaturhafte (und ungerechte) Kritik der Überidentifikation des Juden mit dem Gesetz, die das gesetzwidrige Verhalten bei sich selbst nicht wahrnehmen will. Es handelt sich um einen der großen paulinischen Anakoluthe, die auch stilistisch den Widerspruch zwischen Gesetzesstolz und nicht wahrgenommener Gesetzesübertretung veranschaulichen[93]:

> „Wenn du dich aber einen Juden nennst,
> und dich auf das Gesetz verläßt,
> und dich Gottes rühmst
> und seinen Willen kennst
> und zu prüfen weißt, worauf es ankommt,
> weil du unterwiesen bist aus dem Gesetz,
> und du traust dir selber zu,
> ein Führer der Blinden zu sein,

---

[93] Vgl. G. BORNKAMM: Paulinische Anakoluthe, in: Das Ende des Gesetzes, Ges. Aufsätze I, München 1952, ⁵1966, 76–92, zu Röm 2,17–23, dort S. 76–78.

ein Licht derer, die in der Finsternis sind,
ein Erzieher der Unverständigen,
ein Lehrer der Unmündigen,
   weil du die Verkörperung der Erkenntnis und
   der Wahrheit im Gesetz hast –"
(Röm 2,17–20)

Der Selbstruhm hat zwei Teile. Der erste thematisiert in fünf parallelen finiten Verben die Stellung des Juden zu Gott aufgrund des (passiv) empfangenen Unterrichts im Gesetz; der zweite spricht in vier Infinitiven von seiner Überlegenheit über andere Menschen: Der Unterrichtete wird nun zum Unterrichtenden, der anderen gegenüber einen Führungsanspruch erhebt. Nach dieser Einleitung folgen durch einen anakoluthischen Bruch abgehoben fünf Fragesätze:

„der du anderen lehrst – dich selber lehrst du nicht?
der du anderen predigst, nicht zu stehlen – du stiehlst?
der du sagst: Nicht ehebrechen! – du brichst die Ehe?
der du die Götzen verabscheust – du treibst Tempelraub?
der du dich des Gesetzes rühmst – du entehrst Gott
   durch Übertretung des Gesetzes?"
(Röm 2,21–23)

Der erste Teil (2,17–20) dürfte dem Selbstbewußtsein des Pharisäers Paulus entsprechen[94]. Hinzuweisen ist etwa darauf, daß das Stichwort πεποιθέναι sowohl in Röm 2,19 wie in Phil 3,4 begegnet. Man kann sogar eine vergleichbare Reihenfolge der Themen feststellen: Zunächst wird die ethnische Zugehörigkeit betont (Röm 2,17; Phil 3,5), dann folgt der Einsatz für das Gesetz, darauf das Verhältnis zu anderen Gruppen – nur daß es in Röm 2,19 die „Blinden, Unweisen und Unmündigen", in Phil 3,6 dagegen die Christen sind. Während nun Phil 3,6 auf eine emphatische Betonung der Gesetzesgerechtigkeit des vorpaulinischen Paulus hinausläuft, folgt in Röm 2,21ff. genau das Gegenteil! Hier ist plötzlich vom Gesetzesbruch des Gesetzesstolzen die Rede. Paulus verbindet also in Röm 2,17ff. einen demonstrativen Gesetzesstolz mit einer Unfähigkeit, den eigenen Gesetzesbruch wahrzunehmen. Daß diese Unfähigkeit „verdrängt" wurde, ist nicht nur psychologisch das Wahrscheinliche, sondern auch vom Kontext her: Der ganze Abschnitt Röm 1,18–3,20 zielt ja auf Erkenntnis der Sünde – und setzt eben noch kein adäquates Sündenbewußtsein bei den angesprochenen Gruppen voraus.

---

[94] Vgl. M. GOGUEL, κατὰ δικαιοσύνην, 262: Vielleicht handle es sich um eine „polémique rétrospective de Paul chrétien contre Paul juif". Das dürfte jedoch nur für den ersten Teil von Röm 2,17ff. gelten. Die in Röm 2,21ff. aufgezählten Verbrechen hat Paulus wohl kaum begangen.

Vielmehr kommt es zur Sündenerkenntnis erst aufgrund einer Offenbarung des Zornes Gottes vom Himmel, die auf den Widerstand der Menschen trifft (Röm 1,18).

Paulus gibt uns ferner Hinweise auf den üblichen Projektionsmechanismus, aufgrund dessen wir bei anderen gerade das Negative finden, das wir bei uns selbst nicht wahrhaben wollen. Nachdem er in Röm 1,25 ff. heidnische Verhaltensweisen kritisiert hat, weitet er seine Kritik sowohl auf die aus, die solchem Tun zustimmen (Röm 1,32), wie auf die, die es kritisieren. Mit den letzteren können nur die Juden gemeint sein, auch wenn die Anrede ganz allgemein „o Mensch!" lautet[95]:

„Daher bist du unentschuldbar, o Mensch, der du richtest, wer du auch sein magst; denn indem du den anderen richtest, verdammst du dich selbst. Denn du, der du richtest, verübst dasselbe." (Röm 2,1)

Paulus sagt beim Wort genommen nur: Wir verurteilen bei anderen, was wir selbst tun. Hier fehlt gewiß noch die klare Erkenntnis des Projektionsmechanismus, daß wir andere verurteilen, *weil* wir bei ihnen sehen, was wir bei uns nicht sehen wollen. Aber er ist nicht fern von dieser Erkenntnis.

Wir können feststellen: Die allgemeinen Aussagen des Paulus über die Juden weisen deutlich in Richtung auf jenen inneren Zusammenhang zwischen Überidentifikation mit dem Gesetz, Projektion und aggressivem Vorurteil hin, den wir hinter Phil 3,4–6 (und Gal 1,13 f.) vermutet hatten. Es ist m. E. legitim, diese allgemeinen Aussagen über den Juden in die persönlichen Aussagen des Paulus über sein vorchristliches Leben einzutragen. Denn so viel ist sicher: Paulus sagt in diesen Aussagen nicht alles, was er sagen könnte. In Phil 3,4–6 zählt er seine Vorzüge auf, die er im Lichte der Christusoffenbarung für Nachteil und Schaden hält. Er sieht sie völlig neu. Aber er entfaltet seine neue Erkenntnis nicht, sondern betont nur, daß er sich radikal von seiner Vorzeit abgewandt habe, als wolle er sie vergessen (Phil 3,13). Was er dennoch über seine Vorzeit sagt, ist ganz aus der Sicht des Pharisäers geschrieben[96], wie aus drei Punkten hervorgeht:

1. Nur als Pharisäer konnte er behaupten, daß er „untadelig" in der Gesetzesgerechtigkeit sei (Phil 3,6). Als Christ war für ihn eine solche Aussage unmöglich (vgl. Gal 3,11; Röm 3,23).

2. Auch die Verfolgertätigkeit schildert er nicht aus christlicher Perspektive. Anders als in Gal 1,13 und 1.Kor 15,9 charakterisiert er

---

[95] Falls man 2,1 als Glosse aussondert (so R. BULTMANN, Glossen, 281), wäre auf 2,3 zu verweisen.
[96] Richtig J. GNILKA, Phil, 191: „ἄμεμπτος ist nicht ironisch gemeint. Die Überzeugung ist nicht gespielt, sie war echt. Paulus schritt zurück vor die große Wende."

nämlich die christliche Gemeinde nicht als ἐκκλησία τοῦ θεοῦ, sondern schlicht als ἐκκλησία. Für den Christenverfolger Paulus konnte sie unmöglich die Gemeinde *Gottes* sein.

3. Schließlich könnte man auch bei der Schilderung der Herkunft des Paulus an eine Selbstvorstellungsformel des vorchristlichen Paulus denken: „Ich Paulus, aus Israels Volk, vom Stamme Benjamin, Hebräer von Hebräern, in Gesetzesfragen Pharisäer." Die christliche Selbstvorstellung des Paulus lautet bekanntlich anders (vgl. die Präskripte der Briefe).

Wir ziehen aus all dem folgenden Schluß: Was Paulus in Phil 3 verschweigt – nämlich wie er im Lichte der „Erkenntnis Jesu Christi" (Phil 3,8) seine vorchristliche Zeit sieht – eben das entfaltet er in Röm 7, wobei er seinem eigenen Schicksal allgemeingültige Form gibt, jedoch durch das typische ἐγώ seine hohe Ich-Beteiligung verrät. Phil 3 und Röm 7 ergeben erst zusammen ein zutreffendes Bild: Der demonstrative Gesetzesstolz des Pharisäers Paulus war Reaktionsbildung auf einen unbewußten Gesetzeskonflikt, in dem das Gesetz zum angstauslösenden Faktor geworden war. Paulus konnte sich damals sein Leiden unter dem Gesetz nicht eingestehen. Als aber durch die Begegnung mit Christus die Hülle von seinem Herzen fiel, erkannte er die Schattenseiten seines Gesetzeseifers. Röm 7 ist das Ergebnis einer langen rückblickenden Bewußtmachung eines ehemals unbewußten Konflikts. Paulus hält ihn für allgemein menschlich. Selbst bei den Heiden unterstellt er einen verborgenen Gesetzeskonflikt (Röm 2,14f.). Um ihn zu postulieren, braucht er sich nicht an das Bewußtsein der Menschen zu halten. Er hat an sich erfahren, daß der Gesetzeskonflikt auch unbewußt vorhanden sein kann.

c) Glaube als Konfliktbearbeitung

Die letzten Überlegungen werfen die Frage auf: Welche Rolle spielt der Glaube an Christus bei Bewußtmachung und Bearbeitung des Konflikts? Die vorliegenden psychodynamischen Deutungen sehen im Durchbruch des Glaubens an Christus meist die Bewußtwerdung einer schon vorher bestehenden unbewußten Bindung an Christus. Sofern wir in diesem Bereich überhaupt zu einer kontrollierbaren Deutung kommen können, möchte ich eine anders akzentuierte Interpretation vorschlagen. Wenn die aggressiven Vorurteile des Paulus gegenüber der normübertretenden Minorität der Christen eine Sündenbockprojektion darstellen, so bedeutet das: Er hat in den Christen unbewußt sich selbst verfolgt. Christus wurde ihm zum Symbol seiner negativen Identität,

d. h. all jener Aspekte, die er an sich selbst nicht wahrhaben und von denen er sich bewußt distanzieren wollte. Anstatt bei sich selbst die verdrängte Unfähigkeit zur Gesetzeserfüllung bzw. die Angst vor der Gesetzesforderung zu sehen und sich mit ihr auseinanderzusetzen, verfolgt er sie bei einer kleinen Gruppe, die vom Gesetz abwich. Mittelpunkt dieser Gruppe war ein vom Gesetz Verfluchter, der offen repräsentierte, was Paulus in einer archaischen Schicht seiner selbst unbewußt erlebte: Daß das Gesetz zum lebensfeindlichen, angstauslösenden Faktor wurde. Wie es zu der Wende vom Christenverfolger zum Christenmissionar kam, wird unserem psychologischen Wissen immer verborgen bleiben: Paulus sah den vermeintlich Verfluchten als göttliche Gestalt. Was diese Wende psychologisch bedeutete, können wir jedoch vermuten: Sie war gleichbedeutend mit der Aneignung einer verdrängten negativen Identität – also all dessen, was Paulus an sich selbst bisher nicht wahrhaben wollte. Denn wenn die Christenverfolgung (aufgrund einer unbewußten projektiven Gleichsetzung der Verfolgten mit dem eigenen „Schatten") im Grunde Selbstverfolgung und Selbstbestrafung war, so war die Wende zum Christenmissionar Aneignung des Selbst, Integration des Schattens und Überwindung der zerstörerischen intrapunitiven Tendenzen.

Möglicherweise hat Paulus diesen Sachverhalt in einer allgemein gültigen Symbolik zum Ausdruck gebracht. Er hat sie von den Christen übernommen; doch erst bei ihm rückt sie in das Zentrum des Nachdenkens über die erlösende Wirkung Christi: Christus wurde von ihm als Sühnopfer für unsere Sünden verstanden, ja, als der Sündenbock des alttestamentlichen Versöhnungstags (Röm 3,25). Auf Christus wurde alle Sünde gelegt und „projiziert". Denn an sich war er unschuldig. Doch anders als der Sündenbock in Lev 16 wurde er nicht in die Wüste gejagt, um dort fern von den Menschen zu verenden und die Gemeinschaft von ihren Sünden zu befreien. Vielmehr wurde er zur zentralen Bezugsperson der Gemeinschaft, bei deren Zusammenkünften er in mystischer Weise in den Herzen gegenwärtig war. Damit wurde der Projektionsvorgang transparent gemacht: Alle erkennen im stellvertretenden Sündenbock ihre Sünden an. Und alle waren überzeugt, daß diese Sünden überwunden waren. Kommt die Anerkennung des Sündenbocks als Mitte der Gemeinschaft nicht einer Aneignung des „Schattens" gleich?

Paulus legt in Röm 7 das intellektuelle Ergebnis dieses Aneignungsprozesses vor. Das einst unbewußte Feindschaftsverhältnis zwischen Ich und Gesetz wird jetzt offen artikuliert. Dabei kommt Paulus zu Aussagen, deren Nähe zu psychoanalytischen Erkenntnissen verblüffend ist: Das Verhältnis von Gesetz, Ego und Sarx entspricht in mancher Hinsicht dem Verhältnis von Überich, Ich und Es[97]. Natürlich wäre es unangebracht, völlige Übereinstimmung zwischen paulinischer und psychoanalytischer Anthropologie zu erwarten. Der Deutungsrahmen ist hier wie dort verschieden, ganz zu schweigen von dem großen historischen Abstand. Aber gerade auf dem Hintergrund unbestreitbarer Verschiedenheit heben sich die Ähnlichkeiten um so schärfer heraus.

Wer bei Paulus noch in der Psychoanalyse handelt es sich um rein immanente Instanzen. Vielmehr repräsentiert das Es ein archaisches Erbe, das den Menschen mit der gesamten Stammesgeschichte verbindet – ebenso wie die Sarx ihn mit allen Lebewesen verbindet. Das Überich ist Niederschlag kultureller Traditionen, wie sie die Eltern dem Kind vermitteln. Es steht für alle „internalisierten" Normen, Ängste und Ideale – ebenso wie der Nomos Inbegriff der von außen übermittelten göttlichen Normen und Werte ist. Das Ich ist weder hier wie dort souverän, auch wenn es zur Selbständigkeit bestimmt ist. Es ist anderen Instanzen untergeordnet, die in ihrer Struktur über sich hinausweisen. Der Mensch ist Schauplatz eines Konflikts mit kosmischen Instanzen: In der Psychoanalyse sind es biologische und soziale transsubjektive Mächte, bei Paulus dagegen mythische Instanzen und theologische Größen.

Wichtiger noch als die Struktur der drei Instanzen ist ihr funktionales Verhältnis. Paulus wie die Psychoanalyse bestimmen es antagonistisch. Im Menschen findet ein „Bürgerkrieg" statt.

Die Analogie betrifft hier einen entscheidenden Punkt. Bei Paulus ist die Pointe in Röm 7 die Relativierung allzu statisch vorgestellter Gegensätze: Die Sünde bedient sich der Stimme des Gesetzes, das Gesetz beherrscht als aufrührerische dunkle Macht den Menschen. Jede Einteilung des Menschen in einen höheren und einen niedrigeren Teil – Grundschema jeder idealistischen Anthropologie – wird dadurch in Frage gestellt. Auch das Hohe und Gute, auch Gesetz und Gebot weisen eine irritierende Ambivalenz auf. Eben dies entspricht psychoanalytischer Erkenntnis: Das Überich ist nicht nur eine das Ich positiv lenkende Größe. Es hat in sich archaisch-aggressive Bestandteile, die mit irrationalen Schuldgefühlen das Ich bedrohen und letztlich aus dem

---

[97] Vgl. G. CRESPY, Exégèse et psychanalyse, 169ff.; R. HOFSTÄTTER: Tiefenpsychologische Persönlichkeitstheorien, in: Handbuch der Psychologie IV, Göttingen 1960, 542–586, dort S. 545. Bedenken meldet A. VERGOTE, Beitrag, 100, an: Das Gesetz sei nicht mit dem Überich identisch. Vielmehr sei das Überich das verinnerlichte Gesetz, das Gesetz aber eine von außen kommende Größe. Richtig! Aber was verinnerlicht wird, muß doch einmal von außen gekommen sein: Auch das Überich ist Niederschlag einer objektiven Gegebenheit. Umgekehrt: Was von außen den Menschen bewegt, muß im Inneren präsent sein: Auch das Gesetz hat im Menschen einen Stützpunkt im νοῦς und in der συνείδησις!

dunklen Aggressivitätspotential des Es stammen (wie ich vermute: als Relikt stammesgeschichtlicher Anpassungen an lebensgefährdende Situationen). Andererseits ist es mit libidinösen Anteilen ausgestattet, die das Ich durch ein (oft) unrealistisches Ichideal faszinieren – auch dies Antriebe, die aus dem Es abgespalten sind. Kurz: Destruktive und libidinöse Antriebe des Es bemächtigen sich des Überichs und wirken von oben drohend und verheißend auf das Ich ein. Paulus drückt das so aus: Die Sünde beträgt (= verheißt) und tötet (= droht) mittels des Gebots[98].

Die Ambivalenz des Überichs bringt Paulus mit den etwas widersprüchlichen Metaphern zum Ausdruck, die er heranzieht, um das Verhältnis zum Gesetz zu beschreiben. Auf der einen Seite benutzt er das Bild von der Ehe: Der unerlöste Mensch ist an das Gewissen wie eine Ehefrau an ihren Mann gebunden (Röm 7,1–3). Damit wird eine libidinöse Bindung an das Gesetz postuliert, eine Bindung, die Paulus zweifellos einmal besaß (Phil 3,4–6; Gal 1,13–14). Andererseits beschreibt Paulus den Konflikt mit dem Gesetz mit drastischen Kriegsmetaphorik: Ein Gesetz in den Gliedern kämpft gegen das Gesetz der Vernunft und nimmt den Menschen gefangen (Röm 7,23). Hier kommt eine aggressive Haltung gegenüber dem „Überich" zum Ausdruck. Beide Aspekte dieser ambivalenten Haltung werden sowohl mit der Sarx wie mit dem Nomos verbunden: Solange die Christen in der Sarx lebten, waren sie an den ersten Ehemann, bzw. das Gesetz des Mannes gebunden (Röm 7,1 ff.). Der Aufstand gegen diese Bindung aber hat seinen Sitz in den „Gliedern" (7,18.23). Ebenso geht vom Nomos eine ambivalente Wirkung aus: Kraft seiner attraktiv-libidinösen Macht verführt er, und er tötet kraft seiner aggressiv-destruktiven Energie; in Wirklichkeit ist es aber nicht der Nomos, sondern die unbewußt in ihm wirkende libidinöse und destruktive Energie der Sünde, welche durch das Gebot verführt und tötet (Röm 7,11).

Ein entscheidender Unterschied bleibt: Konfliktüberwindung geschieht in der Psychoanalyse durch Bewußtmachung des Konflikts, bei Paulus durch das rettende Eingreifen Christi. Dort aktiviert der Mensch seine eigenen Kräfte; hier vertraut er auf die Kraft Gottes. Jedoch relativiert sich dieser Unterschied, wenn man näher hinschaut. Alle

---

[98] Hierzu vgl. J. J. FORSYTH, Faith and Eros, 476 ff. Er vergleicht Röm 7 weniger mit dem Drei-Instanzen-Modell Freuds, sondern mit dessen „Triebmythologie", dem Antagonismus von Lebens- und Todestrieb, wie ihn der späte Freud sah: Um dem Lebenstrieb Geltung zu verschaffen, ist Unterdrückung des Destruktionstriebs notwendig. Dieser wird in Schuldgefühle verwandelt. Die Lösung des Paulus: Es gibt in der Tat keine Kultur (= kein Gesetz), das Leben ohne Schuldgefühl (= Tod) geben könnte. Das wahre Leben liegt jenseits des Gesetzes und wird durch Gott geschenkt.

modernen Therapien gehen davon aus, daß der gestörte Mensch der Hilfe von außen bedarf; er braucht einen Therapeuten. Nirgendwo wird der Beziehung zu ihm ein so entscheidender Wert beigelegt wie in der Psychoanalyse. Nach ihr wird der ehemals unbewußte Konflikt auf den Therapeuten „übertragen", in der Interaktion mit ihm „ausagiert" und ins Bewußtsein gehoben. Der Therapeut kommt dem geschwächten Ich zu Hilfe, um es gegen die Forderungen von Überich und Es zu stärken. Verhaltensänderung geschieht also auch hier nicht „autonom", sondern ist von einer „heteronomen" Beziehung zu einer anderen Person abhängig. Ist Vergleichbares nicht auch beim Glauben an Christus der Fall? Lassen sich die verhaltens- und erlebensverändernden Wirkungen, die der Glaube an Christus zweifellos auf Paulus hatte, mit den psychodynamischen Kategorien der Übertragung, Bewußtwerdung und Konfliktbearbeitung beschreiben?

Auch in der Beziehung zu Christus wird ein unbewußter Konflikt ausagiert. Der unter dem Gesetzeskonflikt leidende Mensch überträgt die Feindschaft gegen das Gesetz – und das heißt: gegen den fordernden Gott – auf Christus. Diese Feindschaft geht bis zu einem verborgenen Todeswunsch, der bei Paulus noch hinter zwei Texten spürbar ist: Zweimal begegnen bei ihm Bilder, die ihrer inneren Logik nach den Tod Gottes voraussetzen, ja, diesen als wünschenswert erscheinen lassen. Beide Bilder wollen die Freiheit gegenüber dem Gesetz veranschaulichen. In beiden Bildern aber bleibt der implizit vorausgesetzte Tod Gottes unausgesprochen, oder genauer: er wird durch den stellvertretenden Tod Christi ersetzt. Es handelt sich einmal um die Testamentssymbolik in Gal 3/4 und um die Ehesymbolik in Röm 7,1–6.

Gal 4,1–7 vergleicht die Erlösung mit dem Mündigwerden des Erben. Durch Testament hat der Vater einen Zeitpunkt festgesetzt, an dem der Sohn das Erbe antreten soll. So lange untersteht er Aufsehern und Verwaltern. Innerhalb der Logik des Bildes ist der Tod des Vaters Voraussetzung für die Emanzipation des Erben. Bei der Auswertung des Bildes – eingeleitet durch οὕτως καὶ ἡμεῖς (Gal 4,3) – wird jedoch kein Bezug auf den Tod des Vaters genommen, im Gegenteil: Als die Zeit erfüllt war, sandte Gott seinen Sohn, um die unter dem Gesetz Leidenden zu erlösen. In der Bildhälfte wird der Tod des Vaters vorausgesetzt, in der Sachhälfte wird er geleugnet, oder genauer: durch den Tod Christi ersetzt, der kam, „damit er uns vom Gesetz freikaufe" (Gal 4.5)[99].

---

[99] Anders A. OEPKE, Gal, 113: „Daß ein Testament erst nach dem Tode des Erblassers in Kraft tritt, während Gott nicht stirbt, ist ein leichter Schönheitsfehler des Gleichnisses, über den man hinwegsehen kann." Die Assoziation Testament/Tod dürfte für Paulus jedoch ganz fest sein; vgl. 1.Kor 11,25: „das neue Testament in meinem Blut", wobei natürlich mit der Doppelbedeutung von διαθήκη = Bund und Testament zu rechnen ist.

In Röm 7,1–6 handelt es sich um ein Bild, das als Fallbeispiel eingeführt wird. Die zu belegende These wird von Paulus vorweggeschickt: „Das Gesetz herrscht über den Menschen nur, solange er lebt" (Röm 7,1). Als illustrierendes Beispiel wählt Paulus die Witwe, die nur zu Lebzeiten ihres Mannes an den Mann gebunden ist. Nach seinem Tod ist sie frei, einen anderen zu heiraten. Ebenso verhalte es sich mit dem Christen und dem Gesetz. Die Exegese hat viel herumgerätselt, wer mit dem ersten Ehemann gemeint sein könne: das Gesetz? die sündigen Leidenschaften? die Sarx[100]? Die Lösung liegt nicht darin, daß man solchen Vermutungen eine weitere hinzufügt. Die Frage darf nicht lauten: Woran hat Paulus gedacht?, sondern: Woran wollte Paulus auf keinen Fall denken? Welchen Gedanken wollte er so gründlich vermeiden, daß er deswegen ein völlig mißratenes Bild in Kauf nahm? Denn die Freiheit gegenüber dem Gesetz wird erst am verstorbenen Mann (V. 1), dann an der überlebenden Witwe (V. 2–3), schließlich aber an dem neuen Verhältnis zweier gestorbener (und neu zum Leben gekommener) Personen (V. 4) demonstriert. Die Antwort ist naheliegend. Innerhalb der traditionellen religiösen Sprache kann der Ehemann nur Gott sein[101]. Eigentlich zielt das Bild des Paulus auf den Gedanken: Gestorben ist der Gott des Gesetzes. Aber diesen Gedanken muß er natürlich unterdrücken. Er wäre Blasphemie, ja, noch schlimmer: Wenn wir Röm 7,1–4 im Zusammenhang mit den vorhergehenden Ausführungen über den Machtwechsel (Röm 6,12ff.) lesen und noch im Ohr haben, was dort über die „Schreckensherrschaft der Sünde" gesagt wurde, so muß die erste Ehe von vornherein in ein schlechtes Licht rücken. Der Wunsch, sie aufzulösen, wäre verständlich. Aber das Eingehen einer neuen Ehebeziehung zu Lebzeiten des Mannes wäre Ehebruch. So „sehnt" sich die geplagte Ehefrau nach dessen Tod. Wenn aber nun der Ehemann der Gott des Gesetzes ist? Paulus könnte diesen Gedanken nie und nimmer-

---

[100] Vgl. W. G. Kümmel, Römer 7, 36–42.
[101] Hos 1–3 vergleicht das Verhältnis Israels zu Gott mit einer Ehe: Israel ist eine untreue Frau. Sie rennt anderen Männern, den Götzen nach. Götzendienst ist daher Unzucht (vgl. Jer 3,1–4,4; Hos 4,12–14). Nach dem Untergang Jerusalems wird die Stadt als untreues Eheweib angeklagt (Jes 57,7–13; Hez 16,32). Paulus kennt diese Tradition. Er vergleicht in 2.Kor 11,2 die Gemeinde mit einer Braut: „Denn ich habe euch einem Manne verlobt, um euch als eine reine Jungfrau Christus zuzuführen." Um eine Anwendung dieser Metaphorik auf Röm 7,1ff. zurückzuweisen, wendet W. G. Kümmel, Römer 7,41 ein, Paulus denke in 2.Kor 11,2 an die Gemeinde, in Röm 7,1ff. aber spreche er von den einzelnen Christen. Aber dies Argument überzeugt wenig. Paulus kann in 1.Kor 6,16 das Ehebild sowohl auf das Verhältnis des einzelnen zu Christus wie auf die Gemeinde als ganze anwenden. Bis zum Beweis des Gegenteils müssen wir damit rechnen, daß das Ehebild religiöse Assoziationen weckte – d.h. den Gedanken an das Verhältnis zu Gott nahelegt.

mehr zulassen, daß der Mensch unter dem Gesetz einen Todeswunsch gegenüber Gott hat. Er macht deshalb einen logischen Sprung: Nicht der Ehemann stirbt (wie im Bild vorgesehen), sondern Christus – und in ihm alle Christen (Röm 7,4). Der Todeswunsch wendet sich nicht mehr gegen Gott, sondern stellvertretend gegen Christus. Christus vertritt Gott. An ihm geht der verborgene Todeswunsch gegen den Gott des Gesetzes in Erfüllung. Christus vertritt aber zugleich die Menschen: Mit ihm sterben alle Christen – und sind dadurch dem Bereich des Gesetzes entzogen (Röm 7,4–6).

Die Annahme eines verborgenen Todeswunsches gegen den Gott des Gesetzes scheint auf den ersten Blick ungeheuerlich[102]. Paulus selbst bestätigt jedoch das feindselige Verhältnis zwischen Gott und Mensch vor der Erlösung: Die Menschen waren „Feinde Gottes" (Röm 5,10). In der Sarx ist eine tiefliegende Feindschaft gegen Gott verwurzelt (Röm 8,7). Feindschaft aber zielt auf den Tod: Parallel zueinander formuliert Paulus: „Das Sinnen der Sarx ist Tod" (8,6) und „Das Sinnen der Sarx ist Feindschaft gegen Gott" (8,7). Es liegt in der Konsequenz der in Röm 7,23 vorliegenden Kriegsmetaphorik, eine verborgene – in Röm 5,10, 7,23 und 8,6f. aber offen ausgesprochene – Feindschaft gegen Gott beim unerlösten Menschen anzunehmen.

Die klaren Aussagen des Paulus über die Feindschaft des unerlösten Menschen Gott gegenüber zeigen, daß der Konflikt nicht nur ausagiert, sondern auch bewußt gemacht wird. Dabei handelt es sich nicht um einen allmählichen Übergang zur größeren Klarheit, als sei der Konflikt vorher schon ansatzweise bewußt gewesen. Zumindest bei Paulus selbst war er nicht nur unbewußt, sondern verdrängt, wie Phil 3,4–6 zeigt: Eine Überidentifikation mit dem Gesetz diente dazu, das feindselige Verhältnis zwischen Gesetz und Sarx dem Bewußtsein vorzuenthalten. Die Bewußtwerdung erfolgte plötzlich. Eine Decke fiel vom Herzen. Die Aggressivität des tötenden Buchstabens wurde enthüllt. Die unbewußte Interpretation des Verhältnisses zur Norm im Lichte archaischer Feindschemata wurde durchschaut. Die täuschende Doxa des Gesetzes verblaßte. Bewußtwerdung aber ist die erste Voraussetzung zur Konfliktbearbeitung. Christus weist hier einen neuen Weg: Er überwindet den Konflikt von Sarx und Nomos, indem er beide antagonistischen Instanzen in sich vereint:

Nach Röm 8,2f. tritt er an die Stelle der Sarx. Gott sandte ihn in der „Gestalt der sündigen Sarx". Christus wurde selbst zur „Sünde" (2.Kor 5,21). Gleichzeitig aber tritt Christus an die Stelle des Nomos. Er

---

[102] Selbst O. PFISTER, Entwicklung, 272, meint feststellen zu können: „Von verdrängten Todeswünschen ist jedoch bei Paulus nichts nachzuweisen."

vermittelt den „Nomos des Geistes des Lebens" (Röm 8,2), der den Gläubigen von dem Nomos der Sünde und des Todes befreit. Christus ist insofern τέλος νόμου (Röm 10,4): Erfüllung und Ende des Gesetzes zugleich. Er tritt an die Stelle, die vorher das Gesetz innehatte. Nachdem Paulus in Röm 10,4 Christus als Telos des Gesetzes bezeichnet hat, kann er nämlich eine alttestamentliche Stelle (Dt 30,11 ff.) über das Gesetz zitieren und Christus dort einsetzen, wo vorher (im Alten Testament) vom Gesetz die Rede war[103]. Derselbe Vorgang ist in 2.Kor 3,12 ff. zu beobachten: Nach der alttestamentlichen Erzählung empfängt Mose das Gebot Gottes, wenn er sich zum Herrn wendet. Nach paulinischer Deutung jedoch begegnet er Christus, wenn er sich „bekehrt". Psychodynamisch gesprochen: Indem Christus sowohl an die Stelle der Sarx und des Nomos, des Es und des Überichs tritt, wird er zum Symbol einer Integration ursprünglich antagonistischer Instanzen. Christus wird zur coincidentia oppositorum.

Die psychodynamische Deutung des Glaubens an Christus ist komplexer als seine lerntheoretische Analyse: Der Christusglaube ist nicht nur verdecktes Lernen am symbolischen Modell. Dies ist er zwar auch. Aber am symbolischen Modell wird nicht nur Immunität gegen die angstauslösenden Stimuli des Gesetzes gelernt, vielmehr macht das Symbol die Situation des Menschen gegenüber dem Gesetz erst einmal bewußt – nämlich die unbewußte Strukturierung dieser Situation nach archaischen Feindschemata. Die Gestalt Christi hat auch nicht nur zur Nachahmung auffordernde Wirkung, so wenig diese ausgeschlossen ist; vielmehr umfaßt das Verhältnis zu Christus auch Projektion, Distanzierung und Identifikation. Die negative Identität des Menschen wird auf Christus projiziert. Er wird sowohl Prügelknabe wie Sündenbock[104]: Prügelknabe, sofern er das stellvertretende Objekt einer Aggressivität wird, die eigentlich Gott gilt; Sündenbock, insofern ihm auch als Subjekt stellvertretend die Feindschaft gegen Gott zugeschrieben wird, so daß er stellvertretend die Strafe für sie trägt: In ihm verurteilt Gott die Feindschaft der Sarx (Röm 8,3). Eben darum kann Christus als Integrationssymbol beides repräsentieren: die gesetzliche Forderung und die menschliche Sarx. Beide verwandelt er. Die Situation gegenüber dem Gesetz kann nun als „Liebe" interpretiert werden. In der Liebe ist das

---

[103] PH. VIELHAUER, Paulus und das Alte Testament, 214–216: Paulus „ersetzt mittels interpretierender Zwischenbemerkungen das Gesetz durch Christus und deutet ‚das Wort' (des Gesetzes) auf die christliche Glaubensbotschaft" (S. 215).
[104] Der Unterschied zwischen „Prügelknabe" und „Sündenbock" liegt darin: An den Prügelknaben wird empfangene Aggression weitergereicht, auf den Sündenbock wird eigene Aggressivität projiziert.

ganze Gesetz beschlossen. Die Sarx kann ersetzt werden durch das Pneuma[105].

Wir haben soweit die Texte immer auf zwei verschiedenen, aber einander nicht widersprechenden Ebenen interpretiert: Paulus stellt in den Texten allgemeine Prozesse dar – aber im Hintergrund steht sein eigenes Leben. Oft ist das Persönliche nur schwer faßbar, auch dort, wo es sich aufdrängt. Die in den Texten selbst vorliegenden Interpretationen aber sind klar erkennbar. Es handelt sich hierbei um kognitive Akte, mit denen Paulus sein Erleben und Verhalten und das aller Christen deutet. Ihnen wenden wir noch einmal gesondert unsere Aufmerksamkeit zu.

C. Kognitive Aspekte: Rollenübernahme und Konfliktstrukturierung

Veränderungen menschlichen Erlebens und Verhaltens sind immer Änderungen des Selbstverständnisses; ja die Art und Weise, sich selbst wahrzunehmen und zu beurteilen, ist in vieler Hinsicht ein entscheidender Faktor für dauerhafte Veränderungen. Handelt es sich bei Veränderungen um einen tiefgreifenden Wandel, so interpretieren wir nicht nur dies oder jenes neu, sondern wechseln jene umfassenden Deutungsmuster, die im „Rollenangebot der Religionen und Lebensphilosophien" bereitliegen. Auch der in Röm 7/8 geschilderte Wandel läßt sich als Wechsel der Rollenübernahme beschreiben: Der unerlöste Mensch wird im Lichte der Rolle Adams, der erlöste im Lichte der Rolle des neuen Adams gedeutet.

---

[105] Abschließend sei die Frage erörtert, wie die auffälligen Übereinstimmungen zwischen Freud und Paulus hinsichtlich einiger sehr formaler Züge erklärt werden können. Dazu folgende Vermutung: Sowohl Freud wie Paulus waren Juden, die sich von der jüdischen Tradition emanzipiert hatten. Bei beiden spielt eine lebenslange Auseinandersetzung mit Mose und dem Gesetz eine zentrale Rolle. Beide haben daher eine durch ähnliche Inhalte geprägte Übericthematik. Bei beiden führt die Loslösung vom „Gesetz" nicht zum Libertinismus, obwohl beide in dieser Hinsicht verketzert wurden. Beide suchen nach einem neuen, „humaneren" Verhältnis zum Gesetz. Bei beiden spielt die Liebe dabei eine zentrale Rolle. Kurz, es könnte sein, daß die Übereinstimmungen zwischen Freud und Paulus – trotz verschiedenen Deutungsrahmens – einer vergleichbaren kulturellen und geschichtlichen Situation entspricht, nämlich der Grenzstellung zwischen Judentum und einer sich von den bisherigen religiösen Traditionen emanzipierenden Bewegung. Bei Paulus entsteht aus dieser Bewegung eine neue Religion, bei Freud ist sie mit einer dezidierten Abkehr von jeder Art von Religion verbunden. Vgl. zum Problem noch J. SCHREIBER: Sigmund Freud als Theologe, in: J. Scharfenberg/E. Nase (ed.): Psychoanalyse und Religion, WdF 275, Darmstadt 1977, 233–263; J. SCHARFENBERG: Sigmund Freud und seine Religionskritik als Herausforderung für den christlichen Glauben, Göttingen 1968, 60f.

a) Die Rolle Adams

Schon innerhalb der Traditionsanalyse wurde nachgewiesen, daß Paulus den Konflikt des Ich von der Adamrolle her deutet. Hier soll nachgewiesen werden, daß es sich dabei um einen aktiven Umstrukturierungsprozeß handelt, der dazu dient, den Wandel vom unerlösten zum erlösten Menschen begreiflich zu machen. Die Annahme solch eines aktiven Umstrukturierungsprozesses kann eines der klassischen Probleme von Röm 7 lösen: das Problem der unbiographischen Aussage von 7,9. Sie ist ein Hauptargument gegen die These eines persönlichen Hintergrundes von Röm 7. Denn Paulus könnte niemals von sich persönlich sagen: „Ich lebte einst ohne Gesetz." Gewiß kannte man im Judentum eine Zeit, in der der Heranwachsende noch nicht voll für die Erfüllung des Gesetzes verantwortlich war. Doch fand die allmähliche Gewöhnung an die einzelnen Gebote so früh wie möglich statt – schon vor der Verpflichtung auf die ganze Thora mit 13 Jahren. Philo kann daher mit Recht behaupten, daß das Kind von früher Kindheit an das Gesetz lernt (Gai 210). Und auf einem jüdischen Grabstein kann ein Kind (νήπιος) als φιλόνομος bezeichnet werden[106]. Die Aussage in Röm 7,9 paßt also weder auf Paulus noch sonst einen Juden. Spricht Paulus also allgemein vom Menschen? Aber an wen sollte er hier denken? An die Heiden? Von ihnen könnte man niemals sagen, daß das Gesetz zu ihnen kam und „tötete"! Spricht Adam? Aber wer hätte das in der römischen Gemeinde verstanden? Wohl ist Adam das Modell der Aussagen in Röm 7,7ff., nicht aber ihr Subjekt. Wer die Beziehung der Aussage auf Paulus ablehnt, hat also damit das Problem noch nicht gelöst.

Nun gehört es zu den zentralen Einsichten der rollentheoretischen Religionspsychologie, daß die Identifikation mit traditionellen Rollen eine Umstrukturierung der Wahrnehmung ermöglicht, daß also Rolle und Erleben, Tradition und Erfahrung nicht in Gegensatz zueinanderstehen, sondern übernommene Rollen Möglichkeitsbedingungen gegenwärtiger Erfahrung sind. Die Umstrukturierung des Erlebens und Wahrnehmens kann dabei durchaus zu Spannungen mit der empirischen Realität führen. Es ist daher zu fragen, ob die unbiographischen Aussagen in Röm 7,7ff. nicht auf diese Weise erklärt werden: Die Adamrolle setzt einen Zustand ohne Gesetz voraus. Wenn Paulus sein Leben im Lichte der Adamrolle deutet, muß er mit innerer Notwendig-

---

[106] Zu dieser Inschrift aus Rom vgl. Anm. 43. Sie lautet: Ἐνθάδε κεῖται Εὔκαρπος νήπιος, ὅσιος, φιλόνομος. Ἐν εἰρήνη κοίμησις σου. Der „Gesetzesfreund" ist noch ein Kind.

keit sich selbst einen gesetzesfreien Zustand zuschreiben – auch gegen die faktische Biographie.

Diese Hypothese kann nur dadurch überprüft werden, daß man die Möglichkeit einer solchen Uminterpretation des eigenen Lebens im Lichte übernommener Rollen historisch-kritisch nachweist, d.h. aufgrund von Analogien. Drei Beispiele aus dem paulinischen Schrifttum seien dafür angeführt.

In Gal 1,15 f. deutet Paulus sein Damaskuserlebnis durch Bezugnahme auf die Rolle des Gottesknechtes von Jes 49,1: „Von Geburt an hat der Herr meinen Namen gerufen."[107] Nun konnte bei Paulus von einer Kontinuität in seinem Leben von Mutterleib an gewiß keine Rede sein. Der ehemalige Christenverfolger hatte vielmehr eine Wendung um 180 Grad erlebt. Dennoch bezieht er die alttestamentliche Rolle auf sich, formuliert seine Aussage aber so, daß sie der biographischen Realität besser entspricht. In zwei parallelen Partizipien spricht er von dem Gott „der ihn von Mutterleib an ausgesondert hat und ihn durch seine Gnade berufen hat". Paulus scheidet hier zwischen Geburt und Berufung (vor Damaskus). Aber auch so wird gegen die biographische Diskontinuität eine Kontinuität aufrechterhalten, die nicht mehr empirisch begründbar ist.

Im zweiten Beispiel ist es genau umgekehrt: In Phil 3,12 ff. übernimmt Paulus die Athletenrolle (vgl. 1.Kor 9,24–27), um seinen Bruch mit der Vergangenheit und seine Orientierung auf die Zukunft hin zu veranschaulichen. Sowenig ein Wettläufer zurückblickt, sowenig wendet sich Paulus zurück. Er hat vergessen, was hinter ihm liegt, und streckt sich nach dem aus, was vor ihm liegt. Wir wissen aber sehr wohl, daß Paulus keineswegs vergessen hat, was hinter ihm lag[108]: Er hat weder das Alte Testament noch dessen rabbinisch geprägte Auslegungsmethode noch seine Bindung an die Geschichte Israels vergessen.

Beim dritten Beispiel handelt es sich nicht nur um eine Spannung zur biographischen Realität, sondern um einen deutlichen Widerspruch. In 1.Kor 9,19–23 übernimmt Paulus die Rolle Christi, um seinen Verzicht auf Privilegien und seine Anpassungsbereitschaft nach allen Seiten hin zu unterstreichen:

„Denn wiewohl ich allen gegenüber frei bin,
habe ich mich doch zum Sklaven aller gemacht,
damit ich die Mehrzahl gewinne.

---

[107] Vgl. T. Holtz: Zum Selbstverständnis des Apostels Paulus, ThLZ 91 (1966) 321–330.

[108] So mit Recht Ch. Gremmels, Selbstreflexive Interpretation, 44 ff.

Und ich bin den Juden wie ein Jude geworden,
damit ich Juden gewinne.
Denen, die unter dem Gesetz stehen,
als ob ich unter dem Gesetz stünde –
obgleich ich selbst nicht unter dem Gesetz stehe –,
damit ich die unter dem Gesetz Stehenden gewinne . . ."

Ebenso wie in Röm 7 spricht Paulus hier in der 1.Pers.Sg. in präteritalen Sätzen (jedoch ohne explizites ἐγώ). Ohne daß der Name „Christus" fällt, ist klar, daß Paulus sein Leben nach der Rolle Christi deutet. Denn auch Christus wurde „Sklave" (Phil 2,7) wie Paulus. Auch Christus wurde „unter das Gesetz getan" (Gal 4,4) – ebenso wie sich Paulus unter das Gesetz stellt. Christus ist das „Schwache von Gottes Seiten" (1.Kor 1,25) – ebenso wie Paulus mit den Schwachen schwach sein will. In all dem ist er Nachahmer Christi (1.Kor 11,1). Sowenig nun in Röm 7,7ff. der Name Adams fällt, sowenig wird in 1.Kor 9,19ff. explizit von Christus gesprochen, obwohl doch hier wie dort Adam bzw. Christus im Hintergrund stehen. Sowenig aber deswegen das Ich von 1.Kor 9,19ff. das Ich Christi ist, sowenig kann man in Röm 7,7ff. vom Ich Adams sprechen. An beiden Stellen spricht vielmehr Paulus selbst, sei es mit Akzent auf dem Typischen (Röm 7,7ff.) oder dem Vorbildlichen (1.Kor 9,19ff.). Entscheidend ist: An beiden Stellen geraten die Aussagen in Spannung zur biographischen Realität. Paulus konnte strenggenommen nicht sagen, daß er den Juden ein Jude (oder wie ein Jude) geworden sei. Er war seit eh und je ein Jude „beschnitten am achten Tag, aus dem Volk Israel, aus Benjamins Stamme, Hebräer von Hebräern" (Phil 3,5; vgl. 1.Kor 11,22). Der Aorist ἐγενόμην läßt auch keine durative Deutung zu, etwa „Ich war (einmal) den Juden ein Jude". Vielmehr ist von einem Übergang die Rede. Eine Übersetzung „Ich zeigte mich den Juden als ein Jude" würde die Schwierigkeiten nicht beseitigen. Denn in jedem Falle gilt: Paulus ist den Juden nicht in derselben Weise ein Jude geworden wie er den Gesetzlosen ein Gesetzloser, den Schwachen ein Schwacher geworden ist – nämlich in freiwilliger Anpassung und nicht aufgrund von Herkunft. Man muß vielmehr akzeptieren, daß Paulus sein Leben im Lichte der Rolle Christi deutet und dabei zu Aussagen kommt, die biographisch nicht korrekt sind. Der Gedanke der souveränen Anpassung an den jeweiligen Adressaten verlangt die Unabhängigkeit ihnen gegenüber, damit die übernommene Gleichheit mit ihnen freiwillig ist – so wie Christus aus freien Stücken Menschengestalt annahm.

Es läßt sich also belegen, daß eine Übernahme traditioneller Rollen zu Umdeutungen des eigenen Lebens führen kann. Die moderne Psychologie liefert selbst Belege dafür. Sie hat antike Rollen wie die des Ödipus und Narziß aufgenommen, um in ihrem Lichte Probleme des eigenen Lebens zu deuten; und es spricht viel dafür, daß dies nicht nur in Übereinstimmung mit der empirischen Realität geschah, sondern eher deren kreative Umdeutung ist. Gibt es aber prinzipiell die Möglichkeit solch umdeutender Interpretation, so spricht nichts dagegen, Röm 7,9 trotz des Widerspruchs zur biographischen Realität auf Paulus zu beziehen.

Dabei ist natürlich nicht ausgeschlossen, daß es im Leben des Paulus Ansätze gab, die solch eine Interpretation rechtfertigten. Nun entzieht sich das vorchristliche Leben des Paulus weitgehend unserer Kenntnis[109]. Vermutungen über einen „Sündenfall" des jungen Paulus sind müßig. Man kann jedoch fragen, ob Paulus immer der Gesetzesfanatiker gewesen ist, als der er sich bei der Verfolgung der Christen zeigt[110]. Spricht er nicht in Gal 1,15 von einer „Aussonderung" von Mutterleib an, die in der Berufung zum Heidenapostel fortgesetzt wird? Unterbricht nicht die vorhergehende Schilderung des Gesetzeseifers diese Kontinuität? Es ist doch undenkbar, daß die Erwählung vom Mutterleib an die Verfolgung der Christengemeinde zum Ziel hat! Gab es also vielleicht eine Periode vor dem Gesetzeseifer, die vom Standpunkt eines nomistischen Eiferers als „Zeit ohne Gesetz" abgewertet werden konnte? Hätte ein Mitglied der Qumrangemeinde nicht die Zeit vor seinem Eintritt als eine Zeit ohne Gesetzesgehorsam charakterisieren können? Und gab es nicht aus der Sicht des Pharisäer Leute, „die das Gesetz nicht kannten"? (vgl. Joh 7,49). Hat Paulus etwa zwei Wenden in seinem Leben erfahren? Ähnlich wie Luther, der zuerst ins Kloster, dann aus dem Kloster hinausgetrieben wurde. Oder wie Augustinus, der erst Manichäer, dann Christ wurde? Oder Buddha, der zunächst sein Heil in strenger Askese, dann aber in der Meditation suchte? Es könnte also sein, daß eines Tages der Gesetzesfanatismus von Paulus Besitz ergriffen hat. Aber wir können nur Fragen aufwerfen. Die Quellen versagen uns die Möglichkeit einer Antwort.

Leichter zu beantworten ist die Frage nach der psychischen Bedeutung, welche die Adamrolle für den auf seine unerlöste Vergangenheit

---

[109] Grundlegend noch immer A. OEPKE: Probleme der vorchristlichen Zeit des Paulus, ThStKr 105 (1933) 387–424, jetzt in: K. H. Rengstorf (ed.): Das Paulusbild in der neueren deutschen Forschung, WdF 24, Darmstadt 1964, 410–446.

[110] So könnte man O. MODALSLI: Gal 2,19–21; 5,16–18 und Röm 7,7–25, ThZ 21 (1965) 22–37, S. 32, verstehen: „Wegen des stark persönlichen Gepräges von Kap. 7 ist aber der Gedanke vielleicht nicht völlig abzulehnen, Paulus rede hier sogar von einem im eigenen Leben stattgefundenen Abfall von einem Leben in kindlichem Glauben zum geistigen Tode der Gesetzesgerechtigkeit." Auch Josephus experimentiert nacheinander mit verschiedenen Glaubensrichtungen (vita 10–12). Eine „Bekehrung" zum Gesetzeseifer ist wahrscheinlicher als Vermutungen wie bei O. PFISTER, Entwicklung, 272, der Röm 7,9 auf Fehltritte und „unerlaubte Phantasien" sexueller Art bezieht oder bei A. DEISSMANN: Paulus. Eine kultur- und religionsgeschichtliche Skizze, Tübingen 1911, S. 64f., der an kindlichen Ungehorsam gegenüber dem Elterngebot denkt.

zurückblickenden Paulus hatte: Zweifellos diente sie ihm dazu, seinen persönlichen Gesetzeskonflikt als einen allgemein menschlichen Konflikt darzustellen. Damit war er eingeordnet und in die symbolische Welt des Paulus integriert – keine persönliche Absonderlichkeit mehr, sondern Schicksal jedes Menschen. Diese Einsicht war ihm soviel wert, daß er den Widerspruch zwischen empirischer Realität und Deutung leicht übersehen konnte.

Aber Paulus blieb nicht dabei: In seinem Gesetzeskonflikt war etwas Neues enthalten, das weder von Adam noch von zeitlosen menschlichen Strukturen her zu erfassen ist. Paulus treibt die Analyse des Konflikts weiter. Der zweite präteritale Teil verrät kaum noch Reminiszenzen an Adam. Die immer klarer heraustretende Pointe des Textes ist, daß es sich bei dem Gesetzeskonflikt nicht nur um einen Konflikt zwischen Norm und Trieb handelt, sondern um den Konflikt zwischen zwei normativen Ausrichtungen. In beiden Teilen von Röm 7,7ff. lassen sich jeweils zwei Anläufe zur Korrektur der „populären" Konfrontation von Nomos und Begierde bzw. Nomos und Sarx feststellen:

Im ersten Teil ist die Ausgangsthese: Der Nomos verbietet die Begierde. Sie wird zweifach korrigiert: 1. Das Gebot weckt selbst die Begierde; 2. es ist Instrument der Sünde (7,8 und 11).

Im zweiten Teil ist die Ausgangsthese: Der Nomos ist dem sarkischen Ich entgegengesetzt. Auch sie wird zweifach korrigiert. Denn 1. ist das „Ich" nicht mit der Sarx identisch (7,18) und 2. streiten in Wirklichkeit zwei „Gesetze" (7,23).

Beide Teile enthalten einen deutlichen Fortschritt. Der erste Teil endet mit der Erkenntnis, das Gesetz sei Instrument der Sünde. Der zweite Teil führt zur radikaleren Einsicht: Das Gesetz spaltet sich in zwei einander bekämpfende Gesetze. Höhepunkt der paulinischen Analyse ist 7,22–23: „Denn nach dem inwendigen Menschen habe ich Lust an dem Gesetz Gottes; ich sehe aber ein anderes Gesetz in meinen Gliedern, das dem Gesetz meines Inneren widerstreitet und mich zum Gefangenen des Gesetzes der Sünde macht, das in meinen Gliedern ist."

Man könnte gegen die Deutung, es handle sich hier um einen Konflikt zweier normativer Mächte, einwenden, der Begriff „Nomos" sei hier uneigentlich gebraucht[111]. Kann Paulus doch auch die Tatsache des

---

[111] Nach E. KÄSEMANN, Röm, 197, handelt es sich hier um ein Spiel mit dem Begriff „Nomos". Ähnlich H. LIETZMANN, Röm 77, und H. SCHLIER, Röm 234. Nach U. LUZ, Gesetz, 153 A. 173, handelt es sich beim „anderen Gesetz in den Gliedern" auf keinen Fall um das von der Sünde pervertierte mosaische Gesetz. C. E. B. CRANFIELD, Rom, 364, nimmt einen rein metaphorischen Sprachgebrauch an, um die zwangshafte Macht der Sünde zu bezeichnen. Richtig m.E. U. WILCKENS, Röm, 90: Nomos muß „in seinen verschiedenen Bedeutungsgehalten durchweg auf die Thora bezogen" werden.

Widerstreits zweier Gesetze als einen Nomos bezeichnen und dabei die Bedeutung „Prinzip", „Regel" im Auge haben. Handelt es sich also um ein Spiel mit Worten? Wohl kaum! Die neue sprachliche Etikettierung des Konflikts gibt diesem vielmehr eine grundsätzlich neue Interpretation. Folgende Beobachtungen sprechen gegen ein bloßes Wortspiel:

1. Die Opposition zwischen zwei Aspekten des Gesetzes, die ab 7,22 f. zum Antagonismus zweier Gesetze verschärft wird, ist für den ganzen Gedankengang von Röm 7,7 ff. grundlegend:

7,6:	Dienen im neuen Geiste	Dienen im alten Buchstaben
7,22 ff:	Gesetz Gottes nach dem inneren Menschen	ein „anderes Gesetz" in meinen Gliedern
	Gesetz meines Geistes	Gesetz der Sünde in meinen Gliedern
7,25:	mit dem Geiste dem Gesetz Gottes dienen	mit dem Fleisch dem Gesetz der Sünde dienen
8,2:	das Gesetz des Geistes des Lebens	das Gesetz der Sünde und des Todes

7,6 ist Themaangabe von 7,7 ff. und 8,1 ff. Es kann kein Zweifel daran sein, daß der alte Buchstabe das mosaische Gesetz meint (2.Kor 3,6), daß der „Dienst im neuen Geist" aber ebenfalls auf dies Gesetz bezogen ist: Denn das Gesetz ist geistlich (Röm 7,14), und der Geist die Kraft, die seine Erfüllung ermöglicht (Röm 8,4). Was durch die Themaangabe vorgegeben ist, kann kaum bloßes „Wortspiel" sein: Die neue Orientierung an der Norm wird zu einem Konflikt zweier normativer Systeme.

2. Die Assoziation des Gesetzes mit einer Gefangenenmetaphorik ist gut belegt. Sie begegnet mit verschiedenen Nuancen: Nach Röm 7,23a ist das Gesetz gefangennehmende Partei, nach V. 23b Gefängnis, nach Gal 3,23 Gefängniswärter. In Röm 7,6 erscheint ebenfalls das Gesetz als ein Gefängnis. Nun ist in Röm 7,6 und Gal 3,23 eindeutig das mosaische Gesetz gemeint. Daher ist es unmöglich, beim gefangennehmenden Gesetz in V. 23 nicht an das mosaische Gesetz zu denken.

3. Ebenso fest vorgegeben ist die Assoziation des mosaischen Gesetzes mit den „Gliedern". Röm 7,7–23 ist Entfaltung der These von 7,5: Die durch das Gesetz hervorgerufenen Leidenschaften der Sünde wirken in den „Gliedern" und führen zum Tode. Wieder ist kein Zweifel daran, daß hier vom mosaischen Gesetz die Rede ist. Es wird schon hier mit den „Gliedern" in einen funktionalen Zusammenhang gebracht. Der Leser

kann beim „Gesetz der Sünde in meinen Gliedern" (7,23) aufgrund von 7,5 nur an das mosaische Gesetz denken.

4. Auch da, wo Paulus sich in seiner Verwendung des Begriffes „Nomos" vom alttestamentlichen Gesetz löst, ist die Assoziation des mosaischen Gesetzes nie ausgeschlossen: Das Gesetz der Heiden ersetzt das mosaische Gesetz (Röm 2,14f.) und wird - analog zum mosaischen Gesetz und in Widerspruch zur Vorstellung vom ἄγραφος νόμος - als ein „geschriebenes" Gesetz vorgestellt. Wenn Paulus sagt, er sei ἔννομος Χριστοῦ, so thematisiert er gleichzeitig sein Verhältnis zum jüdischen Gesetz (1.Kor 9,20f.). Auch das „Gesetz Christi" in Gal 6,2 läßt sich nicht trennen von der Erfüllung des alttestamentlichen Gesetzes im Liebesgebot in Gal 5,14. Selbst wenn man also für Röm 7,22f. einen freien und übertragenen Gebrauch annähme, würde sich der Gedanke an das mosaische Gesetz aufdrängen[112].

Röm 8,2 nimmt noch einmal die beiden Gesetze von 7,23 auf: Christus hat den Menschen „vom Gesetz der Sünde und des Todes" befreit, d.h. vom tötenden Buchstaben des Sinaigesetzes (2.Kor 3,6), um ihm eine neue normative Ausrichtung durch das „Gesetz des Geistes des Lebens" zu geben, bei dem das Gesetz pneumatisch erfüllt wird. Paulus spricht von diesem grundsätzlichen Wandel in der Einstellung zur Norm, als handle es sich um einen Konflikt zweier normativer Ausrichtungen. Sprachliche Benennungen sind aber keine sekundären Vorgänge. Sie entscheiden darüber, wie wir ein Problem sehen und bewerten. Paulus verleiht dem Konflikt eine neue kognitive Struktur. Wenn seine Aussagen widersprüchlich bleiben, so ist zu bedenken, daß er in der Geschichte des Verhaltens und Erlebens Neuland betritt. Denn der von ihm analysierte Konflikt läßt sich nach traditionellen Deutungsmustern nicht begreifen: Er ist weder ein Verlassen des Gesetzes (wie etwa beim Übergang vom Juden- zum Heidentum) noch ein Kampf mit sich selbst um seine Erfüllung (im Judentum). Diese Varianten eines normativen Konflikts werden bei Paulus umstrukturiert zu einem existentiellen Konflikt.

Die Unterscheidung normativer und existentieller Konflikte geht auf H. THOMAE zurück[113]. Bei normativen Konflikten geht es um die Anwendung eines schon bestehenden Überzeugungssystems auf die vorliegende

---

[112] So mit Recht A. v. DÜLMEN: Die Theologie des Gesetzes bei Paulus, Stuttgart 1968, die S. 118 zwar einen vierfachen Gebrauch des Begriffes „Nomos" in Röm 7,21ff. konstatiert, aber annimmt, daß Paulus bewußt den vieldeutigen Begriff wählt, um die Assoziation an das mosaische Gesetz zu ermöglichen, „das als solches die Möglichkeit für Heil und Unheil in sich birgt".

[113] H. THOMAE: Konflikt, Entscheidung, Verantwortung. Ein Beitrag zur Psychologie der Entscheidung, Stuttgart 1974.

Situation. Konfliktlösung geschieht dadurch, daß die Wahrnehmung der Situation und ihrer Folgen so lange kognitiv umstrukturiert wird, bis sie mit einer dominanten Überzeugung stimmig wird. Bei normativen Konflikten bleibt die allgemeine Orientierung des Lebens unbestritten. Umstritten ist der Weg, den man einschlagen muß, um dieser allgemeinen Orientierung zu entsprechen. Anders bei existentiellen Konflikten. Hier wird das Überzeugungssystem selbst betroffen. Zwei verschiedene normative Ausrichtungen und Zukunftsentwürfe stehen sich unvereinbar gegenüber. Zwischen ihnen kann mit Hilfe der bestehenden Überzeugungen nicht gewählt werden. Die allgemeine Lebensorientierung muß sich verändern, damit ein mit den eigenen Überzeugungen stimmiger Zukunftsentwurf zustande kommt. Beide Entscheidungsformen sind historisch und sozial bedingt. THOMAE stellt mit Recht die Frage, „ob nicht in diesen Entscheidungsformen die historische Strukturierung psychischer Prozesse faßbar wird, derzufolge erst in einer säkularisierten und von philosophischen wie politischen Normen in einem starken Maße emanzipierten Welt derartige Verläufe (sc. existentielle Entscheidungen) sichtbar werden, während früher eben Entscheidungen stets nur ‚gute' oder ‚schlechte'... waren"[114]. Wäre es also ein unhistorischer Anachronismus, in der Antike schon von existentiellen Entscheidungen zu sprechen? Existentielle Entscheidungen setzen eine pluralistische Welt mit konkurrierenden Normsystemen voraus. Oder vorsichtiger gesagt: Pluralistische Gesellschaften verlangen ihren Mitgliedern häufiger existentielle Entscheidungen ab als geschlossene Gesellschaften mit einheitlichem Wert- und Normsystem. Weltanschaulicher Pluralismus ist aber nicht nur ein Merkmal der europäischen Neuzeit. Vielmehr war die griechisch-römische Antike (besonders im späten Hellenismus und der frühen Kaiserzeit) die erste Kultur mit einem vitalen weltanschaulichen Pluralismus, bei dem verschiedene Daseinsanschauungen, Lebensphilosophien und Normsysteme miteinander konkurrierten[115]. Die prinzipielle religiöse Toleranz ließ das Nebeneinander verschiedener Kulte

---

[114] H. THOMAE, Konflikt, 130. Thomae führt jedoch selbst S. 145f. Augustinus als Beispiel für eine existenzielle Entscheidung an – also ein antikes Beispiel!

[115] Grundlegend A. D. NOCK: Conversion. The Old and the New in Religion from Alexander the Great to Augustine of Hippo, Oxford 1933. Nock unterscheidet S. 7 den Anschluß an neue Kulte von einer existenziellen Umorientierung, die er vor allem beim Judentum, Christentum und in der Philosophie findet. Anschluß bedeute „having one foot on each side of the fence which was cultural and not credal. They led to an acceptance of new worships as useful supplements and not as substitutes, and they did not involve the taking of a new way of life in place of the old. This we may call adhesion, in contradistinction to conversion. By conversion we mean the reorientation of the soul of an individual ... a turning which implies a consciousness that a great change is involved, that the old was wrong and the new is right".

leicht ertragen. Man setzte die fremden Götter mit den vertrauten Göttern gleich oder integrierte sie in das vorhandene Götterpantheon. Problematisch wurde der Pluralismus erst, als mit Absolutheitsanspruch auftretende Gruppen miteinander konkurrierten und um Anhang warben wie Judentum und Christentum. Insbesondere das Urchristentum trieb Mission. Es erhob einen deutlichen Absolutheitsanspruch. Es beschränkte sich nicht nur auf die Oberschicht wie die miteinander konkurrierenden philosophischen Schulen, sondern sprach den Mann auf der Straße an. Es forderte zum erstenmal existentielle Entscheidungen auf einer breiten sozialen Basis – mochten Konversionen zu Philosophenschulen[116] oder Übertritte zum Judentum auch vergleichbar sein. In der griechisch-römischen Antike waren zum erstenmal in der Geschichte die historischen Bedingungen für existentielle Entscheidungen im engeren Sinne gegeben. Solche existentiellen Entscheidungen gehören keineswegs zum zeitlosen Verhaltensrepertoire des Menschen, wie die existentiale Interpretation apriorisch annahm. Dieser Typos menschlicher Entscheidung ist historisch geworden. Er tritt bei Paulus klar hervor. Paulus ist Missionar einer alternativen subkulturellen Bewegung, die jedem neu Hinzukommenden eine Umstrukturierung der gesamten Lebensorientierung abverlangte.

Man könnte einwenden: Gab es nicht schon vorher den Ruf zur Umkehr bei den Propheten, beim Täufer und bei Jesus? Zweifellos beginnt hier jene Entwicklung zur existentiellen Entscheidung, wie sie im Urchristentum vorliegt. Aber schon der Begriff „Umkehr" deutet an, daß es sich um eine radikale normative Entscheidung handelt. Denn Umkehr bedeutet praktisch: Rückkehr zu den neu verstandenen traditionellen Norm- und Wertsystemen. Umkehrbewegungen sind Erneuerungsbewegungen, welche das tradierte Wertsystem oder Teile von ihm neu aktivieren wollen. Die verschiedenen Umkehrbewegungen im zeitgenössischen Judentum verlangten daher im Grunde keine existentielle Entscheidung im Sinne einer grundsätzlichen Neuorientierung. Sie blieben innerhalb der biblischen Tradition. Aber zweifellos verlieh die Identitätskrise des Judentums um die Zeitenwende herum, d.h. die Entstehung miteinander konkurrierender Entwürfe jüdischer Identität, dem Ruf zur Umkehr den Akzent einer existentiellen Entscheidung. Die verschiedenen Entwürfe klafften faktisch soweit auseinander, daß die Entscheidung zwischen ihnen zur existentiellen Neuorientierung werden konnte!

Das Urchristentum hatte zunächst als innerjüdische Erneuerungsbewegung angefangen. Aber erst mit dem Überschreiten der Grenzen des

---

[116] Vgl. A. D. Nock, Conversion, 164–186.

Judentums wurde es eine neue Religion (oder sollen wir sagen: eine neue Lebensform), die von jedem neuen Mitglied eine existentielle Umorientierung forderte. Wer sich ihm als Jude anschloß, konnte sich vielleicht damit begnügen, einige Elemente der eigenen Tradition wiederzubeleben, andere zurücktreten zu lassen. Wer sich ihr jedoch als Heide anschloß, mußte genauso wie Paulus für Schaden halten, was er verachtet hatte. Die historische Bedeutung des Paulus bestand darin, daß er diese existentielle Entscheidung nicht nur erlebt und erlitten, sondern so formuliert hat, daß sie zum allgemeingültigen Paradigma eines psychischen Geschehens wurde, das viele traf[117]. Deswegen ist er im Recht, wenn er hinter seiner Theologie seine Person sichtbar werden läßt bzw. in seiner Theologie allgemeingültig formuliert, was aus seinem eigenen Leben stammt: Er war eine repräsentative Person, in deren individuellem Geschick sich ein neues Erlebens- und Verhaltensmuster zeigt. Vergleichbar ist vielleicht Augustinus. Dessen Bekehrung findet jedoch schon auf dem Hintergrund einer christlichen Kirche und familiärer Einflüsse statt.

Wir verstehen also Röm 7 als eine historisch bedingte kognitive Restrukturierung des Gesetzeskonfliktes. Paulus deutet ihn zunächst nach dem Modell Adams als allgemein menschliches Schicksal. Dabei geht er von Deutungsmustern aus, die für normative Konflikte geeignet sind. Mit zunehmender Klarheit sieht er hinter dem normativen Konflikt jedoch einen existentiellen Konflikt zwischen zwei grundsätzlich verschiedenen Lebensorientierungen. Das geschieht gewiß tastend. Historisch betritt Paulus Neuland. Es ist daher kein Wunder, daß er immer wieder auf Aussagen zurückgreift, die eher zu normativen Konflikten passen. Phil 3,2ff. aber läßt keinen Zweifel daran, daß seine Wende keine Wiederbelebung traditioneller Werte und Normen war.

b) Die Rolle Christi

Welche Bedeutung hat die Gestalt Christi für die Umstrukturierung der Selbstwahrnehmung des Paulus? Der in einem tiefen Konflikt verstrickte Mensch ist nicht mehr fähig, ein positives Selbstbild von sich selbst aufrechtzuerhalten. Er ist darauf angewiesen, daß ein anderer die Rolle des „Selbst" übernimmt und ihm jene unbedingte Wertschätzung entgegenbringt, die er sich selbst nicht mehr entgegenbringen kann. Der

---

[117] Mit Recht U. Luz, Geschichtsverständnis, 159: „... die Ausführungen des Apostels wären nicht beweiskräftig, wenn von Erfahrungen die Rede wäre, die nur dem in Rom ja unbekannten Individuum Paulus, nicht aber in irgendeiner Form auch anderen Menschen widerfahren würden".

Partner wird zum „Spiegel" des Selbst, oder besser: zu dessen Stellvertreter. Er schaltet sich in den inneren Dialog ein, um destruktiven Selbstgesprächen eine konstruktive Richtung zu geben. Er ist damit mehr als „symbolisches Lernmodell" oder Gegenstand von Projektion, er ist Vermittler einer veränderten Selbstwahrnehmung.

Röm 7,7–23 läßt sich in der Tat als ein innerer Dialog auffassen, der tiefer und tiefer in eine destruktive Selbstverurteilung führt. Das Ich ist mit sich selbst allein. Wir schauen in jenen inneren Prozeß der sich gegenseitig anklagenden und verteidigenden Gedanken hinein, von dem Paulus schon in 2,15 sprach. Es gibt keine Aussicht auf Besserung. Denn im ersten Teil wird der Konflikt als allgemein menschliches Schicksal geschildert. Dem Modell Adams kann keiner entrinnen. Alle sind durch ihn geprägt. Im zweiten Teil aber wird das Elend betont transsubjektiven Ursachen zugeschrieben: „Nicht ich", so heißt es, „habe das Böse verursacht, sondern die in mir wohnende Sünde" (vgl. 7,17.20), ja, es wird sogar das Ich überhaupt relativiert: „Denn ich weiß, daß in mir, das ist in meinem Fleisch, nichts Gutes wohnt" (7,18). Wollte man aus solchen transsubjektiven Kausalattribuierungen entnehmen, daß hier sprechende Ich wolle sich entlasten, so würde man die Aussageintention verkennen[118]. Bei Kausalattribuierungen sind zwei Möglichkeiten zu bedenken. Sie führen Verhalten entweder auf dauerhafte oder veränderliche Faktoren zurück. Bei veränderlichen Faktoren gibt es Aussicht auf eine Wendung zum Guten. Paulus denkt jedoch an dauerhafte Faktoren: Die Sünde, die in ihm wohnt, ist kein vorübergehender Gast, wie schon das Verb „wohnen" zeigt. Vor allem aber ist die Sarx etwas, das zur bleibenden Ausstattung des Menschen gehört. Die transsubjektiven Kausalattribuierungen sind also keine Entlastungsversuche, sondern beleuchten die Hoffnungslosigkeit der Situation.

Die Erlösung geschieht dadurch, daß sich von außen ein neuer Partner in das destruktive Selbstgespräch des Menschen einschaltet und auf die Klage „Ich elender Mensch! Wer wird mich retten aus dem Leibe dieses Todes?" antwortet. Dieser Partner bringt ein Gesetz des Geistes und Lebens ohne verurteilende absolutistische Forderungen, vielmehr teilt er das „Seufzen der Kreatur" über die Unzulänglichkeit der Welt und tritt vor Gott gegen jede verurteilende Instanz ein (Röm 8,26.34). An die Stelle des destruktiven inneren Dialogs in 7,7–23 tritt ein konstruktiver innerer Dialog in Röm 8,31–39. Herausfordernd werden die Fragen laut: „Wer ist gegen uns? Wer will die Auserwählten Gottes beschuldigen? Wer will verurteilen? Wer will uns trennen von der

---

[118] Anders K. STENDAHL: The Apostle Paul and the Introspective Conscience of the West, HThR 56 (1963) 199–215, bes. 211 ff.

Liebe Gottes?" Und die Antwort ist jedesmal: Niemand! Es gibt keine Instanz im Himmel und auf Erden, die das Recht besitzt, den Menschen wieder in jenes destruktive Selbstgespräch hineinzustürzen, auf das Paulus Röm 7,7ff. zurückblickt. Das innere Forum, vor dem der Mensch sich selbst in Verzweiflung verloren hatte (Röm 7,7–23), wird verwandelt in ein himmlisches Forum, in dem die Härte der Realität wohl präsent, die Verzweiflung aber überwunden ist (Röm 8,31–39).

Wie kommt es, daß der Mensch sich ganz neu bewerten und beurteilen kann? Paulus gibt die Antwort in Röm 8,3ff.: Christus erschien in der „Gestalt des sündigen Fleisches" und nahm in den Gläubigen Wohnung. Die Christen sind zur gleichen Gestalt bestimmt wie der Sohn Gottes (8,29). Auch sie sollen „Söhne Gottes" werden (8,15.23). Christus aber lebt κατὰ πνεῦμα seit der Auferstehung (Röm 1,4). Ebenso können die Christen κατὰ πνεῦμα leben und existieren (Röm 8,5ff.). Christus kam in die Welt, um den Menschen eine neue, pneumatische Lebensform zu ermöglichen. Was Paulus darüber in Röm 8 sagt, hat er schon in Gal 4,4–7 in konzentrierter Form geäußert. Wie in Röm 8 finden wir hier eine Verbindung von Sendung und Erlösung, Geistverleihung und Abbaruf, Sohnschaft und Erbe:

Gal 4,4–7   Röm 8

1. Sendung und Erlösung

4 Als aber die Erfüllung der Zeit gekommen war,
   sandte Gott seinen Sohn,
   von einem Weibe geboren,
   dem Gesetz unterworfen,

3 sandte Gott seinen Sohn
   in der Gestalt des sündigen Fleisches
   und um der Sünde willen
   und er verurteilte die Sünde
   im Fleische,

5 damit er die dem Gesetz Unterworfenen loskaufe,
   damit wir die Annahme an Sohnes Statt erlangten.

4 damit die durch das Gesetz geforderte Gerechtigkeit erfüllt werde in uns,
   die wir nicht nach dem Fleische wandeln, sondern nach dem Geiste.

2. Geistverleihung und Abbaruf

6 Weil ihr aber Söhne seid,

14 Denn alle, die vom Geist Gottes getrieben werden,
   die sind Söhne Gottes,

hat Gott den Geist seines Sohnes in unsere Herzen gesandt,

15 Denn ihr habt nicht den Geist der Knechtschaft empfangen,
   so daß ihr euch wieder fürchten müßtet,

	sondern ihr habt empfangen den
	Geist der Sohnschaft,
der da ruft:	in diesem rufen wir:
Abba, Vater!	Abba, Vater!

3. Sohnschaft und Erbe

7 Somit bist du nicht mehr Sklave, sondern Sohn. Wenn aber Sohn, dann auch Erbe durch Gott.	16 Eben dieser Geist bezeugt samt unserem Geiste, daß wir Kinder Gottes sind. 17 Sind wir aber Kinder, so sind wir auch Erben Gottes und Miterben Christi.

Dem paulinischen Gedankengang dürften einige allgemeinchristliche Traditionen wie die Sendungsformel und der Abbaruf zugrunde liegen[119]. Ansonsten handelt es sich wohl um einen von Paulus selbst entwickelten Gedankengang, den er mehrfach vorgetragen und immer wieder neu variiert und vertieft hat. Im Römerbrief entfaltet er ihn besonders ausführlich. Er erweitert ihn nämlich um zwei thematisch geschlossene Ausführungen: 1. um grundsätzliche Gedanken über das Verhältnis von Sarx und Pneuma (8,4–13) und 2. um eine beeindruckende Beschwörung des „Seufzens der Kreatur" in 8,18–27. Es kann nun kein Zufall sein, daß ausgerechnet diese beiden Teile die entscheidenden Gesichtspunkte enthalten, die über Röm 7 hinausführen, wobei die Zuordnung chiastisch ist: Die Ausführungen über Sarx und Pneuma greifen auf den 2. Teil von Röm 7 zurück, die Darstellung des kosmischen Seufzens dagegen auf den 1. Teil. Wir dürfen annehmen, daß Paulus die Erweiterung des ihm schon vertrauten Gedankenganges in bewußter Anpassung an den Kontext vorgenommen hat.

1. Paulus hatte in Röm 7,14–23 die Aussichtslosigkeit des Gesetzeskonflikts dadurch beleuchtet, daß er die Sünde auf die Sarx zurückführte, d. h. auf einen Faktor, der aus der Sicht des unerlösten Menschen ein konstanter Faktor war. Nur der Tod war als ein Überwinden oder Verlassen der Sarx denkbar. Das Erscheinen Christi aber ermöglicht hier eine neue Sicht. Die Sarx gilt Paulus in Röm 8 nicht mehr als unüberwindbar. Die Christen wandeln nicht mehr nach der Sarx (8,4), ja, sie sind nicht mehr κατὰ σάρκα (8,5) und ἐν σαρκί (8,8). Schon in der thematischen Einleitung zur Schilderung des soteriologischen Wandels in Röm 7–8 – in 7,5 – hatte Paulus rückblickend sagen können: „Als wir im Fleische *waren* . . ." Paulus nimmt hier eine entscheidende Ände-

---

[119] Vgl. P. v. d. Osten-Sacken: Römer 8 als Beispiel paulinischer Soteriologie, FRLANT 112, Göttingen 1975, 144f.; 129ff.; H. Paulsen: Überlieferung und Auslegung in Römer 8, WMANT 43, Neukirchen 1974, 40ff.; 88ff.

rung in der Kausalattribuierung menschlicher Ausweglosigkeit vor: Sie wird nach wie vor der Sarx zugeschrieben, aber nun nicht mehr einem konstanten, sondern einem veränderbaren Faktor. Die neue Interpretation der menschlichen Situation wird durch das Erscheinen Christi ermöglicht. Christus erschien in der Gestalt der Sarx, aber er war ein pneumatisches Wesen, das nicht an die Grenzen der Sarx gebunden war. Der Tod konnte ihn daher nicht treffen. Vielmehr lebte er seit der Auferstehung κατὰ πνεῦμα ἁγιωσύνης (Röm 1,4). Wenn man einen modernen Ausdruck benutzen darf, so könnte man sagen: Christus ist eine Mutation menschlichen Daseins, in der die bisherigen Grenzen der conditio humana transzendiert werden. Paulus nennt die neue Lebensweise, welche die sarkischen (d.h. biologisch-naturhaften) Bedingungen des Menschen überschreitet, Pneuma. Er weiß, daß Überwindung der Sarx im Tod geschieht. Aber er kennt ein kreatives Sterben mit Christus, das schon unter den Bedingungen dieses Lebens den Übergang zu einer neuen Existenz ermöglicht. Alle aber sind zu dieser neuen Existenz bestimmt, die an Christus glauben: alle sollen gleichgestaltet dem Bild des Sohnes Gottes werden (8,29). Der Mensch ist nicht mehr endgültig durch die Sarx bestimmt.

2. Die zweite Erweiterung des schon in Gal 4 begegnenden Gedankenganges ist der Abschnitt über das „Seufzen der Kreatur". Hier findet eine ebenso radikale kognitive Restrukturierung menschlichen Selbstverständnisses statt wie in Röm 8,5–13: Der Mensch erscheint hier als jemand, der nicht mehr endgültig von der Rolle Adams bestimmt ist, mag er auch noch so sehr unter dem bestehenden adamitischen Wesen leiden. Vielmehr gilt: „Wie wir das Bild des irdischen (Menschen) getragen haben, so werden wir auch das Bild des himmlischen Menschen tragen" (1.Kor 15,49). Hier formuliert Paulus jenen Prozeß, der in der modernen Religionspsychologie als Rollenwechsel aufgrund eines neuen Angebots symbolischer Rollen in der Verkündigung beschrieben werden kann. Der Mensch kann sich von der adamitischen Rolle distanzieren, weil der zweite Adam erschienen ist und die Welt in einem neuen Lichte erscheinen läßt. Paulus hat diesen grundlegenden Rollenwechsel in Röm 5,12–21 seinen Ausführungen über den soteriologischen Wandel vorausgeschickt, bevor er ihn in Röm 6,1–7,6 mit Hilfe der Begräbnis-, Machtwechsel- und Ehesymbolik entfaltet. In Röm 7 und 8 finden wir dann die intensivste Reflexion des grundlegenden Rollenwechsels: Röm 7,7–13 deutet im Lichte der Rolle Adams den Gesetzeskonflikt, Röm 8,18–27 aber schildert das Warten auf das Offenbarwerden der neuen Rolle, welche die Christen sich schon jetzt zuschreiben dürfen. Dies Warten ist weiterhin von Adams Tat bestimmt. Die ganze Schöpfung seufzt unter den Folgen seines Sündenfalls. In den Christen

verbindet sich dies kosmische Seufzen mit dem Seufzen des göttlichen Geistes, der in sich selbst „Angeld" für die Überwindung der adamitischen Existenz ist. Er ermöglicht eine Distanzierung von der Adamrolle.

Fassen wir zusammen: Das Rollenangebot der Verkündigung bietet dem Menschen ein neues Selbstverständnis an. Er muß sich nicht mehr nach der Rolle Adams verstehen, sondern kann sich an der Rolle Christi orientieren und in ihrem Lichte sich selbst neu beurteilen und bewerten. Die kognitive Restrukturierung des Selbstbildes erfolgt durch veränderte Kausalattribution der Sünde. Sie wird der Sarx zugeschrieben und dem, der die Sarx stellvertretend übernahm. Dadurch wird eine neue Hoffnung möglich, menschliche Endgültigkeit und Endlichkeit zu überwinden: Der Mensch darf sich selbst – trotz aller Verfehlungen – unbedingt positiv bewerten. Er darf sich als Sohn Gottes neu verstehen, der zu seinem Vater vertrauensvoll „Abba" sagen darf.

Ein Rückblick auf die psychologische Auswertung von Röm 7 und 8 zeigt, daß der in den paulinischen Texten dargestellte Erlebens- und Verhaltenswandel von verschiedenen Perspektiven her beleuchtet werden kann. Aber es wird auch ein gemeinsamer Nenner sichtbar: Die entscheidenden Anstöße zur Verhaltens- und Erlebensänderung gehen von der Christussymbolik aus.

Christus tritt als stellvertretend handelndes und leidendes Modell auf: Ihn trifft die mit dem Gesetz verbundene aggressive Macht, ohne ihm ernsthaft zu schaden. Gott verurteilt ihn, aber er revidiert das Urteil. Der Gekreuzigte wird erhöht. Die Gläubigen vollziehen dies Geschehen immer wieder in ihrem Innern nach. Sie lernen durch dies „verdeckte Verhalten", sich angstfrei dem fordernden Gott zu nähern.

Das durch die Verkündigung von außen an den Menschen herangetragene symbolische Verhaltensmodell Christus wird nach psychodynamischer Auffassung Katalysator einer inneren Verwandlung: Christus übernimmt als Bezugsperson des Menschen dessen negative Identität. Die unbewußte Aggressivität gegen den fordernden Gott findet in ihm ihr stellvertretendes Objekt. Sie wird ausagiert, bewußtseinsfähig und der Bearbeitung zugänglich.

Christus wirkt jedoch nicht nur als von außen vermitteltes Modell oder von innen her aufsteigendes Symbol auf den Menschen ein, sondern bietet dem Menschen ein Interpretationsmuster an, nach dem er sich mit äußeren und inneren Einflüssen auseinandersetzen kann: Der Mensch ist nicht auf Adams Rolle festgelegt. Die Verkündigung bewirkt einen Rollenwechsel, durch den er sich ganz neu verstehen kann. Weder Sarx noch Sünde sind endgültig. Sie lassen sich neu beurteilen und bewerten, so daß der Mensch zu einem realistischen – und dennoch unbedingt positivem Selbstbild gelangen kann.

Unverkennbar ist: Von der schon geschehenen Wende zum Positiven her wird rückblickend die Vergangenheit bewußt gemacht. Erst die Angstüberwindung ermöglicht die Deutung der Angst als Angst vor dem fordernden Gott. Erst die wieder angeeignete Identität beleuchtet den vorhergehenden Konflikt. Erst von Christus her fällt ein Licht auf Adams Ausweglosigkeit.

4. KAPITEL

Glossolalie – Sprache des Unbewußten?

In den bisherigen Kapiteln waren überwiegend Aspekte des Unbewußten zur Sprache gekommen, die für den Menschen belastend sind: die Möglichkeit unbewußter normwidriger Impulse, die archaische Strenge des tötenden Gesetzes, der verdrängte Konflikt mit dem Gesetz. All diese Aspekte lassen sich unter dem Begriff des „forensisch Unbewußten" zusammenfassen: Immer steht der Mensch wie in einem Gericht, das er nicht ganz durchschaut. Immer aber war deutlich geworden, daß für Paulus die Auseinandersetzung mit dem Unbewußten auch Positives zutage fördert. Gegenüber möglichen normwidrigen Impulsen in seinem Inneren zeigt er Gelassenheit und Zuversicht. Wenn die Decke des Mose fällt, verwandelt sich das tötende Gesetz in ein verwandelndes Licht im Inneren. Der Konflikt mit dem Gesetz wird überwunden. Immer werden dabei die positiven Aspekte des Unbewußten durch das Pneuma eröffnet: Die Verwandlung der forensischen Anklagesituation in Zuversicht geschieht durch das stellvertretende Eintreten des göttlichen Pneumas vor dem inneren Forum (Röm 8,26f.). Die Entfernung der Hülle läßt das Bild Christi erstrahlen und ermöglicht den Dienst am „lebendigmachenden Pneuma" (2.Kor 3,6). Der Konflikt mit dem Gesetz wird in einem Leben κατὰ πνεῦμα (Röm 8,2ff.) überwunden. Immer ist es das Pneuma, das menschliches Bewußtsein erweitert und neue Möglichkeiten des Verhaltens und Erlebens eröffnet. Auf eine Formel gebracht: Das forensische Unbewußte wird in ein pneumatisch Unbewußtes verwandelt. Der Pneumatiker wird von niemandem verurteilt (1.Kor 2,15). Er überschreitet die Grenzen menschlichen Daseins. In den folgenden zwei Kapiteln wollen wir zwei Aspekte des pneumatisch Unbewußten untersuchen: Glossolalie als pneumatisches Sprechen und „Weisheitslehre" als pneumatische Einsicht.

Die Deutung des Pneuma als eine die normalen menschlichen Grenzen transzendierende Macht geht auf H. GUNKEL zurück. 1888 erschien sein epochemachendes Werk: „Die Wirkungen des heiligen Geistes." Es enthielt den Nachweis, daß der „Geist" im Urchristentum nichts mit dem Geist der modernen Welt und Philosophie zu tun hat, sondern eine fluidhaft vorgestellte Kraft ist, die den gewohnten Lebenszusammenhang durchbricht und sich in Wundern und Zungenrede äußert. Zehn

Jahre nach Erscheinen des Buches urteilte H. GUNKEL rückblickend: „Wenn ich nun jetzt mein Werk wieder durchgehe, so fällt mir vor allem auf, daß die pneumatischen Erscheinungen darin mehrfach vom Standpunkt des fremden, hinzukommenden Beobachters beschrieben werden: richtiger und tiefer aber würde es sein, sie zunächst so aufzufassen, wie sie der Pneumatiker selbst empfindet." Er forderte die weitere Forschung dazu auf anzuerkennen, „daß es sich hier um wirkliche psychologische Vorgänge handelt, nicht um Phrasen oder um Aberglauben" (2. Aufl. 1899, S. IV f.). Damit stellte H. GUNKEL die Aufgabe, Glossolalie und andere pneumatische Erscheinungen religionspsychologisch verständlich zu machen. Neutestamentliche Exegese hat sich bis heute dieser Aufgabe versagt. Dabei wäre die Glossolalie ein dankbares Objekt religionspsychologischer Analyse; räumen doch selbst antipsychologisch eingestellte Theologen hier gerne die Notwendigkeit psychologischer Überlegungen ein, vielleicht in der Meinung, psychologische Analyse entlarve religiöse Phänomene, Glossolalie aber gehöre zu jenen Phänomenen, welche man ohne Selbstüberwindung psychologischer Entlarvung preisgeben könne. Steht doch schon Paulus ihr nicht ohne Kritik gegenüber. Unbehagen an der Psychologie kann sich hier leicht mit dem Unbehagen gegenüber der Glossolalie verbinden. Die folgenden Untersuchungen sind von dieser Einstellung frei. Psychologie dient dem vorurteilslosen Verstehen menschlichen Erlebens und Verhaltens. Es ist nicht ihre Aufgabe, abweichendes Sprachverhalten zu verurteilen. Glossolales Verhalten muß vielmehr unbefangen wissenschaftlich untersucht werden – ja, vielleicht ist gerade die wissenschaftliche Erforschung der Glossolalie ein Beispiel dafür, daß man auf diesem Wege zu wesentlich wohlwollenderen und toleranteren Einstellungen gegenüber dem fremden Phänomen der Glossolalie kommen kann.

Im folgenden soll der wichtigste Text zur Glossolalie (1.Kor 14) zunächst in seiner Struktur beschrieben werden. In einem zweiten Teil werden Traditionen und historische Analogien zur Zungenrede erörtert. Zuletzt soll das Phänomen der Glossolalie religionspsychologisch von drei Ansätzen her analysiert werden. Dabei werden wir auch Röm 8,18–30 als eine spezifisch paulinische Interpretation pneumatischen Sprechens heranziehen.

Der Erhellung korinthischer Glossolalie können auch moderne Analogien dienen. Sie haben den unschätzbaren Vorzug, wissenschaftlicher Untersuchung viel leichter zugänglich zu sein als historische Phänomene. Parallel zur neuen Pfingstbewegung (vor allem in den USA) ist eine reiche linguistische, soziologische und psychologische Glossolalieforschung entstanden. Ihre Ergebnisse können zwar nicht als Beleg für historische Thesen dienen, wohl aber als heuristischer Ausgangspunkt und als Illustration. Hypothesen zur Glossolalie in Korinth mögen zwar durch Beobachtung an gegenwärtigen Phänomenen entstehen, müssen jedoch ausschließlich an den historischen Quellen verifiziert werden. Man sollte das Gewicht der modernen Analogien jedoch nicht unterschätzen. In linguistischer Hinsicht handelt es sich um dasselbe Phänomen: um eine Parasprache, deren Äußerungen phonetische Struktur, aber keinen semantischen Inhalt aufweisen – wenigstens nicht in dem Sinne, daß man Wort für Wort, Satz für Satz „übersetzen" könnte. Sie tritt in religiösem Kontext auf und wird von Insidern und Außenstehenden kontrovers beurteilt. Als abweichendes Sprachverhalten ist sie ein wichtiges Gruppenmerkmal. Inwiefern in diesem abweichenden Sprachverhalten universale und interkulturell gültige Möglichkeiten des Menschen realisiert werden, ist umstritten. Wer mit N. CHOMSKY schon für normales Sprachverhalten – trotz seiner ungeheuren kulturellen Variabilität – universale Sprachstrukturen postuliert, wird das erst recht für glossolales Verhalten tun müssen. Denn seine Gestalt ist kulturell weit weniger variabel als normales Sprachverhalten, mag es auch in der Glossolalie Traditionen, Sonderentwicklungen und Dialekte geben. In jedem Fall reicht eine historische Kontinuität von der korinthischen bis zur modernen Glossolalie: Moderne Glossolalie ist in den meisten Fällen durch biblische Texte bestimmt. Sie gehört zur Wirkungsgeschichte des Neuen Testaments, auch wenn diese Wirkung erst in der Neuzeit historisch sichtbar wurde – ein nachdenklich machendes Phänomen.

I. Textanalyse
(1.Kor 14)

Paulus antwortet in 1.Kor 12–14 auf eine (schriftliche?) Anfrage der Korinther zum Thema der „Geistesgaben"[1] (12,1 vgl. 7,1), zu denen unter anderem Prophetie, Heiltätigkeit und Gnosis gehören. Einige in Korinth schrieben dabei der Glossolalie einen besonderen Rang zu: Glossolale Äußerungen waren für sie eine Himmelssprache (13,1) oder ein anschaulicher Beweis dafür, daß Gott in den verzückten Sprechern

---

[1] T. HOLTZ: Das Kennzeichen des Geistes (1.Kor. XII 1–3), NTS 18 (1971/2) 365–376, vermutet, die Gemeinde habe nach den „Pneumatikern" gefragt, Paulus aber antworte, als sei nach den „pneumatischen Gaben" gefragt worden. Daher rede er in 1.Kor 12 von χαρίσματα anstatt von πνευματικά. Für Paulus sind jedoch beide Begriffe synonym (vgl. 1.Kor 12,31 und 14,1). Vielleicht wählt er den Charismenbegriff, weil er allgemeiner ist und nicht so eng mit ekstatischen Phänomenen zusammenhängt.

war (14,25). Andere verhielten sich gegenüber dem Phänomen distanzierter[2]. Wahrscheinlich haben sie sich an Paulus gewandt.

Paulus antwortet sehr diplomatisch. Er bringt durchgehend eine hohe Achtung vor den Geistesgaben zum Ausdruck (vgl. 12,31; 14,1), bekennt sich selbst zur Zungenrede (14,18), schließt mit der Mahnung, sie nicht zu unterdrücken (14,39); aber in Wirklichkeit arbeitet er darauf hin, ihre hohe Wertschätzung in Korinth zu korrigieren.

In einem ersten Gedankengang (1.Kor 12) vermeidet er jede kritische Bemerkung zur Zungenrede. Er relativiert sie nur ganz allgemein, indem er die Gleichwertigkeit aller pneumatischen Gaben postuliert: Alle haben einen gemeinsamen Ursprung. Alle gehen auf denselben göttlichen Geist zurück (12,4–11), alle sind aufeinander angewiesen wie die Glieder eines Organismus (12,12–26). Daß er hier schon die Zungenrede im Auge hat, geht aus den drei Charismenkatalogen in 1.Kor 12,8–10; 12,28 und 12,29–30 hervor: Sie brechen jeweils dann ab, wenn er die Zungenrede (und die ihr zugehörige Hermeneia) erwähnt hat. Implizit ist damit schon eine gewisse Wertung gegeben; explizit wird sie erst am Schluß des Kapitels, wenn Paulus dazu aufruft: „Strebt nach den größeren Geistesgaben!"

Hatte er in Kap. 12 die Gleichwertigkeit aller pneumatischen Gaben positiv aufgezeigt, so demonstriert er sie in Kap. 13 negativ: Alle sind gleich wenig wert, wenn ihnen die Liebe fehlt, ja, verglichen mit ihr, sind sie wertlos. Auch jetzt fällt noch kein kritisches Wort speziell gegen die Glossolalie. Vielmehr stehen alle Geistesgaben – Prophetie, Glossolalie und Erkenntnis – auf einer Stufe[3].

Erst im nächsten Kapitel wird deutlich, worauf Paulus hinaus will: Eindeutig wird in 1.Kor 14 eine Rangordnung unter den pneumatischen Gaben vorgenommen. Es fallen die ersten kritischen Worte gegen die Glossolalie. Die Prophetie wird ihr übergeordnet. Das Kriterium für diese Rangordnung entnimmt Paulus dem vorhergehenden Kapitel: Die Liebe erscheint innerhalb der Gemeinde als Wille zur οἰκοδομή – zur „konstruktiven Mitarbeit".

---

[2] Daß es in der Gemeinde wegen der Glossolalie zu einer „Polarisierung" gekommen ist (so K. STENDAHL: Glossolalie – der neutestamentliche Befund, in: Der Jude Paulus und wir Heiden, München 1978 (engl. 1976), 116–134, dort S. 119), müssen wir erschließen 1. aus der Anfrage an Paulus, 2. aus der Erwähnung eines drohenden „Schismas" im Leib Christi (1.Kor 12,25) – ein fremder Gedanke innerhalb der Leib-Metaphorik –, 3. daraus, daß Paulus in 14,37 gesondert eine Gruppe von Propheten und Pneumatikern anspricht, unter letzteren aber nur die Glossolalen versteht.

[3] 1.Kor 13 ist im Zusammenhang sachlich notwendig und sollte nicht literarkritisch ausgesondert werden (anders zuletzt H. M. SCHENKE/K. M. FISCHER: Einleitung in die Schriften des Neuen Testaments I, Berlin 1978,93).

Das 14. Kap. ist in sich selbst übersichtlich gegliedert. Prinzipiellen Ausführungen zur Glossolalie (14,1–25) folgen praktische Anweisungen (14,26–36). Am Anfang und Schluß stehen vergleichbare Imperative: „Strebt nach den Geistesgaben, am meisten aber danach, daß ihr prophezeit!" (14,1) und „Strebt danach zu prophezeien und hindert die Zungenrede nicht!" (14,39). Im einzelnen läßt sich der Text weiter untergliedern[4].

14,1–5: Paulus postuliert die Überlegenheit der Prophetie über die Glossolalie. Aus dem Kriterium der οἰκοδομή leitet er die Forderung nach Verständlichkeit ekstatischen Redens bzw. nach dessen Übersetzung ab. Im folgenden zeigt er (in 14,6–25) an drei Aspekten die Überlegenheit verständlicher Rede: Sie ist überlegen, wenn die Adressaten Gemeindeglieder (V. 6–13), Gott (V. 14–19) und Außenstehende (V. 20–25) sind.

14,6–12: Die Gemeinde als Adressat ekstatischer Rede: Verschiedene Formen verständlicher Rede (Apokalypse, Gnosis, Prophetie, Didache) werden der Glossolalie entgegengesetzt. Zum Nachweis ihrer Überlegenheit führt Paulus sich selbst als Beispiel an: „Wenn ich zu euch käme..." (V. 6), begründet dann aber die Forderung nach Verständlichkeit allgemein:

a) durch ein Doppelgleichnis (V. 7–8). Das erste Bild von Flöte und Kithara zielt auf die Deutlichkeit der Rede, das zweite Bild vom Trompetensignal auf deren Wirksamkeit. Beide Gleichnisse werden als rhetorische Fragen formuliert. Die Deutung ist durch οὕτως καὶ ὑμεῖς angeschlossen.

b) Die zweite Begründung wertet die Analogie zwischen einer Fremdsprache und der Glossolalie aus (V. 10–12). Hier wie dort stehen sich Sprecher und Hörer als „Barbaren" gegenüber. Dieser soziale Aspekt interessiert Paulus besonders. Seine Ich-Beteiligung signalisiert er durch die 1.Pers.Sg. Wie beim Doppelgleichnis wird die Deutung durch οὕτως καὶ ὑμεῖς angeschlossen.

14,13–19: Gott als Adressat ekstatischer Rede: Verschiedene Formen des Gebets (Beten, Singen, Danken) werden dem glossolalen Gebet entgegengesetzt. Wieder begründet Paulus seine Aussagen durch das Beispiel seiner Person (V. 15. 18f.). Die Forderung nach Verständlichkeit des Gebetes kann sachlich nicht allein unter Berufung auf die οἰκοδομή begründet werden. Daß zwischenmenschliche Kommunikation verständlich sein soll, ist einleuchtend. Die Frage ist aber:

---

[4] G. DAUTZENBERG: Urchristliche Prophetie, BWANT 104, Stuttgart 1975, 226ff., gliedert dagegen in 14,1–11; 12–19; 20–25. Gegen diese Gliederung spricht 1. die Anrede „Brüder" in 14,6.20 und 26, die einen Einschnitt zwischen V. 5 und 6 nahelegt, 2. die Parallelität von οὕτως καὶ ὑμεῖς in 14,9 und 14,12, die V. 12 ebenso zum Vorhergehenden zuordnet wie V. 9. Richtig ist, daß der Übergang zwischen V. 6–12 und 13–24 fließend ist. Der Gedankengang gleitet vom Gebet um Verständlichkeit (V. 13) zur Verständlichkeit des Gebets (V. 14).

Warum sollte sich die Kommunikation mit Gott nicht einer anderen Sprache bedienen? Versteht Gott nicht jede Sprache, auch „unaussprechliche Seufzer"? (vgl. Röm 8,26 f.). Paulus bringt daher ein neues Kriterium ins Spiel: die Forderung nach Ganzheit des Menschen. Der Sprecher soll mit Pneuma und Nous am Gebet beteiligt sein. Zur weiteren Begründung werden dann aber zwei Fälle genannt, bei denen Glossolalie als Form zwischenmenschlicher Kommunikation erscheint:

a) Der Fall des „Laien", der das glossolale Gebet eines anderen nicht nachvollziehen kann und daher nicht erbaut wird (v. 16–17). Paulus wechselt hier zur 2.Pers.Sg.

b) Als zweite Begründung dient das Vorbild des Paulus, der privat mehr als alle anderen Glossolalie treibt, aber in der Gemeinde keinen Gebrauch von ihr machen will (V. 18–19). Paulus kehrt hier zur 1.Pers.Sg. zurück. Außerdem verläßt er das Thema „Gebet", das sich nicht so gut eignet, um der Forderung nach Verständlichkeit Nachdruck zu verleihen. Er spricht vom „Unterweisen" (14,19)[5].

14,20–25: Der Ungläubige als Adressat ekstatischer Rede: Paulus setzt mit der Anrede „Brüder" (anders als in V. 6 und 39 ohne Überleitungspartikel) neu ein. Zunächst bringt er ein anthropologisches Argument: Zungenrede ist kindliches Verhalten. Dann reflektiert Paulus die soziale Funktion der Zungenrede:

a) Ein Schriftzitat (Jes 28,11) wird in einer anschließenden Folgerung so ausgelegt: Nicht die Glossolalie, sondern die Prophetie ist ein Zeichen für die Gläubigen.

b) Ein Kontrastbeispiel (V. 23–25) soll das belegen: Die Glossolalie stößt Außenstehende ab. Durch die Prophetie aber werden Außenstehende bekehrt. Vor allem ermöglicht sie eine zuverlässige Beurteilung des Glaubens von neu Hinzugekommenen: Sie enthüllt das Verborgene des Herzens. Insofern ist sie ein Zeichen für die Gläubigen – nämlich für die Gemeinde[6].

14,26–36: Nach den grundsätzlichen Ausführungen (V. 1–25) folgen praktische Regelungen für das Gemeindeleben. Sie beginnen mit einer allgemeinen Mahnung, die noch einmal das Kriterium der οἰκοδομή nennt (14,26). Dann setzt Paulus mit konkreten Gemeinderegeln fort:

a) Bei den Regeln zur Glossolalie folgt den Anweisungen für glossolales Reden (V. 27) ein bedingtes Schweigegebot: Ohne Übersetzer soll der Glossolale schweigen (V. 28).

---

[5] Heute wird oft einseitig behauptet, Glossolalie sei Kommunikation mit Gott, z. B. K. STENDAHL, Glossolalie, 121; E. BEST: The Interpretation of Tongues, SJTh 28 (1975) 45–62, S. 46. Paulus nennt in 1.Kor 14 jedoch drei verschiedene Adressaten – nur um der Forderung nach Verständlichkeit Nachdruck zu geben? Denn die leuchtet vor allem bei menschlichen Adressaten ein.

[6] Zur Problematik von 14,20–25 vgl. oben S. 82–88.

b) Die Mahnungen zur Prophetie sind ähnlich aufgebaut: Den positiven Regeln folgt ein bedingtes Schweigegebot (V. 30) mit anschließenden Begründungen (V. 31–33 a).

c) Die Mahnungen an die Frauen haben dagegen eine abweichende Reihenfolge: Zunächst kommt ein unbedingtes Schweigegebot (V. 34), darauf eine Anweisung, welche dies Schweigegebot einschränkt: Zu Hause darf die Frau fragen (V. 35). Die Mahnungen an die Frauen fallen formal aus dem Gedankengang heraus. Sie stehen inhaltlich in Spannung zu 1.Kor 11,2ff. und 14,26 und setzen einen auf die Lehre konzentrierten Gottesdienst voraus. Sie sind entweder hier eingefügte vorpaulinische Tradition oder spätere Interpolation[7].

14,37–40: Paulus schärft abschließend das Gesagte ein, indem er

a) seine Autorität gegenüber Pneumatikern betont: Er wendet sich zunächst an Propheten und Glossolalen, die er hier πνευματικοί nennt (V. 37f.).

b) Danach appelliert er an die ganze Gemeinde. Den grundsätzlichen Teil seiner Mahnungen faßt er in 14,39, den praktischen Teil in V. 40 zusammen.

Schon die Strukturanalyse gibt einige Hinweise für eine religionspsychologische Analyse. Psychodynamisch gesehen liegt es nahe, Glossolalie eine ähnliche Funktion wie der Prophetie zuzuschreiben. Beide erscheinen zwar oft nur innerhalb einer ganzen Gruppe verschiedener Charismen (vgl. 14,6; 13–14; 26; ebenso 12,8–11; 28; 13,1–3; 13,8), sie werden aber an betonter Stelle direkt miteinander konfrontiert: nämlich in den rahmenden Mahnungen (14,1–5 und 37–40) sowie dem Abschnitt über die Wirkung ekstatischer Rede auf Außenstehende (14,20–25). Der Unterschied zwischen beiden Charismen liegt in der Verständlichkeit. Paulus schreibt:

„Ich wünsche aber, daß ihr alle in Zungen redet, noch mehr jedoch, daß ihr prophezeit. Größer aber ist, wer prophezeit, als wer in Zungen redet, außer wenn er es auslegt, damit die Gemeinde Erbauung empfängt." (1.Kor 14,5).

Gewiß sagt Paulus wörtlich genommen nur: Prophetie ist der Zungenrede gleichwertig, wenn letztere mit einer verständlichen Auslegung verbunden wird. Aus der Gleichwertigkeit zweier Phänomene folgt nicht ihre Gleichartigkeit. Jedoch liegt sie in unserem Falle nahe. Denn es gibt auch sonst Parallelen zwischen beiden Erscheinungen. Wer in Zungen redet, spricht Geheimnisse (14,2). Wer prophezeit, hat ein Wissen von Geheimnissen (13,2). Wer Glossolalie betreibt, erbaut sich selbst. Wer prophezeit, erbaut die Gemeinde. Was die Glossolalie im Hinblick auf den Sprechenden selbst leistet, tut die Prophetie im Hinblick auf den

---

[7] So zuletzt ausführlich G. DAUTZENBERG, Urchristliche Prophetie, 257–273.

anderen. Dann aber liegt folgender Schluß nahe: Wenn die Prophetie beim anderen Menschen die „verborgenen Dinge des Herzens" offenbart, so hat die Glossolalie im Hinblick auf den Sprecher dieselbe Funktion: Sie offenbart Tiefenschichten seines psychischen Lebens, ohne sie in die öffentliche Kommunikation einbeziehen zu können. Unsere Hypothese lautet daher: Glossolalie ist Sprache des Unbewußten, Prophetie und Hermeneia deren Bewußtmachung.

Aber auch vom Standpunkt „sozialen Lernens" ergeben sich erste Anhaltspunkte: Glossolales Verhalten wird durch soziale Wertschätzung verstärkt und durch Modelle angeregt; wenn einer spricht, fühlen sich andere zur Nachahmung getrieben (14,27). Das glossolale Verhalten findet aber nicht in der ganzen Gemeinde Anklang. Auch wenn uns der konkrete Hintergrund dunkel bleibt, so läßt sich doch folgende Hypothese formulieren: Paulus greift durch seine Stellungnahme zur Glossolalie in einen Streit um innergemeindlichen Einfluß und Prestige ein.

Von Standpunkt einer kognitiven Psychologie wird man schließlich sein Interesse auf die große Bedeutung richten, welche Paulus der „Interpretation" beimißt. Erst die Deutung macht die Zungenrede zu einer wertvollen Lebensäußerung. Wir müssen versuchen, die Deutung zu rekonstruieren, die Paulus der Zungenrede gibt.

II. Traditionsanalyse

Im Zusammenhang mit den Geistesgaben erinnert Paulus die Korinther an ihre heidnische Vorzeit: „Was aber die Geistesgaben angeht, ihr Brüder, will ich euch nicht in Unkenntnis lassen. Ihr wißt, daß ihr, als ihr Heiden ward, euch zu den stummen Götzen hinziehen ließet, wie ihr eben hingezogen wurdet" (1.Kor 12,1–2). Paulus vergleicht das Bewegtsein durch den Geist mit heidnischer Religiosität. Von stummen Götzen waren die Christen einst so hingerissen (ἤγεσθε ἀπαγόμενοι) wie sie nun vom heiligen Geist getrieben werden (πνεύματι ἄγεσθε Gal 5,18; vgl. Röm 8,14)[8]. Damit deutet Paulus selber an, was religionsgeschichtliche Untersuchungen bestätigen: Die ekstatischen Phänomene im Urchristentum sind im Zusammenhang mit vergleichbaren Erscheinungen der Antike zu sehen[9].

---

[8] K. MALY: 1.Kor 12,1–3 eine Regel zur Unterscheidung der Geister; BZ NF 10 (1966) 82–95, leugnet eine Analogie zwischen heidnischen und christlichen Phänomenen. Paulus denke an einen Gegensatz von Sklaverei und Freiheit. Richtig m.E.J. WEISS, 1.Kor, 296: Betont wird gerade die Analogie.
[9] Analogien zum Phänomen der Zungenrede sind gesammelt bei ST. CURRIE: ‚Speaking

Die für uns wichtigen Analogien lassen sich in drei Gruppen einteilen: Bacchantischer Rausch, platonische Inspiration und apokalyptische Himmelssprache. Beim bacchantischen Rausch handelt es sich um ein kollektives Phänomen motorischer Ekstase, bei der platonischen Inspiration um Einsichten in einem außernormalen Zustand. Bei der apokalyptischen Himmelssprache wird das sprachliche Verhalten selbst ekstatisch verändert. Alle drei Analogien können Aspekte der urchristlichen Glossolalie erhellen.

A. Bacchantischer Rausch

Die eindringlichste literarische Gestaltung bacchantischen Rausches findet sich in den Bacchen des Euripides (ca. 485–407 v.Chr.)[10]. Der thebanische König Pentheus versucht, die in seinem Land unter den Frauen grassierende dionysische Ekstase zu bekämpfen. Sie hat schon am Königshof Fuß gefaßt. Mutter und Großvater sind von ihr ergriffen, ebenso der greise Seher Teresias. Nur Pentheus stemmt sich der irrationalen Flut entgegen. Er läßt den inkognito auftretenden Gott in Fesseln legen und wird in seiner Abneigung noch dadurch bestärkt, daß sich dieser wunderbar befreit und weitere Wunder vollbringt. Ihm wird zum Verhängnis, daß er sich dazu überreden läßt, als Mänade verkleidet das ungezügelte Treiben zu beobachten. Die Mänaden entdecken ihn und zerreißen ihn in dem Wahne, er sei ein Raubtier – allen voran die eigene Mutter. Triumphierend trägt sie sein Haupt nach Theben. Als das Verbrechen offenbar wird, verbannt sie der Gott in ein fernes Land. Das Drama schließt mit der Hoffnung der Mutter, daß dort „nimmer ein Thyrsos dem Auge sich bietet, mögen andre Bacchen ihn schwingen" (Bacch 1386f.). Das Drama ist ein Rätsel. Euripides stand der überlieferten Götterwelt skeptisch gegenüber. Hat er sich in diesem Alterswerk doch noch zu jenem archaischen Götterglauben bekehrt, den er sonst so scharf kritisierte? Oder will er nur die Unmenschlichkeit der Religion bloßlegen, um die Götter ad absurdum zu führen? Sicher ist nur: Er stellt die ausweglose Lage des Menschen dar, der sich gegenüber

---

in Tongues'. Early Evidence Outside the New Testament Bearing on ‚Glossais Lalein', Int 19 (1965) 274–294. Die meisten Analogien stammen aus dem jüdisch-christlichen Bereich und sind oft nicht präzis als Zungenrede identifizierbar. Viele Analogien gibt es jedoch zum allgemeinen Phänomen der Ekstase und des ekstatischen Sprechens. Sofern die mit ihnen verbundenen Deutungsmuster und Verhaltensweisen Aspekte der urchristlichen Glossolalie erhellen können, werden sie im folgenden besprochen. Ein guter Überblick ist G. DAUTZENBERG: Art. Glossolalie, RAC XI, 225–246.

[10] Vgl. E. R. DODDS (ed.): Euripides Bacchae, Oxford 1944, ²1960, besonders die Einleitung S. XI–L.

irrationalen Mächten behaupten will, ihnen aber gerade dabei verfällt. Denn ausgerechnet Pentheus, der entschlossene Kämpfer gegen triebhaften Rausch, wird von diesem infiziert, wenn er sich ausschweifenden Phantasien von einem großen „Morden" unter den ekstatischen Frauen hingibt (Bacch 796 f.) und schon äußerlich sichtbar die Prämissen des Gegners übernimmt, indem er sich in Frauenkleidern verkleidet. Er wiederholt damit das Schicksal seiner Mutter. Einst war auch die Mutter skeptisch gegenüber dem Gott eingestellt. Aber auch sie wird bestraft. Sie wird zum Symbol einer unbewußt im Menschen liegenden Ausartungsbereitschaft, die selbst die Mutter-Kind-Beziehung zerstören kann. Unbewußte aggressive Impulse entfalten sich im ekstatischen Zustand und setzen sich gegen tief verwurzelte moralische Bindungen durch. Es kann kein Zweifel daran bestehen: Der bacchantische Rausch ist ein Durchbruch unbewußter Triebdynamik. Oder genauer: Der dionysische Kult ist Ritualisierung unbewußter Antriebe und damit zugleich eine sozial anerkannte Art, sie zu kanalisieren, zu bearbeiten und zu bewältigen[11].

Die Pentheussage ist strukturell der Sage von den Minyaden vergleichbar. Die Töchter des Minyas von Orchomenos verweigern sich im Gegensatz zu anderen Frauen der dionysischen Ekstase und ziehen es vor, ihre häuslichen Pflichten zu erfüllen, werden aber vom Gott mit Wahnsinn bestraft und töten in der Ekstase eines ihrer Kinder. Von den anderen ekstatischen Frauen dieses Frevels wegen abgelehnt, werden sie in Vögel verwandelt[12]. Wieder verfallen gerade die, die sich – wie es in einer Version der Sage[13] heißt: aus Liebe zu ihren Männern – dem ekstatischen Wahnsinn verweigern, am schlimmsten seinen destruktiven Kräften. Die bewußte Welt, symbolisiert durch die Erfüllung häuslicher Pflichten, wird durch einen Aufstand des Unbewußten zerstört. Aus Plutarch wissen wir, wie wenig solche Raserei ein rein literarisches Motiv war. Im böotischen Orchomenos, der Stadt des Minyas, feierte

---

[11] Diese Deutung des Dionysoskultes basiert auf E. R. DODDS: Die Griechen und das Irrationale, Darmstadt 1970 (engl. 1951), 48–52; 141–149: „Im Dionysoskult bot sich die Gelegenheit, ... Triebkräfte in ritualer Form abzureagieren" (S. 48). Abreaktion befreit jedoch nicht vom Triebdruck. Die dionysischen Mythen erzählen immer wieder von der Ahndung von Verbrechen, die im bacchantischen Rausch begangen wurden. Man mußte vor ihnen warnen.

[12] Die Sage wird hier nach Ael var hist 3,42 wiedergegeben. Die Frauen töten das Kind in der Meinung, es sei ein Hirschkalb. Anders Plutarch, mor 299 e f.: Die Frauen losen um das zu tötende Kind. Ovid (met IV,1–40.390–415) läßt das Motiv des Kindermords ganz weg. Die Sage gehört zum Agrioniafest. Zu dessen psychologischer Deutung vgl. W. BURKERT: Homo necans. Interpretationen altgriechischer Opferriten und Mythen, RVV 32, Berlin 1972, 194 ff.

[13] So in der Fassung bei Aelianos (var hist 3,42).

man noch zu seiner Zeit ein Dionysosfest, bei dem einmal ein Priester eine der Frauen aus dem Geschlecht der Minyaden mit dem Schwert tötete[14]: Die auf der ganzen Gesellschaft lastenden Angstgefühle gegenüber den Kräften des Irrationalen wurden hier symbolisch unterdrückt: In der einen Frau wurde die Ausartungsbereitschaft aller „getötet". Das Opfer aber ist bezeichnenderweise eine von denen, die sich der ritualisierten Ekstase verschlossen haben. Auflehnung gegen die irrationalen Mächte ist gefährlicher als ein Arrangement mit ihnen[15].

Schon die Antike hatte also ein deutliches Gespür für die unheimliche Seite der dionysischen Ekstase. Das zeigt auch der Bacchanalienskandal in Rom (185 v. Chr.). Der aus dem Osten neu eingeführte Dionysoskult hatte sich in Rom bald auch Männern geöffnet und zu Ausschweifungen sexueller und aggressiver Art geführt, wenn wir dem Bericht des Livius glauben dürfen:

„Seitdem die gottesdienstlichen Feiern gemeinschaftlich gehalten werden, Männer und Frauen vereint seien und die Zügellosigkeit der Nacht hinzugekommen sei, gebe es keine Übeltat, keine Schande, die man dort unterlassen hätte. Die Unzucht der Männer untereinander sei größer als die mit Weibern. Wenn einer zu wenig geduldig für die Schandtaten sei und zu träge für die Übeltat, würde er als Schlachtopfer umgebracht. Nichts für Sünde zu halten, sei unter ihnen der höchste Gottesdienst. Die Männer weissagten wie geistesschwach, mit entzückten Körperbewegungen, die Frauen eilten in der Tracht von Bacchantinnen fliegenden Haares mit lodernden Fackeln zum Tiber, tauchten die Fackeln ins Wasser und zögen sie wieder brennend heraus, weil natürlicher Schwefel mit Kalkstein darinnen sei."
(Liv. 39,13)

Natürlich wird man kritisch fragen müssen, wieweit diese Zeugenaussagen einer Hispala vor Gericht nicht übertreiben. Die Tendenz jedoch ist eindeutig: Die Geschlechtsrollenidentität wird aufgelöst, die Überwindung moralischer Hemmungen als befreiend erfahren, die Ekstase als Begabung mit prophetischer Kraft erlebt. Der Senat verbot die Mysterien (Dessau Nr. 18). Der erste Versuch, eine Ritualisierung der unbewußten Ausartungsbereitschaft des Menschen in Rom einzuführen, war mißlungen: Die Ausartungsbereitschaft war wohl kräftig stimuliert

---

[14] Plut mor 299 e f.: Der Brauch sagte nur, daß eine Frau getötet werden konnte. Üblicherweise geschah das jedoch zu Plutarchs Zeiten nicht. Als nämlich ein Priester tatsächlich eine Frau tötet, führt das dazu, daß der Priesterfamilie das Priestertum genommen wird.
[15] Vergleichbar ist ferner der Proitidenmythos: Die drei Töchter des Proitos verachten den Dionysoskult, werden daher vom Wahnsinn befallen und töten ihre Kinder. Melampus heilt sie von ihrem Wahnsinn. Dabei findet jedoch eine Frau den Tod (Apollod II,2).

worden, ihre soziale Bändigung aber scheiterte in der neuen Umgebung. Zunächst einmal haben die sozialen Sanktionen gewirkt.

Obwohl der Dionysoskult uralt war, gewann er doch erst im Laufe der Zeit an Bedeutung. Die aristokratische Gesellschaft der homerischen Epen nahm ihn kaum zur Kenntnis (doch vgl. Ilias 6,130ff.). Dionysos gehörte nicht zu den olympischen Göttern der Herrenschicht, sondern den chthonischen Göttern der unterworfenen Bauern[16], ganz unabhängig davon, daß sein Kult ein fremder Import (aus Thrakien oder Phrygien) war. Um so mehr verlangt die Karriere dieses Gottes eine Erklärung: Ein Unterschichtgott wird von der ganzen Gesellschaft akzeptiert – trotz anfänglichen Widerstandes[17]. Nach wie vor ist hier E. R. DODDS Erklärung bedenkenswert[18]: Je mehr die Gestaltung der Gesellschaft nach Regeln voranschritt, je mehr die gesellschaftlichen Normen verinnerlicht wurden – mit anderen Worten: Je mehr aus einer außengelenkten Schamkultur eine Schuldkultur wurde, um so größer mußte das Bedürfnis nach Befreiung vom Druck sozialer Normierung werden. Dionysos mochte ursprünglich ein Naturgott sein; jetzt wurde er zum Sozialgott, in dem die Gesellschaft ihre normwidrigen Impulse zum Ausdruck brachte und bearbeitete, all das, was wir als „Natur" in uns erleben, obwohl es in seiner Natürlichkeit doch immer schon sozial geprägt ist. In hellenistischer Zeit ist Dionysos ein beliebter Gott[19]. Sein Kult verwandelt sich allmählich. Im 2. Jahrhundert n. Chr finden wir in Athen einen dionysischen Kultverein, der sich durch strenge Disziplin und Ordnung auszeichnet (Ditt. Syll. 1109). Der ekstatische Kult ist erstarrt. Das Bedürfnis nach ekstatischer Befreiung vom Druck sozialer Normierung aber war nicht geringer geworden. Was lag näher, als daß neue Religionen in die Rolle des dionysischen Kultes eintraten? Warum sollte das Urchristentum nicht bieten, was Dionysos an Schwung verloren hatte?

---

[16] Vgl. W. K. C. GUTHRIE: The Greeks and their Gods, Boston 1955, 34f.; 301–304.

[17] Das Widerstandsmotiv findet sich in mehreren Dionysossagen, im Proitiden-, Minyaden- und Pentheusmythos, aber auch bei Homer (Il 6,130ff.). Spiegelt sich hierin der Widerstand gegen den fremden Kult? Vgl. M. P. NILSSON: Geschichte der griechischen Religion I, München 1955², 565; 611f. Zeigen sich in ihm soziale Spannungen, aber auch Integrationsprozesse? Vgl. die soziologische Analyse des Widerstandsmotivs bei P. McGINTY: Dionysos's Revenge and the Validation of the Hellenic World-View, HThR 71 (1978) 77–94.

[18] E. R. DODDS, Griechen, 48ff. Zum Übergang von einer „Schamkultur" zu einer „Schuldkultur"; vgl. dort S. 17–37. Bei diesem Übergang gab es Hilfe von zwei Seiten: von Apollon und Dionysos. „Jeder Gott suchte in seiner Weise den Ängsten abzuhelfen, die eine Schuldkultur kennzeichnen. Apollon versprach Sicherheit ..., Dionysos versprach Freiheit" (S. 48).

[19] Vgl. den Überblick bei H. KÖSTER: Einführung in das Neue Testament, Berlin 1980, 185–189.

Die ekstatischen Phänomene in der korinthischen Gemeinde lassen sich genetisch nicht aus dem Dionysoskult ableiten. Sozialpsychologisch aber haben beide religiöse Erscheinungen vergleichbare Funktion[20]. Hier wie dort dringt ein neuer Kult missionarisch vor. Hier wie dort ist Ekstase ein wichtiges Element der neuen Bewegung. Es gibt prophetische Gaben, eine sich vage abzeichnende Auflösung der Geschlechtsrollenidentität (1.Kor 11,2–16) und das befreiende Erlebnis einer Distanzierung von sozialen und religiösen Regeln: „Alles ist erlaubt!" (1.Kor 6,12). Außergewöhnliche sprachliche Äußerungen spielen hier wie dort eine Rolle, auch wenn es im Dionysoskult keine Glossolalie gab[21]. Vor allem aber ist bemerkenswert: Sowohl die bacchantische Ekstase wie das pneumatische Treiben in Korinth waren Phänomene einer kollektiven Ekstase. „Wenn aber nun die *ganze* Gemeinde zusammenkommt und *alle* sprechen in Zungen, es kommen aber Laien und Ungläubige hinein, werden sie nicht sagen: Ihr seid wahnsinnig! (μαίνεσθε)" (1.Kor 14,23). Gewiß schildert Paulus nur einen hypothetischen Fall. Faktisch sprachen nicht alle in Zungen (1.Kor 14,30). Aber es muß Tendenzen in Richtung auf eine unkontrollierte kollektive Ekstase gegeben haben (14,27). Die nächstliegende Analogie dazu wäre in Griechenland der dionysische Kult gewesen[22]. Ein Außenstehender hätte unwillkürlich den Christen eine rituelle μανία zuschreiben müssen. Und Paulus ist sich dessen wohl bewußt. Er dringt deswegen darauf, Zustände kollektiver Ekstase einzudämmen, um einzelnen pneumatischen Sprechern Gehör zu verschaffen.

Abschließend sei auf einige religionspsychologische Aspekte bacchantischen Rausches hingewiesen. Auf der einen Seite ist er Durchbruch und Ritualisierung irrationaler Triebdynamik. Gerade weil diese Deutung so plausibel erscheint, sei betont: Die Verhaltensweisen, in denen sich diese Triebdynamik äußert, sind sozial gelernt, basieren auf vorgepragtem Rollenverhalten, das sich durch Nachahmung ausbreitet. So

---

[20] So M. HENGEL: Der Sohn Gottes, Tübingen 1975, 48f. A. 56: „Da in der Kaiserzeit die dionysischen Thiasoi weitgehend zu großbürgerlichen Traditionsvereinen geworden waren . . ., wo ekstatische Erlebnisse zurücktraten, suchte man diese in neuen Kulten wie dem Urchristentum." HENGEL hält den Bacchanalienskandal in Rom für die nächste sachliche Parallele korinthischen Enthusiasmus.

[21] Nicht umsonst hat Dionysos den Beinamen ὁ Ἴακχος = der Schreier (z.B. Eur Bakch 725) oder ὁ Βρόμιος = der Lärmer (ebd. 375, 411 u.ö.). Das bacchantische Euoieuoi-Geschrei wurde als phrygischer Laut empfunden (Bakch 156). Im Wahnsinn wurden Prophetien geäußert (Bakch 286–289). Wenn Livius (39,8) schreibt „viros, velut mente capta, cum iactatione fanatica corporis vaticinari", so weist das kaum in Richtung auf klar artikulierte Äußerungen. Zungenrede aber war das alles nicht.

[22] Zur Verwandtschaft dionysischer und korinthischer Ekstase vgl. G. DELLING: Der Gottesdienst im Neuen Testament, Göttingen 1952, 45–47.

merkwürdig es klingt: Auch Ekstasen geschehen nach Schablone und lassen sich durch soziale Verstärkungen positiv wie negativ beeinflussen; ja ohne diese gegenseitige Verstärkung des ekstatischen Verhaltens in der bacchantischen Gruppe wäre das außernormale Erleben gar nicht denkbar. Deswegen ist Dionysos nicht einfach eine Chiffre für sozial verstärkte außernormale Zustände[23]. Er hat eine Beziehung zur Wirklichkeit. Außernormale Zustände öffnen den Blick für außergewöhnliche Wirklichkeitsaspekte. Dionysos symbolisiert die Ergriffenheit von der Ambivalenz destruktiver und kreativer Kraft in Natur und Gesellschaft. Diese Beziehung auf eine „objektive" Wirklichkeit ist jedoch dem ekstatischen Erleben nicht von vornherein mitgegeben. Vielmehr sei betont: Erst bestimmte kognitive Deutungen der Wirklichkeit verleihen dionysischer Ergriffenheit den Bezug zur objektiven Wirklichkeit. Erst Interpretationen geben dem Erleben Dauer. Erst sie machen einen psychischen Zustand zur Antwort auf eine Realität.

B. Platonische Inspiration

Wenn Paulus individuelle Formen der Ekstase dem kollektiven Rausch vorzieht, so steht er der Tradition platonischer Inspirationslehre[24] nahe. Plato unterscheidet einmal vier Arten göttlichen Wahnsinns (im Unterschied zum krankhaften Wahn): den prophetischen Wahnsinn, den Apollo eingibt, den kultischen des Dionysos, den poetischen der Musen und den von Eros und Aphrodite erzeugten erotischen Wahnsinn (Phaidr. 265b). Alle Formen göttlichen Wahnsinns sind durch einen „göttlich bewirkten Wandel in unseren gewohnten sozialen Normen" verursacht (Phaidr. 265a). Schon die Antike unterschied also zwischen dionysischer Ekstase und anderen Formen der Inspiration, die wir hier zusammenfassen können, weil ihr Ergebnis immer eine sprachliche Äußerung ist: ein Orakel, ein Gedicht, ein Gedanke! Modell der Inspiration sind Frauen; allen voran die delphische Pythia, dann die Priesterinnen von Dodona und die Sibylle (Phaidr. 244a).

Im folgenden können wir uns auf die Frage konzentrieren: Inwiefern enthält das Selbstverständnis platonischer Inspiration Hinweise darauf, daß die schöpferischen Impulse aus unbewußten Tiefen im Menschen auftauchen? Die Frage läßt sich präzisieren: Immer wieder heißt es,

---

[23] Vgl. die interessante Studie von P. MCGINTY: Interpretation and Dionysos. Method in the Study of a God. Religion and Reason 16, The Hague 1978, der mit Recht die Notwendigkeit einer verschiedenen Aspekten gerecht werdenden Deutung betont.
[24] Vgl. zum folgenden F. PFISTER: Art. Ekstase, RAC IV, 944–987; A. OEPKE: Art. ἔκστασις, ThW II, 447–457; E. R. DODDS, Griechen, 38ff.; 115ff. Speziell zu Plato vgl. H. GUNDERT: Enthusiasmos und Logos bei Platon, Lexis 2 (1949) 25–46.

Propheten, Dichter oder Philosophen wüßten nicht, was sie im Zustand der Inspiration sagen. Ist dieser Unwissenheitstopos ein Hinweis darauf, daß die Inspiration aus dem Unbewußten auftaucht? Sind lerntheoretische Deutungen deswegen fehl am Platz? Wird auf Inspiration doch gerade das zurückgeführt, was nicht (durch bewußte Anstrengung) erlernt werden kann!

Das Unwissenheitsmotiv begegnet zuerst in der Apologie des Sokrates. Sokrates hat vom delphischen Orakel den Spruch erhalten, er sei der weiseste aller Menschen. In seinen Gesprächen mit anderen Weisen überprüft er die Wahrheit dieses Spruches. Immer wieder kommt er zu dem Schluß: Die anderen wissen so wenig wie er. Er aber weiß darüber hinaus, daß er nichts weiß – und sei insofern weiser als alle anderen: als Staatsmänner, Dichter und Handwerker. Das Nichtwissen der Dichter wird mit dem ekstatischen Zustand der Inspiration in Verbindung gebracht: Sokrates kommt zu der Erkenntnis,

„daß sie nicht durch Weisheit dichteten, was sie dichten, sondern durch eine Naturgabe und in der Begeisterung, eben wie die Wahrsager und Orakelsänger. Denn auch diese sagen viel Schönes, wissen aber nichts von dem, was sie sagen. (ἴσασιν δὲ οὐδὲν ὧν λέγουσι)" (Ap 22 b/c)

Bei Sokrates ist Nichtwissen ein Makel. Von einer positiven Wertung der Inspiration ist noch nicht viel zu merken[25]. Aber schon in Ion 533d–535a wird das Unwissenheitsmotiv viel positiver bewertet. Der Dichter könne nicht dichten,

„bis er begeistert worden ist und bewußtlos (ἔκφρων) und die Vernunft nicht mehr in ihm wohnt (ὁ νοῦς μηκέτι ἐν αὐτῷ ἐνῇ). Denn solange er diesen Besitz noch festhält, ist jeder Mensch unfähig zu dichten oder Orakel zu sprechen." (Ion 534b)

Das hat eine positive Seite. Gott nimmt den Dichtern die Vernunft, um die Hörer gewiß zu machen,

„daß nicht diese es sind, welche das sagen, was soviel wert ist, denen ihre Vernunft ja nicht innewohnt, sondern daß der Gott selbst es ist, der es sagt und daß er nur durch diese zu uns spricht." (Ion 534c/d)

Es besteht ein paradoxer Zusammenhang zwischen der Unwissenheit des Menschen und seinem Erfülltsein von Gott. Der „Enthusiasmos"

---

[25] Noch deutlicher erscheint diese Abwertung des Nichtwissens bei Xenophon (mem III,9,6): „Sich nicht selbst erkennen und von dem, was man nicht wisse, zu glauben und anzunehmen, man wisse es, das lag nach seiner Meinung dem Wahnsinn sehr nahe." Von der Vorstellung eines gottgesandten Wahnsinnes, dessen göttliche Herkunft durch das Nicht-wissen des Menschen bestätigt wird, sind wir hier noch weit entfernt.

beweist jetzt nicht mehr die negativ zu bewertende Unwissenheit des Menschen – so bei Sokrates –, die „Unwissenheit" des Menschen im ekstatischen Zustand beweist vielmehr sein Erfülltsein von Gott. Um zu zeigen, daß die Dichter Sprecher der Gottheit sind, „hat recht absichtlich der Gott durch den schlechtesten Dichter das schönste Lied gesungen" (Ion 534e)[26]. Derselbe Gedanke begegnet im Menon. Plato behauptet hier entgegen der sokratischen Lehre, daß das gute Verhalten auf Wissen beruhe, Tugend sei ein göttliches Geschenk und werde unwissend ausgeübt:

„Mit Recht also würden wir sowohl die göttlich nennen, derer wir eben erwähnten, die Orakelsprecher und Wahrsager, als auch alle Dichtenden: Und auch den Staatsmännern könnten wir nicht am unverdientesten unter diesen dasselbe beilegen, daß sie göttlich sind und begeistert, angehaucht und bewohnt von dem Gotte, wenn sie durch Reden viele große Geschäfte glücklich vollbringen, ohne etwas eigentlich zu *wissen* von dem, worüber sie reden." (Menon 99c/d)

Man sollte nun annehmen, daß wenigstens die Philosophen wüßten, was sie tun und sagen. Aber auch das stellt Plato im Phaidros in Abrede. Die vom philosophischen Eros Ergriffenen geraten in einen göttlichen Wahnsinn, wenn sie die Erinnerung an die präexistente Ideenwelt und die Sehnsucht zu ihr überfällt:

„Wenige also bleiben übrig, denen die Erinnerung stark genug beiwohnt. Diese nun, wenn sie ein Ebenbild des dortigen sehen, werden entzückt und sind nicht mehr ihrer selbst mächtig, was ihnen aber eigentlich begegnet, *wissen* sie nicht, weil sie es nicht genug durchschauen . . ." (Phaidr 250a)

Plato wäre jedoch kein Philosoph, wenn er nicht prinzipiell auf einer rationalen Bearbeitung dessen beharrte, was in der Ekstase erfahren wird. Er fordert daher eine Interpretation des in der Ekstase Gesagten, sei es durch den inzwischen wieder nüchtern gewordenen Ekstatiker selbst, sei es durch einen anderen:

„Dem aber, der von Sinnen war und noch in diesem Zustande verharrt, kommt nicht die Aufgabe zu, über seine Gesichte und eigenen Aussprüche zu urteilen, sondern mit Recht und von jeher behauptet man, es komme allein dem Vernünftigen zu, das ihm Obliegende zu tun und sich selbst zu erkennen. Darum ist es auch Brauch, die Gilde der Verkünder (προφητῶν) zu Richtern über die gottbegeisterten Weissagungen zu bestellen, und sie selbst werden Wahrsager (μάντεις) von einigen genannt, denen es ganz unbekannt blieb, daß sie Dolmetscher (ὑποκριταί) der rätselvollen Stimme und Erscheinung, nicht aber Seher (μάντεις) sind und mit dem größten Rechte wohl Verkünder von

---

[26] Diese Paradoxie erinnert an den „Schatz in irdenen Gefäßen" in 2.Kor 4,7.

Wahrsagenden (προφῆται δὲ μαντευομένων) genannt werden dürften." (Tim 72 a/b)

Wahrscheinlich hat Plato hier die Praxis in Delphi vor Augen, wo Propheten oder Dichter die unverständlichen oder dunklen Aussagen der Pythia auslegten[27]. Für Plato steht solche Deutung auf einer Ebene mit der Traumdeutung (vgl. Tim 71 e). Wenn wir für die Traumdeutung anerkennen, daß sie eine Bewußtmachung unbewußter Inhalte vollzieht, so können wir das auch für die Deuter ekstatischer Äußerungen vermuten.

Das hellenistische Judentum hat die Inspirationslehre übernommen und auf die alttestamentlichen Propheten übertragen. Bei Philo ist der Rückgriff auf Plato unverkennbar[28]. Bei ihm wird das ekstatische Erfülltsein von Gott um so irrationaler, fremder und distanzierter gegenüber normalem Erleben, je transzendenter Gott der gesamten Welt – unter Einschluß der Ideenwelt Platos – gegenübersteht:

„Treffend weist also die Schrift auf den Gottbegeisterten hin mit den Worten: ‚Gegen Sonnenuntergang überfiel ihn eine Ekstase' (Gen 15,12), indem sie unseren Geist symbolisch ‚Sonne' nennt ... Solange noch unser Geist (νοῦς) nach allen Seiten hin leuchtet und eindringt, gleichsam Mittagshelle in unsere ganze Seele ergießt, sind wir in uns und nicht (von einem anderen) eingenommen; sobald er aber ‚untergeht', überfällt uns natürlich eine Ekstase, ein gottbegeistertes Eingenommensein und eine Verzückung. Sobald nämlich das göttliche Licht aufstrahlt, geht das menschliche unter; sobald jenes untergeht, erhebt sich dieses und geht auf. Das aber ist bei den Propheten gewöhnlich der Fall. Es entfernt sich der Geist in uns bei der Ankunft des göttlichen Geistes (ἐξοικίζεται μὲν γὰρ ἐν ἡμῖν ὁ νοῦς κατὰ τὴν τοῦ θεοῦ πνεύματος ἄφιξιν) und kommt wieder bei dessen Entfernung, denn Sterbliches kann füglich nicht mit dem Unsterblichen zusammenwohnen. Deshalb führt der ‚Untergang' der Vernunft und die sie umgebende Dunkelheit eine Ekstase und gottgetragene Verzückung herbei." (her 263–265)

Man könnte die Verschärfung des platonischen Inspirationsgedankens am Symbol der Sonne veranschaulichen. Bei Plato ist die Sonne ein Symbol der Idee des Guten, der Gottheit selbst (Pol 508 a–509 b). Der Weg des Philosophen führt von den dunklen Schatten der Höhle zur Klarheit des Lichts. Bei Philo aber kann die Sonne Symbol der menschlichen Vernunft sein[29]. Es muß Dunkelheit herrschen, damit die Gottheit

---

[27] E. FASCHER: ΠΡΟΦΗΤΗΣ. Eine sprach- und religionsgeschichtliche Untersuchung, Gießen 1927, 66–70, zu Platos Anschauungen von Mantik und Prophetie.
[28] Vgl. bes. her 68–70; op. 71. Zur allgemeinen Charakterisierung der philonischen Ekstase vgl. W. BOUSSET: Die Religion des Judentums im späthellenistischen Zeitalter, Tübingen 1966⁴, 449.
[29] Die Sonne kann jedoch auch Symbol Gottes sein, der alles durchschaut; vgl. somn I,90.

Einzug in die Seele nimmt. Ansonsten sind die Grundgedanken bei beiden dieselben: Beide betonen die Ersetzung des Ichs (der Vernunft) durch ein anderes Subjekt. Wie bei Plato begegnet auch bei Philo das Unwissenheitsmotiv:

> „Denn der Prophet verkündet überhaupt nichts Eigenes, er ist vielmehr nur der Sprecher, dem ein anderer alles in den Mund legt, was er vorbringt; wenn er begeistert wird, gerät er in Unwissenheit (ἐν ἀγνοίᾳ), da das Denken schwindet und die Burg der Seele verlassen hat, der göttliche Geist aber eingezogen ist und seine Wohnung darin aufgeschlagen hat; und dieser bringt den ganzen Stimmapparat zum Schallen und Tönen, so daß er deutlich zum Ausdruck bringt, was jener ihm vorsagt." (Philo spec IV,49)

Auch an anderer Stelle betont Philo: „Wer wirklich begeistert und des Gottes voll ist, kann das, was er sagt auch nicht begreifen" (spec leg I,65). Er ist passives Organ eines fremden Willens[30]. Sein Körper ist in einem Erregungszustand[31]. Er hat keine Macht über sich selbst. Dieses Bestimmtsein von einer fremden Macht kann so weit gehen, daß es sich gegen eine bewußte Intention durchsetzt. Philo veranschaulicht das an Balak, der gegen seinen Willen den Israeliten Gutes prophezeien muß. Der Engel sagt ihm:

> „... ich werde, ohne daß du ein Bewußtsein davon hast, dir eingeben, was gesagt werden muß, und deine Sprachwerkzeuge so wenden, wie es recht und nützlich ist; ich werde deine Rede lenken und alles mit deiner Zunge künden, ohne daß du es merkst." (vit Mos I 274)

Ähnlich beschreibt Josephus die Inspiration des Balak: Aus Balak spricht das πνεῦμα θεοῦ[32]; der Prophet aber ist sich seiner Worte nicht bewußt (οὐδὲν ἡμῶν εἰδότων) (ant 4,119).

Die platonisch-philonische Inspirationstradition wurde in der Alten Kirche aus dem hellenistischen Judentum übernommen. Die Propheten gelten als Werkzeug Gottes (Theoph. ad Autol II,9), als Flöte (Athen 9) oder Saiteninstrument (Hipp. Antichrist 2) der göttlichen Kraft. Montanus sieht den Menschen in völliger Passivität, wenn der Geist durch ihn spricht:

---

[30] Der Prophet sagt nichts Eigenes; vgl. spec leg I,65; her 259; praem 55; Mos I 281. 286.

[31] Vgl. ebr 157: „Den von Gott Begeisterten nämlich pflegt nicht nur die Seele in Erregung und gleichsam in Raserei zu geraten, sondern auch der Körper sich zu röten und zu glühen, da die innerliche Freude ihn von der Starrheit löst und erwärmt und das Ungestüm des Gefühls nach außen weitergibt; davon lassen sich viele Unverständige täuschen und mutmaßen dann, die Nüchternen seien trunken." Zum Topos der „nüchternen Trunkenheit" vgl. H. LEWY: Sobria ebrietas, BZNW 9, Berlin 1929.

[32] Das πνεῦμα θεοῦ gilt auch bei Philo als die göttliche Kraft im Propheten (her 265; Mos I, 175. 201. 277). Der Prophet gilt sogar als vergöttlicht (Qu Ex 2,29).

„Siehe, der Mensch ist wie eine Leier,
und ich fliege hinzu wie ein Schlegel.
Der Mensch schläft und ich wache.
Siehe, der Herr ist es, der die Herzen
   der Menschen erregt
und dem Menschen ein (neues) Herz gibt"
(Epiphan. haer 48,4,1)

Gerade bei dem uns interssierenden Unwissenheitsmotiv aber kommt es zu einem einschneidenden Wandel[33]. In Auseinandersetzung mit der montanistischen Prophetie wird es zum Kriterium zwischen wahrer und falscher Prophetie. War die „Unwissenheit" des Menschen einst Beweis seiner Ergriffenheit durch einen Gott, so wird sie im Christentum zum Zeichen seiner dämonischen Besessenheit, wie Origenes klar formuliert[34]:

„Von einem göttlichen Geiste läßt sich dann nicht sicher annehmen, daß er eine Person, die doch weissagen soll, verrückt macht und in Raserei versetzt, so daß sie gar nicht mehr weiß, was sie tut; es muß derjenige, auf welchen der göttliche Geist einwirkt ... dann die Dinge am klarsten sehen und erkennen, wenn sich die Gottheit ihm mitteilt." (Or c Cels VII,3)

Ist diese neue Entwicklung nur eine Folge antimontanistischer Polemik? Oder wurden im Laufe dieser Polemik Tendenzen sichtbar, die schon vorher vorhanden waren? Diese Frage wird uns später noch beschäftigen müssen.

Hier genügt ein kurzer Blick auf Paulus, um das Vorhandensein der platonischen Inspirationstradition zu belegen. Aus dieser Tradition stammt die Entgegensetzung von πνεῦμα und νοῦς. Für Paulus wie für die Korinther ist ekstatisches Reden ein Sprechen ohne νοῦς (1.Kor 14,14f.), das auf Interpretation angewiesen ist. Der Unwissenheitstopos begegnet nicht in 1.Kor 11–14, obwohl er in der Tradition immer wieder vorkommt. Doch ist Paulus der Topos bekannt, wie Röm 8,26f. zeigt: Die vom Pneuma getriebenen Christen wissen nicht, was sie beten

---

[33] Das Unwissenheitsmotiv findet sich bei christlichen und heidnischen Autoren des 2./3. Jh. n.Chr.; vgl. Tert anim 21; Ael Arist II,43 (ed. Lenz) = 45,11 (ed. Dindorf): Nach dem Offenbarungsvorgang wissen die Prophetinnen in Dodona nichts mehr von dem, was sie sagten: ὕστερον οὐδὲν ὧν εἶπον ἴσασιν. Aelios Aristides generalisiert diese Feststellung dann für alle göttlich eingegebene Weissagungen.

[34] Neben Origines ist zu nennen Joh Chrys hom 29 in ep ad Cor.; Epiphan haer 48,3–10. Aber auch Hippol Antichr 2 setzt voraus, daß der Offenbarungsempfang bei wachem Bewußtsein geschieht. Die Verbindung mit der antimontanistischen Polemik geht aus Eus hist eccl V,17,1 hervor: Gegen die Montanisten wurde behauptet, „daß ein Prophet nicht in Ekstase reden dürfe". Hinzu kommt wahrscheinlich, daß das Bild der prophetischen Inspiration immer mehr von den Schriftpropheten des Alten Testaments bestimmt wird.

sollen, wie sichs gebührt. Darum tritt das göttliche Pneuma selbst „mit unaussprechlichen Seufzern" für sie ein.

Religionspsychologisch ist die platonische Inspirationstradition in verschiedener Hinsicht aufschlußreich: Der immer wiederkehrende Unwissenheitstopos läßt die Vermutung zu, daß in der Ekstase unbewußte Inhalte hervorbrechen. Jedoch wäre es vorschnell, zugunsten solch einer psychodynamischen Deutung den Einfluß sozialen Lernens zu unterschätzen. Besonders bei der poetischen Inspiration ist die Kraft von Vorbildern unverkennbar[35]:

„Viele Autoren nämlich werden ergriffen von einem fremden Anhauch der sie inspiriert – genauso, wie man es von der pythischen Priesterin sagt: wenn sie dem Dreifuß naht, über dem Erdspalt, aus dem, wie es heißt, der göttliche Atem emporsteigt, dann wird sie von dort mit der dämonischen Macht geschwängert und kündigt sogleich die eingegebenen Weissagungen. So entströmen wie aus heiliger Tiefe dem Genius der Alten Kräfte und dringen in die Seelen derer, die ihnen nachstreben. Selbst wer sonst nicht leicht in Verzückung gerät, läßt sich unter dem Anhauch fremder Größe zur Begeisterung hinreißen." (Ps-Longinus 13,2)

Wieder treffen wir auf das Phänomen einer „Ekstase nach Schablone". Aber auch damit ist nicht alles gesagt. Der Gedanke einer Inspiration durch göttliches Pneuma begegnet in der Antike in sehr verschiedenen Deutungsrahmen. Ob man in der Ekstase Weissagungen ausspricht, zur Schau der Ideenwelt gelangt, zu poetischen Werken angefeuert wird oder an der Sprache der Engel teilnimmt, das ist keine sekundär zum psychischen Vorgang hinzutretende Deutung, sondern ein kognitiver Rahmen, welcher von vornherein Erleben und Verhalten der Menschen bestimmt.

Gerade zur Erhellung des kognitiven Aspektes urchristlicher Ekstase ist die platonische Deutungstradition aufschlußreich. Von der dionysischen Tradition einer kollektiven Ekstase konnten die von Paulus antizipierten Reaktionen Außenstehender verständlich gemacht werden. Die platonische Deutungstradition vermag dagegen das Selbstverständnis urchristlicher Zungenredner zu erhellen. Jedoch sind damit wesentliche Züge der Zungenrede noch nicht historisch eingeordnet. Ein entscheidender Unterschied zur platonischen Inspiration besteht darin, daß jene zu verständlichen Äußerungen führt, Zungenrede dagegen unverständlich ist.

---

[35] Ähnlich schon Plat leg 719c: Der Dichter ist wie die Pythia auf dem Dreifuß nicht bei Sinnen: „Und da seine Kunst eine Nachahmung ist, so muß er, wenn er Menschen mit einander widersprechenden Gesinnungen darstellt, zwangsläufig sich selbst oft widersprechen und weiß nicht, ob die eine oder die andere ihrer Äußerungen die Wahrheit ist." Auch hier ist Inspiration und Mimesis (jedoch nicht als Nachahmung von Vorbildern) verbunden.

C. Apokalyptische Himmelssprache

Eine Analogie zum linguistischen Phänomen der Glossolalie findet sich erst in jüdisch-apokalyptischen Vorstellungen von einer dem Menschen nicht zugänglichen Himmelssprache. Im SlavHen wird Henoch in den Himmel versetzt, wo er den Gesang der Engel hört: „Sie singen und jubilieren miteinander; ihr Gesang ist unbeschreiblich" (SlHen 19,6, vgl. 17). Paulus kennt vergleichbare Traditionen. Er wurde bis in den dritten Himmel entrückt und hörte dort ἄρρητα ῥήματα „unaussprechliche Worte" (2.Kor 12,4). Glossolalie ist für ihn eine Engelssprache (1.Kor 13,1). Auch sonst weiß das Urchristentum etwas von einer himmlischen Sprache: In der JohApk ertönt im Himmel ein „neues Lied", das niemand lernen kann, es sei denn, er habe auf Erden strenge sexuelle Askese geübt (Apk 14,3).

Bei den meisten Belegen handelt es sich freilich nur um das passive Vernehmen einer unverständlichen Himmelssprache. Eine Ausnahme ist 1.Kor 13,1. Im TestHiob aber finden wir den gesuchten Beleg dafür, daß Menschen schon auf Erden in einem ekstatischen Zustand diese Himmelssprache sprechen. Vor seinem Tod vererbt Hiob seinen Töchtern einen wunderkräftigen Gürtel. Hiob wurde durch ihn geheilt (47,6–8). Er hat prophezeiende Kraft (47,9). Als ihn die Töchter anlegen, verwandelt er ihr Herz und läßt sie in himmlischer Sprache reden:

„Also stand die erste (der drei Töchter), Hemera genannt, auf und legte sich ihr Band um, wie der Vater gesagt hatte. Und sie bekam ein anderes Herz, so daß sie nicht mehr an irdische Dinge dachte. Sie redete begeistert in engelhafter Sprache und schickte ein Lied zu Gott empor gleich dem Gesang der Engel. Und die Lieder, die sie begeistert sang, ließ der Geist auf ihrer Säule einprägen." (48,1–3)

Ebenso werden die beiden anderen Töchter ekstatisch verwandelt und besingen in der Sprache der „Archai" (49,2) und der „Cherubim" (50,2) das Werk der Himmel bzw. die Herrlichkeit der himmlischen Mächte. Es gibt also auch hier verschiedene γένη γλωσσῶν (1.Kor 12,10). Und auch hier folgt – ebenso wie in 1.Kor 14 – nachträglich eine Deutung in Gegenwart des heiligen Geistes (51,3f.). Weitere Analogien zwischen korinthischer Glossolalie und der apokalyptischen Himmelssprache im TestHiob sind: Auch in Korinth wußte man die Engel im Gottesdienst nahe (1.Kor 11,10). Die Beziehung zu ihnen wird durch ein Kleidungsstück beeinflußt: In Korinth durch die Kopfbedeckung der Frauen, im TestHiob durch einen wundertätigen Gürtel. Hier wie dort spielen Frauen eine besondere Rolle. Hier wie dort werden paralinguistische Erscheinungen als „Engelsprache" aufgefaßt. Aus solchen Analogien kann keine Genealogie erschlossen werden. Dazu fehlen die äußeren

Voraussetzungen. Das TestHiob ist weder sicher datierbar noch lokalisierbar[36]. Sprache und Stil weisen eher in nachneutestamentliche Zeit. Ob es innerhalb des Judentums glossolale Erscheinungen vor dem Urchristentum gab, entzieht sich unserer Kenntnis[37]. Jedoch läßt sich das TestHiob als Sachparallele auswerten. So gibt es deutliche Hinweise darauf, daß die Himmelssprache in einem veränderten psychischen Zustand gesprochen wird. Die Töchter Hiobs erhalten ein anderes „Herz". Es fehlen freilich Hinweise auf unbewußte Prozesse. Nur Paulus deutet sie an. Ob seine Entrückung „im Körper oder außerhalb geschah, ich weiß es nicht, Gott weiß es" (2.Kor 12,2f.). Die Himmelssprache führt in einen Raum, den das Alltagsbewußtsein des Menschen nicht durchdringt, den der allwissende Gott jedoch durchschaut. Er weiß besser um den Zustand des Menschen Bescheid als der betreffende Mensch selbst. Diese Kombination einer menschlichen Bewußtseinsgrenze mit der göttlichen Allwissenheit ist eine entscheidende religionsgeschichtliche Voraussetzung für die Aufdeckung des Unbewußten.

Spricht somit manches für eine psychodynamische Auffassung der „Himmelssprache" als einer Sprache des Unbewußten, so gibt es doch auch für eine lerntheoretische Sicht Anhaltspunkte: Die Himmelssprache ist an einen materiellen Stimulus gebunden, an den wunderbaren Gürtel. Sie versteht sich selbst als Nachahmung der Engelssprache, ist aber auch in einem viel näherliegenden Sinne Nachahmung: Eine Tochter ahmt die andere nach.

Wir können unsere Traditionsanalyse zur Glossolalie nun zusammenfassen. Die dionysische Tradition erklärt mögliche Interpretationsmuster Außenstehender angesichts Tendenzen zur kollektiven Ekstase in Korinth. Hier wird vor allem der soziale Aspekt der Glossolalie angesprochen. Die platonische Inspirationstradition erhellt das Selbstverständnis der Glossolalen: Ihr Sprechen ist Äußerung göttlichen Geistes, welcher die menschliche Vernunft ausschaltet. Hier werden grundsätzliche anthropologische Aspekte der Ekstase reflektiert. Die Tradition einer apokalyptischen Himmelssprache vermag dagegen das linguisti-

---

[36] Vgl. zu diesen Fragen B. SCHALLER: Das Testament Hiobs, JSHRZ III,3, Gütersloh 1979, 309–312.

[37] R. A. HARRISVILLE: Speaking in Tongues. A lexigraphical study, CBQ 38 (1976) 35–48, meint nachweisen zu können, daß der Begriff „Zungenreden" auf die Qumrangemeinde zurückgeht und die Sache womöglich schon in ihr praktiziert wurde. Die Übereinstimmung des Jesajazitats Jes 28,11 in 1 QIs[a] mit 1.Kor 14,21 und Aquila ist dafür aber eine allzu dürftige Basis, zudem Jes 28,11 in 1 QH II,18; IV,16 ähnlich wie in der LXX zitiert und auf Lügenpropheten bezogen wird. Zum Problem vgl. O. BETZ: Zungenreden und süßer Wein, in: Bibel und Qumran, FS H. Bardtke, Berlin 1968, 20–36.

sche Phänomen der Glossolalie zu beleuchten: Die unverständliche Sprache ist Engelssprache.

In allen drei Traditionsbereichen fanden sich Hinweise dafür, daß im ekstatischen Sprechen unbewußte Prozesse zum Ausdruck kommen. Überall begegnet das Unwissenheitsmotiv: Im bacchantischen Rausch vollbrachte Verbrechen geschehen ohne Wissen (d. h. ohne bewußte Steuerung und unter dem Einfluß einer verzerrten Wahrnehmung). Während der Inspiration des Propheten, Poeten oder Philosophen wissen diese selbst nicht, was mit ihnen geschieht. Sie sind auf nachträgliche Deutung angewiesen. Die apokalyptische Himmelssprache setzt ein verändertes Herz voraus. Immer kommt etwas zum Vorschein, das sich unserem Alltagsbewußtsein entzieht, mögen es nun archaische Ausartungstendenzen oder himmlische Wonnen sein. Aber es wäre voreilig, ekstatische Phänomene deshalb ausschließlich von psychodynamischen Ansätzen zu deuten. Vielmehr hatten wir gesehen, daß Ekstase sozial gelernten Mustern folgt. Sie geschieht nach Vorbild. Entscheidend ist: Ekstatische Zustände haben einen ganz verschiedenen Stellenwert je nach ihrer Deutung. Sie spielen sich immer in einer gedeuteten Welt ab.

Unsere Aufgabe ist es nun, das Phänomen der Glossolalie systematisch von den drei skizzierten religionspsychologischen Ansätzen her zu diskutieren: als gelerntes Verhalten, als Sprache des Unbewußten und als gedeuteten Vorgang.

III. Psychologische Analyse

A. Lerntheoretische Aspekte der Glossolalie

Glossolalie ist sozial gelerntes Verhalten, das beim Übertritt in eine neue religiöse Gemeinschaft erworben wird[38]. Von einem lerntheoretischen Ansatz her müssen wir fragen: Welche Stimuli, Verstärker und Modelle rufen glossolales Verhalten hervor? Welche schränken es ein?

---

[38] W. J. SAMARIN: Glossolalia as Learned Behaviour, CJT 15 (1969) 60–64: Einerseits kann Glossolalie nicht wie eine Fremdsprache gelernt werden. „But in another sense there is learning; there must be, because the acquisition is generally associated with becoming a member of a social group with its own patterns of behaviour and values" (S. 60f.). SAMARIN legt den Akzent auf direkte Stimulierung des Verhaltens durch Befehle und Ermutigung. N. S. HOLM: Das Zungenreden bei Anhängern der Pfingstbewegung im schwedischsprachigen Gebiet Finnlands, ARPs 13 (1978) 224–238, bes. 234–238, betont die Bedeutung symbolischer Modelle für das Erlernen der Zungenrede: Sie wird durch biblische Texte angeregt und verstärkt. J. P. KILDAHL: The Psychology of Speaking Tongues, New York 1972, 41. 45, betont S. 50 die Bedeutung realer Modelle. Zungenrede entfaltet sich fast immer in Abhängigkeit von einer autoritativen Bezugsperson.

In der korinthischen Situation kommen als verhaltensbestimmende Faktoren Paulus, die nichtchristliche Umwelt und innergemeindliche Gruppenbildungen in Frage. Alle drei Faktoren seien im folgenden auf ihre sozialpsychologische Bedeutung für die Glossolalie hin untersucht.

a) Paulus als Modell?

Die korinthische Korrespondenz des Paulus ist in sich ein wertvolles Dokument für Verhaltensbeeinflussung. Paulus will in 1.Kor 12–14 glossolales Reden einschränken. Sein zentrales Problem ist nicht die Glossolalie selbst, sondern ein in Korinth entstehendes soziales Verstärkungssystem, das der Glossolalie einen übertriebenen Wert zulegt und damit dieses Verhalten mehr als angemessen fördert.

Zunächst versucht Paulus, die Stimuli zu glossolalem Verhalten zu beeinflussen. Er assoziiert sie mit den „leblosen Götzenbildern", die auch im Heidentum ekstatisches Verhalten hervorrufen (1.Kor 12,2). Nicht nur der Geist, sondern auch Dämonen können ekstatisches Sprechen verursachen. Damit geraten alle Auslöser ekstatischen Sprechens ins Zwielicht. Welche Auslöser konkret wirksam waren, entzieht sich unserer Kenntnis. Jedoch nennt Paulus ein Beispiel: die Kopfbedeckung der Frau. Das Abnehmen der Kopfbedeckung ist nach 1.Kor 11,2ff. ein Stimulus für Gebet und Prophetie. Paulus wittert hier dämonische Kräfte: Die Kopfbedeckung diene als „Macht", um die Frau vor dämonischen Engeln zu schützen. Ist die betende und prophezeiende Frau aber dämonischen Kräften zugänglich, wer kann dann sicher sein, daß aus ihr der Geist Gottes und nicht ein Dämon spricht? Wir sehen, wie Paulus vorhandene Stimuli zu ekstatischem Verhalten durch mehr oder weniger einleuchtende Assoziation uminterpretiert.

Das Hauptanliegen des Paulus liegt aber darin, durch Argumentation die soziale Verstärkung glossolalen Verhaltens zu reduzieren. Er schlägt dabei zwei Strategien ein: Einmal nimmt er eine eindeutige Hierarchisierung vor. Prophetie ist der Glossolalie überlegen, die Liebe aber übertrifft alle charismatischen Gaben. Damit wird die Glossolalie relativiert, aber auch in die Gemeinde integriert. Der zweite Vorschlag steht damit in Spannung: Er läuft auf die Privatisierung der Glossolalie hinaus. In der Gemeinde ist Glossolalie ohne konstruktiven Wert, mag sie für den einzelnen auch noch so wertvoll sein (1.Kor 14,4.19). Daher soll sie soweit wie möglich aus dem Gemeindeleben ausgeschlossen werden. Hier greift Paulus ein Problemlösungsmodell auf, das er auch an anderer Stelle im 1.Kor angewandt hat: Treten Probleme auf, die das Zusammenleben verschiedener Gruppen in der Gemeinde belasten, so verlagert er sie in den Privatbereich einzelner Gemeindeglieder. So sollen die

Reichen zu Hause essen, damit es keine Spannungen zwischen ihnen und den Armen beim Herrenmahl gibt (1.Kor 11,34). Oder sie mögen ruhigen Gewissens an privaten Mahlzeiten mit Opferfleisch teilnehmen (1.Kor 10,23 ff.); problematisch sind nur öffentliche Mahlzeiten im Tempel (1.Kor 8,7–13). Ähnlich verhält es sich bei der Zungenrede: Für sich mag hier jeder, soviel er Lust hat, tätig werden. Im privaten Bereich aber entfallen alle sozialen Verstärkungen. Damit wird die Auftretenswahrscheinlichkeit glossolalen Verhaltens deutlich gemindert.

Schließlich entfaltet Paulus zwei Modelle. Einmal ein symbolisches Modell: Schon Gott sprach in fremder Sprache zu den Menschen. Aber es war vergeblich (Jes 28,11 = 1.Kor 14,21). Dieses Schriftzitat könnte einmal im Sinne einer positiven Apologie der Zungenrede gegenüber unverständigen „Outsidern" verwandt worden sein[39]. Hier aber will es die Zungenrede einschränken. In diesem Sinne wirkt auch das zweite Modell: Paulus selbst. Mehr als alle anderen spricht Paulus in Zungen, aber innerhalb der Gemeinde zieht er verständliche Rede vor (1.Kor 14,19). Er würde niemandem nutzen, wenn er seine Botschaft in Zungenrede ausrichten würde (1.Kor 14,6).

Wir sehen, wie Paulus Stimuli, soziale Verstärkungen und Modelle in seinem Sinne zu beeinflussen versucht, um glossolales Verhalten zurückzudrängen. Nur indirekt erfahren wir etwas über jene Faktoren, welche es fördern. Ihnen wenden wir uns nun direkt zu.

b) Die Unterscheidung von der Umwelt

Glossolalie ist ein gruppenspezifisches Verhalten, welches das Urchristentum von der Umwelt unterscheidet. Es schafft unter den Gemeindegliedern ein emotionales Band, nicht zuletzt dadurch, daß nur Christen die Gabe der Glossolalie besitzen. Die entscheidende soziale Verstärkung glossolalen Verhaltens liegt darin, daß sie Symbol der Gruppenzugehörigkeit ist (oder sein kann).

Es liegt dann aber folgende Hypothese nahe: Muß diese Zugehörigkeit zur Gemeinschaft nicht beim Übertritt in die Gemeinschaft sichtbar symbolisiert werden? Man darf vermuten: Überall dort, wo ein bestimmtes Verhalten einen hohen sozialen Wert hat und eindeutig von der Umwelt unterscheidet, werden sich formelle oder informelle Initiationsriten entwickeln, bei denen das betreffende Verhalten eine Rolle spielt[40]. Auf die korinthische Gemeinde übertragen heißt das: In Korinth

---

[39] J. P. M. SWEET: A Sign for Unbelievers: Paul's Attitude to Glossolalia, NTS 13 (1966/7) 240–257, bes. 243 f.: Das Schriftzitat sollte einmal die christliche Glossolalie gegenüber jüdischen Angriffen verteidigen.
[40] L. P. GERLACH/V. H. HINE: People, Power, Change, New York 1970, 119–135,

waren die Bedingungen für eine Tendenz vorhanden, Glossolalie zum entscheidenden Kriterium der Gruppenzugehörigkeit zu machen. Einige werden wohl gesagt haben: Wer sich der Gemeinde anschließen will, ist dann voll aufgenommen und akzeptiert, wenn er glossolales Verhalten zeigt (oder zu erkennen gibt, daß er glossolales Verhalten versteht). Glossolalie wäre dann in diesem Sinne ein „σημεῖον für die Gläubigen" (V. 22). An ihm könnte man erkennen, daß Neuhinzugekommene wirklich den Weg zur Gemeinde gefunden hatten. Paulus will dagegen der Prophetie diese Aufgabe zuteilen: Sie offenbart das „Verborgene des Herzens" bei den Neuhinzugekommenen und ermöglicht somit ein Urteil über sie. Folgende Argumente seien zugunsten dieser Hypothese angeführt:

1. In der Apg hat die Zungenrede tatsächlich eine beglaubigende Funktion. Sie ist sichtbarer Beweis des Geistbesitzes und legitimiert die Aufnahme von Samaritanern (Apg 8,14–24)[41], Heiden (10,44–48; 11,15–17) und Johannesjüngern (Apg 19,1–7) in die Gemeinde. Nun stammt „Lukas" zweifellos aus dem Bereich des paulinischen Christentums. Er könnte Anschauungen wiedergeben, die in einigen paulinischen Gemeinden populär und möglicherweise auch in Korinth verbreitet waren.

2. Der uneinheitliche Gebrauch des Begriffs πνεῦμα und πνευματικός wird verständlich: Einerseits galten nur die Zungenredner als Pneumatiker (14,37); andererseits besaß jeder Getaufte das Pneuma (12,13). Jeder, der Jesus als Herrn bekannte, gehörte zur Gemeinde und war Pneumatiker (12,1–3). Hier wird ein Streit um die Gemeindegrenze sichtbar. Einige versuchten tendenziell, Glossolalie als Kriterium für den „wahren Christen" einzuführen. Ob ein schon vorher vorhandener uneinheitlicher Pneumabegriff diese Tendenz gefördert hat oder deren Ausdruck ist, kann auf sich beruhen.

3. Verständlich wird ferner, daß der Übertritt zur Gemeinde in Stufen zu geschehen scheint. Paulus unterscheidet: Gläubige, Laien und Ungläubige[42]. Der Laie gehört in gewisser Weise schon zur Gemeinde.

---

interpretieren Glossolalie als „commitment act", der Gruppenidentität und Zusammenhalt fördert. Die Übernahme eines sozial abweichenden Verhaltens ist „a bridge-burning act" (S. 125f.).

[41] In Apg 8,17 steht nichts, was direkt auf Glossolalie schließen läßt. Aber V. 18 setzt voraus, daß man den Empfang des Geistes sinnlich konstatieren kann. Deshalb liegt es nahe, auch hier an Zungenrede zu denken.

[42] So vor allem J. Weiss, 1.Kor, 329–331. Anders H. Conzelmann, 1.Kor, 286; H. Schlier: Art. ἰδιώτης, ThW III, 217. H. Lietzmann, Kor, 71ff., argumentiert: In V. 16 meine „Laie" alle Gemeindeglieder, die nicht die Gabe der Glossolalie besitzen, in V. 23f. sei dagegen Laie ein Synonym zum „Ungläubigen". Der Begriff „Laie" sei Selbstbezeich-

Von ihm kann theoretisch erwartet werden, daß er am Gebet durch ein responsorisches Amen teilnimmt (1.Kor 14,16). Das unterscheidet ihn vom Ungläubigen, der in V. 16 nicht neben dem Laien erscheint. Andererseits fehlt ihm etwas Wesentliches. Er erscheint in 14,23f. neben dem Ungläubigen. Nun liegt der in den Texten sichtbar werdende Unterschied zwischen dem Glaubenden und dem Laien in der Haltung zur Zungenrede. Der Laie versteht sie nicht (14,16–23). Unter den Geistbegabten aber hat jeder die Chance, sie zu verstehen. Wir formulieren daher die Hypothese: Der Laie ist derjenige, der schon zur Gemeinde gehört, aber noch keinen Beweis seines Geistbesitzes geliefert hat – einen Beweis, unter dem einige die Zungenrede verstehen. V. 16 ist dann aus der Perspektive derer formuliert, die Zungenreden oder andere pneumatische Gaben zum ausschlaggebenden Kriterium der Gemeindezugehörigkeit machen wollen. In V. 23f. will jedoch Paulus bestreiten, daß die Zungenrede das σημεῖον für die Gläubigen ist. Jeder, der wahrhaftig Gott anbetet (V. 25), gehört zur Gemeinde. Aus dieser Perspektive gibt es keine Dreiteilung: Unglauben, Anschluß an die Gemeinde, Glauben, sondern nur eine Zweiteilung: Unglauben oder Glauben. Laie und Ungläubiger können daher nebeneinander in V. 23f. erscheinen.

4. Falls Paulus gegen die Tendenz angeht, Zungenrede (oder eine andere sichtbare pneumatische Gabe) als Kriterium der echten Gemeindezugehörigkeit aufzufassen, wird der Widerspruch zwischen 1.Kor 14,22 und 24f. verständlich: Nach V. 22 ist die Prophetie für die Gläubigen da, nach V. 24f. wirkt sie aber gerade unter den Ungläubigen positiv. Paulus versteht den Satz so: Prophetie tritt an die Stelle der Glossolalie als „Erkennungszeichen für die Glaubenden" (d.h. für die Gemeinde). Prophetie ermöglicht es, sicher zu beurteilen, ob ein Ungläubiger zum Glauben gekommen ist (v. 24f.). Sie ist nicht in dem Sinne ein Erkennungszeichen, daß alle prophezeien (anstatt mit Zungen

nung, der Begriff „Ungläubiger" dagegen Fremdbezeichnung. Dagegen sprechen zwei Argumente:

1. Die Formulierung „den Ort des Laien ausfüllen" läßt in V. 16 entweder an einen bestimmten Platz oder eine Rolle denken, die von verschiedenen Personen ausgefüllt werden können. Vgl. zu τόπος im Sinne einer sozialen Rolle Apg 1,25; IgnSm 6,1; 1.Klem 40,5; Epikt. II,4,5. Der Begriff ἰδιώτης ist inschriftlich für Kultteilnehmer, die keine Vereinsmitglieder sind, belegt (OGIS 90,52; SIG 1013,6; 736,16ff.).

2. Die variierte Reihenfolge in V. 23 und V. 24 erklärt sich wohl so, daß auf den zuletzt Genannten der Inhalt des folgenden Hauptsatzes in besonderer Weise zutrifft: Vor allem der Ungläubige sieht in der Zungenrede Wahnsinn; vor allem der Laie wird durch die Prophetie „überführt und geprüft". Dabei rechnet Paulus selbstverständlich damit, daß auch der mit dem Christentum Sympathisierende (der Laie) von der Glossolalie abgestoßen werden kann und auch der Ungläubige durch die Prophetie direkt zum Glauben kommen kann.

zu reden) und so ihren Geistbesitz demonstrieren, sondern daß die Neuhinzugekommenen von Propheten beurteilt werden. Paulus sagt daher in V. 22 auch nicht direkt, Prophetie sei in demselben Sinne ein σημεῖον wie die Glossolalie. Bei der Feststellung über die Prophetie wiederholt er den Begriff σημεῖον nicht, sondern sagt allgemein: Prophetie sei für die Gläubigen da.

5. Daß die Bedeutung der Zungenrede als Kriterium für die Gruppenzugehörigkeit der Streitpunkt in Korinth war, geht schließlich auch aus 1.Kor 12,1–3 hervor. Paulus stellt hier klar: Entscheidendes Kriterium ist das Bekenntnis zum Kyrios Jesus. Dies Bekenntnis verbürgt den Geistbesitz, der sich in mannigfacher Weise äußern kann und nicht nur in Form der Zungenrede.

Fassen wir zusammen: In Korinth gab es eine (nicht unumstrittene) Tendenz, Zungenrede zum Kriterium des Geistbesitzes und der Zugehörigkeit der Gemeinde zu machen. Zungenrede schuf als Sondersprache eine eindeutige Abgrenzung zur Umwelt und konnte das emotionale Zusammengehörigkeitsgefühl der Gruppe stärken. Daß es Außenstehende abstoßen mußte, kann man bezweifeln: Der Reiz des Fremden wirkt immer anziehend, zumal in einer Kultur, welche von den Segnungen der göttlichen μανία wußte. Die korinthische These lautete wahrscheinlich: Zungenrede ist ein Erkenntnismerkmal für die Gläubigen. Hätte sich diese Tendenz durchgesetzt, so wäre Zungenreden mehr als alles andere Verhalten sozial verstärkt worden[43]. Dagegen argumentiert Paulus: Zungenrede ist wohl ein (negatives) Abgrenzungsmerkmal der Christen von der Umwelt, aber es ist deshalb kein positives Kriterium für die Zugehörigkeit zur Gemeinde. Das emotionale Band in der Gemeinde hängt nicht von einem einzigen bei allen Gemeindegliedern vorhandenen Verhaltensmerkmal ab. Der Geist zeigt sich in verschiedener Weise. Ob jemand wirklich zur Gemeinde gehört oder nicht, vermag Prophetie besser zu entscheiden. Die Reaktion auf Prophetie soll daher das entscheidende Kriterium bei der Beurteilung neu Hinzugekommener sein.

c) Innergemeindliche Gruppierungen

Zungenrede diente der Abgrenzung nach außen. Sie war in dieser Funktion in Korinth umstritten. Nicht alle besaßen die Gabe des

---

[43] I. J. MARTIN: Glossolalie in the Apostolic Church, JBL 63 (1944) 123–130, beschreibt treffend die soziale Verstärkung des glossolalen Verhaltens: „The converts thereby gained prestige, honor and power, and consequently desired to ‚speak in tongues' in the hope of securing divine power and favor among men" (S. 127).

Zungenredens. „Sprechen etwa alle Zungen?" fragt Paulus (1.Kor 12,30). In der korinthischen Gemeinde gab es also neben glossolalen Gruppen andere Gruppen. Zungenrede grenzte nicht nur nach außen, sondern auch nach innen ab. Wir wüßten gerne mehr über diese Gruppen, müssen uns jedoch mit Vermutungen zufriedengeben.

1. Personengebundene Gruppen?

In der modernen Pfingstbewegung ist die Abhängigkeit von charismatischen Führern und einer gleichgesinnten Gruppe eine entscheidende Bedingung für Entstehen, Stabilisierung und Beendigung glossolalen Verhaltens. J. P. KILDAHL sieht in diesem Abhängigkeitssyndrom den Schlüssel für eine psychologische Deutung der Glossolalie. Immer wieder begegnete er übertriebenen Erwartungen der Glossolalen an ihre Gemeindeleiter, ja, er konnte oft nicht unterscheiden, ob sie von ihm oder von Christus sprachen[44].

Ähnliche Abhängigkeitsstrukturen dürfte es auch im Urchristentum gegeben haben. In der Apostelgeschichte wird der heilige Geist meist in Gegenwart charismatischer Autoritäten ausgeschüttet: Petrus und Johannes bringen ihn nach Samarien (8,14–17). Kornelius und sein Haus beginnen in Anwesenheit des Petrus, in Zungen zu reden (10,44–48). Paulus vermittelt durch Handauflegen die Gabe der Zungenrede in Ephesus (19,1–7). Irenäus gibt eine anschauliche Schilderung des suggestiven Einflusses charismatischer Autoritäten in seiner Schilderung der Praktiken des Markus[45]:

„Es ist aber wahrscheinlich, daß er auch einen Dämon als Beistand habe, durch den sowohl er selbst wahrzusagen scheint, als auch die Weiber, die er der Teilnahme an seiner ‚Gnade' für würdig hält, wahrsagen macht. Denn am meisten macht er sich mit Weibern zu tun, und zwar mit feingekleideten, Purpur tragenden und reichen, die er oft anzulocken versucht und denen er mit folgenden Worten schmeichelt: ‚Ich will dir von meiner Gnade mitteilen, denn

---

[44] J. P. KILDAHL, Psychology, 44. Er spricht von einem „dependency syndrome" (S. 50): „... we found no tongue-speaker who was unrelated to a glossolalia authority figure whom he esteemed. When glossolalia was an important life goal there was always a relationship to a leader and/or to a group which conveyed a feeling of acceptance and belonging" (S. 80f.). Wurde das Verhältnis zum charismatischen Leiter gestört, so hörte auch oft das glossolale Verhalten auf (S. 80). KILDAHL nimmt daher einen engen Zusammenhang zwischen Glossolalie und Hypnotisierbarkeit an (S. 54ff.). Dagegen fand L. M. VIVIER: The Glossolalic and his Personality, in: Th. Spoerri (ed.): Beiträge zur Ekstase, Basel 1968, 153–175, dort S. 163, 170, bei Glossolalen eine geringere Suggestibilität als bei einer „orthodoxen" Kontrollgruppe, die Glossolalie ablehnte.
[45] Es handelt sich hierbei um Prophetie in Form von Glossolalie; vgl. H. LIETZMANN, Kor, 69; H. WEINEL: Die Wirkungen des Geistes und der Geister, Freiburg 1899, 72ff.

der Allvater sieht deinen Engel beständig vor seinem Angesicht. Aber der Ort deiner Größe ist in uns; wir müssen eins werden; empfange zuerst von mir und durch mich die Gnade! Bereite dich wie eine Braut, die ihren Bräutigam erwartet, damit du werdest, was ich bin, und ich, was du. Laß ruhen in deinem Brautgemach den Samen des Lichtes. Nimm von mir den Bräutigam, laß ihn Platz nehmen und nimm Platz in ihm! Sieh, die Gnade ist herabgekommen auf dich, öffne deinen Mund und weissage!' Wenn aber das Weib erwidert: ‚Ich habe nie geweissagt und verstehe nicht zu weissagen', dann macht er wiederholt einige Anrufungen, um die Getäuschte zu verwirren, und spricht zu ihr: ‚Öffne deinen Mund und sprich, was du willst, und du wirst weissagen.' Diese aber, durch das Gesagte dunsig und kirre gemacht, durch die Erwartung, daß sie weissagen werde, in der Seele warm geworden, indem ihr Herz mehr, als es sollte, klopft, wagt es und spricht, als von einem eitlen Geiste entflammt, eitel und keck unsinniges Zeug was ihr alles einfällt . . . Und von nun an hält sie sich für eine Prophetin und dankt dem Marcus, der ihr von seiner Gnade gegeben, und trachtet es ihm zu vergelten, nicht bloß durch Hingabe von Hab und Gut (wodurch er auch eine Menge Geld zusammengebracht hat), sondern auch durch Mitteilung des Körpers, indem sie in allem mit ihm vereint zu werden wünscht, damit sie mit ihm zu dem ‚Einen' gelange." (Iren adv haer I,13,3)

Das Abhängigkeitssyndrom ist unverkennbar. Eine ähnliche Abhängigkeit dürfen wir für das Verhältnis der montanistischen Prophetinnen Prisca und Maximilla zu Montanus vermuten. Gilt das aber auch für Korinth?

Paulus kritisiert mit deutlichen Worten ein korinthisches Abhängigkeitssyndrom: „Jeder von euch sagt: Ich gehöre Paulus, ich Apollos, ich Kephas, ich Christus" (1.Kor 1,12). Paulus stellt die Gegenthese auf: „Alles ist euer" – alle Apostel, ja, die ganze Welt, alles aber ist Christus und Gott untergeordnet (1.Kor 3,22). Hat dies Abhängigkeitssyndrom etwas mit der Glossolalie in Korinth zu tun? T. W. MANSON meint[46], Petrus habe die Glossolalie in Korinth eingeführt. Paulus versichere nachträglich, daß auch er diese Gabe besitzt, sie aber nicht so hoch einschätzt. J. C. HURD argumentiert[47]: Paulus selbst sei das große zungenrednerische Vorbild gewesen. Erst Rücksicht auf neue von Palästina ausgehende Einflüsse in Korinth habe ihn dazu bewegt, die Bedeutung der Glossolalie zu relativieren. H. M. SCHENKE und K. M. FISCHER denken an Apollos als entscheidendes Modell pneumatischen

---

[46] T. W. MANSON: The Corinthian Correspondance (1), in: Studies in the Gospels and Epistles, Manchester 1962, 190–209, bes. 203–205.

[47] J. C. HURD: The Origin of I Corinthians, London 1965, 281; 243f. Zunächst sei Paulus mit „Beweis des Geistes und der Kraft" (1.Kor 2,4) aufgetreten, nämlich als Zungenredner; jetzt aber distanziere er sich von solch einer kindlichen Sprache (1.Kor 13,11). Gegen HURD; vgl. J. P. M. SWEET, Sign, 249ff.

Verhaltens[48]. Leider ist es unmöglich, zu einem begründbaren Schluß zu kommen. Paulus bringt das Problem der Glossolalie nicht mit Personalfragen in Verbindung. Nur ganz indirekt deutet er einen Zusammenhang an.

Zweimal bringt sich Paulus als Vorbild ein: 14,6 bestreitet er den missionarischen Nutzen der Zungenrede. Wenn er zu den Korinthern mit glossolaler Botschaft käme, würde er ihnen nichts nutzen. Glossolalie wird hier mit dem Apostelamt in Verbindung gebracht – ein versteckter Stich gegen andere Apostel? Auch das ist unbeweisbar.

Das zweitemal stellt er sich in 1.Kor 14,18 als Vorbild hin: Mehr als die Korinther spreche er in Zungen, wolle aber in der Gemeinde auf glossolale Äußerungen verzichten. Auffallend ist hier das Bedürfnis des Paulus, sich bei einem Verhalten den ersten Rangplatz zuzuschreiben, das er an sich relativieren will. Die Neigung, der erste und größte sein zu wollen, ist bei Paulus unverkennbar[49]: Er ist der letzte Apostel – aber auch der erfolgreichste (1.Kor 15,9–10). Er übertrifft konkurrierende „Superapostel" (2.Kor 11,21 ff.). Mehr als andere könnte er auf sein Judentum stolz sein (Phil 3,2ff.). Einst übertraf er alle Altersgenossen (Gal 1,14). Das Dominanzmotiv tritt bei Paulus besonders dann hervor, wenn er sich gegen den Einfluß konkurrierender Missionare zur Wehr setzen muß. Das ist an den zitierten Stellen ganz deutlich. Will er etwa auch in 1.Kor 14 andere Missionare ausstechen, wenn er sich als den Größten in der Zungenrede bezeichnet? Sicher ist das nicht.

Sicher ist nur eins: Für Paulus ist nicht die persönliche Bindung an charismatische Autoritäten das entscheidende Problem, sondern die soziale Funktion der Glossolalie. Ihn interessiert weniger die Herkunft als die Auswirkung des Phänomens. Wer auch immer die Glossolalie in Korinth „eingeführt" hat, es muß ein innergemeindlicher Prozeß gewesen sein, durch den die Glossolalie zum internen und externen Abgrenzungskriterium wurde. Dagegen wendet sich Paulus. Wir müssen also fragen: In welchen Kreisen in Korinth konnte glossolales Verhalten dies Gewicht erlangen?

2. Schichtspezifische Gruppierungen?

Wir kommen etwas weiter, wenn wir die Glossolalie nicht mit den korinthischen Parteien, sondern mit anderen korinthischen Problemen in Verbindung bringen. Dabei fällt auf: Von den fünf mit περί eingeleiteten Teilen des 1. Korintherbriefes behandeln die drei ersten die grund-

---

[48] So H. M. SCHENKE/K. M. FISCHER, Einleitung, 92 u. 95; N. HYLDAHL: Den korintiske situation – en skitse, DTT 40 (1977) 18–30.

[49] Treffend K. STENDAHL, Glossolalie, 117: Paulus hatte „die ärgerliche Neigung zu behaupten, daß er selbst in allem der Größte sei".

legenden Fragen zwischenmenschlicher Beziehung: Sexualität (Kap. 7), Mahlgemeinschaft (8–10) und Sprache (12–14). Bei diesen Themen lassen sich zwei Tendenzen in der korinthischen Gemeinde unterscheiden. Auf der einen Seite eine auf Separation zielende Haltung: Ehen mit Nichtchristen können aufgehoben werden. Jede Mahlgemeinschaft mit rituell geschlachtetem Fleisch ist dem Christen verwehrt. Die esoterische Sondersprache der Glossolalie ist verständlicher Kommunikation vorzuziehen. Auf der anderen Seite zeichnet sich eine Gegenströmung ab, die auf einer relativen Offenheit nach außen hin insistiert: Mischehen sind positiv zu bewerten. Götzenopferfleisch ist kein Tabu. Verständliche Kommunikation ist der Glossolalie überlegen. Paulus vermittelt: Er hat für die auf Separation drängenden Tendenzen Verständnis, unterstützt aber grundsätzlich die andere Strömung.

Es ist eine plausible Annahme, daß die skizzierten separatistischen Tendenzen den gleichen sozialen Ort haben, d.h. daß asketische Neigungen, Angst vor rituellem Fleisch und Glossolalie in denselben Gruppen verbreitet waren – ebenso wie die Ablehnung der Askese, des Fleischtabus und der überbewerteten Glossolalie. Dann aber könnte man folgenden Analogieschluß ziehen: Die gegenüber antiken Speisetabus freien „Starken" gehören wahrscheinlich zu den gehobenen Schichten in Korinth, die vergleichsweise gut in die „Welt" integriert waren und auf Kontakte und Einladungen ungern verzichteten[50]. In denselben Schichten dürften auch die Kritiker der Glossolalie zu suchen sein: Wer beim Essen für Weltoffenheit eintrat, dürfte sich durch eine esoterische Gruppensprache abgestoßen fühlen. Umgekehrt könnte die Glossolalie gerade für die weniger Gebildeten und Schwachen große Attraktivität gehabt haben[51]. Handelt es sich hierbei doch um eine Fähigkeit, die nicht an Bildungsvoraussetzungen gebunden ist, sondern nach der Erkenntnis moderner Linguisten unabhängig von sozialer Schichtung überall latent

---

[50] Vgl. meine Überlegungen in: Die Starken und Schwachen in Korinth, EvTh 35 (1975) 155–172 = Studien zur Soziologie des Urchristentums, WUNT 19, Tübingen 1979, 272–289.

[51] So W.J. HOLLENWEGER: Narrativité et théologie interculturelle. Un aspect négligé de 1 Co 14, RThPh 110 (1978) 209–223, bes. 211: Auf der einen Seite stehen die „illetrés et illuminés", die sich der Zungenrede bedienen; auf der anderen Seite die kultivierten Kreise, die sich auf die Schrift und die Briefe des Paulus berufen. Zustimmend A. C. THISELTON: The ‚Interpretation of' Tongues: A new Suggestion in the Light of Greek Usage in Philo and Josephus, JThS 30 (1979) 15–36, dort S. 34. K. STENDAHL, Glossolalie, 131, weist mit Recht auf die demokratisierende Wirkung der Glossolalie hin: „Sie ist eine jener Ausdrucksformen, in denen ‚die Letzten die Ersten' geworden sind." Dagegen kann man nicht die richtige soziologische Beobachtung ausspielen, daß Glossolalie heute auch in gehobenen Kreisen und auf dem Universitätscampus zu finden ist (vgl. E. BEST, The Interpretation of Tongues, 52). Es ist ein Charakteristikum unserer Zeit, daß Oberschichtangehörige die Verhaltensweisen unterer Schichten annehmen.

vorhanden ist[52]. Unverständliche Äußerungen produzieren –das kann jeder. Die Gefahr einer Blamage besteht nicht. Dazu fehlen eindeutige Kriterien. Die Aufwertung der Glossolalie wäre dann aber Aufwertung der glossolal aktiven Gruppen und Schichten. Hinter der Glossolaliefrage wird eine Auseinandersetzung um Autorität in der Gemeinde sichtbar: Durch welche Werte und Gruppen soll sie geprägt werden?

Paulus will in Übereinstimmung mit seinem auf Ausgleich bedachten „Liebespatriarchalismus" die Hochschätzung der Glossolalie beibehalten, möchte aber die Gemeindeleitung in anderen Händen sehen: bei Menschen mit größerer Selbstkontrolle, bei Propheten, „denen die Geister untertan sind" (1.Kor 14,32), bei Hermeneuten, welche die Gabe der Übersetzung irrationaler Inhalte in verständliche Rede besitzen, überhaupt bei jenen Gemeindegliedern, die sich bei Hilfeleistungen und Leitungsaufgaben auszeichnen, jenen beiden Gaben, die Paulus bewußt in die Liste der Charismen in 1.Kor 12,28 aufgenommen hat. Wenn Paulus diese Personen unterstützt und ihnen eine größere Autorität innerhalb der Gemeinde geben will, so greift er wahrscheinlich in Auseinandersetzungen um die innergemeindliche Autorität ein. Er fördert eben jene Kreise, auf die er sich auch sonst stützt: jene etwas weltoffeneren und wohlhabenderen Schichten, von deren Verantwortungsgefühl, Initiative und Erfahrung die stabile Entwicklung der Gemeinden abhing.

3. Geschlechtsspezifische Gruppen?

Eine dritte Vermutung sei angeschlossen: Mitten in den Mahnungen zur glossolalen Rede in der Gemeinde steht das berühmt-berüchtigte „mulier tacet in ecclesia" (1.Kor 14,33b–36). Auch wenn es eine Interpolation sein könnte, so steht es kaum zufällig an diesem Ort. Man darf annehmen, daß Glossolalie in erhöhtem Maße bei Frauen aufgetreten ist, also bei einer Gruppe, die quer durch alle Schichten hindurch sozial benachteiligt, aber in den urchristlichen Gemeinden prinzipiell gleichberechtigt war (Gal 3,28). Es kann kein Zufall sein, daß ekstatische Phänomene gerade für Frauen im Urchristentum bezeugt sind. Man denke an die wahrsagende Magd (Apg 16,16), an die weissagenden Töchter des Philippus (Apg 21,9), an die Prophetin Isebel in Thyatira (Apk 2,20), an die montanistischen Prophetinnen Priscilla und Maximilla (Epiphanius Haer 48,1,2–3), an die Prophetin Amma in Philadelphia (Euseb h. e. V. 17,3) oder die Prophetinnen des Gnostikers Markos

---

[52] Die These, Glossolalie sei eine allgemeine menschliche Fähigkeit, wird vor allem von W. J. SAMARIN: Tongues of Men and Angels, New York 1972, vertreten.

(Iren haer I,13,3)[53]. Auch sonst werden im Altertum ekstatische Phänomene oft mit Frauen verbunden: Der bacchantische Rausch ergreift zunächst Frauen. Die Inspirationsmantik bedient sich weiblicher Medien, der Pythia von Delphi, der Priesterinnen von Dodona oder der Sibylle. Die apokalyptische Himmelssprache wird von den Töchtern des Hiob gesprochen. Nun sind für Korinth weissagende Frauen gut bezeugt (1.Kor 11,2ff.). Es ist daher möglich, daß glossolales Verhalten unter den korinthischen Frauen verbreitet war. Jedoch geben die direkten Ausführungen zur Glossolalie keine Hinweise darauf. Das Phänomen war grundsätzlich gewiß unabhängig von Geschlechtsgrenzen.

Fassen wir abschließend unsere lerntheoretische Analyse zusammen: Glossolales Verhalten ist von einer bestimmten sozialen und historischen Lernsituation abhängig: vom Eintritt in eine neue religiöse Gemeinschaft, die sich in ihren Werten von der Umwelt scharf abhebt. Diese Gemeinschaft ist entscheidender Stimulus, Verstärker und Modell glossolalen Verhaltens. Es wird ausgelöst durch Zusammenkünfte in der Gemeinde (1.Kor 14,23), wird zum Modell für nachahmendes Verhalten (1.Kor 14,27) und erfährt durch die Überzeugung, daß in ihm eine unmittelbare Wirkung des heiligen Geistes vorliegt, eine ungeheure soziale Verstärkung. Funktional dient Glossolalie dazu, die emotionale Kohärenz der Gruppe zu fördern, teils durch Abgrenzung nach außen, teils durch Integration zurückgesetzter Gruppen, die unabhängig von Sozialstatus und Bildungsgrad am glossolalen Geschehen teilnehmen können. Paulus deckt die möglichen ambivalenten Wirkungen der Glossolalie auf: Nach außen hin kann sie abstoßend wirken. Im Innern aber kann sie die Gruppenkohärenz in Frage stellen, wenn sich glossolale Untergruppen bilden, die dazu neigen, in der Glossolalie das entscheidende Kriterium für Geistbesitz und Vollmitgliedschaft in der Gemeinde zu sehen[54]. Paulus reagiert widersprüchlich. Erstens nimmt er eine eindeutige Hierarchisierung vor: Zungenrede und die hinter ihr stehenden Gruppen werden auf den zweiten Platz verwiesen, die Autorität rational eingestellter Gruppen gestärkt. Die Zungenrede wird damit

---

[53] Hinzuweisen ist ferner auf eine charismatisch begabte christliche Frau, die in Ekstase Visionen hatte, mit Engeln verkehrte, Gedanken las und Medizin verschrieb (Tert anim IX,4), ferner auf eine inspirierte Prohetin, die im 3.Jh. n.Chr. ein Erdbeben voraussagte (Cyprian ep LXXV, 10,74).
[54] Sozial desintegrative Auswirkungen glossolalen Verhaltens kann auch bei modernen Erscheinungen beobachtet werden. Es bilden sich Grenzen zwischen einer glossolalen Ingroup und Out-group (J. KILDAHL, Psychology, 66–75). Jedoch gilt das von jedem neuen und abweichenden Verhalten: Es belastet die Gruppe, wenn es Polarisierungen hervorruft.

relativiert, aber in ihrer Relativität in die Gemeinde integriert. Zweitens tendiert er zur Privatisierung der Zungenrede, d.h. zu ihrem Ausschluß aus dem Gemeindeleben. Damit aber entzieht er der Zungenrede ihre Existenzgrundlage. Ohne soziale Stimuli, Vorbilder und Verstärkungen muß sie verkümmern. Außerhalb einer glossolalen Gemeinschaft ist sie zum Absterben verurteilt[55]. Kein Wunder, daß wir im Bereich des paulinischen Christentums nichts mehr von zungenrednerischen Fähigkeiten hören.

Das Bekenntnis des Paulus, selbst Zungenredner zu sein, und sein Versuch, Zungenrede zu privatisieren, ist aber noch in einem anderen Sinne aufschlußreich: Muß die Zungenrede für Paulus nicht über den von ihm bestrittenen sozialen Wert hinaus einen persönlichen Wert haben? Von den paulinischen Texten her drängt sich wie von selbst die Annahme auf, daß eine Deutung der Glossolalie als sozial gelerntes Verhalten nicht ausreichend ist, um das Phänomen psychologisch zu erhellen.

B. Psychodynamische Aspekte der Glossolalie

Das bisherige Ergebnis ist: Glossolalie ist sozial gelerntes Verhalten, das aber auch unabhängig von sozialen Verstärkungen motiviert zu sein scheint. Es hat für den einzelnen einen individuellen Wert. Der Zungenredner erbaut sich selbst (1.Kor 14,4). Gewiß kann man den individuellen Wert der Zungenrede auch lerntheoretisch analysieren: Glossolales Verhalten wird durch innere („verdeckte") Prozesse im Menschen verstärkt, z.B. durch Glücksgefühle u.ä. Die inneren positiven Konsequenzen sind dann Motiv für die Wiederholung des Verhaltens. Aber damit stellt sich erst die Aufgabe: Weswegen kann Zungenrede positiv erlebt werden? Welche Bedürfnisse werden hier befriedigt? Welche Probleme gelöst? Damit betrachten wir Glossolalie aus einem psychodynamischen Gesichtswinkel – als Ausdruck einer bewußten oder unbewußten psychischen Intention. Drei Hypothesen zur Erklärung des individuellen Wertes glossolalen Verhaltens seien im folgenden anhand der paulinischen Texte erörtert. Der positive Wert der Zungenrede könnte darin liegen, daß sie 1. einen Zugang zu unbewußten Dimensionen eröffnet, 2. daß sie verdrängten Impulsen einen Zugang zum Bewußtsein ermöglicht, 3. daß sie regressive Wiederaufnahme kindlicher Verhaltens- und Erlebensformen ist.

---

[55] W. J. SAMARIN, Glossolalia as Learned Behaviour, 62, führt drei Fälle an, in denen Glossolalie spontan außerhalb einer glossolalen Gemeinschaft auftrat. Bei Christen muß man hier aber immer mit symbolischen Modellen aus der Bibel rechnen.

a) Glossolalie – Sprache des Unbewußten?

Glossolalie ist unverständliche Sprache. Sie wäre aber nur dann Sprache des Unbewußten, wenn sie nicht nur anderen, sondern dem Sprecher selbst unverständlich wäre, d. h., wenn sie nicht nur eine interpersonale, sondern eine intrapersonale Verstehensgrenze enthielte. Gegen diese Annahme lassen sich zwei Argumente anführen: Erstens vergleicht Paulus die Glossolalie mit einer fremden Sprache (1.Kor 14,10f.). Bei einer fremden Sprache ist die Bedeutung der Worte dem Sprecher selbst bewußt; nur der Hörer versteht nichts. Zweitens setzt Paulus voraus, daß die Glossolalen deuten können, was sie sprechen (1.Kor 14,4). H. CONZELMANN meint daher: „Anders als die griechische Theorie (sc. von der Inspiration der Pythia) meint Paulus nicht, daß die Glossolalie dem Sprecher selbst unverständlich sei."[56] Unsere These, Glossolalie sei Sprache des Unbewußten, muß daher präzisiert werden: Glossolalie ist Sprache des Unbewußten, aber bewußtseinsfähige Sprache. An sich versteht der Zungenredner nicht, was er sagt. Aber er könnte es verstehen. Für diese These sprechen drei Argumente[57].

1. Paulus setzt als Normalfall voraus, daß der Zungenredner seine Äußerungen nicht versteht. Dem setzt Paulus sein Ideal entgegen, das auf ein Verstehen des Unbewußten hinausläuft, und zwar nicht nur durch einen interpretierenden Zuhörer, sondern durch den Redner selbst. Bei der Auswertung des Vergleichs der Glossolalie mit einer Fremdsprache macht er einen logischen Sprung. Die Fremdsprache ist dem Hörer unverständlich, dem Sprecher verständlich (1.Kor 14,11). Konsequenterweise müßte Paulus fordern: Also muß der Hörer die Bedeutung der Worte lernen. Er appelliert jedoch nicht an den Hörer, sondern an den Sprecher: „Daher, wer Zungen redet, bete darum, daß er sie deuten kann" (14,13), lokalisiert also das Verstehensproblem schon beim Sprecher. Wenn dieser um das Verständnis seiner eigenen Rede beten soll, so ist das aber nur sinnvoll, wenn er sie nicht versteht. Das wird auch durch 14,5 bestätigt. Paulus sagt dort nicht, daß jeder Zungenredner seine eigenen Worte versteht, sondern „er wolle", daß alle ihre eigenen Äußerungen verstünden. Sein Wunsch zeigt, daß die Wirklichkeit anders ist.

2. Zungenrede und Hermeneia sind zwei unterschiedliche Charismen, die verschiedenen Menschen zuteil werden, „einem anderen Zungenrede, einem anderen Deutung der Zungenrede" (1.Kor 12,10). Wer

---

[56] H. CONZELMANN, 1.Kor, 276.
[57] Auch Kirchenväter waren der Meinung, daß die Glossolalen nicht verstehen, was sie sagen; vgl. Joh Chrys hom in epist ad Cor 35,3: Der Glossolale sei nicht nur für andere, sondern auch für sich selbst „ohne Frucht" ὁ νοῦς οὐκ ᾔδει τὸ λεγόμενον.

Zungen redet, ist nicht eo ipso Interpret. Nicht jeder Zungenredner versteht, was er sagt. Natürlich kann ein und derselbe Mensch beide Gaben besitzen. Aber gerade die Stelle, die eine Kombination beider Gaben voraussetzt, läßt deutlich die Unabhängigkeit von Zungenrede und Hermeneia erkennen:

„Wenn aber jemand Zungen redet, so zwei oder höchstens drei – und das nacheinander, und einer soll übersetzen. Wenn (er) aber kein Übersetzer ist, (oder: wenn aber kein Übersetzer da ist), so soll er schweigen; für sich selbst spricht er und für Gott." (1.Kor 14,27f.)

Die Stelle ist unklar: Wird vorausgesetzt, daß der Übersetzer einer der Glossolalen ist? Oder kann es jeder beliebige sein? Darf ein Zungenredner nur sprechen, wenn er selbst eine Übersetzung geben kann[58]? Eindeutig ist nur: auf mehrere Zungenredner kommt ein Übersetzer. Falls dieser Übersetzer sich vorher selbst als Zungenredner betätigt hat, müßte er über seine eigene Glossolalie hinaus die glossolalen Äußerungen anderer übersetzen. Das bestätigt die Annahme, Zungenrede und Hermeneia seien in der Regel nicht verbunden. Sonst wäre es eine reine Tautologie, die Aktivität von Glossolalen von der Anwesenheit hermeneutischer Fähigkeiten abhängig zu machen. Sozialpsychologisch ist entscheidend: Die Übersetzung wird zentralisiert. Einer gibt die Direktiven aus. Paulus verrät einen guten Sinn für notwendige Autoritätsstrukturen.

3. Als drittes Argument für die Rückführung glossolaler Äußerungen auf unbewußte Impulse seien die anthropologischen Begriffe angeführt, mit denen Paulus den glossolalen Vorgang beschreibt. Er ordnet die Zungenrede dem Pneuma, die Hermeneia aber dem Nous zu (1.Kor 14,15f.), d.h. Zungenrede umfaßt nicht den ganzen Menschen, wenigstens nicht jene Instanz, die Paulus Nous nennt und die im Verhältnis zum Pneuma zweifellos rationaler Natur ist. Zungenrede ist also nicht nur ein interpersonales Verständigungsproblem, sondern ein intrapersonales Integrationsproblem[59].

---

[58] J. WEISS, 1.Kor, 340: Der Zungenredner könne nicht wissen, ob ein Hermeneut anwesend ist; wohl aber könne er sich selbst beurteilen, ob er die hermeneutische Gabe besitzt. – Aber wenn nur der zur Hermeneia Fähige in Zungen reden darf, warum verlangt Paulus dann nicht, daß jeder Zungenredner sich selber interpretiere? A. C. THISELTON, Interpretation, 15ff., übersetzt διερμηνεύειν mit „verständlich formulieren". Wenn man aber (nach 1.Kor 14,27) verständlich formulieren soll, was ein anderer unverständlich sagt, so ist das Interpretation.

[59] S. TUGWELL: The Gift of Tongues in the New Testament, ET 84 (1972/3) 137–140, S. 140, paraphrasiert in moderner Sprache: Der ganze Mensch soll beten „not excluding his subconscious", und weist mit Recht darauf hin, daß es bei Paulus heißen müsse: Der ganze Mensch soll beten, ohne sein Bewußtsein auszuschließen! Die Problematik ist verschieden beim modernen und beim urchristlichen Menschen.

Wir können schließen: Glossolalie ist (bewußtseinsfähige) Sprache des Unbewußten. In ihr kommt zutage, was sich ansonsten dem Alltagsbewußtsein entzieht. Anders ausgedrückt: Sie macht unbewußte Tiefendimensionen des Lebens zugänglich. Was hier zugänglich wird, entzieht sich uns ebenso, wie es sich dem Bewußtsein der meisten Glossolalen entzogen hat. Einige psychodynamische Theorien versuchen noch mehr zu erfahren. Ihnen wenden wir uns nun zu.

b) Glossolalie – Sprache des Verdrängten?

Die klassische psychoanalytische Deutung der Glossolalie ist bestechend: Glossolalie ermöglicht den Ausdruck von Impulsen, die mit den geltenden soziokulturellen Normen unvereinbar sind, sich jedoch in einer für das Bewußtsein unverständlichen Form ans Tageslicht wagen dürfen. Glossolalie beruhe auf einem Kompromiß zwischen den normwidrigen Antrieben und den bewußten Normen. Sie wäre in Analogie zu einem neurotischen Symptom zu bewerten: als Ausdruck ungelöster Spannungen[60].

Diese Deutung hatte solange eine gewisse Plausibilität, als Glossolalie ein relativ seltenes Phänomen war, dem man in den eigenen Schichten so gut wie nie begegnete. Als aber in der Mitte des 20. Jahrhunderts die Pfingstbewegung die gebildeten Mittelschichten und etablierten Kirchen in den USA erfaßte[61], wurde es immer schwerer, Glossolalie als pathologisches Phänomen zu deuten. Erhöhte Kontakte mit glossolal tätigen Menschen ließen die Überzeugung wachsen, es handle sich um Menschen ohne psychische Defizite[62].

---

[60] So zum erstenmal O. Pfister: Die psychologische Enträtselung der religiösen Glossolalie und der automatischen Kryptographie, Jahrb. f. psych. u. psychpath. Forschungen 3 (1911) 425–466; 730–794: „Hinter allen Zungenreden ... entdeckten wir peinliche Gedanken, welche ihnen analoge verdrängte, ... meist infantile Erlebnisse neu belebten und zum verschleierten Ausdruck brachten." (S. 781) In neuerer Zeit wird diese These von J. Laffal: Pathological and Normal Language, New York 1965, 88, vertreten: „Speaking in tongues serves to provide verbal form to a conflicted wish while at the same time hiding the wish by stripping the verbalization of communal meaning. Some degree of conscious expression is allowed to the conflicted wish, but the wish itself escapes conscious recognition." In dieser Fassung der Theorie ist es nicht notwendig, an verdrängte *kindliche* Erlebnisse zu denken.

[61] Ältere historische Überblicke: E. Mosiman: Das Zungenreden geschichtlich und psychologisch untersucht, Tübingen 1911; G. B. Cutten: Speaking with Tongues. Historically and Psychologically Considered, New Haven 1927. Eine Skizze des Neopentekostalismus findet sich bei M. T. Kelsey: Tongue Speaking. An Experiment in Spiritual Experience, New York 1964, 95ff. W. J. Hollenweger: Enthusiastisches Christentum. Die Pfingstbewegung in Geschichte und Gegenwart. Zürich/Wuppertal 1969.

[62] Die Annahme, es handle sich bei glossolal tätigen Menschen um psychisch gestörte

Was bei neuzeitlicher Glossolalie schwer zu beurteilen ist, dürfte bei urchristlicher Glossolalie noch schwerer zu entscheiden sein. Jedoch gibt es eine viel umrätselte Stelle bei Paulus, auf welche die Annahme von Verdrängungsprozessen ein wenig Licht werfen könnte. In 1.Kor 12,2–3 schreibt Paulus:

„Ihr wißt, daß ihr, als ihr Heiden wart, euch zu den stummen Götzen unwiderstehlich hinziehen ließet, wie ihr eben hingezogen wurdet. Daher tue ich euch kund, daß niemand, der im Geiste Gottes redet, sagt: Ἀνάθεμα Ἰησοῦς und niemand sagen kann Κύριος Ἰησοῦς außer im heiligen Geist."

Da Paulus mit diesen Worten einen auf die Bewertung der Glossolalie zielenden Abschnitt (1.Kor 12–14) einleitet, dürften sie eine Beziehung zu glossolalem Verhalten haben, auch wenn es sich bei den zitierten Äußerungen um grammatisch korrekte Kurzsätze handelt. Das tertium comparationis ist: Es handelt sich hier wie dort um ein Reden im Geist, um ekstatisches Reden. Gerade das wird aber hin und wieder bezweifelt. Will Paulus vielleicht nur unterstreichen, das Bekenntnis zu Jesus Christus sei nicht an einen ekstatischen Zustand gebunden? Jeder Christ könne es sprechen, gleichgültig, ob er mit besonderen pneumatischen Gaben ausgestattet ist oder nicht[63]. Gegen diese Auffassung sprechen folgende Argumente:

Die Korinther hatten wegen der pneumatischen Gaben angefragt und darunter ekstatische Phänomene verstanden. Mit diesem Vorverständnis lesen sie die Stelle. „Reden im Geiste" ist für sie ekstatisches Reden. Sie können nicht schon jetzt antizipieren, was Paulus erst 12,4–31 ausführen wird, nämlich daß auch so nüchterne Phänomene wie „Hilfeleistungen" und „Leitungsaufgaben" zu den pneumatischen Charismen gehören.

Paulus erinnert ferner an ekstatische Phänomene des Heidentums, die er mit den pneumatischen Phänomenen im Christentum parallelisiert, wie die Wortwahl zeigt (vgl. „getrieben werden" in 1.Kor 12,2; Röm 8,14; Gal 5,18).

Vor allem darf man sich das Bekenntnis Κύριος Ἰησοῦς nicht als liturgische Routineangelegenheit vorstellen. Es ist das kosmische Bekenntnis aller Mächte. Jede Zunge (πᾶσα γλῶσσα) stimmt in dies Bekenntnis mit ein (Phil 2,19f.) – einschließlich der Bewohner des Himmels und der Unterwelt: der Engel und Dämonen. Die Zungenred-

---

Menschen, ist ein Vorurteil; vgl. J. P. Kildahl, Psychology, 48ff.; L. Gerlach/V. H. Hine, People, XXIf.; F. D. Goodman: Speaking in Tongues. A Cross-Cultural Study of Glossolalia, Chicago 1972.
[63] So G. Dautzenberg, Urchristliche Prophetie, 143–146; ähnlich T. Holtz, Kennzeichen, 373f.

ner werden wir zusammen mit der ganzen Gemeinde dieser kosmischen „Öffentlichkeit" zuzählen dürfen; redeten sie doch die Sprache der Engel. Der Ausdruck „jede γλῶσσα" umfaßt auch die Glossolalie, die γλῶσσα schlechthin (vgl. 1.Kor 14,26). Das Bekenntnis ist selbst ein ekstatisches Phänomen. J. WEISS hat daher mit Recht festgestellt, es handle sich in 1.Kor 12,2f. „um Ekstatiker, nicht um Menschen in normalem Zustand"[64]. Das „Anathema Jesus" und das „Kyrios Jesus" waren ekstatische Äußerungen und insofern Analogien zur Glossolalie.

Ein zweites umstrittenes Problem ist: Wurde ein Anathema wirklich ausgesprochen[65]? Oder hat Paulus eine Äußerung konstruiert, die so nie gefallen ist[66]? Wieder besteht die Gefahr, daß wir in modernen Gemeinden undenkbare Vorfälle auch im Urchristentum für unvorstellbar halten. Wollte Paulus nur sagen: Keiner würde auf den Gedanken kommen, Jesus zu verfluchen. Alle bekennen ihn als Herrn. Also haben alle den Geist Gottes!, – so hätte er einfach schreiben können: „Niemand von euch verflucht Jesus!", oder „Verflucht ihr etwa Jesus? Das sei ferne!" Die genaue Beobachtung der Satzstellung in 1.Kor 12,3 bietet vielleicht den Schlüssel zum Verständnis des Phänomens. Paulus schreibt nicht: „Wer Anathema Jesus sagt, redet nicht im Geist!", sondern umgekehrt: „Niemand der im Geiste Gottes redet, sagt ‚Anathema Jesus'!" Das Reden im Geiste wird vorausgesetzt. Umstritten ist nur, was ein Geistesredner sagen kann. Nun enthalten glossolale Äußerungen immer auch kryptosemantische Elemente – Anklänge an biblische Namen und liturgische Formeln. Daß man den Namen „Jesus" aus ihnen heraushörte, ist ziemlich sicher; war der Bezug zu Jesus doch schon durch den Gottesdienst gegeben. War es da nicht möglich, auch ein „Anathema" herauszuhören[67]? Wie schnell konnte ein „Maránathá Maránathá Jesus" durch andere Segmentierung und Akzentuierung zu einem „Mar anáthamár" werden! Wie leicht konnte man ein Anathema heraushören! Oder es konnte sich dem Zungenredner unwillkürlich das vertraute Silbenmaterial des Maranatha in ein „Anathema" verwandeln, so daß die anderen – und er selbst – erschrocken aufhorchten, als habe ein böser Dämon ihm die Worte auf der Zunge umgedreht!

---

[64] J. Weiss, 1.Kor, 296.
[65] So u.a. J. WEISS, 1.Kor, 295; F. W. BEARE: Speaking with Tongues. A Critical Survey of the New Testament Evidence, JBL 83 (1964) 229–246, S. 241f. Vgl. ferner unten Anm. 68–70.
[66] So H. CONZELMANN, 1.Kor, 241; J. C. HURD, Origin, 193; J. P. M. SWEET, Sign, 241; K. MALY, 1.Kor 12,1–3,90–93; G. DE BROGLIE: Le texte fondamental de Saint Paul contre la foi naturelle (1.Cor. XII,3), RRcRel 39 (1951/2) 253–266.
[67] Etwas anders W. F. ALBRIGHT/C. S. MANN: Two Texts in 1. Corinthians, NTS 16 (1970) 271–276: Sie nehmen ein Mißverständnis innerhalb der Textgeschichte an. Als ursprünglich sei ein aramäischer Text anzunehmen.

Zungenredner sind vor sprachlichen Fehlhandlungen so wenig geschützt wie andere Menschen; und ihre Fehlleistungen und Versprechen dürften kaum anders zu erklären sein als die des normalen Sprechers.

Daß ein Anathema wirklich gesprochen wurde, geht schließlich auch aus der Stellung des Abschnittes hervor. In allen περί-Teilen nimmt Paulus zunächst zu wirklichen Problemen der Gemeinde Stellung, oft in Anknüpfung an Formulierungen des ihm zugestellten Gemeindebriefes. So wie er in 8,1 (und 7,1?) zunächst die Korinther zitiert, so dürfte er auch in 12,2 zunächst faktische Äußerungen zitieren; ja, man kann vermuten, daß solche blasphemischen Äußerungen ein Anlaß der Anfrage waren. Die gegenüber dem ekstatischen Treiben reservierten Kreise in Korinth hätten einen einleuchtenden Grund gehabt, Paulus um eine Stellungnahme zu bitten.

Wir gehen also davon aus, daß der Fluch über Jesus tatsächlich gesprochen wurde. Man braucht dabei weder an Juden[68], verfolgte Christen[69] noch Gnostiker zu denken[70]. Die Äußerungen fielen in der Gemeinde. Sie mußten unter den Christen die Frage aufwerfen, wie man zuverlässig Gemeindeglieder beurteilen konnte. Paulus gibt in 1.Kor 14,24–26 eine Antwort: Die Prophetie enthüllt das Verborgene im Menschen.

Dasselbe könnte man auch von der ekstatischen Rede sagen. In ihr verliert der Mensch die Kontrolle über das, was er sagt. Es ist möglich, daß – wie beim alltäglichen Versprechen – dabei unbewußte Einstellungen zutage treten[71]. H. WEINEL hat von diesem Gedanken ausgehend 1.Kor 12,2–3 mit Kategorien gedeutet, die psychoanalytische Einsichten vorwegnehmen. In der Glossolalie würden die Sprachorgane

„ganz unabhängig von dem Willen des Subjekts in starke Bewegung versetzt werden. Dabei kommen unartikulierte Einzellaute, sinnlose Lautverbindungen,

---

[68] A. SCHLATTER: Paulus, der Bote Jesu, Calw 1934, 333: Die Annahme, daß nicht christliche Juden Jesus verflucht haben, scheitert daran, daß Paulus die Gemeinde wohl kaum darüber hat belehren müssen, daß Nicht-Christen nicht den heiligen Geist besitzen.

[69] O. CULLMANN: Die ersten christlichen Glaubensbekenntnisse, ThSt (B) 15, Zürich 1943, 23 f.: Den verfolgten Christen war der heilige Geist zugesagt worden (Mk 13,11; Mt 10,19 f.). Wenn sie vor Gericht Jesus verfluchten, konnten sie hinterher sagen: Nicht sie hätten geflucht, sondern der heilige Geist, dem sie sich ja nach Mk 13,11 vor Gericht anvertrauen sollten, habe ihnen die Worte in den Mund gelegt. Anders J. D. M. DERRETT: Cursing Jesus (I Cor. XII,3). The Jews as Religious Persecutors, NTS 21 (1975) 544–554: Christen seien von Juden in der Synagoge zum Anathema verleitet worden, damit sie weiterhin der Synagoge angehören könnten. Gegen beide Deutungen spricht, daß das ekstatische Hingerissensein, das Paulus zum Vergleich heranzieht, nicht zur Verfolgungssituation paßt. An Judenchristen ist aber ganz gewiß nicht gedacht worden. Paulus erinnert die Angeredeten an ihre heidnische Vorzeit.

[70] So W. SCHMITHALS: Die Gnosis in Korinth, FRLANT 66, Göttingen 1956, 45–52.

[71] J. WEISS, 1.Kor, 295: „in enthusiasmo veritas".

aber auch richtige Wörter und Wortverbindungen zustande. Diese Wörter oder Sätzchen sind aus dem Bewußtsein des menschlichen Subjekts entnommen. Manchmal stammen sie freilich aus dem unterdrückten Bewußtsein. Denn wenn in Korinth den Zungenrednern die Worte: ‚Ein Fluch (ist) Jesus!' (1.Kor 12,3) entfliegen, dann ist das auf *eine* Linie zu stellen mit dem plötzlichen Hervorbrechen geschlechtlich-sinnlicher Bilder in den Visionen solcher Personen, die sich bei wachem Bewußtsein durch eine gewaltige Unterdrückung ihrer sinnlichen Triebe auszeichnen. In der Ekstase wie im Traume treibt zuweilen aus den dunklen Tiefen der Nachtseiten des Bewußtseins Geheimstes mit Gewalt zum Licht empor. Und nicht nur Mönche, sondern auch neuere Visionäre haben dann solche Erfahrungen mit Entsetzen dämonischen Mächten zugeschrieben, weil sie so Furchtbares als Bestandteile ihres eigenen Seelenlebens nicht anzuerkennen vermochten"[72].

Dies wurde 1899 veröffentlicht – ein Jahr vor dem Erscheinen der Traumdeutung von S. FREUD – ein Zeichen dafür, daß es keines esoterischen psychoanalytischen Geheimwissens bedarf, um Aspekte des religiösen Lebens als Ausdruck unbewußter Dynamik zu deuten. Wir können also feststellen: In ekstatischem Sprechen kann sich Verdrängtes äußern. Für glossolales Verhalten ist das nicht ausgeschlossen. Sind wir aber deshalb verpflichtet, die psychoanalytische Deutung der Glossolalie zu übernehmen?

Das Unterdrückte wird bei unserem Beispiel in der ekstatischen Rede gerade nicht unterdrückt und verdrängt, sondern offen ausgesprochen. Eine Analogie zum ekstatischen Reden wäre dann weniger in neurotischen Symptomen zu sehen, sondern in den freien Assoziationen während der Therapie. Ekstase wäre nicht Fortsetzung der Verdrängung, sondern ein Schritt zu deren Überwindung. Der unkontrollierte Durchbruch unbewußter Haltungen ist gewiß nicht identisch mit deren Integration, aber er wäre doch das erste Zeichen einer Öffnung gegenüber bisher unbewußten Impulsen.

Nach orthodoxer psychoanalytischer Lehre müßten dies Impulse sein, die von den allgemeinen soziokulturellen Normen tabuisiert werden. Davon kann bei 1.Kor 12,2–3 keine Rede sein. Die negative Beurteilung Jesu als eines Hingerichteten und Gekreuzigten, die sich im Anathema äußert, stimmt vielmehr bestens mit den Normen der Gesamtgesell-

---

[72] H. WEINEL, Wirkungen, 72. F. W. BEARE, Speaking with Tongues, 241f.: „A modern teacher would perhaps think of such ‚spirits' as evidences of a subconscious hostility to Christ and the gospel breaking out in words when the control of the conscious mind were removed in a state ef ecstasy." W. SCHMITHALS, Gnosis, 47, hält derartige Überlegungen für eine fragwürdige Anwendung der modernen Psychoanalyse auf 1.Kor 12,3. Bei H. WEINEL liegt aber kaum Anwendung der Psychoanalyse vor, sondern alltägliche Menschenkenntnis.

schaft überein (vgl. 1.Kor 1,23; Gal 3,10.13). Verdrängender Faktor sind die Überzeugungen einer kleinen subkulturellen Gruppe.

Schließlich werden auch keine weit zurückliegenden Traumata verdrängt, sondern Einstellungen, die bei Neubekehrten vor nicht allzu langer Zeit sehr bewußt gewesen sind.

Diese Überlegungen führen zu folgender Deutung des Phänomens: Im Anathema Jesus werden Einstellungen offenbart, die bei den Bekehrten infolge eines „Nachentscheidungskonfliktes" verdrängt worden sind. Ihr Übertritt zum Christentum war eine tiefgreifende existentielle Entscheidung. Jede Entscheidung hinterläßt kognitive Dissonanz. Um die Dissonanz zwischen unserer Entscheidung und der Attraktivität der ausgeschlossenen Alternative zu reduzieren, betonen wir entweder die positiven Aspekte der gewählten Alternative – suchen also nach Elementen, die mit unserer Entscheidung konsonant sind –, oder wir verdrängen die dissonanten Aspekte der ausgescblossenen Alternative aus unserem Bewußtsein. Auch die korinthischen Christen hatten eine Entscheidung hinter sich. Sie hatten sich gegen das allgemeingültige Wertsystem entschieden, nach dem ein Gekreuzigter ein Verbrecher ist. Sie hatten eine radikal verschiedene normative Ausrichtung ihres Lebens gewählt. Aber nicht alle hatten diese Entscheidung mit allen Schichten ihrer Person nachvollzogen. Das mit dem allgemeinen Wertsystem übereinstimmende Urteil „Verflucht ist Jesus" hatten sie im Nachentscheidungskonflikt verdrängt, um nicht in Widerspruch zu sich selbst zu geraten. Bei reduzierter Selbstkontrolle aber brach die durch die Entscheidung zum Christentum ausgeschlossene und dann verdrängte Werthaltung wieder hervor und führte zu dem Ruf „Verflucht ist Jesus!"[73]

Halten wir das vorläufige Ergebnis fest: Nachgewiesen wurde nur die Möglichkeit, daß einzelne pneumatische Äußerungen Ausdruck eines Konflikts sein konnen. Die psychoanalytische Theorie geht jedoch weiter: Sie sieht nicht nur bestimmte glossolale Fehlleistungen als Konfliktsymptome an, sondern glossolales Verhalten überhaupt. Ferner siedelt sie diese Konflikte in frühkindlichen Erlebnissen an: Glossolales Verhalten sei – wie überhaupt religiöses Verhalten und Erleben – Rückgriff auf frühkindliche Verhaltensweisen.

---

[73] Analogien aus der Gegenwart konnte ich nicht finden. Interessant ist jedoch der Hinweis W. J. SAMARINS, Tongues, 206f., auf zwei Geistliche, bei denen während der Zungenrede stark aggressive Impulse zum Vorschein kamen, so daß sie das Zungenreden aufgaben.

c) Glossolalie – ein regressives Verhalten?

Die psychoanalytische These kann nicht völlig falsch sein. Glossolales Verhalten zeigt in der Tat unter linguistischen, sozialen wie psychologischen Aspekten regressive Züge.

Das Erleben von Glossolalie setzt linguistisch gesehen eine Reaktivierung kindlicher Sprachlernfähigkeiten voraus. Ohne eine ungewöhnliche Nachahmungsgabe lassen sich die verschiedenen glossolalen Sprachtraditionen kaum erklären[74]. Es kommen spezifische Merkmale hinzu: Das Phoneminventar wird reduziert[75]. Die Einheit des sprachlichen Zeichens als einer konventionellen Verbindung von Zeichen und Bezeichnetem zerfällt. Von den drei Sprachdimensionen – der expressiven, semantischen und appellativen – geht die semantische Dimension verloren. Glossolalie regrediert damit auf das Niveau von Kinderlauten, die noch nichts bezeichnen, sondern nur Ausdruck und Appell sind. Damit soll nicht behauptet werden, Glossolalie sei Wiederholung frühkindlichen Stammelns. Wer einmal eine sprachliche Kompetenz erworben hat, kann nur noch auf der Grundlage dieser Kompetenz aktiv werden und nur im Rahmen seiner Sprachkompetenz regredieren[76]. Aber es kann kein Zweifel daran bestehen, daß Glossolalie Rückkehr zu primitiveren Sprachformen ist.

Diese Regression wird noch deutlicher, wenn wir das soziale Verhältnis von Sprecher und Hörer betrachten. Die ersten Lallmonologe des Kindes sind ganz egozentrisch. Sie wenden sich noch nicht an einen Adressaten. Bei 3–6jährigen sind Dialoge häufig „kollektive Monologe", bei denen jeder für sich selbst redet, ohne dem anderen zuzuhören[77]. Erst nach und nach entwickelt sich die Fähigkeit zu dezentriertem Sprechen, das von der eigenen Personen absieht und Sachverhalte für jeden möglichen Adressaten schildern kann. Paulus bestätigt für das Urchristentum den egozentrischen Charakter glossolalen Sprechens: Der Glos-

---

[74] J. P. Kildahl, Psychology, 53: Die Abhängigkeit von charismatischen Modellen führt zu verschiedenen glossolalen Stiltraditionen.

[75] W. J. Samarin: Glossolalie as regressive Speech, Language and Speech 16 (1973) 77–89, nennt S. 79 vier formale Merkmale: 1. echoism . . ., 2. a tendency towards regularity of cadence . . ., 3. a reduced inventory of sounds and 4. a preference for open syllables." Er stellt insgesamt eine Primitivisierung der Sprache fest (S. 81 ff.), die er so erklärt, „that the speaker returns to processes that characterized his language learning in early childhood, at a time when he was first learning the part of language most obvious to a child – its phonetic representation. It is in this sense only that I use the term ‚regressive' for glossolalia" (S. 85).

[76] W. J. Samarin, Tongues, 127: Glossolalie basiert „on the linguistic competence and knowledge of each speaker".

[77] Vgl. J. Piaget/B. Inhelder: Die Psychologie des Kindes, FiBü 6339, Frankfurt 1977 (franz, 1966), 90.

solale erbaut sich selbst (1.Kor 14,4); niemand hört ihn (14,2). Er spricht für sich und Gott (14,28). Schon die Rückkehr zu egozentrischem Sprechen ist Indiz einer psychischen Regression. Hinzu kommt ein weiterer regressiver Zug in der Veränderung des Bewußtseins. Es mag bei moderner Glossolalie umstritten sein, ob sie bei normalem oder abweichendem Bewußtsein auftritt. Für das Urchristentum kann hier eindeutig entschieden werden: Paulus setzt eine Abweichung vom normalen Bewußtsein voraus, eine Ausschaltung des Nous. Während dieses außernormalen Zustandes wird das menschliche Subjekt durch das göttliche Pneuma ersetzt bzw. verschmilzt mit ihm. Gott ist Subjekt und Adressat der glossolalen Äußerung. Damit wird ein psychischer Zustand realisiert, bei dem die Subjekt–Objekt-Beziehung noch nicht entwickelt ist, in dem vielmehr Ich- und Umwelt ineinander übergehen, m.a.W. Glossolalie ist mit jenem adualen Welterleben verbunden[78], das für die frühe Kindheit charakteristisch ist, das in der religiösen Mystik wiederauflebt und auch im Zustand starker Verliebtheit erfahren werden kann.

Glossolalie ist also sprachlich Wiederaufnahme eines primitiveren Sprachniveaus, sozial Rückkehr zum eogozentrischen Sprachgebrauch, psychisch aber Regression auf ein aduales Welterleben. Die antiken Quellen bestätigen diese Züge. Paulus formuliert explizit die These, daß es sich bei der Glossolalie um kindliches Verhalten handelt. Nach seiner Mahnung zu verständlichem Reden in der Gemeinde fährt er fort: „Brüder, werdet nicht Kinder im Verstehen, sondern in der Bosheit seid unmündig, im Verstehen aber werdet vollkommen!" (1.Kor 14,20). Und er denkt wohl auch in 1.Kor 13,11 an Glossolalie: „Als ich ein Kind war, sprach ich wie ein Kind, sann wie ein Kind, dachte wie ein Kind; als ich aber ein Mann wurde, tat ich ab, was kindisch war."[79]

Ist Glossolalie aber deswegen ausschließlich Regression? Bekanntlich hat es in der psychologischen Bewertung der Regression eine Wende

---

[78] Vgl. J. PIAGET/B. INHELDER, Psychologie, 24. Psychoanalytiker sprechen hier etwas mißverständlich vom primären Narzißmus. Es ist jedoch ein Narzißmus ohne Narziß. S. FREUD sah in diesem frühkindlichen Narzißmus eine Wurzel des „ozeanischen Gefühls", eines etwas sublimeren religiösen Erlebens (vgl. S. FREUD: Das Unbehagen in der Kultur, Studienausgabe IX, Frankfurt 1974, 197ff.). H. SUNDEN: Regression und Phasenwechsel, ARPs 13 (1978) 51–60, sieht dies Gefühl in der Pfingstbewegung lebendig: „Die Vorstellungen vom Heiligen Geist, die unter deren Mitgliedern vorhanden sind, könnten möglicherweise die der Unbegrenztheit und der Verbundenheit mit dem All sein, von denen Freud betreffs des ozeanischen Gefühls sprach" (S. 59).

[79] Der Hinweis des Paulus auf kindliches Verhalten in 1.Kor 14,20 ist verschieden motiviert worden. R. M. GRANT: Like Children, HThR 39 (1946) 71–73, meint, die Glossolalen hätten sich auf Mk 10,15 berufen. K. STENDAHL, Glossolalie, 122, weist darauf hin, daß im Kontext von Jes 28,10f. auf Kinder verwiesen wird (vgl. 28,9). Wahrscheinlich geht Paulus einfach vom Phänomen des abweichenden Sprachverhaltens aus. Kindliches Sprechen liegt da als Bild nahe.

gegeben, insofern grundsätzlich die Möglichkeit einer kreativen Regression zugestanden wird[80]; ja angesichts der hohen Wertschätzung, welche sich Rückgriffe auf aduale Erlebnisweisen z. Z. erfreuen, wird man sogar vor einer Überschätzung regressiven Verhaltens und Erlebens warnen müssen. Eine kreative Regression liegt nur dann vor, wenn der Rückgriff auf an sich überholte Verhaltens- und Erlebensweisen zu einer Erweiterung des Verhaltensrepertoires führt, wenn Einseitigkeiten der abgelaufenen Sozialisation korrigiert, ohne daß neue, vielleicht noch größere, Einseitigkeiten geschaffen werden. Glossolalie ist an sich neutral. Sie kann ein Rückzug weg von reiferen Verhaltensweisen sein, kann aber auch Erweiterung psychischer Kompetenz bedeuten. Dominieren die regressiven und egozentrischen Züge, so kommt es zu desintegrativen Wirkungen auf den einzelnen und die Gemeinschaft. Alles kommt darauf an, wieweit es gelingt, glossolales Verhalten in das bewußte Leben des einzelnen und der Gruppe zu integrieren. Paulus arbeitet hier mit verschiedenen Kriterien: Er sieht dort Chancen, wo die unbewußten Impulse, die sich in der Glossolalie äußern, ins Bewußtsein gehoben, kommunizierbar werden und der positiven Bindung der Gruppenglieder untereinander dienen. Die Verbindung der Glossolalie mit Deutungen ist für ihn daher das Entscheidende.

Wir können unsere Deutung der Glossolalie unter psychodynamischem Aspekt vorläufig zusammenfassen: Glossolales Verhalten ist nicht nur von sozialen Stimuli, Verstärkern und Modellen abhängig. Es wird auch durch innere Prozesse verstärkt und motiviert. Es führt 1. zu einer Erweiterung des Bewußtseins, indem es auf eine sehr diffuse Weise Zugang zu unbewußten Inhalten ermöglicht. Diese können 2. in Spannung zum Alltagsbewußtsein stehen, ja sogar verdrängt sein. 3. Drittens ist Glossolalie Erweiterung des Verhaltensrepertoires durch Rückgriff auf kindliche Verhaltenszüge, die noch vor der Sozialisation mit ihren Einseitigkeiten liegen. Sie ist mit einer Wiederkehr adualen Welterlebens verbunden. Mit diesen drei Teildeutungen stellt sich jedoch erst das Problem einer psychodynamischen Gesamtdeutung des Phänomens: Lassen sich die drei Beobachtungen sinnvoll in einen Zusammenhang bringen?

d) Versuch einer Gesamtdeutung mit Hilfe von Röm 8,18–30

Eine psychodynamische Gesamtdeutung des Phänomens „Glossolalie" müßte lauten: Glossolales Erleben und Verhalten erschließt Tiefen-

---

[80] Vgl. H. G. HEIMBROCK: Phantasie und christlicher Glaube, München 1977, bes. 80ff.; 46ff.; 57ff.

dimensionen eines unbewußten Konflikts, dessen Wurzeln in der Vergangenheit liegen. Röm 8,18–30 enthält genau diese drei Elemente: Bewußtwerdung des Unbewußten, Ausdruck eines tiefgreifenden Konflikts, Rückgriff auf ein vorzeitliches Geschehen (auch wenn es sich dabei nicht um frühkindliche Erlebnisse handelt). Bevor wir den Text als eine paulinische Deutung der Glossolalie interpretieren, müssen wir sicherstellen, daß hier überhaupt von Glossolalie die Rede ist[81]. Die wichtigsten Argumente gegen diese Annahme seien im folgenden diskutiert:

1. Paulus spreche wohl in Röm 8,26 von „unaussprechlichen Seufzern"; diese seien aber per definitionem unhörbar[82], Glossolalie bestehe dagegen aus vernehmbaren Lauten. Röm 8,26 denke daher wohl eher an das allgemein-menschliche Phänomen eines Klagens im inneren Dialog des Menschen mit sich selbst. In der Tat kann der Ausdruck στεναγμοί ἀλάλητοι sprachlich mit „unausgesprochenen und stummen Seufzern" übersetzt werden[83]. Jedoch bedeutet das Adjektiv ἄλαλος im Zusammenhang mit ekstatischen Phänomenen nicht „stumm", sondern „unverständlich". Als die Pythia in Delphi von einem ἄλαλον καὶ κακὸν πνεῦμα besessen ist, verstummt sie nicht etwa, sondern spricht mit ungewöhnlich rauher Stimme (Plut de def or 51 II). Der epileptische Knabe von Mk 9,25f. ist von einem πνεῦμα ἄλαλον besessen. Als er Jesus sieht, schreit er laut auf. Hinzu kommt eine wenig beachtete Schwierigkeit in Röm 8,23ff. Von den Christen wird zweimal gesagt, sie seufzten: Sie seufzen in sich selbst (8,23), und es seufzt der Geist in ihnen (8,26f.). Das erste Seufzen läßt sich als ein allgemein menschliches Aufstöhnen im inneren Dialog mit sich selbst verstehen; denn es setzt nur das Seufzen der Kreatur fort und geschieht „in sich selbst". Versteht

---

[81] Grundlegend für die Deutung auf Glossolalie ist E. KÄSEMANN: Der gottesdienstliche Schrei nach Freiheit, in: Paulinische Perspektiven, Tübingen 1969, 211–236: Paulus korrigiert den urchristlichen Enthusiasmus durch eine von der theologia crucis bestimmten Sicht der Glossolalie. Dieser Deutung hat sich vor allem H. R. BALZ: Heilsvertrauen und Welterfahrung. Strukturen paulinischer Eschatologie nach Römer 8,18–39, BEvTh 59 (1971) 69–92, angeschlossen.

[82] Vgl. K. NIEDERWIMMER: Das Gebet des Geistes, Röm 8,26f., ThZ 20 (1964) 252–265. A. J. M. WEDDERBURN: Romans 8,26 – Toward a Theology of Glossolalia, ScJTh 28 (1975) 369–377, bes. 371ff., plädiert nachdrücklich für ein unhörbares inneres Sprechen vergleichbar der wortlosen Kommunikation zwischen Verliebten. Er deutet also 8,26 nicht auf Glossolalie, will aber dennoch aus diesem Vers Kriterien zur theologischen Beurteilung der Glossolalie entwickeln.

[83] Ausführlich hierzu H. R. BALZ, Heilsvertrauen, 78–80. „Unaussprechlich" muß sowenig „unausgesprochen" bedeuten, wie „nicht hören" in 1.Kor 14,2 „unhörbar" bedeuten kann. Im übrigen würde eine Deutung (auch) auf unausgesprochenes inneres Sprechen einer Beziehung auf Glossolalie nicht unbedingt widersprechen, da Glossolalie (heute) auch als inneres Sprechen vorkommt; vgl. J. P. KILDAHL, Psychology, 4. Vielleicht ist in ActPetr 39 an solch eine innere Glossolalie gedacht.

man das „unaussprechliche Seufzen" des Geistes jedoch auch als wortloses Seufzen der Christen, so bleibt unklar, wodurch sich das Seufzen des Geistes vom allgemeinen Seufzen der Christen unterscheidet.

2. Das zweite Argument lautet: Die unaussprechlichen Seufzer würden nur von Gott verstanden. Glossolalie sei dagegen übersetzbar[84]. Wir hatten jedoch gesehen; Paulus dringt wohl darauf, daß Glossolalie verständlich und übersetzbar ist. Aber das ist ein Idealzustand, nicht die Realität. Faktisch verstehen die meisten Glossolalen nicht, was sie sagen, es sei denn, sie verfügen über das zusätzliche Charisma der Deutung. An sich ist also auch Glossolalie unverständlich und unmittelbar nur Gott zugänglich. Umgekehrt gilt aber auch: Die unaussprechlichen Seufzer des Geistes sind nicht völlig unverständlich. Röm 8,18ff. ist ein Versuch, sie zu deuten und zu verstehen.

3. Ein weiteres Argument weist darauf hin, daß es sich bei den unaussprechlichen Seufzern um ein kollektives Gebet handelt. Glossolalie sei jedoch privates Beten[85]. Richtig ist, daß Paulus in Röm 8,26f. im Plural formuliert: „Wir wissen nicht, wie wir beten sollen." Das weist auf ein kollektives Gebet, eine Auffassung, die im übrigen kaum zu der Annahme paßt, es handle sich um ein Seufzen im inneren Dialog. Entscheidend ist: Auch die Glossolalie darf man sich nicht als private Angelegenheit vorstellen. Innerhalb des Gottesdienstes spricht sie aus, was alle bewegt. Sonst könnte Paulus nicht die Erwartung formulieren, daß ein anderer „Amen" zum glossolalen Gebet (bzw. seiner Übersetzung) sprechen soll (1.Kor 14,16).

4. Eine Schwierigkeit wird oft darin gesehen, daß die „unaussprechlichen Seufzer" Ausdruck des Leidens mit der ganzen Schöpfung sind; Glossolalie sei dagegen ekstatische Verzückung[86]. Die Stimmung sei hier wie dort ganz verschieden. Es ist jedoch ein Vorurteil, Glossolalie von vornherein mit bestimmten Stimmungen zu verbinden. Bei Origenes cCels VII,9 ist Glossolalie von einer düsteren Bußstimmung umgeben: Celsus berichtet dort von ekstatischen Propheten, die sich bettelnd in Syrien und Palästina herumtreiben und predigen:

„Ich bin Gott oder Sohn Gottes oder der heilige Geist. Ich komme. Die Welt geht unter, und ihr Menschen fahrt um eurer Sünden willen dahin. Ich will euch erretten. Ihr werdet mich wiederkommen sehen mit himmlischer Macht. Selig, wer mir jetzt dient, aber auf die anderen alle werde ich ewiges Feuer regnen lassen, auf Städte und Länder. Die Menschen, die nichts von ihren Strafen

---

[84] So P. v. d. OSTEN-SACKEN: Römer 8 als Beispiel paulinischer Soteriologie, FRLANT 112, Göttingen 1975, der sich S. 272–275 dezidiert gegen eine Deutung auf Glossolalie ausspricht. Vgl. ferner U. WILCKENS, Röm, 162.
[85] So P. v. d. OSTEN-SACKEN, Römer 8, 272.
[86] So P. v. d. OSTEN-SACKEN, Römer 8, 274.

wissen, werden umsonst Buße tun und stöhnen (στενάξουσιν), aber die an mich geglaubt haben, werde ich in Ewigkeit bewahren ... Dann fährt er (sc. Celsus) fort: Nachdem sie diese weitläufigen Drohungen ausgestoßen haben, fügen sie noch unverständliche, halbverrückte und völlig unklare Worte hinzu, deren Bedeutung kein Vernünftiger (ἔχων νοῦν) ausfindig machen kann, denn sie sind ganz dunkel und nichtssagend; jedem Unsinnigen aber oder Betrüger geben sie in jeder Hinsicht Anlaß, das Gesagte so zu wenden, wie er will." (Or c Cels VII,9)

Es wird sich bei den von Celsus karikierten Propheten um urchristliche Wandercharismatiker handeln, die von außen durchaus als Bettler und Propheten angesehen werden konnten[87]. Ihre Prophetie ist mit Glossolalie verbunden. Nur das kann mit den „unverständlichen, halbverrückten und völlig unklaren Worten" gemeint sein. Anders als bei Paulus begegnet aber hier nicht die Reihenfolge Glossolalie–Hermeneia, sondern die verständlichen Worte gehen den glossolalen Äußerungen voraus. Wahrscheinlich gilt Glossolalie (ähnlich wie Apg 2,14ff.) als Zeichen der Endzeit. Die eschatologische Deutung des Paulus ist ungleich tiefer, aber sie bleibt innerhalb dessen, was wir historisch als möglich erkennen können.

Wer sich von diesen Argumenten zugunsten einer Identifizierung der „unaussprechlichen Seufzer" mit glossolalen Äußerungen nicht überzeugen läßt, kann dennoch den weiteren Überlegungen folgen: Paulus zielt in 1.Kor 14 ja gerade darauf hin, die Grenze zwischen glossolalem und verständlichem Sprechen durchlässiger zu machen. Was das Pneuma eingibt, soll gleichzeitig mit dem Nous verstanden werden. Tendenziell entfallen für ihn scharfe Abgrenzungen zwischen glossolalem und normalsprachlichem „Seufzen", wenn es sich nur um pneumatisch bewirkte Äußerungen handelt – und das ist in Röm 8,26 der Fall.

Zurück zur psychodynamischen Interpretation der Glossolalie! Die drei Elemente ihrer psychodynamischen Deutung – Bewußtwerden des Unbewußten, Ausdruck von Konflikt und Regression – finden sich in der paulinischen Deutung pneumatischen Sprechens in Röm 8,18ff.:

1. Auch in Röm 8 erscheint glossolales Sprechen als Sprache des Unbewußten. Das Seufzen des Geistes stammt aus der Tiefe des menschlichen Herzens, die nur derjenige durchschaut, „der die Herzen erforscht" (8,27). Der Mensch aber hat keine volle Einsicht in Ursprung

---

[87] So mit Recht H. LIETZMANN: Geschichte der alten Kirche II, Berlin ³1961, 45. Für christliche Wanderprediger spricht die trinitarische Formel, die Naherwartung, der Bußruf. Androhung des Feuergerichts über ablehnende Orte findet sich auch Lk 10,12. Daß der Erhöhte und der Geist im Ich-Stil durch die Propheten spricht, ist ebenfalls anzunehmen. Gegen die Deutung auf christliche Wanderprediger H. WEINEL, Wirkungen, 90f.

und Ziel glossolalen Seufzens. Denn „wir wissen nicht, wie wir beten sollen, wie sichs gebührt" (8,26). Der Unwissenheitstopos wird mit dem Topos von der Kardiognosie Gottes kombiniert. Beide Gedankenelemente ergeben zusammen die Vorstellung einer unbewußten Dimension im Menschen.

2. Paulus bezieht das glossolale Seufzen auf einen urzeitlichen Konflikt, dessen negativer Ausgang alle Kreatur der Vergänglichkeit unterwarf (8,20). Kein Zweifel: Paulus denkt an den Sündenfall, an jenen Konflikt Adams, nach dessen Modell Paulus den menschlichen Konflikt unter dem Gesetz überhaupt gedeutet hatte (Röm 7,7ff.). Dieser Sündenfall wiederholt sich in jedem Menschen. Er ist zugleich urzeitliches Geschehen und individuelles Geschick. Auch für Paulus sind also nicht nur diese oder jene glossolalen Äußerungen Ausdruck eines Konfliktes; vielmehr ist Glossolalie als solche „Symptom" eines traumatischen Geschehens, das aus mythischer und individueller Vorzeit wie ein dunkler Schatten über dem menschlichen Leben liegt.

3. Regression ist das dritte Stichwort einer psychodynamischen Deutung der Glossolalie. Auch dieser Zug findet sich in der paulinischen Deutung. Glossolales Erleben greift nicht nur auf ein vorzeitliches Geschehen zurück; es stimmt überein mit einem Seufzen in der gesamten Schöpfung. In ihm kommt eine Tendenz zum Ausdruck, die wir mit der nichtmenschlichen Kreatur teilen – also ein archaisches Erbe in uns. Zugleich sind Assoziationen an die Kindheit unverkennbar. Denn das glossolale Seufzen (8,26) ist ebenso Äußerung des Pneuma wie der Abbaruf der Gemeinde (8,15). Der Abbaanrede haften aber zur Zeit des Paulus noch deutlich frühkindliche Assoziationen an: Es ist die vertraute Anrede des Kindes an den Vater, die später freilich immer mehr ausgeweitet wurde[88]. Paulus selbst läßt diese Assoziationen noch deutlich werden, wenn er den Begriff „Söhne Gottes" (8,14) nach dem Abbaruf

---

[88] J. JEREMIAS: Abba, in: Abba. Studien zur neutestamentlichen Theologie und Zeitgeschichte, Göttingen 1966, 15–67, bes. 58–67, hat mit Recht seine frühere These korrigiert, „Abba" sei in jedem Fall frühkindliches Lallwort gegenüber dem Vater, da 1. der Adressatenkreis der Anrede und 2. der Sprecherkreis über die Vater–Kind-Beziehung hinaus ausgedehnt wurde. Jedoch zeigen einige seiner Belege für die Ausweitung des Sprachgebrauchs nach wie vor deutlich dessen frühkindliche Herkunft. Denn (ad 1) es werden wohl auch andere Menschen neben dem Vater „Abba" genannt, aber der älteste Beleg für diesen ausgeweiteten Sprachgebrauch schreibt ihn Schulkindern zu (bTaan 23b = Bill I,375), und (ad 2) es sprechen wohl auch Erwachsene von ihrem Abba, aber doch nicht zufällig dann, wenn sie von ihrer Kindheit erzählen: „Als ich noch ein Büblein war, habe ich auf Abbas Schultern reitend gesehen ..." (TosSanh 9,11). Zudem bezeugen christliche Kirchenväter noch für das 4. Jahrhundert den frühkindlichen Gebrauch der Abba-Anrede (vgl. die Hinweise auf Theodor v. Mopsuestia, Johannes Chrysostomos und Theodoret v. Kyros, bei J. JEREMIAS,, Abba, 61 A. 41).

durch den Begriff „Kinder Gottes" ersetzt (8,17) – ein Begriff, bei dem frühkindliche Assoziationen nachweisbar sind[89]. Noch eindeutiger aber ist die Geburtsmetaphorik. Das Bild ist zwar wie so oft etwas schief: Die Söhne, auf deren Geburt und Erscheinen gewartet wird, seufzen selbst im Geburtsschmerz.

Die psychodynamische Analyse der Glossolalie sucht nach der inneren Funktion glossolalen Verhaltens – besonders nach den „inneren Verstärkern", die es für den einzelnen Menschen zu einem Wert machen. Ausgehend von den Äußerungen des Paulus gelangt man hier zu folgenden Vermutungen:

Ganz gewiß ist Glossolalie ein anregendes Erlebnis, das neue und bislang unbewußte Dimensionen dem Menschen eröffnet, ja man kann Glossolalie mit C. G. JUNG als Durchbruch unbewußter Energie deuten[90]. Die Fremdartigkeit glossolalen Redens wird dann so erklärt: Ein dem bewußten Leben stark entfremdetes kollektives Unbewußtes müsse sich zunächst in fremdartiger Weise äußern[91]. Es komme nicht sofort zur Integration der unbewußten Impulse, sondern zu einer inflationsartigen Überschwemmung des Bewußtseins durch das Unbewußte. Das kann destruktive Wirkungen haben. Aber es ist auch eine Chance[92]. Für die positive Realisierung dieser Chance ist entscheidend, daß glossolale Äußerungen in Übereinstimmung mit dem Wertsystem einer Gruppe stehen, ja, das Erlebnis einer solchen Übereinstimmung könnte einen Teil jener inneren Verstärkung ausmachen, nach welcher psychodynamische Theorien suchen: Anstelle eines Zwiespalts zwischen privaten Impulsen und sozialen Normen, anstatt eines Antagonismus zwischen Bewußtsein und Unbewußtem wird deren Konsonanz erfahren. Paulus

---

[89] Vgl. 1.Thess 2,7: „... wie eine Amme ihre Kinder hegt und pflegt". 1.Thess 2,11; 2.Kor 12,14; Gal 4,19; Röm 9,8f.

[90] C. G. JUNG hat sich nur nebenbei zur Glossolalie geäußert. In „Das Wandlungssymbol in der Messe", Ges. Werke XI, Zürich 1963, 219–323, S. 311, spricht er davon, daß das Kreuz als Symbol psychischer Ordnung gerade in Zeiten psychischer Unordnung erscheint, „wobei letztere meistens durch den Einbruch unbewußter Inhalte veranlaßt ist". In einer Anmerkung verweist er auf die Glossolalie des Urchristentums.

[91] M. T. KELSEY, Tongue Speaking, 197, zitiert aus einem 1955 geschriebenen Brief C. G. JUNGS: „Speaking with tongues (glossolalia) is observed in cases of ekstases (...). It is probable that the strangeness of the unconscious contents not yet integrated in consciousness demands an equally strange language."

[92] In diese Richtung weisen Äußerungen glossolal aktiver Menschen, die SAMARIN, Tongues, 206 ff., gesammelt hat: Glossolalie habe „a profound effect on the deep feelings and attitude which the mind cannot always directly control" (S. 206). Sie bringe „the heights and depths of what one feels" zum Ausdruck (S. 206), sei „an opening and releasing of the deeper centers of life" (S. 208). Der Glossolale „has dropped the facade of logical flesh and is on a plateau of privacy with our Father beyond the subtle influence of accepted social niceties" (S. 209).

weitet diese Konsonanz auf die ganze Schöpfung aus: Wenn sich der Mensch an die aus dem Unbewußten kommenden pneumatischen Impulse hingibt, darf er sich in Übereinstimmung mit dem ganzen Kosmos – einschließlich der höchsten normgebenden Instanz, Gott selbst – glauben.

Glossolalie wäre somit beides: Ausdruck einer Spannung unbewußter Inhalte zur alltäglichen Welt und Reduktion dieser Spannung. Wenn Paulus in Röm 8,18–30 glossolales Erleben und Verhalten eschatologisch deutet, verleiht er ihm eine neue Funktion: Es wird ein Impuls zur Verwandlung des Menschen. Alles glossolale Seufzen zielt auf das „Erscheinen der Kinder Gottes", die zur „Gleichgestalt mit dem Sohn Gottes bestimmt sind". Paulus integriert mit dieser Deutung die Inflation des Bewußtseins durch das Unbewußte in seine symbolische Welt. Zentrales Symbol ist die „Sohnschaft" und „der Sohn". Die Tendenz zu ihm entspräche einer in der Schöpfung angelegten präexistenten Richtung. In der Sprache archetypischer Religionstheorie ausgedrückt: Die Sohnschaft ist Symbol des Selbst, in dem der Konflikt zwischen den unbewußten Archaismen des Menschen und den kulturellen Anforderungen überwunden ist. Glossolalie ist Sehnsucht nach dem Erscheinen des Selbst, nach der „Individuation", die durch Leiden hindurch Gestalt annimmt. Der regressiven Richtung glossolalen Verhaltens und Erlebens würde damit eine progressive Orientierung gegeben.

Mit dieser Auffassung haben wir den psychodynamischen Ansatz kognitiv modifiziert. Die Verwandlung regressiver Energie in eine progressive Tendenz geschieht durch Deutung der Glossolalie, durch ihre Integration in die symbolische Welt der Gemeinde. Die Symbole sind hier nicht nur Ausdruck psychischer Prozesse, sondern bestimmen deren Richtung. So gewiß Glossolalie durch die äußere Lernwelt angeregt und durch innere Prozesse motiviert wird, ihre Funktion ist immer auch von der Deutung abhängig, die man ihr zuteil werden läßt.

C. Kognitive Aspekte glossolalen Verhaltens

Auf den ersten Blick scheint glossolales Verhalten äußerst widerspenstig gegenüber kognitiven psychologischen Deutungsversuchen zu sein; wird doch bei ihm der Verstand aus- und ein wenig differenzierter emotionaler Strom eingeschaltet. Die Berechtigung der kognitiven Betrachtungsweise ist jedoch im Phänomen selbst begründet: Im Urchristentum gehört zur Glossolalie die Hermeneia, d.h. die Gabe der Deutung. Wir nehmen an, daß auch Paulus sie besaß. Er bekennt sich zur Zungenrede (1.Kor 14,18), schreibt ihr aber nur dann einen Wert für die Gemeinde zu, wenn sie mit einer Hermeneia verbunden war.

Seine Anweisung: „Wer Zungen redet, bitte darum, daß er auch übersetzen kann" (14,13) gilt auch für ihn. Außerdem war die Hermeneia ein wichtiges Instrument der Gemeindeleitung. Sie verlieh den interpretierten Zungenrednern soziale Anerkennung und konnte theologische Akzente setzen. Es ist schwer vorstellbar, daß Paulus auf dies Instrument der Beeinflussung verzichtet hat. Zur Abfassungszeit des Römerbriefs befand er sich zudem in Korinth in einer glossolal tätigen Gemeinde. Die Gemeinde wird an ihn die Erwartung gerichtet haben, selbst zu praktizieren, was er in seinem Brief so nachdrücklich empfohlen hatte. Wir nehmen daher an, daß Paulus in Gemeindeversammlungen als Interpret glossolaler Äußerungen aufgetreten ist. Vermutlich benutzt er in Röm 8,18 ff. die Bilder, Wortfelder und Aussageschemata, derer er sich auch sonst im Gottesdienst zur Deutung der Glossolalie bedient hat[93]. Ehe wir die kognitive Strukturierung glossolalen Erlebens in Röm 8 untersuchen, müssen wir jedoch klären: Was geschieht bei einer Hermeneia? Wie wurde glossolales Verhalten in Korinth gedeutet? Welche neue Deutung gibt Paulus dem sozialen Umfeld glossolalen Verhaltens in 1.Kor 12? Welche Deutung verleiht er der inneren psychischen Dynamik glossolalen Verhaltens in 1.Kor 14? Die Summe seines theologischen Nachdenkens über das pneumatische Sprechen aber legt er in Röm 8 vor. Wir gehen daher am Ende noch einmal auf dies Kapitel ein.

a) Die kognitive Strukturierung glossolalen Verhaltens allgemein im Urchristentum

Das auffälligste Merkmal glossolaler Sprache ist ihr fehlender semantischer Gehalt. Den phonetischen Elementen läßt sich kein bestimmter Inhalt zuordnen, obwohl die sprachähnliche Struktur der Zungenrede einen Inhalt suggeriert und innerhalb der glossolalen Gemeinschaft als bedeutungsvoll erlebt wird. Mitgeteilt werden „Geheimnisse" (1.Kor 14,2). Wie aber wird mitgeteilt?

---

[93] Paulus nennt in 1.Kor 14,26 verschiedene Gattungen, die ihren Sitz im urchristlichen Gottesdienst haben: Psalm, Didache, Apokalypse, Glossolalie und Hermeneia. In Phil 2,6–12 zitiert er einen urchristlichen (oder selbstverfaßten) Psalm. 1.Kor 15,3–5 könnte eine urchristliche Didache sein. In 2.Kor 12,1–9 berichtet er von einer Apokalypse. Daß er keine glossolalen Äußerungen mitteilt, ist verständlich. Wohl aber wäre es denkbar, daß er uns eine Hermeneia erhalten hat. P. v. D. OSTEN-SACKEN, Römer 8,97, kommt dagegen zu dem Ergebnis, daß 8,19–27 nicht „in eine bestimmte Form mit entsprechendem Sitz im Leben gefaßt ist". Er postuliert hinter dem Text eine Vorlage. Die von ihm zur Begründung herangezogenen stilistischen Merkmale ließen sich jedoch durch die Nähe zur mündlichen Sprachform genausogut erklären.

Semantisch läßt sich das Problem so formulieren: Glossolalie ist Sprache ohne denotativen Inhalt, bei dem sich die Kommunikation fast ausschließlich auf die konnotativen Assoziationen beschränkt. Der emotional-assoziative Hof von Äußerungen wird zum semantischen Kern. Das Problem läßt sich nun präziser formulieren: Wie können emotionale Konnotationen ohne denotativ bedeutungsvolle Worte mitgeteilt werden? Für das Urchristentum war das ein Wunder. Für uns aber ist es nicht unerklärlich; vielmehr bedienten sich die Glossolalen kommunikativer Mittel, die wir alle benutzen[94].

Glossolalie enthält 1. kryptosemantische Elemente, d.h. Sprachfragmente, die unwillkürlich bedeutsame Assoziationen wachrufen. Ausdrücke wie Yezu, Yeshua oder Yay-so erinnern an Jesus[95], Äußerungen wie satá:na, amé:n, kristu sind für jedermann identifizierbar[96]. Analogien bieten antike Zaubertexte mit kryptosemantischen Götternamen[97]. Im Urchristentum wäre an fremdsprachliche Elemente wie „Abba!"[98] (Röm 8,15f.; Gal 4,6), „Maranatha!" (1.Kor 16,22) zu denken, möglicherweise auch an kurze Akklamationen wie Κύριος Ἰησοῦς[99].

An zweiter Stelle sind 2. sekundäre sprachliche Ausdrucksmittel wie Intonation, Tempo und Klangfarbe zu nennen. An ihnen können wir feststellen, ob jemand fragt, erzählt, ermahnt, befiehlt. Allgemeine emotionale Stimmungen schlagen sich in ihnen nieder. So könnte es sein, daß die verschiedenen γένη γλωσσῶν (1.Kor 12,10) sich durch solche sekundärsprachlichen Mittel unterschieden.

Sehr wichtig sind 3. nichtsprachliche Kommunikationsmittel: Körperhaltung, Mimik und Gestik. So kann man fast in jedem Kulturbereich schon an der Körperhaltung erkennen, ob jemand betet oder nicht. Aus 1.Kor 14 geht hervor, daß man z.B. zwischen glossolalen Botschaften und Gebeten in Korinth unterscheiden konnte.

Schließlich sei 4. auf situative Kommunikationswege hingewiesen. Schon wenn sich eine Gruppe in einem Raum mit sakralen Symbolen

---

[94] H. A. Osser/P. F. Ostwald (et alii): Glossolalic Spreech from a Psycholinguistic Perspective, Journ. of Psycholinguistic Research 2 (1973) 9–19, verweisen auf soziale Faktoren und Intonationsmuster als Träger von Bedeutung (S. 10). Vgl. auch C. G. Williams: Glossolalia as a Religious Phenomenon: Tongues at Corinth and Pentecost, Religion 5 (1975) 16–32, dort S. 18.
[95] Beispiele bei W. J. Samarin, Tongues, 89.
[96] Beispiele bei N. S. Holm, Zungenreden, 230.
[97] Vgl. H. Lietzmann, 1.Kor, 69.
[98] J. Moffatt: The First Epistle of Paul to the Corinthians, London 1938, 213, meint, daß Ausdrücke wie „a–b–a–b" als Abba verstanden werden konnten.
[99] Jede Zunge (πᾶσα γλῶσσα) soll Jesus als Kyrios bekennen (Phil 2,10–11). Dann aber kann Zungenrede (γλῶσσα) kaum ausgeschlossen werden, zumal sie Engelssprache ist (1.Kor 13,1), die Engel aber als himmlische Mächte in die Akklamation mit einstimmen (Phil 2,10f.).

befindet, ist durch den Ort und die gemeinsamen Überzeugungen eine Vorgabe an Kommunikation gegeben.

Die Mitteilung emotional-konnotativer Gehalte geschah in der Glossolalie wahrscheinlich durch kryptosemantische, sekundärsprachliche, nichtsprachliche und situative Kommunikationsmittel. Zweifellos können auf diesem Wege keine präzisen Botschaften gesendet werden. Was hier gesendet wird, ist diffus und allgemein.

Ein weiteres Problem besteht darin, wie die Hermeneuten solche diffusen Botschaften in verständliche Sprache umsetzen konnten. Ihre Deutungen mußten von der Gruppe (und auch dem Sprecher) akzeptiert werden. Ehe man dabei an Suggestion oder Selbstbetrug denkt, möge man eine viel näherliegende Erklärung in Betracht ziehen: Psychologische Experimente zeigen uns, daß emotionale Befindlichkeiten mehrdeutig sind[100]. Ein durch ein und dieselbe Droge herbeigeführter körperlicher Erregungszustand kann sowohl als Furcht wie als Freude erlebt werden, je nachdem, ob man in einem furchterregenden oder in einem freundlichen sozialen Milieu ist. Es hängt von kognitiven Interpretationsprozessen ab, wie die emotionale Angeregtheit gefärbt wird. Wenn aber Individuen ihre Befindlichkeit entsprechend der wahrgenommenen sozialen Situation deuten, so ist es grundsätzlich möglich, daß auch die emotionale Befindlichkeit einer Gruppe durch einen Interpreten nachträglich gedeutet und gesteuert wird. Solche Deutungen können als evident erlebt werden. Die zu deutende Befindlichkeit ist ja in sich mehrdeutig, global und diffus.

Diese Hypothese können wir natürlich nicht an paulinischen Texten verifizieren. Forschungen zur gegenwärtig beobachtbaren Glossolalie bestätigen sie[101]: Drei amerikanische Forscher ließen einen Prediger der Pfingstbewegung Äußerungen zu 10 Stichwörtern (Härte, Weichheit, Leere, Tod, Beginn, Fülle, Führung, Ende, Folgen, Schwäche) auf Band sprechen, das dann verschiedenen Versuchsgruppen unter variierten Bedingungen vorgespielt wurde. Das Ergebnis läßt sich in zwei Punkten zusammenfassen: 1. Die Antworten der Beurteiler wiesen untereinander eine erstaunliche Übereinstimmung auf, trafen aber selten das, was der glossolale Sprecher zum Ausdruck hatte bringen wollen. 2. Die Übereinstimmung bezog sich auf emotionale Aspekte. Bei diesem Experiment entfielen alle nichtsprachlichen und situativen Kommunikationsmöglichkeiten. Die Beurteilung glossolaler Äußerungen mußte sich aus-

---

[100] S. SCHACHTER/J. E. SINGER: Cognitive, social and physiological determinants of emotional state, Psychol. Review 69 (1962) 379–399, referiert bei R. OERTER: Psychologie des Denkens, Donauwörth 1971, 444ff.

[101] J. LAFALL/J. MONAHAN/P. RICHMAN: Communication of Meaning in Glossolalia, JournSocPsych 92 (1974) 277–291.

schließlich auf die Bandaufnahme beschränken. Trotzdem geschah eine Art emotionaler Kommunikation. Wenn das in der künstlichen Situation des Labors möglich ist, um wieviel mehr in vivo, wo Sprecher und Hörer durch eine vorgängige Kommunikation verbunden sind und der Hermeneut kein unbeschriebenes Blatt ist. Handelt es sich um eine einflußreiche Person mit Einfühlungsvermögen, so wird es ihr nicht schwer fallen, die emotionale Befindlichkeit der Gruppe zu ertasten und zu artikulieren.

Diese Überlegungen zum semantischen Aspekt glossolalen Sprechens bestätigen, was auch andere zeitgenössische Untersuchungen zur Glossolalie überhaupt zeigen: Glossolalie ist kein übernatürliches Phänomen, sondern läßt sich natürlich erklären. Wie alles Natürliche, so kann freilich auch das natürliche Phänomen der Glossolalie symbolischen Charakter erhalten. Wie sehr es dabei auf den Deutungsrahmen ankommt, zeigt ein Vergleich mit verwandten paralinguistischen Phänomemen. Aus der Antike sind uns (bes. aus dem 3./4. Jahrhundert) zahlreiche sprachlich sinnlose Äußerungen als Zauberformeln erhalten. Gewiß wird man zwischen Glossolalie und solchen Zauberformeln unterscheiden müssen: Zauberformeln dürften oft gewaltsam konstruiert sein. Sie müssen auswendig gelernt werden. Glossolalie ist dagegen ein spontaner Strom von Phonemen[102]. Trotz solcher Unterschiede weisen aber antike Zauberformeln z. T. ähnliche linguistische Züge wie moderne glossolale Äußerungen auf. Ein Vergleich zwischen zufällig ausgewählten Zauberformulierungen im Umfang von 1000 Buchstaben mit einem entsprechenden Normaltext zeigt, daß sich auch in Zauberformeln einige der von W. J. SAMARIN nachgewiesenen linguistischen Merkmale der Glossolalie nachweisen lassen[103].

1. Echohafte Phänomene sind in Zauberformeln weit häufiger als in Normaltexten. Aus PGM I,135ff. seien als Beispiel angeführt: „... tazō zōn tazō tazō ptazo ... souōri souō ōous ... saraptoumi sarachti ... zouzō arrouzō .. chachach chachach charcharachach ... acha achacha chach charchara chach". Im Normaltext entstehen echohafte Phänomene durch grammatische Kongruenzforderungen. In unsemantischen Äußerungen können sie sich allein aufgrund phonetischen Spielens entfalten.

---

[102] T. W. MANSON: The Corinthian Correspondence (1), 204, betont mit Recht den Unterschied: Die Lautkombinationen der Zauberpapyri sind „the product of perverted ingenuity rather than religious ecstasy. It is not glossolalia, whatever else it may be". Positiver zu möglichen Zusammenhängen äußert sich G. DAUTZENBERG: Art. Glossolalie, RAC XI, 231.

[103] Vgl. W. J. SAMARIN, Glossolalia as regressive Speech, 79ff. Die Stichprobe stammt aus K. PREISENDANZ:: Papyri Graecae Magicae I, Leipzig 1928, 10–13. Herrn M. Hoffmann danke ich für die Anfertigung der Statistik.

2. Ferner ließ sich eine Vorliebe für offene Silben in Zauberformeln erkennen. Sie geht zu einem großen Teil auf lange Vokalhäufungen zurück. Bei gleicher Buchstabenzahl enthielten Zauberformeln 381 offene (gegen 91 geschlossene), Normaltexte 339 offene (gegen 107 geschlossene) Silben.

3. Gewisse Unterschiede zeigen sich in der Verwendung von Vokalen und Konsonanten. In den Zauberformeln fanden sich 543 Vokale; im Normaltext 539 Vokale. Die Unterschiede treten hervor, wenn man die verschiedenen Vokale gegenüberstellt! Die Vokale a und o wurden in Zauberformulierungen bevorzugt (bei a 190/123, bei o 68/43).

Trotz einiger vergleichbarer linguistischer Züge ist jedoch das Selbstverständnis antiker Magier und urchristlicher Glossolalen diametral einander entgegengesetzt. Während die Magier ihre paralinguistischen Äußerungen instrumentell zur Manipulierung der geheimen „Sympathien" zwischen den Dingen einsetzen, ist die Einstellung des Glossolalen gegenüber seiner Sprache ganz und gar nicht instrumentell. Was seinem Munde entströmt, ist nicht einmal sein eigenes Werk, sondern Äußerung des heiligen Geistes. Er verändert kein Objekt. Der Akzent liegt vielmehr auf der Änderung des Subjekts. Die Sprache ist nicht Instrument, sondern Charisma.

Das unterschiedliche Erleben vergleichbarer paralinguistischer Phänomene hängt gewiß nicht von möglichen sprachlichen Unterschieden ab, sondern von sozial abgesicherten Deutungsprozessen. Drei Züge seien für das Urchristentum herausgehoben: 1. die transsubjektive Kausalattribuierung glossolalen Verhaltens, die den Glossolalen das Gefühl gibt, mit göttlichem Geist erfüllt zu sein. Glossolalie ist Wirkung eines göttlichen Subjekts. 2. Die soziale Exklusivitätseinschätzung: Nur wenige besaßen die Gabe der Glossolalie. Durch sie hob sich die urchristliche Gemeinschaft von der Umwelt ab. 3. Die positive Selbstwahrnehmung aufgrund der glossolalen Gabe: Wenn das Charisma nur wenigen zuteil wird und unmittelbar mit der Gottheit verbindet, kann der Glossolale seinem Leben einen unbedingten Wert zuschreiben. In diesem positiven Selbsterleben wird eine kognitiv orientierte Psychologie den entscheidenden Schlüssel für die positiven Auswirkungen glossolalen Verhaltens sehen. Hier liegt die ausschlaggebende „innere Verstärkung" der Glossolalie. Mit Hilfe eines positiven Selbstbildes können auch Konflikte und Spannungen leichter ertragen, bearbeitet und bewältigt werden – wobei solche Bearbeitung nicht immer realitätsangepaßt sein muß. Es kann zur Ausklammerung widriger Realitätsaspekte kommen, weil sie mit dem eigenen Selbstbild nicht vereinbar sind.

Die drei hervorgehobenen Züge mögen veranschaulichen, daß nicht die innere und äußere Welt an sich, sondern ihre Deutung religiöses Erleben und Verhalten bestimmen. Daß in der Glossolalie unbewußte

Tendenzen zum Ausdruck kommen, läßt sich kaum bestreiten. Aber es hängt von der Deutung ab, ob man in ihnen negativ bewertete „Verdrängungen" sieht, positiv wirkende kollektive Archetypen oder Inspiration durch den heiligen Geist. Dasselbe gilt für die Lernumwelt. Glossolalie ist auf eine verstärkende und stimulierende soziale Umwelt angewiesen. Aber wiederum hängt es von ihrer Deutung ab, ob man in den glossolalen Gruppen psychisch abhängige Menschen sieht, Vertreter einer alternativen Kultur oder die Erwählten der Endzeit. Entsprechend solchen Deutungen wird das Fremd- und Selbstbild der Glossolalen verschieden getönt sein.

b) Die kognitive Umstrukturierung des sozialen Umfelds (1.Kor 12)

Wir hatten schon gesehen, wie Paulus glossolales Verhalten durch Einflußnahme auf Stimuli, Verstärker und Modelle der sozialen Umwelt zu beeinflussen sucht. Paulus ist als Gemeindegründer ein entscheidender Faktor der sozialen Umwelt für die korinthischen Gemeinden. Das größte Gewicht ist jedoch nicht der Veränderung einzelner Elemente dieser Umwelt zuzuschreiben, sondern einer durchgehenden kognitiven Umstrukturierung, durch welche Gemeinde und Glossolalie in ein neues Verhältnis zueinander gesetzt werden. Das sei an zwei Punkten gezeigt. Paulus weitet 1. die transsubjektive Kausalattribuierung christlichen Verhaltens, seine Rückführung auf den heiligen Geist, betont auf alle Tätigkeiten der Christen aus. Dies geschieht mit Hilfe eines modifizierten Pneuma-Begriffs. Er verändert 2. die Funktionseinschätzung der christlichen Tätigkeiten durch das Bild vom „Leib Christi", in dem alle Tätigkeiten funktional aufeinander angewiesen sind.

Neben der Auffassung, daß besondere Charismatiker das Pneuma erhalten haben und in außerordentlichen Gaben betätigen (vgl. z.B. 1.Kor 3,1; 14,37), gab es im Urchristentum noch eine andere Auffassung, derzufolge alle Christen mit der Taufe den Geist empfangen haben (1.Kor 12,13). Paulus kann diese allgemeinere Auffassung aktualisieren, um das ganze christliche Leben als Auswirkung des Geistes zu verstehen. Im 12. Kapitel des 1.Kor zählt er dreimal die Charismen des christlichen Lebens auf. Sie enthalten eine Fülle von Aktivitäten neben der Zungenrede, sind aber vor allem an deren Relativierung interessiert. Denn sie brechen jeweils nach Nennung der Zungenrede ab (vgl. 12,8–10; 12,28; 12,29–30). Nimmt man den später niedergeschriebenen Charismenkatalog in Röm 12,6–8 hinzu, so ist das Zurücktreten irrationaler Geistesgaben unübersehbar[104]. Schon in 1.Kor 12,28–30 erwähnt

---

[104] Vgl. die Tabelle bei O. Kuss, Röm, 554.

Paulus nicht mehr den wundertätigen Glauben und die Unterscheidung der Geister, die in der ersten Charismenliste zu finden sind; dafür fügt er „Hilfeleistungen" und „Führungsaufgaben" – also recht nüchterne Tätigkeiten – hinzu. In Röm 12,6–8 sind auch Heilungen, Zungenrede und Interpretationsgabe aus dem Katalog der Charismen ausgeschieden. Vor allem aber geht der Charismenkatalog in ganz allgemeine Mahnungen (12,9ff.) über, die sich an jeden Christen wenden. Was Paulus anstrebt, läßt sich psychologisch so formulieren: Mit Hilfe des allgemeineren Pneumabegriffs will er eine kognitive Umstrukturierung der sozialen Wahrnehmung erreichen. Die persönliche Gabe soll als Auswirkung eben jener Kraft verstanden werden, die in allen Gemeindegliedern wirksam ist[105].

Noch deutlicher wird diese kognitive Umstrukturierung der sozialen Wahrnehmung beim Bild vom Leib Christi. Das allgemeine Bild vom Leib und seinen Gliedern wurde in der Antike häufig auf soziale und politische Beziehungen angewandt. Der paulinische Gebrauch des Bildes hat hinsichtlich seines Umfangs wie seines Inhalts einige besondere Züge[106].

Der Umfang der von der Leib-Metaphorik umfaßten Gemeinschaft wird in der Antike verschieden bestimmt. Das Bild begegnet

1., um die Polis als einen organischen Körper zu deuten. Das klassische Beispiel dafür ist die Fabel des Menenius Agrippa (Liv II,32; Dion Hal VI,86; Zonar. VII,14; vgl. auch Plut Cor 6; Babr 134; Romulus 66). Die Fabel vom Aufstand der Glieder gegen den Magen dient dazu, den Konflikt zwischen Plebejern und Patriziern zu überwinden. Der „Sitz im Leben" dieses Bildes ist der die Polis bedrohende Klassenkampf, dem man mit Appellen zur Eintracht entgegentritt. Eine gespaltene Polis gilt als kranker Körper (Plat leg I 628d; vgl. auch die Krankheitsmetapher in Plat pol II 372e 426a–c; Jos bell 4,406f.). Der beste Staat ist der, in dem die Bürger sich mit jedem mitfreuen und mitleiden – so wie das Schicksal eines Gliedes den ganzen Körper in Mitleidenschaft zieht (Plat pol 462; vgl. 1.Kor 12,26).

---

[105] W. BOUSSET hat in seiner Rezension zu H. WEINELS Buch über die Wirkungen des heiligen Geistes, GGA 163(1901) 753–776, die Bedeutung kognitiver Deutungen für die Erfahrung des Geistes klar herausgearbeitet: Die Auffassung vom Geist stützt sich bei Paulus nicht nur auf Erfahrungen, sondern auf ein Wechselspiel zwischen Erfahrung und Theorie.

[106] Zur sozialen Leib-Metaphorik vgl. W. NESTLE: Die Fabel des Menenius Agrippa, Klio 21 (1927) 350–360; W. L. KNOX: Parallels to the N.T. Use of σῶμα, JThS 39 (1938) 243–246. Ausgeklammert wurde im folgenden eine mythische Leib-Metaphorik, die den Kosmos als Körper einer Gottheit deutet. Sie konnte sich mit der sozialen Leib-Metaphorik verbinden: Wenn diese von der Polis auf den Kosmos als einer großen Polis übertragen wurde, so wurde dies auch dadurch erleichtert, daß die Welt schon immer als ein großer Organismus aufgefaßt wurde. Einen guten Überblick gibt K. M. FISCHER: Tendenz und Absicht des Epheserbriefes, FRLANT 111, Göttingen 1973, 52–78.

2. Durch die Eroberungen Alexanders wurden in hellenistischer Zeit die Grundlagen dafür geschaffen, den Umfang des Bildes auszuweiten: Der ganze Kosmos konnte als Polis und jeder Mensch als Bürger dieser Polis verstanden werden. Die Übertragung der Leib-Metaphorik auf den Kosmos war naheliegend, obwohl man sich der Spannungen zwischen der Polis- und der Leibmetaphorik bei der Übertragung auf den Kosmos bewußt war (vgl. Dio Chrys or 36,30). Die eindrucksvollste Entfaltung des Bildes findet sich bei den Stoikern der Kaiserzeit, z.B. bei Seneca: „Alles, was du siehst, worin Göttliches und Menschliches zusammengeschlossen ist, ist eines: Wir sind Glieder eines großen Leibes. Die Natur hat uns als Verwandte geschaffen, weil sie uns aus demselben und zu demselben erzeugte. Sie hat uns gegenseitige Liebe eingegeben und uns gemeinschaftsfähig gemacht. Sie hat Billigkeit und Gerechtigkeit geschaffen. Aufgrund ihrer Einrichtung ist es schlechter, Schaden zuzufügen als Schaden zu erleiden. Aufgrund ihrer Anordnung sollen für die Hilfsbedürftigen (helfende) Hände bereit sein" (Sen ep 95,52; vgl. ferner Epikt Diss II,10,1ff.; Mark Aurel II,1; VII,13). Aufschlußreich ist, wie sich mit dieser universalistischen Ausweitung des Bildes ein individualistischer Zug verbinden kann: Wenn die Welt ein Vaterland ist mit jedem Menschen als Mitbürger, so darf man dem einzelnen Menschen so wenig schaden wie dem Vaterland: Er ist ja ein Teil des Ganzen (Sen ir II,31,7).

3. Der paulinische Gebrauch des Bildes ist demgegenüber eine Einengung: Nicht die Welt oder die Polis ist der Leib, sondern eine kleine Gruppe in der Gesellschaft: die christliche Gemeinde. Möglicherweise hat sich schon die jüdische Gemeinde in der Diaspora so verstanden. Nach Philo sollen nämlich die Juden die Proselyten als vollberechtigte Glieder aufnehmen, „indem man Freud und Leid mit ihnen teilt, so daß in geteilten Gliedern ein Wesen enthalten zu sein scheint, da das gemeinsame Gefühl füreinander sie verbindet und gleichsam zusammenwachsen läßt" (virt 103). Neu ist hier, daß der Leib nicht schon vorgegeben ist, sondern erst durch einen geschichtlichen Prozeß entsteht. Vorausgesetzt wird eine Veränderung beim Menschen durch Bekehrung. Im Urchristentum führt das Pneuma dazu, daß die Grenzen zwischen Juden und Griechen, Freien und Sklaven überwunden werden (1.Kor 12,13). Auch ist der Leib Christi mehr als ein Bild. Da der Auferstandene in den Christen lebt, ist er eine mystische Realität. Man mag die urchristliche Verwendung des Bildes als Einschränkung gegenüber seiner kosmopolitischen Funktion in der Stoa kritisieren: Als Leib Christi grenzt sich die Kirche von allen vorhandenen Gemeinschaften ab. Aber die Leib-Metaphorik gewinnt in den Deuteropaulinen wieder kosmische Weite. Auch dann aber handelt es sich um einen werdenden Leib – nicht um einen natürlich vorgegebenen Körper (vgl. Kol 2,19).

Eine zweite Eigentümlichkeit des paulinischen Bildgebrauchs liegt in der Bestimmung der zwischenmenschlichen Verhältnisse innerhalb des Leibes. Der Inhalt des Bildes verändert sich ebenso wie sein Umfang.

1. Meist wird die soziale Leib-Metaphorik dazu verwandt, die unvermeidliche Überlegenheit eines der Glieder herauszustellen. Das ist die Pointe bei Menenius Agrippa. Der Fabeldichter Romulus gibt demselben Stoff die biedere Moral: „Diese Fabel mahnt die Diener zur Treue" (Romulus 66). Eine antide-

mokratische Pointe hat die Fabel vom Aufstand der Glieder gegen das Haupt beim Prinzenerzieher Babrios (Nr. 134).

2. Häufig wird die Leibmetaphorik jedoch auch benutzt, um die gegenseitige Verbundenheit der Glieder herauszustreichen, ohne daß einem besonderen Glied ein Vorrang zukommt. So etwa bei Seneca: Der Staatskörper werde durch die Wachsamkeit und Liebe seiner Glieder unversehrt erhalten (ira II,31,7). Den Menschen ist als Gliedern eines Körpers „gegenseitige Liebe" gegeben (ep 95,52). Alle Menschen sind als Glieder zur Zusammenarbeit bestimmt (Marc Aurel II,1 VII,13). Diese gegenseitige Solidarität schließt auch den Schwächeren mit ein. So habe Solon jedem Bürger das Recht gegeben, für einen anderen das Gericht anzurufen, um die Bürger daran zu gewöhnen, „sich gleichsam als Glieder eines Körpers zu fühlen" (Plut Solon 17). Aus der Verbundenheit der Menschen folgt die Pflicht, Hilfsbedürftigen zu helfen (Sen ep 95,52). Damit kommen wir der urchristlichen Verwendung des Bildes recht nahe.

3. Bei Paulus wird dieser Solidaritätsgedanke zugespitzt. Im Leibe Christi sollen alle füreinander sorgen (1.Kor 12,25). Ein Glied hat dabei eine hervorgehobene Stellung – jedoch nicht das dominierende Glied, sondern das schwächste. Wenn sonst innerhalb der Leib-Metaphorik ein Glied besonders hervorgehoben wird, so ist es z. B. der Kopf oder der Magen, d. h. die Glieder, von denen die anderen abhängig sind. Bei Paulus tritt an diese Stelle das schwache Glied: Den „unanständigsten" Gliedern werden besondere Ehren zuteil (1.Kor 12,23f.). Paulus denkt hier an den Unterleib mit den Geschlechtsgliedern, der von Kleidern umhüllt wird. Ohne Bild gesprochen: Die schwächsten Glieder in der christlichen Gemeinde werden zum ausschlaggebenden Kriterium für das Verhalten aller. Auch Christus ist nicht der dominierende Teil im „Leib Christi". Er bildet den gesamten Leib. Er ist in den schwächsten Gliedern ebenso anwesend wie in den stärksten. Damit werden alle Versuche kritisiert, bestimmten Charismen einen prinzipiellen Vorrang einzuräumen.

Die bei Paulus sichtbar werdende neue Kausalattribuierung und Funktionseinschätzung glossolalen Verhaltens hat dieselbe Intention: Die Mannigfaltigkeit christlicher Aktivitäten hat denselben Ursprung im Geist und denselben Wert im Leib Christi. Die korinthische Deutung der Glossolalie war von einer Abhebungsthematik bestimmt: Glossolalie ist Zeichen der Erwählten, an dem man die Gläubigen im Unterschied zur Welt erkennt, Paulus strukturiert dagegen die Deutung der Glossolalie von einer sozialen Anschlußthematik her um: Sie ist Teil einer durch den Geist und den Leib-Christi verbundenen Mannigfaltigkeit.

c) Die kognitive Umstrukturierung psychischer Dynamik (1.Kor 14)

Paulus bietet auch für die Selbstwahrnehmung der Glossolalen neue Interpretationsschemata an. Auch sie betreffen 1. die Kausalattribuierung glossolalen Verhaltens und 2. deren Bewertung.

Für die korinthischen Glossolalen war das πνεῦμα θεοῦ Subjekt der

4. Glossolalie – Sprache des Unbewußten? (1.Kor 14)

Zungenrede. Das menschliche Subjekt ist während des Zungenredens ausgeschaltet; der νοῦς schweigt. Paulus setzt hier neue Akzente. Das was im Menschen zur Glossolalie drängt, wird in stärkerem Maße dem menschlichen Subjekt zugerechnet als in der Tradition. In der Zungenrede spricht „mein Pneuma". Man mag streiten, ob es sich um jenen Anteil am göttlichen Pneuma handelt, der jedem Menschen individuell zugeteilt wurde[107] – oder ob es das menschliche Pneuma ist, das von der Offenbarung des göttlichen Pneumas Zeugnis gibt. Für letzteres spricht Röm 8,16, wo Gottes Pneuma unserem Pneuma bezeugt, daß wir Gottes Kinder sind. Für erstere Annahme könnte man 1.Kor 14,32 anführen, wo von den πνεύματα προφητῶν die Rede ist – also vielen individuellen „Geistern". In jedem Falle aber handelt es sich um eine Instanz, die dem einzelnen Menschen zugerechnet wird und für die er verantwortlich ist. Sonst wäre es sinnlos festzustellen, daß die prophetischen Geister den Propheten untertan sind. Niemand kann sich einfach darauf berufen, daß ein fremder pneumatischer Strom durch ihn hindurchzieht. Im pneumatischen Sprechen offenbart sich der Mensch selbst.

Nur von dieser Relativierung der transsubjektiven Kausalattribuierung glossolalen Verhaltens her wird verständlich, warum das Verhältnis von νοῦς und πνεῦμα so ganz anders ist als in der platonischen Inspirationstradition: Dort verläßt der νοῦς den Menschen, damit er dem göttlichen πνεῦμα Platz macht (Philo her 265; vgl. Plato Ion 534b). Bei Paulus aber sollen beide zusammen tätig werden: „Ich will mit dem Pneuma beten, ich will aber auch mit dem Nous beten" (1.Kor 14,15). Der Gegensatz zwischen Pneuma und Nous ist bei Paulus kein unüberbrückbarer Widerspruch zwischen menschlichem Verstand und göttlichem Geist, sondern (auch) ein innerer Gegensatz zwischen verschiedenen Aspekten des Menschen, der keineswegs unüberbrückbar ist. Sagt Philo, göttliches Pneuma und menschlicher Nous könnten nicht beieinander wohnen, so behauptet Paulus das Gegenteil: Pneuma und Nous können sich verbinden und ergänzen.

Man könnte einwenden, Paulus kenne in Röm 8,26 ein ekstatisches Beten, bei dem das Pneuma die Stelle des Subjekts einnimmt. Zweifellos steht diese Stelle der platonischen Inspirationstradition nahe. Das zeigt nicht zuletzt der Unwissenheitstopos:

„Ebenso kommt aber auch der Geist unserer Schwachheit zu Hilfe. Denn wir wissen nicht, was wir beten sollen, wie sichs gebührt, aber der Geist selbst tritt für uns ein mit unaussprechlichen Seufzern." (Röm 8,26)

---

[107] So J. WEISS, 1.Kor, 327f. In Röm 1,9 bedeutet ἐν τῷ πνεύματι μου jedoch schlicht „in meinem Geist", d.h. dem individuellen menschlichen Geist.

Gerade diese Stelle aber macht den Unterschied zur platonischen Inspirationstradition deutlich. Nach dieser Tradition ist der Inspirierte ein Instrument des göttlichen Willens. Er sagt nichts Eigenes. Nur der Gott spricht durch ihn hindurch. Bei Paulus aber ist es umgekehrt. Der göttliche Geist kommt der menschlichen Schwachheit zu Hilfe. Der Mensch sagt in der pneumatischen Ekstase nicht, was die Gottheit sagen will; sondern der göttliche Geist artikuliert, was der Mensch sagen möchte, aber nicht sagen kann. Er formuliert stellvertretend für den Menschen. Was er sagt, ist Fortsetzung jenes kosmischen Seufzens, das in allen Kreaturen lebendig ist. Entsprechend wird der Unwissenheitstopos umgeprägt: Es handelt sich nicht um Unwissenheit des Menschen gegenüber dem, was der göttliche Geist aus ihm hervorsprudelt, sondern um Unwissenheit gegenüber sich selbst. Wir wissen nicht, was *wir* beten sollen!

Die beobachtbaren Veränderungen der platonischen Inspirationstradition ergänzen einander: 1. Der Mensch ist nicht Instrument Gottes, sondern Gottes Geist Promotor menschlichen Ausdrucksverlangens. 2. Der Nous wird nicht ausgeschaltet, wenn das Pneuma aktiv wird, sondern beide wirken zusammen. In beiden Fällen ist die Tendenz dieselbe: Ekstatisches Reden wird nicht ungebrochen transsubjektiven Größen kausalattribuiert; vielmehr ist sie Sprache des Subjekts, sei es, daß ein von Gott bewegtes menschliches Subjekt seine Impulse mit Hilfe des Nous artikuliert (1.Kor 14,14ff.), sei es, daß das göttliche Pneuma unbewußte menschliche Impulse als unaussprechliches Seufzen stellvertretend formuliert. In beiden Fällen soll der Mensch in die Lage gesetzt werden, mitzuteilen, was ihn im Innersten bewegt. Wir können hier eine deutliche Tendenz zur Subjektivierung der ekstatischen Erfahrung feststellen: Sie wird in höherem Maße dem Subjekt zugerechnet als in der Tradition. Wenn die Alte Kirche später gegen die Montanisten betont, daß Inspiration das menschliche Subjekt nicht ausschaltet, sondern stärkt, so wird damit eine bis auf Paulus zurückgehende Tendenz verfolgt.

Die modifizierte Kausalattribuierung glossolalen Verhaltens führt notwendigerweise zu einer neuen Bewertung. Wenn sich in der Glossolalie auch das menschliche Subjekt zum Ausdruck bringt, so hat die Glossolalie an der Vorläufigkeit und Unzulänglichkeit des Menschen Anteil. Wir können 1.Kor 14,37 entnehmen, daß sich die korinthischen Glossolalen πνευματικοί nannten; wahrscheinlich hielten sie sich als πνευματικοί auch für τέλειοι (1.Kor 2,6; 2,15; 3,1). Paulus wertet hier um: Vollkommenheit soll man auf einem anderen Gebiet suchen: im Verstehen (1.Kor 14,20). Vollkommen ist nicht schon der, der die glossolale Gabe hat, sondern wer sie verständlich mitteilen kann. Aber auch so handelt es sich noch um Vorläufiges. Denn mit der unverständlichen Glossolalie werden auch die verständliche Prophetie und Gnosis einmal aufhören, wenn das Vollkommene kommt. Übrig bleibt dann nur die Liebe (1.Kor 13,10–13).

c) Glossolales Erleben und Gesamtwirklichkeit in Röm 8,18–30

Während Paulus in 1.Kor 12–14 ganz von der aktuellen Problematik bestimmt ist, ein überschäumendes pneumatisches Treiben in das Gemeindeleben und die Gesamtperson zu integrieren, tritt er in Röm 8 unter veränderter Perspektive an das Phänomen heran. Aktuelle Probleme sind nicht mehr zu spüren. Paulus kann die Glossolalie positiver würdigen als im 1.Kor. Drei Aspekte seien hervorgehoben: 1. Das glossolale Erleben und Verhalten wird zum ersten Zeichen einer Überwindung des Sarx–Pneuma-Konfliktes. 2. Es wird auf eine überall vorhandene kosmische Spannung zurückgeführt; Paulus nimmt eine neue Kausalattribuierung vor. 3. In ihr ist eine neue Bewertung begründet: Noch stärker als in 1.Kor 13 erscheint die Glossolalie als Phänomen des Übergangs und Ausdruck des Leidens. Diese drei Aspekte seien nacheinander besprochen.

1. Das Erscheinen Christi diente dazu, den Widerstreit zwischen Sarx und Pneuma zu überwinden (8,2f.). Aber die Schilderung des Erlösten in Röm 8,1–16 ist vorerst noch immer von diesem Gegensatz bestimmt: Die Sarx will Feindschaft, das Pneuma Frieden. Die Sarx wird von Gott verworfen, das Pneuma macht Gott wohlgefällig. Die sarkischen Werke des Leibes müssen getötet werden; das Pneuma gibt Leben.

In Röm 8,18–30 tritt an die Stelle dieser antagonistischen Gedankenstruktur etwas Neues: Die Sehnsucht der Schöpfung, der Gemeinde und des Geistes bilden zusammen einen schwermütigen Akkord. Ein dreifaches Seufzen durchzieht den Kosmos. Alles stimmt überein in diesem Seufzen. Die neue Stimmung gegenüber dem ersten Abschnitt mit seinem Sarx–Pneuma-Antagonismus wird noch deutlicher, wenn man bedenkt, daß der Begriff κτίσις dem Umfang, wenn auch nicht dem Inhalt nach, etwa jenen Gegenstandsbereich umfaßt, den auch der Begriff Sarx deckt, d.h. alle Lebewesen, ja überhaupt alles, was der Vergänglichkeit unterworfen ist[108]. Während Paulus sonst immer den Widerspruch zwischen Natur und neuem Menschen betont, deckt er

---

[108] Zum alten Streit, was die κτίσις umfaßt, vgl. U. WILCKENS, Röm, 152f. Die κτίσις muß alles umfassen, was der φθορά (8,21) unterworfen ist; φθορά aber ist synonym mit σάρξ und αἷμα (1.Kor 15,50). Die betonte Erwähnung der „ganzen" Schöpfung läßt darüber hinaus den Umkreis der Schöpfung recht weit ziehen.

hier eine tiefliegende Übereinstimmung auf: eine gemeinsame Sehnsucht, die „Natur" und Pneuma verbindet. Charakteristisch für den Abschnitt sind die vielen Begriffe mit dem Präfix σύν: συμμαρτυρεῖ (V. 16), συγκληρόνομοι, συμπάσχομεν, συνδοξασθῶμεν (V. 17), συστενάζει, συνωδίνει (V. 22), συναντιλαμβάνεται (V. 26), συνεργεῖ (V. 28), συμμόρφους (V. 29). All diese σύν-Aussagen charakterisieren die neue Grundstimmung: die Übereinstimmung zwischen Schöpfung, Gemeinde und Pneuma.

Ein dritter Textabschnitt (Röm 8,31–39) bringt einen erneuten Wechsel der Gedankenstruktur. Vier herausfordernde Fragen: „Wer ist gegen uns?" (V. 31), „Wer will die Auserwählten Gottes anklagen?" (V. 33), „Wer verurteilt?" (V. 34), „Wer will uns trennen von der Liebe Gottes?" (V. 35) gliedern den Text[109]. Es sind Herausforderungen an einen Gerichtsgegner der Christen. Die Antwort ist von vornherein klar: Es gibt keine feindliche Macht mehr, welche die Erlösten bedrohen könnte. Es meldet sich kein Gegner, vielmehr ist alle Gegnerschaft überwunden durch die „Liebe", ein Stichwort, das dreimal (V. 35, 37, 39) begegnet. Diese Liebe überwindet nicht nur alle anklagenden Stimmen vor dem Forum Gottes, sondern auch alle äußeren Leiden. Formal läßt sich der letzte Teil des Textes als „durch Liebe überwundener Widerspruch" kennzeichnen. Er bildet damit eine Synthese zwischen den ersten beiden Textabschnitten: dem Widerspruch von Sarx und Pneuma und der Konsonanz kosmischen Seufzens. Ein Widerspruch wird jeweils herausgefordert, aber nur, um zu konstatieren, daß es keinen Widerspruch mehr gibt. Eine kosmische Konsonanz wird beschworen, aber nicht nur eine Konsonanz des Seufzens und Leidens, sondern einer alles verbindenden Liebe.

Es ist wichtig, sich klarzumachen, daß die Glossolalie in diesem Text nicht kritisiert wird. Sie dient als positives Argument. In ihr zeigt sich das „Angeld des Geistes", das erste erfahrbare Zeichen einer Überwindung des Widerspruchs. Alle Auslegungen, welche hier nur „antienthusiastische" Tendenzen feststellen wollen[110], verkennen diesen Zug: Die Sicht der Gesamtwirklichkeit wird zweifellos von einem „enthusiastischen" Verhalten und Erleben mitgeprägt. Jedoch gilt auch umgekehrt:

---

[109] Zur formalen Struktur vgl. die Analyse von P. v. d. Osten-Sacken, Römer 8,14–60. Die Indizien für vorpaulinische Tradition sind m. E. zu schwach. Paulus formuliert kaum ad hoc. Er gibt Gedanken wieder, an denen er immer wieder arbeitet. Leichte Akzentverschiebungen und Inkongruenzen können sich so leicht erklären.

[110] Die antienthusiastische Auslegung wurde von E. Käsemann, Schrei, 231, usw. begründet. Ihm folgt H. R. Balz, Heilsvertrauen, 69–72. U. Wilckens, Röm, 156, lehnt dagegen eine antienthusiastische Tendenz ab. Vermittelnd argumentiert P. v. d. Osten-Sacken, Römer 8,78–104: Die (schriftliche) Vorlage des Paulus habe eine antienthusiastische Tendenz gehabt, Paulus wolle dagegen die Gewißheit der Hoffnung begründen.

Das pneumatische Erleben wird in die Gesamtwirklichkeit in neuer Weise integriert.

2. Die Integration pneumatischen Erlebens in die Gesamtwirklichkeit geschieht durch eine neue Kausalattribuierung glossolalen Verhaltens. Die Glossolalie wird nicht nur auf den göttlichen Geist zurückgeführt. Sie ist Ausdruck einer in der ganzen Schöpfung angelegten Sehnsucht, die den Menschen mit allen Lebewesen verbindet. Der Geist artikuliert stellvertretend diese Sehnsucht, die aus dem Innern des Menschen, ja, aus der gesamten Natur kommt. Die tiefere Ursache glossolalen Verhaltens ist ein dunkles Geschehen, das alle Schöpfung der Nichtigkeit aussetzte. Die Vergänglichkeit kreatürlichen Lebens ist keine unausweichliche Tatsache, sondern Sklaverei, in die das Leben durch den Sündenfall hineingeraten ist. Die Schöpfung wurde von Gott[111] der Vergänglichkeit unterworfen. Paulus nimmt hier eine typisch mythische Kausalattribution vor: Ein gegenwärtiges Phänomen wird auf ein urzeitliches Geschehen zurückgeführt, aus dem sich alles weitere ergibt.

Um die Gegenwart vom mythischen Urgeschehen her zu deuten, benutzt Paulus zwei verschiedene Bildfelder: eine soziomorphe und eine physiomorphe Metaphorik[112], forensische und perinatale Bilder.

Die forensische Metaphorik des Gerichts verbindet die negativen Erfahrungen der Gegenwart mit der Urzeit. Das Leiden ist Strafe. Das unaussprechliche Seufzen in den Glossolalen ist Klage vor Gottes Gericht[113] und gleichzeitig Fürsprache vor seinem Forum. In himmlischer Sprache wird über den Menschen verhandelt. Er darf gewiß sein, daß er einen verläßlichen Fürsprecher hat, mag er auch den Himmel, in dem die Verhandlung stattfindet, nicht durchschauen. Anders ausgedrückt: Er darf gewiß sein, in der Glossolalie auch zu jenen dem

---

[111] U. WILCKENS, Röm, 154, läßt die Frage offen, wer der Unterwerfende ist. Für ‚Gott' sprechen m.E. 1. die Wahrscheinlichkeit, daß ὑπετάγη und ὑποτάξαντα dasselbe Subjekt haben, 2. die Parallele in 1.Kor 15,27f., wo der ὑποτάξων eindeutig Gott ist, 3. die Analogie in Röm 1,18ff.: Alle Menschen werden nichtig und von Gott ihrer Strafe anheimgegeben (vgl. ἐματαιώθησαν 1,21 mit ματαιότης 8,20), 4. die innere Geschlossenheit des Gedankenganges: Der Strafe für ein Vergehen folgt die Klage über die verhängte Strafe und die Fürbitte bei dem, der die Strafe verhängt hat. Daß mit Akkusativ auch die Ursache bezeichnen kann, belegt W. BAUER, Wörterbuch, 360. Zweifellos liegt aber hier das Problem: Denn bei Paulus läßt sich kein eindeutiger Fall nachweisen. Röm 3,25 ist umstritten.

[112] Vgl. meinen Versuch, systematisch die wichtigsten soteriologischen Bilder zu ordnen: Soteriologische Symbolik in den paulinischen Schriften. Ein strukturalistischer Beitrag, KuD 20 (1974) 282–304.

[113] J. SCHNIEWIND: Das Seufzen des Geistes. Röm 8,26.27, in: Nachgelassene Reden und Aufsätze, Berlin 1952, 81–103, interpretiert unseren Text ganz von der juridischen Metaphorik (und damit von der Rechtfertigungslehre) her. Das Eintreten des Geistes für uns ist in der Intercessio Christi begründet.

Bewußtsein unzugänglichen Bereichen Zugang zu haben, wo absolute Normen das Verhalten beurteilen und verurteilen. Die tötende Drohung des „Überichs" ist endgültig überwunden. Das Trachten der Sarx war Tod. Das Trachten des Pneuma aber ist „Frieden und Leben" (Röm 8,6) Glossolalie aber ist „Trachten des Pneuma" (8,27), also Überwindung der Feindschaft gegen Gott. In der Glossolalie wird die unbewußte Deutung der normgebenden und fordernden Instanzen nach dem Feindschema überwunden.

Die soziomorphe Metaphorik wird von einer physiomorphen Bildlichkeit überlagert: Die Äußerungen des Pneuma sind Ausdruck des Geburtsschmerzes[114]. Die Wehen der Schöpfung (8,22) zielen nicht auf das Eingreifen einer äußeren Macht, sondern auf das Hervortreten der neuen Geschöpfe aus dem Innern der gesamten Schöpfung: Das ängstliche Harren der Kreatur richtet sich auf die „Offenbarung der Söhne Gottes" (8,19), auf die Geburt einer neuen Lebensform. Die perinatale Metaphorik bringt zum Ausdruck, daß der Mensch aufgrund des Pneuma, das ihn ergriffen hat, nicht nur vor Gott anders beurteilt wird; vielmehr erfährt er an sich eine tiefgreifende Metamorphose, einen Prozeß der mit Leiden und Schmerzen verbunden ist, aber doch die Hoffnung in sich hat, daß sich am Ende die „Freiheit der Herrlichkeit der Kinder Gottes" realisieren wird (8,21). Die mythische Kausalattribution des gegenwärtigen Zustands durch Rückgriff auf ein urzeitliches Geschehen wird dadurch korrigiert, der Bann urzeitlichen Geschehens durchbrochen. Er bestimmte die Wirklichkeit bisher. Wo das Pneuma jedoch wirksam wird, geschieht eine Metamorphose des Menschen. Er ist nicht mehr auf das adamitische Wesen festgelegt.

Durch Verbindung mythischer Kausalattribution mit den Bildfeldern des Gerichts und der Geburt erhält glossolales Erleben und Verhalten einen zentralen Ort in der „gedeuteten Welt". Es ergibt sich ein geschlossener Zusammenhang: Das Seufzen der Kreatur ist Klage über das urzeitliche Verhängnis, ein Stöhnen unter der Strafe, die dem Sündenfall folgt. Es ist gleichzeitig Appell an die verurteilende Instanz, das Unheil zu wenden – ein Appell, der stellvertretend für den Menschen vom göttlichen Geist formuliert wird. Gottes Geist wird zum Fürsprecher vor Gott. Vor allem aber ist das glossolale Seufzen Aus-

---

[114] Es handelt sich um die Wehen der Endzeit; vgl. Mk 13,8; 4.Esr 4,40ff.; Hen(äth) 62,4, wohl auch 1QH V,30–32; II,7–12. Das allgemeine Bild der Wehen hat als tertium comparationis nur den „Schmerz", der einer Wende zum Guten vorhergeht; vgl. Joh 16,21. In Röm 8,18ff. wird das Bild jedoch durch weitere Züge verstärkt. Die Geburtsmetaphorik klingt erneut an, wenn vom Erscheinen der Söhne Gottes, die dem „Erstgeborenen" an Gestalt gleich sein sollen, die Rede ist.

druck der Hoffnung auf endgültige Überwindung des Unheils. In ihm findet der Geburtsschmerz des neuen Menschen seinen Ausdruck. Klagendes, stellvertretendes und hoffendes Seufzen haben dieselbe Richtung. Sie warten auf die Überwindung des Sündenfalls: auf das Erscheinen der Söhne Gottes, welche die Gestalt der „Eikon" Christi haben werden – also jener Gestalt, die der Mensch vor dem Sündenfall hatte (Gen 1,27) und die der neue Mensch haben wird (1.Kor 15,49).

Wer dazu neigt, mythische Texte beim Wort zu nehmen, wird zu folgender Deutung von Röm 8 kommen: Das Seufzen der Kreatur ist Reaktion auf den Verlust paradiesischer Geborgenheit, der die Menschheit in ihren Ursprungsmythen nachtrauert. Dieser Verlust ist mit dem Kommen des Gebotes verbunden. Die Ablösung instinktiver Steuerungssysteme durch moralische Forderungen zerstörte jene Sicherheit, welche stammesgeschichtliche Anpassungen einmal verleihen konnten. Rückblickend wird der Übergang zur kulturellen Evolution als Vertreibung aus dem Paradies erlebt, obwohl das Leben vor der kulturellen Evolution gewiß nicht paradiesisch war. Der Rückblick verklärt. Dabei ist sich der Mensch bewußt, daß er als einziges Lebewesen den Schritt zur kulturellen Evolution vollzogen hat (mögen andere Lebewesen auch nahe daran sein). Durch ihn ist Unsicherheit in die Schöpfung gekommen; ja mit seinem Schritt steht die ganze Evolution auf dem Spiel. Er ist für sie verantwortlich – und sie kann seinetwegen der „Vergänglichkeit" unterworfen werden. Er hat die Macht erhalten, auch die Lebensbedingungen anderer Kreaturen zu zerstören. Aber er formuliert auch am klarsten die Hoffnung. Nur bei ihm wird die vage Erinnerung an die Zeit vor dem Konflikt zur Quelle der Erneuerung, nur bei ihm wird das stumme Leiden zum „Geburtsschmerz" einer neuen Existenz. Alle Lebewesen sind darauf angewiesen, daß er eine neue Stufe seiner Existenz erreicht. Alle harren sehnsüchtig auf die Verwandlung des Menschen in eine freiere Existenzform. Im Blick auf die Gesamtwirklichkeit ist der Mensch ein Übergang.

3. Wir haben gesehen: Paulus integriert das pneumatische Erleben in seine Deutung der Gesamtwirklichkeit. Ebenso richtig aber wäre es zu sagen: Er integriert bisher nicht wahrgenommene dunkle Aspekte der Wirklichkeit in das pneumatische Erleben, indem er es als „unaussprechliches Seufzen" deutet. Glossolales Erleben erhält dadurch eine negative Tönung, die ihm in Korinth fremd war, wo es als Beweis der Gegenwart Gottes galt. Paulus bestreitet das nicht; aber anders als die korinthischen Glossolalen sieht er die Gegenwart Gottes im Leiden. Die Deutung der Glossolalie als „Seufzen" ist eine bewußte kognitive Umstrukturierung ekstatischen Erlebens. Dafür sprechen folgende Argumente.

Zunächst sei darauf hingewiesen, daß der Begriff „Seufzen" dem Phänomen der Glossolalie in linguistischer Hinsicht nicht gerecht wird. Gewiß kann Glossolalie Traurigkeit zum Ausdruck bringen[115]. Aber sie ist kein „Seufzen", sondern basiert auf den Phonemen der Muttersprache – gegebenenfalls durch fremdsprachliche Phoneme angereichert –, während Seufzer aus Lauten gebildet werden, die aus dem jeweiligen phonologischen System ausgeschlossen sind. Seufzen ist ein unartikuliertes Sprechen; Glossolalie ist dagegen ein unsemantisches Sprechen, das aber so artikuliert wirkt, daß es meist für eine fremde Sprache gehalten wird. Glossolalie wirkt daher auch unmittelbar nicht wie ein „Seufzen"[116].

Ein weiteres Argument ergibt sich aus dem Sprachgebrauch von στενάζειν bzw. στεναγμοί. Diese Worte lassen sich wohl für das Stöhnen und Seufzen von Menschen belegen, nicht aber für Gott oder den heiligen Geist. So sendet das Volk in Ägypten „Seufzer" zu Gott (Apg 7,34). Die Christen „seufzen" in ihrem Leib (2.Kor 5,2.4) ebenso wie die in Menschenleibern eingeschlossenen Seelen in den hermetischen Schriften (CorpHerm XXIII, 33). Bei Vergil können sogar Länder „seufzen" (Ekl IV)[117]. Parallelen finden sich also auch zu den ersten beiden Erscheinungsformen des kosmischen Seufzens: zum Seufzen der Schöpfung und der Menschen. Sie fehlen jedoch für seine dritte Erscheinungsform: für das unaussprechliche Seufzen des göttlichen Geistes. Hier dürfte Paulus einen neuen Sprachgebrauch geprägt haben, wobei er an den Interzessionsgedanken anknüpfen konnte: Mittlergestalten tragen die Gebete der Menschen vor Gott (Tob 12,12–15). Auch der heilige Geist kann vor Gottes Gericht auftreten, dann jedoch als Ankläger (TestJud 20)[118].

Ein drittes Argument für eine bewußte Korrektur glossolalen Erlebens durch dessen Deutung als „Seufzen" ergibt sich aus dem Kontext. Hier liegt deutlich eine Selbstkorrektur des Paulus vor. Denn die Christen haben nach 8,15f. die „Sohnschaft" schon empfangen, nach der sie sich in 8,23 „seufzend" sehnen. Im Geist der Sohnschaft rufen die Christen in 8,15f. „Abba!", während sie in 8,26f. nur ein unartikuliertes „Seufzen" zustande bringen. Wie ist diese Selbstkorrektur zu verstehen? Der erste

---

[115] Mit Glossolalie sind überwiegend positive, ja euphorische Stimmungen verbunden (vgl. W. J. SAMARIN, Tongues, 202ff.; 210), jedoch kann sie auch traurigen Stimmungen Ausdruck verleihen (ebd. S. 93). Häufig erfolgt der Durchbruch zur Glossolalie in der Gegenwart in bzw. nach einer Lebenskrise: J. P. KILDAHL, Psychology, 57, konnte mit seinen Mitarbeitern feststellen, daß bei 85% der Zungenredner eine „clearly defined anxiety crisis" der Aufnahme des neuen Verhaltens voranging.

[116] Vgl. W. J. SAMARIN, Tongues, 207f.

[117] Vgl. H. HOMMEL: Das Harren der Kreatur, in: Schöpfer und Erhalter, Stuttgart 1956, 5–23.

[118] Vgl. dazu H. R. BALZ, Heilsvertrauen, 77–80; 87ff.

Abschnitt (8,1–17) handelt von der Überwindung von Sarx und Sünde. Hier hat der Christ präsentisch die Gewißheit, erlöst zu sein, da es für die „in Christus" keine Verurteilung mehr gibt (8,1). Der zweite Abschnitt (8,18–30) handelt dagegen von der Überwindung des Leidens, das nach paulinischem Verständnis auch dort angetroffen werden kann, wo keine Sünde war: in der außermenschlichen Natur. Im Hinblick auf das Leiden ist der Christ der negativen Wirklichkeit noch in voller Härte ausgesetzt. Die Selbstkorrektur des Paulus entspricht der auch sonst bei ihm feststellbaren theologia crucis, die korrigierte Aussage steht allgemein-christlichen Vorstellungen nahe.

Ein letztes Argument für eine bewußte Korrektur ist die Abfassungssituation des Römerbriefs. Er wurde in Korinth geschrieben und führt viele Gedanken des 1.Kor fort[119]. Wenn Paulus in Röm 8,26 das „Seufzen des Geistes" als Folge unserer „Schwäche" wertet, so wird man berücksichtigen müssen, daß der Begriff „Schwäche" in der Auseinandersetzung mit den Korinthern schon einmal eine wichtige Rolle gespielt hatte. Die Korinther erwarteten Zeichen und Wunder von einem Apostel (2.Kor 12,12). Paulus aber insistierte ihnen gegenüber darauf, daß der christliche Charismatiker gerade in der „Schwäche" seine Kraft beweisen kann (2.Kor 12,9), da er Christus zum Modell habe, „der aufgrund von Schwäche gekreuzigt wurde, aber aufgrund der Macht Gottes lebt" (2.Kor 13,3f.). Wenn nun Paulus mit dem Begriff „Schwäche" schon früher den Erwartungen der Korinther widersprochen hatte, so ist wahrscheinlich, daß er die in Korinth vorherrschende Bewertung der Glossolalie mit demselben Begriff korrigieren konnte: Glossolalie bedeutet ihm nicht Erfülltsein mit himmlischer Kraft, sondern Teilhabe an „Schwäche". Ekstatische Erfahrung wird damit Sensibilisierung für die Leiden aller Kreaturen. Auch in Röm 8,26f. steht dabei das Modell Christi im Hintergrund. Der Abschnitt wird mit der Feststellung eingeleitet: Miterben Christi sein heißt: mit ihm leiden, um mit ihm verherrlicht zu werden (Röm 8,17).

Die paulinische Deutung glossolalen Verhaltens als „Seufzen" setzt einen neuen Akzent. Es wäre jedoch vorschnell, Röm 8,18–27 deswegen als „antienthusiastische Polemik" zu verstehen. Selten wurde enthusiastisches Erleben so beeindruckend gedeutet wie in Röm 8,26f. Selten wurde ihm eine solche Schlüsselfunktion beim Verständnis der Welt zugeschrieben. Es geht Paulus nicht um Polemik gegen den Enthusiasmus, sondern um Integration der Gesamtwirklichkeit – einschließlich ihrer negativen Aspekte – in das ekstatische Erleben und um eine neue

---

[119] Vgl. 1.Kor 1,21/Röm 1,18ff.; 1.Kor 8–10/Röm 15; 1.Kor 12,4ff./Röm 12,3ff.; 1.Kor 15,44ff./Röm 5,12ff.

Sicht der Wirklichkeit vom ekstatischen Erleben her. Röm 8,18 ff. integriert glossolales Erleben und Verhalten kognitiv in die symbolische Welt des Paulus.

Abschließend sei kurz auf emotionale und motivationale Auswirkungen der von Paulus vorgelegten kognitiven Deutung glossolalen Erlebens und Verhaltens eingegangen. Psychodynamische Theorien sehen sie in der Bearbeitung innerer Konflikte, lerntheoretische Ansätze in der sozialen Integration. Kognitive Deutungen suchen die entscheidende „innere Verstärkung" glossolalen Verhaltens in der positiven Selbsteinschätzung des Glossolalen. Wenn der göttliche Geist aus ihm spricht, ist er zur Wohnung Gottes geworden. Sein Leben wird mit Macht, Wert und Bedeutung gefüllt. Und er wird das um so intensiver erleben, je weniger er sich aufgrund seines sozialen Status Macht, Wert und Bedeutsamkeit beilegen kann – und das konnten die wenigsten in der korinthischen Gemeinde, wie Paulus versichert (1.Kor 1,26 ff.). Das positive Selbstwertgefühl trägt dazu bei, Konflikte mit sich und der Umwelt zu reduzieren, aber es bringt auch eine Gefahr mit sich: Daß reale Schwierigkeiten nicht mehr realistisch wahrgenommen werden, weil sie mit dem neuen positiven Selbstbild nicht übereinstimmen. Wenn sich in der korinthischen Gemeinde arme Schlucker gegenseitig darin bestärken, sie seien „satt, reich und mächtig" geworden (1.Kor 4,8), so kann Paulus ironisch damit die reale Härte seines eigenen Lebens konfrontieren – vielleicht, um einige in Korinth an die Tatsachen des Lebens zu erinnern. Glossolalie ermöglicht ein gesteigertes, wenn nicht gar übersteigertes positives Selbstbild. Hier setzt Paulus in Röm 8 ein: Was aus der Tiefe des Herzens aufsteigt, ist nicht nur jener pneumatische Strom, in dem der Christ seinen unbedingten Wert unmittelbar erfährt, sondern ein Seufzen der gesamten Kreatur. Psychodynamisch gesprochen: Glossolales Erleben soll nicht nur als Reduktion von Spannungen „genossen", sondern als Sensibilisierung für Spannungen wirksam werden. Kognitiv formuliert: Das Leiden soll in das Selbstbild des Pneumatikers aufgenommen werden – nicht nur am Rande, sondern in dessen Zentrum. Gerade die ekstatische Gabe der Glossolalie verbindet mit allem Leidenden in der Schöpfung.

Wodurch wird die kognitive Umstrukturierung glossolalen Erlebens bewirkt? Es kann kein Zweifel sein: Die entscheidenden Anstöße gehen von der Gestalt Christi aus. In seiner Gestalt sind die negativen Aspekte der Wirklichkeit mit der positiven Erfahrung der Erlösung verbunden. Als Sohn Gottes ist er Modell für jeden Christen. Alle haben den Geist und die Sohnschaft empfangen. Alle sollen mit Christus verherrlicht werden. Als Gekreuzigter ist er Modell des Leidens: Alle sollen sich mit Christus der negativen Wirklichkeitserfahrung aussetzen. Soweit läßt sich die Veränderung glossolalen Erlebens lerntheoretisch – mit Hilfe des Modellbegriffs – erklären.

Eine psychodynamische Interpretation würde diesen Vorgang nicht nur als von außen bewirkten Lernprozeß beschreiben, sondern als innere Verwandlung. Paulus verwendet zu ihrer Beschreibung die Geburtsmetapher. Die ganze Schöpfung liegt in Wehen. Aus der Tiefe der Wirklichkeit heraus wird das Neue geboren: Die Freiheit der Kinder Gottes wird erscheinen. Diese Bilder legen den Gedanken nahe, daß es eine aus dem Innern kommende Tendenz zur Ganzheit gebe, eine archetypische Tendenz zur Integration auch dunkler Aspekte von Welt und Selbst, die mit der von außen kommenden Christusgestalt verschmilzt.

Vielleicht ist der Unterschied zwischen einer lerntheoretischen und einer psychodynamischen Sicht der „pneumatischen Verwandlung" nur eine Frage der Perspektive. Es könnte sein, daß ein von außen angebotenes Modell „Christus" in den Gläubigen eine präexistente Struktur aktiviert und zum Bewußtsein bringt: ein offenes „Programm", das den Organismus nach Ganzheit und Erfüllung streben läßt. Umgekehrt könnte es sein, daß die historische Gestalt Christi erst im Lichte solcher offener archetypischer Strukturen eine Bedeutung erlangt, die über das historisch Vorgegebene hinausgeht, so daß ein geschichtlicher Mensch als Erscheinung des Sohn Gottes geglaubt wird. Vielleicht bleiben historische Gestalten in der Religionsgeschichte wirkungslos, wenn sie nicht präexistente psychische Strukturen ansprechen und neu prägen. Vielleicht blieben diese Strukturen für immer verborgen, wenn nicht kontingent von außen herantretende Gestalten sie aktivierten. Die Funktion religiöser Bilder und Symbole bestünde dann darin, durch kognitive Prozesse zwischen den geschichtlich vermittelten Lernerfahrungen und einer inneren psychischen Dynamik eine Verbindung herzustellen. Dauer, Bestand, Klarheit und Mitteilbarkeit gewinnt eine Erfahrung erst, wenn sie kognitiv in eine symbolisch gedeutete Welt integriert wird.

Das gilt auch für unsere Einschätzung der Glossolalie: Von innen aus undurchsichtigen archaischen Schichten des Menschen herausströmend, ist sie doch zweifellos durch geschichtliche Faktoren bedingt. Bedeutung gewinnt dies abweichende Sprachverhalten erst, wenn es kognitiv mit der Gesamtwirklichkeit in Beziehung gesetzt wird. Vielleicht deutet Paulus sie gar nicht so falsch. Vielleicht ist sie tatsächlich mit dem „Sündenfall" in Verbindung zu bringen – als Erinnerung an ein unsemantisches phonetisches Spiel des Urmenschen, das noch nicht durch die Anforderungen der kulturellen Evolution eingeengt und in verschiedenen Sprachen sozial und instrumentell genutzt wurde.

5. KAPITEL

Weisheit für Vollkommene als höheres Bewußtsein (1.Kor 2,6–16)

Zwischen forensischem und pneumatischem Unbewußten gibt es formale Entsprechungen. Das forensisch Unbewußte hat zwei Aspekte: die unbewußte Sünde und die unbewußte Norm, jene mit Ursprung im Menschen, diese mit Ursprung in Gott. Ähnlich das pneumatisch Unbewußte: Glossolalie ist einerseits Reden zu Gott (als Gebet), andererseits Offenbarung Gottes an den Menschen (als glossolale Botschaft). Beide Dimensionen des Unbewußten haben somit einen anthropologischen und einen theozentrischen Aspekt. Daraus ergeben sich insgesamt vier Dimensionen des Unbewußten bei Paulus:

	forensisch Unbewußtes	pneumatisch Unbewußtes
theozentrischer Aspekt	die unbewußte Norm: Gottes Forderung an den Menschen	pneumatische Botschaft: Gottes Offenbarung an den Menschen
anthropologischer Aspekt	die unbewußte Schuld: menschliches Handeln vor Gott	pneumatisches Gebet: menschliches Sprechen vor Gott

Neben dem pneumatischen Sprechen kennt Paulus ein pneumatisches Erkennen, das über die natürlichen Möglichkeiten des Menschen hinausgeht, aber nicht in glossolalen Lauten mitgeteilt, sondern in klarer Sprache geäußert wird. 1.Kor 2,6–16 ist der klassische Text solch einer ekstatischen Offenbarung.

I. Textanalyse

Von einer Strukturanalyse des Kontextes ausgehend kann man das entscheidende Problem bei der Auslegung des Textes erkennen. Auffällig ist die Parallelität zwischen 1,18–2,5, dem Abschnitt über die Verkündigung des Kreuzes als Torheit, und 2,6–3,23, dem Abschnitt über die Verkündigung als Weisheit. Diese formale Parallelität wirft das wichtigste Problem der Exegese von 1.Kor 2,6–16 auf: Wie verhält sich die Kreuzespredigt zur Weisheitslehre? Eine Gegenüberstellung soll die Parallelität veranschaulichen:

Die Predigt als Torheit	Die Predigt als Weisheit
1,18–25: Das Wort vom Kreuz als Torheit in der Welt	2,6–16: Die Predigt als Weisheit unter Vollkommenen
a) ist unerkennbar für die Welt in ihrer Weisheit (V. 18–21),	a) ist unerkennbar für die Archonten dieser Welt (V. 6–8),
b) ist Ärgernis und Torheit für Juden und Heiden, Kraft und Weisheit für die Gläubigen (V. 22–25).	b) ist Torheit für die Psychiker, Weisheit für die Pneumatiker (V. 9–16).
1,26–30: Anwendung auf die Gemeinde: Die Torheit der Kreuzesbotschaft zeigt sich in ihrer sozialen Zusammensetzung.	3,1–4: Anwendung auf die Gemeinde: Der Streit in der Gemeinde zeigt, daß ihre Glieder noch nicht „vollkommen" sind.
2,1–5: Anwendung auf den Apostel: Paulus hat die Kreuzespredigt nicht als Weisheitsrede verkündigt.	3,5–23: Anwendung auf die Apostel: Keiner soll sich seiner Weisheit rühmen.

Grundsätzlich gibt es zwei Möglichkeiten, das Verhältnis von Kreuzespredigt zur Weisheitslehre zu bestimmen. Entweder faßt man die Weisheitslehre als höhere Stufe für Fortgeschrittene auf. Torheit und Weisheit verhielten sich dann wie Anfangslehre zur Lehre für Vollkommene, 2,6–16 wäre Überbietung der Kreuzespredigt[1]. Oder aber man faßt beide als dialektische Einheit auf: Die Kreuzespredigt ist gegenüber der Welt Torheit, von Gott her gesehen jedoch Weisheit. Es handelt sich dann nicht um zwei aufeinanderfolgende Verkündigungsinhalte, sondern um denselben Inhalt unter zwei Aspekten: als Torheit für die Ablehnenden, als Weisheit für die Zustimmenden[2].

---

[1] So u.a. W. BAUER: Mündige und Unmündige bei dem Apostel Paulus, in: Aufsätze und kleine Schriften, Tübingen 1967, 122–154; M. WINTER: Pneumatiker und Psychiker in Korinth, MThSt 12, Marburg 1975, 209f.; vgl. den Forschungsbericht S. 3–55; G. DAUTZENBERG: Botschaft und Bedeutung der urchristlichen Prophetie nach dem ersten Korintherbrief (2,6–16; 12–14), in J. Panagopulos (ed.): Prophetic Vocation in the New Testament and Today, NT, S. 45, Leiden 1977, 131–161.

[2] So u.a. H. SCHLIER: Kerygma und Sophia, in: Die Zeit der Kirche, Freiburg 1958, 206–32: „Die Sophia sagt also nichts anderes als das Kerygma auch" (S. 229); L. SCHOTTROFF: Der Glaubende und die feindliche Welt, WMANT 37, Neukirchen 1970, 217, 219; U. WILCKENS: Zu 1.Kor 2,1–16 in: Theologia Crucis – Signum Crucis, Festschrift E. Dinkler, Tübingen 1979, 501–537. Jetzt auch G. SELLIN: Das ‚Geheimnis' der Weisheit und das Rätsel der ‚Christuspartei' (zu 1.Kor 1–4), ZNW 73 (1982) 69–96.

Welche Auffassung hat recht: die gradualistische oder die dialektische? Beide können sich auf gewichtige Argumente berufen, die gradualistische vor allem auf Beobachtungen zur Form, die dialektische auf Beobachtungen zum Inhalt. Wie wir sehen werden, liegt gerade in dieser Spannung von Form und Inhalt der Schlüssel zum Verständnis des Textes.

A. Die Form der Weisheitsrede 1.Kor 2,6–16

Paulus spricht im Stil einer Offenbarungsrede und verwendet dabei ein dreiteiliges „Revelationsschema" (2,6–8)[3]: Was 1. verborgen war (V. 6–8), wurde 2. dem Pneumatiker offenbar (V. 10–12), so daß er es 3. unter Pneumatikern weiter verkündigen kann (V. 13–16). Ein vergleichbares Schema findet sich in Kol 1,26–28: Das verborgene Geheimnis (V. 26a) wurde jetzt offenbar (V. 26b f.) und allen Menschen verkündigt (V. 28). Ähnlich folgen in Eph 3,5–8, 2.Tim 1,9–11 und Tit 1,2f. Verborgenheit, Offenbarung und Offenbarungsweitergabe durch die Predigt aufeinander, wobei der letzte Teil gekürzt ist (Tit 1,2f.) oder gar entfallen kann (1.Petr 1,20). Auffällig ist bei einem Vergleich: Nirgendwo außer in 1.Kor 2 wird die Weitergabe der Offenbarung auf einen besonderen Kreis von Christen eingeschränkt; im Gegenteil: Weitergabe der Offenbarung ist identisch mit der Missionspredigt. Sie wendet sich an „jeden Menschen" (Kol 1,28), umfaßt Juden und Heiden (Eph 3,2–8; Röm 16,26) und ist öffentliche Predigt, wie die Begriffe κήρυγμα (Röm 16,25) und κῆρυξ (2.Tim 1,11) zeigen. Paulus beschränkt dagegen die Weitergabe der Offenbarung auf den Kreis der Vollkommenen. Der vollkommene Mensch ist nicht das Ziel der Predigt (Kol 1,28), sondern ihre Voraussetzung (1.Kor 2,6; 3,1 ff.). Hat Paulus hier ein traditionelles Schema variiert? War die korinthische Situation Anlaß zu einer polemischen Variation des Schemas? Wollte Paulus falschen Dünkel korrigieren, der auf den schon erreichten Erkenntnisstand eingebildet war? Oder wurde in der paulinischen Schule später ein ursprünglich esoterisches Offenbarungsschema aufgrund der Missionserfahrung „universalisiert", d. h. auf jeden Menschen als möglichen Offenbarungsempfänger ausgeweitet? Wir wissen es nicht.

Wir können dagegen mit guten Gründen vermuten, daß Paulus eine im christlichen Gottesdienst bekannte Redeform benutzt. Dreimal charakterisiert er den Text als ein λαλεῖν (2,6.13; 3,1). Die überwiegende

---

[3] D. LÜHRMANN: Das Offenbarungsverständnis bei Paulus und in paulinischen Gemeinden, WMANT 16, Neukirchen 1965, 113–140: Nach ihm übernimmt Paulus ein vorgegebenes Schema. Anders H. CONZELMANN, 1.Kor, 75: Nach ihm wurde das Schema im internen Schulbetrieb um Paulus entwickelt.

Zahl der Belege für λαλεῖν weist in die Situation mündlicher Rede, man denke nur an die 24 Belege in 1.Kor 14[4]. 1.Kor 2,6–16 wäre dann Verschriftlichung einer mündlichen Kommunikationsform, Beispiel für eine der vielfältigen mündlichen Gattungen, die Paulus in 1.Kor 12–14 voraussetzt. Diese These wird dadurch unterstützt, daß Paulus die Weisheitsrede an die „Vollkommenen" bindet. Die Beschränkung auf einen bestimmten Kreis in der Gemeinde wäre im Brief nicht möglich, wird er doch allen im Gottesdienst vorgelesen, bei dem sowohl Laien wie Ungläubige anwesend sein können (1.Kor 14,16; 23ff.). Die Ankündigung „Weisheit reden wir unter Vollkommenen" ist nur in der Situation mündlicher Rede sinnvoll, wo der Sprecher alle Adressaten kennen kann und seine Rede einmalig bleibt – durch die Fixierung im Brief wird sie potentiell allen zugänglich.

Schließlich können wir noch erschließen, daß die in 1.Kor 2,6–16 vorausgesetzte mündliche Gattung eine „pneumatische" Redeform ist. Sie ist vom Geist eingegeben, vom Geist gelehrt und nur „geistigen" Menschen verständlich. Wir nehmen daher an, daß der „Sitz im Leben" der Weisheitslehre Versammlungen eines inneren Kreises in den Gemeinden bzw. um den Apostel war, in dem man höhere Weisheit als inspirierte Rede vernahm. In solchen kleinen Kreisen – in seinem Mitarbeiterkreis? in ausgewählten Hausgemeinden? – hat Paulus wie zu Vollkommenen geredet[5].

Schwieriger ist es, 1.Kor 2,6–16 mit einer der in 1.Kor 12–14 genannten pneumatischen Redeform zu identifizieren. Die drei Aufzählungen in 12,8–10, 14,6 und 14,26 stimmen nicht überein:

12,8	14,6	14,26
Weisheitsrede	Apokalypsis	Psalm
Erkenntnisrede	Gnosis	Didache
Heilgabe	Prophetie	Apokalypsis
Wunderkräfte	Didache	Zungenrede
Prophetie		Hermeneia
Beurteilung der Geister		
Zungenrede		
Hermeneia		

---

[4] λαλεῖν begegnet allein in 1.Kor 14 24mal bei insgesamt 52 Belegen bei Paulus. Schriftliche Kommunikation kann gelegentlich auch als λαλεῖν bezeichnet werden (vgl. Röm 7,1); insgesamt aber ist die Bindung des Wortes an mündliche Kommunikation unverkennbar.

[5] Es spricht viel für einen „Schulbetrieb" mit Paulus als Zentrum. Vgl. H. CONZELMANN: Paulus und die Weisheit, in: Theologie als Schriftauslegung, BEvTh 65, München 1974, 177–190, und E. A. JUDGE: Die frühen Christen als scholastische Gemeinschaft, in: W. A. Meeks (ed.): Zur Soziologie des Urchristentums, ThB 62, München 1979, 131–164.

Die Aufzählung in 1.Kor 12,8–10 ist eindeutig die systematischste, zumal der Kontext von sich her schon das Verhältnis von Einheit und Mannigfaltigkeit thematisiert. In 14,6 geht es dagegen nur darum, verständliche und unverständliche Redeformen zu konfrontieren; hier genügen einige Beispiele für verständliche Redeformen in beliebiger Reihenfolge. Dasselbe gilt für 14,26, wo Paulus das Durcheinander in der korinthischen Gemeinde charakterisieren will und nicht einmal die wichtige Prophetie erwähnt. Wenn überhaupt, so haben wir also nur in 12,8–10 eine systematische Angabe verschiedener pneumatischer Gaben, wofür auch die paarweise Anordnung der Charismen spricht.

Wenn wir aus den genannten mündlichen „Gattungen" wählen müßten, so können wir Glossolalie und Hermeneia ebenso ausschließen wie die Prophetie[6]. Jene muß übersetzt, diese beurteilt werden. Paulus sagt in 2,15 jedoch selbstbewußt: „Der pneumatische Mensch beurteilt zwar alles, wird aber selbst von niemandem beurteilt." In 1.Kor 14,30 schildert er die Prophetie zudem als Folge eines aktuellen Offenbarungsvorgangs. Noch während einer der Propheten spricht, kann ein anderer eine Offenbarung empfangen. In 1.Kor 2,6–16 schreibt Paulus dagegen von einer Weisheit, über die er schon lange verfügt: Er hätte sie den Korinthern schon bei seinem Aufenthalt in Korinth mitteilen können, aber sie waren noch nicht reif genug dafür. Von den mündlichen Redeformen bleibt dann nur noch der λόγος σοφίας bzw. γνώσεως. Für diese Möglichkeit sprechen 1. das Thema von 1.Kor 2,6–16: Es handelt sich um σοφία (V. 6f. 13); 2. die Bedeutung des Erkenntnisvorganges: Es handelt sich um γνῶσις, wie die Wiederholung des Verbs γιγνώσκειν in V. 8,11 und 14 zeigt; 3. die indirekte Charakterisierung des Textstückes als eines λόγος: Sie ist Gegenstück zum λόγος τοῦ σταυροῦ (1,18; 2,4)[7].

Die Gattung des Textes setzt in jedem Fall voraus, daß Paulus hier eine besondere Offenbarung mitteilt, die über das Bekannte hinausgeht.

---

[6] G. DAUTZENBERG, Botschaft, 139ff., hält 1.Kor 2,6–16 für eine urchristliche Prophetie aufgrund der Stichworte „Geheimnis" (vgl. 1.Kor 13,2; 14,2), συγκρίνειν (vgl. διακρίνειν in 14,29; 12.10) und εἰδέναι (vgl. 13,2). Mit demselben Recht kann man jedoch vom Stichwort ἀποκαλύπτειν auf eine Apokalypsis, von γιγνώσκειν auf eine Gnosis, von διδακτός auf eine Didache und vom zentralen Begriff der Sophia auf einen λόγος σοφίας (1.Kor 12,8) schließen.

[7] Nimmt man an, daß 1.Kor 2,6–16 in formaler Hinsicht Verschriftlichung einer ehemals mündlichen Gattung ist, so erübrigt sich die Annahme einer vorpaulinischen Vorlage, die Paulus polemisch kommentiert habe (so D. LÜHRMANN, Offenbarungsverständnis, 115ff.) oder gar die Hypothese einer nichtpaulinischen Herkunft des Abschnittes mit antipaulinischer Tendenz und dessen sekundärer Interpolation in den Korintherbrief (so M. WIDMANN: 1.Kor 2,6–16: Ein Einspruch gegen Paulus, ZNW 70 (1979) 44–53). Eher ist an paulinische Schultradition zu denken (mit H. CONZELMANN, 1.Kor, 75f.).

Dem entspricht das Bild von „Milch" und „fester Speise" (3,2)[8], das auch im Hebr verwandt wird und dort die Folge von Anfangslehre und Lehre für die Vollkommenen veranschaulicht. Wie in 1.Kor 2,6ff. ist es mit dem Gegensatzpaar νήπιος – τέλειος verbunden (Hebr 5,12ff.). Natürlich ist in 1.Kor 2 nicht an ein institutionalisiertes religiöses Curriculum gedacht. Dagegen spricht die Form der pneumatischen Rede, die sich spontan ereignet. Jedoch ist zu fragen, ob solche Weisheitslehre für Vollkommene nicht eine Tendenz zur informellen sozialen Abgrenzung hat, insofern Paulus im engeren Kreise theologische Lehren entfaltet, die nicht für alle Ohren bestimmt waren. Er läßt ja wiederholt durchblicken, daß er über das für die Gemeinde Bestimmte hinaus „pneumatische" Erfahrungen berichten könnte: Er hat „Offenbarungen" empfangen, die er nur gegen seine Prinzipien preisgibt (2.Kor 12,1ff.). Er spricht für sich in Zungenrede (1.Kor 14,18ff.). Er ist für Gott in Ekstase, aber für die Gemeinde ist nur das von Bedeutung, was er in besonnenem Zustand sagt (2.Kor 5,13). Er verfügt über eine Weisheitsoffenbarung, die er nicht jedem mitteilen will (1.Kor 2,6–16). Es könnte sein, daß uns aus der Schule des Paulus etwas von dieser verborgenen „Weisheit" in den deuteropaulinischen Briefen (Kol; Eph) bewahrt wurde. Was aber hat diese höhere Weisheit zum Inhalt?

B. Der Inhalt der Weisheitsrede 1.Kor 2,6–16

Aufgrund von Form, Stil und Topik sollte man annehmen, daß Paulus bisher unbekannte Inhalte in 1.Kor 2,6–16 mitteilt. Aber er schreibt nicht viel über das hinaus, was er in der Kreuzespredigt 1,18ff. schon gesagt hat; ja, im Grunde entfaltet er nur das, was er dort schon implizit vorausgesetzt hat.

Schon in 1.Kor 1,18ff. hat Paulus eine „Weisheit Gottes" (V. 24) mit der „Weisheit der Welt" (V. 20) konfrontiert. Die Weisheit der Welt wurde von Gott zur Torheit gemacht; die Weisheit Gottes wird von den Menschen als Torheit verachtet. Es gibt also zwei Arten von Weisheit, so wie es zwei Arten von Torheit gibt. Wenn Paulus nun in 2,1–5 versichert, er habe nicht mit „Weisheit" in Korinth gepredigt, so meint er selbstverständlich die „Weisheit der Menschen" (2,5), also jene

---

[8] Das Bild von Milch und fester Speise begegnet bei Philo zweimal in Verbindung mit dem Gegensatz νήπιος/τέλειος; vgl. agr 9; sobr 8–9. Weitere Belege sind congr 19 migr 29 som II,10 probus 160. Der Gedankenkontext ist meist die Bildung des Menschen. Da das Gegensatzpaar auch bei Epiktet (Diss II, 16,39 und III, 24,9) begegnet, könnte man auch bei Paulus einen Zusammenhang mit einem theologischen „Schulbetrieb" annehmen. Vgl. noch W. THÜSING: „Milch" und „feste Speise" (1.Kor 3,1f. und Hebr 5,11–6,3), TThZ 76 (1967) 223–246.261–280.

Weisheit, die Gott zunichte gemacht hat (1,19). Wenn er ab 2,6 dennoch „Weisheit unter den Vollkommenen" redet, so ist das „Weisheit Gottes", was Paulus durch die zweifache Negation, sie sei „nicht Weisheit dieser Welt und nicht der Herrscher dieser Welt", so deutlich unterstreicht, daß an dem Gegensatz „Weisheit von Menschen" (V. 5) und „Weisheit Gottes" (V. 7) kein Zweifel sein kann. Paulus vollzieht also keinen Frontwechsel[9]. Mag die Form des Textes auch Erwartungen auf ganz neue Inhalte wecken, der Gedankengang läßt inhaltlich eine Entfaltung der im Kreuz verborgenen göttlichen Weisheit erwarten[10]. Eine genaue Analyse der Textstruktur in 2,6–16 zeigt in der Tat, daß nicht viel über die Kreuzespredigt von 1,18ff. hinausweist. Der größte Teil der Offenbarungsrede bringt nämlich inhaltlich keine neue Offenbarung[11], sondern ist Reflexion über die Möglichkeit von Offenbarungsempfang und Offenbarungsweitergabe.

Der erste Teil (V. 6–9) spricht vom objektiven Offenbarungsgeschehen, von der verborgenen Weisheit, die von den Archonten dieses Äons gekreuzigt wird. Die Präexistenz der Weisheit, vor allem aber die Erwähnung der Archonten, geht über 1,18ff. hinaus, ist aber dort implizit schon mitgegeben. Denn die Archonten repräsentieren die Welt[12], und von der ist schon in 1,18ff. die Rede. Die Weisheit Gottes aber wird seit jeher – auch schon unabhängig von der Kreuzigung Jesu – verkannt und ist insofern präexistent. Hier wie dort stößt die Weisheit auf ein „Nicht-Erkennen". Dem οὐ ἔγνω 1,21 entspricht οὐδεὶς . . . ἔγνωκεν in 2,8. An beiden Stellen ist zudem betont vom Kreuz die Rede (1,18.23 und 2,8).

Der zweite Teil (V. 10–16) thematisiert den subjektiven Aspekt des Offenbarungsgeschehens, und zwar 1. dessen Aufnahme beim Menschen und 2. seine Vermittlung an andere Menschen. Die beiden Textabschnitte sind parallel zueinander aufgebaut:

---

[9] So früher U. WILCKENS: Weisheit und Torheit, BHTh 26, Tübingen 1959, 60. Inzwischen hat u. Wilckens selbst einen Frontwechsel vorgenommen (vgl. ders., Zu 1.Kor 2,1–16, 506).

[10] Das entscheidende Gegenargument lautet: Wenn die Weisheit dialektisch in der Torheit verborgen wäre, so hätte Paulus sie den Korinthern schon mit der Kreuzespredigt verkündigt. Die in 2,6ff. verkündigte Weisheit ist aber für die Korinther etwas Neues. Also liegt in 2,6ff. ein anderer Weisheits-Begriff zugrunde als in 1,18ff. So zuletzt M. WINTER, Pneumatiker, 209f.

[11] Vgl. R. SCROGGS: Paul ΣΟΦΟΣ and ΠΝΕΥΜΑΤΙΚΟΣ, NTS 14 (1967/8) 33–55, erklärt das so: Paulus betone in 1.Kor 2,6–16 nur, *daß* er über eine vollkommene Weisheit verfügt, verbirgt aber ihren Inhalt, da die Korinther noch nicht reif für den Empfang der vollkommenen Weisheit sind (vgl. S. 37.47). Aber Paulus sagt in 3,1 nicht „Ich *kann* nicht zu euch als zu Pneumatikern sprechen", sondern: „Ich *konnte* es nicht!"

[12] An beiden Stellen stehen αἰών (1,20 2,6.8) und κόσμος (1,20f. 2,12) synonym nebeneinander.

1.Kor 2,10–12 | 1.Kor 2,13–16
Offenbarung geschieht | Weitergabe der Offenbarung
durch das Pneuma (V. 10a) | wendet sich an Pneumatiker (V. 13ff.)
Frage: τίς γὰρ οἶδεν; | Frage: τίς γὰρ ἔγνω;
(V. 11) | (V. 16a)
Anwendung im Wir-Stil: | Anwendung im Wir-Stil:
ἡμεῖς δὲ ... (V. 12) | ἡμεῖς δὲ ... (V. 16b)

V. 10–12 spricht zunächst von der Aufnahme der Offenbarung beim Menschen. Schon V. 9 hatte dies Thema vorbereitet[13], wenn davon die Rede war, daß Gottes Offenbarung „in keines Menschen Herz gekommen ist". Voraussetzung des Offenbarungsempfangs ist das Pneuma, Ziel der Pneumaverleihung ein Wissen, nämlich das Begreifen dessen, was Gott geschenkt hat (V. 12).

V. 13–16 greift formal auf den Anfang zurück. Parallel zueinander stehen: σοφίαν δὲ λαλοῦμεν (V. 6) und ἃ καὶ λαλοῦμεν (V. 13). Denn jetzt wird entfaltet, warum die vollkommene Weisheit nur unter „Vollkommenen" bzw. „Pneumatikern" ausgesprochen werden kann. Das hängt mit dem Wesen der Offenbarung zusammen. Gedanklich ist deshalb der letzte Abschnitt zu V. 10–12 parallel: Dort erforscht das Pneuma alles (2,10), hier beurteilt der Pneumatiker alles (2,15). Dort erscheint der Grundsatz „Gleiches erkennt Gleiches"[14] in der Form: Nur der Geist im Menschen erkennt, was im Menschen ist bzw. nur der göttliche Geist erkennt, was in der Tiefe der Gottheit ist. Hier heißt es dagegen: Pneumatisches wird nur durch Pneumatisches verständlich gemacht (V. 13).

Fassen wir zusammen: In der Kreuzespredigt wie in der Weisheitslehre steht inhaltlich dasselbe Symbol im Zentrum: das Kreuz. Aber es

---

[13] 1.Kor 2,9 ist zunächst Schriftbeweis für das Vorhergehende. Das καθὼς γέγραπται bezieht sich wie in Röm 1,17; 2,24; 3,10; 4,17; 8,36 u.ö. immer auf die vorhergehenden Sätze. Das gilt trotz des adversativen ἀλλά auch für 1.Kor 2,9, wie ἀλλὰ καθὼς γέγραπται in Röm 15,21 zeigt. Die Logik ist klar: Wenn das Geheimnis Gottes von niemandem gesehen und gehört wurde, so auch nicht von den Archonten dieser Welt. Zugleich ist 2,9 jedoch auch Überleitung zum Folgenden. Das Zitat besteht aus zwei parallelen Relativsätzen ohne Hauptsatz. Der dazugehörende Hauptsatz könnte 1.Kor 2,10 sein: „Was kein Auge gesehen..., das nämlich hat uns Gott durch den Geist offenbart." Dem ἀποκαλύπτειν fehlte sonst innerhalb von V. 10 ein Objekt. Es steht sonst mit Objekt (vgl. Röm 8,18; Gal 1,6; 3,23; Phil 3,15). Zitat und Anwendung (V. 9 und 10 bilden jedoch keine feste grammatische Einheit, wie der Neueinsatz durch γάρ bzw. δέ (v. l.) zeigt. D. LÜHRMANN, Offenbarungsverständnis, 116f. 136, meint, erst Paulus habe in ein vorgegebenes Revelationsschema mit V. 8b und 9 die Beziehung auf das Kreuz hineingebracht, eine Vermutung, die schwer verifizierbar ist.

[14] Es handelt sich um einen alten Topos; vgl. C. W. MÜLLER: Gleiches zu Gleichem. Ein Prinzip frühgriechischen Denkens, KPS 31, Wiesbaden 1965.

wird durch die Weisheitsoffenbarung in einen neuen Zusammenhang gerückt. Dabei werden neue inhaltliche Akzente gesetzt. Über die Kreuzespredigt von 1,18ff. hinaus erscheinen 1. die rätselhaften Gestalten der „Archonten dieser Welt", als würden mit ihnen die tieferen Ursachen des Kreuzes enthüllt. Über die Mitteilung des objektiven Offenbarungsgeschehens hinaus wird 2. über die subjektiven Bedingungen des Offenbarungsempfangs reflektiert. Das Offenbarungsgeschehen wird sich seiner selbst bewußt. Dem Inhalt nach steht also hier wie dort dasselbe im Mittelpunkt, der Form nach aber ist 2,6ff. deutlich Weiterführung der Kreuzespredigt.

Wir formulieren abschließend eine Hypothese, um dies klassische Problem der Exegese zu lösen: Die höhere Weisheit des Paulus besteht nicht in neuen Inhalten, sondern in einer höheren Bewußtseinsstufe, mit der dieselben Inhalte reflektiert werden. In der „Anfangspredigt" wird der Christ vom Symbol des Kreuzes ergriffen. Durch die „Vollkommenheitslehre" aber begreift er erst, was ihn ergreift. Der Unmündige wie der Vollkommene werden von derselben Offenbarung getroffen, aber nur der Vollkommene durchschaut, was sich an ihm und in ihm vollzieht. Kurz, die vollkommene Weisheit ist Bewußtmachung eines vorher unbewußten Inhaltes.

II. Traditionsanalyse

1.Kor 2,6–16 fügt sich auf den ersten Blick nur schlecht in die Gedankenwelt der paulinischen Theologie. Um so wichtiger ist es, den Text in eine traditionsgeschichtliche Entwicklung einzufügen, die von der alttestamentlichen Weisheit bis hin zur gnostischen Sophia-Spekulation führt. Denn Paulus knüpft unverkennbar an jüdische Weisheitstraditionen an[15], anderes erinnert an spätere gnostische Texte[16]: die feindli-

---

[15] 1.Kor 2,6–16 zeigt viele Berührungen mit der Weisheitstradition:
1. die Präexistenz der Weisheit,
2. die Parallelität von Sophia und Pneuma (Sap 9,10/17),
3. die Bindung des τέλειος-Seins an die Weisheit (Sap 9,6),
4. die Allwissenheitsaussage (Sap 7,23; 9,11),
5. die Belehrung durch das Pneuma bzw. die Weisheit (Sap 8,7; 9,18),
6. der strenge Offenbarungsgedanke: Ohne Gottes Pneuma kann das Göttliche nicht erkannt werden (Sap 9,16f.),
7. der Inkorporationsgedanke: Die Weisheit zieht in das Innere des Menschen ein (Sap 7,27).

Paulus zeigt auch sonst Bekanntschaft mit weisheitlichen Motiven: Vgl. die weisheitliche theologia naturalis in Röm 1,18ff. und Sap 13, den Eikon-Gedanken in 2.Kor 4,4 und Sap 7,26, die Sendungsaussage in Gal 4,4.6 und Sap 9,10.17 (hier insbesondere das Nebenein-

chen Archonten, die „Tiefen der Gottheit", der schroffe Gegensatz zwischen psychischem und pneumatischem Menschen und die Ansicht, der pneumatische Mensch werde von anderen nicht erkannt bzw. beurteilt. Paulus ist irgendwo zwischen traditioneller Weisheit und gnostischer Sophia einzureihen, ja, er dürfte ein wichtiger Faktor in dieser Entwicklung gewesen sein[17].

A. Die jüdische Weisheitsüberlieferung

Weisheit ist ein internationales Phänomen: In Sprüchen und Sentenzen wird Erfahrung reflektiert, um in den oft widersprüchlichen und verwirrenden Phänomenen eine konstante Gesetzmäßigkeit aufzuspüren, ohne sie zu systematisieren. Vielmehr begnügt man sich damit, die entdeckten Zusammenhänge pointiert zu formulieren, aneinanderzureihen und nach lockeren inhaltlichen Gesichtspunkten zu sammeln. Dabei liegt (mehr implizit als explizit) der Glaube zugrunde, daß hinter der Mannigfaltigkeit des Lebens und der Welt eine Ordnung steht, die für Gottes Willen transparent ist und sinnvolles Handeln ermöglicht.

---

ander von Weisheit und Pneuma bzw. Christus und Pneuma), das präexistente rettende Eingreifen der Weisheit in 1.Kor 10,1ff. und Sap 10,18f., 11,4. Weisheitlich geprägt ist möglicherweise auch die sogenannte Christusmystik: Die Weisheit wohnt in den Herzen der Weisen wie Christus in den Herzen der Gläubigen wohnt. Andere Berührungen mit der Weisheitstradition sind eher polemisch. SapSal assoziiert die Weisheit mit εὐγένεια (8,3), Reichtum (8,5) und Macht: Der Weise ist der wahre König (6,20). Die Bezüge sind auf jeden Fall so zahlreich, daß es verständlich ist, wenn 1.Kor 2,6–16 von R. SCROGGS, Paul: ΣΟΦΟΣ and ΠΝΕΥΜΑΤΙΚΟΣ, bes. 48ff., aus weisheitlichen Traditionen abgeleitet wird.

[16] Ebenso deutlich wie die Beziehungen zur Weisheit sind Berührungen mit der Gnosis:
1. Zu den Archonten vgl. z.B. das „Wesen der Archonten" (NHC II,86,20–97,23) und das Apokryphon Johannis (BG 53,20ff.; 63,10).
2. Zu den „Tiefen der Gottheit" vgl. Hippol haer V,6,4: „Sie nannten sich Gnostiker und sagten, sie allein erkennten die Tiefen." Hippol haer VI,30,6; EvVer (NHC I, 22,25; 35,15; 37,8; 40,26); Exc. ex Theod 29.
3. Der Gegensatz Psychiker–Pneumatiker ist so nur in gnostischen Texten belegt, u.a. im Valentinianismus; vgl. Iren haer I,5,1f.; 4f.; 6,1f.4; 7,1f.5: „Sie nehmen drei Arten von Menschen an, die pneumatische, die choische, die psychische ..."
4. Zur Nicht-Erkennbarkeit des Pneumatikers vgl. Basilides bei Iren haer I,24,6: „Sie sagen: ‚Denn du erkenne alle, dich aber soll niemand erkennen'."
Eine Ableitung aus gnostischen Texten wurde am gründlichsten von U. WILCKENS: Weisheit und Torheit (1959) durchgeführt, später aber in: Zu 1.Kor 2,1–16 (1979) korrigiert.

[17] Es gibt unbestreitbar eine Tendenz der Weisheit zur Gnosis: H. KÖSTER/J. M. ROBINSON: Ein Jesus und vier ursprüngliche Evangeliengattungen, in: Entwicklungslinien durch die Welt des frühen Christentums, Tübingen 1971, 147–173; H. M. SCHENKE: Die Tendenz der Weisheit zur Gnosis, in: B. Aland (ed.): Gnosis. FS H. Jonas, Göttingen 1978, 351–372; C. COLPE: Gnosis II (Gnostizismus), RAC XI, 537–659, bes. 573–581.

Dieses Vertrauen geriet in spätalttestamentlicher Zeit in eine Krise[18]. Es meldet sich die Skepsis zu Wort, ob durch die Welt hindurch Gott überhaupt sichtbar ist (Prediger Salomo). Die Erfahrung des Leidens läßt daran zweifeln, ob Gottes Weisheit überhaupt zugänglich ist. Sie gilt als entschwunden, wie Hiob klagt:

„Doch die Weisheit – wo ist sie zu finden?
Wo ist die Stätte der Erkenntnis?
Der Mensch kennt nicht den Weg zu ihr,
sie ist nicht zu finden..."
(Hiob 18,12f.)

Diese Krise der Erfahrungsweisheit führte zu einem Wandel im weisheitlichen Denken. Weisheit wurde zur Offenbarungsweisheit, die nicht mehr an den Phänomenen ablesbar ist, sondern auf besonderer Selbsterschließung Gottes beruht. Sie ist an sich verborgen. Nur jenseits der vertrauten Alltagswelt ist sie vielleicht zu finden. Spekulationen über alles, was jenseits der zugänglichen Erfahrungswelt liegt, geschehen in der Antike in Form des Mythos. Die Weisheit, die schon in Prov 8 ein mythisches Wesen war, wird nun noch mehr zum Subjekt eines mythischen Dramas, bei dem immer wieder drei Aspekte begegnen[19]: 1. Die präexistente Weisheit sucht eine Wohnstätte, 2. sie scheitert zunächst bei diesem Versuch, 3. endlich aber nimmt sie Wohnung in einem kleinen Kreis von Erwählten, sei es in Israel (Sir 24,3–8; Bar 3,37), sei es bei den Engeln im Himmel (äthHen 42,1–2) oder den „Kindern der Weisheit" (Mt 11,18–29) oder dem Kreis erwählter Pneumatiker (1.Kor 2,6–16). Auch hinter 1.Kor 1,18ff.; 2,6ff. lassen sich die drei Aspekte des Weisheitsmythos erkennen, unabhängig davon, ob Paulus an eine hypostasierte Eigenschaft Gottes denkt oder an eine selbständige mythische Gestalt:

	1.Kor 1,18ff.	1 Kor 2,6ff.
Präexistente Weisheit	Die Welt hätte durch die Weisheit Gottes Gott erkennen können (1,21, vgl. Röm 1,18ff.).	Gott hat die Weisheit vor der Welt zu unserem Heil bestimmt (2,7).

---

[18] Aus der zahlreichen Literatur sei nur genannt G. v. RAD: Weisheit in Israel, Neukirchen 1970. Zur Verwandlung des Weisheitsdenken in hellenistischer Zeit; vgl. B. L. MACK: Logos und Sophia. Untersuchungen zur Weisheitstheologie im hellenistischen Judentum, StUNT 10, Göttingen 1973. Zu den sozialen Hintergründen dieser Verwandlung und Krise der Weisheit vgl. F. CRÜSEMANN: Die unveränderbare Welt. Überlegungen zur ‚Krisis der Weisheit' beim Prediger (Kohelet), in: W. Schottroff/W. Stegemann: Der Gott der kleinen Leute, Bd. I, München 1979, 80–104.
[19] Zum Weisheitsmythos und seiner Rezeption im Neuen Testament; vgl. U. WILKENS: Art. σοφία, ThW VII, bes. 497ff., 508–510.

Mißerfolg der Weisheit	Die Welt erkannte durch ihre Weisheit Gott nicht (1,21).	Keiner der Archonten dieser Welt erkannte die Weisheit Gottes (2,8).
Aufnahme der Weisheit	Die Gläubigen (1,21) und Berufenen (1,24) akzeptieren die Torheit des Kreuzes als Weisheit Gottes, die anderen lehnen sie ab.	Die Pneumatiker nehmen bei sich die Offenbarung Gottes auf, die Psychiker aber können sie nicht empfangen (2,10ff.).

Wegen dieser formalen Analogien lohnt es sich, weisheitliches Denken, wie es in SapSal vorliegt, mit den paulinischen Aussagen zu vergleichen. Dabei zeigen sich bedeutsame Unterschiede hinsichtlich der sozialen, anthropologischen und kosmologischen Aspekte der Weisheit.

a) Soziale Aspekte der Weisheit

Die Sapientia Salomonis gehört zum Typos der Offenbarungsweisheit. Ihrem Selbstverständnis nach aber will sie die traditionelle Erfahrungsweisheit fortsetzen, mittels derer man sich in dieser Welt orientiert. Bezeichnend dafür ist, daß sie unter dem Namen des Königs Salomo läuft (vgl. bes. Kap. 9) – also dem Urbild des Weisen, dem die großen traditionellen Weisheitsbücher zugeschrieben wurden (Prov, Pred). Dem königlichen Autor entsprechen die vom Verfasser suggerierten Adressaten. SapSal spricht mehrmals die Könige dieser Erde an: Weisheit verleiht ein königliches Bewußtsein und ist die wichtigste Qualität des Herrschers. „Begierde nach Weisheit führt . . . zur Königsherrschaft. Folglich, wenn ihr Lust nach Krone und Szepter habt, ihr Tyrannen der Völker, dann ehrt die Weisheit, damit ihr bis in Ewigkeit herrscht" (Sap 6,20f.; vgl. 6,1). Natürlich ist das eine Fiktion. In Wirklichkeit ist der Weise oft ohnmächtig und verfolgt (2,10ff.). Um so bemerkenswerter aber ist das Festhalten an der Fiktion des machtvollen Herrschers. Der Weise ist der wahre König (5,16). Er gehört dabei nicht einer zukünftigen Welt an, vielmehr gilt schon für diese Welt:

„eine Menge von Weisen aber bedeutet Befreiung der Welt, und ein kluger König bedeutet Ausgeglichenheit für das Volk" (6,24)

Zwar soll man die Weisheit Szeptern und Thronen vorziehen (7,8), aber es ist bezeichnenderweise König Salomo selbst, der diese Aussage macht. Wie anders urteilt Paulus über die Weisheit, die in der Torheit des Kreuzes verborgen ist. Sie hat nichts mit den Herrschern dieser Welt zu tun, weder wörtlich genommen noch metaphorisch.

b) Anthropologische Aspekte der Weisheit

Die Weisheit wird in SapSal eng mit Adam verbunden. Salomo, der ideale Weise, nennt sich selbst einen Sproß des „erdgeborenen Stammvaters" (7,1). Gott hat durch seine „Weisheit" Adam gemacht (9,2). Die Weisheit hat den Menschen auch im Sündenfall bewahrt und ihm geholfen (10,1 f.). Kurz, Weisheit wird dem natürlichen Menschen zugeordnet. Gewiß stammt sie von Gott. Aber sie zieht in die Seele und den Leib des Menschen ein, ohne daß sich dessen Wesen verwandeln muß. Ausdrücklich wird sie immer wieder der ψυχή zugeordnet:

„Sie betrat die Seele (ψυχὴν) dessen, der dem Herrn diente."
(Sap 10,16)
„und in jeder Generation siedelt sie in fromme Seelen (ψυχὰς) über und rüstet Gottesfreunde und Propheten aus."
(Sap 7,27)

Dabei ist die „Seele" nicht in Gegensatz zum „Leib" gedacht. Dieser ist wohl sterblich, jene unsterblich (16,14), aber beide begegnen im synonymen Parallelismus membrorum:

„Denn in eine arglistige Seele (ψυχὴν) wird Weisheit nicht einkehren,
und sie wird nicht in einem Leibe (σώματι) wohnen, der in Sünde verstrickt ist"
(SapSal 1,4)
„Der weise König Salomo hatte „eine gute Seele (ψυχὴ) erhalten" und war „in einen unbefleckten Leib (σῶμα) gekommen." (Sap 8,19f.)

Während „Psyche" und „Soma" parallel zueinander benutzt werden, decken sich die beiden Begriffe „Psyche" und „Pneuma" weitgehend. Jedoch ist wie bei Paulus der anthropologische Pneumabegriff zu unterscheiden vom „Pneuma" im Sinne von „heiliger Geist". Der Götzenbildner – so polemisiert die Sapientia Salomonis–

„... wußte nicht um den, der ihn geformt,
ihm eine tätige Seele (ψυχὴν ἐνεργοῦσαν) eingehaucht
und einen Geist voller Leben (πνεῦμα ζωτικόν) eingepflanzt hatte" (Sap 15,11)
„Ein Mensch kann ... den Geist (πνεῦμα), der entwichen ist, nicht zurückbringen,
und er kann die Seele (ψυχὴν), die (bereits von der Unterwelt) aufgenommen worden ist, nicht wieder freimachen" (Sap 16,14)

Nur an einer Stelle könnte man einen beginnenden Gegensatz zwischen „Seele" und (heiligem) „Geist" ahnen:

„Was für ein Mensch nämlich wird den Plan Gottes erkennen,
oder wer wird begehren, was der Herr will?
Denn die Überlegungen der Sterblichen sind armselig,
und unzuverlässig sind unsere Gedanken;

denn ein sterblicher Leib (σῶμα) beschwert die Seele (ψυχή),
und das irdische Zelt drückt den Verstand (νοῦς) nieder, der voller Sorgen ist.
Nur mit Mühe enträtseln wir, was auf Erden ist,
und was wir (hier) in Händen (haben), finden wir (nur) unter Mühe.
Wer sollte das, was im Himmel ist, aufspüren?
Wer aber hat deinen Plan erkannt außer dem, dem du Weisheit gegeben
und deinen heiligen Geist (πνεῦμα) aus der Höhe geschickt hast?"
(Sap 9,13–17)

Hier treten ψυχή und νοῦς auf der einen, das sterbliche σῶμα auf der anderen Seite in Gegensatz zueinander. Gott selbst muß Weisheit mitteilen. Von sich her sind „Verstand" und „Seele" nicht fähig, Weisheit zu gewinnen. Der Schritt von der Erfahrungs- zur Offenbarungsweisheit ist unverkennbar[20]. Jedoch wird man im Lichte der parallelen Aussagen über das Wohnen der Weisheit in der „Seele" auch SapSal 9,13ff. nicht dualistisch lesen können: Der aus der Höhe kommende Geist schaltet den menschlichen νοῦς und die ψυχή nicht aus, sondern setzt sie in ihre wahre Funktion ein:

„und so wurden die Pfade derer, die auf Erden (wohnen), begradigt,
und die Menschen wurden in dem unterrichtet, was dein Bestes ist,
und wie wurden durch die Weisheit gerettet" (oder „bewahrt")
(SapSal 9,18)

Ein kurzer Blick auf Paulus zeigt wieder die große Unterschiede: Der natürliche Mensch ist bei ihm von der höheren Weisheit ausgeschlossen. Die Weisheit zieht nicht in die ψυχή des Menschen ein, vielmehr ist der ψυχικὸς ἄνθρωπος prinzipiell unfähig, den „heiligen Geist" zu empfangen.

c) Der kosmische Aspekt der Weisheit

Die Weisheit ist in SapSal die „Architektin aller Dinge" (7,21), die in ihren Werken bleibend gegenwärtig ist. Sie ist überall und kann überall wirksam werden. Sie kann alles, sieht alles, geht durch alles hindurch (7,22–26). „Sie erstreckt sich von einem Ende zum anderen voller Kraft, und sie verwaltet das All auf angemessene Weise" (8,1). Sie ist der Geist dieser Welt, mag sie auch Ausblicke auf eine andere Welt ermöglichen (10,10). Diese Welt wird voll bejaht: „Heilbringend (σωτήριοι) sind die Erschaffungen der Welt" (1,14), ja, diese sinnlich wahrnehmbare Welt

---

[20] Das ist noch nicht der Schritt zur Gnosis, es sei denn, man benutzt den Begriff „Gnosis" in einem so weiten Sinne, daß er historisch unscharf wird wie bei D. GEORGI: Weisheit Salomos, JSHRZ III,4, Gütersloh 1980, 394: „Sap ist eine gnostische Schrift, ... die älteste, die wir besitzen."

ist so schön, daß diejenigen zu entschuldigen sind, die Geschöpfliches religiös verehren. Sie werden „vom Augenschein verführt, weil das, was zu sehen ist, schön ist" (13,7). Aber nicht nur in der Natur, auch in der Geschichte ist die Weisheit präsent. Sie hilft dem erwählten Volk durch „Wunder und Zeichen" (10,16). Der Unterschied zu Paulus liegt auf der Hand: Die höhere Weisheit gehört nicht zu dieser Welt, sondern ist dem „Geist dieser Welt" radikal entgegengesetzt. Sie weist auf eine neue Welt.

B. Die Entwicklung zur Weisheitslehre bei Paulus

Paulus setzt unverkennbar Weisheitstraditionen in der Art der SapSal voraus. Das ist schon in Röm 1,18ff. mit Händen zu greifen, erst recht aber in 1.Kor 1,18ff. Die in den Weisheitstraditionen positiv dargestellte Möglichkeit des Selbst- und Weltverständnisses erscheint bei ihm jedoch nur noch als eine schuldhaft verwirkte Möglichkeit. Der etwas rätselhafte Satz „. . . in der Weisheit Gottes erkannte die Welt durch die Weisheit Gott nicht . . ." (1.Kor 1,21), stellt das Scheitern der weisheitlichen Frömmigkeit fest. Das Verhältnis von ἐν τῇ σοφίᾳ und διὰ σοφίας ist wahrscheinlich so zu verstehen, daß die „Weisheit Gottes" den objektiven Aspekt der Weisheit meint. Die ganze Welt ist von der allgegenwärtigen Weisheit durchdrungen. Sie ist „in" der Weisheit. Dennoch erkannten die Menschen mit Hilfe ihrer Weisheit – im Sinne einer subjektiven Qualität – Gott nicht. Gott schickt aber nun nicht – wie in SapSal 9 – den göttlichen Geist von oben, um der menschlichen unvollkommenen Erkenntniskraft aufzuhelfen, er wählt vielmehr einen ganz anderen Offenbarungsweg: das Kreuz.

Anstatt von Weisheit schlechthin spricht Paulus daher antithetisch von menschlicher und göttlicher Weisheit. Anstatt von einer Welt spricht er von zwei Welten, anstatt von einem Menschen und seiner ψυχή von zwei entgegengesetzten Menschen: dem psychischen und pneumatischen. Und er ordnet diese neue Weisheit nicht mehr den herrschenden Gruppen zu, sondern den unteren Schichten. Es kann kein Zweifel sein: Bei Paulus hat sich eine tiefgreifende Veränderung weisheitlichen Denkens vollzogen. Das traditionsgeschichtliche Rätsel von 1.Kor 1,18ff. und 2,6ff. besteht darin, diesen Schritt historisch verständlich zu machen. Wir untersuchen daher nacheinander dieselben Aspekte, die wir auch im weisheitlichen Denken der SapSal analysiert haben.

a) Soziale Aspekte der Weisheit

Schon im traditionellen Weisheitsdenken gibt es die Vorstellung, daß die Weisheit bei einer kleinen Gruppe eine Wohnung fand, nachdem sie vorher erfolglos bei anderen eine Wohnung gesucht hatte:

„über jedes Volk und (jede) Nation herrschte ich. Bei ihnen allen suchte ich Ruhe, und in wessen Erbteil ich mich aufhalten könnte. Da befahl mir der, der das All erschaffen hat, und der, der mich erschuf, ließ mein Zelt einen Ruheplatz finden, und sprach: ‚In Jakob schlage dein Zelt auf, und in Israel sei dein Erbteil.‘" (Sir 24,6–8)

„Da die Weisheit keinen Platz fand, wo sie wohnen sollte, wurde ihr in den Himmeln eine Wohnung zuteil." (äthHen 42,1)

Hier ist indirekt von einer Ablehnung der Weisheit die Rede. Das Motiv tritt jedoch nicht deutlich hervor. Das ändert sich erst in christlichen Texten: Die Boten der Weisheit werden getötet und verfolgt (Lk 11,49–51), die Inkarnation der Weisheit wird von den Archonten gekreuzigt (1.Kor 2,6ff.). Das traditionelle Motiv – die Weisheit findet keinen Ruheort – wird aufgrund geschichtlicher Erfahrungen verschärft. Ohne die Kreuzigung Jesu läßt sich diese Verschärfung kaum verständlich machen.

Ebenfalls auf geschichtliche Erfahrung dürfte zurückgehen, daß sich die Weisheit nun gerade denen zuwendet, die nach normalen Maßstäben nicht weise sind. Die Weisheit wird den „Weisen und Verständigen" (Mt 11,25), den „Gebildeten, Mächtigen und Hochgeborenen" (1.Kor 1,26) entzogen. Sie offenbart sich den Unmündigen, Ungebildeten und Machtlosen. Paulus verweist auf die soziale Zusammensetzung der Gemeinde, um zu zeigen, daß es zwischen Gottes Weisheit und der herrschenden Schicht keinen Zusammenhang gibt. Er widerspricht damit der Meinung, man könne (in irgendeinem übertragenen Sinne) mit Hilfe der Weisheit „zur Herrschaft gelangen" (1.Kor 4,8). Diese Umstrukturierung eines traditionellen Deutungsschemas stimmt mit der sozialen Realität der ersten Gemeinde überein: Sie war eine subkulturelle Strömung kleiner Leute. Sie kann die ihr geschenkte Weisheit nur als Antiweisheit verstehen[21].

---

[21] W. Stegemann: Das Evangelium und die Armen, KT 62, München 1981, 26f., 30f., bestreitet die Existenz weniger Oberschichtmitglieder in Korinth. 1.Kor 1,26 sei ironisch gemeint, da ein εὐγενής, also ein Adliger, nicht zur korinthischen Gemeinde gehört haben könne. Aber 1. meint εὐγενεῖς gewiß nicht Mitglieder der politisch herrschenden Schicht. In Philo Flacc 64 werden angesehene Juden, die vom alexandrinischen Volk beim Einkauf auf dem Markt umgebracht werden, „edel" genannt. Philo virt 198 definiert „edel" im wörtlichen Sinn als „von guten Eltern stammend" (ὅστις ἂν καλῶν καὶ ἀγαθῶν γένηται γονέων). Paulus variiert den Begriff in 1.Kor 4,10 zu ἔνδοξοι. 2. Bedenken ist, daß die Verbindung von Macht, Reichtum und Adel mit der Weisheit aus

Es ist kaum ein Zufall, daß ausgerechnet im Jakobusbrief Weisheit und Gegenweisheit einander konfrontiert werden. Auch die hinter dem Jak stehende Gemeinde rechnet sich zu den Armen (Jak 2,5–7), auch sie setzt die ihr geschenkte Weisheit einer anderen entgegen:

„Diese Weisheit kommt nicht von oben herab,
sondern sie ist irdisch, psychisch und dämonisch.
Denn wo Eifer und Zanksucht ist,
da ist Zerrüttung und schlechtes Wesen.
Aber die Weisheit von oben ist fürs erste rein,
dann friedsam, freundlich, fügsam . . ."
(Jak 3,15–17)

Die Stelle erinnert in manchem an 1.Kor 2,6ff., aber die Wendung „Weisheit von oben" sowie die Attribute ἐπίγειος, ψυχική und δαιμονιώδης haben keine direkte Analogie bei Paulus. Umgekehrt fehlt das Stichwort „Pneuma" bei Jakobus. Wahrscheinlich gehen beide Stellen unabhängig voneinander auf urchristliche Weisheitstraditionen zurück. Beide dokumentieren die Verschärfung der Offenbarungsweisheit zum Weisheitsdualismus und lassen die sozialen Hintergründe dieses traditionsgeschichtlichen Prozesses sichtbar werden.

b) Anthropologische Aspekte der Weisheit

Der auffälligste Zug in 1.Kor 2,6ff. ist der Gegensatz „psychisch-pneumatisch", der sich bislang einer traditionsgeschichtlichen Ableitung widersetzt hat. Die gnostischen Parallelen sind chronologisch jünger und setzen oft schon 1.Kor 2 voraus[22]; vor Paulus aber ist der

---

der Weisheitstradition stammt, vgl. Sap 8,3ff.; Philo sobr 55–57: Der Weise ist „edel", reich, angesehen und alleine König. Die Prädikate in 1.Kor 1,26 sind wahrscheinlich auch durch die Antithese zum metaphorischen weisheitlichen Sprachgebrauch bestimmt 3. Die Erwählung von Unterschichtmitgliedern entspricht nach Paulus der Schöpfung aus dem Nichts (1.Kor 1,28). Die Existenz von Oberschichtmitgliedern wird gegen dies theologische Deutungsschema erwähnt. Das absolute Fehlen von Weisen, Mächtigen und Hochgeborenen nach dem Fleische würde Paulus so gut in die Argumentation passen, daß er sogar gegen seine Argumentationstendenz ihre Existenz einräumt. Zum Problem vgl. W. WUELLNER: Ursprung und Verwendung der σοφός-, δυνατός-, εὐγενής-Formel in 1.Kor 1,26, in: FS. D. Daube, New Testament Studies, Oxford 1978, 165–184.

[22] Für das Buch Baruch vgl. Hippol haer V,26,9; 26,32f., und das Zitat von 1.Kor 2,9 in V,26,16; für Basilides vgl. Hippol haer VII,27,6 und das Zitat von 1.Kor 2,13 in VII,26,3; für den Valentinianismus vgl. Iren haer I,5,1 und das Zitat von 1.Kor 2,14.15 in I,8,3; Hippol haer VI, 34,1 und das Zitat von 1.Kor 2,14 in VI,34,8; für die Naassener vgl. Hippol haer V,6,6f.; 8,26.34.44 und das Zitat von 1.Kor 2,13f. in V,8,26. Spricht das nicht gegen eine Ableitung des Psychikos-Pneumatikos-Begriffspaares aus der Gnosis, wie sie bei U. WILCKENS, Weisheit und Torheit, 89–90, und M. WINTER, Pneumatiker, 169ff., vorgeschlagen wurde? Vgl. jetzt U. WILCKENS, 1.Kor 2,1–16, 528ff., besonders 534ff.

Gegensatz nirgendwo nachweisbar. Nun gibt Paulus selbst einen Hinweis: Er verbindet in 1.Kor 15,44 den Gegensatz „psychisch–pneumatisch" mit der Spekulation um zwei Urmenschen, die zweifellos durch das Nebeneinander zweier Schöpfungsberichte in Gen 1 und Gen 2 angeregt wurde. Paulus korrigiert dabei die Reihenfolge: Der himmlische und pneumatische Mensch (aus Gen 1) folgt dem irdischen und psychischen Menschen (aus Gen 2). Die Korrektur des Paulus könnte eine Auslegung voraussetzen, welche der biblischen Reihenfolge entsprach.

Nun sind Spekulationen über zwei Urmenschen – ein himmlisches Urbild (Gen 1) und ein irdisches Abbild (Gen 2) – bei Philo gut belegt, und zwar mit der von Paulus vorausgesetzten und korrigierten Reihenfolge (vgl. all I 31 op 134). Das Problem ist nur: Es will nicht gelingen, auch den Gegensatz von ψυχικός und πνευματικός aus derartigen Spekulationen abzuleiten[23]. Im Gegenteil, der Schöpfungsbericht legt einen solchen Gegensatz weder nahe noch wurde er in diese Richtung hin ausgelegt.

Die LXX gibt Gen 2,7 mit den Worten wieder: „Und Gott blies in sein Angesicht einen Lebenshauch (πνοὴν ζωῆς) und es wurde der Mensch eine lebende Seele (ψυχὴν ζῶσαν)." Die zeitgenössischen Texte geben πνοή oft mit πνεῦμα wieder, so daß das „Pneuma" als Ursache der „Psyche" erscheint, nicht aber als ihr Gegensatz. Josephus schreibt: „Gott formte den Menschen, indem er Staub von der Erde nahm, und er sandte Geist und Seele (πνεῦμα/ψυχήν) in ihn" (ant 1,34). Nach SapSal 15,11 hat Gott dem Menschen eine tätige Seele (ψυχήν) und einen Geist voll Leben (πνεῦμα ζωτικόν) gegeben. Philo gibt in all III, 161 πνοή durch πνεῦμα wieder. Mit anderen Worten: Man muß den Gegensatz πνευματικός–ψυχικός schon vorweg kennen, wenn man ihn in Gen 2,7 hineinlegen will.

---

[23] Eine Ableitung der Psychikos-Pneumatikos-Terminologie aus der jüdisch-hellenistischen Exegese von Gen 2,7 findet sich bei J. DUPONT: Gnosis: La connaissance religieuse dans les épîtres de Saint Paul, Paris 1949, 172–180, und B. A. PEARSON: The Pneumatikos-Psychikos-Terminology in 1.Corinthians, SBLMS 12, Missoula 1973, bes. 11 f.; 17–21. Aus Philo lassen sich jedoch nur einige wichtige Voraussetzungen für die Gegenüberstellung zweier Menschentypen, Mündiger und Unmündiger und der Begründung solcher Gegenüberstellungen aus dem Schöpfungsbericht ableiten, jedoch nicht die terminologische Opposition von psychikos und pneumatikos. So mit Recht R. A. HORSLEY: Pneumatikos vs. Psychikos Distinctions of Spiritual Status among Corinthians, HThR 69 (1976) 269–288, und U. WILCKENS, Zu 1.Kor 2,1–16, 528ff. Für eine von Paulus unabhängige Verbindung des Begriffspaares mit Spekulationen über den Schöpfungsbericht könnte sprechen, daß wir z.B. in den „Wesen der Archonten" (NHC II 86,20–97,23) eine gnostische Spekulation über Gen 1/2 erhalten haben, in der es keine christlichen Züge gibt – abgesehen von dem einleitenden Zitat Eph 6,12 – und der Gegensatz „psychisch-pneumatisch" eine wichtige Rolle spielt.

Nun könnte man versuchen, diesen Gegensatz durch das Nebeneinander beider Schöpfungsberichte zu erklären: In Gen 1,1 ist tatsächlich vom πνεῦμα θεοῦ die Rede, in Gen 2,7 dagegen von der ψυχή, die eng mit dem irdischen Menschen verbunden ist. Bei Philo findet sich jedoch nicht viel, was in diese Richtung weist. Und das wenige ist undeutlich. Philo schreibt nämlich 1. an einer Stelle dem himmlischen Urmenschen von Gen 1,26 f. das πνεῦμα explizit zu, während er die πνοή von Gen 2,7 nur als dessen Abglanz gelten läßt (all I,42). Aber vom Abglanz bis zum apodiktischen Gegensatz ist ein langer Weg. Umgekehrt charakterisiert Philo 2. den irdischen Menschen von Gen 2,7 als σῶμα und ψυχή, während er den himmlischen Menschen mit Attributen wie νοητός, ἀσώματος und ἄφθαρτος beschreibt (op 134); aber hier fehlt der Gegenbegriff πνευματικός. Wo Gen 1 mit dem Begriff πνεῦμα verbunden wird, fehlt also der Gegenbegriff ψυχή. Wo ψυχή mit Gen 2 verbunden wird, fehlt der Kontrast πνευματικός. Es bleibt dabei: Der Gegensatz von πνευματικός und ψυχικός läßt sich bislang nicht aus vorpaulinischen Quellen ableiten[24]. Die Deutung der beiden Schöpfungsberichte mit diesem Gegensatzpaar ist ein Schritt über die bekannte jüdisch-hellenistische Exegese hinaus. Wie war dieser Schritt möglich?

Auch die Abwertung des Begriffes ψυχή in trichotomischen anthropologischen Schemata erklärt nicht viel[25]. Wo an die Stelle der Zweiteilung σῶμα–ψυχή die Dreiteilung σῶμα, ψυχή, νοῦς tritt (z. B. Plato Tim 30b; M. Ant III,16,1; XII,3,1), rückt die Seele in die Nähe des Körpers und wird zum Bindeglied zwischen einem höheren und niederen Teil im Menschen[26]. Nur findet sich nirgendwo vor Paulus (vgl. 1.Thess 5,23)

---

[24] M. WINTER, Pneumatiker, 150 f., führt zwei Belege für den Gegensatz von ψυχή und πνεῦμα aus Philo an:

1. In somn I,119 ersetzt der göttliche Logos den menschlichen Nous und die menschliche αἴσθησις und wird dabei als „Beistand einer tugendhaften Seele (ψυχή), die sich selbst aufgibt", bezeichnet. Wenn das Pneuma der Beistand der Seele ist, so liegt hier kein grundsätzlicher Gegensatz vor.

2. In her 55 f. wird nicht einfach πνεῦμα und ψυχή konfrontiert, sondern die Gesamtseele in ein höheres psychisches und ein mit der Sarx verbundenes psychisches Leben unterteilt, in eine ψυχὴ ψυχῆς und eine ψυχὴ πάσης σαρκός.

Von einem Dualismus (so M. WINTER, Pneumatiker, 156) kann keine Rede sein. Wohl kennt Philo dualistische Denkschemata, aber er wendet sie gerade nicht auf die Begriffe Pneuma und Psyche an.

[25] E. SCHWEIZER: Zur Trichotomie von 1.Thess 5,23 und der Unterscheidung des πνευματικόν vom ψυχικόν in 1.Kor 2,14; 15,44; Jak 3,15; Jud 19, ThZ 9 (1953) 76–77.

[26] Vgl. A. DIHLE: Art. ψυχή, ThW IX, 605–614: „Im Gesamtbild zeigt sich, daß in der philosophischen Sprache der hellenistisch-römischen Zeit ψυχή durchaus noch die Gesamtheit der geistig-seelischen Funktionen bezeichnet, daß aber, insbesondere durch die Abgrenzung des νοῦς gegenüber der ψυχή, eine gewisse Abwertung des Wortes eintritt, insofern es die reine Spiritualität nicht mehr zu bezeichnen vermag" (s. 612).

die Trichotomie σῶμα, ψυχή, πνεῦμα. Außerdem geschieht die Abwertung der ψυχή nie konsequent. Auch dort, wo sie mit bösen Mächten assoziiert wird, wie bei Plutarch (GenSocr 591 D–F; IsetOs 371 A–B), kann sie gleichzeitig als ὄργανον θεοῦ (Plut PythOr 404 B) angesehen werden.

Von einem Gegensatz des Menschen gegen ein ihn überkommendes Pneuma ist unabhängig von Paulus nur in solchen Texten die Rede, die eine ekstatische Erfahrung reflektieren. Die Reflexion solcher Erfahrung ist grundsätzlich von anthropologischen Schemata zu unterscheiden: Inspiration und Ekstase sind außernormale Erfahrungen, während anthropologische Schemata die „normale" menschliche Struktur erfassen wollen. Ferner ist es ein Charakteristikum der Ekstase, das Göttliche mit dem ganzen menschlichen Wesen zu konfrontieren, also auch mit seinen höchsten Organen und Instanzen, während anthropologische Schemata auf eine innermenschliche Schichtung zielen. So erfüllt nach Strabo (9,3,5) die Pythia in Delphi ein πνεῦμα ἐνθουσιαστικόν. Lukan setzt diesen „spiritus" dem „totus homo" der weissagenden Pythia entgegen (Pharsalia V,161ff.). Nach Philo (her 265) überkommt in der Ekstase das θεῖον πνεῦμα den Menschen, während ihn sein νοῦς verläßt. Auch bei Paulus begegnet die Dreiteilung πνεῦμα, ψυχή und σῶμα zuerst in 1.Thess 5,23, nachdem er pneumatische Erfahrungen im Urchristentum beschworen hat: „Das Pneuma löscht nicht, Prophetien verachtet nicht!" Der Gegensatz πνευματικός–ψυχικός dürfte daher auf die Deutung ekstatischer Erfahrungen im Urchristentum zurückzuführen sein. Wahrscheinlich handelt es sich um eine urchristliche Sprachschöpfung, die schon vor Paulus existierte, worauf Jak 3,15 und Jud 19 weisen.

Wir können nun unsere Überlegungen zusammenfassen: Der paulinische Gegensatz von πνευματικός und ψυχικός wird durch die Abwertung der ψυχή in römisch-hellenistischer Zeit vorbereitet, ergibt sich primär aus der Reflexion pneumatisch-ekstatischer Erfahrung im Urchristentum und wurde sekundär mit Gen 2,7 in Verbindung gebracht. Festzuhalten ist, daß Paulus über alle drei erkennbare Traditionen hinausgeht:

1. Paulus hat mit den anthropologischen Schemata seiner Zeit gemeinsam, daß er das menschliche Innere ansatzweise topisch gliedert. Die ψυχή ist für ihn nicht alles. Das menschliche Innere kann mehr fassen. Aber was geht über die „Psyche" hinaus? Ist es der menschliche Geist (Pneuma), den Paulus 2,11 erwähnt? Oder ist es der göttliche Geist (2,10ff.)? Sicher ist nur: Erst durch Verleihung göttlichen Geistes kann eine Bewußtseinserweiterung über die Grenzen der Psyche hinaus erfolgen. Erst der göttliche Geist erschließt eine neue innere Dimension.

Ohne ihn gäbe es eine unverrückbare Verstehensgrenze. Denn der psychische Mensch versteht nicht die Offenbarung, ja, er kann sie gar nicht verstehen (1.Kor 2,14). Ein solch schroffer Gegensatz der ψυχή gegen die Erweiterung menschlichen Bewußtseins läßt sich vor Paulus nicht nachweisen.

2. Aber auch gegenüber der ekstatischen Tradition gibt es einen gewichtigen Unterschied. Wohl wird bei Paulus der göttliche Geist radikal menschlichem Vermögen entgegengesetzt, aber nicht so, daß menschliches Erkennen und Verstehen ausgeschlossen sind. Der Unwissenheitstopos fehlt in 1.Kor 2,6–16. Während der Ekstatiker bei Plato und Philo nicht weiß, was er in der Ekstase erfährt, ist es in 1.Kor 2,6ff. gerade umgekehrt: Die Verleihung göttlichen Geistes macht fähig zum Wissen, Verstehen und Erkennen. Der Geist ist „bewußtseinsbildende Kraft"[27].

3. Gegenüber der vermuteten Auslegungstradition, die Paulus in 1.Kor 15,44f. korrigiert[28], betont Paulus: Das Pneumatische ist nicht als Ursprung zu verstehen, sondern als Ziel, d.h. der pneumatische Mensch ist nicht der Urmensch von Gen 1/2, sondern Christus, der neue Mensch. Der psychische Mensch geht ihm zeitlich voraus. Diese Akzentverlagerung ist religionspsychologisch wichtig: Wenn die Verleihung des Pneuma Bewußtseinserweiterung über die vertrauten „psychischen" Grenzen hinaus bedeutet, so ist das nach Paulus keine Bewußtseinserweiterung, die allein in die Tiefe unserer Herkunft weist, sondern in die Zukunft. Oder genauer: Das was nach der Deutung anderer Aufschluß über unsere archaische Herkunft ist, interpretiert Paulus so, daß es zum Hinweis auf die Zukunft wird. Was als „Regression" verstanden werden könnte, wird zur „Progression". Das Pneuma weist in eine neue Welt. Damit sind wir beim letzten Aspekt:

c) Der kosmische Aspekt der Weisheit

Für Paulus ist die ursprüngliche Einheit von Kosmos und Weisheit zerfallen. Deswegen ist die Weisheit aber nicht radikal akosmisch. Sie gehört nicht der alten Welt an, sondern der neuen Schöpfung. Diese Entwicklung bahnt sich schon vor Paulus in äthHen 42,1 an. Dort verläßt die Weisheit die Erde, um ihre Wohnung im Himmel unter den Engeln zu nehmen. Im Kontext der apokalyptischen Schrift bedeutet das: Sie wird erst mit der neuen Welt zugänglich, es sei denn, man hat

---

[27] L. GOPPELT: Theologie des Neuen Testaments, UTB 850, Göttingen ³1978, 450.
[28] S. AGERSNAP: Paulusstudier. 1.Kor 15 og Rom 2, Tekst og Tolkning 7, Kopenhagen 1979, 7ff., bestreitet, daß Paulus hier eine vorgegebene Auffassung korrigiert.

schon jetzt in Visionen (oder visionären Schriften) Zugang zu dieser neuen Welt. Paulus setzt den Gegensatz zweier Welten voraus. Jedoch spricht er expressis verbis nur von der bestehenden Welt (1.Kor 1,20; 2,6; 3,18), nicht vom neuen Äon. Wenn er in seinen Schriften einmal den Begriff „neue Schöpfung" verwendet (Gal 6,15; 2.Kor 5,17) – also einen Begriff, der dem neuen Äon zumindest sinnverwandt sein könnte –, so bezieht er die neue Schöpfung auf gegenwärtige Phänomene. Ein vergleichbarer Zug zur Vergegenwärtigung eschatologischer Heilsgüter ist nun auch in 1.Kor 2,6ff. erkennbar. Paulus zitiert nämlich in 2,9 aus einer nicht mehr identifizierbaren apokryphen Schrift: „Was kein Auge gesehen und kein Ohr gehört und in keines Menschen Herz gedrungen ist, was Gott denen bereitet hat, die ihn lieben." Das Zitat gibt einen verbreiteten Topos wieder[29]. Das was den Sinnen und Gedanken des Menschen entzogen ist, ist in den meisten Fällen die himmlische Welt, die der apokalyptische Seher schon jetzt sieht, die aber später all jene als Lohn erhalten, die auf Erden Gottes Willen tun. Einige Beispiele mögen genügen:

Gott hat die Gesetzestafeln und zwölf Edelsteine im Himmel verborgen: „Und sie werden dort sein, bis ich eingedenk bin der Welt und heimsuchen werde die Bewohner der Erde. Und dann werde ich sowohl diese (Steine) als auch andere, mehr (und) viel bessere, nehmen von dem, was kein Auge gesehen und kein Ohr gehört hat und in das Herz des Menschen nicht aufgestiegen ist, bis geschehe irgend etwas Derartiges in der Welt" (AntBib 26,13)
Gott zeigt Jakob auf einer Himmelsreise den Ort der Seligen im Kontrast zum Ort der Verdammten: „Und er zeigte mir alle Ruheorte mit allen Gütern, die bereitet sind den Rechtschaffenen, und diejenigen (Dinge), die kein Auge gesehen und kein Ohr gehört hat und die nicht gekommen sind zu dem Herzen der Menschen, diese (Dinge), die Gott denen bereitet hat, die ihn lieben werden, und denjenigen, die seinen Willen auf Erde tun werden." (TestJak f. 184b)[30]
„Wenn wir nun die Gerechtigkeit vor Gott tun, so werden wir in sein Reich eingehen und die Verheißungen empfangen, die kein Ohr gehört, noch kein Auge gesehen hat, und in keines Menschen Herz gekommen ist" (2.Klem 11,7)

---

[29] So das überzeugende Resultat von K. BERGER: Zur Diskussion über die Herkunft von 1.Kor II.9, NTS 24 (1977/8) 270–283, der durch Auswertung einer umfangreichen Materialsammlung die Forschung in diesem Punkt auf eine neue Grundlage gestellt hat. Vgl. noch E. v. NORDHEIM: Das Zitat des Paulus in 1.Kor 2,9 und seine Beziehung zum koptischen Testament Jakobs, ZNW 65 (1974) 112–120; O. HOFIUS: Das Zitat 1.Kor 2,9 und das koptische Testament des Jakob, ZNW 66 (1975) 140–143; H. F. SPARKS: 1.Cor 2,9 a Quotation from the Coptic Testament of Jacob? ZNW 67 (1976) 269–276.
[30] Zitiert nach E. v. NORDHEIM, Zitat, 115.

Die Stellen könnten vermehrt werden[31]. Immer handelt es sich hier um zukünftige Heilsgüter. Bei Paulus aber wird die Offenbarung auf eine gegenwärtige Realität bezogen. Was Gott durch den Geist offenbart, sind nichts anderes als die „Tiefen der Gottheit" (V. 10). Gott offenbart nicht etwas, sondern sich selbst – so wie sich der Geist eines Menschen von sich selbst her einem anderen öffnet (V. 11). Die Erweiterung des Bewußtseins über die menschlichen Grenzen hinaus ist in sich Mitteilung des Heils. Der Mensch erhält Anteil am „Innenleben" einer anderen Person: am Pneuma Gottes und am Nous Christi. Geblieben aber ist die Richtung auf eine neue Welt. Das unterscheidet Paulus von späteren gnostischen Spekulationen. Hier sucht die Sophia nach Rückkehr in die himmlische Heimat. Die Schöpfung ist nur aufgrund eines Unfalls entstanden. Ziel der Erlösung ist die Rückgängigmachung dieses Unfalls. Bei Paulus zielt die Erlösung dagegen darauf, die Schöpfungsintention Gottes in einer „neuen Schöpfung" zu erfüllen. Der Übergang zur neuen Schöpfung beginnt schon jetzt, in kleinen christlichen Gruppen, die durch ihre soziale Zusammensetzung demonstrieren, daß Gott das „Nicht-Seiende" erwählt hat (1.Kor 1,28), um das Seiende zu zerstören. Unter ihnen offenbart sich die Sophia als Gegenweisheit zur Weisheit dieser Welt.

Wir können die Traditionsanalyse abschließen: Wenn wir 1.Kor 2,6–16 auf dem Hintergrund jüdisch-hellenistischer Weisheitstradition lesen, so lassen sich gerade Abweichungen von dieser Tradition am besten durch spezifisch christliche Impulse erklären. Die Umwertung traditioneller Weisheit, die Konzeption einer Gegenweisheit, ihre Verbindung mit den unteren Schichten – all das setzt die Kreuzesbotschaft und die soziale Realität der christlichen Gemeinden voraus. Weder paßt sich Paulus an fremde Gedanken an, noch polemisiert er auf versteckte Weise gegen die Gedanken, die er äußert. Paulus gibt vielmehr seine eigenen Überzeugungen wieder. Wir sollten ihm glauben, daß er seine Worte ernst meint. Zeugen sie doch von einer überwältigenden Bewußtseinserweiterung über menschliche Grenzen hinaus, die eine radikale Umbewertung traditioneller jüdischer Weisheitstheologie nach sich zieht.

---

[31] Vgl. die Materialsammlung aus apokryphen Schriften bei K. BERGER, Diskussion, 271 ff., und zu den patristischen Belegen P. PRIGENT: Ce quel' œil n'a pas vu, I Cor 2,9, ThZ 14 (1958) 416–429.

III. Psychologische Analyse

A. Lerntheoretische Aspekte von 1.Kor 2,6–16

Paulus selbst bezeichnet den Offenbarungsempfang als ein „Lernen". „Was wir aber reden, sagen wir nicht mit Worten, die uns menschliche Weisheit gelehrt hat, sondern mit Worten, die uns der göttliche Geist gelehrt hat" (1.Kor 2,13). Er konfrontiert zwei Lernprozesse: jenen Lernprozeß, bei dem der Mensch in diese Welt hinein „sozialisiert" wird, und einen ihm entgegengesetzten Lernprozeß, der ihm ganz neue Verhaltens- und Erlebensmöglichkeiten verleiht. Paulus ist sich dessen bewußt, daß es sich um von außen angeregte und beeinflußte Prozesse handelt: Entweder empfängt man den Geist der Welt oder den Geist aus Gott (2,12). „Geist" meint hier einen von außen prägenden Einfluß[32]. Innerhalb der prägenden Umwelt geschieht ein Wechsel. Oder vorsichtiger formuliert: Wir beobachten das Bemühen, sich von der bestehenden Lernumwelt (dem κόσμος und seinem Geiste) zu lösen. Die neue Umwelt aber ist per definitionem den Außenstehenden nicht zugänglich. Sie wirkt nicht auf Auge und Ohr. Sie ist unzugänglich für natürliches „psychisches" Erleben. Trotz dieser Unzugänglichkeit können wir einige Aussagen über die Anregungen, Verstärkungen und Modelle machen, die zu dem neuen Lernprozeß führen.

Paulus verbindet die „vollkommene" Weisheit mit einer spezifischen sozialen Situation. Nur unter Vollkommenen spricht er Weisheit: ἐν τελείοις bedeutet nicht „zu Vollkommenen", dazu würde der einfache Dativ genügen (vgl. Röm 3,19; 7,1; 1.Kor 3,1 u.ö.), sondern ist wie λαλεῖν ἐν ἐκκλησίᾳ (1.Kor 14,19) als Angabe des sozialen Rahmens zu verstehen[33]. Es gibt eine Auslösesituation für jenes pneumatische Reden, von dem uns Paulus in 1.Kor 2,6–16 eine Probe mitteilt: Die Gruppe der „Vollkommenen". In 3,1–3 bestimmt er sie näher. Voraussetzung für die Weisheitsrede ist Eintracht. Solange Streit und Zank herrschen, kann Paulus seine Weisheit nicht mitteilen.

Die homogene Gruppe Vollkommener mit positivem emotionalen Klima ist nicht nur Auslöser der Weisheitsrede, sondern deren wichtigste Verstärkung. Nur bei dieser Gruppe findet die höhere Weisheit positive Resonanz. Das Unvermögen des Paulus, sie den Korinthern mitzuteilen (ἠδυνήθην = 1.Pers.Sg. 1.Kor 3,1), ist in der Unfähigkeit der Korinther begründet, sie zu empfangen (οὔπω γὰρ ἐδύνασθε =

---

[32] Versteht Paulus unter dem „Geist der Welt" ein dämonisches Wesen, das die Gläubigen verblendet (so J. WEISS, 1.Kor, 63), oder handelt es sich um eine Analogiebildung zum Geist Gottes?

[33] So C. K. BARRETT, 1.Cor, 68f. Anders H. CONZELMANN, 1.Kor, 78, Anm. 31.

2.Pers.Pl. 1.Kor 3,2). Paulus stellt diesen Sachverhalt generalisiert in 2,14 dar: Der psychische Mensch empfängt nicht das, was göttlichen Geistes ist. Es ist ihm eine Torheit, und er kann es nicht erkennen (οὐ δύναται), denn es muß pneumatisch beurteilt werden. Hier läßt sich eine gewisse Unausgeglichenheit in der Einschätzung der verstärkenden Konsequenzen feststellen: Einerseits bindet Paulus die vollkommene Weisheit an eine positive Resonanz in der Gruppe; andererseits behauptet er: „Der Pneumatiker beurteilt zwar alles, er selbst aber wird von niemandem beurteilt" (2,15), als sei er völlig unabhängig von der Reaktion anderer, gleichgültig, ob sie Pneumatiker oder Psychiker sind.

Was Paulus in 2,13 ff. vom sozialen Verhältnis zwischen Pneumatikern und Psychikern sagt, hat ein Modell im Verhältnis Christi zu den Archonten dieser Welt: An diesem Modell wird deutlich, von welchem „Verstärkungssystem" Paulus sich loslösen will. So wie der pneumatische Mensch unter Menschen tritt, die seine Weisheit ablehnen und ihn verkennen, so trat Christus in der ihn ablehnenden Welt auf. In beiden Fällen wird die σοφία Gottes verkannt. Dem οὐδεὶς ... ἔγνωκεν (V. 8) entspricht das οὐδεὶς ἔγνωκεν (V. 11) und das οὐ δύναται γνῶναι (V. 14). Die Archonten sind Modelle des psychischen Menschen, der die göttliche Weisheit nicht fassen kann, ja ihr feindselig gegenübersteht. Christus aber ist Modell des Pneumatikers, der dieselbe vorzeitliche Weisheit Gottes verkündigt, die Ursache des Christusgeschehens ist.

Wer aber sind die rätselhaften Archonten? Gleichgültig, ob Paulus bei ihnen an mythische Gestalten dachte oder nicht – die Empfänger des Briefes müssen auch an die irdischen Machthaber gedacht haben, die für die Kreuzigung Christi verantwortlich sind[34]. Sie kannten ja wichtige Teile der Passionsüberlieferung, wie Paulus selbst versichert (1.Kor 11,23 ff.). Sie wußten wahrscheinlich mehr über die Zusammenhänge der Kreuzigung als die Tatsache, daß Jesus „verraten" und „ausgeliefert" worden war (1.Kor 11,23), da eine solche Überlieferung notwendigerweise die Frage nach denjenigen weckt, die Jesus verrieten, auslieferten und kreuzigten[35].

---

[34] So J Schniewind: Die Archonten dieses Äons. I.Kor 2,6–8, in: Nachgelassene Reden und Aufsätze, Berlin 1951, 104–109; G. Miller: APXONTΩN TOY AIΩNOΣ TOYTOY – A New Look at 1 Corinthians 2,6–8, JBL 91 (1972) 522–528; W. Carr: The Rulers of this Age – 1 Corinthians II.6–8, NTS 23 (1976/7) 20–35, und U. Wilckens, Zu 1.Kor 2,1–16, 508 ff.

[35] Lk nennt die für die Hinrichtung mitverantwortlichen jüdischen Instanzen Archonten (Lk 24,20; vgl. 23,13.35; Apg 3,17; 13,27). Da die korinthische Gemeinde eine mit der lukanischen Tradition verwandte Abendmahlsüberlieferung hatte (vgl. 1.Kor 11, 23 ff. mit Lk 22,19 ff.), ist es denkbar, daß sie auch sonst eine lukanisch gefärbte Passionsüber-

Aber nicht nur die Empfänger, sondern auch der Autor hat bei den Archonten an geschichtliche Herrscher gedacht. In Röm 13,3, dem einzigen paulinischen Beleg neben 1.Kor 2,6ff., sind mit ἄρχοντες staatliche Beamte gemeint; und der Gedankengang in 1.Kor 1,18ff. zielt eher auf menschliche Gestalten. Denn der göttlichen Weisheit wird die *menschliche* Weisheit entgegengesetzt, die Weisheit der Weisen, Schriftgelehrten und Disputierer (1,20), der Gebildeten, Mächtigen und Hochgeborenen (1,26ff.). Im Blick auf die Situation in Korinth generalisiert Paulus: Gott wird nicht nur die Weisheit der Weisen zerstören (1,19), sondern überhaupt alles, was in der Welt etwas darstellt: das „Seiende" schlechthin (1,28). Die hier hergestellte Assoziation von menschlicher Weisheit, Macht und Vergänglichkeit wird in 2,6ff. vorausgesetzt[36], wenn Paulus von der Weisheit und den Machthabern dieser Welt spricht und sie als „vergänglich" (καταγρουμένων 2,6 wie καταργήσῃ 1,28) charakterisiert. Aufgrund dieses Assoziationsnetzes sind die Archonten in 2,6 zunächst irdische Machthaber, und zwar nicht nur die konkreten Herrscher über Palästina, Pilatus und Antipas, sondern irdische Machthaber überhaupt – in Korinth und Judäa[37].

Die Ablehnung Christi durch diese Archonten entspricht der Ablehnung der Weisheit bei den Menschen. Dann aber ist klar, von welchem Verstärkungssystem Paulus unabhängig sein will: Es ist das durch die dominanten Schichten und leitenden Gruppen repräsentierte Verstärkungssystem. Die Behauptung, niemand könne den Pneumatiker beur-

---

lieferung kannte und ihr von daher die „Archonten" vertraut waren. Aber das ist nur eine vage Vermutung.

[36] Häufig wird gerade die Verbindung der „Archonten" mit Weisheit und Macht für eine dämonologische Deutung angeführt. Jedoch sind diese Assoziationen schon in der Weisheitsliteratur gegeben:

1. H. LIETZMANN, Kor, 12 meint, es sei kein charakteristisches Merkmal irdischer Machthaber, Weisheit zu verbreiten. Das Ideal ist jedoch, daß der Weise König und der König weise ist; vgl. Sap 6,20f.

2. M. DIBELIUS: Die Geisterwelt im Glauben des Paulus, Göttingen 1909, 90, meint, die Vergänglichkeit der Herrscher müsse bei irdischen Herrschern nicht eigens betont werden. Die irdischen Herrscher Palästinas waren z.Z. der Abfassung des Korintherbriefs wahrscheinlich schon gestorben. Jedoch betont die weisheitliche Stelle in Bar 3,16ff.: „Wo sind die Oberen der Völker (ἄρχοντες τῶν ἐθνῶν) und die da herrschten über die Tiere auf Erden (V. 16). ... Verschwunden sind sie und zur Unterwelt hinabgestiegen, und andere erstanden an ihrer Statt (V. 19)." Vgl. A. FEUILLET: Les ‚Chefs de ce siècle et la Sagesse divine d'après 1 Cor 2,6–8, AnBib 17/18 (1963) 383–393.

[37] Ein weiteres Argument für eine Deutung der Archonten auf Menschen ist das Zitat in 2,9, das als Schriftbeweis für die vorherigen Aussagen dient: Die Archonten erkannten nicht die Weisheit Gottes, denn es steht ja geschrieben: Was in keines *Menschen* Herz gestiegen ist, hat Gott seinen Erwählten bereitet. – Weiter unten soll gezeigt werden, daß auch die dämonische Auffassung nicht ganz unberechtigt ist: Die irdischen Archonten werden in der Tat in eine mythische Aura gehüllt.

teilen, hat eine Spitze gegen die, die ansonsten die Macht haben, andere zu beurteilen. Wenn diese Mächtigen der Weisheit Gottes in Christus feindselig entgegentreten, Christus aber ihren Widerstand überwindet, so wird Christus zum Modell eines Verhaltens und Erlebens, das sich von den negativen Sanktionen des herrschenden Überzeugungssystems unabhängig gemacht hat. Dabei geht es nicht nur um eine rein formale Unabhängigkeit. Die Weisheit dieser Welt ist durch ihre Bindung an soziale und politische Macht geprägt; die Torheit der Verkündigung durch ihre Bindung an einen gekreuzigten Menschen. Wird diese „Torheit" als überlegene Weisheit anerkannt, so ist damit das die Welt beherrschende Dominanzprinzip selbst in Frage gestellt. Ein Streit um Macht und Einfluß würde dieser vollkommenen Weisheit widersprechen. Die zerstrittenen Korinther sind daher nicht reif für sie. Sie sind noch „sarkisch" (1.Kor 3,1–3).

Noch verschweigt Paulus, was er positiv dem sarkischen Streit entgegensetzt. Am Anfang des Korintherbriefes liegt der Akzent ganz auf der Tatsache, *daß* ein von der alten Welt unabhängiges Verstärkungssystem mit Christus erschienen ist. Paulus deutet im Zitat 2,9 an, daß dies Verstärkungssystem bei denen wirksam ist, die Gott lieben. Aber all das wird nicht ausgeführt. Erst später konkretisiert Paulus: Alle pneumatische Erfahrung zielt auf Liebe (1.Kor 13). In 1.Kor 3,1 tadelt er die Korinther als „Unmündige". In 1.Kor 13 zeigt er ihnen den Weg zur Reife: „Als ich ein Unmündiger war, redete ich wie ein Unmündiger, sann wie ein Unmündiger, urteilte wie ein Unmündiger; als ich ein Mann wurde, tat ich ab, was unmündig war" (1.Kor 13,11). Die τέλειοι von 1.Kor 2,6 sind diejenigen, die das τέλειον von 1.Kor 13,10 kennen. Das „Vollkommene" aber ist die Liebe[38].

Wir lernen also aus 1.Kor 13 das neue „Verstärkungssystem" des Paulus kennen, das auch bei Christen nur unvollkommen wirksam ist. Hier fällt ein Zug auf. Paulus motiviert in der Regel Liebe und solidarisches Verhalten extrinsisch. Er beruft sich auf Autoritäten wie das Gesetz (Gal 5,14; Röm 13,8–10) – also auf moralische Stimuli. Er droht mit negativen Konsequenzen bei lieblosem Verhalten (vgl. Gal 5,21). Er beschwört das Vorbild Christi (Röm 15,7). In 1.Kor 13 aber läßt er all diese extrinsischen Motivationsformen hinter sich. Die Liebe wird, ohne Bezugnahme auf eine Autorität, geboten. Es fehlt jede Anspielung auf das Alte Testament, jede Berufung auf ein Herrenwort, jede Argumentation mit autoritativen Instanzen. Wenn es eine Aufforderung zur Liebe gibt – lerntheoretisch gesprochen: wenn etwas zur Liebe „stimuliert" –,

---

[38] Zu 1.Kor 13 vgl. O. WISCHMEYER: Der höchste Weg. Das 13. Kapitel des 1. Korintherbriefes, StNT 13, Gütersloh 1981.

so geschieht das durch Darstellung des liebenden Verhaltens und durch nichts anderes. Dasselbe gilt von der Motivation mit Hilfe positiver und negativer Konsequenzen. Es werden keine positiven Konsequenzen verheißen. Am Ende bleiben Glaube, Hoffnung und Liebe. Die Liebe ist die größte unter ihnen. Sie ist sich selbst Lohn bis in alle Ewigkeit. Paulus verheißt nicht einmal, daß sie durch wegfallende negative Konsequenzen „belohnt" wird, im Gegenteil: Liebe erträgt alles, glaubt alles, hofft alles, erduldet alles. Wieder motiviert Paulus rein intrinsisch. Daher kann er auch auf alle Vorbilder verzichten. Er weist weder auf sich selbst noch auf Christus als Modell liebenden Verhaltens. Vielmehr spricht er von der Liebe wie von einer handelnden Person: „Die Liebe ist langmütig, sie ist gütig; die Liebe eifert nicht, die Liebe prahlt nicht, sie bläht sich nicht auf, sie tut nichts Unschickliches, sie sucht nicht das Ihre, sie läßt sich nicht erbittern, sie rechnet das Böse nicht an; sie freut sich nicht über die Ungerechtigkeit, sie freut sich aber mit der Wahrheit; sie erträgt alles ..." (1.Kor 13,4–7). Die Liebe erscheint hier als Vorbild ihrer selbst. Sie ist sich selbst Modell. An ihr wird abgelesen, was Liebe ist. Unter lerntheoretischen Gesichtspunkten läßt sich das Neue, das Paulus als überwältigende Offenbarung und „Vollkommenheit" erfahren hat, als intrinsisch motivierte Liebe beschreiben: Liebe wird als Wert in sich erlebt. Sie entfaltet sich bei den Vollkommenen, die vom Geist Gottes getrieben sind, ohne Inanspruchnahme äußerer Autoritäten, ohne Blick auf verstärkende Konsequenzen, ohne Abhängigkeit von modellhaften Vorbildern.

Wir können unsere lerntheoretische Analyse zusammenfassen: Paulus will durch Entfaltung der Predigt vom Kreuz als „Torheit für die Welt" und „Weisheit für die Vollkommenen" gegenüber dem herrschenden Verstärkungssystem in der Gesellschaft desensibilisieren. Es soll seine Macht über die Christen verlieren. Sie sollen unabhängig von jedem äußeren ἀνακρίνεσθαι werden. Die entscheidende Lernbedingung ist das Modell Christi. In ihm erweist sich das Ohnmächtige als mächtig, das Mächtige als schwach. Im Blick auf ihn braucht man sich vom Einspruch der Mächtigen, Angesehenen und Hochgeborenen nicht imponieren zu lassen. Paulus entfaltet in 1.Kor 2,6–16 noch nicht das neue Verstärkungssystem für die „Vollkommenen". Erst später konkretisiert er inhaltlich, was für ihn das Vollkommene ist, das weit über durchschnittliche Gemeindealltäglichkeit hinausweist: Das Vollkommene ist die intrinsisch motivierte Liebe. Erst sie hat das auf Herrschaft beruhende Verstärkungssystem völlig überwunden. Erst sie hat sich von äußeren Autoritäten, Konsequenzen und Modellen emanzipiert, von all jenen extrinsischen Verstärkern, deren Funktionieren ohne Macht unvorstellbar ist. Solche Weisheit ist für Vollkommene.

B. Psychodynamische Aspekte: Die Zensur des herrschenden Bewußtseins

Die Wandlung des Christen ist nicht nur ein von außen angeregtes Geschehen. Das Pneuma verändert im Innern. Der Wortgebrauch von „Pneuma" umfaßt beide Aspekte: sowohl die von außen verliehene Gabe wie die innere Instanz: Jeder Mensch hat ein Pneuma (V. 11)[39]. Aber der pneumatische Mensch hat darüber hinaus Anteil an einer anderen Person: am Pneuma Gottes (V. 12) und am Nous Christi (V. 16). Er hat sein individuelles Pneuma für das umfassendere Pneuma Gottes geöffnet. Erst jetzt wird für ihn zugänglich, „was kein Auge gesehen und kein Ohr gehört und in keines Menschen Herz gedrungen ist" (V. 9). Erst als veränderter Mensch wird er empfänglich für neue Impulse, Verstärkungen und Modelle. Diese innere Veränderung läßt sich leichter mit psychodynamischen Kategorien beschreiben als mit lerntheoretischen.

Schon die Strukturanalyse ergab eine erste Vermutung: Spannungen zwischen Form und Inhalt – zwischen einer über die Anfangspredigt hinausweisenden Form der Offenbarungsrede und ihrer inhaltlichen Übereinstimmung mit der Anfangspredigt –, legten den Gedanken nahe, die höhere Weisheit bestehe im Begreifen dessen, was in der Anfangspredigt unbewußt ergriffen habe. Jeder Christ besitzt den Geist Gottes, aber nur der Pneumatiker im engeren Sinn „erkennt das, was uns von Gott geschenkt wurde" (2,12). Diesen Bewußtwerdungsprozeß schildert Paulus zunächst als „objektiven" Vorgang (2,6–9), dann als subjektiven Prozeß (2,10–16). Der Schlüssel zur psychodynamischen Deutung des Textes liegt in der Homologie zwischen „objektiver" und „subjektiver" Schilderung: Die objektive Schilderung könnte Symbol einer inneren Verwandlung sein. Und umgekehrt: Die durch die Predigt dem Menschen nahegebrachten Symbole bewirken in ihm einen tiefgreifenden subjektiven Verwandlungsprozeß.

a) Die objektive Schilderung des Offenbarungsprozesses (1.Kor 2,6–8)

Wir fragen zunächst: Ist die Schilderung des Christusgeschehens für etwas anderes transparent? Hat es einen symbolischen Mehrwert, der

---

[39] Röm 8,16 gilt im allgemeinen als bester Beleg dafür, daß menschliches und göttliches Pneuma scharf zu trennen ist. Man kann jedoch durchaus lesen: Der Geist selbst bezeugt zusammen mit unserem Geist. Das entspricht sowohl der Bedeutung von συμμαρτυρεῖν in Röm 2,15 und 9,1 als auch dem nachfolgenden Kontext: Dort erklingt das Seufzen sowohl in den Christen wie im göttlichen Geist (8,23.26). Wenn der Christ mit dem Herrn „ein Pneuma" werden kann (1.Kor 6,17), so verschwinden allzu scharfe theologische Distinktionen.

über ein äußeres Geschehen hinausweist? Ob es dabei auf ein inneres Geschehen weist, wird in einem zweiten Schritt zu klären sein. Die Frage ist vor allem an die „Archonten dieser Welt" zu richten. Schon immer hat man vermutet, es seien nicht geschichtliche Machthaber, sondern dämonische Mächte[40]. Beide Deutungen sind keine scharfe Alternative[41]. Die geschichtlichen Machthaber könnten symbolisch zu mythischen Mächten gesteigert worden sein. Zweifellos werden sie in 1.Kor 2,6ff. mit mythischer Aura umgeben, insofern sie an einem dramatischen Geschehen teilhaben, das Himmel und Erde umfaßt.

Eine solche mythische Steigerung irdischer Gegebenheiten ist innerhalb der paulinischen Gedankenwelt möglich. Auch die Archonten in Röm 13,3 sind nicht nur weltliche Beamte, sondern „Diener Gottes" (V. 4). Wer ihnen gehorcht, gehorcht Gottes Befehl (V. 2). Der Staat ist zwar keine dämonische Größe – die Stelle wendet sich eher gegen eine allzu negative Bewertung des Staates –, aber über ihm liegt doch ein mythischer Glanz: Er ist etwas Empirisch-Überempirisches! Ein anderes Beispiel ist 1.Kor 11,2–16: Die faktische Unterordnung der Frau unter den Mann wird mit mythischem Glanz umhüllt: So wie Christus Gott untergeordnet ist, so auch die Frau dem Mann. Die irdischen Verhältnisse haben ihre Entsprechung in himmlischen Verhältnissen. Dabei kann Paulus auch den Satan beschwören, wenn ihm die Geschehnisse auf Erden zuwider sind: Daß seine Gegner Anklang in seinen eigenen Gemeinden finden, kann nur daran liegen, daß falsche Apostel als Apostel Christi aufgetreten sind. Wie sich Satan in einen Engel des Lichts verwandelt hat, so auch seine Diener (2.Kor 11,13–15). Auch die Leiden, denen der Christ in dieser Welt ausgesetzt ist, sind mehr als „natürliche" Geschehnisse. Sie können ihn nicht von Gott trennen (Röm 8,35). Denn keine mythische Macht – weder Tod noch Leben, weder Engel noch Gewalten – können ihn von der Liebe Gottes scheiden. Die Parallelität von Peristasen – und Mächtekatalog in Röm 8,35–39 veranschaulicht die Parallelität irdischer und mythischer Geschehnisse, wobei zwischen einfacher Entsprechung und kausaler Einwirkung nicht scharf unterschieden werden kann. Sollte nicht etwas Ähnliches für die Archonten dieser Welt gelten? Unverkennbar ist, daß Paulus von den geschichtlichen Machthabern ausgeht. Jedoch werden sie m. E. transparent für einen über die geschichtlichen Zusammenhänge hinausgreifen-

---

[40] Die auf Origines zurückgehende dämonologische Deutung wurde von O. EVERLING: Die paulinische Angelologie und Dämonologie, Göttingen 1888, 11f., und M. DIBELIUS, Geisterwelt, 88–99, erneuert und von U. WILCKENS, Weisheit und Torheit, 62f., vertreten, später aber aufgegeben.

[41] So mit Recht m. E. O. CULLMANN: Der Staat im Neuen Testament, Tübingen 1956, 45, 75ff.

den „mythischen" Zusammenhang. Vier Argumente seien für solch eine mythische Deutung, welche die geschichtliche überhöht, angeführt.
1. Paulus spricht von „Herrschern über diesen Äon", nicht einfach von Herrschern. Der Genitiv τοῦ αἰῶνος τούτου muß nach ἄρχοντες als Genitivus objektivus aufgefaßt werden[42]. Es handelt sich um Herrscher über diese Welt (nicht nur um weltliche Herrscher). Die jüdischen und römischen Machthaber in Palästina können aber niemals Herrscher über die ganze Welt genannt werden. Der lukanische Sprachgebrauch bestätigt das. Wo Lk von „Archonten" spricht, bestimmt er sie jeweils näher. Er redet von „euren Archonten" (Apg 3,17), „ihren Archonten" (13,27), „Archonten des Volkes" (4,8). Sie stehen neben den Hohenpriestern (Lk 23,13; 24,20) bzw. den Ältesten und Schriftgelehrten (Apg 4,5) oder dem Volk (Lk 23,35), kurz, es handelt sich immer um bestimmte, in ihrem Machtbereich beschränkte, Archonten. Anders bei Paulus. Da er in 2.Kor 4,4 den Satan den „Gott dieses Äons" nennt, muß man die Bezeichnung „Archonten dieses Äons" auch auf kosmische Mächte beziehen, also auf jene θεοί im Himmel und auf Erden, deren Existenz Paulus nicht in Abrede stellt (1.Kor 8,5), mögen sie auch durch Christus ihre Macht verloren haben[43].
2. Die Archonten werden als vergängliche Mächte bestimmt, was bei menschlichen Herrschern überflüssig wäre. Menschen sind per definitionem sterblich. Dies Argument ist freilich nicht zwingend[44]. Das Attribut καταργούμενοι erinnert an καταργεῖν in 1,28. Dort sagt Paulus, daß Gott das Seiende „zerstöre", damit sich kein Fleisch vor Gott rühme; das καταργεῖν trifft hier unverkennbar auch angesehene und hochgestellte Menschen. Aber es wird auch in 1,26ff. in einen kosmischen Zusammenhang gestellt. Die Hochgestellten unter den Korinthern werden für das Seiende überhaupt transparent, für alles „Fleisch", das sich vor Gott rühmen will. Wenn die Niedrigen erwählt werden, die Hochgestellten aber ihre Bedeutung verlieren, dann ist der Schöpfergott am Werk, der das „Nicht-Seiende" ins Sein ruft (Röm 4,17). Wenn aber die sozial Mächtigen in 1.Kor 1,28 für einen mythischen Hintergrund

---

[42] Vgl. die ἄρχοντες τοῦ λαοῦ (Apg 4,8) oder den ἄρχων τῶν βασιλέων τῆς γῆς (Apk 1,5), auch die ἄρχοντες τῶν ἐθνῶν (Bar 3,16).

[43] Daß ἄρχοντες mythische Mächte bezeichnen können, zeigt LXX Dan 10,13; Ign Sm 6,1; Just dial 36,5. Im Singular ist der ἄρχων eine mythische Macht TestSim 2,7; TestJud 19,4; Eph 2,2; Barn 4,13; MartPol 19,2. Für die spätere Gnosis gibt es zahlreiche Belege: vgl. u.a. Orig c Cels VI,27.31.33.35 (über die Ophiten), das „Wesen der Archonten" (NHC II, 87–89; 92f.; 96,15; 97,23), das „Apokryphon Johannis" (BG 53f.; 63). Noch immer gilt die Feststellung M. DIBELIUS', Geisterwelt, 93: „Die Linie, die von ihm (sc von Paulus) zur Gnosis führt, ist vorhanden, und es handelt sich nur um die Frage, von welchem Punkte an man den Namen Gnostizismus gebraucht."

[44] S.o. Anm. 36.

transparent werden, – muß das nicht ebenso für die „Archonten dieser Welt" in 1.Kor 2,6 ff. gelten? Könnte man das Attribut καταργούμενοι nicht von 1.Kor 15,24 ff. her verstehen? Danach wird Christus am Ende „alle Herrschaft" (ἀρχήν) und alle Macht und Kraft, die sich der Herrschaft Gottes widersetzt, zerstören (καταργήσῃ) – als letzten Feind den Tod selbst. Die Erwähnung des Todes zeigt: Hier handelt es sich um mythische Mächte. Doch lassen sie sich nicht scharf von irdischen Mächten trennen. Selbstverständlich werden auch diese am Ende ihre Macht verlieren.

3. Die Erwähnung der Kreuzigung gilt oft als entscheidendes Argument für die geschichtliche Deutung der „Archonten"[45], wird doch hier auf ein eindeutig historisches Ereignis Bezug genommen. Jedoch bringt 1.Kor 2,8 die Archonten nicht nur mit dem historischen Kreuz, sondern auch mit der mythisch vorgestellten Präexistenz der göttlichen Weisheit in Verbindung. Der Nebensatz, in dem die Archonten erwähnt werden, steht parallel zu einem Nebensatz, der sich auf präexistente Sachverhalte bezieht:

ἣν προώρισεν ὁ θεὸς πρὸ τῶν αἰώνων εἰς δόξαν ἡμῶν
ἣν οὐδεὶς τῶν ἀρχόντων τοῦ αἰῶνος τούτου ἔγνωκεν

Beide Relativsätze erläutern, was mit der verborgenen Weisheit Gottes gemeint ist. Sie sagen 1. positiv, daß sie vor der Welt erwählt wurde, und 2. negativ, daß keiner der Archonten sie erkannt hat[46]. Liest man beide Sätze im Zusammenhang, so muß man das Nicht-Erkennen der Archonten schon auf die präexistente Weisheit beziehen, nicht erst auf den geschichtlichen Jesus, das feminine Relativpronomen ist ja eindeutig von der „verborgenen Weisheit" abhängig, verborgen aber war die Weisheit in der Präexistenz. Sind dann aber nicht auch die Archonten präexistente Wesen? Oder vorsichtiger gesagt: Werden die historisch einmaligen Archonten in Palästina nicht transparent für alle irdischen Machthaber überhaupt?

Nun könnte man einwenden, daß Paulus nur noch einmal von Personen spricht, die für die Tötung Jesu verantwortlich sind. Dabei denkt er eindeutig an die Juden (1.Thess 2,15), die den Juden Jesus umbrachten. Aber diese Analogie ist m. E. nicht überzeugend: 1.Thess 2,15 steht in einer anderen Tradition, der deuteronomistischen Tradition vom Prophetenmord[47]. In ihr begegnet nicht das Stichwort „kreuzigen", sondern „töten" (vgl. Lk 13,34; 11,49 ff.). Denn nur so kann eine Kontinuität zu

---
[45] So U. WILCKENS, Zu 1.Kor 2,1–16,508.
[46] Das Perfekt ἔγνωκεν bezeichnet einen Zustand. Wenn die Unwissenheit der Archonten aber ein Zustand ist – und nicht nur ein einmaliger Akt – liegt die Beziehung auf die Passionsgeschichte weniger nahe.

den Prophetenmorden hergestellt werden. Die Tötung Jesu ist ja nur ein Glied in einer langen Kette von Übergriffen. Nach Lk 11,49 ff. schickte die Weisheit viele Propheten und Apostel, viele wurden getötet. Diese sukzessive Sendung vieler Boten widerspräche dem Offenbarungsschema in 1.Kor 2,6 ff.: Das lange Verborgene ist endlich und einmalig zutage getreten.

Dazu kommt eine zweite Beobachtung: Gerade wenn man bei den „Archonten dieser Welt" in 1.Kor 2,8 die geschichtlichen Machthaber nicht ausschließen will, muß man einen Widerspruch zu 1.Thess 2,15 feststellen: Dort sind es nur die Juden, die Jesus töten. Zu den für seine Kreuzigung verantwortlichen „Archonten" aber gehören zweifellos die römischen Machthaber. Schon das Stichwort „kreuzigen" mußte in der damaligen Welt diese Assoziation nahelegen: Das Kreuz war eine römische Todesstrafe. Die einseitige Erwähnung der Juden in 1.Thess 2,15 erklärt sich sowohl aus der vorliegenden Tradition vom Prophetenmord wie durch den Gedankenkontext im 1.Thess: Paulus will für die Verfolgung von Christen durch Stammesgenossen – seien es nun Juden oder Heiden – eine Analogie finden. Da nun 1.Thess 2,15 in einem anderen Gedankenkontext als 1.Kor 2,8 steht, darf man nicht ohne weiteres von einer Stelle auf die andere schließen.

4. Es ist aufgrund anderer paulinischer Aussagen nicht auszuschließen, daß Paulus die Kreuzigung mit mythischen Mächten verbindet. Nach dem Philipperhymnus nimmt der Präexistente Sklavengestalt an. Deutlich ist, daß der Erhöhte über alle mythischen Mächte triumphiert (Phil 2,6–11). Könnten diese mythischen Mächte nicht schon mit dem Kreuz in Verbindung stehen? Könnten sie nicht jene „Herren" sein, auf die sich die „Sklavengestalt" des Erniedrigten bezieht? Ein Paulusschüler spricht später von Triumph über die Mächte durch das Kreuz (Kol 2,15). Es ist daher nicht undenkbar, daß schon Paulus das Kreuz als Ausdruck eines Kampfgeschehens zwischen Christus und den mythischen Mächten verstanden hat, daß er aber darüber nur im Kreise der „Vollkommenen" sprach, was die Singularität der Vorstellung in 1.Kor 2,6 ff. erklären könnte.

Die hier vorgeschlagene Deutung der Archonten lehnt die verbreitete Alternative „geschichtlich oder dämonisch" ab. Die Archonten sind geschichtliche Machthaber, die symbolisch zu dämonischen Mächten gesteigert wurden. Eine Stütze findet diese Auffassung im Testimonium Veritatis (NHC IX,3). Dort werden eindeutig geschichtliche Gestalten:

---

[47] Vgl. O. H. STECK: Israel und das gewaltsame Geschick der Propheten, WMANT 23, Neukirchen 1967.

Pharisäer, Schriftgelehrten und Johannes der Täufer als „Archonten" angesehen[48]:

„Denn viele haben nach der Wahrheit gesucht, haben sie aber nicht finden können, weil von ihnen der alte Sauerteig der Pharisäer und der Gesetzeslehrer Besitz ergriffen hat. Der Sauerteig aber ist die Begierde, (die gewirkt ist durch die) Irreführung der Engel, Dämonen und Sterne. Die Pharisäer aber und die Schriftgelehrten gehören zu den Archonten, die darin (durch das Gesetz) Macht ausüben." (TestVer 29,9–21)

Auch Johannes der Täufer wird zum Archon:

„Das Wasser aber des Jordan ist die Begierde des geschlechtlichen Verkehrs. Johannes aber ist der Archon des Mutterleibes." (TestVer 31,2–5)

Daß diese Archonten wirklich mythische Mächte sind, geht aus TestVer 42,24f. hervor. Dort werden nebeneinander „Archonten, Mächte und Dämonen" genannt. In TestVer 29,17f. erscheinen sie neben Engeln, Dämonen und Sternen. Es kann kein Zweifel sein: Die zitierten Belege sichern die historische Möglichkeit, daß geschichtliche Gestalten gleichzeitig als mythische Mächte aufgefaßt werden können.

Wir fassen zusammen: Die esoterische Lehre für Vollkommene vertieft das geschichtliche Geschehen der Kreuzigung in 1.Kor 2,6ff. zu einem mythischen Geschehen. Die geschichtlichen Ereignisse werden symbolisch gesteigert. In den geschichtlichen Archonten wird die mythische Macht dieses Äons überhaupt sichtbar. Wir erleben sozusagen die Geburt eines Mythos in 1.Kor 2,6ff. Mythisierung aber geschieht dort, wo etwas zum Ausdruck gebracht wird, das nicht nur einmalig geschah, sondern seit dem urbildlichen Geschehen immer wieder geschehen ist und weiterhin geschehen kann.

b) Der subjektive Aspekt des Offenbarungsgeschehens (1.Kor 2,9–16)

Wir hatten gesehen: Die Ablehnung Christi durch die „Archonten dieser Welt" ist ein Modell für den Widerstand, den die göttliche Gegenweisheit in der Gesellschaft findet. In psychodynamischer Sicht müssen wir diesen Zusammenhang weiter vertiefen: Die Archonten dieser Welt repräsentieren nicht nur den äußeren Widerstand der Gesellschaft, also ein externes Verstärkungssystem, sondern sind Symbol für den inneren Widerstand, der im Menschen selbst seinen Ort hat, nämlich für die verinnerlichte Zensur des geschichtlichen Überzeugungssystems. Gerade deshalb erhalten sie mythischen Charakter. Sie

---

[48] Vgl. K. KOSCHORKE: Der gnostische Traktat ‚Testimonium Veritatis' aus dem Nag-Hammadi-Codex IX, ZNW 69 (1978) 91–117.

repräsentieren etwas, das über das Einmalig-Historische hinaus in jedem Menschen bereitliegt. Sie sind Symbol für eine innere Verstehensgrenze, die der antike Mensch ebenso selbstverständlich in mythischen Bildern artikuliert, wie wir es in psychologischer Sprache tun.

Einen ersten Hinweis auf diese innere Verstehensgrenze gibt der zwischen objektiv und subjektiv formulierendem Textabschnitt vermittelnde Vers 9. Paulus will mit dem apokryphen Zitat begründen, warum die Archonten die Weisheit Gottes verkannten und Christus kreuzigten, also warum sie ihm keinen Raum in ihrem Herrschaftsbereich gaben. Die Begründung lautet: „Sondern wie geschrieben steht: ‚Was kein Auge gesehen und kein Ohr gehört und in keines Menschen Herz gedrungen ist, was Gott denen bereitet hat, die ihn lieben'" (2,9). Hier geht es plötzlich nicht mehr darum, daß Christus in dieser Welt keinen Raum hat, sondern daß in ihm eine Realität begegnet, die grundsätzlich in keines Menschen Herzen Raum hat. Die Verinnerlichung des objektiv-mythischen Geschehens ist unverkennbar; sie wird noch deutlicher, wenn man die Traditionsgeschichte des in 2,9 vorliegenden apokalyptischen Topos berücksichtigt. Dieser handelt nämlich in der Regel von den zukünftigen Heilsgütern, die als Lohn für die Gerechten bereitliegen. Bei Paulus tritt der Lohngedanke zurück[49]. Er klingt im Zitat wohl an. Denn die Liebe zu Gott ist Voraussetzung für das Erlangen der Heilsgüter, jedoch greift Paulus diesen Gedanken nicht auf. Er unterscheidet auch nicht zwischen jetziger Offenbarung der (zukünftigen) Heilsgüter und ihrer (späteren) Vermittlung. Die gegenwärtige Offenbarung ist schon Vermittlung des Heils. Sie vermittelt Zugang zu den Tiefen Gottes und erweitert das Bewußtsein über menschliche Grenzen hinaus.

Der Gedankengang des Paulus ist also folgender: In das Herz der Christen ist etwas gedrungen, das niemandem zugänglich war. Gott hat es ihnen offenbart – gegen den erbitterten Widerstand der Archonten dieser Welt. Damit werden die Archonten zu feindlichen Wächtern vor dem menschlichen Herzen. In unserer Sprache formuliert bedeutet das: Das Kerygma drang gegen einen inneren Widerstand bis in unbewußte Tiefen des Menschen. In diesem Zusammenhang symbolisieren die Archonten dreierlei:

1. Einen Widerstand an der Grenze zwischen Bewußtem und Unbewußtem. Sie sind die Zensur an der Schwelle zwischen Bewußtsein und Bewußtseinstranszendentem.

---

[49] K. BERGER, Diskussion, 279: Es geht Paulus nicht mehr um den Lohn der Gerechten, sondern um die „Frage nach der wahren Offenbarung". Der apokalyptische Vorstellungsrahmen des Zitats ist verblaßt.

2. Sie machen die Form dieses Widerstands transparent, indem sie ihn als Zensur entlarven, welche das Kerygma nur in der entstellten Gestalt des Kreuzes zuläßt.

3. Sie machen schließlich den Ursprung des Widerstands transparent. Die Herrscher der Welt repräsentieren das herrschende Bewußtsein der Gesellschaft, das als zwangshafte Macht erfahren wird.

Wir besprechen nacheinander diese Thesen.

1. Die Archonten symbolisieren den Widerstand gegen die erlösende Kraft des Kerygmas – und zwar als psychischen Widerstand auf der Schwelle zwischen Bewußtsein und Unbewußtem. Mythisch gesprochen verteidigen die Archonten ihre Welt. Sie vernichten die ihnen bedrohlich werdende erlösende Erscheinung. Aber sie verwehren ihr nicht nur den Zugang zu ihrem Herrschaftsbereich, sondern auch zum Herzen der Menschen. Erst so wird die Verbindung zwischen V. 8 und 9f. verständlich: Dem Nicht-Erkennen der Archonten entspricht positiv die Offenbarung an die Gläubigen. Die parallele Aussage in 2.Kor 4,4ff. bestätigt das: Die Archonten dieses Äons sind in ihrer Funktion mit dem „Gott dieses Äons" identisch, die darin besteht, „die Sinne (νοήματα) der Ungläubigen blind zu machen, daß sie das Licht des Evangeliums von der Herrlichkeit Christi, des Ebenbild Gottes, nicht wahrnehmen" (2.Kor 4,4). Auch hier geht es um die Blindheit gegenüber der Doxa (vgl. 1.Kor 2,7.8), auch hier um innere Verblendung, um eine „Decke über dem Herzen" – kurz um den Widerstand eines verhärteten Bewußtseins gegenüber der erlösenden Alternative. Die Überwindung dieses Widerstandes geschieht durch ein Wunder. In 2.Kor 4,6 wird es in Analogie zur Schöpfung des Lichtes beschrieben – als Aufgehen eines Lichtes im Herzen, in 1.Kor 2,6ff. wird es als Verleihung des Geistes geschildert.

Ausgerechnet im Zusammenhang mit der Verleihung des Geistes begegnet zweimal (1.Kor 2,10 und 15) der Topos von der Allwissenheit Gottes: „Der Geist aber erforscht alles, auch die Tiefen Gottes" (2,10). Das πάντα ἐραυνᾷ hat seine engste Parallele in Röm 8,27 in ἐραυνῶν τὰς καρδίας „der die Herzen erforscht, weiß was das Trachten des Geistes ist". Allwissenheit und Kardiognosie gehören zusammen. Und so assoziiert man unwillkürlich: Der Geist erforscht alles, nicht nur die Tiefen der Gottheit, sondern auch die Tiefen des menschlichen Herzens[50]. Gewiß ist das zunächst nur ein assoziativer Zusammenhang. Aber

---

[50] Vgl. 1.Klem 21,2f.: „Der Geist (πνεῦμα) des Herrn ist eine Leuchte, die die Kammern des Leibes durchforscht (ἐρευνῶν). Betrachten wir, wie nahe er ist, und daß ihm nichts von unseren Gedanken und von den Erwägungen, die wir anstellen, verborgen bleibt." Hier erforscht der Geist die Tiefe des menschlichen Inneren. Vgl. ferner Jdt 8,14:

er liegt sachlich nahe: Die Tiefen der Gottheit erforschen, bedeutet ja: Einblick in das zu erlangen, was nun endlich in das Herz der Menschen gedrungen ist und dort tief in ihm Spuren hinterlassen hat.

Diese Beziehung des Allwissenheitstopos auf das menschliche Innere wird auch von der zweiten Stelle her nahegelegt (1.Kor 2,15). Dort wird der Topos vom Pneuma auf den pneumatischen Menschen übertragen: „Der Pneumatiker aber beurteilt alles (πάντα), er selbst aber wird von niemandem beurteilt" (2,15)[51]. Dies „alles" umfaßt zweifellos auch das eigene Subjekt des Pneumatikers – eben das, was von niemand anderem beurteilt werden kann, zumal dem Pneuma in V. 11 expressis verbis die Fähigkeit zur Selbsterkenntnis zugeschrieben wurde[52].

Können wir daraus nicht schließen: Die Tiefen der Gottheit haben ihre Entsprechung in den Tiefen des menschlichen Inneren? Oder anders gesagt: Was aus der Tiefe der Gottheit kommt, öffne auch im Menschen neue Tiefen – allerdings erst, nachdem ein gewaltsamer Widerstand in ihm überwunden worden ist.

2. Die Archonten symbolisieren den psychischen Widerstand als entstellende Zensur. Sie sind für die Kreuzigung verantwortlich. Diese hat ihren letzten Grund darin, daß sie die präexistente Weisheit Gottes nicht erkannten, die auf das Heil der Gläubigen zielt. Sie sind dafür verantwortlich, daß die auf das Heil zielende Intention Gottes auf Erden als Torheit – in der Gestalt des Kreuzes – auftritt. Durch ihren Widerstand bewirken sie, daß sich die erlösende Botschaft nur in einer entstellten, verzerrten, ja zerstörten Gestalt dem Bewußtsein darbietet, in der Gestalt der diskriminierendsten Form der Hinrichtung. Gerade in dieser für das herrschende Bewußtsein unakzeptablen Gestalt, man kann auch sagen: in dieser für das herrschende Bewußtsein „erledigten" Gestalt, in der es nach menschlichem Ermessen keinerlei mächtige Auswirkungen haben kann, erweist das Kerygma seine befreiende Kraft:

„Nicht einmal die Tiefe des Menschenherzens (βάθος καρδίας) könnt ihr ergründen und das Denken seines Geistes könnt ihr erfassen."

[51] Die Aussage, der Pneumatiker beurteile alles, werde aber von niemandem beurteilt, dürfte Übertragung von göttlichen Prädikaten auf den Menschen sein. Diese Übertragung ist bei Philo op 69 noch greifbar: „Denn was der große Lenker im Weltall ist, das ist wohl der menschliche Geist im Menschen; er ist selbst unsichtbar, sieht aber alles, er ist seinem Wesen nach unkenntlich, erkennt aber das Wesen der anderen Dinge."

[52] In späteren gnostischen Schriften tritt dieser Zusammenhang – Allwissenheit ist vor allem Selbsterkenntnis – klar zutage; vgl. Das Buch des Thomas (NHC II, 138; 15ff.): „Doch du wirst (schließlich) der ‚Sich-Selbst-Erkennende' heißen. Denn wer sich (selbst) nicht erkannt hat, hat nichts erkannt. Wer jedoch sich selbst erkannt hat, hat auch schon die Erkenntnis über die Tiefe des Alls erlangt. Deswegen also, mein Bruder Thomas, hast du (allein) das vor den Menschen Verborgene (jetzt) gesehen, nämlich dasjenige, an dem man zu Fall kommt, wenn man es nicht erkennt." (Zit. n. ThLZ 102 (1977) 793–804, dort Sp. 797.)

an der Zensur des Bewußtseins vorbei dringt es in die Tiefen des Menschen und eröffnet neue Dimensionen.

Dieser Vorgang kann durch einen religionsgeschichtlichen Vergleich erhellt werden. Im Zusammenhang mit 1.Kor 2,6ff. hat man schon immer auf gewisse Analogien in gnostischen Texten hingewiesen, nämlich auf den Abstieg des Erlösers durch die Planetensphären, bei der sich der Erlöser verstellt[53]: Gott befiehlt dem Erlöser:

„Geh und steige hinab durch alle Himmel und steige hinab zum Firmamente und zu dieser Welt, bis zum Engel im Totenreich, aber bis zur Hölle sollst du nicht gehen. Und du sollst gleichwerden dem Bilde aller, die in den fünf Himmeln sind, und der Gestalt der Engel im Firmament wirst du mit Sorgfalt gleichen und auch den Engeln, die im Totenreich sind. Und keiner von den Engeln dieser Welt wird erkennen, daß du mit mir zusammen der Herr der sieben Himmel und ihrer Engel bist. Und sie werden nicht erkennen, daß du zu mir gehörst, bis ich mit der Stimme der Himmel ihre Engel und ihre Lichter rufen und die gewaltige Stimme zum sechsten Himmel hin erschallen lassen werde..." (AscJes 10,7–12)

Auch wenn man 1.Kor 2,6ff. traditionsgeschichtlich nicht von derartigen Vorstellungen ableiten kann, so kann doch ein sachlicher Vergleich das Eigentümliche von 1.Kor 2 herausarbeiten. Beim Abstieg in die Welt verstellt sich der Erlöser, um nicht erkannt zu werden. Unerkannt kann er die dämonischen Wächter passieren. Nach diesem Mythos kommt es nicht zum Konflikt zwischen Erlöser und Mächten, sondern zu einem Kompromiß. Der Erlöser verbirgt seine wahre Gestalt und erscheint so, wie er den Engelmächten akzeptabel ist. Die „Zensur" bewirkt eine Änderung der Form, eine Verstellung, hinter der verborgen der zunächst abgelehnte Inhalt ins Bewußtsein – d.h. in den Bereich dieser Welt – treten kann. Hier wirkt die Zensur genauso, wie die klassische Psychoanalyse es analysiert hat: als kompromißbildende Kraft, die den unakzeptablen Inhalt zur Verstellung nötigt. Bei Paulus aber ist es anders. Ein Kompromiß ist nicht möglich. Es kommt zum Konflikt. Die Archonten verkennen die Weisheit Gottes. Sie setzen sich offen zur Gegenwehr. Das aus dem bewußtseinstranszendenten Raum Aufsteigende wird gerade nicht aufgrund eines Kompromisses zugelassen, sondern unterdrückt, getötet und zunichte gemacht. Damit aber stellen sich die Archonten selbst in Frage. Sie werden vernichtet werden. Der zensierende Zwang wird also nicht umgangen, sondern aufgehoben.

---

[53] Vgl. M. DIBELIUS, Geisterwelt, 92ff. Im „Zweiten Logos des großen Seth" (NHC VII,2) spricht der Erlöser: „Denn als ich im Herabkommen war, sah mich niemand. Denn ich veränderte meine (äußeren) Gestalten, indem ich das Aussehen jeweils wechselte. Und deswegen nahm ich ihr Aussehen an, als ich in ihren (Gefängnis-)Toren war" (NHC VII,56; 24ff., zit. n. ThLZ 100 (1975) 97–110, dort S. 103).

Paulus erscheint radikaler als die oft zum Vergleich herangezogenen gnostischen Aussagen vom Abstieg des Erlösers.

3. Die Archonten symbolisieren ferner die geschichtlichen Ursachen des psychischen Widerstandes gegen die erlösende Botschaft. Die Archonten sind bei Paulus geschichtliche Machthaber, wenn auch mit mythischer Aura. Ihr Widerstand gegen die Botschaft ist Widerstand der herrschenden Kreise – und hat seine Auswirkung in der sozialen Zusammensetzung der korinthischen Gemeinde, in der die oberen Schichten kaum vertreten waren, auch wenn sie nicht fehlten. Nun ist das Bewußtsein der Herrschenden meist eng mit dem herrschenden Bewußtsein verbunden – jenen kollektiven Überzeugungen und Wertungen, die jeden Angehörigen einer Gesellschaft unentrinnbar prägen. Es erscheint oft als zwangshafte Macht, die den einzelnen prägt – in antiker Sprache ausgedrückt: Es erscheint oft als etwas Dämonisches, weswegen die Archonten zu kosmischen Mächten gesteigert werden, die überall anwesend sind, wo der Botschaft aus dem herrschenden Bewußtsein heraus widersprochen wird. Wer mit der Kreuzespredigt eine Hinrichtung als Zugang zum Heil anerkennt, hat sich radikal von den Maßstäben dieses Bewußtseins, d. h. von den Werten, Normen und Maßstäben der bestehenden Gesellschaft, gelöst.

Wir haben soweit die negative Seite des Veränderungsprozesses – die Befreiung von der Zensur des geschichtlichen Überzeugungssystems – psychodynamisch interpretiert. Wie aber steht es mit dessen positiver Seite: Wenn die Archonten eine innere Zensur repräsentieren, was repräsentiert dann die Christusgestalt, die mit ihnen in Konflikt gerät?

Wie die geschichtlichen Machthaber Palästinas zu mythischen Größen wurden, so auch der historische Jesus: Er wird zur Verkörperung der präexistenten Weisheit. Daß hinter der präexistenten Weisheit von 1.Kor 2,6ff. der Sophia-Mythos hindurchschimmert, sollte man auch dann nicht leugnen, wenn man die Weisheit als eine dem Pneumatiker verliehene Gabe versteht. Es gibt hier kein scharfes Entweder–Oder. Auch in der Weisheitsliteratur ist Weisheit beides: mythische Gestalt und menschliche Qualität. Paulus macht nun folgende Aussagen über die Sophia: Sie ist präexistent. Durch sie hätte die Welt Gott erkennen können (1,21). Sie wurde aber erst in Christus offenbar. Was Paulus jetzt – in 2,6ff. – formuliert, ist „Weisheit", eben diese präexistente, verborgene und in Christus offenbarte Weisheit, die von den Herrschern dieses Äons verworfen wurde. Was sich gegen deren Widerstand durchsetzt, ist also eine präexistente Tendenz. Sie stammt aus einem Bereich, dessen zeitliche Dimension mit den Worten „vor den Äonen" (2,7), dessen räumliche Dimension als „Tiefe der Gottheit" (2,10) umrissen wird. Aus einer urzeitlichen Tiefendimension der Wirklichkeit ist etwas bis ins Herz des Menschen gedrungen: eine kosmische Tendenz, die in der Schöpfung einprogrammiert ist und die schon existierte, bevor der Mensch unter die Macht der Archontenherrschaft geriet. Bisher war sie verborgen, in der Gestalt Christi aber wurde sie manifest – so wie ein konkretes Symbol Manifestation einer unanschaulichen präexistenten psychischen Struktur sein kann: eines „Archetypos". In der Tat liegt es nahe, hier an eine dem Menschen von der Evolution her einprogrammierte psychische Tendenz zu denken, die in der Gestalt Christi zum Bewußtsein ihrer selbst – auch gegen die Widerstände des jeweiligen kulturellen Überzeugungssystems – gelangt.

Eine solche Verbindung kosmischen Geschehens mit einem inneren Prozeß ist keine Rückprojektion moderner Gedanken in die paulinische Bilderwelt. Diese Verbindung hat vielmehr ihren traditionsgeschichtlichen Vorläufer im jüdisch-hellenistischen Weisheitsdenken. Denn die Weisheit ist zunächst eine kosmische Kraft: Sie hat die Welt gestaltet (Sap 7,21), ist überall anwesend (7,24), weiß und kann alles (9,11; 7,27). Sie inkarniert sich in Freunden Gottes und Propheten (7,27). Der Weise bittet darum, daß sie auch in seinem Herzen Wohnung nehme. Salomo fleht um die Entsendung der Weisheit vom Himmel (9,10) und des „heiligen Geistes" aus der Höhe (9,17). Wenn die Weisheit in seinem Herzen Platz nimmt, so ahmt er ihre mystische Ehe mit Gott nach (8,2f.). Seine συμβίωσις mit ihr (8,16) ist Nachahmung ihrer συμβίωσις mit Gott (8,3). Diese „Weisheitsmystik" ist der traditionsgeschichtliche Vorläufer der paulinischen Christusmystik. Denn auch Paulus kennt die Ehemetaphorik. Auch er sieht das Verhältnis zu Christus als eine Art „Ehe" an (Röm 7,1 ff.; 1.Kor 6,16–17). Auch er spricht vom „Wohnen" des Geistes in uns, ja vom Christus in uns (Röm 8,9f.). Auch bei ihm wird eine kosmische Größe zum Gegenstand mystischer Erfahrung – denn die Transzendierung menschlichen Bewußtseins durch Öffnung für das göttliche Pneuma ist zweifellos eine mystische Erfahrung (1.Kor 2,10ff.).

Natürlich weicht Paulus in vielem vom traditionellen Weisheitsdenken ab. In der SapSal ist die Entsendung der Weisheit und des Pneuma ein Akt. Bei Paulus inkarniert sich die Weisheit nur in einem Menschen: Zunächst ist nur Christus Eikon Gottes (2.Kor 4,4) – wie die Weisheit (SapSal 7,26). Zunächst wird nur er von Gott gesandt (Gal 4,4) – wie die Weisheit (Sap 9,10.17). Genauso wie die Weisheit war er schon beim Exodus rettend gegenwärtig (vgl. 1.Kor 10,1ff. mit Sap 10,18f.; 11,4ff.) Ihre Inkarnation in Christus aber wird von der allgemeinen Inkarnation in den Menschen getrennt. Letztere wird nur vom Pneuma ausgesagt, auch wenn Paulus in einzelnen Grenzaussagen vom „Christus in uns" sprechen kann (Röm 8,10; Gal 2,20). Die exklusive Bindung an eine historische Person hängt mit der Umwertung der Weisheit zusammen: Wohl wollte die Weisheit schon immer erkannt werden, aber erst in der paradoxen Form des Kreuzes kam sie mit ihren kosmischen Intentionen zum Ziel. Die traditionelle Weisheitsfrömmigkeit war fehlgegangen. Gegen das herrschende kulturelle Überzeugungssystem müssen die mit der Schöpfung gegebenen kosmischen Intentionen der göttlichen Weisheit verwirklicht werden.

Worauf aber zielen diese aus der Schöpfung und dem eigenen Inneren aufsteigenden Tendenzen? Paulus entfaltet dies nirgendwo so anschaulich wie in Römer 8: Wenn das Pneuma in den Christen wohnt, ja wenn Christus selbst in ihnen anwesend ist, so folgt daraus Überwindung des sarkischen Wesens, Gleichklang mit der leidenden und seufzenden Schöpfung, vor allem aber jenes tiefe Verbundenheitsgefühl mit der zentralen Wirklichkeit, das Paulus „Liebe" nennt und das die durch Schuld, Leiden und feindliche Mächte geschaffenen Trennungen überwindet (Röm 8,31–39).

Wir können nun unsere psychodynamische Analyse von 1.Kor 2,1–16 zusammenfassen: Ausgangsproblem war die Unterscheidung einer Anfangspredigt von der Weisheitslehre für Vollkommene. Da das Kreuz für jedes Stadium des Glaubens der zentrale Inhalt ist, liegt der Unterschied nicht im Glauben an neue Inhalte, sondern in einem vertieften Bewußtsein der christlichen Symbole. Der einfache Gläubige wird ebenso wie der „fortgeschrittene" Pneumatiker vom Symbol des Kreuzes ergriffen. Aber nur letzterer durchschaut die unbewußten Zusammenhänge, in welche die Kreuzespredigt hineinwirkt. Nur er durchschaut den unvermeidlichen psychischen und sozialen Widerstand gegen das Symbol des Kreuzes; nur er emanzipiert sich bewußt von den zwangshaften Maßstäben dieser Welt. Sein Bewußtsein hat sich bis in unbekannte Tiefen hinein geöffnet, so daß er meint, über menschliches Bewußtsein hinausgewachsen zu sein. Diese plötzliche durch das Kerygma bewirkte Bewußtseinserweiterung wird als ekstatisches Aufgehen in einem größeren göttlichen Bewußtsein erlebt, dem selbst die Tiefen der Gottheit nicht verborgen bleiben. Einerseits wirkt die Kreuzesbotschaft an der Zensur des gesellschaftlichen Bewußtseins vorbei in das Unbewußte; andererseits kommen ihr aus den Tiefen des Menschen bislang verborgene Tendenzen entgegen, die mit Hilfe des Kreuzes bewußt werden. Sie dringen bis in sein Herz, erfüllen es mit Pneuma und verleihen Freiheit gegenüber den Sanktionssystemen der Welt – und zugleich eine neue Verbundenheit mit der ganzen Schöpfung.

C. Kognitive Aspekte:
Die Umstrukturierung von Torheit in Weisheit

So naheliegend eine einfache Kombination lerntheoretischer und psychodynamischer Ansätze zur Deutung von 1.Kor 2,6–16 wäre, so sehr würde dabei die Bedeutung interpretierender Vorgänge für die in 1.Kor 2,6ff. geschilderten Prozesse unterschätzt. Thema des Abschnittes ist die „Weisheit Gottes". Der Begriff Weisheit enthält immer ein kognitives Element. Weisheit umschließt Erkennen, Reflexion, „Theorie". Das gilt auch von der „vollkommenen Weisheit": Sie kann erkannt und verkannt werden (V. 8f.11.14). Sie führt zu einem Wissen (V. 11.12), zu einem συγκρίνειν (V. 13) und ἀνακρίνεσθαι (V. 14). All diese kognitiven Verben weisen auf einen Prozeß des Verstehens, Begreifens und Interpretierens. Ziel der Weisheitsrede ist eine radikale Umstrukturierung von Urteil und Bewertung: Was aus der Perspektive der Welt „Torheit" ist, soll durch den Geist als „Weisheit" erscheinen. Wer den „Verstand" des Herrn hat (V. 16), urteilt hier anders als der „psychische Mensch". Zentrale Absicht des Textes ist also eine kognitive Umstrukturierung. Wir müssen daher unsere bisherigen Deutungen vertiefen: Christus ist in 1.Kor 2,6–16 nicht nur Verhaltensmodell für eine Desensibilisierung gegenüber dem herrschenden Verstärkungssystem. Er ist nicht nur Symbol für die Befreiung von einer inneren Zensur. Christus ist Ursache einer radikalen Umstrukturierung der inneren und äußeren Welt. Das psychologische Problem ist: Woher erhält die Gestalt Christi ihre umstrukturierende Kraft? Worin liegt die Ursache für die Verwandlung der gedeuteten Welt?

Ein Antrieb zur Umstrukturierung der gedeuteten Welt liegt in der kognitiven Dissonanz, die durch Christus in die Welt gekommen ist. Diese Dissonanz wurde durch das Kreuz ausgelöst: Wo ein Hingerichteter als Vermittler des Heils dargestellt wird, muß die von jüdischen und griechischen Traditionen geprägte gedeutete Welt gestört erscheinen: Das Kreuz ist ein Skandalon für die Juden, da es der Erwartung machtvoller Zeichen widerspricht, mit denen Gott rettend eingreift. Es ist eine Torheit für die Griechen, da es den Maßstäben der Weisheit widerspricht. Starke kognitive Konflikte zwingen dazu, das hergebrachte Deutungssystem durch Verstärkung der mit ihm konsonanten Elemente zu verteidigen, oder es soweit umzustrukturieren, daß die ursprünglich dissonanten Elemente in einem umfassenderen oder veränderten Rahmen als konsonant erscheinen. Von rückwärts gesehen können schroffe Dissonanzen deshalb befreiende Wirkungen haben, weil sie zur Umstrukturierung nötigen und neue Perspektiven eröffnen.

Der Übergang von der Kreuzespredigt (1,18–2,4) zur Weisheitspredigt (2,6ff.) ist kein „Frontwechsel", keine polemische Anpassung an die Adressaten, kein dem Paulus nachträglich unterstellter Protest gegen sich selbst; in diesem Übergang vollzieht sich vielmehr eine kognitive Umstrukturierung der gedeuteten Welt. Das Kreuz war Torheit in der traditionell gedeuteten Welt. In ihr war es kognitiv dissonant. Es ist Weisheit in der symbolisch neu gedeuteten Welt, die durch die Verkündigung geschaffen wird: In dieser neuen Welt erschließt es eine vertiefte Konsonanz. Die Umstrukturierung vollzieht sich dabei sowohl gegenüber der äußeren wie der inneren Welt.

a) Die kognitive Umstrukturierung der Umwelt

Wir hatten gesehen: Paulus bindet die vollkommene Weisheit an eine soziale Gruppe, an die „Vollkommenen". Diese soziale Umwelt ist nicht nur auslösende und verstärkende Bedingung der Veränderung, sie wird selbst als Teil eines umfassenden Veränderungsprozesses gedeutet. Wenn nämlich der nach normalen Maßstäben Gescheiterte zum Weltenherrn wurde, dann sind auch die sonst nach normalen Maßstäben Unterlegenen anders zu bewerten. Gerade die Törichten, Schwachen und Niedrigstehenden sind innerhalb des neuen Bezugsrahmens die „Weisen". Sie erfahren eine totale Veränderung ihrer Bewertung. Paulus stellt ja nicht nur die Tatsache fest, daß in der korinthischen Gemeinde nur wenige zu den gehobenen Schichten gehören. Das ist richtig. Paulus geht durch aktive Umstrukturierung über diesen Sachverhalt hinaus: Den unteren Schichten wird die entscheidende Bedeutung beigemessen. Sie sind als Nichtseiendes von Gott erwählt. Die wenigen Oberschichtmitglieder werden dagegen völlig vernachlässigt. Sie passen nicht in den Deutungsrahmen, in den Paulus die soziale Situation in der Gemeinde stellt. Paulus sieht sie in Analogie zur Schöpfung. Wie Gott damals das Nichtseiende ins Sein rief (Röm 4,17), so hat er das Nichtseiende erwählt: Gruppen, die innerhalb der gesellschaftlichen Hierarchie „nichts" sind. Der Akzent fällt ganz auf diese Gruppen. Faktisch hatten Gemeindeglieder aus gehobenen Schichten eine sehr viel größere Bedeutung für das Leben in der korinthischen Gemeinde, waren sie doch mit ihren größeren materiellen Möglichkeiten für sie unersetzlich. Aber das zählt nicht vor Gott. Er erwählte das Nichtige.

Was für die soziale Welt, gilt, gilt für die Welt überhaupt. Ihre Ordnung ist nicht endgültig. Wenn Paulus von „dieser Welt" spricht, so setzt er die Existenz einer neuen Welt voraus. Vor allen „Welten" hat Gott einen Plan gehabt, der über „diese Welt" hinausführt. In Christus wurde er realisiert. Da Christus aber nicht in diese Welt paßt – er wurde von ihr verworfen –, kann er erst als Anfang einer neuen Welt in einen sinnvollen Zusammenhang eingeordnet werden. Auch das ist Verarbeitung eines kognitiven Konflikts: Der im Kreuz artikulierte Widerspruch gegen diese Welt wird in einem umfassenderen Zusammenhang, der Vorzeit und neue Welt umfaßt, als sinnvolles Geschehen interpretiert. Er erscheint dann nicht als sinnwidriger Widerspruch, sondern eröffnet einen übergreifenden Sinnhorizont. Wie sehr all das, was Paulus über die Welt überhaupt aussagt, Widerspiegelung von Erfahrungen mit der sozialen Welt ist, braucht nicht besonders betont zu werden.

Von solch einer kognitiven Deutung her läßt sich vertiefen, was wir über Christus als Verhaltensmodell sagten: Christus ist zwar Lernmodell für die Selbstbehauptung gegenüber den Sanktionen „dieser Welt". Aber effektiv wird dies Modell erst, wenn es in einen größeren kognitiven Rahmen gestellt wird: Wenn der Widerspruch gegen diese Welt nicht nur als vergeblicher Protest, sondern als Vorschein einer anderen Wirklichkeit gedeutet wird. Am Modell wahrgenommene Verstärkungen haben nur dann verhaltensbestimmenden Einfluß, wenn sie in die gesamte kognitive Welt des Lernenden „passen". Widersprechen sie ihr, so kann das am Modell gezeigte Verhalten sogar entgegengesetzte Wirkungen haben.

b) Die kognitive Umstrukturierung der inneren Welt

Ebenso wie die äußere Welt kognitiv neu strukturiert wird, wird auch die innere Welt in neuem Licht gesehen. Der Gegensatz „psychikos–pneumatikos" stammt aus der Konfrontation zweier Menschentypen, wie sie in 1.Kor 15,44–49 vorliegt. Dabei handelt es sich nicht (nur) um nebeneinander existierende Gruppen. Vielmehr tragen alle zunächst das Bild des irdischen Menschen. Alle haben ein σῶμα ψυχικόν. Der Glauben an Christus verwandelt in ein neues Dasein: Die durch die Auferstehung verwandelten Christen haben ein σῶμα πνευματικόν. In 1.Kor 2,6ff. wird das Begriffspaar „psychikos–pneumatikos" jedoch nicht mit der zukünftigen Auferstehung verbunden, sondern mit dem gegenwärtigen Offenbarungsempfang. Der pneumatische Mensch ist schon in der Gegenwart vorhanden. Er zeichnet sich nicht durch einen verwandelten Leib aus. Der Begriff Pneuma meint vielmehr eine innere Dimension des Menschen. Nur deshalb kann das Pneuma im Menschen (τὸ ἐν αὐτῷ V. 11) als Bild und Analogie des von Gott verliehenen Pneumas herangezogen werden. Ebenso wird der Gegenbegriff ψυχικός mit psychischen Akten verbunden. Daß der „psychische" Mensch die Wahrheit Gottes nicht empfängt, ist damit identisch, daß Auge, Ohr und Herz nicht von sich aus zu dieser Wahrheit vordringen können (2,9). Das Gegensatzpaar „psychikos–pneumatikos" bezieht sich also auf verschiedene innere Aspekte, wobei der pneumatische Aspekt von Natur nicht schon vorhanden ist, sondern dem Menschen verliehen werden muß. In diesem inneren „Raum" wiederholt sich das Geschehen, das auch die äußere Welt charakterisiert: Wie für die menschliche Welt draußen das Kreuz eine Torheit ist (1,23), so auch für den „psychischen" Menschen (2,14). Das Kreuz ruft sowohl in der Außenwelt wie in der inneren Welt kognitive Dissonanzen hervor. Diese sind nicht nur ein Anstoß zur Umstrukturierung der gedeuteten Außenwelt, sondern auch zur Umstrukturierung des Inneren. Wie der Mensch diese Welt relativieren muß, um das Skandalon des Kreuzes in übergreifendem Zusammenhang als sinnvoll zu erfahren, so muß er über die vorhandenen psychischen Fähigkeiten hinaus eine neue innere Dimension – die pneumatische – erschließen, um die kognitive Dissonanz des Kreuzes zu überwinden. Dann erst erscheint ihm „Torheit" als „Weisheit", d. h. als Element einer in sich stimmigen Struktur.

Die Umstrukturierung des „inneren Menschen" kann mit den Kategorien psychodynamischer Theorien analysiert werden. Diese Kategorien verändern jedoch im Rahmen eines kognitiven Ansatzes ihren ursprünglichen Charakter. Werden religiöse Symbole nämlich nicht mehr ausschließlich als Repräsentanten, sondern als aktive kognitive Strukturierung innerer Triebdynamik und unbewußter Archetypen aufgefaßt, so werden die psychodynamischen Religionstheorien entscheidend modifiziert. Das sei sowohl an der Deutung der Archonten im Rahmen der klassischen Psychoanalyse wie an der Deutung der Christusgestalt im Rahmen der Archetypenlehre gezeigt.

Wie wir gesehen hatten, kann man die Archonten als Symbole der inneren Zensur deuten, welche aus dem Unbewußten aufsteigende Impulse entstellen. Gerade durch Anwendung der psychoanalytischen Kategorien „Zensur, Entstellung, Unbewußtes" setzt man sich jedoch in Widerspruch zur psychoanalytischen Religionstheorie. Nach deren klassischer Ausformung sind religiöse Symbole (neurotische) Kompromißbildungen zwischen Überichzensuren und normwidrigen Impulsen, deren Funktionieren nicht zuletzt davon abhängt, daß die Entstehung der Kompromißbildungen unbewußt bleibt. Sind die Archonten in diesem Sinne Symbole? Doch nur, wenn man ganz neue Akzente setzt. Denn in 1.Kor 2,6ff. wird 1. kein unbewußter Prozeß verschlüsselt dargestellt, sondern in seinen Grundzügen durchsichtig gemacht. Die Archontensymbolik ist nicht Ergebnis eines Unterdrückungsprozesses, sondern dessen Darstellung. Die psychomythische Parallelität zwischen 2,6–8 und 9–16 ist sogar ein Indiz dafür, daß der psychische Aspekt dieses Prozesses bewußt war. Es kommt 2. nicht zu einem Kompromiß zwischen Zensur und widersprechenden Antrieben, sondern zu einer offenen Auseinandersetzung. Was dann 3. ins Zentrum der Person aufsteigt und bis ins Herz dringt, ist kein normwidriger Impuls, sondern etwas Befreiendes, das Pneuma. Wenn man aufgrund der hier ausgelegten paulinischen Texte allgemein urteilen dürfte, so müßte man feststellen: Religion ist nicht (nur) kollektive Zwangsneurose, sondern Therapie mit kollektiven Symbolen. Ihre Symbole sind nicht Symptome, sondern symbolische Handlungen, in denen sich eine Veränderung des Verhaltens und Erlebens vollzieht. Die Aufgabe der Theologie besteht darin, bewußtzumachen, was in diesen symbolischen Handlungen unbewußt enthalten ist, womit sie eine in diesen Symbolen und Bildern enthaltene Tendenz weiterverfolgt.

Fragen wir nun nach der archetypischen Deutung der Christusgestalt. Die religionspsychologische Archetypenlehre bietet den Vorzug, daß sie von vornherein mit jener Möglichkeit rechnet, die gegen die klassische Psychoanalyse erst nachgewiesen werden muß: Daß religiöse Symbole einen positiven verhaltens- und erlebensverändernden Effekt haben können. Aber besteht dieser Effekt wirklich darin, daß wir uns am Leitfaden der religiösen Bilder den archetypischen Tendenzen des kollektiven Unbewußten überlassen und anvertrauen? Gerade der Weisheitsmythos läßt sich gut von der Archetypenlehre her interpretieren: Hier schildert der Mythos selbst, wie eine präexistente Tendenz nach einer „Wohnung" im Menschen sucht. Aber auch hier führt die genaue Untersuchung des Mythos zu wichtigen Korrekturen der Archetypenlehre.

Gehen wir einmal davon aus, daß es im Menschen eine genetisch vorprogrammierte Tendenz zur Selbstverwirklichung, Individuation, zur Gestalt oder Ganzheit gibt. Die Annahme mag etwas spekulativ sein, hat aber einen Anhalt in der Beobachtung, daß alle Organismen danach streben, ein inneres Gleichgewicht aufrechtzuerhalten. Wahrscheinlich regelt eine entsprechende Tendenz auch unser psychisches Leben. Mit der Annahme solch einer Tendenz haben wir aber noch nicht den Schlüssel zur Religionsgeschichte: Worin der Mensch jeweils die Verwirklichung des Selbst sucht, ist in ihr höchst umstritten! Wo das Heil liegt, ist unbekannt! Ja, ob es überhaupt in religiösen Formen zu suchen sei, ist heute mehr denn je Gegenstand von Skepsis und Diskussion! Auch wenn die gesamte Religionsgeschichte von der Vitalität dieser Tendenz nach Verwirklichung des „gelungenen Selbst" zeugt, so zeigt sie doch auch die Mannigfaltigkeit und Widersprüchlichkeit ihrer Konkretisierung. Wenn den Religionen vorgeprägte Programme zugrunde liegen, so muß es sich um „offene Programme" handeln.

Nehmen wir das Beispiel des Sophiamythos. Die Sophia suchte lange nach einer Wohnstätte, bis sie Aufnahme in einem kleinen Kreis von Erwählten fand. Strittig aber blieb, wo dieser Kreis der Erwählten zu suchen sei. Innerhalb des Judentums identifizierte man die Sophia mit dem Gesetz, innerhalb des Urchristentums mit Christus. Offen blieb zwischen Juden und Christen, wer in angemessener Weise jener präexistenten Tendenz Rechnung trug, die man im ganzen Kosmos glaubte ahnen zu können. Der Sophiamythos legt die Annahme nahe, daß es wohl eine ganz allgemeine Tendenz nach „Heil" und Selbstverwirklichung gibt, ein offenes Programm, daß diese Tendenz aber in der jeweiligen geschichtlichen Umwelt verschieden gedeutet wird. In der einen geschichtlichen Umwelt wird sie vom Gedanken des Gesetzes her strukturiert: Wenn der Mensch zum wahren Leben gelangen will, muß er sich den Forderungen Gottes stellen. Diese geben ihm Freiheit, Würde und Selbstbewußtsein, lassen ihn aber auch erkennen, daß jeder unvollkommen bleibt und auf Gottes Erbarmen angewiesen ist. In einer anderen geschichtlichen Umwelt aber wird die Tendenz nach „Selbstverwirklichung" durch die Gestalt Christi „strukturiert": Nur nach einem Konflikt mit dem Gesetz, in dem dieses seinen absolutistischen Charakter verliert, gelangt der Mensch zur Wahrheit.

Entgegen einer angesichts der geschichtlichen Mannigfaltigkeit religiöser Symbolik naiven Archetypenlehre muß daher betont werden: Es gibt keine „natürliche" Verbindung zwischen Heil und Christussymbolik, erst recht keine Verbindung mit dem abstoßenden Symbol des Kreuzes, weder von seiten einer archetypischen Tendenz noch von seiten des Kreuzsymbols. Kreuze gab es viele im römischen Reich. Und sie waren zunächst einmal ein Triumph des herrschenden Systems über Rebellen und Abweichler. Die Verbindung zwischen der archetypischen Sehnsucht nach Ganzheit und dem Symbol des Kreuzes ist geschichtlich gelernt. Sie kam nur zustande durch den Rahmen, in den das Kreuz Jesu eingebettet wurde. Sie ist ein Beispiel strukturierenden Lernens, bei dem eine vorgegebene Reaktionsbereitschaft – die hier angenommene Tendenz zur Ganzheit und zum Heil – mit einem an sich abstoßenden Symbol – dem Kreuz Christi – in einer sinnvollen Struktur verbunden wurde: Das Streben nach Heil läßt sich nur paradox verwirklichen, nämlich durch Befreiung vom Zwang des geltenden Überzeugungssystems.

Wieder kommen wir zu demselben Ergebnis: Gerade bei der Anwendung psychodynamischer Kategorien muß an entscheidenden Punkten mit kognitiven Interpretationsprozessen gerechnet werden. Religiöse Symbole sind nicht Repräsentanten zeitloser Archetypen, sondern deren kognitive Strukturierung und Umstrukturierung. Auch das Streben nach „Individuation" ist nicht einfach naturgegeben vorhanden, sondern kann sich erst entfalten, wenn es durch kognitive Systeme gedeutet wird. Diese kognitiven Systeme sind geschichtlich variabel. Sie gehören zur Tradition und werden durch Lernprozesse erhalten.

1.Kor 2,6–16 beleuchtet noch einmal neu ein Thema, das die vorliegenden Untersuchungen durchzieht: die Erweiterung der paulinischen Lebenswelt durch Einbeziehung bisher unbewußter und bewußtseinstranszendender Bereiche. Dabei haben sich vier Dimensionen des Unbewußten ergeben: normwidrige Impulse und normative Forderungen als Formen des forensisch Unbewußten, ekstatisches Sprechen und Offenbaren als Formen des pneumatisch Unbewußten. Man könnte die Erweiterung der paulinischen Lebenswelt auch so beschreiben: Was sonst der kaum wahrgenommene oder geleugnete Hintergrund alltäglicher Lebenswelt ist, tritt in religiöser Erfahrung als entscheidende Realität hervor. Diese Umstrukturierung läßt sich als Wechsel von Grund und Hintergrund im gestalttheoretischen Sinn begreifen: Religiöses Erleben und Denken thematisiert die Tiefendimensionen der Lebenswelt. In ihm wird zum „Grund", was sonst „Hintergrund" ist. Die alltägliche Lebenswelt verblaßt in ihrer Bedeutung. Sie wird zum „Hintergrund", bis ein Phasenwechsel sie erneut in den Vordergrund treten läßt.

Dieser Phasenwechsel kann zu paradoxen Einsichten führen: Torheit erscheint als Weisheit, Schwäche als Kraft, eine Niederlage als Sieg. Durch solche kognitiven Umstrukturierungen wird der Spielraum des Verhaltens und Erlebens vergrößert. Die Fähigkeit, die Wirklichkeit ganz anders sehen zu können, bedeutet Freiheit.

Die Fähigkeit religiöser Symbolik zur kognitiven Umstrukturierung der Wirklichkeit erweist ihre Kraft nicht nur an der alltäglichen Lebenswelt, sondern auch an der religiös gedeuteten Welt. Das Urchristentum baut aus Elementen der jüdischen und hellenistischen Tradition eine neue symbolische „Welt". Aber auch die urchristliche „Anfangspredigt" kann als unzureichend erlebt werden: Für Vollkommene gibt es noch tiefere Einsichten. Spätere gnostische Strömungen überbieten einander darin, immer wieder neue Weltinterpretationen zu entwerfen, die alle darauf hinauslaufen, daß die Wirklichkeit an sich ganz anders ist als das, was der „natürliche" Mensch wahrnimmt; ja der Mensch selbst ist in seinem innersten Kern ganz anders, als er sich selbst erlebt: Er ist ein versprengter Funke jener ganz anderen Wirklichkeit. „Gnosis" ist die ihrer selbst bewußt gewordene religiöse Fähigkeit zur radikalen kognitiven Restrukturierung. Die Faszination über die schlagartig alles verändernde Einsicht wird zum dominierenden Motiv. In 1.Kor 2,6–16 spüren wir etwas von dieser „gnostischen" Faszination. Jedoch ist

Paulus kein Gnostiker. Denn die Lust an der kognitiven Restrukturierung der gesamten Lebenswelt findet bei ihm ein Gegengewicht in der Bindung religiöser Symbolik an eine vorgegebene Wirklichkeit, auf die alles menschliche Handeln – von den sublimsten kognitiven Operationen bis hin zur schlichten gegenseitigen Hilfe – ein unvollkommener Antwortversuch ist.

SCHLUSSBEMERKUNGEN

Die verhaltens- und erlebensverändernden Wirkungen der paulinischen Verkündigung

Die Untersuchung ging von wenigen Texten aus. Diese Konzentration war notwendig. Nur so lassen sich psychologische Analysen so methodisch diszipliniert durchführen, daß sie plausibel werden: Sie widersprechen nicht den bewährten historisch-kritischen Auslegungsmethoden, sondern vertiefen sie. Sie haben dasselbe Ziel: Texte aus ihrem Lebenszusammenhang heraus verständlich zu machen. Sie basieren auf historisch-kritischen Forschungen und regen neue historische Fragestellungen an.

Von den einzelnen Texten her war schon immer das Ganze der paulinischen Theologie in den Blick geraten – für eine hermeneutisch orientierte Psychologie eine Selbstverständlichkeit: Teile werden nur im Rahmen des Ganzen verständlich. Aber es konnte nicht alles behandelt werden. Weitere Themen für eine psychologische Analyse paulinischer Texte wären: das Selbstverständnis des Paulus als Apostel, seine Auseinandersetzung mit fremden Rollenerwartungen, sein Verhältnis zur Sexualität, die Bedeutung der Sakramente, die Motivierung ethischer Mahnungen usw. Aber schon aufgrund der wenigen behandelten Texte ergibt sich ein geschlossenes Bild. Abschließend sollen nicht die vielen Einzelergebnisse festgehalten werden. Vielmehr soll eine Antwort auf die Grundfrage religionspsychologischer Exegese skizziert werden, inwiefern die in den paulinischen Texten enthaltene religiöse Symbolik erlebens- und verhaltensändernde Wirkungen haben konnte. Dabei gehen wir wieder die drei psychologischen Ansätze – lerntheoretische, psychodynamische und kognitive Ansätze durch, wollen aber unter zwei Aspekten einen gemeinsamen Nenner herausheben. Zunächst einen Innenaspekt paulinischer Theologie: Die Gestalt Christi ist innerhalb der paulinischen Lebenswelt der entscheidende Faktor für die Änderung von Erleben und Verhalten. Hinzu kommt ein Außenaspekt: Die sichtbar werdenden Erlebens- und Verhaltensänderungen sind im Gesamtkontext der antiken Gesellschaft des 1./2. Jahrhunderts nach Christus zu sehen, auch wenn wir noch keine ausreichende Klarheit über diese Zusammenhänge haben.

Unter lerntheoretischem Aspekt zeigt sich: Das Evangelium ist Angebot eines unbedingt positiven Verstärkungssystems, das nicht nur in

Konkurrenz zum sozialen Verstärkungssystem tritt, sondern auch strukturell zu ihm in Spannung steht. Am Modell Christi kann gelernt werden: Ein vom gesellschaftlichen Sanktionssystem Verurteilter kann die Wahrheit vertreten. Das an ihm demonstrierte „Verstärkungssystem" setzt die Angst vor negativen Konsequenzen nicht als Mittel ein, sondern bietet Überwindung dieser Angst an: Gottes Forderung begegnet zwar als todandrohendes Gebot. Aber der an Christus vollzogene Tod wird revidiert. Gott selbst überwindet die Folgen seiner tötenden Forderung. Das tötende Gesetz erweist sich angesichts des Modells Christus als machtlos. Durch Lernen am Modell wird Angst gegenüber der normativen Thematik des Lebens „gelöscht". Dasselbe gilt mutatis mutandis für das Verhalten zum Leiden. Die Verknüpfung eines extrem negativen Symbols – die Hinrichtung am Kreuz – mit den positivsten Symbolen des Heils und der Erlösung ermöglicht es, Vermeidungsreaktionen gegenüber dem Leiden zu reduzieren – eine Voraussetzung für die Hilfe gegenüber Schwachen, Kranken und Hilfsbedürftigen und die konstruktive Verarbeitung des Leidens bei sich selbst. Aber das konnte nicht ausgeführt werden.

Das Ergebnis lerntheoretischer Analyse läßt sich partiell auch in psychodynamische Kategorien übertragen; jedoch gibt es auch neue Aspekte: Christus tritt sowohl an die Stelle des Es wie des Überich, übernimmt den Schatten und verkörpert das ideale Selbst. Er ist der neue Kyrios – aber auch der Sündenbock. Weil er beides zugleich ist (und damit die allen Verdrängungen zugrunde liegende Spannung überbrückt), ermöglicht er eine Bewußtmachung bisher unbewußter Aspekte des Lebens.

Bewußt wird der bisher verdrängte Konflikt mit dem Gesetz, wobei beide Konfliktpartner unbewußte Seiten hatten. Über dem tötenden Gesetz lag eine „Decke". In Christus wurde sie entfernt. Er nimmt die Hülle, die über der Heiligkeit normativer Systeme liegt und offenbart deren aggressive Macht. Gleichzeitig wird auch die unbewußte Rebellion der Sarx gegen das Gesetz bewußt, die deshalb so schwer durchschaubar war, weil sich die Sarx der heiligsten Normen bediente, um den Menschen zu täuschen und zu bedrohen.

Das Unbewußte offenbart sich jedoch nicht nur als konfliktträchtiger Raum; vielmehr steigen aus unbewußter Tiefe integrierende Tendenzen auf: eine Sehnsucht nach Ganzheit und Heil, die durch Verbindung mit der geschichtlichen Christusgestalt neu gestaltet wird. Ganzheit und Heil sind nicht denkbar ohne Einbeziehung dunkler Aspekte von Welt und Selbst. Glossolalie verbindet zwar mit den unbewußten Tiefen des Herzens, aber sie verbindet mit dem Leiden der Kreatur und nicht nur mit himmlischen Wonnen.

Wir erkennen bei Paulus dieselbe Ambivalenz gegenüber dem Unbewußten wie sie die moderne Zeit kennzeichnet, wird es doch sowohl als bedrohliches Konfliktgeschehen wie als heilende Kraft erfahren.

In einem Punkt aber unterscheidet sich Paulus tief von der Moderne. Die Öffnung gegenüber dem Unbewußten ist nicht total. Gegenüber sexuellen Impulsen kennt Paulus nur eine begrenzt akzeptierende Haltung. Sein Ideal ist die Askese. Ehe man diese Seite der paulinischen Theologie verurteilt, möge man bedenken: Möglicherweise ist die Kontrolle der Sexualität der unumgängliche Preis für von sexueller Konkurrenz entlastete zwischenmenschliche Beziehungen von großer emotionaler Intensität in der Gemeinde. Aber auch das konnte hier nicht untersucht werden.

Sicher ist: Die innere Verwandlung des Menschen durch eine Auseinandersetzung mit bisher unbewußten Aspekten des Lebens ist vor allem bei der normativen Thematik eine Erweiterung des Verhaltens und Erlebensspielraums. Christus ist ein Zugang zum Unbewußten. Er nimmt die Decke vom Herzen. Er vereint als Richter und Gerichteter in sich Überich und Es, ideales Ich und Schatten. Aber er lenkt auch die libidinösen Energien des Es in eine neue Richtung: Im Leib Christi erfährt der Mensch jene Überwindung der Persongrenze, nach der auch die sexuelle unio unterwegs ist (vgl. 1.Kor 6,15 ff.).

Unter kognitivem Aspekt erscheint Christus als das zentrale „Rollenangebot" der urchristlichen Religion, in dessen Licht die Wirklichkeit neu wahrgenommen wird. In der Rolle des inkarnierten Gottessohns, der die ihm fremde Rolle des Menschen übernimmt, ermöglicht er Anpassung und Relativierung verschiedener soziokultureller Normen (1.Kor 9,19 ff.). Als Gekreuzigter versetzt er in eine prinzipielle Distanz zu dieser Welt: Was in ihr als Torheit erscheint, eröffnet einen umfassenderen Sinnhorizont göttlicher Weisheit. Als Auferstandener ist er in den Gemeindegliedern lebendig und ermöglicht so eine neue Beurteilung zwischenmenschlicher Verbundenheit: Alle sind durch ihn Glieder eines Leibes. In der Rolle des Richters verändert er die Beziehung des Menschen zu sich selbst: Er ermöglicht Selbstbeurteilung ohne Selbstverurteilung. Entscheidend ist, daß er in den inneren Dialog der Gläubigen aufgenommen wird und ihr Selbstbild prägt: Niemand ist mehr endgültig auf die Sarx festgelegt, in jedem Christen wohnt das Pneuma. Gegen die empirische Realität von Schuld und Leid wird so ein positives Selbstbild aufrechterhalten.

Gleichgültig, ob man die Gestalt Christi als Modell, Symbol oder Rolle auffaßt – in jedem Fall ist sie der entscheidende Faktor für jene Verhaltens- und Erlebensveränderungen, die für Paulus mit der soteriologischen Wende eintreten. Dabei tritt die Ablösung von alten Erlebens-

und Verhaltensweisen manchmal schärfer hervor als die Zuwendung zu neuen. Und doch schlägt hier das Herz paulinischer Theologie: Christus ermöglicht neue Verhaltens- und Erlebensweisen. Wenn die Zensur des geltenden Überzeugungssystems überwunden und die täuschende Decke über den heiligen Normen gefallen ist, dann widerfährt dem Menschen eine mystisch-ekstatische Verwandlung. Die archetypische Eikon Christi strahlt in ihm auf. Die präexistente Weisheit nimmt von seinem Herzen Besitz. Der Mensch wird verwandelt. Die Sprache des Paulus wird mystisch und warm, wenn er von dieser Verwandlung spricht. Sie ist ihm so viel wert, daß er nur vor Vollkommenen von ihr reden will. Die Realität christlicher Gemeinden zeigt allzu deutlich, daß sie noch weit entfernt sind von dem, was für Paulus das „Vollkommene" schlechthin ist: die intrinsisch motivierte Liebe (1.Kor 13).

Was Paulus in seinen Bildern und Symbolen entwirft, geht über die tatsächliche Realität hinaus. Aber es ist tief in ihr verwurzelt. Die durch die Christusgestalt ermöglichten neuen Verhaltens- und Erlebensformen sind der Innenaspekt eines umfassenderen geschichtlichen Prozesses: der Entstehung einer subkulturellen Lebensform in einer pluralistischen Gesellschaft. Zwei Gesichtspunkte traten während der Untersuchungen hervor. Zunächst einmal handelt es sich um eine Lebensform „von unten". Sie interpretierte sich selbst als Widerspruch zu den „Herrschern der Welt" (1.Kor 2,8). Auch wenn es in ihr Mitglieder aus gehobenen Schichten gab, so blieb die Orientierung an dem, was „unten" ist, für alle bestimmend. Die in der Antike verbreitete Leib-Metaphorik erhält daher einen neuen Akzent: Das schwächste Glied ist für die Gemeinschaft Kriterium des Verhaltens.

Zu dieser vertikalen sozialen Schichtung kommt eine eher horizontale Gliederung: Das Urchristentum ist eine Lebensform, die zwischen Juden und Griechen steht. Erst die Spannung zwischen verschiedenen soziokulturellen Systemen ermöglichte die Entdeckung des Unbewußten – weil aus der Perspektive der jeweils anderen klarer gesehen wird, was eine Gruppe bei sich selbst leugnet. Erst die Konkurrenz von Überzeugungssystemen führte zur Herausbildung existentieller Entscheidungen, bei denen die Gesamtorientierung des Lebens auf dem Spiel steht – und nicht nur die Erfüllung unbestrittener Normen. Erst im Spannungsfeld verschiedener Kulturen konnte das „präkulturell" anmutende glossolale Verhalten möglicherweise so zentrale Bedeutung gewinnen. Erst hier konnte die Ablösung von geschichtlichen Überzeugungssystemen als Befreiung erlebt werden.

Man kann nicht oft genug betonen: Psychische Prozesse sind geschichtlich geprägt. Die symbolischen Handlungen der Religion stehen mit allen menschlichen Handlungen und deren Bedingungen in

Wechselwirkung. Sie vollziehen sich in einem gesellschaftlichen Rahmen, der menschliches Handeln ermöglicht und einschränkt. Wir durchschauen noch nicht, welche geschichtlichen Kräfte das Urchristentum hervorbrachten und bestimmten. Wurde in den Symbolen der urchristlichen Religion Klassenspannungen in religiöse Bilder verwandelt, wie E. FROMM einmal meinte? Ermöglichte ein erstaunlich hohes zivilisatorisches Niveau zum erstenmal die Entstehung einer Gesellschaft, die in weit größerem Maße auf Konformität verzichten konnte als andere Gesellschaften, die dem Druck des Lebens härter ausgesetzt waren? War sie in der Lage, sehr unterschiedliche Subkulturen zu „verkraften"? Darunter auch das Urchristentum, das sich aus den unteren städtischen Schichten rekrutierte und nach oben drängte? Konnte nur sie eine subkulturelle Bewegung begrenzt tolerieren, die innerlich aus „dieser Welt" und ihrer „Weisheit" emigriert war, um mitten in ihr den Anfang einer neuen Welt zu proklamieren? Eine Gesellschaft, in der selbst die Absage an sie zu einer praktikablen Lebensform entwickelt werden konnte, ist innerhalb der bekannten Gesellschaften ein bemerkenswertes Phänomen.

Aber neben und in dieser äußeren Geschichte gibt es eine innere Geschichte der Menschheit. Sie wird uns zugänglich in religiösen Bildern und Symbolen, in Kunstwerken und Philosophien. Diese innere Geschichte ist nicht weniger wichtig als die äußere. Das Urchristentum spielt hier eine wichtige Rolle: Es hat menschliches Erleben und Verhalten nachhaltig bestimmt. Wer meint, diese Religion historisch und sachlich ohne psychologische Reflexion erhellen zu können, ist ebenso im Irrtum wie der, der vorgibt, damit sei alles über diese Religion gesagt.

Literaturverzeichnis

Agersnap, S.: Paulusstudier, 1. Kor 15 og Rom 2, Tekst og Tolkning 7, Kopenhagen 1979
Allbright, W. F./Mann, C. S.: Two Texts in 1. Corinthians, NTS 16 (1970) 271–276
Allo E. B.: Saint Paul seconde épître aux Corinthiens, EtB, Paris 1965
Allport, G. W.: Entstehung und Umgestaltung der Motive, in: Die Motivation menschlichen Handelns, hg. von H. Thomae, Köln 1965, 488–497
– The Individual and His Religion, New York 1950
Althaus, P.: Paulus und Luther über den Menschen, Gütersloh 1938
d'Aquili, E. G.: The Neurobiological Bases of Myth and Concepts of Deity, Zygon 13 (1978) 257–275
Arndt, M./Schulz, H.: Individualpsychologische oder kollektivistische Interpretation? Jahweinthronisation und Ich-Konstitution (Ps 93), in: Y. Spiegel (Hg.), Doppeldeutlich, München 1978, 189–211
Avi-Yonah, M. (ed.): Encyclopedia of Archaeological Excavations in the Holy Land, London 1975/78
Bader, G.: Römer 7 als Skopus einer theologischen Handlungstheorie, ZThK 78 (1981) 31–56
Balz, H. R.: Heilsvertrauen und Welterfahrung. Strukturen paulinischer Eschatologie nach Römer 8,18–39, BEvTh 59, München 1971
Barrett, C. K.: A Commentary on the Second Epistle to the Corinthians, London 1973
Bauer, W.: Griechisch-deutsches Wörterbuch zu den Schriften des Neuen Testaments und der übrigen urchristlichen Literatur, Berlin ⁵1963
– Mündige und Unmündige bei dem Apostel Paulus, in: Aufsätze und kleine Schriften, Tübingen 1967, 122–154
Beare, F. W.: Speaking with Tongues. A Critical Survey of the New Testament Evidence, JBL 83 (1964) 229–246
Berg, v. d. I. H.: Metabletica. Über die Wandlung des Menschen. Grundlinien einer historischen Psychologie, Göttingen 1960
Berger, K.: Exegese des Neuen Testaments, UTB 658, Heidelberg 1977
– Die Gesetzesauslegung Jesu I, WMANT 40, Neukirchen 1972
– Zur Diskussion über die Herkunft von IKor. II 9, NTS 24 (1978) 270–283
Best, E.: The Interpretation of Tongues, SJTh 28 (1975) 45–62
Betz, O.: Zungenreden und süßer Wein, in: Bibel und Qumran, FS H. Bardtke, Berlin 1968, 20–36
Beyerlin, W. (Hg.): Religionsgeschichtliches Textbuch zum Alten Testament, ATD Erg. 1, Göttingen 1975
Billerbeck, P.: Kommentar zum Neuen Testament aus Talmud und Midrasch III, München 1926

Blank J.: Paulus und Jesus, StANT 18, München 1968
Blass–Debrunner–Rehkopf: Grammatik des neutestamentlichen Griechisch, Göttingen [14]1976
Böhme, A./Schottroff, W.: Palmyrenische Grabreliefs, Liebighaus Monographie 4, Frankfurt 1979
Bömer, F.: Kommentar zu P. Ovidius Naso, Metamorphosen Buch VI–VII, Heidelberg 1976
Bommert, H.: Grundlagen der Gesprächstherapie, Stuttgart 1977
Bornkamm, G.: Paulinische Anakoluthe, in: Das Ende des Gesetzes, Ges. Aufsätze I, BEvTh 16, München 1952, 76–92
– Sünde, Gesetz und Tod, in: Das Ende des Gesetzes. Paulusstudien, Ges. Aufsätze I, BEvTh 16, München 1952, 51–69
– Die Vorgeschichte des sogenannten zweiten Korintherbriefes, in: Geschichte und Glaube zweiter Teil, Ges. Aufsätze IV, BEvTh 53, München 1971, 162–194
Bousset, W.: Kyrios Christos, Göttingen 1913, [6]1967
– Die Religion des Judentums im späthellenistischen Zeitalter, Tübingen [4]1966
– Rezension z. H. Weinel, Die Wirkungen des Geistes, GGA 163 (1901), 753–776
Brandenburg, H.: Studien zur Mitra, Fontes et Commentationes 4, Münster 1966
Braun, H.: Römer 7,7–25 und das Selbstverständnis des Qumran-Frommen, in: Ges. Studien zum Neuen Testament und seiner Umwelt, Tübingen [2]1967, 100–119
Bredenkamp, K. I.: Was ist Lernen?, in: Weinert, F./Graumann, C. F. u.a., Pädagogische Psychologie 2, FiBü 6116, Frankfurt 1974, 607–630
Broglie de, G.: Le texte fondamental de Saint Paul contre la foi naturelle (1.Cor XII,3), RRcRel 39 (1951/2) 253–266
Brun, L.: Um der Engel willen 1. Kor 11,10, ZNW 14 (1913) 298–308
Buber, M.: Zwei Glaubensweisen, Zürich 1950
Bultmann, R.: Glossen im Römerbrief, in: Exegetica. Aufsätze zur Erforschung des Neuen Testaments, Tübingen 1967, 278–284
– Römer 7 und die Anthropologie des Paulus (1932), in: Exegetica, Tübingen 1967, 198–209
– Theologie des Neuen Testaments, Tübingen [4]1961
Burkert, W.: Homo necans. Interpretationen altgriechischer Opferriten und Mythen, RVV 32, Berlin 1972
Burhoe, R. W.: Religion's Role in Human Evolution: The Missing Link between Ape-Man's Selfish Genes and Civilized Altruism, Zygon 14 (1979) 135–162
Cambier, I. M.: Le jugement de tous les hommes par Dieu seul, selon la vérité, dans Rom 2,1–3,20, ZNW 67 (1976) 187–213
– Le ‚moi' dans Rom 7, in: de Lorenzi (ed.), The Law of the Spirit in Rom 7 and 8, Rom 1976, 13–127
Carr, W.: The Rulers of this Age–I Corinthians II. 6–8, NTS 23 (1977) 20–35
Carrez, M.: Le ‚Nous' en 2 Corinthiens, NTS 26 (1980) 474–586

Childs, B. S.: Exodus. A Commentary, London 1974
Colpe, C.: Art. Gnosis II (Gnostizismus), RAC XI, Sp. 537–659
Conzelmann, H.: Der erste Brief an die Korinther, KEK, Göttingen 1969
– Paulus und die Weisheit, in: Theologie und Schriftauslegung, BEvTh 65, München 1974, 177–190
Cope, L.: 1Cor 11,2–16. One Step Further, JBL 97 (1978) 435–436
Crespy, G.: Exegèse et psychoanalyse. Considérations aventueuses sur Romains 7, 7–25, in: L'évangile, hier et aujourd'hui, FS F. J. Leenhardt, Genève 1968, 169–179
Cullmann, O.: Die ersten christlichen Glaubensbekenntnisse, ThSt (B) 15, Zürich 1943
– Der Staat im Neuen Testament, Tübingen 1956
Currie, St.: ‚Speaking in Tongues'. Early Evidence Outside the New Testament Bearing on ‚Glossais Lalein', Int 19 (1965) 274–294
Cutten, G. B.: Speaking with Tongues. Historically and Psychologically Considered, New Haven 1927
Dautzenberg, G.: Botschaft und Bedeutung der urchristlichen Prophetie nach dem ersten Korintherbrief (2: 6–16; 12–14), in: J. Panagopulos (ed.), Prophetic Vocation in the New Testament and Today, NT. S. 45, Leiden 1977, 131–161
– Art. Glossolalie, in: RAC XI, Sp. 225–246
– Urchristliche Prophetie, BWANT 104, Stuttgart 1975
Deissmann, A.: Paulus. Eine kultur- und religionsgeschichtliche Skizze, Tübingen 1911
Delling, G.: Der Gottesdienst im Neuen Testament, Göttingen 1952
Derrett, J. D. M.: Cursing Jesus (ICor. XII,3). The Jews as Religious Persecutors, NTS 21 (1975) 544–554
Dibelius, M.: Die Geisterwelt im Glauben des Paulus, Göttingen 1909
– An die Thessalonicher I,II. An die Philipper, HNT 11, Tübingen 1913 ^{3}1937
Diels, H.: Die Fragmente der Vorsokratiker, Bd. II, Berlin ^{3}1912
Dihle, A.: Euripides Medea, SHA, Phil.-Hist. Kl. Jg. 1977, 5, Heidelberg 1977
– Das Satyrspiel ‚Sysiphos', Hermes 105 (1977) 28–42
– Art. ψυχή, in: ThW IX, 605–614
Dilthey, W.: Ideen über eine beschreibende und zergliedernde Psychologie (1894), in: Ges. Schriften V, Leipzig 1924, 139–240.
Ditfurth, v. H.: Wir sind nicht nur von dieser Welt, Hamburg 1981
Dodds, E. R. (ed.): Euripides Bacchae, Oxford 1944, ^{2}1960
– Die Griechen und das Irrationale, Darmstadt 1970 (engl. 1951)
Donfried, K. P.: Justification and Last Judgment in Paul, ZNW 67 (1976) 90–110
Dülmen, A. v.: Die Theologie des Gesetzes bei Paulus, Stuttgart 1968
Dunn, J. D. G.: 2. Corinthians III, 17 – The Lord Is the Spirit, JThSt 21 (1970) 309–320
– Rom 7,14–25 in the Theology of Paul, ThZ 31 (1975) 257–273
Dupont, J.: Le Problème de la structure littéraire de l'Epître aux Romains, RB 62 (1955) 365–397

Eibl-Eibesfeldt, I.: Der vorprogrammierte Mensch, dtv 4177, München 1976
Eichholz, G.: Die Theologie des Paulus im Umriß, Neukirchen 1972
Eliade, M.: Die Religionen und das Heilige, Salzburg 1954
Ellwein, E.: Das Rätsel von Römer VII, KuD 1 (1955) 247–268
Everling, O.: Die paulinische Angelologie und Dämonologie. Ein biblisch-theologischer Versuch, Göttingen 1888
Faber, H.: Religionspsychologie, Gütersloh 1973
Falkenstein, A./v. Soden, W.: Sumerische und akkadische Hymnen und Gebete, Zürich 1953
Fascher, E.: Προφήτης. Eine sprach- und religionsgeschichtliche Untersuchung, Gießen 1927
Festinger, L.: Die Lehre von der ‚kognitiven Dissonanz', in: W. Schramm (ed.), Grundfragen der Kommunikationsforschung, München 1964, 27–38
Fetscher, R.: Grundlinien der Tiefenpsychologie von S. Freud und C. G. Jung in vergleichender Darstellung, problemata 69, Stuttgart 1978
Fischer, H.: Gespaltener christlicher Glaube. Eine psychoanalytisch orientierte Religionskritik, Hamburg 1974
Fischer, K. M.: Tendenz und Absicht des Epheserbriefes, FRLANT 111, Göttingen 1973
Flückiger, F.: Die Werke des Gesetzes bei den Heiden (Röm 2,14ff.), ThZ 8 (1952) 17–42
Forsyth, I. I.: Faith and Eros: Paul's Answer to Freud, Religion in Life 46 (1977) 476–487
Freud, S.: Neue Folge der Vorlesungen zur Einführung in die Psychoanalyse (1932), Studienausgabe I, Frankfurt 1969, 448–608
– Der Mann Moses und die monotheistische Religion (1939), Studienausgabe IX, Frankfurt 1974, 455–581
– Totem und Tabu (1912/13), Studienausgabe IX, Frankfurt 1974, 287–444
– Vorlesungen zur Einführung in die Psychoanalyse (1916/17), Studienausgabe I, Frankfurt 1969, 34–445
– Das Unbehagen in der Kultur, Studienausgabe IX, Frankfurt 1974, 191–270
– Eine Kindheitserinnerung des Leonardo da Vinci (1910), Ges. Werke VIII, Frankfurt 1945, 128–149
Friedrich, G.: Ein Tauflied hellenistischer Judenchristen. 1. Thess 1,9f., ThZ 21 (1965) 502–516
Fridrichsen, A.: Der wahre Jude und sein Lob. Röm 2,28f., Symbolae Arctoae I (1927) 39–49
– Scholia in Novum Testamentum, SEÅ 12 (1947) 140–147
Friesen, I. I.: The Glory of the Ministry of Jesus Christ Illustrated by a Study of 2 Cor. 2:14–3:18, Basel 1971
Fromm, E.: Die Entwicklung des Christusdogmas. Eine psychoanalytische Studie zur sozialpsychologischen Funktion der Religion, Imago 16 (1938), 305–373; jetzt in: E. Fromm: Religion, Stuttgart 1980, 11–68
Gager, J. G.: Kingdom and Community, Englewood Cliffs 1975
Georgi, D.: Die Gegner des Paulus im 2. Korintherbrief, WMANT 11, Neukirchen 1964

- Weisheit Salomos, JSHRZ III, 4, Gütersloh 1980
Gerlach, L. P./Hine, V. H.: People, Power, Change, New York 1970
Görlitz, D./Meyer, W. U./Weiner, B. u.a.: Bielefelder Symposium über Attribution, Stuttgart 1978
Görres, A.: Methode und Erfahrungen der Psychoanalyse, München 1958
Goguel, M.: κατὰ δικαιοσύνην τὴν ἐν νόμῳ γενόμενος ἄμεμπτος (Phil. 3,6). Remarques sur un aspect de la conversion de Paul, JBL 53 (1934) 257–267
Goodenough, E. R.: Jewis Symbols in the Greco-Roman Period, Bd. IX, New York 1964
Goodman, F. D.: Speaking in Tongues. A Cross-Cultural Study of Glossolalia, Chicago 1972
Goppelt, L.: Theologie des Neuen Testaments, UTB 850, Göttingen 1978
Grant, R. M.: Like Children, HThR 39 (1946) 71–73
Gremmels, Ch.: Selbstreflexive Interpretation konfligierender Identifikationen am Beispiel des Apostels Paulus (Phil. 3,7–9), in: Scharfenberg, J. u. a., Religion – Selbstbewußtsein – Identität, TEH 182, München 1974, 44–57
Gressmann, H.: Altorientalische Texte zum Alten Testament, Berlin ²1926
Gundert, H.: Enthusiasmos und Logos bei Platon, Lexis 2 (1949) 35–46
Gunkel, H.: Die Wirkungen des heiligen Geistes, Göttingen 1888
Guthrie, W. K. C.: The Greeks and Their Gods, Boston 1955
Gutmann, J.: Programmatic Painting in the Dura Synagogue, in: J. Gutmann (ed.), The Synagogue. Studies in Origins, Archaeology, and Architecture, New York 1975, 210–232
Hardy, A.: Der Mensch – das betende Tier. Religiosität als Faktor der Evolution, Stuttgart 1979 (engl. 1975)
Harrisville, R. A.: Speaking in Tongues: A Lexicographical Study, CBQ 38 (1976) 35–48
Heckhausen, H.: Lehrer – Schüler – Interaktion, in: F. E. Weinert u.a., Funk-Kolleg Pädagogische Psychologie 1, FiBü 6115, Frankfurt 1974, 549–573
Heimbrock, H. G.: Phantasie und christlicher Glaube, München 1977
Heintz, P.: Soziale Vorurteile, Köln 1957
Hengel, M.: Der Sohn Gottes, Tübingen 1975
Hering, J.: La première épître de Saint Paul aux Corinthiens, Paris 1949
Hermann, I.: Kyrios und Pneuma, Studien zur Christologie der Paulinischen Hauptbriefe, STANT 2, München 1961
Herter, H.: Art. Effeminatus, in: RAC IV, Sp. 620–650
Heusser, H. (ed.): Instinkte und Archetypen im Verhalten der Tiere und im Erleben des Menschen, WdF 80, Darmstadt 1976
Hickling, C. J. A.: The Sequence of Thought in II. Corinthians, Chapter Three, NTS 21 (1975) 380–395
Hofius, O.: Das Zitat 1Kor 2,9 und das koptische Testament des Jakob, ZNW 66 (1975) 140–143
Hofstätter, R.: Tiefenpsychologische Persönlichkeitstheorien, in: Handbuch der Psychologie IV, Göttingen 1960, 542–586
Hollenweger, W. J.: Enthusiastisches Christentum. Die Pfingstbewegung in Geschichte und Gegenwart, Zürich/Wuppertal 1969

- Narrativité et théologie interculturelle. Un aspect négligé de 1Cor 14, RThPh 110 (1978) 209–223
Holm, N. S.: Das Zungenreden bei Anhängern der Pfingstbewegung im schwedischsprachigen Gebiet Finnlands, ARPs 13 (1978), 224–238
Holtz, T.: Das Kennzeichen des Geistes (1Kor XII 1–3), NTS 18 (1971/2) 365–376
- Zum Selbstverständnis des Apostels Paulus, ThLZ 91 (1966) 321–330
Hommel, H.: Das Harren der Kreatur, in: Schöpfer und Erhalter, Stuttgart 1956, 5–23
- Das 7. Kapitel des Römerbriefs im Licht antiker Überlieferung, ThViat 8 (1961/2) 90–116
Hooker, M. D.: Beyond the Things That Are Written? Saint Paul's Use of Scripture, NTS 27 (1981) 295–309
Horsley, R. A.: Pneumatikos vs. Psychikos: Distinctions of Spiritual Status among the Corinthians, HThR 69 (1976) 269–288
Hübner, H.: Das Gesetz bei Paulus, FRLANT 119, Göttingen 1978
Hurd, J. C.: The Origin of I Corinthians, London 1965
Hyldahl, N.: Die Frage nach der literarischen Einheit des zweiten Korintherbriefes, ZNW 64 (1973) 389–306
- Den korintiske situation – en skitse, DTT 40 (1977) 18–30
- Loven og Troen. En analyse af Filipperbrevets tredie kapitel, Acta Jutl XI, 6, Aarhus 1968
Inan, J./Alföldi-Rosenbaum, E.: Römische und frühbyzantinische Porträtplastik aus der Türkei, Neue Funde, 2 Bde, Mainz 1979
Ingolt, H.: Studier over palmyrensk skulptur, Kopenhagen 1928
Inglis, C. G.: The Problem of St. Paul's Conversion, ET 40 (1928/9) 227–231
Jacobi, J.: Komplex, Archetypus, Symbol in der Psychologie C. G. Jungs, Stuttgart 1957
Jastrow, M.: Die Religion Babyloniens und Assyriens II,1, Gießen 1912
Jeremias, J.: Abba, in: Abba – Studien zur neutestamentlichen Theologie und Zeitgeschichte, Göttingen 1966, 15–67
Jervell, J.: Imago Dei. Gen. 1,26f. im Spätjudentum, in der Gnosis und in den paulinischen Briefen, FRLANT 58. Heft Neue Folge, Göttingen 1960
Johanson, B. C.: Tongues, A Sign for Unbelievers? A Structural and Exegetical Study of I Corinthians XIV 20–25, NTS 25 (1979) 180–203
Johnson, F. P.: Corinth. Results of Excavations IX: Sculpture 1896–1923, Cambridge Mass. 1931
Jung, C. G.: Aion (1951), Ges. Werke IX, 2, Olten 1976
- Die psychologischen Grundlagen des Geisterglaubens (1919), in: Die Dynamik des Unbewußten, Ges. Werke VIII, Zürich 1967, 339–360
- Versuch einer psychologischen Deutung des Trinitätsdogmas (1942/8), Ges. Werke XI, Zürich 1963, 121–218
- Das Wandlungssymbol in der Messe, Ges. Werke XI, Zürich 1963, 219–323
Käsemann, E.: An die Römer, HNT 8a., Tübingen ³1974
- Der gottesdienstliche Schrei nach Freiheit, in: Paulinische Perspektiven, Tübingen 1969, 211–236

- Geist und Buchstabe, in: Paulinische Perspektiven, Tübingen 1969, 237–285
Kanael, B.: Die Kunst der antiken Synagoge, München 1961
Kanfer F. H./Goldstein, A. P.: Möglichkeiten der Verhaltensänderung, München 1977 (engl. 1975), 292–299
Kelsey, M. T.: Tongue Speaking. An Experiment in Spiritual Experience, New York 1964
Kertelge, K.: Exegetische Überlegungen zum Verständnis der paulinischen Anthropologie nach Römer 7, ZNW 62 (1971) 105–114
Kildahl, J. P.: The Psychology of Speaking Tongues, New York 1972
Kittel, G.: Die ‚Macht' auf dem Haupte 1. Kor. 11,10, Arbeiten zur Religionsgeschichte des Urchristentums Bd. 1 Leipzig 1920
Klein, G.: Individualgeschichte und Weltgeschichte bei Paulus, in: Rekonstruktion und Interpretation, München 1969, 180–224
Kleiner, D. E. E.: Roman Group Portraiture. The Funerary Reliefs of the Late Republic and Early Empire, New York 1977
Knox, W. L.: Parallels to the N.T. Use of σῶμα, JThS 39 (1938) 243–246
Koch, K.: Sühne und Sündenvergebung um die Wende von der exilischen zur nachexilischen Zeit, EvTh 26 (1966) 217–239
Koschorke, K.: Der gnostische Traktat ‚Testimonium Veritatis' aus dem Nag-Hammadi-Codex IX, ZNW 69 (1978) 91–117
Köster, H.: Einführung in das Neue Testament, Berlin 1980
- Ein Jesus und vier ursprüngliche Evangeliengattungen, in: Entwicklungslinien durch die Welt des frühen Christentums, Tübingen 1971, 147–190
Kraeling, C. H.: The Excavations at Dura-Europos Final Report VIII, Part I, London 1956
Kraiker, Ch.: Psychoanalyse, Behaviorismus, Handlungstheorie. Theorienkonflikte in der Psychologie, München 1980
Krauss, S.: Synagogale Altertümer, Berlin/Wien 1922
Kümmel, W. G.: Einleitung in das Neue Testament, Heidelberg ^{20}1980
- Römer 7 und das Bild des Menschen im Neuen Testament, ThB 53, München 1974, 1–160
Kuss, O.: Der Römerbrief, 1.–3. Lieferung, Regensburg 1957, 1959, 1978
Laffal, J./Monahan, J./Richman, P.: Communication of Meaning in Glossolalia, in: JournSocPsych 92 (1974) 277–291
Laffal, J.: Pathological and Normal Language, New York 1965
Langer, S. K.: Philosophie auf neuem Wege. Das Symbol im Denken, im Ritus und der Kunst, Frankfurt 1965
Larsson, E.: Christus als Vorbild, Uppsala 1962
Lausberg, H.: Handbuch der literarischen Rhetorik I/II, München 1960
Leenhardt, F. J.: L'Épitre de Saint Paul aux Romains, Paris 1957
Leipoldt, J.: Umwelt des Urchristentums III: Bilder zum neutestamentlichen Zeitalter, Berlin 1967
Lesky, A.: Psychologie bei Euripides (1960), in: Schwinge, E. R. (ed.), Euripides, WDF 89, Darmstadt 1968, 79–101
Leslie, W. H.: The Concept of Woman in the Pauline Corpus in Light of the

Social and Religious Environment of the First Century, Diss. Xerox-Kopie, Ann Arbor 1976
Lewy, H.: Sobria ebrietas, BZNW 9, Berlin 1929
Lietzmann, H.: An die Korinther I.II., HNT 9, Tübingen 1923, ⁴1949
– An die Römer, HNT 8, Tübingen ³1928
– Geschichte der alten Kirche II, Berlin ³1961
Lorenzer, A.: Kritik des psychoanalytischen Symbolbegriffs, ed. suhrkamp 393, Frankfurt 1970
Lösch, S.: Christliche Frauen in Corinth, ThQ 127 (1947) 216–261
Lührmann, D.: Das Offenbarungsverständnis bei Paulus und in den paulinischen Gemeinden, WMANT 16, Neukirchen 1965
Luz, U.: Das Geschichtsverständnis des Paulus, BEvTh 49, München 1968
Lyonnet, S. J.: L'histoire du salut selon le ch. 7 de l'épître aux Romains, Bib 43 (1962) 117–151
– ‚Tu ne convoiteras pas' (Rom VII, 7), in: Neotestamentica Patristica, FS O. Cullmann, Leiden 1962, 117–151
Mack, B. L.: Logos und Sophia, Untersuchungen zur Weisheitstheologie im hellenistischen Judentum, StUNT 10, Göttingen 1973
Mahoney, M. J.: Kognitive Verhaltenstherapie, München ²1979 (engl. 1974)
Maly, K.: 1. Kor 12,1–3 eine Regel zur Unterscheidung der Geister, BZ 10 (1966) 82–95
Mann, U.: Einführung in die Religionspsychologie, Darmstadt 1973
Manson, T. W.: The Corinthian Correspondance (1), in: Studies in the Gospels and Epistels, Manchester 1962, 190–209
Marmorstein, E.: The Veil in Judaism and Islam, JJSt 5 (1954) 1–11
Marshall, Ph.: Enmity and Other Social Conventions in Paul's Relation with the Corinthian, Diss. Macquarie Univ. Australien 1980
Martin, J.: Antike Rhetorik, München 1974
Martin, I. J.: Glossolalie in the Apostolic Church, JBL 63 (1944) 123–130
Mattern, L.: Das Verständnis des Gerichtes bei Paulus, AThANT 47, Zürich 1966
Maurer, Ch.: Art. σύνοιδα, in: ThW VII, 897–918
McGinty, P.: Dionysos' Revenge and the Validation of the Hellenic World-View, HThR 71 (1978) 77–94
– Interpretation and Dionysos. Method in the Study of a God, Religion and Reason 16, The Hague 1978
Meichenbaum, D. W.: Kognitive Verhaltensmodifikation, München 1979 (engl. 1977)
Meyer, E.: Einführung in die lateinische Epigraphik, Darmstadt 1973
Michel, O.: Der Brief an die Römer, KEK, Göttingen ⁵1978
Modalsli, O.: Gal 2,19–21; 5,16–18; Röm 7,7–25, ThZ 21 (1965) 22–37
Moe, O.: Zur Frage der sittlichen Selbstbeurteilung des Apostels Paulus, ZSTh 16 (1939) 483–491
Moffatt, J.: The First Epistle of Paul to the Corinthians, London 1938
Mosiman, E.: Das Zungenreden geschichtlich und psychologisch untersucht, Tübingen 1911

Moule, C. F. D.: 2. Cor. 3,18b. καθάπερ ἀπὸ κυρίου πνεύματος, in: Neues Testament und Geschichte, FS O. Cullmann, Zürich 1972, 231–237
Mussner, F.: Der Galaterbrief, HThK IX, Freiburg 1974
Nase, E./Scharfenberg, J. 6edd.): Psychoanalyse und Religion, WdF 275, Darmstadt 1977
Nestle, W.: Die Fabel des Menenius Agrippa, Klio 21 (1927) 350–360
Niederwimmer, K.: Das Gebet des Geistes, Röm 8,26f., ThZ 20 (1964), 252–265
– Kerygmatisches Symbol und Analyse. Zur Kritik der Tiefenpsychologischen Bibelinterpretation, ARPs 7 (1962) 203–223; ebenso in: E. Nase/J. Scharfenberg, Psychoanalyse und Religion, 264–291
– Tiefenpsychologie und Exegese, WzM 22 (1970), 257–272
Nilsson, M. P.: Geschichte der Griechischen Religion I, München ²1955
Nock, A. D.: Conversion. The Old and the New Religion from Alexander the Great to Augustine of Hippo, Oxford 1933
Nordheim, E. v.: Das Zitat des Paulus in 1Kor 2,9 und seine Beziehung zum koptischen Testament Jakobs, ZNW 65 (1974) 112–120
Noth, M.: Das zweite Buch Mose, ATD 5, Göttingen 1965
Oepke, A.: Der Brief des Paulus an die Galater, ThHK 9, Leipzig ³1973
– Art. ἔκστασις, in: ThW II, 447–457
– Art. καλύπτω, in: ThWNT III, 563–565
– Probleme der vorchristlichen Zeit des Paulus, ThStKr 105 (1933) 387–424; jetzt in: Rengstorf, K. H. (ed.), Das Paulusbild in der neueren deutschen Forschung, WdF 24, Darmstadt 1964, 410–446
Oerter, R.: Psychologie des Denkens, Donauwörth 1971
– Struktur und Wandlung von Werthaltungen, München 1978
Osser, H. A./Ostwald, P. F.: (et alii), Glossolalic Speech from a Psycholinguistic Perspective, Journ of Psycholinguistic Research 2 (1973) 9–19
Osten-Sacken, P. v. d.: Römer 8 als Beispiel paulinischer Soteriologie, FRLANT 112, Göttingen 1975
Packer, J. I.: The ‚Wretched Man' in Roman 7, StEv 2 (1964) 621–626
Pascher, J.: Ἡ βασιλικὴ οδος. Der Königsweg zur Wiedergeburt und Vergottung bei Philon von Alexandreia, Paderborn 1931
Paulsen, H.: Einheit und Freiheit der Söhne Gottes – Gal. 3,26–29, ZNW 71 (1980) 74–95
– Überlieferung und Auslegung in Röm 8, WMANT 43, Neukirchen 1974
Pearson, B. A.: The Pneumatikos-Psychikos Terminology in 1 Corinthians. A Study in the Theology of the Corinthian Opponents of Paul and Its Relation to Gnosticism, SBLDS 12, Missoula Montana 1976
Pettazoni, R.: The All-Knowing God, London 1956
– Der allwissende Gott, FiBü 319, Frankfurt 1957
Pfister, F.: Art. Ekstase, in: RAC IV, Sp. 944–987
Pfister, O.: Die Entwicklung des Apostels Paulus. Eine religionsgeschichtliche und psychologische Skizze, Imago VI (1920) 243–290
– Die psychologische Enträtselung der religiösen Glossolalie und der automatischen Kryptographie, in: Jahrb. f. psych. u. psychopath. Forschungen 3 (1911) 425–466; 730–794

Pfuhl, E./Möbius, H.: Die ostgriechischen Grabreliefs, 4 Bde, Mainz 1977/1979
Piaget, J./Inhelder, B.: Die Psychologie des Kindes, FiBü 6339, Frankfurt 1977 (franz. 1966)
Pohlenz, M.: Stoa und Stoiker, Zürich 1950
Portmann, A.: Das Problem der Urbilder in biologischer Sicht, in: Biologie und Geist, Frankfurt 1956, 133–149
Preisendanz, K.: Papyri Graecae Magicae I, Leipzig 1928
Prigent, P.: Ce que l'oeil n'a pas vu, ICor 2,9. Histoire et préhistoire d'une citation, ThZ 14 (1958) 416–429
Prümm, K.: Diakonia Pneumatikos I: Theologische Auslegung des zweiten Korintherbriefes, Rom 1967
Reese, J. M.: Hellenistic Influence on the Book of Wisdom and its Consequence, Rom 1970
Reumann, J.: ‚Stewards of God', Pre-Christian Religious Applikation of οἰκονόμος in Greek, JBL 77 (1958) 339–349
Ricoeur, P.: Hermeneutik und Psychoanalyse, München 1974 (franz. 1969)
– Die Interpretation. Ein Versuch über Freud, Frankfurt 1969 (franz. 1965)
– Die Vatergestalt – vom Phantasiebild zum Symbol, in: Hermeneutik und Psychoanalyse, München 1974, 315–353
Rissi, M.: Studien zum zweiten Korintherbrief. Der alte Bund – der Prediger – der Tod, AThANT 56, Zürich 1969
Roberts, P.: A Sign – Christian or Pagan?, ET 90 (1979) 199–203
Rüsch, A.: Das kaiserzeitliche Porträt in Makedonien, Jahrbuch d. dt. Arch. Inst. 48 (1969) 59–196
Saake, H.: Echtheitskritische Überlegungen zur Interpolationsthese von Röm 2,16, NTS 19 (1972/73) 486–489
Samarin, W. J.: Glossolalia as Learned Behaviour, CJT 15 (1969) 60–64
– Glossolalie as Regressive Speech, Language and Speech 16 (1973) 77–89
– Tongues of Men and Angels, New York 1972
Schachter, S./Singer, J. E.: Cognitive, Social and Physiological Determinants of Emotional State, Psychol. Review 69 (1962) 379–399
Schaller, B.: Das Testament Hiobs, JSHRZ III,3, Gütersloh 1979
Scharfenberg, J./Kämpfer, H.: Mit Symbolen leben, Olten 1980
Scharfenberg, J.: Religiöses Bewußtsein als Narzißmus? in: Scharfenberg, J./Schütte H. W. u.a., Religion – Selbstbewußtsein – Identität, TEH 182, München 1974, 10–16
– Religion zwischen Wahn und Wirklichkeit, Hamburg 1972
– Sigmund Freud und seine Religionskritik als Herausforderung für den christlichen Glauben, Göttingen 1968
Schenke, H. M./Fischer, K. M.: Einleitung in die Schriften des Neuen Testaments I, Berlin 1978
Schenke, H. M.: Die Tendenz der Weisheit zur Gnosis, in: B. Aland (ed.), Gnosis. FS H. Jonas, Göttingen 1978, 351–372
Schlatter, A.: Die Korinthische Theologie, BFChTh 18, Gütersloh 1914
– Paulus, der Bote Jesu. Eine Deutung seiner Briefe an die Korinther, Stuttgart 1934

Schlier, H.: Art. ἰδιώτης, in: ThW III, 215–217
- Kerygma und Sophia – zur neutestamentlichen Grundlegung des Dogmas, in: Die Zeit der Kirche. Exegetische Aufsätze und Vorträge, Freiburg 1956, 206–232
- Der Römerbrief, HThK VI, Freiburg 1977

Schmidbauer, W.: Mythos und Psychologie. Methodische Probleme, aufgezeigt an der Ödipus-Sage, München 1970

Schmithals, W.: Die Gnosis in Korinth, FRLANT 66, Göttingen 1956
- Die theologische Anthropologie des Paulus, Kohlhammer TB 1021, Stuttgart 1980

Schnackenburg, R.: Die Johannesbriefe, HThK XIII, Freiburg 1953
- Römer 7 im Zusammenhang des Römerbriefes, in: Jesus und Paulus, FS W. G. Kümmel, Göttingen 1975, 283–300

Schniewind, J.: Das Seufzen des Geistes, Röm 8,26.27. in: Nachgelassene Reden und Aufsätze, Berlin 1952, 81–103

Schottroff, L.: Frauen in der Nachfolge Jesu in neutestamentlicher Zeit, in: Frauen in der Bibel, hrsg. W. Schottroff und W. Stegemann, München 1980, 91–133
- Der Glaubende und die feindliche Welt. Beobachtungen zum gnostischen Dualismus und seiner Bedeutung für Paulus und das Johannesevangelium, WMANT 37, Neukirchen 1970
- Die Schreckensherrschaft der Sünde und die Befreiung durch Christus nach dem Römerbrief des Paulus, EvTh 39 (1979) 497–510

Schreiber, J.: Sigmund Freud als Theologe, in: Scharfenberg J./Nase (ed.), Psychoanalyse und Religion, WdF 275, Darmstadt 1977, 233–263

Schrenk, G.: Art. ἐντολή, in: ThW II 542–553

Schulz, S.: Die Decke des Mose, ZNW 49 (1958) 1–30

Schwarz, G.: ἐξουσίαν ἔχειν ἐπὶ τῆς κεφαλῆς? (1. Korinther 11,10), ZNW 70 (1979) 249

Schweizer, E.: Zur Trichotomie von 1.Thess. 5,23 und der Unterscheidung des πνευματικόν vom ψυχικόν in 1.Kor 2,14; 15,44; Jak. 3,15; Jud. 19, ThZ 9 (1953) 76–77

Scroggs, R.: Paul and the Eschatological Woman Revisited, JAAR 42 (1974) 532–537

G. Sellin: Das ‚Geheimnis' der Weisheit und das Rätsel der ›Christuspartei‹ (zu 1Kor 1–4), ZNW 73 (1982) 69–96

Seyrig, H.: Antiquités syriennes 17: Bas-reliefs monumentaux des temple de Bêl à Palmyre, Syria 15 (1934) 155–186

Siebeck, H.: Geschichte der Psychologie, Bd. I, 1.2, Gotha 1880 und 1884

Smend, R./Luz, U.: Gesetz, Kohlhammer-TB 1015, Stuttgart 1981

Smith, E. W.: The Form and Religious Background of Romans VII 24–25a, NovTest 13 (1971) 127–135

Snell, B.: Das früheste Zeugnis über Sokrates, Ph 97 (1948) 125–134

Sparks, H. F. D.: 1. Kor 2,9 – a Quotation from the Coptic Testament of Jacob?, ZNW 67(1976) 269–276

Steck, O. H.: Israel und das gewaltsame Geschick der Propheten. Untersuchungen zur Überlieferung des deuteronomistischen Geschichtsbildes im Alten Testament, Spätjudentum und Urchristentum, WMANT 23, Neukirchen 1967

Stegemann, W.: Das Evangelium und die Armen. Über den Ursprung der Theologie der Armen im Neuen Testament, KT 62, München 1981

Steinleitner, F. S.: Die Beichte im Zusammenhang mit der sakralen Rechtspflege in der Antike, Diss. München 1913

Stendahl, K.: The Apostle Paul and the Introspective Conscience of the West, HThR 56 (1963) 199–215

– Glossolalie – der neutestamentliche Befund, in: Der Jude Paulus und wir Heiden, München 1978 (engl. 1976), 116–134

Sundén, H.: Gott erfahren. Das Rollenangebot der Religionen, GTB 88, Gütersloh 1975

– Regression und Phasenwechsel, ARPs 13 (1978), 51–60
– Die Religion und die Rollen, Berlin 1966

Sweet, J. P. M.: A Sign for Unbelievers: Paul's Attitude to Glossolalia, NTS 13 (1966/7) 240–257

Synofzik, E.: Die Gerichts- und Vergeltungsaussagen bei Paulus, GTA 8, Göttingen 1977

Tachau, P.: „Einst" und „Jetzt" im Neuen Testament, FRLANT 105, Göttingen 1972

Taubes, J.: Religion und die Zukunft der Psychoanalyse (1957), in: E. Nase/J. Scharfenberg (edd.), Psychoanalyse und Religion, WdF 275, Darmstadt 1977, 167–175

Theissen, G.: Argumente für einen kritischen Glauben, in: TEH 202, München 1978, 23–49

– Soteriologische Symbolik in den paulinischen Schriften. Ein strukturalistischer Beitrag, KuD 20 (1974), 282–304
– Die Starken und Schwachen in Korinth, EvTh 35 (1975), 155–172 = Studien zur Soziologie des Urchristentums, WUNT 19, Tübingen 1979, 272–289
– Studien zur Soziologie des Urchristentums, WUNT 19, Tübingen 1979

Thiselton, A. C.: The Interpretation of Tongues: A New Suggestion in the Light of Greek Usage in Philo and Josephus, JThS 30 (1979) 15–36

Thomae, H./Feger, H.: Hauptströmungen der neueren Psychologie, Bern 1969

Thomae, H.: Das Individuum und seine Welt. Eine Persönlichkeitstheorie, Göttingen 1968

– Konflikt, Entscheidung, Verantwortung. Ein Beitrag zur Psychologie der Entscheidung, Stuttgart 1974
– Psychologie in der modernen Gesellschaft, Hamburg 1977

Tugwell, S.: The Gift of Tongues in the New Testament, ET 84 (1972/3) 137–140

Unnik, W. C. v.: „With unveiled face." An Exegesis of 2. Corinthians III. 12–18, NT 6 (1963) 153–169

Vergote, A.: Der Beitrag der Psychoanalyse zur Exegese. Leben, Gesetz und Ich-Spaltung im 7. Kapitel des Römerbriefs, in: Léon-Dufour (ed.), Exegese im Methodenstreit, München 1973, 73–116

- Religionspsychologie, Olten 1970
Vielhauer, P.: Geschichte der urchristlichen Literatur, Berlin 1975
- Paulus und das Alte Testament, in: Oikodome. Aufsätze zum Neuen Testament 2, TB 65, München 1979, 196–228
Vivier, L. M.: The Glossolalic and his Personality, in: Th. Spoerri (ed.), Beiträge zur Ekstase, Basel 1968, 153–175
Walker, W. O.: 1. Corinthians 11,2–16 and Paul's Views Regarding Women, JBL 94 (1975) 94–110
Watanabe, Y.: Selbstwertanalyse und christlicher Glaube, EvTh 40 (1980) 58–75
Wedderburn, A. J. M.: Romans 8,26 – Toward a Theology of Glossolalia, SJTh 28 (1975) 369–377
Weinel, H.: Die Wirkungen des Geistes und der Geister, Freiburg 1899
Weiss, J.: Der 1. Korintherbrief, Neudruck der völlig neubearbeiteten Ausgabe von 1910, Göttingen 1970
Wendel, C.: Der Thoraschrein im Altertum, HM 15, Halle 1950
Wetzel, F. G.: Kognitive Psychologie. Eine Einführung in die Psychologie der kognitiven Strukturen von Jean Piaget, Weinheim 1980
Wevers, J. E. (ed.): Septuaginta: Genesis, Göttingen 1974
Wiesenhütter, E.: Grundbegriffe der Tiefenpsychologie, Darmstadt 1969
Wilckens, U.: Der Brief an die Römer, Röm 1–5, EKK VI/1, Neukirchen 1978; Röm 6–11, EKK VI/2, Neukirchen 1980
- Art. σοφία, in: ThWNT VII, 497–529
- Weisheit und Torheit. Eine exegetisch-religionsgeschichtliche Untersuchung zu 1. Kor. 1 und 2, BHTh 26, Tübingen 1959
Williams, C. G.: Glossolalia as a Religious Phenomenon: Tongues at Corinth and Pentecost, Religion 5 (1975) 16–32
Windisch, H.: Der zweite Korintherbrief, hrsg. von G. Strecker, Göttingen 1970 (Neudruck der Auflage 1924)
Wink, W.: Bibelauslegung als Interaktion. Über die Grenzen historisch-kritischer Methode, Urban Tb 622, Stuttgart 1976 (engl. 1973)
Winkes, R.: Zum Illusionismus römischer Wandmalerei der Republik, ANRW I,4, Berlin, 927–944
Winter, M.: Pneumatiker und Psychiker in Korinth, zum religionsgeschichtlichen Hintergrund von 1. Kor. 2,6–3,4, MThSt 12, Marburg 1975
Wischmeyer, O.: Der höchste Weg. Das 13. Kapitel des 1. Korintherbriefes, StNT 13, Gütersloh 1981
Wlosok, A.: Laktanz und die philosophische Gnosis, Heidelberg 1960
Wuellner, W.: Ursprung und Verwendung der σοφός-, δυνατός-, εὐγενής-Formel in 1.Kor. 1,26, FS D. Daube, Oxford 1978, 165–184
Wyss, O.: Die tiefenpsychologischen Schulen von den Anfängen bis zur Gegenwart, Göttingen 1961
Zahn, Th.: Der Brief des Paulus an die Römer, KNT 6, Leipzig 1910
Zumkley-Münkel, C.: Imitationslernen, Düsseldorf 1976

Nachtrag zum Literaturverzeichnis

Seit 1983 erschienen eine Reihe von Arbeiten zur psychologischen Exegese, in denen der in diesem Buch vertretene Ansatz teils weiterentwickelt wurde, teils mit Altenativen konfrontiert wurde.

Berger, K.: Historische Psychologie des Neuen Testaments, SBS 146/7, Stuttgart 1991

Bucher, A.: Bibel-Psychologie. Psychologische Zugänge zu den biblischen Texten, Stuttgart/Berlin/Köln 1992

Callan, T.: Psychological Perspectives on the Life of Paul. An Application of the Methodology of Gerd Theissen, Lewiston/Queenston/Lapeter 1990

Drewermann, E.: Tiefenpsychologie und Exegese, Bd 1/2, Olten 1984/1985

Leiner, M.: Grundfragen einer textpsychologischen Exegese, Diss. theol. Heidelberg 1993

Lüdemann, G.: Texte und Träume. Ein Gang durch das Markusevangelium in Auseinandersetzung mit Eugen Drewermann, Bensheimer Hefte 71, Göttingen 1992

Raguse, H.: Psychoanalyse und biblische Interpretation. Eine Auseinandersetzung mit Eugen Drewermanns Auslegung der Johannes-Apokalypse, Stuttgart/Berlin/Köln 1993

Theißen, G.: Identité et expérience de l'angoisse dans le christianisme primitif. Une contribution à la psychologie de la religion des premiers chrétiens, ETR 68 (1993) 161–183

Vogt, Th.: Angst und Identität im Markusevangelium. Ein textpsychologischer und sozialgeschichtlicher Beitrag, NTOA 26, Freiburg/Göttingen 1993 (= Diss. theol. Heidelberg 1992)

Register der Bibelstellen

Genesis
1	358
1,1	359
1,14	85[37]
1,17	161
1,26 f.	155[54]. 171[31]. 359
1,27	155 336
2	171[31]. 358
2–3	206. 208 f.
2,7	358 f.
2,16	206
2,17	206. 209
3,6	206. 209
3,11	206
3,13	208
3,17	206
3,22	90. 209
6	177
9,13	85[37]
15,12	285
22,16	56

Exodus
13,16	85[37]
25,40	139
31,1 ff.	139
33,7 ff.	139
33,8	140
34	136. 137
34,29 f.	133
34,29 ff.	132. 140
34,33 ff.	141[36]
34,34	128[14]. 134. 140
34,34 ff.	133
34,35	124[4]. 133

Leviticus
1,1	140
4,1–5	90
4,2	90
4,13	90
8,9	163
16,4	173
26,41	78[22]
27,10	210[53]
27,12	210[53]
27,14	210[53]
27,33	210[53]

Numeri
5,11–31	175
5,18	96. 97
11,34	207[49]
14,23	210[53]
14,32	210[53]
15,22–29	90
17,3	85[37]
24,13	210[53]
32,11	210[53]

Deuteronomium
1,39	210[53]
6,8	85[37]
10,16	78[22]
11,18	85[37]
22,5	173
29,3	159
29,28	92
29,29	97
30,11 ff.	251

Josua
4,6	85[37]

1. Samuel
16,7	94.117

2. Samuel
14,20	91

1. Könige
8,39	94[55]
8,47	128[14]
18,37	128[14]

2. Könige
14,17	210[53]

2. Chronik
6,37	128[14]

Hiob
18,12 f.	351
22,14	91
23,14	175
24,10	174
34,23	91

Psalmen

19,13	90
26,2	94[55]
33,15 (LXX)	210[53]
43,22 (LXX)	95
44,22	94[55]
94,11	94[55]
138,1	176[41]
139	94
139,23	94[55]

Proverbia

6,25	206
15,11	94[55]. 96[61]
21,1	90

Ecclesiastes

10,20	116[73]
12,14	210[53]

Jesaja

3,17	174
6,9 f.	160[59]
6,10	128[14]
19,20	85[37]
28,11	82. 290[37]. 293
28,11 f.	84
29,10	159
49,1	254
55,13	85[37]
57,7–13	249[101]

Jeremia

4,4	78[22]
9,25	78[22]
16,17	92[54]
17,9	91
17,9 f.	94[55]
20,12	94[55]
30,4	92[54]

Hezekiel

11,19	160
16,32	249[101]
20,20	85[37]
36,26	160
44,7	78[22]
44,9	78[22]

Daniel

10,13	371[43]

Hosea

1–3	249[101]
4,12–14	249[101]

Maleachi

3,24	128[14]

Jesus Sirach

1,30	92[54]. 95 f.
11,14	210[53]
11,25	210[53]
11,31	210[53]
12,3	210[53]
13,25	210[53]
15,18	91
16,17	92[54]
17,7	210[53]
17,15	92[54]
17,20	92[54]
18,8	210[53]
23,18–20	91
23,20	91
24,3–8	351
24,6–8	356
33,14	210[53]
39,4	210[53]
39,19	92[54]
42,18–20	93. 94[56]. 96
42,19	92[54]

Sapientia Salomonis

1,4	353
1,6	94[56]
1,14	354
2,10 ff.	352
5,16	352
6,1	352
6,20	350[15]
6,20 f.	352. 366
6,24	352
7,1	353
7,1–13	199
7,8	352
7,21	354. 380
7,22–26	354
7,23	349[15]
7,24	380
7,25 f.	155[54]
7,26	155[54]. 349[15]
7,27	349[15]. 353. 380
8,1	354
8,2 f.	380
8,3	350[15]. 380
8,3 ff.	357[21]
8,5	350[15]
8,7	334[15]
8,16	380
8,19 f.	353
9	355
9,2	353
9,6	349[15]

Register der Bibelstellen

9,10–17	349^{15}	Matthäus	
9,10	349^{15}. 380	3,9 ff.	114
9,11	349^{15}. 358	6,4	82
9,13 ff.	353. 354	6,6	92
9,16 f.	349^{15}	6,18	92
9,17	380	10,19 ff.	309^{69}
9,18	349^{15}. 353	10,26	131^{22}
10,1 f.	353	11,18–29	351
10,16	353. 355	11,25	356
10,18 f.	350^{15}. 380	13,15	128^{14}
11,4	350^{15}	19,7	206^{39}
11,4 ff.	380	20,1–16	47
13	349^{15}	26,48	85
13,7	355		
14,27	207^{48}	Markus	
15,11	353. 358	4,12	160^{59}
16,11	100	4,22	92
16,14	353	7,15	17
17	100. 102. 103. 116	9,25 f.	315
17,3	100	10,5	206^{44}
17,9–12	100	10,15	313^{79}
17,11	99. 116	13,8	335^{114}
17,20	116	13,11	309^{69}
17,20 f.	100. 101	13,35	68^4

Psalmen Salomos		Lukas	
14,6	93. 94^{56}	1,17	128^{14}
17,24 ff.	106^{64}	2,12	85
17,25	94^{55}	10,12	317^{87}
		11,49 f.	356. 372 f.
Baruch		11,54	226
3,16	371^{42}	12,41 ff.	67^2. 68
3,32	91	12,42	68^3
3,37	351	12,43	68^4
5,2	163	12,46	68^4
		13,34	372
Susanna (Theod.)		16,1 ff.	67^2. 68
42	92^{54}. 93	16,8–12	68^3
		16,15	94^{57}
Judith		19,15	68^4
10,3	163	22,19 ff.	365
16,8	163	23,13	365^{35}. 371
		23,35	365^{35}. 371
Tobit		24,20	365^{35}. 371
12,12–15	337		
		Johannes	
2. Makkabäer		1,3	171^{31}
7,35	92^{52}	7,49	256
9,5	91. 92^{52}	12,40	160^{59}
12,22	91	16,21	335^{114}
12,41	92^{54}		
15,2	91	Apostelgeschichte	
		1,24	94^{58}
4. Makkabäer		1,25	295^{42}
1,33 f.	225 f.	2,14 ff.	317
2,6	207	3,17	365^{35}. 371
18,8	207		

4,5	371	2,15 f.	66. 80[29]. 81[31]. 116
4,8	371. 371[42]	2,16	74–82. 92. 108
7,34	337	2,17	242
8,14–17	297	2,17 ff.	75. 77. 78. 82. 241. 241[93].
8,14–24	294		242[94]. 242
8,17	294[41]	2,19	142. 242
8,18	294[41]	2,20	142
9,21	239	2,21 ff.	242. 242[94]
10,44–48	294. 297	2,24	77. 78. 348[13]
10,45 f.	86	2,24–29	102
11,15	86	2,25	75
13,27	365[35]. 371	2,25–29	74. 75. 76[19]
15,8	94[58]	2,26	78[23]
16,16	301	2,26 ff.	75. 77
19,1–7	86	2,27	77
19,1–17	294. 297	2,28 f.	76[19]. 77. 77[21]. 78[23]
21,9	301	2,29	75. 76. 212
28,26	160[59]	3,1	196
		3,1 ff.	74. 75. 196. 198
Römerbrief		3,3	77[21]. 196
1,4	264. 266	3,5	196
1,8–17	182	3,5–7	195
1,9	330[107]	3,7	182. 195. 196. 197. 198.
1,16	74		198[24]. 202. 203[36]
1,17	348[13]	3,7 ff.	196
1,18	81. 243	3,8	107[65]. 183. 195. 196. 198.
1,18 ff.	74. 334[111]. 338[119]. 349[15]. 355		202
1,18–3,20	74–82. 102. 187[9]. 242	3,10	348[13]
1,21	334[111]	3,10–18	75
1,21 ff.	78	3,19	186. 364
1,22 ff.	74	3,20	81. 210. 232[79]
1,25	78[23]	3,21–4,25	187[9]
1,25 ff.	36. 243	3,23	243
1,26 f.	179	3,25	245. 334[111]
1,28	77[21]	4	56
1,32	78. 82. 243	4,1 ff.	77[21]
2	80[29]	4,5	104
2,1	74. 143[38]. 243. 243[95]	4,15	151. 224
2,1 ff.	74. 78. 82. 196	4,17	348[13]. 371. 383
2,1–16	111	4,25	228
2,2	186	5–8	182
2,3	143[38]. 243[95]	5,10	250
2,9	74. 233[81]	5,12 ff.	151. 205. 210[53]. 232[79]. 266.
2,10	233[81]		338[119]
2,11	74	5,13	205. 224
2,12	80. 232[79]	5,13 f.	151
2,12 f.	74	5,14	205. 208
2,12 ff.	76. 76[18]. 77[21]. 80. 82. 102 f.	5,20	206[42]
2,12–24	74	6	183. 185
2,12–29	76[18]	6,1	183. 183[5]
2,12–3,8	74	6,1–14	183. 184
2,13	76. 80	6,1–7,6	183. 184. 266
2,14	76[20]. 78[23]. 79. 80	6,3	183[5]
2,14 f.	76[19]. 77. 150. 244. 259	6,4	229
2,14 ff.	75. 76[19]. 76[20]	6,7	229
2,15	75. 78[23]. 79. 80. 81. 204[39].	6,12 ff.	183. 249
	263. 369[39]	6,13	185

Register der Bibelstellen 413

6,14	185	7,17	45. 186. 187[10]. 190. 190[15]. 191. 213. 223[68]. 263
6,15	183. 183[5]. 185		
6,15–23	183. 184	7,17 f.	234
6,16	185	7,17–20	187[10]
6,19	184. 185	7,18	186. 188. 190[15]. 191. 193. 210. 210[53]. 213. 218[64]. 233. 247. 257. 263
6,20	185		
6,21	185		
6,22	185	7,18 f.	233[81]
7	56 f. 181–268	7,18–20	190[15]
7,1	183[5]. 249. 364	7,18–25	187[10]
7,1 ff.	183. 183[5]. 184. 185. 247. 248–250. 380	7,19	190. 195. 210. 213–223. 234
7,2 f.	249	7,19–23	222
7,4	84[35]. 229. 249. 250	7,20	189. 190[15]. 196. 210[53]. 213. 221. 223[68]. 263
7,4–6	200. 229. 250		
7,5	184. 189. 203. 221. 226[72]. 227. 258. 259. 265	7,21	188. 191. 221. 234. 235
		7,21–23	190[15]. 234. 259[112]
7,6	148. 151. 186. 187. 203. 212. 227. 258	7,22	191
		7,22 f.	188. 259
7,7	183. 183[5]. 187. 188. 189. 195. 196. 197. 198. 200. 202. 203[36]. 204[39]. 209. 210. 213. 225. 232. 232[78]	7,22 ff.	257. 258
		7,23	186. 191. 221. 247. 250. 257. 258. 259
		7,24	182. 189[14]. 204[39]. 258
7,7 ff.	151. 152. 181–268. 318	8	119. 185. 186. 187. 187[9]. 223. 252. 263–268. 317. 321. 332–340. 381
7,7–11	204		
7,7–12	187[10]. 189[14]		
7,7–13	187. 188[12]. 204–213. 223[68]. 233. 266	8,1	210[53]. 228. 338
		8,1 ff.	186. 187. 187[9]. 258. 332. 338
7,8	143[38]. 188. 188[12]. 189. 190. 203. 207. 207[47]. 210. 213. 224. 226. 257		
		8,2	186. 204[39]. 227. 229. 251. 258. 259
7,8 f.	189. 209. 230	8,2 f.	250. 269. 332
7,8–11	198. 232	8,3	109. 251
7,9	181. 188. 195. 196. 200. 202. 204. 209. 212. 226. 253. 256. 256[110]	8,4	258. 265
		8,4–13	265
		8,5	265
7,9 f.	29. 209. 212	8,5 ff.	264. 266
7,10	18. 189[14]. 211. 233[81]. 235	8,6	186. 250. 335
7,11	143[38]. 189. 189[14]. 190. 192. 208[51]. 210. 211. 212. 213. 221. 226. 227[72]. 232[80]. 233[81]. 234. 247. 257	8,6 f.	250
		8,7	221. 250
		8,8	265
		8,9	186
7,12	84[35]. 189. 221	8,9 f.	380
7,13	186. 189. 196. 197. 198. 200. 204[39]. 213. 221. 226[72]. 227[72]. 233. 233[81]	8,10	103. 380
		8,14	276. 307. 318
		8,15	186. 264. 318
7,13 ff.	187[10]. 189[14]. 233[81]. 236	8,15 f.	332. 337
7,14	186. 188. 190. 223[68]. 232[78]. 233. 258	8,16	330. 333. 369[39]
		8,17	319. 333. 338
7,14 ff.	186. 187. 188[12]. 189[14]. 190[15]. 195. 202. 213. 221. 223. 225. 232[80]. 233[81]. 236[85]. 265	8,18	348
		8,18 ff.	117. 187. 265. 266. 270. 314–320. 321. 332–340
7,15	188. 190. 195. 213–223. 232[80]. 233. 234	8,19	335
		8,19–27	321
7,15 ff.	213	8,20	117 f. 318. 334[111]
7,16	188. 190. 191. 196. 210. 221. 233. 234	8,21	186. 228. 332. 335
		8,22	186. 186[8]. 333. 335

8,23	264. 337. 369[39]	16,20	107[67]
8,23 ff.	315	16,23	68[2]
8,26	186. 263. 315. 317. 318. 330. 333. 334[113]. 338. 369[39]	16,25	343
		16,26	343
8,26 f.	117. 118. 269. 274. 287. 315. 337		
8,27	94[57]. 317. 334[113]. 335. 376	**1. Korintherbrief**	
8,28	186. 333	1,7–9	107. 107[67]
8,29	155. 264. 266. 333	1,12	298
8,31	333	1,18	345. 347
8,31 ff.	263. 264. 333. 381	1,18 ff.	341–343. 346. 347. 349. 351. 355. 366. 383
8,32	56		
8,33	333	1,19	347. 366
8,34	117. 118. 228. 263. 333	1,20	346. 347[12]. 362. 366
8,35	119. 333. 370	1,20 f.	347[12]
8,35 ff.	370	1,21	338[119]. 347. 351. 352. 355
8,36	348[13]	1,22 ff.	342
8,37	333	1,32	120. 311. 347. 385
8,38	42	1,24	346. 352
8,39	186. 333	1,25	255
9,1	73. 369[39]	1,26	356. 356[21]
9,8 f.	319	1,26 ff.	339. 342. 366. 371
9,10–13	77[21]	1,28	357[21]. 363. 366. 371
9,13	213	1,31	135[28]
9,16	213	2	343. 346. 357. 378
9,20	213	2,1–5	342. 346
9,21	213	2,1–16	350[16]. 381
9,30–10,4	211	2,2	370
10	212	2,3	198[25]. 202
10,1–3	212	2,4	298[47]. 345. 370
10,4	251	2,5	346. 347
10,5	211	2,6	331. 343. 347. 347[12]. 362. 366. 367
10,9	72		
10,13	135[28]	2,6–16	131. 132. 341–389
10,19	195[20]	2,6–3,23	341
11,1 ff.	77[21]	2,7	131. 347. 351. 376. 379
11,2	186[8]	2,8	345. 347. 347[12]. 352. 365. 372. 373. 376. 393
11,8	159		
11,19	196	2,8 f.	282
11,20	196	2,9	348. 348[13]. 357[22]. 362. 362[29]. 366[37]. 367. 369. 375. 385. 376
11,31	77[21]		
12,3 ff.	338[119]		
12,6–8	327	2,9 f.	385
12,9 ff.	327	2,9–16	385
12,19	195[20]	2,10	348. 348[13]. 363. 376. 379
13,2	84[35]	2,10 ff.	343. 347. 348. 352. 360. 369. 380
13,3	366. 370		
13,8–10	367	2,11	348. 360. 363. 365. 369. 377. 382. 384
13,12	72		
14,1 ff.	111. 112	2,12	347[12]. 348. 364. 369. 382
14,10	108. 109. 112	2,13	343. 345. 348. 357[22]. 364. 382
14,11	109. 195[20]		
14,12	70[10]. 109	2,13 f.	357[22]
15	338[119]. 367	2,13 ff.	343. 348. 365
15,18	227[72]	2,14	345. 357[22]. 359[25]. 361. 365. 382. 385
15,21	348[13]		
16,20	107[67]	2,15	110. 112. 331. 345. 348. 357[22]. 365. 369. 376. 377

2,16	135[28]. 348. 369	9,16 ff.	68[2]
3,1	198[25]. 202. 326. 331. 343. 347[11]. 364. 367	9,17	67[1]
		9,19	68[2]
3,1 f.	346[8]	9,19 ff.	57. 172. 197[23]. 230. 255. 392
3,1 ff.	342. 343. 364. 367	9,20 f.	259
3,2	346. 365	9,29	197[23]
3,5 ff.	111. 342	10,1 f.	145
3,6	198[25]. 202	10,1 ff.	350[15]. 380
3,7	84[35]	10,14 ff.	169
3,15	71	10,23 ff.	293
3,17	107[65]	10,28	197
3,18	362	10,29	194. 195. 197. 202
3,18 ff.	67	10,29 f.	195. 197. 198
3,19	129[17]	10,29 ff.	196
3,22	298	10,30	195. 198[24]. 202. 203[36]
4,1	42[14]. 67[1]	10,31–11,1	197
4,1 f.	68	11	131. 161. 162[1]. 166. 171. 172. 180
4,1 ff.	66. 67 ff. 68[2]. 70. 82. 87. 102. 111. 112	11–14	287
4,3	67. 69[8]	11,1	19. 255
4,3 f.	68	11,2	170
4,4	69[8]. 70. 72. 73. 110	11,2 f.	170
4,5	68. 70. 71. 72. 73[13]. 73. 73[16]. 87. 92. 108. 109. 118. 119	11,2 ff.	57. 166[14]. 169. 179. 275. 281. 292. 302. 370
4,6	70. 70[10]	11,3	170. 171
4,8	339. 356	11,3 ff.	130. 132. 161–180
4,10	356[21]	11,4 f.	172
4,15	198[25]. 202	11,5 f.	164
5,3	198[25]. 202	11,6	172
5,4	108	11,7	161. 171. 172
5,5	108	11,7 f.	171[31]
6,1 ff.	110	11,8	171[31]
6,2 f.	110. 112	11,8 f.	171[31]
6,3	177	11,10	171[31]. 172. 176. 177. 289
6,12	195. 202. 281	11,11	131. 171. 171[31]
6,15	195. 198. 202. 203[36]	11,11 f.	171. 180
6,15 ff.	392	11,12	171[31]
6,16	246[101]	11,13	164. 172
6,16 f.	380	11,13 f.	179
6,17	369[39]	11,14	164. 172
7	177 f. 300	11,14 f.	178
7,1	271. 309	11,15	163. 164
7,5	177	11,15 ff.	294
7,7 ff.	198	11,16	164. 172
7,13	198	11,22	255
7,19	170[27]	11,23	198[25]. 202. 365
7,19	206	11,23 ff.	365. 365[35]
7,38	84[35]	11,24 f.	109
8–10	17. 300. 338[119]	11,25	136. 248[99]
8,1	186. 309	11,30	229[74]
8,5	371	11,31	110
8,7	70[9]	11,31 f.	107. 195. 198. 202
8,7 ff.	293	11,31 ff.	198[24]
8,13	201[33]	11,32	70[9]. 109
9,3	67[1]. 110	11,34	293
9,3 ff.	67	12	271 f. 321. 326 ff.
9,15	198[25]. 202	12–14	271. 292. 300. 307. 332. 344

12,1	271	14,16 ff.	195
12,1 f.	276	14,18	202[34]. 272. 299. 320
12,1 ff.	276[8]. 294. 296	14,18 f.	273 f.
12,2	169. 186[8]. 292. 307. 309	14,18 ff.	346
12,2 f.	300. 307 f. 310	14,19	274. 292 f. 364
12,3	308. 310. 310[72]	14,20	273[4]. 313. 313[79]. 331
12,4 ff.	307. 338[119]	14,20 ff.	67–74. 82–88. 102. 273.
12,6 ff.	326		273[4]. 274. 274[6]. 275
12,8	344. 345[6]	14,21	200[37]. 293
12,8 ff.	275. 326. 345	14,,22	83 f. 84[35]. 294 ff.
12,10	289. 304. 322. 345[6]	14,23	84[35]. 281. 295[42]. 302
12,13	170. 204. 326. 328	14,23 f.	294 f.
12,23 f.	329	14,23 ff.	66. 83. 274. 344
12,25	272[2]. 329	14,24	110. 295[42]
12,28	275. 301. 326	14,24 f.	295
12,28 ff.	326	14,24 ff.	309
12,29 f.	272	14,25	87. 92. 94. 110. 112. 272.
12,30	297		295
12,31	271 f.	14,26	273[4]. 275. 308. 321. 344 f.
13	43. 272. 272[3]. 332. 367. 393	14,26–36	273 f.
13,1	271. 289. 322[99]	14,27	274. 276. 281. 302. 305[58]
13,1 ff.	195. 202. 275	14,27 f.	305
13,2	275. 345[6]	14,28	274. 313
13,4 ff.	368	14,29	345[6]
13,8	275	14,30	281. 345
13,8 ff.	149	14,31 ff.	275
13,10	367	14,32	301. 330
13,10 ff.	332	14,33 ff.	301
13,11	298[47]. 313. 367	14,34	275
13,11 f.	195. 198. 202	14,35	275
14	267–340	14,37	272[2]. 294. 326. 331
14,1	271 ff.	14,37 ff.	275
14,1 f.	273. 273[4]. 274. 275	14,38	107[65]
14,2	275. 313. 315. 321. 345[6]	14,39	272–275
14,4	292. 303 f. 313	14,40	275
14,5	87. 273[4]. 275. 304	15	80[29]
14,6	273 ff. 273[4]. 293. 299. 344 f.	15,6	239
14,6 ff.	273	15,8	194
14,7 f.	273	15,9	243
14,9	273[4]	15,9 f.	299
14,9 ff.	232[78]	15,10	43. 45. 198[25]. 202
14,10 f.	304	15,24 ff.	372
14,10 ff.	273	15,25	23
14,11	195. 198. 198[24]. 202. 304	15,27 f.	334[111]
14,12	273[4]	15,39	230
14,12 ff.	273[4]	15,44	358 f.
14,13	273[4]. 304. 321	15,44 f.	361
14,13 f.	275	15,44 ff.	339[119]. 384
14,13 ff.	273	15,49	155. 212. 266. 336
14,14	273	15,50	332
14,14 f.	195. 198. 198[24]. 202[24]. 287	15,56	189[14]. 211
14,14 ff.	273. 331	16,22	322
14,15	202[34]. 273. 330		
14,15 f.	305	2. Korintherbrief	
14,16	84. 294[42]. 295. 295[42]. 316.	1,12	73
	344	1,14	107[67]
14,16 f.	274	2,4	130

2,10	198[25]. 202	4,10 f.	19
2,12 f.	130	5,12	84[35]
2,14	121	4,13	122[3]
2,14 ff.	122	4,16	144[42]. 146
2,14–3,18	121[1]	4,17	121
2,14–4,6	121	5,2	337
2,14–6,10	121	5,4	337
2,14–7,4	130	5,7	121
3	121–161. 161[1]. 180. 212	5,10	69. 70[10]. 108. 109. 112. 128[15]. 145
3–4,6	146	5,11	108
3,2–18	124[5]	5,12	122[3]
3,3	145 f.	5,13	346
3,4 ff.	122 f.	5,14	109. 299
3,4–4,6	121–132	5,16	232[75]
3,6	143. 148 ff. 152. 186. 211 f. 258 f. 269	5,16 f.	84[35]
3,6 ff.	56. 140. 142. 151	5,17	154. 362
3,7	124. 124[4]. 128[14]. 143. 143[38]. 144. 149. 149[48]. 161	5,21	108 f. 121. 250
		6,10	122[3]
3,7 ff.	123. 138. 146. 149. 151. 157. 211	6,17	195[20]
		7,1	122[3]
3,9	123. 133	7,2	72[13]
3,10	123 f. 153	7,5 ff.	130
3,11	123	7,11	151
3,11 f.	133. 149. 149[45]	9,11	227[72]
3,11 ff.	212	10–13	130
3,12	128[15]. 161	10,11 f.	43
3,12 ff.	122 ff. 147. 212. 251	10,16 ff.	72[13]
3,13	128[14]. 143[38]. 144. 149. 149[48]	11,2	249[101]
3,13 f.	158. 338	11,3	129[17]. 208
3,13 ff.	77[21]	11,13 ff.	370
3,14	125. 133. 144. 148 f. 213	11,15	107[65]
3,14 f.	123. 180	11,21 ff.	299
3,15	125. 146. 213	12,1 ff.	129[17]. 138[32]. 321. 346
3,16	127[14]. 128[14]	12,2 f.	290
3,16 ff.	123	12,4	289
3,17	134[26]. 149	12,6	129[17]
3,18	57. 121. 128. 128[14]. 128[15]. 131. 144 f. 144[40]. 153 ff. 161. 180	12,9	338
		12,12	85. 338
		12,13	198[25]. 202
3,18–4,6	154. 128[15]	12,14	319[89]
4,1 f.	123. 145	12,16	198[25]. 202
4,1 ff.	122. 125[7]		
4,2	72[13]. 145	Galaterbrief	
4,3	129. 129[18]. 131. 147. 153	1,4	155
4,3 f.	124. 153	1,6	348[13]
4,4	131. 148. 153 f. 154[51]. 159. 349[15]. 371. 376. 380	1,8	143[38]. 213
		1,9	143[38]. 213
4,4 ff.	376	1,12	198[25]. 202
4,5	129. 160	1,13	239. 243
4,5 f.	124	1,13 f.	236. 239. 243. 247
4,6	121. 128. 131. 137. 146. 153 f. 154[51]. 376	1,14	104. 148. 239 f. 299
		1,15	43. 256
4,7	122. 122[3]	1,15 f.	156. 254
4,7–6,10	121	1,23	239
4,8 ff.	121	2	200
4,10	229		

2,10	45. 195	Epheserbrief	
2,15	104	2,2	371[43]
2,15 f.	200	2,15	206
2,16	104	3,2 ff.	343
2,17	200	3,5 ff.	343
2,17 ff.	200	6,12	358[23]
2,18	195. 198. 198[24]. 200 ff.		
2,19	195. 198. 198[25]. 200 ff. 229	Philipperbrief	
2,19 f.	36. 201. 229	1,6	107[67]
2,19 ff.	256[110]	1,10 f.	107[67]
2,20	194 f. 200. 202. 229. 380	1,28	107[65]
2,20 f.	201	2,6 ff.	321. 373
3	56. 211. 248	2,7	255
3,8	135	2,10 f.	322[99]
3,9	84[35]	2,11	135[28]
3,10	311	2,12	71
3,11	243	2,19 f.	307
3,12	211	3	56 f. 182. 204. 235. 236. 237. 244
3,13	152, 229, 311		
3,17	206[42]	3,2 ff.	239. 262. 299
3,22	135	3,4	239. 242
3,23	258. 348[13]	3,4 ff.	181. 182. 231. 235. 235–244. 247. 250
3,24	84[35]		
3,27 f.	170	3,5	239. 242. 255
3,28	57. 161. 170 f. 171[29]. 171[31]. 301	3,6	57. 118. 181. 235. 238. 239. 240. 242. 243
4	248. 266	3,7 ff.	156. 239
4,1 ff.	248	3,8	244
4,2	84[35]	3,12 ff.	254
4,3	348	3,13	243
4,4	255. 349[15]. 380	3,15	348[13]
4,4 ff.	56. 264 f.	3,19	107[65]
4,5	248	4,11	198[25]. 202
4,6	135[28]. 322. 349[15]		
4,7	84[35]	Kolosserbrief	
4,8 f.	232[78]	1,26	343
4,9	134. 213[56]	1,26 ff.	343
4,16	84[35]	2,15	23. 373
4,19	319[89]	2,19	328
4,21	213[56]	3,11	170[27]
4,22 ff.	135[28]		
4,25	135	1. Thessalonicherbrief	
4,29	77[21]	1,9	134
5,6	170[27]	1,9 f.	107. 107[66]
5,10	107[65]	2,3	129[17]
5,11	201	2,4	94[57]
5,14	229. 259. 367	2,7	319[89]
5,16 ff.	256[110]	2,11	319[89]
5,18	276. 307	2,15	372. 373
5,21	367	2,16	107[65]. 211. 213[56]
6,1	230	2,18	198[25]. 202
6,2	230. 259	2,19 f.	107[67]
6,12	213[56]	3,5	198[25]. 202
6,13	213[56]	3,13	107[67]
6,14	198[25]. 202	5,23	359. 359[25]
6,15	170[27]. 362	5,23 f.	107[67]

2. Thessalonicherbrief
1,7 ff.   107
3,17   85

1. Timotheusbrief
2,14   208

2. Timotheusbrief
1,9–11   343
1,1   343

Titusbrief
1,2 f.   343

Philemonbrief
6   107[67]
13   202

1. Petrusbrief
1,20   343

1. Johannesbrief
3,19 ff.   118 f.
3,20   91. 94[57]

Hebräerbrief
1,11 f.   163
4,12   94[57]
4,12 f.   99
5,11–6,3   346[8]

Jakobusbrief
1,14   189[14]
22,5 ff.   357
3,15   359[25]. 360
3,15 ff.   357

Apokalypse des Johannes
1,5   371[42]
2,20   301
14,3   289

Gerd Theißen
Lokalkolorit und Zeitgeschichte in den Evangelien

Ein Beitrag zur Geschichte der synoptischen Tradition. 2.,durchgesehene Auflage 1992. X, 333 Seiten, kart. Studienausgabe.
ISBN 3-525-53522-8. Gemeinsam mit Universitätsverlag Freiburg, Schweiz

„Gerd Theißen möchte mit seinem Buch zeigen, daß man mit der ältesten Frage historisch-kritischer Forschung, nämlich der nach Datierung und Lokalisierung von Texten, durchaus auch heute noch ‚Neues entdecken und das Verständnis der Texte fördern kann.' Lokalkolorit und Zeitkontexte sind Gerd Theißens Hilfsmittel, mit denen er die Entstehung kleiner Einheiten der synoptischen Tradition und deren Redaktion zeitlich und räumlich lokalisieren will. Er versteht seine Untersuchung als Teilbetrag zu einer 'Geschichte der synoptischen Tradition' von den Anfängen bis zu den verschiedenen schriftlichen Fassungen in den Evangelien." *Reformierte Kirchenzeitung zur 1. Auflage*

Gerd Lüdemann
Texte und Träume

Ein Gang durch das Markusevangelium in Auseinandersetzung mit Eugen Drewermann (Bensheimer Hefte 71). 2., durchgesehene Auflage 1993. 277 Seiten, kart. ISBN 3-525-87159-7

„Der Hauptteil besteht in einem Gang durch das Markusevangelium, bei dem zu jeder Perikope zunächst die Verarbeitung der historisch-kritischen Exegese bei Drewermann diskutiert wird, darauf dessen tiefenpsychologische Deutung. Mit großer Geduld folgt L. seinem Gesprächspartner, konfrontiert seine Auslegung immer wieder mit dem konkreten Text – in einer deutlichen Bereitschaft, sich neuen Einsichten zu öffnen. ...Bei aller berechtigter Kritik an Drewermann hält L. in vorbildlicher Fairneß daran fest, daß seine Auslegungen eine Fülle brauchbarer homiletischer Ideen enthalten. Man kann das Buch als sachlichen Beitrag zum exegetischen Gespräch empfehlen...."
Theologische Literaturzeitung

„Eine sehr sorgfältige Arbeit, anregend besonders für diejenigen, denen an einer stärkeren Verbindung zwischen wissenschaftlicher Exegese und einer zeitgemäßen Hermeneutik gelegen ist."
Nachrichten der Evangelisch-Lutherischen Kirche in Bayern

Vandenhoeck & Ruprecht · Göttingen/Zürich